이한우의

태종실록

재위 9년

새로운 해석, 예리한 통찰

이한우의

태종실록

재위 9년

이한우 옮김

삶과 세계에 대한 뿌리 깊은 지혜,
그 치밀한 기록

2001년부터 2007년까지 7년 동안 『조선왕조실록』을 완독했으니 완독을 끝마친 지 10년이 지났다. 그동안 관심은 사서삼경을 거쳐 진덕수(眞德秀)의 『대학연의(大學衍義)』, 『심경부주(心經附註)』에 이어 지금은 『문장정종(文章正宗)』 그리고 반고(班固)의 『한서(漢書)』 번역으로 확장돼왔다.

원점인 2001년으로 돌아가보자. 나는 왜 『조선왕조실록』을 다 읽기로 결심한 것일까? 그것은 다름 아닌 선조들의 정신세계를 탐구해 우리의 정신적 뿌리를 확인해보려는 것이었다. 그런데 정작 7년간의 실록 읽기가 끝났을 때는 이룬 것보다 앞으로 해야 할 일이 많음을 깨달았다. 우리 선조들의 뛰어난 능력과 치열했던 삶의 태도를 확인했지만 그 뿌리를 제대로 알지 못했던 것이다. 그래서 완독을 끝내자마자 시작한 것이 한문(漢文) 공부다. 위에서 언급한 책들은 한문 공부를 마치고서 우리나라에 번역되지 않은 탁월한 한문책들을 엄선해 우리말로 옮긴 것이다. 이때 중요한 것은 '우리말'이다.

우리말이란 대한민국에서 일정한 교육을 받은 사람들이 편안하게 쓰는 말을 뜻한다. 과도한 한자 사용을 극복하고 지나친 순우리말 또한 일정하게 거리를 뒀다. 그리고 쉬운 말로 풀어 쓸 수 있는 한자어는 가능한 다 풀어냈다. 그래서 나는 '덕(德)'이라는 말은 '은덕(恩

4

德)'이라고 할 때 외에는 쓰지 않는다. '다움'이 우리말이다. 부덕(不德)도 그래서 '부덕의 소치'라고 하지 않고 '임금답지 못한 때문'이라고 옮긴다.

특히 정치를 다룬 역사서에서 중요한 용어가 '의(議)'와 '논(論)'이다. 그런데 실록 원문에서는 분명히 이 둘을 엄밀하게 구분해 '의지(議之)', '논지(論之)'라고 표현했는데, 번역 과정에서 의(議)도 의논이라고 번역하고 논(論)도 의논이라 번역하면 이는 원문의 뜻을 크게 왜곡하는 것이다. 의(議)란 책임 있는 의견을 내는 것을 말한다. 의정부(議政府)를 논정부(論政府)라고 해서는 안 되는 것과 같다. 논(論)은 일반적으로 책임을 떠나 어떤 사안에 대한 논리적 진단을 하는 것이다. 오늘날 '논객(論客)'이 그런 경우다. 그러나 '의객(議客)'이란 말은 애당초 성립할 수가 없다. 다만 법률과 관련해서는 의(議)보다 논(論)이 중요하다. 그래서 '논죄(論罪)'나 '논핵(論劾)'이라는 말은 현실적 구속력을 갖는다. 재판은 의견을 내는 것이 아니라 기존 법률에 입각해 죄의 경중을 논리적으로 가려내는 일이라는 점에서 논(論)이지 의(議)가 아닌 것이다. 이처럼 기존의 실록 번역은 예나 지금이나 정치에서 대단히 중요한 역할을 할 수밖에 없는 의(議)와 논(論)을 전혀 구분하지 않아 의미를 제대로 전달하지 못한다. 사실

이런 예는 일일이 거론하기 힘들 만큼 많다.

　이런 우리말화(化)에 대한 생각을 직접 번역으로 구현해내면서 다시 실록을 읽어보았다. 기존의 공식 번역은 한자어가 너무 많고 문투도 1970년대 식이다. 이래가지고는 번역이 됐다고 할 수가 없다. 게다가 너무 불친절해서 역주가 거의 없다. 전문가도 주(註)가 없으면 정확히 읽을 수 없는 것이 실록이다. 진덕수의 『문장정종』 번역을 통해 한문 문장의 문체에 어느 정도 눈을 뜨게 된 것도 실록을 다시 번역해야겠다는 결심을 부추겼다. 특히 실록의 뛰어난 문체가 기존의 번역 과정에서 제대로 드러나지 못했다는 인식이 있었기 때문에 이 점을 개선하는 데 많은 노력을 쏟았다. 그리고 사소한 오역은 그냥 두더라도 심한 오역은 주를 통해 바로잡았다. 누구를 비판하려는 것이 아니라 미래를 향한 개선의 기대를 담은 것이다.

　물론 이런 언어상의 문제 때문에 실록 번역에 뛰어든 것은 아니다. 실은 삶에 대한, 그리고 세계에 대한 깊은 지혜를 얻고 싶어서다. 이런 기준 때문에 여러 왕의 실록 중에 『태종실록(太宗實錄)』을 번역하기로 결심했다. 일기를 포함한 모든 실록 중에서 『태종실록』이야말로 어쩌면 오늘날 우리에게 반드시 필요한 지혜를 담고 있는지 모른다고 생각했기 때문이다.

지난 10년간 사서삼경과 진덕수의 책들을 공부하고 옮기는 과정에서 공자의 주장에 대해 새롭게 눈뜰 수 있었다. 그것은 다름 아닌 '일[事]'의 중요성이다. 성리학이 아닌, 공자의 주장으로서의 유학은 리더가 일하는 태도를 가르치는 이론이다. 기존의 학계는 성리학의 부정적 영향 때문인지 유학을 철학의 하나로만 국한해서 가르치는 경향이 있다. 그러나 내가 공부한 바에 따르면 공자는 리더의 바람직한 모습 그리고 그런 리더가 되기 위한 수양 과정을 지독할 정도로 치밀하게 이야기하고 가르쳤던 인물이다.

이런 깨우침에 기반을 두고서 이번에는 공자가 제시했던 지도자상을 태종이 얼마나 체화하고 구현했는지를 확인하고 싶었다. 이런 부분들을 주를 통해 드러낼 것이다. 그렇게 할 때 경학과 역사가 통합된 경사(經史) 통합적인 공부가 될 수 있다.

그렇다면 '왜 세종이 아니고 태종인가?'라는 질문을 던질 수 있겠다. 물론 세종의 리더십을 탐구하는 것도 대단히 중요하다. 그러나 그의 아버지 태종의 리더십을 충분히 탐구하지 않으면 세종에 대한 탐구는 피상적인 데 그칠 우려가 있다. 따라서 이 작업은 추후 세종의 리더십을 제대로 탐구하기 위한 기초 작업이기도 하다는 점을 밝혀둔다.

이 책에는 새로운 시도가 담겨 있다. '실록으로 한문 읽기'라는 큰 틀에서 번역을 진행했다. 월 단위로 원문과 연결 독음을 붙인 것도 그 때문이다. 번역문 중에도 어떤 말을 번역했는지를 대부분 알 수 있게 표시했고 번역 단위도 원문 단위와 거의 일치하기 때문에 어떤 문장을 어떻게, 심지어 어떤 단어를 어떻게 옮겼는지를 남김없이 알 수 있도록 했다. 물론 '착할 선(善)', '그 기(其)', '오를 등(登)' 수준의 뜻풀이는 생략했다. 아무런 의미가 없기 때문이다. 이러한 장치를 통해 조금이라도 살아 있는 한문을 익히고 우리 역사와 조상들의 사고방식을 가까이하는 데 도움이 되기를 바란다.

역주는 워낙 방대한 작업이기 때문에 앞에서 언급했다고 해서 다시 언급하지 않는 것이 아니라 그때그때 필요하면 중복되더라도 다시 달았다. 편집의 아름다운 완결성을 다소 희생하더라도 독자들의 읽는 재미와 속도를 감안했기 때문이다.

재위 1년 단위로 한 권씩 묶어 태종의 재위 기간 18년–18권을 기본으로 하고, 태조와 정종 때의 실록에 있는 기록과 세종 때의 실록에 담긴 상왕으로서의 기록을 묶은 2권을 별권으로 삼아 모두 20권으로 구성했다. 이를 통해 우리 사회에 태종의 리더십에 대한 제대로 된 탐구가 시작되기를 기대한다.

21세기북스 김영곤 대표의 결단이 없었다면 이 책은 세상에 나오지 못했을 것이다. 이 자리를 빌려 깊이 감사드린다. 더불어 계획 초기부터 함께 방향을 고민했던 정지은 본부장과 편집 실무자들에게도 고맙다는 말을 전한다. 해박한 지식과 한문 실력으로 이번 작업을 도와준 주태진 편집위원께도 감사드린다. 그리고 함께 공부하는 즐거움을 누리고 있는 우리 논어등반학교 대원들께 진심으로 고맙다는 말을 전하고 싶다. 마지막으로 내 글쓰기 작업의 원동력인 가족들에게도 깊은 감사를 올린다.

서울 상도동 보심서실(普心書室)에서

탄주(灘舟) 이한우

차
례

태종 9년 기축년
1월

一月

갑진일(甲辰日-1일) 초하루에 상이 백관을 거느리고 문소전(文昭殿)[1]에 친히 전(奠)을 올린 다음 궁(宮)으로 돌아와 하정례(賀正禮)를 행하고 세자와 여러 왕자에게 음식을 내려주었다. 대언(代言)들에게 일러 말했다.

"내 아들 가운데 죽은[物故] 자가 여섯이고 지금은 다만 네 아들 이 남아서 같이 음식을 놓고 밥을 먹는구나. 부모의 마음이 어떠하겠느냐? 내가 우애하는 도리를 가르칠 터이니 너희는 그것을 알아야 할 것이다."

이는 대개 지난번에[向者] 무구(無咎) 형제가 여러 왕자들을 쳐낼[剪除] 뜻을 가졌던 것을 언짢게 여긴 때문이었다. 황희(黃喜)에게 일러 말했다.

"옛날 진(晉)나라 때 왕돈(王敦, 266~324년)[2]이 반역(叛逆)하자, 왕도

---

1 태조 이성계(李成桂)와 그의 비(妃) 신의왕후(神懿王后) 한씨(韓氏)를 모신 혼전(魂殿)이다. 처음에 인소전(仁昭殿)을 설치해 신의왕후를 모셨으나 태종 8년(1408년)에 이성계가 죽자 인소전을 이 이름으로 고쳐 이성계와 신의왕후를 함께 모셨다.

2 동진(東晉) 낭야(琅邪) 임기(臨沂) 사람이다. 왕도(王導)의 종형(從兄)이자 진무제(晉武帝)의 사위다. 두도(杜弢)의 반란을 진압하고 진동대장군(鎭東大將軍)에 올랐다. 서진이 망하고 동진이 들어설 무렵 동진 정권을 지지한 덕에 정남대장군(征南大將軍)과 형주목(荊州牧)에 올라 병권(兵權)을 장악했다. 원제(元帝)가 왕씨의 세력을 제거하려고 들자 영창(永昌) 원년(322년) 무창(武昌)의 난을 일으켰다. 건강(建康)을 공격하여 습협(習協)과 주의(周顗), 대연(戴淵) 등을 살해했다. 스스로 승상(丞相)이 돼 무창으로 돌아와 주둔하면서 멀리서 조정(朝廷)을 조종했다. 명제(明帝) 태녕(太寧) 2년(324년) 왕도 등이 그가 중병

(王導)³가 주의(周顗, 269~322년)⁴에게 말하기를 '많은 식구를 경(卿)에게 부탁한다'라고 했다. 의(顗)가 힘써 구제해주었지만 끝내 그 사실을 도(導)에게 말하지는 않았다. 도가 죄를 면하게 된 뒤에『상서고사(尙書故事)』를 조사해보고 의가 자기를 구원하기에 크게 힘쓴 사실을 알았다. 재상의 마음씀이란 이와 같아야 하는 것이다. 이제 탁신(卓愼) 등의 죄는 도당(都堂)에서 마땅히 율(律)대로 처단할 것이요, 용서를 청하는 것은 옳지 못하다. 내가 마땅히 이를 용서해주겠다."

세자 제(禔)가 조용히 아뢰었다.

"맹사성(孟思誠)이 신을 따라 중국에 입조(入朝)해 간난(艱難)한 일들을 두루 겪었으므로 신이 그 성품이 고지식하고 곧다[拙直]는 _{졸직} 것을 알았습니다. 상의 뜻을 거슬러서 죄를 받을 때 구해주고 싶은 마음이 간절했지만 천위(天威)를 범할까 두려워 감히 말을 꺼내지 못했습니다. 허조(許稠)와 탁신(卓愼)은 신을 따른 지 오래되고 또 모두 고지식한 자들입니다. 지금 말 때문에 죄를 얻었으니 너그럽게 용

에 걸린 것을 이용해 군사를 일으켜 토벌했다. 왕함(王含)과 전봉(錢鳳) 등에게 군대를 건강으로 진군시키라고 명했는데 얼마 뒤 병사(病死)했고 군대도 흩어졌다.

3 중국의 진(晉)나라 재상(宰相)으로 조야(朝野)에서 중보(仲父)라고 불렸다. 원제(元帝)의 신임을 받아 벼슬이 승상에 이르렀다. 뒤에 유조(遺詔)를 받들어 명제(明帝)와 성제(成帝)를 보필했다.

4 동진(東晉) 여남(汝南) 안성(安城) 사람으로 자는 백인(伯仁)이다. 젊어서부터 명성이 있었다. 원제(元帝) 때 태자소부를 지냈다. 왕돈(王敦)이 반란을 일으키자 황명을 받들고 가 대의(大義)로 질책했다. 당시 원제가 왕씨들을 모두 없애려고 했는데 왕돈의 족제(族弟) 왕도(王導)가 충성스러운 사실을 일깨워 목숨을 구할 수 있었다. 왕돈이 건강(建康)에 들어온 뒤 피살당했는데, 왕도가 이를 말리지 못했다. 나중에 자신을 구했던 사실을 알고는 눈물을 흘리면서 "내가 비록 백인을 죽이지는 않았지만 백인은 나 때문에 죽었다"고 흐느꼈다고 한다.

16

서해주시기[寬假]를 빕니다."

상이 흔쾌히 가납(嘉納)했다.

을사일(乙巳日-2일)에 탁신(卓愼) 등에게 장(杖)을 때리고서 외방부처(外方付處)하도록 명했다. 신(愼)은 장 60대를 때려 (전라도) 나주(羅州)에 부처하고 허조(許稠)는 장 60대를 때려 (강원도) 춘주(春州)에 부처하고 김맹성(金孟誠)은 (경상도) 보주(甫州-예천), 이소축(李小畜)은 영산(靈山)에 부처했다. 애초에 의정부에서 탁신 등의 죄를 헤아려 토의하고[擬議] 율학(律學) 이의(李猗)로 하여금 (형량을) 조율(照律)해 보고하게 했다. 그 하나는 '풍헌관(風憲官)'이 사정(私情)을 끼고서 사건을 탄핵하면 장 100대에 유(流-유배형) 3,000리이며, 가역(加役) 3년이다'라고 했고, 그 하나는 '잘못 일을 아뢴 것은 장 60대에 처한다'라고 했다. 임금이 승정원을 시켜 의(猗)를 힐책했다.

"법률을 상고해 죄를 정하는 것이 너의 직책이다. 비록 시키는 이가 있을지라도 어찌 그사이에 (어떤) 죄를 가볍게 하고 무겁게 할 수 있느냐?'

의가 대답했다.

"두 가지 조문으로 조율(照律)하는 것은 옛날에 그러한 예(例)가 없었으나 오늘의 일은 사인사(舍人司)의 말 때문에 그렇게 한 것입니다."

상이 의가 사람의 죄를 매기는 데 중한 죄를 감해 가볍게 했다고 해 순금사(巡禁司)에 가두도록 명했다가 나흘 만에 석방했다. 순금사로 하여금 탁신 등의 죄를 다시 토의해 아뢰게 했다. 순금사에서 아뢰었다.

"탁신의 죄는 남을 무고(誣告)해 사죄(死罪)에 이르게 했으나 무고 당한 사람이 처결되지 아니한 경우이니 장 100대에 유(流) 3,000리며 가역(加役) 3년입니다. 그리고 각 아문(衙門)에서 실봉(實封)을 올려서 남을 무고한 경우와 풍헌관(風憲官)이 사정(私情)을 끼고 사건을 탄핵했는데 사실과 다른 경우도 죄가 또한 이와 같습니다. 김맹성과 이소축의 죄는 수종(隨從)한 것이니, 1등을 감해 장 100대에 도(徒-징역형) 3년이고, 허조의 죄는 무릇 여러 사람이 계략을 꾸며 말을 만들어서 남을 교사(敎唆) 유인(誘引)하여 법을 범하게 한 경우니 범법한 자와 죄가 같습니다."

정미일(丁未日-4일)에 영의정부사 하륜(河崙)과 정승 성석린(成石璘), 이무(李茂)가 대궐에 나아와 육선(肉膳-고기 반찬)을 들 것을 청했다.

"신 등은 상께서 몸이 편찮으시다고 들었으니 청컨대 육즙(肉汁)을 잡수시어 허약하신 몸을 보양(補養)하셔야 할 것입니다."

상이 말했다.

"상왕(上王)의 병환이 과인보다 더 심하시다. 나는 비록 병이 있지만 음식을 이미 많이 먹었으니, 어찌 먼저 맛볼 수 있겠는가!"

륜(崙) 등이 의정부지사 설미수(偰眉壽)로 하여금 인덕궁(仁德宮)에 나아가 상왕에게 청했으나 상왕도 허락하지 않았다. 이튿날 륜 등이 함께 인덕궁에 나아가 육선을 들 것을 청한 다음 대궐에 이르렀다. 상왕이 중관(中官)을 보내 주상(主上)이 육선을 맛보는지 여부를 보게 하니 상이 말했다.

"상왕께서는 나보다 열 살이 위이고 또 오래된 병환이 있으니, 내가 먼저 맛보지 않으면 상왕도 맛보시지 않을 것이다."

드디어 가져다 맛보았으나 목으로 삼키지는 않았다.

기유일(己酉日-6일)에 이조(吏曹)에서 검교(檢校)[5]의 녹봉(祿俸)을 정지하고 용관(冗官)[6]을 혁파해야 한다는 일의 마땅함[事宜]을 올렸다. 소는 대략 이러했다.

'신 등이 가만히 보건대 검교의 직(職)을 가진 자는 모두 편안히 앉아서 두터운 녹봉을 받으니 선비를 대우하고 공로를 보답하는 뜻에 있어[其於] 어떠하겠습니까? 또 순금사(巡禁司)와 호위사(扈衛司) 두 사(司)는 옛날의 교정아문(敎定衙門)[7]으로서 혹 다른 관원으로 겸하게 해도 직무에 지장이 없었는데 지금은 두 사(司)에 모두 3품 이하의 녹관(祿官)을 두므로 녹을 받는 아문이 옛 제도보다 많습니다. 청컨대 검교(檢校)의 녹봉을 정지하고, 두 사(司)의 녹관을 혁파해 모두 다른 관원으로 겸하게 해 국가의 경비를 넉넉하게 해야 할 것입니다.'

상이 말했다.

"예전에 (내가) 미천(微賤)할 때[8]에는 한 집안의 재산도 다 알지 못하고 오직 마상(馬上)의 일에만 열중했다. 이제 한 나라의 임금이 돼

---

5 여말 선초(麗末鮮初)에 나라에 공(功)이 있는 사람에게 정원 이외에 주던 작위(爵位)다. 실무(實務)를 보게 하지 않고 그 벼슬에 준하는 녹봉(祿俸)만을 지급했다.

6 쓸데없는 관원을 말한다.

7 고려 중엽에 최충헌(崔忠獻)이 무단정치(武斷政治)를 할 때 설치했던 기관이다. 비위(非違)의 규찰(糾察)과 인사 행정(人事行政)·세정(稅政) 기타 서정(庶政)을 담당했다.

8 '태종이 왕위에 오르기 전에'라는 뜻이다.

국고[倉廩]가 텅 비어서는 안 된다는 것을 알았다. (하지만) 만약 검교에게 녹봉을 주지 않으면 좀 여유가 있을 것이나 검교의 직을 가진 자도 예전에 모두 노고가 있었던 사람이므로 버릴 수는 없다."

신해일(辛亥日-8일)에 세자 제(禔)에게 문소전(文昭殿)에 춘향(春享-봄 제사)을 섭행(攝行)⁹하도록 명했다. (상이) 편찮았기 때문이다.

○ 하륜 등이 다시 육선(肉膳) 들 것을 권하니 상이 비로소 건육(乾肉)을 맛보고 좌대언 이관(李灌)에게 일러 말했다.

"각도에서 고기를 올리지 못하게 하라."

○ 정구진(鄭龜晉)을 사헌부 집의(執義), 유영(柳穎)을 장령(掌令), 이방(李倣)을 지평(持平)으로 삼았다.

○ 대마도(對馬島) 종정무(宗貞茂)가 사자를 보내 예물을 바쳤다.

임자일(壬子日-9일)에 의관(醫官) 양홍달(楊弘達)에게 쌀과 콩 25석을 내려주었다.

갑인일(甲寅日-11일)에 일본(日本) 지좌전(志佐殿)이 사자를 보내 예물을 바치고 또 그 국왕(國王)의 죽음[薨]¹⁰을 알렸다.

정사일(丁巳日-14일)에 안개가 꼈다.

---

9   임금 대신 행사(行事)하는 것을 말한다.
10 천자의 죽음을 붕(崩), 제후의 죽음을 훙(薨)이라 한다.

○ 헌사(憲司)에 명해 무구(無咎) 등의 가족들[家小]에게 그 출발을 독촉하지 말게 했다. 상이 사헌부에서 무구·무질(無疾)의 가족들에게 서울을 떠나도록 독촉한다는 말을 들은 까닭으로 이러한 명이 있었다. 또 말했다.

"부녀자가 떠나는데 언 길[凍路]이 마땅하지 않으니 2월 10일 이후를 기다려서 떠나 보내도록 하라."

무오일(戊午日-15일)에 나무에 성에가 꼈다.

○ 상이 친히 문소전에 전(奠)을 올렸다.

경신일(庚申日-17일)에 사헌부 장령(掌令) 유영(柳穎) 등이 소를 올려 전후에 쫓겨난[貶黜] 대간(臺諫)의 신하들을 용서할 것을 청했다. 소는 대략 이러했다.

'신 등은 가만히 생각건대 풍헌(風憲)의 직책은 관계되는 바가 심히 크고 간쟁(諫爭)하는 관원은 그 책임이 또한 무겁기 때문에 이른바 (임금의) 귀와 눈[耳目]이 되는 관사(官司)라는 것입니다. 『문류(文類)』에 있기를 "어사대(御史臺)는 국가 심복(心腹)의 위임을 받으므로 조정(朝廷)의 귀와 눈이 되는 관사(官司)가 된다. 안팎으로 백사(百司)의 사이에 있으면서 비위(非違)를 사찰(伺察)해 아는 것은 규찰하지 아니함이 없다. 귀하고 권세 있는 근신(近臣)을 물리치고 왕실(王室)을 강하게 하며 신하의 권세[威福]를 끊고 풍기(風紀)를 엄숙하고 맑게 해 국정(國政)을 지탱한다"라고 했고, 『직림(職林)』에 있기를 "천자(天子)에게는 쟁신(諍臣) 7인이 있고 제후(諸侯)에게는 쟁신 5인이 있으니 바로 옛날 좌사간(左司諫), 우사간(右司諫), 정언(正言)이다. 항상 좌우에 모시고 오로지 풍간(諷諫)만을 맡는다. 인주(人主)는 그 말을 기꺼이 받아들일 뿐만 아니라, 또 간언하는 신하에게 여러 번 상을 주어 간하도록 인도한다. 그러므로 간언하는 신하를 상주는 자는 능히 지극한 치세(治世)를 이룩한다"라고 했습니다.

이로 말미암아 보건대 대간(臺諫)의 임무는 실로 작지가 않습니다. 예로부터 인주(人主)는 그 임무를 참으로 무겁게 여겼고 더욱이 그에 적당한 사람을 얻기가 어려웠습니다. 그러므로 이러한 직임에 있는 자는 직분을 헤아리고 스스로 반성해 그 직책을 다하기를 생각하기에 최선을 다했습니다. 그래도 오히려 미치지 못하는 점이 있어 성상(聖上)의 은혜를 저버릴까 두려워하거늘, 감히 그 벼슬자리가 아까워서 말하지 아니하고 몸을 아껴서 간언하지 아니하겠습니까? 이 때문에 인주가 허물이 있으면 꺼리는 기색을 피하지 아니하고 간언하며, 재상이 잘못이 있으면 직접 탄핵하기를 꺼리지 않았습니다. 이것은 어리석은 소견을 다해 티끌만 한 조그마한 도움을 이루려고 함이니 어찌 그사이에 다른 마음이 있겠습니까? 비록 그렇다고 하더라도 중인(中人)[11] 이하는 능히 시중(時中)[12]에 다 부합하지 못해 비록 충성을 다하고자 해도 말이 혹 위에 거슬러서 해가 그 몸에 미쳐 혹은 형옥의 죄수가 되기도 하고, 혹은 쫓겨나게 돼 성명(聖明)에 누(累)가 됩니다. 마음에 무엇이 있어서 그러한 것이 아니라, 소견(所見)

---

11 이때 중인은 신분이 아니라 사람의 자질을 상·중·하로 나눴을 때의 중인이다.
12 때에 맞춰 그 사안에 적중한다는 뜻으로 공자의 핵심 사상이다.

이 편협(偏狹)하기 때문입니다. 명철한 임금은 그가 편견(偏見)에 치우친 것을 알고 그가 대체(大體)에 어두운 것을 용서해 다만 그 마음만을 취해 받아들이고 버리지 아니합니다. 그러므로 예로부터 항의해 상소(上疏)하고 지나치게 간언했으나 그 몸이 죄에 빠진 자는 드문 것입니다.

옛날에 유보(劉補)[13]는 간대부(諫大夫)가 돼 인주(人主)의 허물을 지극히 간언했으나 그 용서함을 받았고, 이경검(李景儉)[14]은 간의대부(諫議大夫)가 돼 대신의 잘못을 면대(面對)해 상소했으나 그 죄를 면했습니다. 쇠망한 세상의 임금도 오히려 간신(諫臣)에게는 죄주지 못한다고 알고 있었는데, 하물며 명철(明哲)하고 좋은 정치를 하는 임금이겠습니까? 그러므로 제(齊)나라 위왕(威王)이 정치를 할 적에는 면대해 허물을 말하는 자는 상등으로 상(賞)을 주고, 글을 올려 간하는 자는 중등으로 상을 주고, 시조(市朝)에서 논의해 임금께 주문(奏聞)하는 자는 하등으로 상을 주니 그제서야 제나라가 크게 다스려졌습니다.

이제 우리 전하는 예지(睿智)의 자질과 성리(性理)의 학문으로서 천도(天道)와 인사(人事)의 정조(精粗)·표리(表裏)·경중(輕重)·완급(緩急) 등에 대해 소상하게 알고 걱정 없이 편안히 행하시니, 비록 처리하기 어려운 일이 있을지라도 그 경중(輕重)을 비교해 대의(大

---

13 중국 전한(前漢) 때의 하간(河間)사람이다. 효렴(孝廉)으로 천거돼 벼슬이 간대부(諫大夫)에 이르렀다.
14 중국 당(唐)나라 사람으로 목종(穆宗) 때 벼슬이 간의대부(諫議大夫)에 이르렀다. 취중(醉中)에 대신(大臣)의 잘못을 욕해 좌천됐지만 뜻을 굽히지 않았다고 한다.

義)로 결단하고 때에 따라 적합하게 하시는데, 신과 같은 좁은 소견으로서 그 사이에 의견을 낼 수 있겠습니까? 그러나 지극히 밝은 요(堯)임금도 나무를 세워 간언하게 했고, 어려움을 이겨낸 우왕(禹王)도 종(鍾)을 쳐서 간언하기를 구했습니다.[15] 『사기(史記)』에 또 이르기를 "무왕(武王)은 (신하들이) 악악(諤諤)[16]해서 나라가 흥하고, 은(殷)나라 주왕(紂王)은 (신하들이) 묵묵(墨墨)[17]해서 나라가 망했다"라고 했습니다.

전하께서는 어찌 스스로 빼어나다고 하여 경계하는 말을 즐겨 듣지 않겠으며, 대간(臺諫)들은 우리 임금이 이미 빼어나고 조정이 이미 바르다고 하여 어찌 입을 다물고 묵묵히 있겠습니까? 요사이 대간의 신하가 만 번 죽는 것을 무릅쓰고 감히 말한 것은 진실로 이 때문입니다. 그 좁은 소견에서 나온 실수는 이미 그 죄를 자복했으니 그 과감하게 말한 절개는 마땅히 용서를 받아야 할 것입니다. 엎드려 바라건대 전하께서는 천지(天地) 같은 도량을 넓히시고, 우로(雨露) 같은 은혜를 드리우시어 전후에 쫓아낸 대간의 신하들을 모두 용서함으로써 언로(言路)를 넓히도록 해야 할 것입니다. 신 등은 천위(天威-임금의 분노)를 무릅쓰고 망령되게 어리석은 말을 올려 부월(鈇鉞)의 형벌을 기다립니다. 엎드려 상의 자애하심을 바랍니다.'

---

15 『회남자(淮南子)』에 의하면 요(堯)임금은 궁문(宮門) 앞에 나무를 세워서 사람들에게 간(諫)하도록 권장했고, 순(舜)임금도 나무를 세워 그 정치를 비방(誹謗)할 수 있도록 했고, 우(禹)임금은 궁문(宮門) 앞에 종(鍾)을 달아 간언(諫言)을 널리 구(求)했다고 한다.

16 곧고 바른 말을 하는 것을 뜻한다.

17 말하지 아니하고 입을 다물고 있는 것을 뜻한다.

소(疏)가 올라갔으나 대내(大內)에 머물러 두고 내리지 않았다.

신유일(辛酉日-18일)에 명해 안속(安束), 김매경(金邁卿), 장이(張弛), 정촌(鄭村), 이종화(李種華), 유익지(柳翼之) 등 여섯 사람을 경외종편(京外從便)[18]하게 했다.

○ 지평(持平) 이방(李倣)을 불러 양홍달(楊弘達)의 직첩을 바치게 했다. 이에 앞서 사헌부에서 양홍달이 명을 받고서 이숙(李淑)과 박석명(朴錫命)의 병을 치료하다가 잘못 약을 써서 운명(殞命)하게 된 것을 논죄해 율(律)에 의거해 시행하도록 청하니 상이 직첩을 거두도록 명한 바 있었다. 이때에 이르러 홍달(弘達)의 직첩을 바치도록 명하고 상고(相考)할 곳이 있다고 칭탁해 즉시 가져오게 했다. 이는 대개[蓋] 돌려 주고자 함이었다.

○ 건원릉(建元陵)[19]에 소나무를 심도록 명했다. 동반(東班) 9품 이상과 서반(西班) 4품 이상에게 각각 품종(品從)[20]을 내게 했다. 또 경

---

18 중도부처를 줄여 부처(付處)라고도 한다. 관원을 유배시킬 때 어떤 중간 지점을 지정하여 거기에 머물게 하는 것으로, 이는 3등 이하의 죄에 해당되는 것인데, 유배지는 황무지·바닷가·섬 등 지방관이 지정했다. 귀향(歸鄕)을 허락하지 않은 대신 유배지에서 가족과의 동거는 묵인했다. 왕족 중신(重臣) 등의 정치범 외에는 배소(配所)에 유폐(幽閉)하는 일이 없이 대개 방치해두었다. 기록상 부처되는 곳을 구체적으로 밝히지 않거나, 기한이 명시되지 않는 것이 특색이다. 중도부처는 여러종류가 있는데 형벌이 무거운 순서대로 나열하면 아래와 같다. 부처본관(付處本貫), 부처본향(付處本鄕), 사장부처(私莊付處), 원방부처(遠方付處), 외방부처(外方付處), 자원부처(自願付處)이고 한결 가벼운 형벌로는 자원류(自願流), 외방종편(外方從便), 경외종편(京外從便)이 있다. 외방은 일정 지역이 있는 것이고 경외는 서울 밖이면 어디서나 자유롭게 살 수 있었다.
19 태조(太祖) 이성계(李成桂)의 능이다.
20 관리의 품급(品級)에 따라 복종(僕從)들을 내게 해 조역(助役)하게 하는 것을 말한다.

기좌도(京畿左道)의 연호군(煙戶軍)과 각사(各司)에 속한 제색(諸色) 장인(匠人)을 차출해 부역(赴役)하게 하고 공조판서 박자청(朴子靑)과 영양군(永陽君) 이응(李膺)으로 하여금 감독하게 했다.

○ 의정부에서 각사(各司)의 외방노비(外方奴婢)와 혁파한 사사노비(寺社奴婢)에게 모두 둔전(屯田)의 종자(種子)를 줄 것을 청했다. 계문(啓聞)은 이러했다.

'60세 이상과 15세 이하를 제외하고 장정의 남자 종에게는 종자 곡식 10두(斗)씩을, 장정의 여종에게는 종자 곡식 8두씩을 주어서 추수한 뒤에 1두마다 10두씩을 거두도록 해야 할 것입니다.'

(상이) 그것을 따랐다. 당시에 종자(種子)를 주는 것을 '둔전(屯田)' 이라고 불렀는데, 사실은 공전(公田)이 있는 것은 아니었다.

○ 호조(戶曹)에서 호급둔전(戶給屯田)[21]의 종자(種子)를 청했다. 계문(啓聞)은 이러했다.

'이제 경외(京外)의 잡곡을 총계한 수량을 상고하면 경중(京中)은 25만 2,694석이고, 외방(外方)은 122만 9,163석입니다. 그러나 흉년의 재해(災害)와 군사의 일은 고금(古今)의 염려하는 바이니, 위의 축적한 곡식으로는 진실로 급한 일에 대비하기가 어렵습니다. 빌건대 외방의 민호(民戶)를 대호(大戶)·중호(中戶)·소호(小戶)로 나눠 호

---

21 여말 선초(麗末鮮初)에 실시한 둔전(屯田)의 하나다. 원래 둔전(屯田)은 군인에게 토지를 주어 경작하게 하는 것인데 이때 와서 군인에게 한정하지 않고 일반 민호(民戶)에게 종자(種子)를 주어 추수 때 곡식을 거둬 군자(軍資)에 충당했다. 태조 이성계(李成桂)는 둔전의 폐지와 함께 호급둔전(戶給屯田)도 철폐했으나 태종 9년에 군량미(軍糧米)의 부족으로 다시 실시했다.

(戶)마다 둔전종자(屯田種子)를 주되, 대호(大戶)에는 3두(斗)에 소출(所出) 15두, 중호(中戶)에는 2두에 소출 10두, 소호(小戶)에는 1두에 소출 5두, 잔호(殘戶)에는 2~3호를 합하여 1두를 지급하여 소출 5두로 하고, 잡곡(雜穀)을 논할 것 없이 가을이 되거든 거두게 해야 할 것입니다. 또 빌건대 긴요하지 않은 각사(各司)의 공해전(公廨田)을 혁파해야 할 것입니다. 또 각사(各司)의 하전(下典-아전)은 이미 봉족(奉足)이 있는데 다시 삭료(朔料)를 받으니 청컨대 그 하나는 줄이도록 해야 할 것입니다.'

그것을 따랐다.

○ 전라도 태산(泰山)과 인의(仁義)를 합해 태인현(泰仁縣), 함풍(咸豊)과 모평(牟平)을 합해 함평현(咸平縣), 용안(龍安)과 함열(咸悅)을 합해 안열현(安悅縣)으로 만들었다.

○ 비로소 서북면 관승(西北面館丞)²²을 두었다. 생양관(生陽館)에서 대동관(大同館)까지, 안정관(安定館)에서 안흥관(安興館)까지, 가평관(嘉平館)에서 임반관(林畔館)까지, 양책관(良策館)에서 의순관(義順館)까지 각각 관승(館丞) 하나씩을 두었다. 또 각익(各翼)의 좌소(左所), 우소(右所), 중소(中所)에 각각 부천호(副千戶) 1인씩을 두었고 또 의주(義州)에서 강계(江界)까지의 강(江)가에 사는 백성들로서 저쪽 편 강 연안에 아침에 갔다가 저녁에 올 수 있는 땅에다 농사짓기를 원하는 자는 허락했다.

도순문사(都巡問使)가 계문(啓聞)한 것을 따른 것이다.

---

22 관승이란 객관(客館)의 일을 담당한 6품관직으로 뒤에 찰방(察訪)으로 바뀌었다.

○ 전라도 도관찰사 윤향(尹向 1374~1418년)[23]이 상평보(常平寶)[24] 설치를 청하니 그것을 따랐다. 계문(啓聞)은 이러했다.

'가만히 생각건대 수재와 한재는 요(堯)임금과 탕(湯)임금도 면하지 못하는 바였지만 흉년을 구제하는 방책은 인력으로 가히 해볼 수 있습니다. 예전에 경수창(耿壽昌)[25]의 의창(義倉)[26]과 이회(李悝)[27]의 상평창(常平倉)은 천고에 바꾸지 못할 좋은 법인데 국가에서 의창은 설치하고 상평창의 법은 아직 시행하지 않고 있습니다.

---

23 고려 우왕 때 생원으로서 박초(朴礎) 등과 같이 불교 망국론을 역설하고 유학을 권장하라고 주장했다. 1404년(태종 4년) 지사간원사(知司諫院事)로 복직됐으나 남재(南在)의 부정 사실을 탄핵하려다 오히려 공주로 귀양갔다. 1405년 사헌부집의를 거쳐 1406년 왜적이 침입하자 경차관(敬差官) 판군자감사(判軍資監事)로 충청도에 파견됐다. 1407년 이조참의로 승진됐다가 곧 대사헌이 됐다. 다시 한성부윤으로 옮겼다가 곧 전라도 관찰사로 임명됐고 이때인 1409년 상평보(常平寶)의 설치를 건의해 시행하게 했다.
한때 윤향의 조카가 윤목(尹穆)의 죄에 연좌된 탓에 중요 관직에 임용될 수 없다는 탄핵을 받았으나 윤향이 먼저 윤목의 죄를 고발했기 때문에 태종이 중요 관직에 임명시켰다. 1412년 한성부윤을 거쳐 참지의정부사에 다시 임명됐다.

24 물가를 조절하기 위하여 관(官)에서 확보하고 있던 자본금(資本金)이다. 고려 성종(成宗) 12년(993년)에 포(布) 32만 필로 미(米) 6만 4,000섬을 바꿔 이를 밑천으로 하여 풍년에 곡가가 떨어지면 관에서 시가보다 비싸게 미곡(米穀)을 사들여 저축했다가 흉년에 곡가가 오르면 시가보다 싸게 방출함으로써 곡가를 조절해 백성들의 생활을 도왔다. 이 일을 맡아 보던 기관을 상평창(常平倉)이라 했다. 조선조에도 그대로 계속하다가 선조 41년(1608년)에 선혜청(宣惠廳)으로 흡수됐다.

25 중국 한(漢)나라의 정치가로 선제(宣帝) 때 대사농 중승(大司農中丞)이 돼 유명한 의창(義倉) 제도를 창설했다. 그 후 관내후(關內侯)에 봉해졌다.

26 평상시에 곡식을 저장해두었다가 흉년에 이것을 내어 빈민을 구제하던 제도다. 중국 한(漢)나라 때 창설돼 수·당(隋唐) 시대 때 널리 행해졌으며, 우리나라에서도 고려 성종(成宗) 5년(986년)에 종래의 흑창(黑倉)을 의창(義倉)으로 개칭해 실시하여 조선조에까지 계속됐다. 원래 의창(義倉)은 환곡(還穀) 정책에서 나온 것으로 이식(利息)을 붙이지 않는 것이 원칙이었다.

27 중국 전국(戰國)시대 위(魏)나라 사람이다. 일설(一說)에는 이회(里悝)라고도 하는데 문후(文侯)를 섬겼다. 상평창(常平倉)을 처음으로 창설하여 나라의 부강(富强)을 가져왔으며 중국 형법(刑法)의 모체가 된 『법경육편(法經六篇)』을 편찬했다.

신이 정해년(丁亥年-1407년) 12월에 임명을 받고 남쪽 지방에 오니 그해 여름과 가을에 가뭄이 심해 백성들이 한 말 정도의 양식도 없어서 흩어져 떠도는 자들이 끊이지 않았습니다. 다행히 성상(聖上)의 어질고 두터운 다움[仁厚之德]으로 진휼(賑恤)하라는 명령을 받고, 신이 무자년(戊子年-1408년) 정월부터 7월까지 몸소 친히 순문(巡問)하여 창고의 곡식을 내어 구제하고 여러 가지 방법으로 진휼하여 한 사람의 백성도 구학(溝壑-구덩이)에 쓰러져 죽지 않도록 했습니다. 신이 그때에 일찍이 상평창의 계책을 올렸더니, 마침 신민(臣民)의 부조지우(不造之憂)[28]를 당해 조정의 의논이 여기에 미칠 겨를이 없어서 채택돼 쓰이지 못했습니다.

이제 절약하여 쓰고 저축한 것을 가지고 면포(緜布) 500필을 구해 도내(道內) 여러 고을에 나눠 주고 이름을 상평보(常平寶)라고 해 가을에 곡식이 천할 때에는 면포 1필을 주고 곡식 값을 2두(斗)로 감(減)하여 받아들여서[糴] 백성의 용도에 편리하게 하고 봄에 곡식이 귀할 때에는 면포 1필을 받아들이고 곡식 값을 1두(斗)로 올려서 내어 주어[糶] 백성의 굶주림을 면하게 하며, 흉년(凶年)에는 내어 주기만 하고 받아들이지 말며, 풍년이 들기를 기다려서 법대로 거두어들일 것입니다. 이리 하면 수년이 지나지 않아 1만 석을 거둘 수 있을 것이니 백성이 그 이익을 받는데 나라에 어찌 유익함이 없겠습니까? 다만[祗=但] 세월이 오래되면 감사와 수령이 폐지하고 행하지 않을까 두려울 뿐입니다.

---

28 태조 이성계의 죽음을 가리킨다.

엎드려 바라건대 전하께서는 감사에게 명령을 내려서 매년 봄과 가을에 조적(糶糴)[29]의 수량을 계산하여 정부(政府)에 보고하게 하고 회계(會計)하여 시행하도록 해야 할 것입니다.'

갑자일(甲子日-21일)에 의정부지사 설미수(偰眉壽)를 보내 경사(京師)에 가게 했다. 성절(聖節)을 하례하기 위함이다. 예부(禮部)에 보내는 자문(咨文) 2통을 가지고 갔다. 그 하나는 이러했다.

'땅을 맡겨서 공물(貢物)을 거두는 것은 고금의 아름다운 법도[令典]입니다. 본국에서는 매번 진하(進賀)하는 절기(節期)를 맞으면 연례 공물로 금은, 기명(金銀器皿), 저세포(苧細布), 마세포(麻細布), 인삼(人蔘), 화석(花席) 등의 물건을 준비해 바치고 있습니다. 금(金)과 은(銀)의 경우에는 본국에서 본래 나지 않고 전에 원(元)나라 객상(客商)이 왕래하면서 흥판(興販)했던 아주 소량(少量)의 금과 은이 있었습니다만, 10년이 채 못 되는 사이에 용도(用度)가 다했습니다. 금후로는 무릇 위의 절기를 맞으면 본토(本土)에서 나지 아니하는 금은 기명은 장차 준비하기가 어려울 것 같으니 빌건대 토산(土産)의 물건(物件)으로 대체해 진헌(進獻)에 상응(相應)토록 하고 번거롭지만 주문(奏聞)해 밝게 지시를 내려서 시행하도록 해주시오.'

그 하나는 이러했다.

'근래에 온 자문(咨文)에 준거하자면 "해관(奚官) 만호부(萬戶府)[30]

---

29 곡식을 내어주고 거두어들이는 것을 말한다.

30 원(元)나라 때 두만강의 지류인 혼춘강(琿春江) 유역의 현성(縣城)에 두었던 위소(衛所)

소속 찰한(察罕) 등 12호(戶)를 마땅히 찾아서 보내고, 건주위(建州衛)에 머물러 사는 지휘첨사(指揮僉事) 마완자(馬完者)와 아합출(阿合出)[31]의 관하(管下) 인구(人口)도 찾아 건주위로 보내 완취(完聚)[32]하게 하라"고 했습니다

이것에 준(准)해 행문(行文)한 바, 의정부(議政府) 장계(狀啓)에 의거하면 "동북면 도순문사(東北面都巡問使) 임정(林整)의 정문(呈文)을 살펴보건대 고(故) 찰한(察罕)의 며느리 나난(那難) 등을 심문해 얻은 공술[供稱]^{공치}에 '홍무(洪武) 5년 임자년에 나합출(那哈出)이 여직(女直) 지면(地面)으로 와서 소란[鬧亂]^{홍란}을 일으켰기 때문에 만호 은실(殷實)과 함께 우리나라에 귀화해 경원(慶源)·정주(定州)·함주(咸州-함흥) 등지에 와서 호적에 편입하고 생업에 종사하며 차역(差役)을 감당한다'라고 했고, 또 각 고을 지면(地面)과 홍긍(紅肯-홍원) 등지에 마완자(馬完者)와 아합출(阿哈出) 등의 관하(管下) 남녀 인구를 자세히 조사했으나, 자문(咨文) 안에 열거한 이름자[名字]^{명자}와 서로 같은 사람은 없었습니다. 그러므로 정문(呈文)을 갖춰 이 장계(狀啓)를 올립니다"라고 했습니다. 이것에 의거해 위의 사리(事理)를 자세히 살펴보건대 찰한(察罕) 등의 관하(管下) 인구(人口)에 대해 성조(聖朝)의 호율(戶律) 안의 한 조문을 상고하니, 그 해당 절목[節該]^{절해}에 "무릇 민호(民戶)가 이웃 주현(州縣)으로 도망가서 차역(差

를 가리킨다.

31 어허출(於虛出)이라고도 한다.

32 흩어진 가족들을 한곳에 모두 모여 살게 한다는 말이다.

役)을 회피하는 자는 장(杖) 100대에 처하고, 원적(原籍)에 되돌려보내 차역(差役)을 감당시킨다. 홍무 7년 10월 이전에 다른 고을로 유이(流移)하여 일찍이 부적(附籍)하고 차역에 이바지하는 자는 논하지 아니한다"라고 했고, 또 태조(太祖) 고황제(高皇帝)께서 여러 번 내린 성지(聖旨)를 받았는데 "외방(外邦)을 구분하지 아니하고 일체로 보아 함께 사랑한다"라고 했습니다. 위의 고(故) 찰한(察罕) 등의 관하(管下) 인민 남녀 아울러 50구(口)는 이미 임자연간(壬子年間)에 본국에 유이(流移)하여 준청(准請)한 10처 지면(十處地面)³³에서 오래도록 생업(生業)에 종사하고, 부적(附籍)하여 차역(差役)에 이바지한 사실을 참조하여 황제에게 주달(奏達)해 주시오. 엎드려 바라건대 성자(聖慈)께서 특별한 지시를 밝게 내려서 저들로 하여금 생업에 안정되게 해 주신다면 한 나라의 큰 다행이겠습니다.'

○ 사헌부 장령(掌令) 유영(柳穎, ?~1430년)³⁴ 등이 소(疏)를 올려 붕비(朋比)³⁵의 풍습을 없앨 것을 청했다. 소는 대략 이러했다.

'가만히 생각건대 백관(百官)을 바르게 함으로써 조정을 바르게 하는 것은 나라를 위하는 큰 임무입니다. (그런데) 지금 우리나라에서는 관(官)을 두고 직(職)을 나눠 뛰어난 이에게 벼슬을 맡기고 유능

---

33 명(明)나라에서 태종(太宗) 4년(1404년)에 조선의 소유(所有)로 인정한 두만강(豆滿江) 내외의 땅이다. 곧 해관(奚關: 현성(縣城))·삼산(參散: 북청(北靑))·독로올(禿魯兀: 단천(端川))·홍긍(洪肯: 홍원(洪原))·합란(哈蘭: 함흥(咸興))·대신(大伸: 태신(泰神))·도부실리(都夫失里: 해양(海洋))·해동(海童)·아사(阿沙: 이원(利原))·알합(斡合: 명천입암(明川立岩))·아도가(阿都歌)를 말한다.
34 태종 때 예조좌랑 좌헌납 등을 거쳐 병조지사가 됐다. 세종 때 좌부대언 충청도 관찰사 대사헌 등을 거쳐 한성부윤, 예조참판을 역임했다.
35 편당을 만들어 자기편만을 옹호하는 것을 말한다.

한 이에게 일을 주어 간알(干謁)[36]하는 습속(習俗)을 고치고 붕당(朋黨)의 폐단을 없앴으니 조정(朝廷)을 바르게 한다고 할 만합니다. 그럼에도 불구하고 벼슬에 임해 일을 다스릴 때 혹은 붕비(朋比)를 끌어들여 공석(公席)에 한가롭게 앉아 항상 같이 한담(閑談)하기도 하고, 혹은 일찍 그 직무를 끝내고 동류들끼리 서로 더불어 쓸데없이 왔다 갔다 하다가 그로 인해 술자리를 베풀기도 하고, 혹은 사사로운 연줄로 인해 대소 아문(大小衙門)에 청탁을 하러 거리낌 없이 드나들기도 하고, 혹은 숙직(宿直)을 하게 되면 동류를 끌고 와서 밤새 술을 마시기도 해, 모람(冒濫)하고 일락(逸樂)하는 풍습을 이루고 있습니다. (이에 대해서는) 풍헌(風憲)의 자리에 있는 자가 규찰하지 않을 수 없습니다. 바라건대 이제부터 삼관(三館) 이외의 대소 관리가 서로 왕래하면서 이러한 몇 조목을 범하는 자는 주객(主客)을 물론하고 일절 분경(奔競)을 금지하는 법령에 의거해 현관(現官-현직)은 파직시키고 산관(散官)은 부처(付處)시켜서 조정을 바르게 해야 할 것입니다.'

소장을 대내(大內)에 머물러 두고 (유사에) 내리지 않았다.

○ 환자(宦者) 이매(李梅) 등을 순금사에 내렸다. 매(梅) 등이 탄궁(彈弓)[37]을 세자에게 바쳤으므로 사헌부에서 그 죄를 청한 때문이다.

---

36 사사로이 청탁하는 것을 말한다.

37 궁이 탄생하기 이전에 투석의 효과를 높이기 위해 출현했으며 돌 같은 것을 발사했다. 그러나 궁으로 화살을 쏘게 되면서 그 명중률에서 매우 큰 차이가 났기 때문에 탄궁은 전쟁터에서 자취를 감추고 말았다. 이때가 춘추전국시대의 일이었으니까 기원전 6세기에는 이미 군대에서 무기로 사용하지 않았으며 수렵용으로만 사용됐다. 그러다 암살자가 주로 사용하게 됐는데 그 이유는 발사한 탄환을 찾기가 어렵고, 화살처럼 쏘아 떨어뜨릴 수도

매 등에게 태(笞) 각각 30대씩을 때렸다.

○ 각사(各司) 이전(吏典)의 거관(去官)[38]하는 법(法)을 세웠다. 의정부에서 아뢰었다.

"만기[考滿]가 돼 우두머리[頭]가 되는 1인은 벼슬에 임명하고, 그 나머지는 전조(前朝-고려)의 역관 헐등(役官歇等)[39]의 예에 의거해 차례대로 녹용(錄用)하되 사람 수가 많은 곳에는 2인을 쓰고 적은 곳에는 1인을 쓰며, 나머지는 모두 한직(閑職)에 나아가 차례를 기다리도록 허락해야 할 것입니다. 바라건대 이제부터 판지(判旨-임금의 지시)에 의하여 많은 곳에는 2인, 적은 곳에는 1인씩 전례(前例)에 의하여 거관(去官)하게 하고, 그 나머지는 비록 개월(箇月)이 이미 만료(滿了)됐다 하더라도 한직(閑職)에 나아가지 말게 하고, 전과 같이 관(官)에서 근무하다가 매년 도목(都目)을 당하여 차례대로 거관하게 해야 할 것입니다."

그것을 따랐다.

정묘일(丁卯日-24일)에 (충청도) 부여현(扶餘縣) 사람 부사정(副司正) 강안수(康安壽)의 아내 조(曺)씨가 안수(安壽)의 무덤에 여막(廬幕)을 짓고 3년을 마쳤다. 조씨는 창녕(昌寧) 사람 조원의(曺元義)의 딸이다.

○ 흥천사(興天寺)[40] 주지(住持) 운오(云悟)가 백은(白銀) 50냥을 올

없으며, 탄환을 들고 다니기가 간편했기 때문이다.

38 임기가 차서 그 벼슬을 떠나 다른 관직으로 옮기는 일을 말한다.

39 관리의 진급을 보류하는 것을 말한다.

40 1395년(태조 4년) 신덕왕후 강씨(神德王后康氏)가 죽자 1396년 능지(陵地)를 정릉(貞陵)

리니 관에서 그 값을 주게 하되 상례(常例)에 비해 한 배 반(半)을 더 주도록 명했다. 운오가 말씀을 올렸다.

'개국(開國)하던 당초에 조성(祖聖)께서 본사(本寺)를 창건해 세우고 계성전(啓聖殿)⁴¹의 어진(御眞)을 봉안(奉安)했습니다. 신(臣)이 이 절에 주지가 되어 조그마한 도움이 없고 단지 아침 저녁으로 분향하여 위로 성수(聖壽)를 축원하는 것뿐입니다. 그러나 절은 크고 자산(資産)은 적어서 많은 사람이 모이지 못하고 절의 간각(間閣)이 무너질까 두렵습니다. 마침내 걱정스럽게 탄식을 하면서 조사(祖師)로부터 전해 내려오는 비장(秘藏)의 백은(白銀) 50냥을 국용(國用)에 충당하도록 삼가 바칩니다. 빌건대 그 값을 내려주시어 불공(佛供)하는 재승(齋僧)들의 만세 무궁한 자산(資産)이 되도록 해 주소서.'

상이 명해 그 값[直=値]을 주도록 했다. 운오는 그 값을 받아서 끝내 불공하는 재승(齋僧)의 비용으로 쓰지 않고 한갓 술과 음식을 마련해 권귀(權貴)에게 아첨하는 데 허비했다.

기사일(己巳日-26일)에 나무에 성에가 꼈다.

○ 일기도(一岐島)와 대마도(對馬島) 두 섬의 왜인 추장(酋長)이 토산물을 바쳤다.

에 정하여 조영(造營)하고 그 원당(願堂)으로 능 동쪽에 170여 칸의 절을 세워 홍천사라 칭했으며 조계종의 본산(本山)으로 삼았다. 지금도 서울 돈암동에 있다.

41 조선 태조(太祖)의 아버지인 환조(桓祖)를 가리킨다. 1394년(태조 3년) 태조의 4대조를 추존할 때 환왕(桓王)이라 했다가 태종 때 환조로 추존했다.

신미일(辛未日-28일)에 전 계림부윤(鷄林府尹) 이은(李殷)이 식량(食糧)을 풍족하게 할 계책을 올리니 그것을 따랐다. (올린) 말씀은 이러했다.

'먹을 것과 군사를 넉넉하게 하는 일[足食足兵]은 나라의 급선무이자 정치에서 마땅히 우선해야 할 바입니다. 대개 먹을 것의 근본은 농사에 있고 농사의 근본은 제언(堤堰)을 쌓고 수리(水利) 사업을 일으켜서 한재(旱災)를 방비하는 데 있을 뿐입니다. 만약 환란에 대비하지 않다가 백성이 굶주리고 창고가 비게 되면 장차 무엇으로 먹을 것을 넉넉하게 하고 군사를 넉넉하게 하겠습니까? 제언을 수축하는 것은 이미 명문화된 법령이 있으나 백성들이 마음을 써서 수축하지 않고 있습니다. 그러므로 제언이 높지 못해 물이 고이지 않고 수축한 것이 튼튼하지 못해 물이 많이 터집니다. 한갓 백성만을 수고롭게 하고 농사에는 아무런 이익이 없으니 가히 마음이 아픈 일입니다. 제언을 쌓는 방법은 견고하고 완전하고 높고 두텁게 하는 데 힘써서 비록 큰 가뭄에도 마르지 아니하고 큰 물에도 터지지 아니하도록 해서 실농(失農)하는 근심이 없게 하는 데 있습니다. 그렇기 때문에 제언(堤堰)은 농사의 근본이 되고, 농사는 먹는 것을 넉넉하게 하는 근본이 된다고 하는 것입니다. 『농서(農書)』에 이르기를 "무릇 백성의 심정은 수고하는 것을 싫어하고 편안한 것을 좋아하므로 간절히 농사를 권과(勸課)하는 것은 처음에는 백성을 수고롭게 하는 것 같으나 마침내 백성을 먹여 살리는 일이요, 가만히 앉아서 농사를 권과하지 않는 것은 처음에는 백성을 편안히 하는 것 같으나 마침내 백성을 해롭게 하는 일이다"라고 했습니다. 엎드려 바라건대 여러 도(道)

에 영(令)을 내려 오로지 제언을 쌓고 농상(農桑-농사와 뽕나무 기르기)을 권과하는 데 힘을 쓰게 하고, 밭과 들을 모두 개간해 뽕나무와 삼[麻]이 들을 덮게 한다면 백성의 생활이 풍부해지고 군사와 식량이 저절로 넉넉해질 것입니다. 나라를 위한 급선무는 이보다 더 절실한 것이 없으니 엎드려 바라건대 채택해 시행해야 할 것입니다.'

○ 선군(船軍)에게 관직(官職)을 상으로 주는 법을 고쳤다. 의정부에서 아뢰었다.

"『경제육전(經濟六典)』의 한 조목에 '선군(船軍)은 가산(家産)을 돌보지 아니하고 오랜 햇수를 방어에 나서므로[赴防] 가장 일이 고되나 관직을 상으로 주는 길이 막혀 권면하고 징계할 방법이 없으니 마땅히 해령(海領)[42]의 직을 설치해 40개월이 차는 자는 차례로 1급을 승진시켜 가선(嘉善)에 이르면 그치게 한다'라고 했습니다. 그러나 관작(官爵)이란 명분에 관계되는 바이니 무겁게 여기지 않을 수 없습니다. 만일 각도의 수많은 선군(船軍) 가운데 40개월이 찬 자에게 공적(功績)의 유무를 논하지 않고 모두 관직을 준다면 관작(官爵)이 가볍고 천하게 될 뿐만 아니라 평민이 적어져 명분이 문란해질 것입니다. (또) 후일에 만약 전공(戰功)을 세운 자가 있으면 권장하여 상을 줄 수 없습니다. 금후로는 개월(箇月)의 법(法)을 없애고 각선(各船)의 사관(射官) 가운데서 몸소 부방(赴防)하여 연월(年月)이 가장 오래 된 자는 큰 배에는 2인, 작은 배에는 1인씩 수군 도절제사(水軍

---

42 여말 선초(麗末鮮初)에 선군(船軍)에게 주던 무관직(武官職) 벼슬이다. 40개월(箇月)에 1계급씩 승진시켜 종2품 가선 대부(嘉善大夫)에 이르면 그치게 했다.

都節制使)가 각각 그 이름 밑에 갖춰 기록해 신문(申聞)하면 그 전직 (前職)의 높고 낮은 데 따라 1급을 올리되 3년에 한 차례씩 차하(差下)해야 할 것입니다. 그 가운데 재능(才能)이 특별히 뛰어나서 여러 사람이 추앙하고 복종하는 자는 차례대로 천전(遷轉-인사이동)하도록 허락하되 절충(折衝-정3품 당상)에 이르면 그치게 할 것이며 적을 만나서 싸워 이긴 자는 이러한 예(例)에 구애되지 않게 해야 할 것입니다."

그것을 따랐다.

임신일(壬申日-29일)에 경기 수군도절제사 최용화(崔龍和)가 (경기도) 강화(江華)와 교동(喬桐)의 논밭을 모두 군자전(軍資田)에 속하게 할 것을 청하니 그것을 따랐다. 말씀을 올렸다.

'강화와 교동은 나라의 문호(門戶)이므로 해구(海寇)가 기전(畿甸-경기도)을 엿보면 반드시 이곳을 경유합니다. 그러므로 전함(戰艦)을 머물러 두어 불의의 변을 방비하는 것은 진실로 적절한 계책입니다. 그러나 풍해도(豐海道)와 충청도의 연해 지방에 왜적이 불의에 나와서 갑자기 침입하면 즉시 배가 나가서 뒤쫓아야 마땅합니다. 하지만 본래 군사의 양식이 없어서 반드시 군인들로 하여금 아주(牙州), 연안(延安), 수원(水原), 광주(廣州)에서 급료(給料)를 받게 하고 있습니다. 이 때문에 비록 급한 일을 당할지라도 지체하여 기회를 잃는 것은 참으로 이런 이유 때문입니다. 또 전조(前朝-고려)에서는 불의의 사변을 만나면 온 나라가 강화(江華)에 들어와 지켰으니[入保]_{입보} 어찌 식량의 저축이 없이 그리했겠습니까? 청컨대 두 고을의 전지 가운데 문선왕(文宣王)⁴³의 위전(位田)과 아록전(衙祿田) 공수전(公須田)⁴⁴을 제외하고 각품의 과전(科田) 2,370결과 여러 창고(倉庫)의 속전(屬田) 720결을 육지로 옮겨서 지급하고 이들 논밭을 모두 군자전(軍資田)에 소속시켜 해마다 그 세입을 거두어 산성(山城)에 저장하여 불의의 변에 대비하게 해야 할 것입니다.'

상이 의정부에 내려 토의하게 하니 모두 옳다고 했다.

○ 상이 말했다.

"해마다 (관리의) 녹봉(祿俸)을 주지 못해 군자(軍資)에서 꿔서 쓰니 이는 녹봉을 중하게 여기는 도리가 아니다. 마땅히 녹전(祿田)의 수(數)를 늘려 벼슬하는 이의 녹봉을 넉넉하게 해야 할 것이다."

---

43 공자(孔子)의 존호(尊號)다. 중국 당(唐)나라 현종(玄宗)이 개원(開元) 27년(739년)에 추증(追贈)했다.

44 조선시대 지방 관원의 녹봉(祿俸)에 충당하기 위해 조정에서 녹봉 대신 임지(任地)에 일정한 전지(田地)의 수조권(收租權)을 나눠 준 제도다. 고려시대에는 976년(경종 1년) 토지 제도 정비 이후 왕실·국가기관 등의 경비 충당을 위해 공해전(公廨田)을 마련한 데 이어 지방 관청의 경비 충당을 위해 983년(성종 2년) 지방의 공해전을 완비했다. 그 종류에는 공수전(公須田), 지전(紙田), 장전(長田) 등이 있었다. 공수전은 지방 관청의 운영비와 이에 딸린 관원의 녹봉을 충당하기 위해 지급했다. 이 공수전을 조선시대에는 지방 관청의 운영에 소요되는 경비만 충당하게 하고, 아록전을 따로 두어 지방 관청의 요원 가운데 관(官)의 녹봉에 충당하도록 했다.

甲辰朔 上率百官 親奠于文昭殿 還宮行賀正禮 賜食于世子

及諸王子. 謂代言等曰:"予之子 物故者六 今只有四子 同饌

而食. 父母之心 爲如何哉! 予誨友于之義 爾等其識之." 蓋①

傷向者無咎兄弟有剪除之志故也. 謂黃喜曰:"昔晉時 王敦反

王導謂周顗曰:'以百口累卿,' 顗力救之 終不與導言. 導獲免

後 檢料尙書故事 乃知顗救之甚力. 宰相處心 當如是也. 今卓愼

等罪 都堂宜以律斷之 不宜請宥 予當貸之." 世子禔從容啓曰:

"孟思誠從臣入朝 備嘗艱險 臣知其拙直也. 當忤旨被罪之時 竊

欲營救 恐犯天威 未敢發言. 許稠 卓愼從臣久矣 亦皆拙者也.

今以語言獲罪 乞賜寬假." 上欣然嘉納.

乙巳 命杖卓愼等 外方付處. 愼杖六十 羅州付處: 許稠六十

春州: 金孟誠 甫州: 李小畜靈山. 初 議政府擬議 卓愼等罪 使

律學李猗照律以聞. 其一 風憲官挾私彈事 杖一百流三千里 加役

三年. 其一 失錯奏事 杖六十. 上使承政院詰猗曰:"按律定罪

汝之職也. 雖有敎之者 豈可輕重於其間哉!" 猗對曰:"以二件

照律 古未有例. 今日之事 乃因舍人司之言也." 上以猗出入人罪

40

減重作輕 命囚巡禁司 凡四日而釋之. 使巡禁司更議愼等罪以聞.

巡禁司啓:

"卓愼之罪 凡誣告人至死罪 所誣②之人未決者 杖一百流三千里

加役三年. 各衙門進呈實封誣告人及風憲官挾私彈事有不實者

罪亦如之. 金孟誠 李小畜罪 隨從者 減一等 杖一百徒三年. 許稠

罪 凡諸人設計用言 敎誘人犯法者 與犯法之人同罪.

丁未 領議政府事河崙 政丞成石璘 李茂詣闕 請進肉膳. 啓曰:

"臣等聞上體未寧 請嘗肉汁 以補虛弱." 上曰:"上王之疾 深於

寡人. 予雖有疾 進食旣多 豈可先嘗!"崙等使知議政府事偰眉壽

詣仁德宮 請于上王 上王亦不許. 翼日 河崙等俱詣仁德宮 請進

肉膳 次詣闕. 上王遣中官 以視主上之嘗否. 上曰:"上王長我

十歲 且有宿疾. 我若不先 亦不嘗之矣."遂取嘗之 不下咽.

己酉 吏曹上停檢校祿俸及罷冗官事宜. 疏略曰:

'臣等竊見職帶檢校者 皆安坐而享厚祿 其於待士報功之意

何如? 又有巡禁扈衛二司 古之敎定衙門 或以他官兼之 而職無

不修. 今二司皆置三品以下祿官 受祿衙門 多於古制. 請停檢校

祿俸 罷二司祿官 皆以他官兼之 以贍國用.'

上曰:"在昔微時 一家資贍 皆未之知 惟事馬上 今君長一國 乃

知倉廩不可虛竭也. 若不頒祿於檢校 則頗有贏餘 然帶檢校者 亦

皆夙昔有勞之人 不可棄也."

辛亥 命世子褆 攝行春享于文昭殿. 以未寧也.
신해 명 세자 제 섭행 춘향 우 문소전 이 미령 야

河崙等復勸進肉膳 上始嘗乾肉 謂左代言李灌曰: "勿令各道
하륜 등 부권 진 육선 상 시 상 건육 위 좌대언 이관 왈 물령 각도

進肉."
진육

以鄭龜晋爲司憲執義 柳穎掌令 李倣持平.
이 정구진 위 사헌 집의 유영 장령 이방 지평

對馬島宗貞茂 遣使獻禮物.
대마도 종정무 견사 헌 예물

壬子 賜醫楊弘達米豆二十五石.
임자 사 의 양홍달 미두 이십오 석

甲寅 日本志佐殿 遣使獻禮物 且告國王之薨.
갑인 일본 지좌전 견사 헌 예물 차 고 국왕 지 훙

丁巳 霧.
정사 무

命憲司勿督無咎等家小之行. 上聞司憲府督遣 無咎 無疾家小
명 헌사 물독 무구 등 가소 지 행 상 문 사헌부 독견 무구 무질 가소

出京 故有是命. 且曰: "婦女之行 不宜凍路 可待二月十日後發遣."
출경 고 유 시명 차왈 부녀 지행 불의 동로 가대 이월 십일 후 발견

戊午 木氷.
무오 목빙

上親奠于文昭殿.
상 친전 우 문소전

庚申 司憲掌令柳穎等 上疏請宥前後貶黜臺諫之臣. 疏略曰:
경신 사헌 장령 유영 등 상소 청유 전후 폄출 대간 지신 소 약왈

'臣等竊謂 風憲之職 所係甚大; 諫爭之官 其責亦重 所謂耳目
신등 절위 풍헌 지직 소계 심대 간쟁 지관 기책 역중 소위 이목

之司也. 文類有曰: "御史臺受國家腹心之寄 爲朝廷耳目之司.
지사 야 문류 유왈 어사대 수 국가 복심 지기 위 조정 이목 지사

在內外百司之間 伺察非違 知無不糾 屛貴近强公室 絶臣下之
재 내외 백사 지간 사찰 비위 지무불규 병 귀근 강 공실 절 신하 지

威福 肅淸風憲 扶持國政." 職林有曰: "天子有諍臣七人 諸侯
위복 숙청 풍헌 부지 국정 직림 유왈 천자 유 쟁신 칠인 제후

有諍臣五人 卽古之左右司諫正言也. 常侍左右 專掌諷諫. 人主
유 쟁신 오인 즉 고지 좌우 사간 정언 야 상시 좌우 전장 풍간 인주

不惟嘉納 又屢賞諫臣 導之使諫 故賞諫臣者 能成至治." 由是
불유 가납 우 누상 간신 도지 사간 고 상 간신 자 능성 지치 유시

觀之 臺諫之任 誠不小也. 自古人主實重其任 尤難其人 故居
관지 대간 지임 성 부소 야 자고 인주 실중 기임 우난 기인 고 거

是職者 揆分自愧 思盡其職 汲汲然猶恐不及 以負上恩 其敢惜位
시직 자 규분 자괴 사진 기직 급급 연유공 불급 이부 상은 기감 석위

而不言 愛身而不諫乎?
이 불언 애신 이 불간 호

是以人主有過 則犯顏而不諱 宰相有失 則直彈〔直彈〕而不忌
시이 인주 유과 즉 범안 이 불휘 재상 유실 즉 직탄 직탄 이 불기

罄竭狂瞽 欲補涓埃 豈有他心於其間哉? 雖然中人以下 未能悉合
경갈 광고 욕보 연애 기유 타심 어 기간 재 수연 중인 이하 미능 실합

乎時中 雖欲盡忠而言 或戾乎上 害必及其身 或拘縲絏 或被擯斥
호 시중 수욕 진충 이언 혹려호상 해필급기신 혹구 누설 혹피 빈척

以累聖明 非其心有爲而然也 所見有偏故也. 明知之主 知其局於
이누 성명 비 기심 유위 이연야 소견 유편 고야 명지 지주 지기 국어

偏見 赦其昧於大體 但取其心 容受不去 故自古抗疏過諫 而陷身
편견 사기 매어 대체 단취 기심 용수 불거 고자고 항소 과간 이함신

於罪者鮮矣.
어 죄자 선의

昔劉補爲諫大夫 極諫人主之過 而得蒙其赦; 李景儉爲
석 유보 위 간대부 극간 인주 지과 이 득몽 기사 이경검 위

諫議大夫 面疏大臣之失 而尙免其罪. 彼衰世之主 尙知諫臣之
간의대부 면소 대신 지실 이상면 기죄 피 쇠세 지주 상지 간신 지

不可罪. 況明哲有爲之君乎? 故齊威王之爲政也 面刺過者受上賞
불가 죄 황 명철 유위 지군 호 고 제 위왕 지 위정 야 면자 과자 수 상상

上書諫者受中賞 議於市朝而聞於上者受下賞. 於是齊國大治.
상서 간자 수 중상 의어 시조 이문 어상 자수 하상 어시 제국 대치

今我殿下 以睿智之資 性理之學 其於天道人事精粗表裏
금 아 전하 이 예지 지자 성리 지학 기어 천도 인사 정조 표리

輕重緩急 昭然而知 坦然而行 雖有難處之事 校其輕重 斷以
경중 완급 소연 이지 탄연 이행 수유 난처 지사 교기 경중 단이

大義 合乎時措 如臣偏見 不可議於其間. 然以堯之克明 尙立
대의 합호 시조 여신 편견 불가 의어 기간 연이 요지 극명 상립

敢諫之木; 禹之克艱 尙置求諫之鍾. 史記且曰: "武王諤諤而
감 간지목 우지 극간 상치 구간 지종 사기 차왈 무왕 악악 이

興 殷紂墨墨而亡." 殿下豈以自聖 而不喜箴規 臺諫豈以吾君已
흥 은주 묵묵 이망 전하 기이 자성 이불희 잠규 대간 기이 오군 이

聖 朝廷已正 而含糊墨墨乎? 近者 臺諫之臣 冒萬死而敢言者 誠
성 조정 이정 이 함호 묵묵 호 근자 대간 지신 모 만사 이 감언 자성

以此也. 其偏見之失 已服其罪 其敢言之節 宜蒙其赦. 伏望殿下
이차 야 기 편견 지실 이복 기죄 기 감언 지절 의몽 기사 복망 전하

廓乾坤之量 垂雨露之恩 前後所貶臺諫之臣 一皆宥之 以廣言路.
확 건곤 지량 수 우로 지은 전후 소폄 대간 지신 일개 유지 이광 언로

臣等干冒天威 妄進瞽說 以待鈇鉞之誅 伏望上慈.'
신등 간모 천위 망진 고설 이대 부월 지주 복망 상자

疏上 留中不下.
소상 유중 불하

辛酉 命安東 金邁卿 張弛 鄭村 李種華 柳翼之等六人
신유 명 안동 김매경 장이 정촌 이종화 유익지 등 육인

京外從便.
경외종편

召持平李倣 進楊弘達職牒. 先是 司憲府論弘達受命治李淑
소 지평 이방 진 양홍달 직첩 선시 사헌부 논 홍달 수명 치 이숙

朴錫命之疾 誤投藥餌 以致殞命 請依律施行 上命收職牒. 至是
박석명 지질 오투 약이 이치 운명 청 의율 시행 상 명수 직첩 지시

命進弘達職牒 托以有相考處 可卽齎來. 蓋欲還給也.
명진 홍달 직첩 탁이유 상고 처 가즉 재래 개욕 환급 야

命栽松于健元陵. 東班九品已上 西班四品已上 各出品從. 又
명 재송 우 건원릉 동반 구품 이상 서반 사품 이상 각출 품종 우

發京畿左道煙戶軍及各司屬諸色匠人赴役 使工曹判書朴子靑
발 경기좌도 연호군 급 각사 속 제색장인 부역 사 공조판서 박자청

永陽君李膺監之.
영양군 이응 감지

議政府請各司外方奴婢及革去寺社奴婢 皆給屯田之種. 啓曰:
의정부 청 각사 외방노비 급 혁거 사사노비 개급 둔전 지종 계왈

'除六十已上十五以下外 壯奴給種租十斗 壯婢八斗 至秋成每
제 육십 이상 십오 이하 외 장노 급 종조 십두 장비 팔두 지 추성 매

一斗收十斗.' 從之. 時以給種 號爲屯田 實非有公田也.
일두 수십두 종지 시이 급종 호위 둔전 실비유 공전 야

戶曹請戶給屯田之種. 啓曰:
호조 청 호급둔전 지종 계왈

'今考京外雜穀會計之數 京中則二十五萬二千六百九十四
금고 경외 잡곡 회계 지수 경중 즉 이십오 만 이천 육백 구십 사

石 外方則一百二十二萬九千一百六十三石. 然凶荒之災 軍旅之
석 외방 즉 일백 이십 이만 구천 일백 육십 삼석 연 흉황 지재 군려 지

事 古今所慮 上項積貯 誠難備急. 乞以外方民戶 第其大中小戶
사 고금 소려 상항 적저 성난 비급 걸이 외방 민호 제기 대중 소호

戶給屯田種子. 大戶三斗 所出十五斗; 中戶二斗 所出十斗;
호급둔전 종자 대호 삼두 소출 십오 두 중호 이두 소출 십두

小戶一斗 所出五斗; 殘戶二三竝給一斗 所出五斗. 勿論雜穀
소호 일두 소출 오두 잔호 이삼 병급 일두 소출 오두 물론 잡곡

待秋收斂. 又乞革不緊各司公廨田 又各司下典 旣有奉足 復受
대추 수렴 우걸 혁 불긴 각사 공해전 우 각사 하전 기유 봉족 부수

朔料 請減其一件.’從之.
삭료 청감 기 일건 종지

竝全羅道 泰山 仁義爲泰仁縣, 咸豐 牟平爲咸平縣, 龍安
병 전라도 태산 인의 위 태인현 함풍 모평 위 함평현 용안

咸悅爲安悅縣.
함열 위 안열현

始置西北面館丞. 自生陽館至大同館 安定至安興 嘉平至林畔
시 치 서북면 관승 자 생양관 지 대동관 안정 지 안흥 가평 지 임반

良策至義順 各置館丞一. 又於各翼左右中所 各置副千戶一人 又
양책 지 의순 각치 관승 일 우 어 각익 좌우 중소 각치 부천호 일인 우

自義州至江界 竝江居民 欲於彼岸朝往夕來之地耕種者聽. 從
자 의주 지 강계 병 강거 민 욕 어 피안 조왕석래 지지 경종 자청 종

都巡問使之啓也.
도순문사 지 계 야

全羅道都觀察使尹向 請置常平寶 從之. 啓曰:
전라도 도관찰사 윤향 청치 상평보 종지 계왈

‘竊惟水旱之災 堯湯所不免 救荒之策 人力所可及. 昔耿壽昌
절유 수한 지재 요 탕 소불면 구황 지책 인력 소가급 석 경수창

之義倉 李悝之常平 千載不易之良法也. 國家設義倉 而常平之法
지 의창 이회 지 상평 천재 불역 지 양법야 국가 설 의창 이 상평 지법

則未之行. 臣於丁亥十有二月 受命南來 是年夏秋旱甚 民無斗粟
즉 미지 행 신 어 정해 십유 이월 수명 남래 시년 하추 한심 민무 두속

之資 而流亡絡繹. 幸承聖上仁厚之德 賑恤之命 臣自戊子正月
지자 이 유망 낙역 행 승 성상 인후 지덕 진휼 지명 신 자 무자 정월

至七月 身親巡問 發倉以濟 多方以賑 不使一民轉于溝壑. 臣於
지 칠월 신친 순문 발창 이제 다방 이진 불사 일민 전우 구학 신 어

是時 嘗進常平之策 適遭臣民不造之憂 朝廷之議 不暇及此 而
시시 상진 상평 지책 적조 신민 부조지우 조정 지의 불가 급차 이

未見收用. 今以節用而儲之 得縣布五百匹 分于道內諸州 名之
미견 수용 금 이 절용 이 저지 득 면포 오백 필 분우 도내 제주 명지

以常平寶. 當秋穀賤之時 給布一匹 減價二斗而糴 以便民用 及
이 상평보 당 추곡 천지시 급포 일필 감가 이두 이적 이편 민용 급

春穀貴 納布一匹 增價一斗而糶 俾免民飢. 凶年則有糴而無糶
춘곡 귀 납포 일필 증가 일두 이조 비면 민기 흉년 즉 유조 이 무적

待其年豐 依式收之 不出數年 可收萬石. 民受其利 國豈無益!
대 기 연풍 의식 수지 불출 수년 가수 만석 민 수 기리 국 기 무익

秖恐歲久 監司守令廢墜不行耳. 伏望殿下 下令監司 每當春秋
지 공 세구 감사 수령 폐추 불행 이 복망 전하 하령 감사 매당 춘추

計糶糴之數 報於政府 會計施行.’
계 조적 지수 보어 정부 회계 시행

甲子 遣知議政府事偰眉壽如京師. 賀聖節也. 就齎移禮部咨
갑자 견 지의정부사 설미수 여경사 하 성절 야 취 재 이 예부 자

二道而去. 其一曰:
이도 이 거 기 일 왈

'任土作貢 古今令典. 本國每遇進賀節期 年例備辦金銀器皿
임토 작공 고금 영전 본국 매 우 진하 절기 연례 비판 금은 기명

苧麻細布人蔘花席等物進獻. 爲因金銀 本國自來不産 前元客商
저마 세포 인삼 화석 등물 진헌 위인 금은 본국 자래 불산 전원 객상

往來 興販到些少金銀 不數十年間 用度罄盡 今後凡遇上項節期
왕래 흥판 도 사소 금은 불수 십년 간 용도 경진 금후 범 우 상항 절기

本土不産金銀器皿 將似難備. 乞將土産物件代備 進獻相應 煩爲
본토 불산 금은 기명 장사 난비 걸장 토산물 건 대비 진헌 상응 번위

聞奏 明降施行.'
문주 명강 시행

其一曰:
기 일 왈

'近準來咨:"奚官萬戶府所屬 察罕等十二戶 合行取發 建州衛
근준 내자 혜관 만호부 소속 찰한 등 십이 호 함행 취발 건주위

住坐 指揮僉事 馬完者 阿哈出戶下人口 起發 建州衛完聚."
주좌 지휘 첨사 마완자 아합출 호하 인구 기발 건주위 완취

準此 行據議政府狀啓備東北面都巡問使林整呈:"問得故 察罕
준차 행거 의정부 장계 비 동북면 도순문사 임정 정 문 득 고 찰한

媳婦 那難等供稱 洪武五年壬子 因那哈出到來女眞地面鬨亂
식부 나난 등 공칭 홍무 오년 임자 인 나합출 도래 여진 지면 홍란

根同萬戶 殷實向國來出 於慶源 定州 咸州等處 附籍安業當差.
근동 만호 은실 향국 내출 어 경원 정주 함주 등처 부적 안업 당차

又於各官地面及 紅肯等處 究問馬完者及阿哈出等戶下男婦
우 어 각관 지면 급 홍긍 등처 구문 마완자 급 아합출 등 호하 남부

人口 竝無咨內開來名字相同人氏. 具呈." 得此狀啓. 據此看詳
인구 병무 자내 개래 명자 상동 인씨 구정 득차 장계 거 차 간상

上項事理 所據 察罕等戶下人口 欽檢到聖朝戶律內一款 節該:
상항 사리 소거 찰한 등 호하 인구 흠 검 도 성조 호율 내 일관 절해

"凡民戶逃往隣州縣躱避差役者 杖一百 發還原籍當差. 其在
범 민호 도왕 인 주현 타피 차역 자 장 일백 발환 원적 당차 기 재

洪武七年十月以前 流移他郡 曾經附籍當差者勿論." 又 欽蒙
홍무 칠년 십월 이전 유이 타군 증경 부적 당차 자 물론 우 흠몽

太祖高皇帝累降聖旨:"不分化外 一視同仁." 欽此. 參照上項
태조고황제 누 강 성지 불분 화외 일시 동인 흠차 참조 상항

故察罕等戶下人民男婦共五十口 旣於壬子年間 流移本國 準請
고 찰한 등 호하 인민 남부 공 오십 구 기 어 임자년 간 유이 본국 준청

十處地面 久安生業 附籍當差. 如蒙奏達 伏望聖慈 特賜明降 仍
십처지면 구안 생업 부적 당차 여몽 주달 복망 성자 특사 명강 잉

使安業 一國幸甚.'
사 안업 일국 행심

司憲掌令柳穎等 上疏請戢朋比之風. 疏略曰:
사헌 장령 유영 등 상소 청즙 붕비 지풍 소 약왈

'竊謂正百官以正朝廷 爲國之大務也. 今我國家設官分職 任賢
절위 정 백관 이정 조정 위국 지대무 야 금 아 국가 설관 분직 임현

授能 革干謁之習 除朋黨之弊 可謂正朝廷矣. 雖然當官治事之時
수능 혁 간알 지습 제 붕당 지폐 가위 정 조정 의 수연 당관 치사 지시

或援引朋比 間坐公席 常與閑話 或早罷其仕 朋類相率 悠悠往來
혹 원인 붕비 간좌 공석 상 여 한화 혹 조파 기사 붕류 상견 유유 왕래

因設酒席 或因私緣托 大小衙門 出入無忌 或當直宿 援朋夜飮
인 설 주석 혹인 사연 탁 대소 아문 출입 무기 혹 당 직숙 원붕 야음

以成冒濫逸豫之風 其在風憲 不可不糾 願自今三館外大小官吏
이성 모람 일예 지풍 기재 풍헌 불가 불규 원 자금 삼관 외 대소 관리

交相往來 犯此數條者 主客勿論 一依禁奔競之令 見官罷職 散官
교상 왕래 범차 수조 자 주객 물론 일의 금 분경 지령 현관 파직 산관

付處 以正朝廷.'
부처 이정 조정

留中不下.
유중 불하

下宦者李梅等于巡禁司. 梅等獻彈弓于世子 司憲府請其罪也.
하 환자 이매 등 우 순금사 매 등 헌 탄궁 우 세자 사헌부 청 기죄 야

笞梅等各三十.
태 매 등 각 삼십

立各司吏典去官之法. 議政府啓曰:
입 각사 이전 거관 지법 의정부 계왈

"考滿爲頭一人拜職 其餘依前朝役官歇等之例 次第錄用 人數
고만 위두 일인 배직 기여 의 전조 역관 헐등 지례 차제 녹용 인수

多處用二人 小處用一人 餘皆許令就閑待次. 乞自今依判旨 多處
다처 용 이인 소처 용 일인 여개 허령 취한 대차 걸 자금 의 판지 다처

二人 小處一人式 依前例去官 其餘雖箇月已滿 除就閑 依前仕官
이인 소처 일인 식 의 전례 거관 기여 수 개월 이만 제 취한 의전 사관

當每年都目 以次去官."
당 매년 도목 이차 거관

從之.
종지

丁卯 扶餘縣人副司正康安壽妻曹氏廬於安壽之塚 終三年.
정묘 부여현 인 부사정 강안수 처 조씨 여 어 안수 지총 종 삼년

曹氏 昌寧人元義之女也.
조씨 창녕인 원의 지녀야

興天寺住持云悟 進白銀五十兩 命官給其直 比常例加一半.
홍천사 주지 운오 진백은 오십 냥 명 관급 기치 비 상례 가 일반

云悟上言:
운오 상언

'開國之初 祖聖創立本寺 奉安啓聖殿神御. 臣得住玆寺 無
개국 지초 조성 창립 본사 봉안 계성전 신어 신 득주 자사 무

絲毫之補 但以朝焚夕炷 上祝聖壽. 然寺大資小 恐衆不聚會
사호 지보 단이 조분 석주 상축 성수 연 사대 자소 공중 불 취회

間閣頹敗 遂發慨然之嘆. 謹將祖傳所儲白銀五十兩 充于國用.
간각 퇴패 수발 개연 지탄 근장 조전 소저 백은 오십 냥 충우 국용

乞賜其直 以爲供佛齋僧萬世無窮之資.'
걸사 기치 이위 공불 재승 만세 무궁 지자

上命給其直. 云悟受其直 終無供佛齋僧之實 徒費酒食 以媚權貴.
상 명급 기치 운오 수 기치 종무 공불 재승 지실 도비 주식 이미 권귀

己巳 木稼.
기사 목가

一岐 對馬二島 倭酋獻土物.
일기 대마 이도 왜추 헌 토물

辛未 前鷄林府尹李殷 上足食之策 從之. 言曰:
신미 전 계림부윤 이은 상 족식 지책 종지 언왈

'足食足兵 國之急務 而政之所當先也. 蓋食之本在農 農之本
족식 족병 국지 급무 이 정지 소당선 야 개 식지본 재농 농지본

在築堤堰興水利備旱災而已. 若不備患 生民飢饉 倉廩空匱 將
재축 제언 흥 수리 비 한재 이이 약불 비환 생민 기근 창름 공궤 장

何以足食足兵哉? 堤堰之修 已有著令 而民不用心修築 故堤
하이 족식 족병 재 제언 지수 이유 저령 이민 불 용심 수축 고제

不高而水不瀦 築不固而水多潰 徒勞民而無益於農 可爲痛心.
불고이 수부저 축 불고이 수 다궤 도 노민 이 무익 어농 가위 통심

築堤之法 務要堅完高厚 雖大旱不渴 大水不潰 而無失農之患
축제 지법 무요 견완 고후 수 대한 불갈 대수 불궤 이무 실농 지환

也. 故曰堤堰 爲農之本 而農爲足食之本也. 農書云: "凡民之情
야 고왈 제언 위농 지본 이농 위 족식 지본야 농서운 범 민지정

惡勞好逸. 懇懇勸課者 初似③勞民 終於養民; 恬不勸課者 始
오로 호일 은근 권과 자 초사 노민 종어 양민 염불 권과 자 시

若③安民 終於害民." 伏望下令諸道 專以築堤堰勸農桑爲務 而
약 안민 종어 해민 복망 하령 제도 전이 축 제언 권 농상 위무 이

使田野盡闢 桑麻蔽野 則民生富庶 兵食自足. 爲國之急務 莫切
사 전야 진벽 상마 폐야 즉 민생 부서 병식 자족 위국 지급무 막절

於此 伏望裁擇施行.'
어차 복망 재택 시행

改船軍賞職之法. 議政府啓曰:
개 선군 상직 지법 의정부 계왈

"經濟六典一款 船軍不顧家産 長年赴防 最爲苦務 然職賞無門
경제육전 일관 선군 불고 가산 장년 부방 최위 고무 연 직상 무문

勸懲無路 宜置海領之職 其滿四十箇月者 以次陞一級 至嘉善而
권징 무로 의치 해령 지직 기만 사십 개월 자 이차 승 일급 지 가선 이

止. 然惟官爵 名分所係 不可不重. 如將各道數多船軍滿四十箇月
지 연유 관작 명분 소계 불가 부중 여장 각도 수다 선군 만 사십 개월

者 勿論功績有無 悉授之職 則非徒官爵輕賤 平民稀少 名分紊亂
자 물론 공적 유무 실 수지직 즉비도 관작 경천 평민 희소 명분 문란

後日如有立戰功者 無以勸賞. 今後除箇月之法 各船射官 當身
후일 여유 입 전공 자 무이 권상 금후 제 개월 지법 각선 사관 당신

赴防 年月最久者 大船二人 小船一人式 水軍都節制使 各其名下
부방 연월 최구 자 대선 이인 소선 일인 식 수군도절제사 각 기 명하

具錄申聞 隨其前職高下陞一級 三年一次差下. 其中才能特出 衆
구록 신문 수기 전직 고하 승 일급 삼년 일차 차하 기중 재능 특출 중

所推服者 許令次第遷轉 至折衝而止 臨敵戰勝者 不拘此例."
소추복 자 허령 차제 천전 지 절충 이지 임적 전승 자 불구 차례

從之.
종지

壬申 京畿水軍都節制使崔龍和 請將江華喬桐田地 悉屬軍資
임신 경기 수군도절제사 최용화 청장 강화 교동 전지 실속 군자

從之. 上言:
종지 상언

'江華 喬桐爲國門戶 海寇窺伺畿甸 則必由乎此. 故留泊戰艦
강화 교동 위국 문호 해구 규사 기전 즉 필 유호 차 고 유박 전함

以備不虞 誠得其策. 然豐海 忠淸濱海之地 倭賊出其不意·突入
이비 불우 성득 기책 연 풍해 충청 빈해 지지 왜적 출기 불의 돌입

侵逼 則宜卽發船追逐 第因素無兵食 必使軍人受料於牙州 延安
침핍 즉 의 즉 발선 추축 제인 소무 병식 필사 군인 수료 어 아주 연안

水原 廣州. 是以雖當急遽 淹延失期 職此由也. 且前朝逢不虞之
수원 광주 시이 수당 급거 엄연 실기 직 차유 야 차 전조 봉 불우 지

變 擧國入保於江華 豈無所畜而然歟? 請以二邑田地 除文宣王
변 거국 입보 어 강화 기무 소축 이연 여 청 이 이읍 전지 제 문선왕

位田 衙祿公須外 各品科田二千三百七十結 諸倉庫屬田七百二十
위전 아록 공수 외 각품 과전 이천 삼백 칠십 결 제 창고 속전 칠백 이십

結 移給陸地 悉屬軍資 歲收其入 貯於山城 以備不虞.'
결 이급 육지 실속 군자 세수 기입 저어 산성 이비 불우

下政府議之 皆以爲然.
하 정부 의지 개 이위 연

上曰: "每歲祿俸不給 取貸於軍資 非重祿之道也. 宜加祿田之
상 왈   매세 녹봉 불급 취대 어 군자 비 중록 지 도야   의 가 녹전 지

數 以優仕者之俸.
수 이우 사자 지 봉

| 원문 읽기를 위한 도움말 |

① 蓋. 앞에 어떤 내용이 이어지고 나서 이처럼 첫문장에 蓋가 나오는 것
   개
은 대부분 앞부분을 설명하는 것이다. 흔히 '대개'라고만 옮기는데 오히
려 '이는 대개'라고 해주는 것이 자연스럽습니다. 뒤에 '때문이다'를 뜻하는
故也가 온 것도 그래서다.
고야

② 所誣之人. 여기서 所는 수동형을 만든다. 그래서 '무고를 당한 사람'이라
   소무 지 인   소
는 뜻이 된다. 아래에 있는 犯法之人은 참고로 '법을 어긴 사람'이 된다.
                    범법 지 인

③ 初似勞民의 似나 始若安民의 若은 둘 다 같은 뜻으로 '~처럼 보이다'라
   초 사 노민 사 시 약 안민 약
는 뜻이다.

태종 9년 기축년
2월

二月

갑술일(甲戌日-1일)에 상이 문소전(文昭殿)에 친히 전(奠)을 올렸다.

○ 헌사(憲司)에서 서북면 도순문사(西北面都巡問使) 박신(朴信)과 풍해도 도절제사(豊海道都節制使) 김계지(金繼志) 등에게 죄줄 것을 청했으나 윤허하지 않았다. 신(信) 등이 정조(正朝)에 활과 화살을 세자에게 바쳤는데 사헌부에서 신 등을 다음과 같은 이유로 탄핵했다.

"서연(書筵)에서 강습할 때를 맞아 무예(武藝) 놀이를 하는 물건을 바침으로써 배움을 내팽개치게 만드는 실마리를 열었습니다."

상이 말했다.

"신과 계지(繼志)의 죄는 일단[姑] 내버려두고 논하지 말고 마땅히 각도(各道)에 금지하도록 해 이것을 본받지 말게 해야 할 것이다."

○ 중외(中外)에서 연음(宴飮)하는 것을 금지했다. 오직 늙고 병들어 약으로 먹는 것과 여리(閭里-시골 향리)에서 매매하는 것만 금지하지 않았다.

정축일(丁丑日-4일)에 훈련관 사직(訓鍊觀司直)을 고쳐서 판관(判官), 부사직(副司直)을 주부(注簿)로 (명칭을) 바꿨다.

○ 전라도의 진도(珍島)와 해남(海南)을 합쳐 해진군(海珍郡)으로 삼고 녹산역(鹿山驛) 옛터에 성을 쌓아 읍(邑)을 옮겼다.

○ 사헌부에서 총제(摠制) 권희달(權希達)의 죄(에 대한 처벌)를 청

했다. 소(疏)는 이러했다.

'춘추관 기사관(記事官) 최사유(崔士柔)가 경연(經筵)에서 물러나 오다가 총제 권희달(權希達)과 승정원(承政院) 문밖에서 마주쳤는데 사유(士柔)가 땅이 비좁아 몸을 굽혀[鞠躬] 물러섰는데도 희달(希達)이 무례하다고 해 그 배종(陪從)하는 서리(書吏)를 붙잡아 주먹으로 치며 묻기를 "저자는 무엇하는 사람이냐?"라고 하자 서리가 대답하기를 "사관(史官)입니다"라고 하니 희달이 말하기를 "유자(儒者-문관)가 무관(武官)을 멸시해온 지가 오래다"라고 극언(極言)을 해대며 꾸짖었습니다. (무엇보다) 희달은 전하께서 재계(齋戒)하는 날에 대의(大義)를 돌보지 아니하고 서리를 구타하며 사관을 꾸짖고 욕보였으니 죄가 마땅히 용서할 수 없습니다.'

상이 의정부(議政府)에 명해 토의하게 하니 정부에서 아뢰어 말했다.

"희달 같은 완악(頑惡)한 자를 어찌 족히 따질 것[算]¹이 있겠습니까?"

상이 희달을 불러 꾸짖었다.

"네 나이가 이미 어리지 아니한데 제멋대로 이리 튀고 저리 튀는 행동[狂肆]이 줄어들지 않는 것은 어째서이냐? 네 죄가 가볍지 아니하나 일단은[姑] 직임에 나아가게 할 것이니 조심하여 다시 이 같은 행동을 하지 말라."

무인일(戊寅日-5일)에 태백성이 낮에 보였는데 하늘을 가로질러 갔다[經天].

---

1 처벌할 가치도 없다는 말이다.

기묘일(己卯日-6일)에 전농부정(典農副正) 조회(曺繪)와 이조좌랑 유박(柳博)이 면직됐다. 회(繪)가 애초에 박(博)과 더불어 함께[俱] 이조 문선사(吏曹文選司)의 관원으로 있었을 때 내수(內竪-어린 내시)로서 관직에 임명된 자가 2명이 있었는데 대성(臺省)에 보고하는 관문(關文-공문서)에 그 이름을 빠뜨렸다가 만 100일이 돼 그 일이 발각돼 사간원에서 그 죄를 논할 것을 청했기 때문이었다.

경진일(庚辰日-7일)에 헌사(憲司)에서 전 (강원도) 흡곡현령(歙谷縣令) 김집(金緝)이 법을 굽혀[枉=曲] 형벌한 죄를 법률에 의거해 시행할 것을 청하니 그것을 따랐다. 집(緝)이 재임하고 있을 때 금강산(金剛山) 승려 신혜(信惠) 등이 연화(緣化)[2]해 동북면(東北面)에서 쌀과 콩을 얻어서 배에 싣고 왔는데 집이 마침 그를 만나 말하기를 "공공연히 속이고 꾀어서 백성의 식량을 많이 빼앗아 간다"라고 하고서 이를 빼앗아 선군(船軍)에게 나눠 주었다. 신혜의 스승 해봉(海峯)이 (조정의) 권력을 가진 귀한 이[權貴]에게 청탁해 글을 받아서 집에게 보냈더니 집이 화가 나서 불에 달군 쇠로 그의 발을 단근질했다[烙]. 해봉의 제자 신성(信性)이 헌부에 알려 그 죄를 뒤늦게 다스렸다[追治].

○ 의정부에서 의약(醫藥)으로 사람을 살릴 수 있는 법을 아뢰니 그것을 따랐다.

"현직 의관(醫官)이 그 수가 많지 않고 각 녹관(祿官)으로서 맡은

---

2 시주를 받는 것을 말한다.

바가 여유롭지 못해 크고 작은 병의 환자들을 일일이[——] 치료할
수가 없어 병이 깊어져 치료하기 어렵게 돼 일찍 죽는 자가 없지 않
습니다. 바라건대 의업(醫業) 출신으로서 한산(閑散)³의 인원들을 전
의감(典醫監)에서 품계에 따라 권지(權知-임시관리)로 삼고, 제생원
(濟生院)과 혜민국(惠民局)에서 별좌(別坐)라고 일컬어 구전(口傳)⁴으
로 시행하게 해야 할 것입니다. 또 매일 관(官)에 출사시켜 일을 익히
게 해 존비(尊卑)의 구별 없이 병든 집에서 부르거나 청하면 곧장 가
서 치료하게 해야 할 것입니다. 그중에 병의 진찰이 정밀하고 익숙하
며 약리(藥理)에 자세하고 밝아서 사람을 살린 것이 가장 많은 자는
제조관(提調官)으로 하여금 사실을 징험하여 신문(申聞)하게 해서 인
재를 제배하거나 뽑아 쓰는 데[除擢] 빙거(憑據-근거자료)가 되게 해
야 할 것입니다."

○ 참상관(參上官)⁵으로서 과거에 응시한 자의 고신(告身)을 되돌려
주도록 명했다. 의정부에 명해 말했다.

"이제부터 참상관(參上官)의 인원으로서 고신(告身)을 환납(還納)하
고 과거에 응시한 자는 합격 여부를 논하지 말고 일절 모두 되돌려
주도록 하라."

---

3 산직(散職)과 같은 말이다.

4 3품 이하의 당하관(堂下官)을 임명할 때, 이조(吏曹)나 병조(兵曹)에서 인물을 천거하면
   임금이 구두(口頭)로 이를 승인하던 제도를 말한다. 당상관(堂上官)을 임명할 때 삼망(三
   望)을 올려 낙점(落點)하던 제도와는 다르며 한꺼번에 많은 관원을 임명하던 방법이다.
   따라서 해당 전조(銓曹-이조나 병조)에서 실질적으로 임명하고 형식적인 절차만 거치는
   데 불과했다.

5 4품에서 6품까지의 관원을 말한다.

영의정 하륜(河崙)의 청을 따른 것이다. 이에 앞서 사헌부에서 말씀을 올렸다.

'참상관으로서 사직(辭職)하고 과거에 응시하는 자는 합격 여부를 논하지 말고 모두 고신을 되돌려주어서는 안 될 것입니다.'

이로 인해 참상관으로서 글을 읽어 과거에 응시하는 자가 거의 없었으므로[無幾] 이때에 이르러 예조(禮曹)에서 말씀을 올렸다.

'6품 이상에서 4품 이하까지의 관원으로서 과거에 응시하기를 자원하는 자는 사직(辭職)을 허락하게 해 1등에 합격한 자는 등급을 올려서 서용(敍用)하고, 2등 이하는 본직(本職)에 따라서 서용하고, 합격하지 못한 자도 모두 직첩을 되돌려 주어 학문을 권장하는 길을 열어야 할 것입니다.'

그것을 따랐다.

임오일(壬午日-9일)에 대간(臺諫)이 상소(上疏)하고 규간(規諫)하고 탄핵(彈劾)하는 법을 세웠다. 지평(持平) 이방(李倣), 헌납(獻納) 노인구(盧仁矩)를 불러서 지신사(知申事) 황희(黃喜)로 하여금 (말씀을) 전하게 했다.

"이제부터 대간의 관원이 만약 과인의 잘못을 규간(規諫)하려고 하거든 복완(服玩),[6] 궁실(宮室), 선수(膳羞),[7] 따위의 일에 관계되는 것은 직접 청해 면대하여 진술하라. 모든 대소 기밀(大小機密)은 '상

---

6 의복(衣服)과 일상 용구(用具) 등을 가리킨다.
7 수라상에 차려놓은 음식물을 말한다.

전개탁(上前開坼)'이라고 겉봉에 써서 봉장(封章)해 올리되 장무(掌務
-실무책임자)가 친히 가지고 와서 올려 재결(裁決)을 기다릴 것이요,
서리(書吏)를 시켜 멀리서 정장(呈章-보고)하지 말라. 기타 작은 일의
조목을 진술함에 있어 밀봉(密封)하는 것은 합당하지 못하다. 또 사
람을 탄핵함에 있어 만약 일이 사죄(死罪)에 관계돼 탈출할 우려가
있는 자가 아니거든 수직(守直)하지 말라. 이를 항구적인 법식으로
삼도록 하라."

계미일(癸未日-10일)에 병조(兵曹)에서 공신(功臣)과 제군(諸君)의
사반당(私伴黨)[8]의 숫자를 점고(點考)하도록 청했다. 아뢰어 말했다.
"공신과 제군에게 각각 사반당 10인을 배정해준 것[差定]은 본래
왕실(王室)을 호위하고, 또 임금이 무시로 출입하는 데 대비하기 위
해서입니다. (그런데) 지금 차첩(差牒)을 받은 자가 외방(外方)에 흩어
져 있는 것은 배정해 준 뜻에 어긋남이 있습니다. 이제부터 1년마다
2, 3차례씩 방(榜)을 내어 친히 점고하도록 해야 할 것입니다."
그것을 따랐다.

갑신일(甲申日-11일)에 궁금(宮禁-궁궐)에 출입하는 영(令)을 거듭
엄격하게 했다.
○ 세자전(世子殿)의 소환(小宦-어린 환관) 한용봉(韓龍鳳), 김순(金
淳), 안로(安路) 등에게 각각 태(笞) 30대씩을 때렸다. 빈객(賓客) 정

---

8 사사로이 거느리는 수종인을 말한다.

탁(鄭擢) 등이 말씀을 올렸다.

'저부(儲副-세자)를 교양하는 방법은 삼가지 아니할 수 없습니다. 이 때문에 전하께서는 일찍이 서연관(書筵官)을 두어 그 좌우에서 연마(鍊磨)시켜 덕업(德業)을 이루게 하려고 하셨습니다. 그러나 하루 사이에도 서연관(書筵官)을 접하는 때가 적고 환관(宦官)을 가까이 하는 때가 많습니다. 환관의 무리 가운데 비록 늙은 자라도 본래 학문이 없어 나쁜 일을 경계하고 좋은 일을 권면하지 못하는데 하물며 소환(小宦)은 (일의) 대체(大體)를 알지 못하고 한갓 아첨하기에만 힘쓰느라 반드시 기기묘묘한 재주로 세자의 마음을 방탕하게 합니다. 신 등은 마음이 이미 방탕하면 학문의 공효가 스스로 이룩될 수 없을까 남몰래 두렵습니다. 바라건대 전하께서는 명을 내리시어 소환(小宦)을 없애시고 노성(老成)하고 바탕이 곧은[質直] 자를 다시 질직 뽑아 좌우에서 모시게 해야 할 것입니다.'

상이 이것을 보고 세자전(世子殿)의 환관 손흥조(孫興祖)와 신덕해(申德海) 등을 불러 꾸짖었다.

"너희는 어찌해 소환(小宦)의 무리들에게 경계시키지 아니하였느냐? 지금 너희들을 죄주고자 하나 일단은 그만두겠다. 후일에 다시 이같은 일이 있으면 죽는 것 말고는 더 남은 형벌이 없을 것이다."

마침내 용봉 등에게 태형을 가했다. 이때 용봉 등이 많은 잡희(雜戱-장난)를 벌여 세자(世子)의 의복(衣服)과 호피(虎皮)를 내기하였다고 한다[云]. 운

을유일(乙酉日-12일)에 (서북면) 평양(平壤)과 의주(義州)에 성을 쌓

았다[城=築城].

○사헌부에 명해 병조(兵曹) 관리의 죄를 추핵(推劾)해 아뢰게 했다. 사을한산(沙乙閑山-서울 정릉이 있는 산) 소나무가 벌레가 먹어서 누렇게 고사(枯死)했는데도 병조에서 이를 살피지 못한 때문이었다.

병술일(丙戌日-13일)에 안개가 꼈다.

정해일(丁亥日-14일)에 길창군(吉昌君) 권근(權近)이 졸(卒)했다. 이날 새벽 상이 근(近)의 병이 위독하다[革]는 말을 듣고 세자에게 명해 문병하도록 했다가 세자가 막 떠나려고 하는데[臨發] 근이 이미 죽었다[已卒]는 말을 듣고 이에 그치게 했다. 근의 자(字)는 가원(可遠)인데 뒤에 사숙(思叔)으로 고쳤고 호(號)는 양촌(陽村)으로 안동부(安東府) 사람이며 고려 정승 부(溥)의 증손이자 검교정승(檢校政丞) 희(僖)의 아들이다.

어릴 때부터 글 읽기에 힘써[孜孜] 그친 적이 없었고 홍무(洪武) 기유년(己酉年-1369년)에 18세의 나이로 병과(丙科)에 뽑혀 춘추 검열(春秋檢閱)에 제배(除拜)돼 왕부비자치(王府閟者赤)⁹가 됐다. 계축년(癸丑年-1373년)에 과거(科擧) 향시(鄕試)에 3등으로 합격했는데[中] 나이가 25세 미만(未滿)인 까닭에 경사(京師-서울)에 가서 응시하지 못했다. (이듬해인) 갑인년(甲寅年)에 성균직강(成均直講)과 예문응교(藝文應敎)에 제배됐다.

---

9 비자치는 몽골식 관직명이다.

공민왕(恭愍王)이 갑자기 훙(薨)하자 원(元)나라 조정에서 사신을 보내 (고려에 대해) 사면령을 내리고[頒敎] (우리) 국가(고려)로 하여금 예(禮)로 접대하라고 했다. (이에) 근(近)은 정몽주(鄭夢周) 정도전(鄭道傳) 등과 함께 도당(都堂)에 글을 올려 원나라 사신을 받아들이지 말 것을 청했는데 그 말이 간절하고 곧아서[切直] 조금도 꺼리는 바[諱=忌]가 없었다. 국정을 담당한 자들은 이들 모두를 무고해 죄를 주어 내쫓았으나 근은 나이가 어려 일을 이해하지 못한다 해 (처벌을) 면할 수 있었다. 임술년(壬戌年-1382년)에 좌사의 대부(左司議大夫)에 제배됐다. 위주(僞主-가짜 임금) 우(禑-우왕)[10]가 자리에 있으면서 오랫동안 음희(淫戱)로 절도가 없었는데 소를 올려 극진히 간언하니[極諫] 우가 마침내 이를 들어 받아들여[聽納] 간초(諫草-상소 초안)를 써서 병풍에 붙이도록 명했다. 갑자년(甲子年-1384년) 겨울에 대언(代言-승지)에 궐원(闕員)이 생겼는데 당시 재상이 여러 후보들을 헤아려[擬] 근의 이름을 올리니 우(禑)가 말했다.

"이 사람은 일찍이 간관(諫官)이 되어 나로 하여금 꼼짝 못하게 했다."

그러고는 붓을 쥐고 그의 이름에 동그라미를 쳤다[周]. 무진년(戊辰年-1388년) 봄에 최영(崔瑩)이 국정을 맡아 중국(中國)에 대항할 뜻을 가지고 (중국) 조정에 보내는 모든 글에 사대(事大)의 구례(舊例)를 쓰지 아니하고 초격(草檄)[11]으로 이자(移咨-외교문서를 보내는

---

10 원문에서도 왕(王)의 칭호는 없이 그냥 우(禑)라고 부르고 있다.
11 격문(檄文)처럼 과격한 언사를 쓴 글을 말한다.

것)하려고 하니 근이 면대해 그 잘못을 지적하자 결국[竟] 초격을 쓰지 못했다. (같은 해) 여름에 태조(太祖)가 의로움을 들어 회군(回軍)해 영(瑩)을 붙잡아 물리치자 좌대언(左代言)에 제배됐다가 얼마 후에[尋] 지신사(知申事)로 옮겼고 동지공거(同知貢擧)로서 이은(李垠) 등 33인을 뽑았다. 기사년(己巳年-1389년) 봄에 밀직사첨서사(密直司簽書事)로 승진했고, 여름에는 문하평리(門下評理) 윤승순(尹承順)과 더불어 표문(表文)을 받들고 (명나라) 경사(京師)에 갔다가, 가을에 예부(禮部)의 자문(咨文) 1통을 싸가지고 귀국했다. 국구(國舅-임금의 장인) 이림(李琳)이 당시에 좌상(左相)이 돼 묘당(廟堂)에 나와 앉아 있었으므로 그 자문(咨文)을 넘겨주었다. 우리 태조는 우상(右相)이 됐으나 마침 신병으로 인해 집에 있었는데 어떤 사람이 이틈을 타서 태조에게 말씀을 올렸다.

"예부(禮部)의 자문은 이성(異姓)[12]이 왕이 된 것을 문책한 것입니다."

근은 독단적으로 림(琳)과 더불어 뜯어보았다.

10월에 대간(臺諫)에서 이숭인(李崇仁)이 사명(使命)을 받들고 경사(京師)에 가서 재물을 모은 죄로 탄핵을 해 폄출(貶黜)시켰다. 근은 숭인(崇仁)의 뒤를 이어 경사에 갔던 까닭으로 숭인이 무고(誣告)를 당한 사실을 알고 글을 올려 그의 무죄함을 밝히니 대간에서는 근이 죄인의 편을 들어 언관(言官)을 헐뜯는다고 탄핵해 (풍해도) 우봉(牛峯)으로 폄출했다. 공양군(恭讓君)이 즉위하게 되자 대간에서

---

12 신씨(辛氏), 곧 창왕(昌王)을 가리킨다.

탄핵하기를 '근이 사사로이 자문(咨文)을 뜯어서 먼저 이림(李琳)에게 보였으니 이는 이성(異姓)을 편든 것'이라고 논죄(論罪)해 영해(寧海)로 옮겨 유폄(流貶)시켰다. 경오년(庚午年) 봄에 대간에서 다시 논핵해 극형(極刑)에 처하려고 했으나 태조가 구원해줌[申救=伸救]에 힘입어 장(杖)을 맞고 흥해(興海)로 옮겨졌다. 그해 여름에 이색(李穡) 이하 여러 폄소(貶所-유배지)에 있던 자가 모두 (충청도) 청주(清州)의 옥(獄)으로 잡혀 와 갇혔다. (이때) 하늘에서 갑자기 큰비가 내려 물이 넘쳐 성안으로 들어와 공해(公廨-관청)가 모두 물에 잠기는 바람에 여러 문사관(問事官)들이 나무 위로 기어 올라가 물을 피할 수 있었고 갇힌 자들은 모두 달아나 피했는데 근 홀로 꼿꼿이 앉아 안색을 평소와 다름없이[自若] 하면서 이렇게 말했다.

"내가 만약 죄가 있으면 마땅히 천벌(天罰)을 받을 것이고, 만약 죄가 없으면 하늘이 어찌 나를 물에 빠져 죽게 하겠느냐?"

이때 죽음을 면해 한양(漢陽)으로 돌아왔다가 익주(益州)로 옮겨 (거기서) 『입학도설(入學圖說)』을 지었다. 신미년 봄에 자편(自便)[13]을 얻어 충주로 돌아갔다. (애초에) 『예경(禮經)』을 찬정(撰定)하다가 이룩하지 못했는데 이때에 이르러 원고를 쓸 기회를 얻게 됐다. 계유년 봄에 태조가 계룡산(鷄龍山)에 행차해 근을 특별히 불러 행재소(行在所)에 나오게 해 정총(鄭摠)과 더불어 능묘(陵墓)의 비문(碑文)을 찬정하도록 명했다. 갑술년 가을에 중추원사(中樞院使)에 제배(除拜)됐다. 병자년 여름에 명나라 태조(太祖) 고황제(高皇帝)가 표전(表箋)

---

13 스스로 편한 곳에 가서 지내는 것으로 유배의 일종이다.

에 희모(戲侮-모독)의 글자가 있다고 노해 사신을 보내 표문(表文)을 지은 사람인 정도전(鄭道傳)을 불렀다. 도전(道傳)이 병이 있다고 칭탁하니 오는 사신마다 날마다 독촉했다. (이에) 근이 자청(自請)해 말했다.

"표(表)를 짓는 일에 신도 참여해 알고 있으니 사신을 따라 경사(京師)에 가기를 원합니다."

태조는 (따로 근을) 부르는 명이 없었다며 그만두게 하니 근이 다시 아뢰어 말했다.

"전조(前朝-고려) 말엽에 몸이 중한 죄를 입어 거의 목숨을 보전하지 못할 뻔했는데 다행히 전하의 불쌍히 여기시는 어짊[欽恤之仁]에 힘입어 목숨을 보전할 수 있었고 이제 국초(國初)에 이르러 다시 거두어 써 주시는 은혜를 입었습니다. 재조(再造)의 은덕(恩德)이 하늘처럼 망극(罔極)하오나 신이 보답한 공로가 없었습니다. 바라건대 경사(京師)에 가서 하늘 같은 복(福)으로 변명(辨明)을 해 성은(聖恩)의 만분의 일이라도 보답할까 합니다."

태조가 남몰래 황금(黃金)을 내려주어 행자(行資-여행밑천)로 쓰도록 했다. 압록강(鴨綠江)을 건너니 사신 발라(孛羅)가 여러 재상(宰相)들에게 중국 조정에 들어가 대답할 말을 물었는데 근에게는 묻지 않자 근이 말했다.

"대인(大人)은 어찌하여 오직 나에게는 말하지 아니합니까?"

발라가 낯빛을 고치며 말했다.

"지금 그대는 부르는 명[徵命]이 없는데도 자진하여 가니 나라의 충신(忠臣)입니다. 제(帝)께서 무슨 물을 말씀이 있으실 것이며 그대

역시 무슨 대답할 말이 있겠습니까?"

9월에 (중국) 조정에 들어갔다. 이튿날 예부(禮部)에서 성지(聖旨)를 삼가 받들어 표문(表文)을 지은 사람들을 억류(抑留)하라는 내용의 자문(咨文)을 본국(本國)으로 보내면서 칙명(勅命)으로 근을 불러 자문(咨文)의 초(草-초안)를 보여주었다. 근이 머리를 조아리며 말했다.

"소국(小國)이 큰 나라를 섬김[事大]에 있어 표문(表文)이 아니면 아랫사람의 실상[下情]을 알릴 수가 없습니다. 그런데 신 등이 해외(海外)에서 자라서 학식이 통달하지 못해 우리 임금의 충성을 능히 주광(黈纊)[14]에 각별히 사뢰지 못했사오니 그것은 진실로 신 등의 죄입니다."

제(태조 주원장)가 그 말을 옳게 여겨 도타운 예[優禮]로 대접했다. 시제(詩題)를 내어 시(詩) 18편(篇)을 짓도록 명했는데 시 한 편을 지어 올릴 때마다 제가 칭찬하기를 그치지 아니하고 그로 인해 유사(有司)에게 명해 주찬(酒饌)을 준비하고 기악(妓樂)을 갖춰 사흘 동안 유람(遊覽)하게 하면서 다시 시(詩)를 지어 올리도록 명했다. 제가 이에 장률시(長律詩) 3편을 친히 지어 내려주었고 문연각(文淵閣)[15]에

---

14 면류관(冕旒冠)의 양쪽 귓가의 좌우에 늘어뜨린 누른 솜으로 만든 솜방울이다. 이것은 정사를 볼 때 참언(讒言)을 듣지 아니하고, 불급(不急)한 말을 함부로 듣지 않으려는 뜻을 나타낸 것이다. 여기서는 황제의 귀 밝음 혹은 들음을 뜻한다.

15 중국 명(明)나라 때 설치한 내각(內閣)의 하나다. 처음에 난징[南京]에 있을 때 설치했으나, 태종(太宗) 영락제(永樂帝)가 베이징[北京]으로 천도(遷都)한 뒤 옮겼다. 전적(典籍)을 갈무리하고 대학사(大學士)들이 모여 천자(天子)에게 강독(講讀)하는 일을 했다. 뒤에 청(淸)나라 때도 자금성(紫禁城) 내에다 문연각(文淵閣)을 설치했다. 뒤에 조선의 집현전도 이와 유사한 기능을 했다고 할 수 있다.

출사(出仕)하도록 명해 한림학사(翰林學士) 유삼오(劉三吾)·허관(許觀)·경청(景淸)·장신(張信)·대덕이(戴德彝) 등과 더불어 서로 교유하게 했다. 매번 우리 태조가 회군(回軍)한 의거(義擧)와 사대(事大)하는 정성을 칭송하니 제가 듣고 아름답게 여겨 특별히 (근을) '노실수재(老實秀才)'라고 일컫고 돌아가라고 명했다.

이미 돌아오자 정도전이 대간(臺諫)을 사주(使嗾)해 정총(鄭摠) 등은 모두 구류(拘留)됐는데 혼자서만 풀려나 돌아왔다는 이유로 탄핵해 그 죄를 거듭 청하니 태조가 말했다.

"천자가 진노(震怒)한 때에 몸을 일으켜 자진해 가서 좋은 말로 전대(專對)해 능히 제의 노여움[天威]을 풀게 했으니 공로가 실로 적지
<small>천위</small>
아니한데 도리어 죄를 주라고 한단 말인가?"

근 또한 글을 올려 스스로 자신의 노고는 미미하다고 서술했으므로 이에 원종공신(元從功臣)이라고 칭(稱)했다.[16] 무인년 가을에 외우(外憂)를 당했다[丁]. 기묘년에 기복(起復)시켜 첨서(簽書)에 제배(除
<small>정</small>
拜)하니 두 번이나 전(箋)을 올려 상제(喪制)를 마치기를 애걸했으나 윤허하지 않았다. 얼마 후에[俄=尋] 정당문학(政黨文學) 겸 대사헌으
<small>아   심</small>
로 승진했는데 (이때) 소를 올려 사병(私兵)을 혁파(革罷)했다. 경진년 11월에 금상(今上-태종)이 즉위해 추충익대좌명공신(推忠翊戴佐命功臣)의 호를 내려주었다. 임오년 봄에 의정부참찬사로서 지공거(知貢擧)가 돼 신효(申曉) 등 33인을 뽑았다. 중국의 사신이 반드시 근의 안부를 먼저 묻고, 서로 대해 공경하는 예를 더했다. 어사(御史) 유사

---

16 정도전의 반대에다 스스로도 낮췄기에 낮은 등급인 원종공신에 책봉했다는 말이다.

길(兪士吉)과 내사(內史) 온불화(溫不花)가 사명을 받들고 왔을 때도 역시 압록강에서 근의 안부를 물었다. 도성(都城)에 이르자 전하가 사신에게 위로하는 잔치를 베풀어 여러 재상들이 차례로 술잔을 돌리는 예를 행했는데 근이 예를 행하게 되자 사길(士吉)과 불화(不花)가 모두 자리에서 일어났다. 전하가 말했다.

"천사(天使)들께서 어찌 이렇게까지 하시오?" 사길이 말했다. "어찌 사문(斯文)의 노성군자(老成君子)를 소홀히 대할 수 있겠습니까?" 불화가 말했다. "태조(太祖) 황제께서 공경하는 분입니다." 불화는 바로 발라(孛羅)다.

계미년에 표(表)를 올려 벼슬을 사임하고 한가한 데에 나아가 『예경(禮經)』 절차(節次)를 상고하는 일을 마치겠다고 애걸했으나 상이 허락지 않고 말했다.

"예전에 송(宋)나라 사마광(司馬光)은 『자치통감(資治通鑑)』을 편찬했으나 벼슬을 사임하지는 않았다."

이에 삼관(三館)의 선비 두 사람으로 하여금 날마다 근의 집에 나아가 글 쓰는 일을 돕도록 명했다. 책이 완성되자 선사(繕寫)하여 한 본(本)을 바쳤다. 을유년 봄에 의정부찬성사에 제배(除拜)되고 겨울에 내우(內憂)를 당했다. 병술년 봄에 기복(起復)을 명해 대제학(大提學)을 제수하니 두 번이나 전(箋)을 올려 상제(喪制)를 마치기를 애걸했으나 윤허하지 않았다. 그해 가을에 상이 세자에게 선위(禪位)하려고 하니 글을 올려 선위를 정지할 것을 청하고, 또 병중임에도 대궐에 나아와 계달(啓達)하니 상이 좌우에 일러 말했다.

"내가 진실로 그가 보통 사람이 아닌 것은 알았으나 그의 가슴속에서 일을 결단함이 이처럼 정밀하고 정확할 줄은 몰랐다."

정해년 여름에 상이 친히 문사(文士)를 시험했는데 근과 좌정승 하륜(河崙)을 독권관(讀券官)으로 명해 예문관직제학(藝文館直提學) 변계량(卞季良) 등 10인을 뽑았다. 무자년 겨울에 병이 위독했는데, 상이 노해 대간(臺諫)의 관원을 장차 극형(極刑)에 처한다는 말을 듣고 글을 올려 간절히 간언하니 상이 마침내 그들을 풀어주었다. 병들어 누운 날부터 상이 약(藥)을 내려주고 문병하지 않는 날이 없었다. 졸(卒)할 때 나이가 58세였다. 상이 듣고서 놀라고 슬퍼하여 3일 동안 철조(輟朝)하고 유사(有司)에 명해 상사(喪事)를 돌보게 했으며, 사제(賜祭)하고 조뢰(弔誄-조문을 내려줌)하고, 부증(賻贈)하기를 매우 두텁게 했다. 중궁(中宮)도 중사(中使-환관)를 보내 치전(致奠)하고, 세자는 친히 관구(棺柩)에 나아가 제사지냈다. 성균관 대사성 최함(崔咸) 등이 삼관(三館)의 선비들을 거느리고 소뢰(小牢)[17]의 제사를 지냈다. 시호(諡號)를 문충(文忠)이라 했다.

권근이 검열(檢閱)에서부터 재상이 되기까지 항상 문한(文翰)을 맡아 관각(館閣)의 직임을 두루 역임하고, 일찍이 한번도 외직(外職-지방관리)에 임명되지 않았다. 타고난 성질이 정수(精粹)하고 온아(溫雅)하며 성리학(性理學)에 조예가 깊었다. 평상시에 비록 아무리 다급할 때일지라도 말을 빨리 하거나 당황하는 빛이 없었고, 배척을 당하고 폐출(廢黜)돼 사생(死生)이 목전(目前)에 있었던 때에도 태연

---

17 나라에서 제사를 지낼 때 양(羊)을 통째로 제물로 바치던 일을 말한다. 처음에는 양과 돼지를 아울러 바치는 것을 소뢰(小牢)라 했으나 뒤에 양(羊)만을 바치게 됐다.

하게 처신하고 일찍이 상심하지 않았다. 무릇 경세(經世)의 문장(文章)과 사대(事大)의 표전(表箋) 또한 모두 찬술(撰述)했다. 문집(文集)이 약간 있어 세상에 전한다. 장차 임종하려 할 때에 아들과 사위를 불러 모아 놓고 유명(遺命)으로 불사(佛事)를 쓰지 못하게 했으므로 아들과 사위들이 치상(治喪)을 일절 『가례(家禮)』대로 행하고 부도법(浮屠法-불교의 장례법)을 쓰지 않았다고 한다. 아들이 넷이었으니 천(踐), 도(蹈), 규(跬), 준(蹲)이다.

○ 충청도 도관찰사(忠淸道都觀察使)에게 명해 이거이(李居易)에게 꾸어준 의창(義倉)의 쌀, 콩을 받지 말도록 했다.

무자일(戊子日-15일)에 안개가 꼈다.

○ 상이 문소전에 친히 제사를 지냈다.

○ 문묘 망제(文廟望祭)를 비로소 회복했다.

기축일(己丑日-16일)에 안개가 꼈다. 달이 태미성(太微星) 동번(東藩) 상상(上相)의 서쪽에 들어갔다.

경인일(庚寅日-17일)에 형조판서 박은(朴訔)과 정랑 성엄(成揜)이 면직됐다. 애초에 부사직(副司直) 최금강(崔金剛)이 그 종매(從妹-사촌누이) 수미(須彌)가 부사직 송현우(宋玄祐)와 간통했다고 고발했는데 형조에서 '간통하는 것을 붙잡은 것도 아니고, 노비(奴婢)를 다투는 일로 인해 분함을 품고 간통했다고 지적한 것'이라 해 금강(金剛)의 직첩(職牒)을 거두고 법률에 의거해 논죄하도록 청했다. 금강의 아내가 신문고를 쳐서 억울하다고 호소하니 사헌부에 내려 핵실(覈實)하게 했다. 헌부에서 말했다.

"수미라는 계집이 현우(玄祐)와 간통한 것은 사실입니다. 그러나 금강은 마땅히 서로 용은(容隱)[18]해주어야 할 처지인데 도리어 그 추악한 짓을 고소해 더러운 일을 외부에 드러냈습니다. 빌건대 최금강과 수미라는 계집과 송현우 등을 법률에 의해 논죄해야 할 것입니다."

그것을 따랐다. 현우가 도망치니 헌부에서 드디어 형조판서 박은과 정랑 성엄이 송사를 밝게 분변하지 못한 것을 탄핵하니 은(訔)이 대답했다.

"공사(公事)를 개정(改正)하는 것과 변란(變亂)을 음모하는 것은 예측하기 어려운 것이니 나는 진심으로 승복하지 못하겠다."

집의(執義) 정귀진(鄭龜晉) 등이 아뢰었다.

"형조에서 도리어 신 등이 변란을 음모했다고 일컫고 자복(自服)하려 하지 아니합니다. 신 등은 출사(出仕)하기가 곤란합니다."

상이 말했다.

"너희들은 피혐(避嫌)하지 말라!"

박은이 글을 올려 스스로 변명하고, 사헌부 지평 이방(李倣)도 또한 대궐에 나아와 아뢰었다.

"신 등이 출사(出仕)하는 것은 진실로 불편합니다."

상이 말했다.

---

18 죄인이 도망하거나 죄를 숨길 때 그 가까운 친척이 이를 숨겨주는 일을 말한다. 이와 같은 행위는 풍속을 후하게 한다는 의미에서 법적으로 인정을 받았다.

"현우는 도망 중이고, 옥사(獄事)가 이미 이뤄져 의심할 여지가 없는데 무엇이 일을 보는 데 혐의스러운가?"

마침내 순금사 대호군(大護軍) 강상인(姜尙仁)을 불러 사헌부와 형조의 문안(文案)을 가지고 그 시비를 가려서 아뢰게 하고, 이어서 사헌부로 하여금 일을 보도록 명했다. 순금사 겸 판사 남재(南在) 등이 아뢰어 말했다.

"금강과 수미의 옥사(獄辭)는 빌건대 대언(代言)과 간관(諫官) 1명과 더불어 같이 앉아서 심문해 분변하게 해야 할 것입니다."

상이 이에 헌사의 탄장(彈狀)[19]을 내려주고 은 등을 파직했다.

○ 사헌부에 명해 우희열(禹希烈)의 직첩(職牒)을 주게 했다.

○ 경상도 도관찰사 이원(李原)이 계림(鷄林-경주)에서 태조(太祖)의 진용(眞容-어진)을 받들고 도착했다. 각사(各司)의 관원(官員) 1원(員)이 숭례문(崇禮門) 밖에서 맞이해 계성전(啓聖殿)에 임시로[權]안치했다. 애초에 완산부(完山府-전주)에서 태조 어진(御眞)을 봉안(奉安)하기를 청한 까닭에 서울로 모셔 와서 모사(模寫)하도록 명한 것이다.

○ 병조에서 무사(武士)를 뽑는 법을 올렸다.

'예전에는 삼군갑사(三軍甲士)는 기사(騎射)와 보사(步射)를 시험해 액수(額數-정원)를 채웠습니다. 그러나 병법(兵法)에 "발이 융마(戎馬)보다 빠르고 힘이 쇠솥을 드는 자를 모아서 하나의 군졸로 삼는다"라고 했습니다. 이제부터 창 쓰는 부대는 갑옷을 입고 병기를 가지

---

19 탄핵한 소장을 말한다.

고 능히 300보(步)를 달리는 자를 상등(上等)으로 삼고, 200보를 달리는 자를 중등(中等)으로 삼으며, 완력이 남보다 뛰어나서 네 사람을 이기는 자를 상등으로 삼고, 세 사람을 이기는 자를 중등으로 삼아 시취(試取)해 패(牌)를 만들도록 해야 할 것입니다.'

그것을 따랐다.

신묘일(辛卯日-18일)에 왜선(倭船) 14척이 풍해도(豐海道) 장산곶(長山串)에 이르러 부녀자 17명을 미라산(彌羅山) 봉졸(烽卒)에게 맡기고 떠나갔다. 왜적이 중국(中國)의 경계에서 이곳에 이르러 봉졸 박기(朴基)를 붙잡아 사변(事變)을 묻고, 우리나라에 방비가 있음을 알고는 짐짓[佯] 우호의 뜻을 보이기 위해 지난해 여름에 제주(濟州), 홍주(洪州), 선주(宣州)와 장연(長淵), 옹진(甕津)에서 약탈한 부녀자에게 양식을 주어 육지에 내려놓고 곧바로 백령도(白翎島)로 향해 갔다. 풍해도 도절제사 김계지(金繼志)가 보고하니 상이 말했다.

"이 왜적이 나온 지 여러 해가 됐으니 반드시 본토로 돌아가려고 할 것이다. 각포(各浦)의 병선(兵船)을 한곳에 모아 사변에 대비하게 하고, 그 가운데 가볍고 빠른 병선(兵船)을 모두 내어서 여러 섬에 숨겨 두었다가 적선을 쫓아 잡게 하라."

임진일(壬辰日-19일)에 총제(摠制) 권완(權緩)이 예부(禮部)의 자문(咨文)을 가지고 경사(京師)에서 돌아왔다. 그 자문(咨文)의 1건(件)은 성식(聲息-소식이나 정보)에 관한 일이었다.

'영락(永樂) 6년 12월 초4일 아침에 본부(本部) 관원이 봉천문(奉

天門)에서 삼가 성지(聖旨)를 받들었는데 "왜적(倭賊)이 조선에서 약탈하다가 이곳에 왔는데, 그곳에서 사로잡은 여섯 사람을 데리고 왔다. 그들이 해변을 약탈할 때 저들 여섯 사람이 도망쳐 방어하는 관원에게 잡혀 왔기에 심문해 보니 조선 사람이다. 너희 예부에서는 저들에게 옷과 모자 노자를 주어서 도착한 조선 사신에게 데리고 돌아가게 하라"고 했습니다. 삼가 받들어 김득정(金得正) 등 6명을 사신 권완(權緩)에게 교부(交付)하여 데리고 돌아가게 하는 외에, 본국에 자문을 보내는 바이니, 왕(王)은 알아서 시행해야 할 것입니다.'

1건은 급사(給賜)에 관한 일이었다.

'삼가 본국(本國) 왕에게 영락(永樂) 7년의 대통력일(大統曆日) 100본과 『권선서(勸善書)』 300부를 하사합니다.'

계사일(癸巳日-20일)에 의정부참찬사 유량(柳亮)에게 일을 볼 것을 명했다. 사헌부에서 량(亮)과 이조정랑 양중관(梁仲寬)이 병조에 재임할 때 송충이가 솔잎을 갉아먹는 것을 고하지 아니한 까닭을 핵문(劾問)하고, 또 의정부사인 이명덕(李明德)이 병조에서 고한 것을 계문(啓聞)하지 아니한 죄를 탄핵했다. 상이 시신(侍臣)에게 일렀다.

"하늘이 내리는 재앙(災殃)을 인력으로 면할 수 있는 것은 아니나, 사람이 능히 수성(修省)하면 화(禍)가 변해 복이 되는 수도 또한 있는 법이다. 지난해에 벌레가 솔잎을 먹었는데도 병조에서 이를 곧바로 고해 사람을 내보내 잡지 아니했으니 그 덮어둔 죄가 작지 않다. 헌사(憲司)에 내려서 이를 힐문(詰問)했더니 병조에서 변명하기를 '도당(都堂)에 고(告)했는데, 도당에서 이를 계문(啓聞)하지 않았다'고

한다. 내가 생각건대 이때 중국 사신이 처녀를 골라 뽑는 일로 인하여 1년이 지나도록 서울에 와 있었으므로 나라에 일이 많고 인민(人民)의 곤란이 심했기 때문 이로 인해 송충이를 잡지 못한 것이라 여긴다."

상이 량과 이명덕 등에게 출사(出仕)할 것을 명했다.

을미일(乙未日-22일)에 경기좌우도 수군절제사에게 강화부사(江華府使)를 겸직하게 하고, 경기우도 도만호(都萬戶)에게 교동현령(喬桐縣令)을 겸직하게 했다.

○사헌부에서 희천군(熙川君) 김우(金宇)의 죄를 청했다. 소(疏)는 이러했다.

'우(宇)가 일찍이 강계(江界)에 부임해 초피(貂皮) 50장과 황랍(黃蠟) 16근을 가지고 비밀리에 통사(通事) 박지성(朴之成)에게 부탁해 요동(遼東)에 가서 초피 10장으로는 능(綾) 2필을 사고, 20장으로는 중견(中絹) 10필을 샀습니다. 지성(之成)이 돌아오니, 우가 이미 벼슬이 갈렸으므로 길에서 만나 능(綾)과 견(絹) 그리고 남은 초피 20장을 우에게 되돌려 주고, 다만 황랍만 강계부(江界府)에 도로 바쳤습니다. 본부(本府)에서 그 도(道)의 감사(監司)에게 이문(移文)해 이 사실을 갖춰 알아냈습니다. 우가 금하는 물건을 함부로 거두어 국경을 넘어 매매한 죄는 마땅히 엄하게 징계해 뒷사람을 경계시켜야 할 것입니다."

소장을 대내(大內)에 머물러 두고 내리지 않았다.

병신일(丙申日-23일)에 신덕왕후(神德王后) 강씨(康氏)를 사을한(沙乙閑)의 산기슭으로 천장(遷葬)했다. 애초에 의정부에 명해 정릉(貞陵)을 도성(都城) 밖으로 옮기는 가부를 토의하게 하니 의정부에서 말씀을 올렸다.

"옛 제왕(帝王)의 능묘가 모두 도성 밖에 있는데 지금 정릉(貞陵)이 성안에 있는 것은 적당하지 못하고, 또 사신(使臣)이 묵는 관사(館舍)에 가까우니 밖으로 옮기도록 하소서."

그것을 따랐다. 상이 각사(各司)에 명해 반(半)을 나눠 백의(白衣) 흑각대(黑角帶) 오사모(烏紗帽) 차림으로 시위(侍衛)하게 했다. 예조에서 아뢰었다.

"삼가 『문헌통고(文獻通考)』를 상고하건대, 송(宋)나라 선조(宣祖)의 안릉(安陵)을 하남(河南) 공현(鞏縣)으로 옮긴 뒤에 조석전(朝夕奠)과 삭망제(朔望祭)는 없었고, 다만 춘추(春秋) 중월(仲月-2월과 8월)에 제사를 행했을 뿐이니, 이제부터 신덕 왕후의 산릉(山陵) 제례(祭禮)도 이러한 예(例)에 의하소서."

상이 말했다.

"주공(周公)이 모든 제사에 질서를 지키고 문란하게 하지 않았으니, 마땅히 춘추의 두 중월(仲月)과 이름이 있는 날[有名日]에 2품관(品官)을 보내 제사를 지내도록 하여 항식(恒式)으로 삼으라."

○ 세자가 친히 권근(權近)의 빈소(殯所)에 전(奠)을 올렸다.

무술일(戊戌日-25일)에 집의(執義) 정귀진(鄭龜晉)과 지평(持平) 이방(李倣)을 파직시켰다. 우사간대부(右司諫大夫) 유겸(柳謙) 등이 말씀을 올렸다.

"헌부(憲府)는 인주(人主)의 귀와 눈 같은 관원이라 사람들의 옳고 그름과 죄의 가볍고 무거운 것을 살피지 아니할 수 없습니다. 전일에 전하께서 형조에서 판결한 수미(須彌)라는 계집의 간통 사건을 사헌부에 내려 그 시비를 가리게 하셨습니다. 지금 집의 정귀진과 지평 이방 등은 오결(誤決)한 관원의 죄를 청할 때에 죄상(罪狀)에 관계되지 않았다고 해 무복지친(無服之親)인 최금강(崔金剛)에게 애매하게 죄(罪)를 청했습니다. 그 증좌인(證佐人)이 사실을 말하지 아니하고 고의로 거짓 증거를 제시해 율(律)이 마땅히 장죄(杖罪)에 해당되는 자인데도, 아울러 죄주기를 청하지 아니하고 고의로 놓아주어 죄를 면하게 했습니다. 전하께서 옳고 그름을 밝게 분변하는 뜻에 있어 어떠하겠습니까? 법을 맡은 관리로서 사람의 죄를 매기는 데 그 경중(輕重)을 잃었으니, 그 죄가 작지 아니합니다. 두 사람의 직임을 파면시킬 것을 명하셔야 할 것입니다."

전날 저녁에 장무헌납(掌務獻納)이 이미 탄핵을 당했는데 겸 등이 짐짓 모르는 체하고 도리어 구진 등을 탄핵했으나 상은 알지 못했다.

○ 이빈(李彬)을 형조판서로, 성석인(成石因)을 호조판서로, 박은(朴訔)을 반성군(潘城君), 유겸(柳謙)과 이종선(李鍾善)을 좌·우사간 대부(左右司諫大夫), 한상덕(韓尙德)을 사간원지사, 현맹인(玄孟仁)을 사헌집의(司憲執義)로 삼았다.

기해일(己亥日-26일)에 민무구(閔無咎)·무질(無疾)에게 경작할 만한 전지를 줄 것을 명했다. 강원도 도관찰사에게 뜻을 전해 말했다.

"듣건대 무질이 남의 집에 기숙(寄宿)하여 과객(過客)과 같고 경작하는 땅도 넉넉하지 못하다고 하니 무질이 우거(寓居)하는 집주인을 다른 곳으로 옮기게 하고 또 전지를 주어 농사를 짓도록 하라."

또 풍해도 도관찰사에게 뜻을 전해 말했다.

"무구에게 경작할 만한 전지를 주라."

또 무구와 무질의 서울에 있는 집을 헐어서 그 재목과 기와로 동평관(東平館)과 서평관(西平館)[20]을 짓고 그 값을 주도록 명했다.

신축일(辛丑日-28일)에 청평군(淸平君) 이백강(李伯剛)과 좌군동지총제 최긍(崔兢)을 보내 경사(京師)에 가게 했다. (제가) 베이징[北京]에 순행(巡幸)함을 하례하기 위함이었다.

---

20 조선조 초엽에 일본 사신을 대접하기 위해 마련한 두 개의 관사(館舍)다. 처음에 일본의 왜구(倭寇)에 대해 회유(懷柔) 정책을 취하여 수많은 왜객(倭客)이 왕래했기 때문에 동·서평관(東西平館) 둘을 두었으나 세종 때에 왜구(倭寇)가 어느 정도 진압돼 국가의 지출을 막기 위해 왜사(倭使)의 왕래를 억제하게 되자 서평관(西平館)은 폐지하고 동평관(東平館)만 남겨두었다.

甲戌朔 上親奠于文昭殿.
갑술 삭 상 친전 우 문소전

憲司請西北面都巡問使朴信 豐海道都節制使金繼志等罪
헌사 청 서북면 도순문사 박신 풍해도 도절제사 김계지 등 죄

不允. 信等於正朝 獻弓矢于世子 司憲府劾信等以爲: "當書筵
불윤 신등어정조 헌 궁시 우 세자 사헌부 핵 신등 이위 당 서연

講習之時 進武藝玩好之物 以開廢學之端." 上曰: "信 繼志之罪
강습 지시 진 무예 완호 지물 이개 폐학 지단 상왈 신 계지 지죄

姑置勿論 宜禁各道 毋得效此."
고치 물론 의금 각도 무득 효차

禁中外宴飮 惟老病服藥 閭里買賣者勿禁.
금 중외 연음 유 노병 복약 여리 매매 자 물금

丁丑 改訓鍊觀司直爲判官 副司直爲注簿.
정축 개 훈련관 사직 위 판관 부사직 위 주부

幷全羅道珍島 海南爲海珍郡 築城於鹿山驛舊基 遷邑焉.
병 전라도 진도 해남 위 해진군 축성 어 녹산역 구기 천읍 언

司憲府請摠制權希達之罪. 疏曰:
사헌부 청 총제 권희달 지죄 소왈

'春秋館記事官崔士柔 退自經筵 遇摠制權希達於承政院門外.
춘추관 기사관 최사유 퇴 자 경연 우 총제 권희달 어 승정원 문외

士柔以地窄 鞠躬退立 希達以爲無禮 執其陪吏拳毆之 問曰: "彼
사유 이 지착 국궁 퇴립 희달 이위 무례 집 기 배리 권구 지 문왈 피

何人也?" 吏對曰: "史官." 希達曰: "儒者之蔑視武官久矣."
하인 야 이 대왈 사관 희달 왈 유자 지 멸시 무관 구의

極口罵之. 希達當殿下齋戒之日 不顧大義 歐打書吏 罵辱史官
극구 매지 희달 당 전하 재계 지일 불고 대의 구타 서리 매욕 사관

罪不當宥.'
죄 부당 유

上命議政府議擬〔=擬議〕. 政府啓曰: "希達頑夫 何足也!" 上
상명 의정부 의의 의의 정부 계왈 희달 완부 하족 야 상

召希達責曰: "汝年旣不小 狂肆不減何也? 汝罪非輕 姑令就職
소 희달 책왈 여 연 기 부소 광사 불감 하야 여죄 비경 고령 취직

慎勿復爲如此之行."

戊寅 太白晝見經天.

己卯 典農副正曹繪 吏曹佐郎柳博免. 繪初與博 俱爲吏曹
文選司官 內豎拜官者二人 於報省關文 脫其名 至滿百日事覺
司諫院請論其罪也.

庚辰 憲司請前歙谷縣令金緝枉刑之罪 依律施行 從之. 緝在任
時 有金剛山僧信惠等緣化 得米豆于東北面 載船而來 緝適逢之
謂公行詐誘 多取民食 奪之 分與船軍. 信惠之師海峯 托權貴受書
付之緝 緝怒 以火鐵烙其足. 海峯弟子信性告憲府 追治其罪.

議政府啓醫藥活人之法 從之. 啓曰:

"見任醫官 其數不多 各以祿官 所任無閑 大小病人 未可一一
救治 以致病深難療 夭折非無. 乞以所業出身閑散人員等 於典醫
隨品爲權知 濟生院惠民局稱爲別坐 口傳施行; 每日仕官習業
不分尊卑 病家招請 卽往救治. 其中診候精熟 藥理詳明 活人
最多者 令提調官驗實申聞 以憑除擢.

命還參上官赴試者告身. 命議政府曰:"自今參上人員 還納
告身赴試者 勿論中否 一皆還給." 從領議政河崙之請也. 先是
司憲府上言:'參上辭職赴試者 勿論中否 並不還給告身.'於是
參上讀書赴試者無幾. 至是 禮曹上言:'六品以上四品以下自願
赴試者 許令辭職. 其入第一等者 升等敍用; 二等以下 從本職

敍用; 不入格者 亦皆還給職牒 以開勸學之路.' 從之.
서용　불입격　자　역개　환급　직첩　이개　권학　지로　종지

壬午 立臺諫上疏規諫彈劾之法. 召持平李倣 獻納盧仁矩 使
임오　입대간　상소　규간　탄핵　지법　소　지평　이방　헌납　노인구　사

知申事黃喜傳曰: "自今臺諫官 如欲規諫寡人闕失 若係服玩宮室
지신사　황희　전왈　자금　대간　관　여욕　규간　과인　궐실　약계　복완　궁실

膳羞等事 直請面陳; 凡大小機密 題以上前開坼封章 掌務親自
선수　등사　직청　면진　범　대소　기밀　제이　상전　개탁　봉장　장무　친자

齎進 以待裁決 毋令書吏遙呈; 其他細務條陳 不宜密封. 又彈劾
재진　이대　재결　무령　서리　요정　기타　세무　조진　불의　밀봉　우　탄핵

人物 若非事干死罪 慮或躱脫者 則毋得守直 以爲恒規."
인물　약비　사간　사죄　여혹　타탈　자　즉　무득　수직　이위　항규

癸未 兵曹請點考功臣及諸君私伴黨之數. 啓曰: "功臣諸君 各
계미　병조　청점고　공신　급　제군　사반당　지수　계왈　공신　제군　각

差私伴黨十人 本以衛王室 且備無時出入. 今受差牒者 散在外方
차　사반당　십인　본이위　왕실　차비　무시　출입　금수　차첩　자　산재　외방

有乖差定之意. 自今每一年二三度式出榜 親着點考." 從之.
유괴　차정　지의　자금　매　일년　이삼　도식　출방　친착　점고　종지

甲申 申嚴出入宮禁之令.
갑신　신엄　출입　궁금　지령

命答世子殿小宦韓龍鳳 金淳 安路各三十. 世子左賓客鄭擢等
명태　세자전　소환　한용봉　김순　안로　각　삼십　세자　좌빈객　정탁　등

上言:
상언

'儲副敎養之方 不可不謹. 是以殿下曾置書筵官 欲其左右琢磨
저부　교양　지방　불가　불근　시이　전하　증치　서연관　욕기　좌우　탁마

以成德業. 然一日之間 接書筵官之時少 親宦官之時多. 宦官之
이성　덕업　연　일일　지간　접　서연관　지시소　친　환관　지시다　환관　지

輩 雖老耆者 素無學問 未能箴規獻替 而況小宦不識大體 徒務
배　수　노기　자　소무　학문　미능　잠규　헌체　이황　소환　불식　대체　도무

取媚 必以奇技蕩世子之心. 臣等竊恐心旣蕩 則學問之功 無自
취미　필이　기기　탕　세자　지심　신등　절공　심기　탕　즉　학문　지공　무자

以成. 伏惟殿下命除小宦 更選老成質直者 以待左右.'
이성　복유　전하　명제　소환　갱선　노성　질직　자　이대　좌우

上覽之 召世子殿宦者孫興祖 申德海等責曰: "爾何不敎誨小宦
상　람지　소　세자전　환자　손흥조　신덕해　등　책왈　이　하　불　교회　소환

輩乎? 今欲罪汝 姑徐之. 後日復有如此之事 無餘刑非殺." 遂答
배호　금욕죄여　고서지　후일　부유　여차　지사　무여형　비살　수태

龍鳳等. 時 龍鳳等多以雜戱 賭世子衣服及虎皮云.①
용봉　등　시　용봉　등　다이　잡희　도　세자　의복　급　호피　운

80

乙酉 城平壤 義州.
올유 성 평양 의주

命司憲府 推劾兵曹官吏之罪以聞. 沙乙閑山松爲蟲所食而黃枯
명 사헌부 추핵 병조 관리 지죄 이문 사을한산 송 위 충 소식 이 황고

兵曹昧於考察故也.②
병조 매어 고찰 고야

丙戌 霧.
병술 무

丁亥 吉創君權近卒. 是日曉 上聞近病革 命世子視疾 臨發聞近
정해 길창군 권근 졸 시일 효 상 문 근 병 혁 명 세자 시질 임발 문 근

已卒 乃止. 近字可遠 後改思叔 號陽村 安東府人 高麗政丞溥之
이졸 내지 근자 가원 후개 사숙 호 양촌 안동부 인 고려 정승 부지

曾孫 檢校政丞僖之子. 少讀書孜孜不輟 洪武己酉年十八 擢丙科
증손 검교 정승 희지자 소 독서 자자 불철 홍무 기유년 십팔 탁 병과

拜春秋檢閱 爲王府閟者赤. 癸丑 中科擧鄕試第三名 以年未滿
배 춘추 검열 위 왕부 비자치 계축 중 과거 향시 제삼 명 이 연 미만

二十五 不赴京師. 甲寅 拜成均直講 藝文應敎.
이십 오 불부 경사 갑인 배 성균 직강 예문 응교

恭愍王暴薨 元朝遣使頒赦 令國家欲禮接之. 近與鄭夢周
공민왕 폭 훙 원조 견사 반사 영 국가 욕 예접 지 근 여 정몽주

鄭道傳等上書都堂 請毋納元使 其言切直不小諱. 當國者皆誣
정도전 등 상서 도당 청 무납 원사 기언 절직 부소 휘 당국자 개 무

以罪逐之 近以年少不解事得免. 壬戌 拜左司議大夫. 僞主禑
이 죄 축지 근 이 연소 불 해사 득면 임술 배 좌사의대부 위주 우

在位 久淫戱無度 上疏極諫 禑乃聽納 命寫諫草 貼諸屛障. 甲子
재위 구 음희 무도 상소 극간 우 내 청납 명사 간초 첩저 병장 갑자

冬 代言有闕員 時宰擬進近名 禑曰: "此人嘗爲諫官 使我不得
동 대언 유 궐원 시재 의진 근 명 우 왈 차인 상위 간관 사아 부득

有爲." 乃取筆周其名. 戊辰春 崔瑩當國 有抗中國之志 凡申朝廷
유위 내 취필 주 기명 무진 춘 최영 당국 유 항 중국 지지 범 신 조정

之事 不用事大舊例 欲以草檄移之. 近面斥其非 竟不用草檄. 夏
지사 불용 사대 구례 욕 이 초격 이지 근 면척 기비 경 불용 초격 하

太祖擧義回軍 執退瑩 拜坐代言 尋遷知申事 同知貢擧 取李垠
태조 거의 회군 집 퇴 영 배 좌대언 심천 지신사 동지공거 취 이은

等三十三人. 己巳春 進拜簽書密直司事 夏 與門下評理尹承順
등 삼십 삼인 기사 춘 진배 첨서 밀직사사 하 여 문하평리 윤승순

奉表如京師 秋 齎禮部咨一道還國. 國舅李琳 時爲左相坐廟堂
봉표 여 경사 추 재 예부 자 일도 환국 국구 이림 시위 좌상 좌 묘당

以其咨付之. 我太祖爲右相 適違豫在邸 或乘間進言於太祖曰:
이 기자 부지 아 태조 위 우상 적 위예 재저 혹 승간 진언 어 태조 왈

"禮部咨 乃責異姓爲王." 近獨與琳拆視.
예부 자 내책 이성 위왕 근독 여림 탁시

十月 臺諫劾李崇仁奉使如京貨殖之罪而貶之. 近繼崇仁朝京
십월 대간 핵 이숭인 봉사 여경 화식 지죄 이폄지 근계 숭인 조경

故知崇仁被誣 上書明其無罪 臺諫以近黨罪人毀言官 劾貶牛峯.
고지 숭인 피무 상서 명기 무죄 대간 이근 당죄인 훼 언관 핵폄 우봉

及恭讓王卽位 臺諫劾近私拆咨文 先示李琳 是黨於異姓也 論罪
급 공양왕 즉위 대간 핵근 사탁 자문 선시 이림 시당 어이성 야 논죄

移貶寧海. 庚午春 臺諫更論劾 欲置極刑 賴太祖申救 決杖量移
이폄 영해 경오 춘 대간 갱론핵 욕치 극형 뇌 태조 신구 결장 양이

興海. 其年夏 李穡以下諸在貶所者 俱逮繫淸州獄. 天忽大雨
흥해 기년 하 이색 이하 제재 폄소 자 구 체계 청주 옥 천홀 대우

水漲入城中 公廨皆沒 諸問事官至上樹得免 被繫者亦皆走避 近
수창 입성중 공해 개몰 제 문사관 지상수 득면 피계자 역개 주피 근

獨堅坐 神色自若曰:"我若有罪 當伏天誅 若無罪 則天豈死我
독 견좌 신색 자약 왈 아약 유죄 당복 천주 약무죄 즉천 기사아

於水哉!" 於是免歸漢陽 徙益州 著入學圖說. 辛未春 得自便
어수재 어시 면귀 한양 사 익주 저 입학도설 신미 춘 득 자편

歸忠州 定禮經而未就 至是乃得立藁. 癸酉春 太祖幸雞龍山
귀 충주 정 예경 이미취 지시 내득 입고 계유 춘 태조 행 계룡산

特召近赴行在 命與鄭摠撰定陵墓碑. 甲戌秋 拜中樞院使 丙子
특소 근부 행재 명여 정총 찬정 능묘 비 갑술 추 배 중추원 사 병자

夏 大明太祖高皇帝怒表箋有戲侮字 遣使徵撰表人鄭道傳. 道傳
하 대명 태조 고황제 노 표전 유 희모 자 견사 징 찬표 인 정도전 도전

稱疾 來使日督之. 近自請曰:"撰表之事 臣亦與知 願隨使赴京."
칭질 내사 일 독지 근 자청 왈 찬표 지사 신역 여지 원 수사 부경

太祖以非有徵命止之 近復啓曰:"臣於前朝之季 身被重譴 幾
태조 이 비유 징명 지지 근부 계왈 신 어 전조 지계 신피 중견 기

不保首領 幸賴殿下欽恤之仁 獲保性命. 及今國初 又蒙收用
불보 수령 행뢰 전하 흠휼 지인 획보 성명 급금 국초 우몽 수용

再造之恩 如天罔極 而臣未有報效. 願乞赴京 如天之福 庶得
재조 지은 여천 망극 이신 미유 보효 원걸 부경 여천 지복 서득

辨明 少答聖恩之萬一." 太祖密賜黃金以贐行. 及渡鴨綠江 使臣
변명 소답 성은 지 만일 태조 밀사 황금 이 신행 급 도 압록강 사신

孛羅與諸宰 相問入對之辭 而不問於近 近曰:"大人何獨不與我
발라 여 제재 상문 입대 지사 이 불문 어근 근왈 대인 하독 불여아

言?"孛羅改容曰:"今子無徵命而自往 國之忠臣也. 帝有何所問
언 발라 개용 왈 금자 무 징명 이 자왕 국지 충신 야 제유 하 소문

子亦何所對?"
자역 하 소대

九月 入朝. 翌日 禮部欽奉聖旨 爲留撰表人 移咨本國 勅召近

視咨草 近叩頭曰:“小國事大 不因表文 無以達情 而臣等生於

海外 學不通方 使我王之忠誠 不能別白於黈纊 誠臣等之罪耳.”

帝然其言 待以優禮. 命題賦詩十八篇 每進一篇 帝嘉歎不已 仍

勅有司 備酒饌具妓樂 使之遊觀三日 亦命賦詩以進. 帝乃親製

長律詩三篇賜之 勅仕文淵閣 得翰林學士劉三吾 許觀 景淸

張信 戴德彝 相周旋 每稱美我太祖回軍之義 事大之誠 帝聞而

嘉之 特稱老實秀才 乃命遣還.

　既還 道傳嗾臺諫 劾以鄭摠等皆被拘留 獨得放還之故 申請

其罪 太祖曰:“當天子震怒之時 挺身自往 善辭專對 能霽天威 功

實不細 反加罪乎?”近亦上書 自敍微勞 於是稱下元從功臣. 戊寅

秋 丁 外憂 己卯 起復拜簽書 再上箋乞終制 不允. 俄遷政堂文學

兼大司憲 上疏罷私兵. 庚辰十一月 上卽位 賜推忠翊戴佐命功臣

之號. 壬午春 以參贊議政府事知貢擧 取申曉等三十三人. 中國

使臣必先問近動靜 及相接 加以禮貌. 御史兪士吉 內史溫不花

奉使而來 亦於鴨綠江問安否. 及至都 殿下慰宴使臣 諸宰相以次

行酒禮 及近行禮 士吉 不花皆起坐 殿下曰:“天使何至是也?”

士吉曰:“何敢慢斯文老成君子乎?”不花曰“太祖皇帝之所致敬

者也.”不花 卽孛羅也. 癸未 上表乞解仕就閑 終考禮經節次 上

不許曰:“昔宋司馬光編資治通鑑 未嘗解職.”乃命三館士二人

日就近第 供翰墨. 及成 繕寫一本以進. 乙酉春 拜議政府贊成事
일취 근제 공 한묵 급성 선사 일본 이진 을유 춘 배 의정부 찬성사

冬居內憂. 丙戌春 命起復拜大提學 再上箋乞終制 不允. 其秋 上
동 거 내우 병술 춘 명 기복 배 대제학 재 상전 걸 종제 불윤 기추 상

將禪于世子 上書請停禪位 又興疾詣闕啓之 上謂左右曰: "吾固
장 선 우 세자 상서 청정 선위 우 여질 예궐 계지 상 위 좌우 왈 오고

知其非常人 然其胸中斷事 不謂如此精確也. 丁亥夏 上親試文士
지기 비상 인 연기 흉중 단사 불위 여차 정확 야 정해 하 상 친시 문사

命近與左政丞河崙讀卷 取藝文館直提學卞季良等十人. 戊子冬
명 근 여 좌정승 하륜 독권 취 예문관 직제학 변계량 등 십인 무자 동

疾篤 聞上怒臺諫官 將置極刑 上書切諫 上乃釋之. 自寢疾 賜藥
질독 문 상 노 대간 관 장치 극형 상서 절간 상 내 석지 자 침질 사약

問安無虛日 卒年五十八. 上聞而震悼 輟朝三日 命有司治喪事
문안 무 허일 졸년 오십팔 상 문이 진도 철조 삼일 명 유사 치 상사

賜祭弔誄賻贈甚厚. 中宮亦遣中使致奠 世子親臨柩祭之 成均
사제 조뢰 부증 심후 중궁 역견 중사 치전 세자 친림 구 제지 성균

大司成崔咸等領三館士 祭以小牢. 贈諡文忠 近自檢閱 至爲宰相
대사성 최함 등 영 삼관 사 제 이 소뢰 증시 문충 근 자 검열 지위 재상

常任文翰 歷揚館閣 未嘗一補外寄. 天資精粹溫雅 深於性理之學
상임 문한 역양 관각 미상 일 보외 기 천자 정수 온아 심어 성리 지학

平居雖甚倉卒 未嘗疾言遽色 至於擯斥廢黜 死生在前 處之泰然
평거 수 심 창졸 미상 질언 거색 지어 빈척 폐출 사생 재전 처지 태연

曾不隕穫. 凡經世之文章 事大之表箋 亦皆撰述. 有集若干卷行
증 불 운확 범 경세 지 문장 사대 지 표전 역개 찬술 유집 약간 권행

于世. 其將卒也 聚子若壻 遺命不作佛事. 其子壻治喪 一依家禮
우세 기 장졸 야 취 자 약서 유명 부작 불사 기 자서 치상 일의 가례

不用浮屠法云. 子四 踐 蹈 趏 蹲.
불용 부도법 운 자사 천 도 규 준

命忠淸道都觀察使 勿收李居易所貸義倉米豆租.
명 충청도 도관찰사 물수 이거이 소대 의창 미두 조

戊子 霧.
무자 무

上親祭于文昭殿.
상 친제 우 문소전

始復文廟望祭.
시 복 문묘 망제

己丑 霧. 月入太微東藩上相西.
기축 무 월입 태미 동번 상상 서

庚寅 刑曹判書朴訔及正郎成揜免. 初 副司直崔金剛 告其從妹
경인 형조판서 박은 급 정랑 성엄 면 초 부사직 최금강 고기 종매

須彌 與副司直宋玄祐奸 刑曹以非奸所捕獲 因爭奴婢 含憤指奸
수미 여 부사직 송현우 간 형조 이비간 소포획 인쟁 노비 함분 지간

乞收金剛職牒 依律論罪. 金剛之妻 擊申聞鼓訟冤 下司憲府
걸수 금강 직첩 의율 논죄 금강 지처 격 신문고 송원 하 사헌부

覈實. 憲府言: "須彌女實與玄祐奸 然金剛宜相容隱 反訟其惡
핵실 헌부 언 수미 녀실여 현우 간 연 금강 의상용은 반송 기악

揚臭於外. 乞將崔金剛 須彌女 宋玄祐 依律論罪." 從之. 玄祐
양취 어외 걸장 최금강 수미 녀 송현우 의율 논죄 종지 현우

逃. 憲府遂劾刑曹判書朴訔 正郎成揹辨訟不明 訔答云: "改正
도 헌부 수핵 형조판서 박은 정랑 성변 변송 불명 은 답운 개정

公事 謀變難測 吾不心服矣." 於是 執義鄭龜晉等啓曰: "刑曹反
공사 모변 난측 오불 심복 의 어시 집의 정구진 등 계왈 형조 반

稱臣等謀變 不肯自服 臣等難於出仕." 上曰: "爾毋避嫌." 朴訔
칭 신등 모변 불긍 자복 신등 난어 출사 상왈 이무 피혐 박은

上書自辨 司憲持平李倣亦詣闕啓曰: "臣等出仕 誠爲未便." 上
상서 자변 사헌 지평 이방 역 예궐 계왈 신등 출사 성위 미편 상

曰: "玄祐在逃 獄已成矣. 無所可疑 何嫌視事!" 乃召巡禁司
왈 현우 재도 옥 이성 의 무 소가의 하혐 시사 내소 순금사

大護軍姜尙仁 將憲府刑曹文案 辨其是非以聞 仍命憲府視事.
대호군 강상인 장 헌부 형조 문안 변기 시비 이문 잉명 헌부 시사

巡禁司兼判事南在等啓曰: "金剛 須彌獄辭 乞與代言諫官一員
순금사 겸판사 남재 등 계왈 금강 수미 옥사 걸여 대언 간관 일원

同坐問辨." 上乃下憲司彈狀 罷訔等職.
동좌 문변 상내하 헌사 탄장 파 은 등 직

命司憲府給禹希烈職牒.
명 사헌부 급 우희열 직첩

慶尙道都觀察使李原 奉太祖眞容 至自雞林 各司一員 迎于
경상도 도관찰사 이원 봉 태조 진용 지자 계림 각사 일원 영우

崇禮門外 權安于啓聖殿 初 完山府請奉安太祖御容 故命奉迎
숭례문 외 권안 우 계성전 초 완산부 청 봉안 태조 어용 고명 봉영

至京而模寫也.
지경 이 모사 야

兵曹上選武士之法: '前此 三軍甲士 試騎步射充額 然於兵法
병조 상선 무사 지법 전차 삼군 갑사 시기 보사 충액 연어 병법

有足輕戎馬 力輕扛鼎者 聚爲一卒. 今後槍牌帶甲 齊兵能走三百
유족 경융마 역 경강 정자 취위 일졸 금후 창패 대갑 재병 능주 삼백

步者爲上等; 二百步者爲中等; 膂力過人 能勝四人者爲上等;
보자 위 상등 이백 보자 위 중등 여력 과인 능승 사인 자위 상등

三人者爲中等 試取作牌.' 從之.
삼인 자위 중등 시취 작패 종지

辛卯 倭船十四隻 至豐海道 長山串 以婦女十七名 屬彌羅山
烽卒而去. 倭自上國之境至此 捕烽卒朴基 問以事變 知國家有備
佯示和好之意 以去年夏所掠濟州 洪州 宣州及長淵 瓮津婦女
給糧下陸 乃向白翎島而去. 豐海道都節制使金繼志以報 上曰:
"此賊出來累年 必欲還歸本土. 令各浦兵船 會於一處待變. 其中
刷出輕快兵船 隱泊諸島 追捕賊船."

壬辰 摠制權緩 齎禮部咨 回自京師. 其咨:

'一件聲息事 永樂六年十二月初四日早 本部官於奉天門欽奉
聖旨:"倭賊在朝鮮打刦 就裏擄他陸簡人 帶來海邊刦掠 這陸
簡人走脫. 被防禦的官員拏解將來. 審得實是朝鮮的人. 恁禮部
便 賞與他衣帽盤纏 就着朝鮮使臣帶將回去." 欽此 除欽遵將
金得正等六名 交付使臣權緩帶回外 合咨本國王 知會施行. 一件
給賜事 該欽賜本國王永樂七年大統曆日一百本 勸善書三百部.

癸巳 命參贊議政府事柳亮視事. 司憲府劾問亮及吏曹正郎
梁仲寬 任兵曹時 蟲食松葉不告之故; 又劾議政府舍人李明德
不以兵曹所告 啓聞之罪. 上謂侍臣曰:"天之降災 非人爲所能
免也. 然人能修省 轉禍爲福 亦有是理. 去歲蟲食松葉 兵曹不卽
告發捕獲 其蒙蔽之罪不小. 下憲司詰問兵曹 辭以告於都堂 都堂
不以啓聞. 予思是時天使以處女採擇 終歲在都 國家多事 人民
困甚 因此未得捕蟲耳."乃命亮及李明德等出仕.

乙未 以京畿左右道水軍節制使兼江華府使 右道都萬戶兼
喬桐縣令.

司憲府請熙川君金宇之罪. 疏曰:

‘宇曾任江界 將貂皮五十領 黃蠟十六斤 密屬通事朴之成 至
遼東 以貂皮十令買綾二匹 二十領買中絹十匹. 之成之還 宇已
見代 遇諸途 以綾絹及所餘二十領還諸宇 只以黃蠟 還納江界府
本府移文其道監司 備得其實. 宇之橫斂禁物 越境興利之罪 所宜
痛懲 以戒後人.’

疏留中不下.

丙申 遷葬神德王后康氏于沙乙閑之麓. 初 命議政府 議遷貞陵
于都城之外可否 議政府上言: “古之帝王陵墳 皆在都城之外.
今貞陵在乎城內 未便 且近於使臣之館 乞遷于外.” 從之. 上命
各司爲半 以白衣黑角帶烏紗帽侍衛. 禮曹啓: “謹按文獻通考
宋宣祖 安陵改遷河南 鞏縣之後 無朝夕之奠 朔望之祭 止行
春秋仲月祭. 今神德王后山陵祭禮 乞依此例.” 上曰: “周公咸秩
無文. 宜以春月二仲及有名日 遣二品官致祭 以爲恒式.”

世子親奠于權近之殯.

戊戌 罷執義鄭龜晉 持平李倣職. 右司諫大夫柳謙等上言:

“憲府 人主耳目之官 人之是非 罪之輕重 不可不察也. 前日
殿下下刑曹所決須彌女奸事于憲府 辨其是非. 今執義鄭龜晉

持平李倣等 將誤決官員請罪之際 以不干罪狀無服之親崔金剛
지평 이방 등 장 오결 관원 청죄 지제 이 불간 죄상 무복 지친 최금강

曚曨請罪 其證佐之人 不言情實 故行誣證 律應杖罪者 不幷請罪
몽롱 청죄 기 증좌 지인 불언 정실 고행 무증 율응 장죄 자 불병 청죄

故令放出 以免其罪 於殿下明辨是非之意何如? 以執法之官 出入
고영 방출 이면 기죄 어 전하 명변 시비 지의 하여 이 집법 지관 출입

人罪 失其輕重 厥罪不小."
인죄 실 기 경중 궐죄 부소

命罷二人職. 前夕 掌務獻納已被劾 謙等佯爲不知者 反劾龜晉
명파 이인 직 전석 장무 헌납 이 피핵 겸등 양위 부지 자 반핵 귀진

等 上未之知也.
등 상 미지 지야

以李彬爲刑曹判書 成石因戶曹判書 朴訔潘城君 柳謙 李種善
이 이빈 위 형조판서 성석인 호조판서 박은 반성군 유겸 이종선

左右司諫大夫 韓尙德知司諫院事 玄孟仁司憲執義.
좌우사간 대부 한상덕 지사간원사 현맹인 사헌 집의

己亥 命給閔無咎 無疾可耕田地. 傳旨于江原道都觀察使曰:
기해 명급 민무구 무질 가경 전지 전지 우 강원도 도관찰사 왈

"聞無疾寄宿人家 如過客然 所耕亦且不足. 可使無疾所寓家主
문 무질 기숙 인자 여 과객 연 소경 역차 부족 가사 무질 소우 가주

移於他處 且給田地 使之耕稼." 又傳旨于豊海道都觀察使曰:"給
이어 타처 차 급전지 사지 경가 우 전지 우 풍해도 도관찰사 왈 급

無咎可耕之田." 且命撤無咎無疾京家材瓦 作東西平館 給其價.
무구 가경 지전 차 명철 무구 무질 경가 재 와 작 동 서평관 급 기가

辛丑 遣淸平君李伯剛 左軍同知摠制崔兢如京師. 賀巡幸北京也.
신축 견 청평군 이백강 좌군 동지총제 최긍 여 경사 하 순행 북경 야

| 원문 읽기를 위한 도움말 |

① 문장 끝에 있는 云은 어떤 사실이나 내용을 간접적으로 전달할 때 쓰
   인다. 그래서 흔히 '~라고 한다'라고 옮긴다.

② 沙乙閑山松爲蟲所食而黃枯 兵曹昧於考察故也. 앞에 以가 빠져 있지만
   사을한산 송 위충 소식 이 황고 병조 매어 고찰 고야   이
   故也가 있어 이 전체 문장은 앞의 문장에 대한 이유나 원인을 밝히는
   고야
   내용임을 알 수 있다.

태종 9년 기축년
3월

三月

갑진일(甲辰日-1일) 초하루에 상이 친히 문소전(文昭殿)에 제사를 지냈다.

○ 궁원(宮園)에 뽕나무를 심도록 명했다. 성주(成周)[1]의 공상(公桑)[2]제도를 본뜬 것이다.

을사일(乙巳日-2일)에 종묘(宗廟)의 남쪽에 가산(假山)을 증축(增築)했다.

병오일(丙午日-3일)에 전 형조참의 이지직(李之直)을 (경기도) 평택(平澤)으로 유배 보냈다. 애초에 지직(之直)을 (경상도) 성주목사(星州牧使)로 삼았는데 지직이 아내의 병을 이유로 면직(免職)을 청하자 상이 사헌부로 하여금 (다른) 연고를 핑계로[托故] 사임한 죄를 핵문(劾問)하게 했다.

○ 전 (평안도) 성주지사(成州知事) 김점(金漸)을 (경기도) 양성(陽

---

1 주(周)나라 성왕(成王) 때 주공 단(周公旦)이 낙읍(洛邑)에다 도읍을 정했던 시대를 가리킨다.
2 천자(天子)와 제후(諸侯)의 상전(桑田)을 가리킨다. 옛날 천자와 제후는 공상(公桑)과 잠실(蠶室)을 가지고 있어서 궁실의 부인(婦人)들은 반드시 공상(公桑)에 뽕나무를 심어 잠실(蠶室)에서 누에를 쳐서 옷감을 짜는 일을 의무적으로 했다.

城)으로 유배 보냈다. 점(漸)이 어두운 밤에 (사헌부) 감찰(監察) 안종렴(安從廉)을 만났는데 길을 비키지 않고 가로질러[分道] 가므로 종렴(從廉)이 점의 종을 붙잡게 하니 점이 그 자리에서 성난 목소리로 꾸짖고 욕했다. 헌부에서 그 죄를 청한 때문이었다.

○ 개성유후사(開城留後司)에 시사(市肆)[3]를 금지했던 것을 풀어주었다. 유후가 말씀을 올렸다.

'구도(舊都)의 백성들은 공상(工商)이 섞여 살기 때문에 그 있고 없는 것을 서로 교환해 살아가고 있었는데 도읍을 옮긴 이후로 시사(市肆)를 여는 것을 금지했습니다. 이로 말미암아 미곡(米穀)을 가지고 잡물(雜物)을 무역하는 것이 전혀 없고 부자 상인과 노련한 장사치들이 돈과 곡식을 많이 쌓아두고서 물가를 올리고 내리거나, 뒷거래로 매매를 행하기도 합니다. 그래서 쌀값이 뛰고 귀하기 때문에 인구가 날마다 줄어들어 여리(閭里)가 쓸쓸하오니 중국 사신이 오고 가는데 보기에도 좋지 않습니다. 부자 상인과 큰 장사치로 다른 마음을 품고 거듭해서 옮기려 들지 않는 자만 강제로 신도(新都)로 이사하게 하고 그 외에는 각각 시사를 열게 해 무역을 편리하게 해야 할 것입니다.'

그것을 따랐다.

정미일(丁未日-4일)에 이천우(李天祐)를 병조판서, 유량(柳亮)을 이조판서, 남재(南在)를 의정부찬성사, 이귀령(李貴齡)을 의정부참찬사, 김

---

3 시장에서 장사하는 것이다.

사문(金士文)·김이남(金以南)을 사헌부 장령(掌令), 조서로(趙瑞老)·임인산(林仁山)을 지평(持平), 어변갑(魚變甲)을 사간원좌정언(司諫院左正言)으로 삼았다.

○ (강원도) 철원부사(鐵原府使) 송극첨(宋克瞻)에게 장(杖) 100대를 때렸다. 나라의 제도에 (매번) 가을과 겨울이 되면 여러 목장의 여위고 병든 말을 골라 주군(州郡)에 나눠 주어 기르게 하고 매번 사복시(司僕寺) 관원을 보내 고찰(考察)하게 했다. 이때에 이르러 사복시 부정(副正) 정종성(鄭宗誠)이 철원(鐵原)에 이르러 말이 여위고 파리하다고 해 말을 먹인 자에게 장(杖)을 때리려고 하니 극첨(克瞻)이 사모(紗帽)를 벗고 관대(冠帶)를 풀어 땅에 집어 던지고서 성난 목소리[厲聲]로 말했다.
_{여성}

"만약 장리(掌吏)에게 죄주려거든 마땅히 나에게 죄를 가해야 할 것이다."

또 곤장을 쥔 자를 꾸짖어 손을 대지 못하게 했다. 종성(宗誠)이 돌아와서 아뢰니 명해 극첨을 잡아 오도록 해 순금사(巡禁司)(감옥)에 내린 다음에 제서유위율(制書有違律)⁴로 논죄하게 했다.

기유일(己酉日-6일)에 눈이 내렸고 저녁이 되어서는 우박이 내리고 큰바람이 불었다.

○ 일본(日本) 지좌전(志佐殿)이 사자를 보내 예물을 바쳤다.

---

4   임금의 교지(敎旨)와 세자(世子)의 영지(令旨)를 위반한 자를 다스리는 율이다. 『대명률(大明律)』「이율(吏律)」'제서유위조(制書有違條)'에 의하면 위반한 사람은 장 100대에 처한다고 규정했다.

○ 충청도의 굶주림을 진휼했다.

계축일(癸丑日-10일)에 (상이) 개성유후사(開城留後司)에 행차했다. 세자가 따라갔고 대성(臺省)과 형조(刑曹)에서 한 명씩 어가를 호종했다[扈駕].
<small>호가</small>

○ 임첨년(任添年)의 아내에게 쌀과 콩 30석을 내려주었다. 첨년(添年)이 그 아내를 버린 지 오래됐는데 그의 소생 딸이 중국 조정에 입조(入朝)했기 때문에 다시 결합했다. 그 딸이 정비전(靜妃殿)에 하직을 고하면서 스스로 말했다.

"첩에게 어미가 있으니, 긍휼(矜恤)히 여겨주시기 바랍니다."

상이 듣고 불쌍히 여긴 까닭에 이런 하사(下賜)가 있었다.

○ 중국 배[唐船] 4척이 표류해 바닷가 고을에 이르렀기에 사람을
<small>당선</small>
보내 위로해 그들을 보냈다. 명(明)나라 진남위후소(鎭南衛後所) 백호(百戶), 유귀(柳貴) 등 3인과 기군(旗軍) 117명이 바람에 표류해 전라도 옥구(沃溝)에 이르렀는데 스스로 말했다.

"길을 잃어서 상륙했다."

관찰사 윤향(尹向)이 보고했다. 또 지휘(指揮) 손귀(孫貴), 천호(千戶) 장의(張義) 등의 배 2척이 표류해 충청도 순성진(蓴城鎭)에 닿았는데 스스로 말했다.

"황제의 성지(聖旨)를 받들어 차근총병관(差根摠兵官) 평강백(平江伯) 등이 산둥[山東]·요동(遼東)·유도(劉島) 등지에 가서 순행하며
<small>산동</small>
왜적을 잡고 있었는데 녹수양(綠水洋)에서 폭풍을 만나 각각 배의 돛과 키를 잃고 표류하다가 갈 길을 잃고 이곳에 이르렀다."

도관찰사 유정현(柳廷顯)이 보고했다. 모두 배를 수리할 물건을 두 터이 주게 했다. 얼마 후에[旣而] 3척의 배가 순풍(順風)을 만나 돛 을 달고 돌아갔다. 또 절강(浙江) 영파위후소(寧波衛後所) 백호(百戶) 서진(徐鎭)이 기군(旗軍) 55명을 거느리고 표류해 풍해도(豊海道) 풍 주(豊州)에 이르렀는데 스스로 말했다.

"베이징[北京]으로 양식을 운반하다가 녹수대양(綠水大洋)에서 사 나운 폭풍을 만나 표류해 이곳에 이르렀다."

도관찰사에게 명해 먹을 양식을 두텁게 주고 포마(鋪馬)와 각력(脚 力)을 주어 평양의 길을 경유해 요동으로 보내고 사역원부사(司譯院 副使) 최운(崔雲)을 호송관(護送官)으로 삼았다.

을묘일(乙卯日-12일)에 거가(車駕)가 유후사(留後司)에 도착하니 검 교한성윤(檢校漢城尹) 강문진(姜文進), 임광의(任光義) 등이 상알(上 謁)하자 각각 쌀 10석을 내려주었다.

병진일(丙辰日-13일)에 상이 제릉(齊陵)에 나아가 한식제(寒食祭)를 행하고 돌아와 유후사(留後司)에 머물렀다.

정사일(丁巳日-14일)에 투항한 왜인[降倭] 전 호군(護軍) 구륙(具陸) 에게 쌀과 콩 10석을 내려주었다.

무오일(戊午日-15일)에 경상도 도관찰사 이원(李原)이 태조의 진용 (眞容-초상화)을 받들고 계림(鷄林)으로 돌아갔는데 각사(各司)의

1원(員)이 숭례문(崇禮門)에서 삼가 전송했다.

기미일(己未日-16일)에 (도성의) 궁으로 돌아왔다.

○ 전 강원도 도관찰사 김이음(金爾音)이 졸(卒)했다.

○ 경상도 수군첨절제사 김을우(金乙雨)가 왜선(倭船) 2척을 잡았는데 병마도절제사 윤자당(尹子當)이 모두 죽였다. 왜선 2척이 경상도 국정도(國正島)에 이른 것을 을우(乙雨)가 잡았는데 왜인이 스스로 말했다.

"도둑질하러 온 것이 아니라 무역하러 왔다."

곧 종정무(宗貞茂)가 발급한 행장(行狀)⁵ 2장을 보였으나 그 진위(眞僞)를 밝히기가 어려워 자당(子當)이 억류하여 놓고 치계(馳啓)했다.

'잡은 왜인 20인의 배 안에 실은 것이 모두 중국 물건이고, 또 대명(大明) 정해위(靖海衛)의 인신(印信)이 있으니, 실로 이들은 도둑질하는 왜구입니다. 사세가 반드시 도망쳐 갈 것 같으니, 모두 죽이기를 청합니다.'

상이 말했다.

"상선(商船)인지 적선(賊船)인지 분변하기를 기다린 뒤에 처치하라."

(그러나) 명이 이르지 않았는데 왜인이 과연[果] 틈을 타서 도망쳐 가므로 이들을 잡아서 모두 죽였다. 상이 이를 듣고서 말했다.

"황제가 일찍이 명하기를 '왜인(倭人)이 중국 변경을 침략하고 조선으로 향해 돌아가니 미리 준비하여 잡으라'고 했으니 이번에 빼앗은

---

5   일종의 여행 증명서다.

병기(兵器)는 천자(天子)에게 바치는 것이 옳겠다."

대신들이 말했다.

"중국에서 만약 말하기를 '왜놈들[倭奴]은 너희도 미워하는 터이니
우리가 주사(舟師)⁶를 보내 칠 것이니 너희들이 이에[其=於是] 그것
을 도우라'고 한다면 장차 이를 어떻게 하겠습니까?"

토의가 드디어 정지됐다.

○ 세자에게 궁중(宮中)에서 활쏘기를 익힐 것을 명했다. 우빈객(右
賓客) 이래(李來)와 간관(諫官) 등이 그것은 안 된다고 진술하니 상이
말했다.

"옛 사람이 이르기를 '활쏘기를 갖고서 그 다움을 살펴 본다[射以
觀德]'⁷라고 했고 또 이르기를 '(활쏘기로써) 다투는 것이야말로 군자
답다'⁸라고 했으니 활쏘기는 진실로 폐기할 수 없다."

필선(弼善) 민설(閔渫) 등이 다시 아뢰었다.

"세자가 학문과 활쏘기를 아울러 하게 될 경우 장차 학문을 폐기
하게 될까 두렵습니다. 바라건대 명년(明年)까지는 학문을 배우는 데
만 전심하게 해야 할 것입니다."

---

6 수군을 말한다.

7 이 말은 『논어(論語)』 「팔일(八佾)」편에 나오는 공자의 다음과 같은 말, 즉 "(주(周)나라 때
   의) 활쏘기는 가죽뚫기로 승부를 가리지 않았다. 왜냐하면 힘이 사람마다 다 달랐기 때
   문이다. 이것이 옛날의 활쏘는 예법이다."에 대한 풀이를 하면서 주희가 했던 말이다. 이
   미 『예기(禮記)』에도 '사자소이관성덕야(射者所以觀盛德也)'라는 구절이 있다. 즉 활쏘기
   는 그 다움이 성대한지를 관찰하는 방법이라는 것이다.

8 이 말은 『논어(論語)』 「팔일(八佾)」편에 나오는 공자의 다음과 같은 말, 즉 "군자는 다투는
   바가 없으나 반드시 활쏘기에서는 경쟁을 한다. 상대방에게 읍하고 사양하며 올라갔다가
   내려와 술을 마시니 이러한 다툼이야말로 군자답다'라고 한 데서 뒷 부분만을 취한 것이다.

상은 윤허하지 않았다. 황희(黃喜)에게 일러 말했다.

"예로부터 임금이 굳세고 과감하면[剛果] 능히 아랫사람을 제어할
수 있었고 온유하고 나약하면[柔懦] 실패하는 경우가 많았다.' 무릇
활쏘는 것과 말 달리는 것은 굳세고 과감한 기질을 길러주는 것이다.
지금 세자로 하여금 무사(武事)를 익히게 하는 것이 마땅함[義]에 있
어 어떠하겠는가?"

희(喜)가 대답했다.

"신의 어리석은 생각으로는 마땅히 학문에 정진해야 할 것입니다."

○ 강원도의 굶주림을 진휼했다. 도관찰사가 말씀을 올렸다.

'굶주린 백성들이 도토리[橡實]를 주어 연명하고 있습니다. (그런
데) 도토리가 이미 다 없어졌고 의창(義倉)에 저장한 곡식도 구제하
기에 부족하니 바라건대 국고(國庫)의 곡식을 내어 흉년을 구제하고
농사를 권장해야 할 것입니다.'

그것을 따랐다.

○ 공순군(恭順君) 방번(芳蕃)의 아내 왕씨(王氏)에게 쌀과 콩 30석
을 내려주었다.

임술일(壬戌日-19일)에 사헌부에서 시무(時務)에 대해 몇 가지 조목
을 올렸다.

'하나, 이제 토지의 경계를 바르게 하고 조세(租稅)를 정해 손실법
(損實法)을 밝게 하니 조세를 적게 거두고 민생(民生)을 두텁게 한다

---

9   이 말에서 태종이 세자를 어떻게 키우고 싶어 했는지를 단적으로 알 수 있다.

고 할 만합니다. 오직 세포전(稅布田)[10]만은 이러한 법을 행하지 않아서 그해에 풍년이 들거나 흉년이 들어도 거두는 데는 늘이거나 줄이는 것이 없습니다. 가령 10결(結)의 땅에 손재(損災)가 반분(半分)에 이르는데도 세(稅)는 원수(元數)대로 받습니다. 그러므로 법령이 고르게 행해지지 못하고 혜택이 고르게 미치지 못하니 염려하지 않을 수 없습니다. 바라건대 이제부터 세포전을 한결같이 녹전(祿田)의 제도에 따라 수손급손(隨損給損)[11]하여 전제(田制)가 널리 행해지고 혜택이 골고루 베풀어지게 될 것입니다.

하나, 우리 동방(東方)의 예악 형정(禮樂刑政)과 전장 문물(典章文物)이 중국과 견주어 부끄러울 바가 없는 것은 비록 기자(箕子)의 교화(敎化)에 근본을 두지만, 또한 도덕(道德)과 문장(文章)을 갖춘 신하가 다스리는 도리[治道]를 널리 펴고 왕화(王化)를 도운 것으로 말미암아 그렇게 된 것입니다. 그러므로 우리 동방의 문신 가운데 빼어난 가르침[聖敎=儒學]에 공로가 있고 다스리는 도리에 도움이 있는 이는 문묘(文廟)에 배향(配享)하도록 해 포장(褒奬)하고 존숭(尊崇)하는 은전을 보였으니 문창후(文昌侯), 최치원(崔致遠)과 설총(薛聰), 안향(安珦)이 바로 그분들입니다. 이후로부터 우리 조정에 이르기까지 문신 가운데 도덕과 공업(功業)이 어찌 안향이나 설총보다 앞서는 이가 없겠습니까? 그러나 한 사람도 배향한 이가 없는 것은 하나의 흠입니다. 바라건대 도당(都堂-의정부)에 명해 전조(前朝-고려)에서 아

---

10 일반 민호(民戶)에 대해 토지의 결수(結數)에 따라 부과하던 포(布)를 말한다.
11 손해가 발생하면 그것을 감안하여 거두는 것이다

조(我朝-조선)에 이르기까지 문신 가운데 문묘(文廟)에 배향(配享)할 만한 이를 들춰내 배향하는 예를 시행해 후세에 모범을 남겨야 할 것입니다.

하나, 우리나라의 전장 문물(典章文物)이 모두 중국의 제도를 따르지만 여자의 의복 제도만은 아직도 구습(舊習)을 그대로 따르고 있으니 고치지 않을 수 없습니다. 그러나 우선 구제(舊制)에 따라 적당하게 상정(詳定)해 그 참람한 것은 없애고 사치스러운 것은 깎아서 등급(等級)과 상하(上下)의 명분을 분별하게 함이 옳습니다. 우리나라 여자의 의복 가운데 존귀(尊貴)한 것은 오군(襖裙)[12]과 입모(笠帽)[13]입니다. 그러나 주부와 종비(從婢)의 상하가 모두 흑라모(黑羅帽)와 백초군(白綃裙)을 사용하니 값이 비싼 재화를 허비하게 될 뿐 아니라 존귀(尊貴)한 이와 비천(卑賤)한 이가 서로 섞이게 됩니다. 바라건대 이제부터 높고 낮은 부녀(婦女)와 종비(從婢)의 의복은 오군(襖裙)을 입지 못하게 하고 그 입모(笠帽)는 저포(苧布)만 쓰고 나(羅)와 초(綃)[14]는 사용하지 못하게 하며 그 모첨(帽襜)의 장단(長短)도 주부의 입모(笠帽)와 같지 아니하게 하면 시장의 값도 줄어들고 상하의 분별도 있을 것입니다.

하나, 백성들 가운데 토목(土木)의 역사에 죽는 자가 간혹 있는데 수령이 감사(監司)와 도당(都堂)에 보고하지 아니하기 때문에 사

---

12 조선시대 상류 계급 여인들이 입었던 폭넓은 바지를 가리킨다.
13 갈대로 만든 모자인데 갓모라고도 한다.
14 둘 다 비단의 일종이다.

역(使役)시키는 자가 그 괴로움을 불쌍히 여기지 아니하고 감독하는 자는 그 죽음을 알지 못해 도당에서는 계문하지 못하고 전하께서는 이를 알지 못하십니다. (주나라) 문왕(文王)이 서민(庶民)을 자식같이 돌보았다[子=慈]는 뜻에 어떠하며, (은나라 탕와 때의 명재상) 이윤(伊尹)이 한 사람의 백성이라도 불행함이 있으면 자기가 구렁텅이 속에 밀어 넣은 것처럼 생각하던 마음에 또 어떠하겠습니까? 바라건대 이제부터 외방(外方)은 감사가, 경중(京中)은 제조(提調)가 명심하고 그 역사(役事)를 잘 살펴서 모관(某官) 관하(管下)에 병들어 죽은 자가 몇 사람, 굶어 죽은 자가 몇 사람, 나무와 돌에 눌려 죽은 자가 몇 사람, 나루를 건너다가 물에 빠져 죽은 자가 몇 사람인가를 명백하게 일일이 기록해 도당에 전달 보고하게 하고, 도당에서는 곧 계본(啓本)을 올려서 사망자를 많이 낸 경우에는 그 감독한 관원을 죄주고, 그 사망자의 집을 우대해 구휼하면 이것 또한 어진 정사[仁政]의 일단(一端)이 될 것입니다.

하나, 지금 대소 인원(大小人員)과 동량 승도(棟梁僧徒)들이 각도 각 고을의 진성(陳省)을 받아 각사(各司)에 바치는 공물(貢物)을 스스로 준비해 선납(先納)하고, 체지(帖紙)[15]를 받아 그 고을로 내려가서 값을 배(倍)로 징수하므로 백성들을 침해함이 심합니다. 바라건대 이제부터 위와 같이 스스로 준비해 선납(先納)하는 자를 일절 금단(禁斷)해 그 폐단을 없애도록 해야 할 것입니다.'

의정부에 내려 깊이 토의하게 했다. 의정부에서 결론을 내려 말

---

15 증서를 말한다.

했다. "한결같이 장내(狀內)에서 말한 대로 시행해야 할 것입니다." 그 것을 따랐다.

○ 사헌부장령 김이남(金以南) 등이 집의(執義) 현맹인(玄孟仁)에게 죄줄 것을 청했다. 소는 이러했다.

'집의 현맹인이 지사간(知司諫)을 맡고 있을 때에 사간(司諫) 유겸 (柳謙)과 더불어 최함(崔咸)을 그 죄가 아닌 것으로 탄핵했습니다. 본부에서 장무헌납(掌務獻納)을 탄핵하게 돼 그 까닭을 물으니 짐짓 [佯] 아무것도 모르는 척하고 본부(本府)에서 이미 행한 공사(公事) 를 채택(採擇)하여 애매하게 계문(啓聞)했으니 그 죄를 다스리도록 청합니다.'

상이 말했다.

"겸(謙) 등이 함(咸)을 탄핵한 것은 잘못이다. 그러나 작은 일을 가 지고 대간(臺諫)을 파면하는 것은 내 뜻이 아니다."

계해일(癸亥日-20일)에 좌보덕(左輔德), 변계량(卞季良) 등이 세자(世 子)에게 활쏘기를 가르치는 것이 이르다고 다시 간언했으나 윤허하 지 않았다.

갑자일(甲子日-21일)에 유용생(柳龍生)을 호조판서, 장사길(張思吉) 을 의정부참찬사, 김로(金輅)를 의정부지사, 유사눌(柳思訥)을 사헌 부집의, 전보(田甫)를 호용시위사 대호군(虎勇侍衛司大護軍)으로 삼 았다. 상이 보(甫)에게 일러 말했다.

"듣건대 정도전(鄭道傳)이 진법을 연습할 때에 네가 사마(司馬)였다고 하니 지금도 진법을 잊지 않았겠지?"

보가 대답했다.

"신이 스스로 능한 것이 아니고, 신은 다만 진법(陣法)에 의해 행했을 뿐입니다."

상이 말했다.

"내가 삼군갑사(三軍甲士)와 응양위(鷹揚衛) 별시위(別侍衛), 그리고 [暨=與] 좌우(左右)의 인물들에게 진법을 훈련시켜 좌작진퇴(坐作進退)[16]의 절차를 알게 하려고 하니 네가 이에[其] 그것을 가르치도록 하라."

을축일(乙丑日-22일)에 전 판원주목사(判原州牧使) 우희열(禹希烈, 1354~1420년)[17]이 글을 올려 제언(堤堰)을 쌓을 것을 청했다.

'하나, 만약 크게 가무는 해에 다만 비가 오기만을 바라고, 저수(貯水)의 준비가 없이 가만히 앉아서 논밭이 말라 들어가는 것을 보다가

---

16 군사를 훈련하는 모든 동작을 일컫는 말이다. 좌(坐)는 앉는 동작, 작(作)은 일어서는 동작, 진(進)은 앞으로 나아가는 동작, 퇴(退)는 뒤로 물러가는 동작을 말한다.

17 형은 우인열(禹仁烈)이다. 1408년(태종 8년)에 민무구(閔無咎) 사건에 관련돼 하옥되기도 했으나 곧 풀려났으며 이때의 이듬해 3월에는 제언(堤堰) 수축을 통한 수리의 개발을 주장해 태종대의 수리시설 확장사업에 중심적인 역할을 했다. 1413년에는 충청도 도관찰사의 직임을 띠고 조운(漕運)의 편의를 위해 시도된 태안반도 운하개통사업, 즉 축제(築堤-제방을 쌓는 일)사업을 주관했다. 그 이듬해에는 경기·충청·양도의 권과농상사(勸課農桑使)로 나가 제언수축과 식상(植桑-뽕나무 심기)의 일을 권장했다. 1415년에 다시 충청도 관찰사, 같은 해 말에 경기도 관찰사에 이어 판광주목사(判廣州牧事)가 됐다. 1418년 판청주목사로 있을 때 전국 각지에 제방과 관개시설의 목록을 갖춰 매년 수치하게 하고, 경차관을 보내 감독하게 하자는 건의를 올려 이를 실현시켰다. 김제 벽골제(碧骨堤), 부평 수용제(水桶堤) 등의 수축에 큰 공을 세웠으며 농업 전문가로서의 활약이 컸다.

농사를 실패한다면 매우 옳지 못한 일입니다. 엎드려 바라건대 적당한 곳을 골라 제언(堤堰)을 많이 쌓아서 관개(灌漑)에 이바지하고 겸해 (물)고기를 길러서 국용(國用)에 대비하게 해야 할 것입니다.

하나, 구경(舊京)과 승천부(昇天府) 등지의 제언(堤堰)은 중방(重房)에서 매년 봄과 가을에 수축(修築)했으니 엎드려 바라건대 이 예에 의거해 삼군(三軍)으로 하여금 각각 저수지(貯水池) 하나씩을 쌓게 하면 반드시 모두 앞을 다투어 공사에 나아가서 며칠이 안 되어 이룩될 것입니다.

하나, 중군(中軍)과 사재감(司宰監)에서 저수지(貯水池) 하나를 쌓아서 고기를 길러서 공상(供上)에 이바지하게 하고, 좌군(左軍)과 전농시(典農寺)에서 저수지 하나를 쌓아서 고기를 길러서 제사에 이바지하게 하고, 우군(右軍)과 예빈시(禮賓寺)에서 저수지 하나를 쌓아서 고기를 길러서 빈객(賓客)을 대접하게 해야 할 것입니다.

하나, 저수지를 만드는 데에는 반드시 길(吉)하고 흉(凶)한 곳이 있으니 빌건대 서운관(書雲觀)에 명해 지리(地理)를 보아 땅을 파서 둑을 쌓게 해야 할 것입니다.

하나, 제언을 쌓는 것은 한재(旱災)를 대비하기 위한 것이니 중하게 여기지 않을 수 없습니다. 엎드려 바라건대 도감(都監)을 세워 땅을 파서 둑을 쌓게 하고, 겸해 고기를 길러서 빈객(賓客)의 때 아닌 수요(需要)에 대비하게 해 민폐(民弊)를 없애도록 해야 할 것입니다. 엎드려 바라건대 백성들이 전지를 경작하는 시기가 이르기 전에 두세 곳을 쌓게 해 만약 마치지 못하면 또 추수하기를 기다려서 다시 쌓게 해야 할 것입니다. 그 도감은 비록 역사가 끝나더라도 혁파하지

말고 봄·가을로 돌아다니면서 수축(修築)하게 하는 것이 어떠하겠습니까?'

상이 그것을 따랐다. 서운관(書雲觀)에 명해 땅을 골라서 아뢰게 하고 희열(希烈)을 제조(提調)로 삼도록 명했다.

○ 병서습독 제조(兵書習讀提調)를 두어 전 유후(留後) 유관(柳觀), 전 형조판서 이행(李行), 전 공안부윤(恭安府尹) 정이오(鄭以吾)를 임명했다. 대호군(大護軍) 전보(田甫), 호군(護軍) 견연(堅橼), 행 사직(行司直) 이각(李恪)을 진도훈도관(陣圖訓導官)으로 삼았다.

병인일(丙寅日-23일)에 정윤(正尹) 이군(李䝯)이 졸(卒)했다. 예조에서 아뢰었다.

"이전에 원윤(元尹)과 정윤(正尹)[18]의 국장(國葬)은 종친(宗親)의 하등례(下等例)를 써서 정조(停朝)가 없었으니 정례(情禮)가 미비(未備)합니다. 빌건대 지금부터는 원윤과 정윤이 졸(卒)할 때에도 3일 동안 정조하게 하소서."

그것을 따랐다. 이군은 천우(天祐)의 아들이다.

무진일(戊辰日-25일)에 (동북면) 영흥부(永興府)에 눈이 석 자나 내려 나뭇가지가 부러졌다.

○ 하륜(河崙), 조영무(趙英茂)를 훈련관 도제조(訓鍊觀都提調)로 삼고 평양군(平壤君) 조대림(趙大臨), 한평군(漢平君) 조연(趙涓) 곡산군

---

18 둘 다 군(君) 아래의 종친 품계다.

(谷山君) 연사종(延嗣宗), 중군총제 이간(李衎), 좌군총제 성발도(成發道), 우군총제 조질(趙秩) 전 동지총제 이승간(李承幹)을 병서강토 총제(兵書講討摠制)로 삼았다. 상이 일찍이 일을 아뢰는 재상(宰相)과 대간(臺諫)들에게 일러 말했다.

"내가 무비(武備)에 대해 매우 염려하는 바이다. 군사를 맡은 총제[掌軍摠制]와 후일에 군사를 맡을 만한 자는 모두 병서(兵書)를 읽고 진도(陣圖)를 읽히게 함이 어떠할까?"

또 말했다.

"사람이 법을 범한 바가 있어 형관(刑官)이 죄를 논할 때에 만약 공신(功臣)과 그 자제(子弟), 현임 조관(朝官)과 그 자손이라면 비록 중죄(重罪)를 범했다 할지라도 으레 가벼운 법을 따르고 세력이 없는 사람에 이르러서는 일일이 범한 죄대로 벌을 받으니 이것이 어찌 천심(天心)에 부합하겠느냐?"

또 우사간(右司諫) 이종선(李種善)에게 일러 말했다.

"문(文)과 무(武)는 한쪽을 폐할 수 없다. 그러므로 세자로 하여금 활쏘기를 익히게 했는데 너희가 모두 옳지 못하다고 하므로 내가 이미 그만두었다."

○ 상이 세자에게 일러 말했다.

"내가 마땅히 너의 글 읽은 바를 강(講)한 뒤에 활쏘기를 익히게 하겠다."

이어서 『대학연의(大學衍義)』를 강론(講論)하니 세자가 능히 다 대답하지 못했다.

기사일(己巳日-26일)에 하정사(賀正使) 김로(金輅)와 부사(副使) 유기(柳沂)가 경사(京師)에서 돌아왔다. 삼가[欽] 조칙(詔勅) 두 통을 기록해 가지고 왔다. 그 하나는 이러했다.

영락(永樂) 6년(1408년) 8월 11일 조서(詔書)에 일러 말했다.

'성주(成周)는 낙양(洛陽)을 건설해 비로소 두 왕도(王都)를 열었고 유우(有虞-순임금)는 백성에게 부지런하고 더욱이 순성(巡省)[19]을 중하게 여겼다. 짐(朕)이 천하에 군림(君臨)해 삼가 떳떳한 전장(典章)에 따라 통어(統御)하던 처음에 이미 순천부(順天府)[20]를 높여서 북경(北京)으로 삼았다. 지금 사해(四海)가 평안하고 만민(萬民)이 편안히 일하며[安業] 국가에 일이 없으니 지방을 순성(巡省)할 때다. 장차 명년(明年) 2월에 베이징[北京]을 순행(巡幸)하려 하여 황태자(皇太子)에게 감국(監國)을 명했다. 짐(朕)이 지나가는 곳에서는 친왕(親王)이 왕성(王城)만 떠나서 영접하고, 군민(軍民)과 아문(衙門) 관리들은 경내(境內)에서 조현(朝見)할 것이요, 지나가는 곳이 아니면 지역의 경계에 나오지 말라. 도로에서의 일체 음식 공급의 비용은 모두 이미 준비돼 있으니 백성을 번거롭게 하지 말고 제사(諸司)에서도 진헌(進獻)의 일로 인해 민중을 소요스럽게 하거나 수고롭게 하지 말라. 중외(中外)에 포고하여 모두 듣고 알게 하라.'

그 하나는 이러했다.

---

19 순행(巡行)과 시찰(視察)을 말한다.

20 명(明)나라 초기에 베이징[北京] 일대를 통치하기 위해 설치했던 관부(官府)다. 태종(太宗) 영락제(永樂帝)는 이때 순천부를 북경(北京)으로 삼아 서울을 금릉(金陵)에서 이곳으로 옮기고 자금성(紫禁城)을 축조했다.

영락(永樂) 7년(1409년) 정월 초1일 칙서(勅書)에 일러 말했다.

'천하 문무 군신(文武群臣)에게 효유(曉諭)하노라. 짐이 생각하건대 군국(君國)의 도리는 백성을 근본으로 삼기 때문에 관사(官司)를 설치하고 직분(職分)을 나눠 뛰어난 이를 고르고 유능한 이를 써서 오직 백성을 편안케 하기만 희구할 뿐이다. 신하가 돼 능히 임금을 몸받고 백성을 사랑하는 마음을 미뤄서 행하면 이 천하의 백성이 모두 그 살 바를 얻을 것이다. 너희 문무 군신은 국가의 위임을 받았으니 마땅히 절의(節義)를 가지고 행실을 가다듬어 정성을 다하고 생각을 다하라. 백성을 다스리는 자는 오로지 백성을 불쌍히 여기는 데 힘쓸 것이요 군사를 다스리는 자는 오로지 군사를 불쌍히 여기는 데 힘써 굶주리고 추위에 떠는 자를 보살피고 수고롭고 근면함을 몸받아 이들을 위하여 해로운 것을 없애고 이로운 것을 일으키라. 근본(根本)을 힘쓰고 직업에 진력하며 효제충신(孝悌忠信)하여 임금을 높이고 윗사람을 제 몸과 같이 여기며[親] 예의(禮義)를 돈독히 행해 잘못을 저지르지 못하게 가르쳐서 길이 태평(太平)한 복(福)을 누리도록 하라. 근래에 북경(北京)을 건설함은 국가의 대사(大事)이므로 부득이 군민(軍民)을 근로시키니 너희는 마땅히 무휼(撫恤)을 가하고, 탐혹(貪酷)하게 하여 곤고(困苦)를 더하지 말라. 무릇 관직(官職)의 녹(祿)이 모두 백성에게서 나오고, 무관(武官)의 공(功)이 실상 군졸과 함께 하는 것이니 능히 어질고 불쌍히 여기는 마음을 미뤄 헤아려 근본(根本)을 보답(報答)하는 뜻에 힘쓸 것이다. 만약 은혜에 보답하기를 도모할 줄 모르고 또 전처럼 침해하면 국법이 용서하지 않을 뿐 아니라, 귀신이 장차 앙화(殃禍)를 줄 것이다. 악한 자는 화

(禍)를 주고 선한 자는 복(福)을 주는 것은 천도(天道)가 밝고 상벌(賞罰)이 지극히 공평한 국법(國法)이 있으니, 너희는 마음을 다하고 힘을 다해 백성을 편안히 하는 공효를 이루도록 힘써 짐(朕)의 정성된 마음에 부응(副應)토록 하라. 그러므로 칙유(勅諭)하는 바이다.'

○ (명나라) 조정(朝廷)에서 본국 사람 이주장(李注莊) 등 8명을 돌려보냈다. 주장(注莊) 등은 왜적에게 사로잡혀 명(明)나라 성산위(成山衛)에 이르렀다가 도망쳐 육지로 올라갔었는데[上岸]_{상안} 제(帝)가 명해 심문(審問)하고 의복과 노자[盤纏]_{반전}를 주어 김로(金輅) 등으로 하여금 데리고 돌아가게 했다.

○ 광연루(廣延樓) 앞에 연못을 팠다.

○ 일본(日本) 일기주(一岐州)와 비주전(肥州殿)에서 사람을 보내 진위(陳慰-위문)하고 예물을 바쳤다.

○ 사간원에서 소(疏)를 올렸다. 소는 대략 이러했다.

'간관(諫官)과 헌사(憲司)는 임금의 귀와 눈입니다. 위로는 임금[袞職]_{곤직}을 돕고 아래로는 백사(百司)를 규찰(糾察)하므로 일을 의논하고 글을 올릴 때를 맞아서 하나라도 화합(和合)하지 아니한 것이 있으면 반드시 그것을 먼저 제거한 뒤에야 감히 행할 수 있습니다. 이 때문에 충성스러운 말과 아름다운 계책(計策)은 하나인데, 이것을 그르다고 하는 자가 많으면 답답하고 억울한 마음을 품고서 이를 펴지 못하며 제멋대로 하는 말과 망령된 논(論)을 하는 자가 많고 저지하는 자가 적으면 괴로움을 참고 배회하다가 감히 잘못을 바로잡지 못하게 되니 이는 심히 국가의 아름다운 일이 아닙니다. 지나간 옛일을 상고해 보면 당(唐)나라 어사대부(御史大夫) 이승가(李承嘉)가 일찍이 여러 어사(御史)를 불러 꾸짖기를 "요즘 어사(御史)가 정사를 논하면서 대부(大夫)에게 자문(諮問)하지 아니하는데 이것도 예(禮)인가?"라고 하니 소지충(蕭至忠)이 말하기를 "고사(故事)에 '대(臺-어사대 혹은 사헌부)안에는 장관(長官-최고 책임자)이 없다'라고 했으니 어사는 임금의 귀와 눈이라 모두 어깨를 나란히 하여 임금을 섬기고, (장관의 허락 없이) 스스로 일을 탄핵할 수 있는 법인데 만약 먼저 대부(大夫)에게 사뢴다면 대부(大夫)를 탄핵할 때에는 누구에게 사뢸 것인지를 알지 못하겠습니다"라고 했고, 또 송(宋)나라 인종(仁宗)이 하송(夏竦)을 추밀사(樞密使)로 삼으니 대간(臺諫)에서 그가 간사하다고 교장(交章)해 논했으나, 임금이 살피지도 아니하고 급히 일어나자 중승(中丞) 왕공진(王拱辰, 1012~1085년)[21]이 임금의 옷자락을 잡고 전후 열여덟 차례나 상소해 파면하게 했습니다. 이와 같은 유(類)는 너무 많아서 다 기록할 수 없습니다. 전조(前朝-고려)에 이르러서는 정언(正言) 이첨(李詹)과 전백영(全伯英) 등 두 사람이 시중(侍中) 이인임(李仁任)의 죄를 극론(極論)했는데 이 또한 뜻을 같이하지 아니하는 자들을 전제(剪除)한 뒤에 행한 것이 아니었습니다. 바라건대 이제부터는 대간(臺諫)에서 일을 논의할 즈음에 계책을 물어서 모두 뜻이 같

---

21 경력(慶曆) 연간에 한림학사(翰林學士)가 되고 개봉부지주(開封府知州)를 거쳐 어사중승(御史中丞)으로 옮겼다. 경력신정(慶曆新政)에 반대했다. 신정이 폐지되자 정주(鄭州)와 단주(澶州)의 지주로 나갔다. 지화(至和) 3년(1056년) 삼사사(三司使)가 되어 거란(契丹)에 사신으로 갔다. 일에 연루되어 탄핵을 받아 외직으로 여러 해 떠돌았다. 신종(神宗) 희녕(熙寧) 원년(1068년) 소환됐지만 왕안석(王安石)이 그의 옛 허물을 언급하자 다시 응천부지주(應天府知州)로 나갔다. 원풍(元豐) 연간에 보갑법(保甲法)을 반대하는 상소를 올렸다.

으면 말을 합해 아뢰고, 혹 3~4인이 옳다고 하는데 1~2인이 옳지 못하다고 하면, 3~4인이 그 일을 아뢰고, 그 옳지 못하다고 하는 자를 제거할 필요가 없으며, 1~2인이 옳다고 하는데, 3~4인이 옳지 못하다고 하면, 1~2인이 그 일을 아뢰고, 그 옳지 못하다고 하는 자를 혐의할 필요가 없게 하되, 항식(恒式)으로 정하도록 하소서. 만일 일의 옳고 그름을 살피지 아니하고 옛 폐단을 그대로 따라서 반드시 억지로 굴복시켜서 그 불가하다고 하는 자를 전제(剪除)하는 자는 중하게 그 죄를 논하게 해야 할 것입니다.'

그것을 따랐다.

○ 일본(日本) 하송포(下松浦) 삼하수(三河守) 융군(融君)이 사람을 보내 진위(陳慰)하고 예물을 바쳤다.

경오일(庚午日-27일)에 시위군(侍衛軍)의 번상(番上)²²을 정지했는데 각도에서 실농(失農)한 때문이었다. 다만 경상도와 전라도는 여러 도에 비해 조금 나았으므로 예전대로 하게 했다.

임신일(壬申日-29일)에 강원도 평강(平康), 낭천(狼川), 김화(金化)에 우박이 내렸다.

○ 전 한성부판사 정구(鄭矩), 전 호조판서 성석인(成石因), 전 집의(執義) 이계공(李季拱) 등을 순금사(巡禁司)에 내리고 또 전 호조정랑 성엄(成揜), 병조정랑 원숙(元肅), 전 호조좌랑 민보문(閔普文), 호

---

22 순번대로 올라와 시위하는 것을 말한다

조좌랑 김대현(金臺賢)과 전 현령(縣令) 박지(朴持), 전 소윤(少尹) 최선(崔宣) 등을 (옥에) 가뒀다[囚]. 이에 앞서 박지가 경차관(敬差官)이 돼 (풍해도) 강음현(江陰縣)에서 양전(量田)을 했다. 이미 죽은 결성군(結城君) 장담(張湛, ?~1400년)[23]의 아내 신혜택주(信惠宅主) 이씨(李氏)가 받은 땅은 기름지고 최선의 땅은 메말랐다. 지(持)가 선(宣)의 청탁으로 그 표(標)를 서로 바꿨는데 호조에서는 그대로 절급(折給-지급)했다. 이씨가 호조에 소송했으나 땅을 찾지 못하니 신문고(申聞鼓)를 쳐서 신소(申訴)했다. 사헌부로 하여금 분변해 가리게 했는데 오래도록 판결하지 못하다가 이때에 이르러 사헌부에서 소를 올려 구(矩)와 석인(石因) 등이 호조판서로 있을 때 이를 바꿔서 절급한 죄를 논하고 아울러 박지가 사정(私情)을 낀 죄와, 최선이 음모해 남의 땅을 빼앗은 죄와, 계공(季拱)이 대관(臺官)으로서 일을 미루고 결단하지 않은 죄를 청했다. 또 전라도 절제사도(節制使道) 도사(都事) 장안지(張安之)와 상주판관(尙州判官) 하형(河逈)을 잡아 가두도록[拏=執] 명했다. 숙(肅) 안지(安之) 형(逈)도 그때 (각조의) 낭관(郞官)이었기 때문이다.

---

23 일찍이 승려에서 환속하여 이성계(李成桂)의 백형인 이원계(李元桂)의 딸과 결혼했다. 1392년 조선건국에 공이 있어 개국공신 2등에 녹훈된 뒤 판군자감사(判軍資監事)에 임명됐다. 1396년(태조 5년) 동지중추원사(同知中樞院事)로 정주수령에 보임되고, 1398년 1차 왕자의 난 후 정사공신(定社功臣) 2등에 녹훈됐다. 태조 때 결성군(結城君)에 책봉됐다. 1400년(정종 2년) 2차 왕자의 난 때에는 조전절제사로 이방간(李芳幹)을 도운 죄로 파직된 뒤 장형(杖刑)으로 사흘 후 장독에 의해 죽었다. 1422년(세종 4년) 이원(李原) 등의 요청에 따라 직첩과 녹권이 추탈되고 하사된 토지와 노비도 몰수됐으며 공신록에서 삭훈됐다.

甲辰朔 上親祭于文昭殿.
갑진 삭 상 친제 우 문소전

命植桑于宮園. 倣成周公桑之制也.
명식 상우 궁원 방 성주 공상 지 제야

乙巳 增築假山于宗廟之南.
을사 증축 가산 우 종묘 지 남

丙午 流前刑曹參議李之直于平澤. 初 以之直爲星州牧使 之直
병오 유전 형조참의 이지직 우 평택 초 이 지직 위 성주목사 지직

以妻疾請免 上令憲府劾問托故辭任之罪.
이 처질 청면 상영 헌부 핵문 탁고 사임 지죄

流前知成州事金漸于陽城. 漸於昏夜 遇監察安從廉 分道而行
유전 지성주사 김점 우 양성 점 어 혼야 우 감찰 안종렴 분도 이행

從廉令捕漸奴 漸卽厲聲詰辱. 憲府請其罪故也.
종렴 영포 점 노 점 즉 여성 힐욕 헌부 청 기죄 고야

弛開城留後司市肆之禁. 留後上言:
이 개성유후사 시사 지금 유후 상언

'舊都之民 工商雜處 有無相資 自移都以後 禁開市肆. 由是以
구도 지민 공상 잡처 유무 상자 자 이도 이후 금개 시사 유시 이

米穀 貿易雜物者絶無 富商老賈多蓄錢穀 低昂物價 暗行買賣
미곡 무역 잡물 자 절무 부상 노고 다축 전곡 저앙 물가 암행 매매

故米價湧貴 人口日減 閭里蕭然 上國使臣往返 瞻視埋沒. 富商
고 미가 용귀 인구 일감 여리 소연 상국 사신 왕반 첨시 매몰 부상

大賈甘心重遷者 勅令移徙新都外 各開市肆 以便貿易.'
대고 감심 중천 자 칙령 이사 신도 외 각개 시사 이편 무역

從之.
종지

丁未 以李天祐爲兵曹判書 柳亮吏曹判書 南在議政府贊成事
정미 이 이천우 위 병조판서 유량 이조판서 남재 의정부찬성사

李貴齡參贊議政府事 金士文 金以南司憲掌令 趙瑞老 林仁山
이귀령 참찬 의정부 사 김사문 김이남 사헌 장령 조서로 임인산

持平 魚變甲司諫院左正言.
지평 어변갑 사간원 좌정언

杖鐵原府使宋克瞻一百. 國制 當秋冬 擇諸牧場瘦病馬 分授

州郡畜養 每遣司僕寺官考察. 至是 司僕副正鄭宗誠至鐵原 以

馬瘠瘦 欲杖飼馬者 克瞻脫帽解帶投地 厲聲曰: "若罪掌吏 宜

加於我." 且叱執杖者 使不得下手. 宗誠還以聞 命執克瞻來 下

巡禁司 以制書有違論.

己酉 雨雪 至暮雨雹大風.

日本志佐殿 遣使獻禮物.

賑忠淸道飢.

癸丑 幸開城留後司 世子從之 臺省刑曹各一員扈駕.

賜任添年妻米豆三十石. 添年去其妻久矣 以所生女入朝 故

復合焉. 其女辭于靜妃殿 自言: "妾有母 願加矜恤." 上聞而憐之

故有是賜.

唐船四隻漂至邊郡 送人慰送之. 大明鎭南衛後所百戶柳貴等

三員 旗軍一百一十七名 漂風至全羅道沃溝 自言: "爲因迷路

上岸." 觀察使尹向以聞. 又有指揮孫貴 千戶張義等船二隻 漂泊

忠淸道蓴城鎭 自言: "欽奉聖旨 差根撦兵官平江伯等 前往山東

遼東 劉島等處 巡捕倭賊 在綠水洋被風 各船柂舵 漂流散失

迷行至此." 都觀察使柳廷顯以聞 皆令厚給修理船隻物件. 旣而

三船遇順風便 張帆回去. 又有浙江寧波衛後所百戶徐鎭 帶領

旗軍五十五名 漂到豐海道豐州 自言: "運糧北京 在綠水大洋

忽遇風猛 漂流至此." 命都觀察使 厚加饋餉 給鋪馬脚力 由平壤
道路 送至遼東. 以司譯院副使崔雲爲護送官.

乙卯 車駕至留後司 檢校漢城尹姜文進 任光義等上謁 各賜米
十石.

丙辰 上詣齊陵 行寒食祭 還次留後司.

丁巳 賜降倭前護軍具陸米豆十石.

戊午 慶尙道都觀察使李原 奉太祖眞容 還雞林 各司一員祗送
于崇禮門外.

己未 還宮.

前江原道都觀察使金爾音卒.

慶尙道水軍僉節制使金乙雨 捕倭船二隻 兵馬都節制使尹子當
盡殺之. 倭船二隻至慶尙道國正島 乙雨捕之 倭自言: "非爲寇
也 爲貿易而來." 乃出宗貞茂所給行狀二張 眞僞難明. 子當羈
置之 馳啓曰: '所獲倭二十人 船中所載 皆是中國之物. 且有大明
靖海衛印信 實是賊 倭 勢必亡去 請悉戮之.' 上曰: "待辨商船
賊船 然後區處." 命未至 倭人果乘間逃去 捕獲盡誅之. 上聞之
曰: "皇帝曾有命曰: '倭人寇中國邊疆 還向朝鮮 可預備捕捉.'
今將所取兵器 獻于天子可也." 大臣以爲: "中國若曰: '倭奴 亦
爾所惡也. 我遣舟師以攻之 汝其助之'則其將何以?" 議遂寢.

命世子習射于宮中 右賓客李來與諫官陳其不可 上曰: "古人

云: '射以觀德.' 又曰: '其爭也君子' 則射固不可廢也." 弼善
閔渫等復啓曰: "世子學問習射竝行 則恐將廢學. 願限明年專心
講學." 上不允. 謂黃喜曰: "自古人君 剛果則能御下 柔懦則多
取敗. 凡弓矢驅馳 所以養成剛果之氣也. 今令世子習武事 於義
如何?" 喜對曰: "臣愚以爲宜精學問."

賑江原道飢. 都觀察上言: '飢民拾橡實延命. 橡實旣盡 義倉
所儲 亦不足以賑貸 乞發國庫 救荒勸農.' 從之.

賜恭順君芳蕃妻王氏米豆三十石.

壬戌 司憲府上時務數條:

'一, 今也正經界 定租稅 明損實之法 可謂薄稅斂厚民生矣. 獨
稅布之田 則不行此法 歲有豐凶 而收無盈縮. 假令十結損至半分
而稅依元數 故令行不均 而澤有不及 不可不慮. 願自今稅布之田
一依祿田之制 隨損給損 則田制通行 澤施均矣.

一, 我東方禮樂 刑政 典章 文物 擬諸華夏而無愧者 雖本於
箕子之化 亦由道德文章之臣 笙鏞治道 黼黻王化而然也. 故我
東方文臣之有功於聖敎 有補於治道者 使之配享文廟 以示褒崇
之典 文昌侯崔致遠與薛聰 安珦是已. 自是以後 以至我朝 其
文臣之有道德功業者 豈無過於安 薛諸公者乎? 然無一配享者
一次也. 願命都堂 將前朝以至我朝 其文臣之可配文廟者 表而
出之 以擧配享之典 垂法後世.

一, 今我國家典章文物 悉遵華制 而女服之制 獨因舊習 不可
不更也. 然姑從舊制 量宜詳定 去其僭創其侈 以別等級上下之分
可也. 我朝女服之尊者 襖裙與笠帽也 而主婦從婢上下 皆用黑羅
帽白綃裙 非惟價重財費而已 尊卑混而貴賤雜矣.① 願自今大小
婦女從婢之服 不許襖裙; 其笠帽則只用苧布 不許羅綃; 其帽簷
長短 不與主婦笠帽相等 則市價省而上下辨矣.

一, 民之死於土木之役者 蓋或有之 守令不報監司都堂 故役之
者不恤其苦 監之者不知其死 都堂不得聞 而殿下不得知. 其於
文王子庶民之義 爲何如哉 其於伊尹若己推而納諸溝中之心 又
何如哉? 願自今 外方則監司 京中則提調 銘心考察其役 某官
管下病死者幾人 飢死者幾人 逼死於木石者幾人 溺死於津渡者
幾人 明白開寫 傳報都堂 都堂卽呈啓本 其多致死亡者 罪其監臨
官 優恤其家 此亦仁政之一端.

一, 今大小人員及棟樑僧徒等受各道各官陳省 以其各司所納
貢物 自備先納 受帖下歸 倍取其價 侵擾人民甚矣. 願自今 上項
自備先納者 一皆禁斷 以除其弊.'
下議政府擬議. 政府議得:"一依狀內施行." 從之.

司憲掌令金以南等 請執義玄孟仁罪. 疏曰: '執義玄孟仁任
知司諫時 與司諫柳謙劾崔咸以非其罪. 及本府劾掌務獻納 以問
其故 則佯爲不知者 捃摭本府已行公事 朦朧啓聞 請治其罪.'上

曰: "謙等之劾咸誤矣. 然以小事罷臺諫 非予心也."
왈 겸 등 지 핵 함 오 의 연 이 소사 파 대간 비 여심 야

癸亥 左輔德卞季良等 復諫令世子習射之早 不允.
계해 좌보덕 변계량 등 부간 영세자 습사 지조 불윤

甲子 以柳龍生爲戶曹判書 張思吉參贊議政府事 金輅
갑자 이 유용생 위 호조판서 장사길 참찬 의정부 사 김로

知議政府事 柳思訥司憲執義 田甫虎勇侍衛司大護軍. 上謂甫
지의정부사 유사눌 사헌 집의 전보 호용시위사 대호군 상위보

曰: "聞鄭道傳肄習陣法之時 爾爲司馬 今不忘否?" 甫對曰:
왈 문 정도전 이습 진법 지시 이위 사마 금 불망부 보 대왈

"臣非自能也 臣但依陣法而行之耳." 上曰: "吾欲使三軍甲士
신 비 자능 야 신 단 의 진법 이 행지 아 상왈 오 욕사 삼군 갑사

鷹揚衛別侍衛 曁左右之人 肄習陣法 知坐作進退之節 爾其
응양위 별시위 기 좌우 지인 이습 진법 지 좌작진퇴 지절 이기

敎之."
교지

乙丑 前判原州牧事禹希烈 上書請築堤堰:
을축 전판 원주목 사 우희열 상서 청축 제언

'一. 若歲大旱 但望雨澤 未有瀦水之備 坐視熯乾 以失農業 深
일 약세 대한 단망 우택 미유 저수 지비 좌시 한건 이실 농업 심

爲未便. 伏望相其宜處 多築堤堰 以資灌漑 兼以養魚 以備國用.
위 미편 복망 상기 의처 다축 제언 이자 관개 겸이 양어 이비 국용

一. 舊京昇天府等處堤堰 重房每年春秋修築. 伏望依此例 令
일 구경 승천부 등처 제언 중방 매년 춘추 수축 복망 의차례 영

三軍各築一池 則必皆爭先赴功 不日而成矣.
삼군 각축 일지 즉필 개 쟁선 부공 불일 이 성의

一. 中軍與司宰監 築一池養魚 以備供上; 左軍與典農寺 築
일 중군 여 사재감 축 일지 양어 이비 공상 좌군 여 전농시 축

一池養魚 以供祭祀; 右軍與禮賓寺 築一池養魚 用之賓客.
일지 양어 이공 제사 우군 여 예빈시 축 일지 양어 용지 빈객

一. 作池必有吉凶方 乞命書雲觀相地穿築.
일 작지 필유 길흉 방 걸명 서운관 상지 천축

一. 築堤 所以備旱 不可不重. 伏望爲立都監穿築 兼以養魚 備
일 축제 소이 비한 불가 부중 복망 위입 도감 천축 겸이 양어 비

賓客不時之需 以除民弊. 伏望及民未耕田 築二三處 若未畢 又
빈객 불시 지수 이제 민폐 복망 급민 미 경전 축 이삼 처 약 미필 우

待秋收更築. 其都監 雖畢役 不革 春秋巡省修築何如?'
대 추수 갱축 기 도감 수 필역 불혁 춘추 순성 수축 하여

上從之. 命書雲觀擇地以聞 命希烈爲提調.
상 종지 명 서운관 택지 이문 명 희열 위 제조

置兵書習讀提調 以前留後柳觀 前刑曹判書李行 前恭安府尹
치 병서 습독 제조 이전 유후 유관 전 형조판서 이행 전 공안부 윤

鄭以吾爲之. 以大護軍田甫 護軍堅橡 行司直李恪爲陣圖訓導官.
정이오 위지 이 대호군 전보 호군 견연 행사직 이각 위 진도 훈도관

丙寅 正尹睿卒. 禮曹啓曰: "前比 元尹正尹國葬 用宗親下等
병인 정윤 군졸 예조 계왈 전비 원윤 정윤 국장 용 종친 하등

例 而無停朝 情禮未備. 乞自今元尹正尹之卒 亦停朝三日."
례 이무 정조 정례 미비 걸 자금 원윤 정윤 지졸 역 정조 삼일

從之. 睿 天祐之子也.
종지 군 천우 지 자야

戊辰 永興府雪深三尺 壓折木枝.
무진 영흥부 설심 삼척 압절 목지

以河崙 趙英茂爲訓鍊觀都提調 平壤君趙大臨 漢平君趙涓
이 하륜 조영무 위 훈련관 도제조 평양군 조대림 한평군 조연

谷山君延嗣宗 中軍摠制李衎 左軍摠制成發道 右軍摠制趙秩
곡산군 연사종 중군 총제 이간 좌군 총제 성발도 우군 총제 조질

前同知摠制李承幹爲兵書講討摠制. 上嘗謂啓事宰相臺諫曰:
전 동지총제 이승간 위 병서 강토 총제 상 상위 계사 재상 대간 왈

"予深以武備爲慮 掌軍摠制與後日可掌軍者 皆令讀兵書習陣圖
여 심이 무비 위려 장군 총제 여 후일 가 장군 자 개 령독 병서 습 진도

如何?" 又曰: "人有所犯 刑官議罪 若功臣及子弟 現朝官及子孫
여하 우왈 인 유 소범 형관 의죄 약 공신 급 자제 현 조관 급 자손

雖犯重罪 例從輕比 至無勢之人 乃一一坐以所犯 是豈合於天心
수 범 중죄 예종 경비 지 무세 지인 내 일일 좌 이 소범 시기 합어 천심

乎?" 又謂右司諫李種善曰: "文武不可偏廢 故令世子習射 爾等
호 우위 우사간 이종선 왈 문무 불가 편폐 고 영 세자 습사 이등

皆以爲不可 予已止之矣."
개 이위 불가 여 이 지지 의

上謂世子曰: "我當講汝所讀書而後 使之習射." 仍講大學衍義
상 위 세자 왈 아 당강 여 소독 서 이후 사지 습사 잉강 대학연의

世子未能悉對.
세자 미능 실대

己巳 賀正使金輅 副使柳沂 回自京師 欽錄詔勅二道以來.
기사 하정사 김로 부사 유기 회자 경사 흠록 조칙 이도 이래

其一 永樂六年八月十一日 詔曰: '成周營洛 肇啓二都: 有虞
기일 영락 육년 팔월 십일일 일 조왈 성주 영낙 조계 이도 유우

勤民 尤重巡省. 朕君臨天下 祗率典彝 統御之初 已陞順天府爲
근민 우중 순성 짐 군림 천하 지솔 전이 통어 지초 이승 순천부 위

北京. 今四海清寧 萬民安業 國家無事 省方惟時. 將以明年二月
북경 금 사해 청녕 만민 안업 국가 무사 성방 유시 장 이 명년 이월

巡幸北京 命皇太子監國. 朕所經過去處 親王只離王城延接;
순행 북경 명 황태자 감국 짐 소경과 거처 친왕 지리 왕성 연접

軍民衙門官吏人等 於境內朝見; 非經過去處 毋得出境. 道路
군민 아문 관리 인등 어 경내 조현 비 경과 거처 무득 출경 도로

一切飲食供給之費 皆已有備 不煩於民 諸司毋得有所進獻 科擾
일체 음식 공급 지비 개 이유비 불번어민 제사 무득 유 소진헌 과요

勞衆. 布告中外 咸使聞知.'
노중 포고 중외 함사 문지

　其一　永樂七年正月初一日 下勅曰: '諭天下文武群臣. 曰朕惟
기일 영락 칠년 정월 초 일일 하척 왈 유 천하 문무 군신 왈짐유

君國之道 以民爲本 故設官分職 簡賢用能 惟求安民而已. 爲臣
군국 지도 이민 위본 고 설관 분직 간현 용능 유구 안민 이이 위신

能體君愛民之心 推而行之 斯天下之民 擧得其所. 爾文武群臣
능 체군 애민 지심 추이 행지 사 천하 지민 거 득 기소 이 문무 군신

受國家委任 宜操節勵行 盡誠竭慮 治民者專務恤民 治軍者專務
수 국가 위임 의 조절 여행 진성 갈려 치민 자 전무 휼민 치군 자 전무

恤軍 察其飢寒 體其勞勤 爲之除害興利; 敎之務本力業 孝悌
휼군 찰 기 기한 체 기 노근 위지 제해 흥리 교지 무본 역업 효제

忠信 尊君親上 敦行禮義 無作怨非 以克永享太平之福. 比者
충신 존군 친상 돈행 예의 무작 건비 이극 영향 태평 지복 비자

營建北京 國家大事 不得已勤勞軍民 爾其宜加撫恤 無爲貪酷以
영건 북경 국가 대사 부득이 근로 군민 이 기 의가 무휼 무위 탐혹 이

重困之. 夫有官之祿 皆出於民; 武官之功 實同於軍. 能推仁恤之
중 곤지 부 유 관 지록 개 출어민 무관 지공 실 동어 군 능추 인휼 지

心 庶幾報本之意. 苟不知圖報 又從而侵之 非惟國法不容 鬼神
심 서기 보본 지의 구 부지 도보 우 종이 침지 비유 국법 불용 귀신

猶將禍焉. 禍淫福善 天道惟彰; 賞罰至公 國典有在. 爾其殫心
유 장화 언 화음 복선 천도 유창 상벌 지공 국전 유재 이 기 탄심

盡力 勉致安民之效 以副朕惓惓之懷. 故諭.'
진력 면치 안민 지효 이부 짐 권권 지회 고유

　朝廷遣還本國人李注莊等八名. 注莊等被倭擄掠 至大明
조정 견환 본국인 이주장 등 팔명 주장 등 피왜 노략 지 대명

成山衛 逃脫上岸 帝命審問 賜衣服盤纏 使金輅等帶回.
성산위 도탈 상안 제명 심문 사 의복 반전 사 김로 등 대회

鑿廣延樓前池.
착 광연루 전지

日本 一岐州與肥州殿使人陳慰獻禮物.
일본 일기주 여 비주전 사인 진위 헌 예물

司諫院上疏. 疏略曰:
사간원 상소 소 약왈

120

諫官憲司 人君之耳目 上補袞職 下糾百司 當其論事章奏之時
<small>간관 헌사 인군 지이목 상보 곤직 하규 백사 당기 논사 장주지시</small>

一有不諧者 必先除去 然後敢爲. 是以忠言嘉謀者一 而非之者衆
<small>일유 불해자 필선 제거 연후 감위 시이 충언 가모 자일 이비지자중</small>

則懷抱鬱結 莫得伸焉; 狂言妄論者衆 而沮之者寡 則隱忍低回
<small>즉 회포 울경 막득 신언 광언 망론 자중 이저지자과 즉 은인 저회</small>

莫敢矯焉 此甚非國家之美事也. 稽諸往古 唐御史大夫李承嘉
<small>막감 교언 차심비 국가 지 미사 야 계저 왕고 당 어사대부 이승가</small>

嘗召諸御史責之曰: "近日御史言事 不咨大夫 禮乎?" 蕭至忠
<small>상소제 어사 책지왈 근일 어사 언사 부자 대부 예호 소지충</small>

曰: "故事 臺中無長官. 御史 人主耳目 比肩事主 得自彈事. 若
<small>왈 고사 대중 무장관 어사 인주 이목 비견 사주 득자 탄사 약</small>

先白大夫 則如彈大夫 不知白誰也." 又宋仁宗以夏竦爲樞密使
<small>선백 대부 즉여 탄 대부 부지 백수야 우송 인종 이하송 위 추밀사</small>

臺諫交論其奸邪 上未省遽起 中丞王拱辰引上裾 前後十八疏乃
<small>대간 교론 기 간사 상 미성 거기 중승 왕공진 인상거 전후 십팔 소내</small>

罷. 此類甚多 不可悉錄. 至於前朝正言李詹 全伯英等二人 極言
<small>파 차류 심다 불가 실록 지어 전조 정언 이첨 전백영 등 이인 극언</small>

侍中李仁任之罪 亦非剪除不同者而後爲之也. 願自今臺諫論事之
<small>시중 이인임 지죄 역비 전제 부동 자이후 위지 야 원 자금 대간 논사 지</small>

際 詢謀僉同 則合辭敷奏 其或三四人可之 而一二人不可 則三四
<small>제 순모 첨동 즉 합사 부주 기혹 삼사 인 가지 이 일이 인 불가 즉 삼사</small>

人奏其事 而不必去其不可者; 一二人可之 而三四人不可 則一二
<small>인주 기사 이 불필 거기 불가 자 일이 인 가지 이 삼사 인 불가 즉 일이</small>

人奏其事 而不必嫌其不可者 定爲恒式. 如有不察事之是非 尙循
<small>인주 기사 이 불필 혐기 불가 자 정위 항식 여유 불찰 사지 시비 상순</small>

舊弊 必使强屈 剪其不可者 重論其罪.'
<small>구폐 필사 강굴 전기 불가 자 중론 기죄</small>

從之.
<small>종지</small>

日本 下松浦三河守融君 使人陳慰獻禮物.
<small>일본 하송포 삼하 수 융군 사인 진위 헌 예물</small>

庚午 停侍衛軍番上 以各道失農也.② 惟慶尙 全羅比諸道差優
<small>경오 정 시위군 번상 이 각도 실농 야 유 경상 전라 비 제도 차우</small>

使之仍舊.
<small>사지 잉구</small>

壬申 江原道平康 浪川 金化雨雹.
<small>임신 강원도 평강 낭천 김화 우박</small>

下前判漢城府事鄭矩 前戶曹判書成石因 前執義李季拱等于
<small>하 전 판한성부사 정구 전 호조판서 성석인 전 집의 이계공 등우</small>

巡禁司 且囚前戶曹正郎成揜 兵曹正郎元肅 前戶曹佐郎閔普文
순금사 차 수 전 호조정랑 성엄 병조정랑 원숙 전 호조좌랑 민보문

戶曹佐郎金臺賢及前縣令朴持 前少尹崔宣. 先是 持爲敬差官
호조좌랑 김대현 급 전 현령 박지 전 소윤 최선 선시 지 위 경차관

量田于江陰縣. 卒結城君張湛妻信惠宅主李氏所受田腴 崔宣之
양전 우 강음현 졸 결성군 장담 처 신혜 택주 이씨 소수 전 유 최선 지

田薄 持以宣之請 兩易其標 戶曹因而折給. 李氏訟于戶曹不得
전 박 지 이 선지청 양 역 기표 호조 인 이 절급 이씨 송우 호조 부득

遂擊鼓申訴 乃令司憲府辨析 久不決. 至是 憲府上疏論矩及石因
수 격고 신소 내 영 사헌부 변석 구 불결 지시 헌부 상소 논구 급 석인

等 爲戶曹判書時改折給之罪 幷請朴持挾私 崔宣謀奪 季拱以
등 위 호조판서 시개 절급 지죄 병청 박지 협사 최선 모탈 계공 이

臺官稽留不斷之罪 又命拏全羅道節制使道都事張安之 尙州判官
대관 계류 부단 지죄 우 명나 전라도 절제사도 도사 장안지 상주 판관

河逈囚之. 肅 安之 逈 亦其時郎官也.③
하형 수지 숙 안지 형 역 기시 낭관 야

| 원문 읽기를 위한 도움말 |

① 非惟價重財費而已 尊卑混而貴賤雜矣. '非惟~而已~'는 전형적인 '단지~
   비유 가중 재비 이이 존비 혼 이 귀천 잡의
   일 뿐만 아니라 ~도 또한~'이라는 구문이다.

② 以各道失農也. 以~也는 '왜냐하면 ~ 때문이다'라는 구문인데 '由~也.'
   이 각도 실농 야   유 야
   '以~故也' 등도 다 같은 뜻이다. 以나 由는 없이 그냥 '~也'라고 해서
   이 고야   이   유   야
   '왜냐하면 ~ 때문이다'라고 옮겨야 하는 경우들도 많다. 뒤에 이어지는

   ③이 바로 그런 경우로 以나 由는 없지만 '~ 때문이다'라고 옮겨야 한다.
                        이   유

122

태종 9년 기축년
4월

四月

계유일(癸酉日-1일) 초하루에 상이 친히 문소전(文昭殿)에 전(奠)을 올렸다.

○ 최선(崔宣)을 (전라도) 익주(益州-익산)로 유배 보내고 박지(朴持)에게는 장(杖) 70대를 때렸다. 의용순금사(義勇巡禁司)에서 아뢰었다.

"선(宣)의 죄는 율(律)에 정조(正條-해당 조문)가 없어 다른 사람의 전택(田宅)을 침입 점거한[侵占] 조문에 의거할 경우 장(杖) 80대와 도(徒) 2년에 해당하며 지(持)의 죄도 또한 정조(正條)가 없어 재해(災害)를 입은 전지(田地)의 곡식을 답험(踏驗)하는 데 함께 공모해 작폐(作弊)해서 관(官)을 속이고[瞞官] 백성을 해친 조문에 의거해 장(杖) 100대를 때려 파직(罷職)하고 서용(敍用)하지 말아야 할 것입니다."

상이 말했다.

"선의 죄는 법률대로 처단함이 마땅하나 나와 동년(同年)이고 동맹(同盟)한 옛 정의가 있으니 장(杖) 80대는 면제하는 것이 좋겠다. 박지의 죄상도 역시 장(杖) 한 대도 감할 수 없으나 선에게 이미 사사로운 은혜[私恩]를 가했으니 지에게만 어찌 상률(常律)을 적용하겠느냐? 3등을 감(減)함이 좋겠다."

상이 또 말했다.

"장담(張湛)의 아내는 나의 종매(從妹)이니 세력으로 말하면 진실로 (누구나) 두렵고 겁낼 만하다. 그러나 두 사람이 방자하게 행동하고 거리낌이 없었으니 너무 심하지 않은가?"

또 말했다.

"내가 두 사람의 죄를 처단한 것을 사책(史册)에 반드시 쓰게 될 것인데 혹시라도 잘못 처단하지나 않았을까?"

담(湛)의 아내는 바로 원계(元桂, 1330~1388년)[1]의 딸이다.

○ 대신들과 함께 군사를 맡을 만한 자를 토의하니[議] 이무(李茂)는 송정(宋貞)을, 이숙번(李叔蕃)은 정초(鄭初)를, 유량(柳亮)은 신열(辛悅)을 추천했다. 또 (대마도의) 종정무(宗貞茂)를 초유(招諭)할 일에 대해 논하다가[論] 상이 말했다.[2]

"마땅히 식견이 있는 선비를 보내 그들을 살펴야 할 것이다[覘=窺伺]."

갑술일(甲戌日-2일)에 정구(鄭矩), 성석인(成石因), 이계공(李季拱), 원숙(元肅) 등을 풀어주었다. 상이 황희(黃喜)에게 일러 말했다.

"구(矩)와 석인(石因)은 모두 스스로 지은 죄가 아니다. 그러나 재상(宰相)으로서 호조(戶曹)의 장(長)이 돼 이처럼 의롭지 못한 일을 듣고도 또 그대로 따라 행했으니 이는 재상의 본분이 아니다. 헌사(憲司)에서는 비록 작은 일이라도 들춰내 탄핵함이 마땅하다. 박은

---

1   이자춘(李子春)의 맏아들로 어머니는 이씨이다. 조선의 건국자 태조 이성계(李成桂)의 백형이다. 자식으로는 이양우(李良祐), 이천우(李天祐), 이조(李朝), 이백온(李伯溫) 등 아들 4형제와 딸 4명을 두었다.

2   여기서 보듯이 의(議)와 논(論)은 엄격히 구분해서 사용하고 있다.

(朴訔)의 무리는 다만 호조의 관리들만 불러서 말했고, 맹사성(孟思誠)의 무리는 이관(移關)만 해 고쳐 지급하게 했으니 모두 죄를 줄만하다. 그러나 은(訔)은 공신(功臣)이고 사성(思誠)은 일찍이 다른 죄를 받았기 때문에 내버려두고 논하지 않았으니 어찌 계공(季拱)만 죄줄 수 있겠는가? 장안지(張安之)와 하형(河逈)만 편안히 임소(任所)에 있을 수 없으니 옥(獄)에 내리는 것이 마땅하다."

○ (사헌부) 집의(執義) 유사눌(柳思訥)을 (풍해도) 안악(安岳)으로, 장령(掌令) 김사문(金思文)을 (경상도) 진주(晉州)로, 지평(持平) 조서로(趙瑞老)를 창원(昌原)으로, 임인산(林仁山)을 (경기도 안성) 양성(陽城)으로 유배 보내고 성균 박사 주면(周冕)에게는 장(杖) 100대를 때렸다. 애초에 서로(瑞老)가 대궐에 이르러 봉장(封章) 두 통을 올렸는데 그 하나는 이러했다.

'엎드려 보건대 무구(無咎) 무질(無疾)의 불충(不忠)한 죄는 한 나라의 신하와 백성들이 다 같이 분개하는 바인데 전하께서는 훈친(勳親)의 옛정을 생각해 차마 베지 못하고 외방에 거처하도록 해 목숨을 보전하게 했습니다. (그런데도) 저들은 마침내 개전(改悛)하는 마음이 없이 빈객(賓客)과 연결을 맺고서 붕비(朋比)를 만들어 흉계를 꾸미고 포악한 짓을 함부로 행하며 남의 전지를 빼앗고 남의 계집을 간통합니다. 대간(臺諫)에서 여러 번 봉장을 올려 그 죄를 바로잡기를 청했으나 전하께서 부월(鈇鉞)의 형벌을 관대히 용서해 잠시 변경 고을에 유배시키는 데 그치시고 물건의 하사(下賜)를 여러 번 행하셨으니 죄를 다스리는 뜻에 있어[其於] 어떠하겠습니까?

옛날에 한(漢-후한)나라 장제(章帝) 때 두헌(竇憲, ?~92년)³이 궁액(宮掖-황후)의 세력을 믿고 심수공주(沁水公主)의 토지를 빼앗았습니다. 그러다가 일이 발각되자 제(帝)가 크게 노해 헌(憲)을 불러 간절히 책망하기를 "나라에서 두헌을 버리는 것은 고추부서(孤雛腐鼠)⁴와 같은 것이다"라고 했습니다. (그러나) 끝내 그 죄를 바로잡지 못했다가 뒤에 두씨(竇氏)가 권세를 전횡해 그의 부자 형제가 조정에 가득해 조신(朝臣)의 높고 낮은 이들이 헌에게 붙좇지 않는 이가 없었습니다. 중상시(中常侍-환관) 정중(鄭衆, ?~114년)⁵의 힘을 입어 의논을 정하고 헌을 베었는데 사관(史官)이 말하기를 "제의 우유부단(優柔不斷)한 잘못"이라고 했습니다. 무릇 싼 값으로 전지를 빼앗은 것은 그 죄가 작은 것이었으나 한번 능히 바로잡지 못해 간신(奸臣)이 꺼려하는 바가 없어 마침내 권세를 마음대로 하고 방자한 짓을 함부로 해 한(漢)나라 왕실이 거의 전복될 뻔한 지경에까지 이르렀습니다. 1,000년 뒤에

3　두융(竇融)의 증손이다. 제3대 황제 장제(章帝)의 황후 두씨의 오빠다. 시중(侍中)을 거쳐 호분중랑장(虎賁中郎將)을 지냈다. 건초(建初) 2년(77년) 여동생이 궁중으로 들어가자 그 연줄로 승진했다. 영원(永元) 원년(89년) 화제(和帝)가 즉위하고, 두황후가 임조(臨朝)하자 시중이 되어 두태후와 함께 정치를 마음대로 했다. 나중에 죄를 지어 갇히자 스스로 흉노(匈奴) 토벌에 나서 북선우(北單于)를 대파하는 공을 세워 거기장군(車騎將軍)이 됐다. 연연산(燕然山)에 올라 돌에 공적을 새기고 돌아와 대장군(大將軍)이 됐다. 동생들과 함께 권력이 조정을 울렸고 교만해져 횡포를 부렸다. 집안 사람들이 모두 조정의 요직을 맡았다. 4년(92년) 황제가 대장군 인수(印綬)를 거두고 관군후(冠軍侯)로 고쳐 봉하면서 친정(親政)을 하려고 하자 황제를 죽이려고 꾀하다가 발각되어 자살했다.

4　한 마리 작은 새 새끼와 썩은 쥐라는 뜻으로 곧 하찮은 것, 보잘 것 없는 사람을 비유하여 말한다.

5　장제(章帝) 때 중상시(中常侍)가 됐다. 화제(和帝) 초에 두태후(竇太后)가 정권을 잡자 외척인 대장군(大將軍) 두헌(竇憲) 형제의 불궤(不軌) 음모를 꺾고 두헌을 죽인 공으로 대장추(大長秋)가 되고 소향후(鄛鄕侯)에 봉해져 정치에 간여했다. 황제가 항상 함께 그와 정치를 논의했는데 후한 때 환관이 권력을 휘두르게 된 것은 그때부터였다.

도 오히려 분개할 만한 일인데 이제 무구·무질의 죄악은 가득 차고 넘쳐서 헌에게 비할 바가 아닙니다. 지금 베지 아니하면 장래의 화를 알 수 없습니다. 대개 법은 천하에 공평한 것이므로 사사로이 폐할 수 없는 것인데 하물며 죄악이 차고 넘쳐서 일이 종사(宗社)에 관계되는데 어찌 전하께서 사정(私情)을 쓸 수 있습니까? 무릇 신하가 돼 불충한 것을 토죄(討罪)하지 않으면 (토죄하지 않은 자의 죄도) 그 죄가 같으니 어찌 위태하지 아니하겠습니까? 소식(蘇軾, 1037~1101년)[6]이 말하기를 "대간(臺諫)에서 말하는 바는 천하의 공의(公議)에 따르는 것이 마땅하다. 공의가 찬성하는 바는 대간도 찬성하고, 공의가 반대하는 바는 대간도 반대해야 한다"라고 했습니다. 전하께서는 대의(大義)로 결단해 무구·무질을 법에 의거해 처치하여 길이 후세에 남길 법으로 삼아야 할 것입니다.'

그 또 하나는 이러했다.

'군사는 나라의 큰일이고 장수는 사람의 생명을 맡고 있습니다. 이에 장수를 뽑는 일은 중하게 하지 않을 수 없습니다. 그래서 반드시 충성하고 근신하며 용맹하고 지혜로운 자를 골라 장수로 삼는 것은 고금에 두루 통하는 마땅함입니다. 엎드려 보건대 평양군(平壤君) 조대림(趙大臨)은 의관(衣冠-권문세가)의 자제로서 부귀(富貴)함 속에 자라나 어려서 일을 경험하지도 못하고 학문도 별로 없어서 이(利)에 따

---

6 송나라 최고의 시인이며, 당송팔대가(唐宋八大家)의 한 사람이다. 인종(仁宗) 가우(嘉祐) 2년(1057년) 진사에 급제하고, 다시 제과(制科)에 합격했다. 봉상부첨서판관(鳳翔府簽書判官)으로 있다가 불려 사관(史館)에 근무하면서 개봉부추관(開封府推官)을 지냈다. 구양수(歐陽修)에게 인정을 받아 문단에 등장했다.

라 잘 움직이고 위협하면 쉽게 겁냅니다. 이리하여 목인해(睦仁海)의 간언(奸言)이 한번 들어가자 그 술책에 빠지는 줄을 생각하지 못했으니 이는 전하께서 직접 보신 바입니다. 신 등은 엎드려 바라건대 전하께서는 일단 그에게 군사의 일을 내놓게 하고 그로 하여금 정신을 수양하고 학문에 힘쓰도록 해 스스로 새 사람이 되기를 기다려도 오히려 늦지 않을 것입니다. 신 등이 천총(天聰)을 번거롭게 함을 무릅쓰고 광패한 자나 눈뜬장님 같은 우매한 말[狂瞽之言]을 감히 올리오니
엎드려 생각건대 성감(聖鑑)께서 유의하시기 바라옵니다.'

상이 이 글을 읽어보다가 대림을 논한 일에 이르러 진노(震怒)해 서로로 하여금 자문(紫門)에 청가(請暇)해 집으로 돌아가게 했다. 이튿날 사눌, 사문, 서로, 인산 등을 순금사에 내렸다. 상이 헌부의 소를 다시 읽어보고서 말했다.

"무구와 무질은 나도 죄가 없다고 하지는 않았지만 그러나 내가 홀로 결단한 것이 아니라 마침내 조정이 동의한 것이다. 평양군(平壤君)의 일의 경우에는 평양군 혼자만이 아니라 나와 안성군(安城君)도 목인해의 술책에 빠졌던 것이다. 그때 순금사(巡禁司)의 죄인들이 대림과 인해에게 빙문(憑問)하도록 청하지 않았으니 이 또한 인해의 술책에 빠진 것이 아니냐? 사람들이 말하기를 '왕자는 병권(兵權)을 잡지 못한다'라고 하니 효령(孝寧)과 충녕(忠寧)은 장차 세자(世子)에게 기식(寄食)할 것이다. 부마(駙馬) 청평군(淸平君)은 상당군(上黨君)의 동생인지라 남에게 꺼림을 받고 있고 길천군(吉川君)은 나이가 어리므로 내가 평양군에게 병권을 잡게 한 것은 공실(公室)을 굳건히 하려는 것이다. (그런데) 헌사에서 그 병권을 내놓게 하려고 하는 것은

과연 무슨 뜻인가? 또 그 상소에 이르기를 '위협하면 쉽게 겁내고 이(利)를 위해 잘 움직인다'라고 했는데 무엇을 가지고 겁낸다는 것이며 무엇을 가지고 움직인다는 것인가? 마땅히 하나하나 국문(鞫問)하도록 하겠다."

드디어 형조판서 이빈(李彬), 좌부대언(左副代言) 안등(安騰), 동순금사 겸 판사(同巡禁司兼判事) 남재(南在) 등에게 명해 병권을 내놓게 하자는 논의를 먼저 발의한 자를 고문(拷問)하게 했다. 이조판서 유량(柳亮)이 간언했다.

"대관(臺官)을 옥에 가두는 것은 사필(史筆)에 아름답지 못합니다. 바라건대 전하께서 친히 심문하시고 일깨워준 다음에 풀어주셔야 할 것입니다."

상이 말했다.

"내가 행하는 일이 사필(史筆)에 (기록될 경우) 아름답지 못하다는 것은 잘 안다. 어찌 그것을 삭제(削除)할 수 있겠느냐? 내가 지나치게 가혹하고 급박한 것도 잘 알고 있는 바이다. (하지만) 끝내 그것을 고치지 못하겠다."

끝까지[竟] 허락하지 않았다. 재(在) 등이 사눌에게 말이 나온 곳을 물으니 사눌이 말했다.

"신이 집의(執義)로 제수되던 날부터 민씨(閔氏)의 죄를 청하고자 해 집에서 소(疏)를 초(草)잡아 본부에 나가서 동료들에게 내어 보이니 모두 좋다고 하고 그날 좌중(坐中)에서 대림의 병권을 내놓도록 청하자고 말하는 자가 있었습니다. 신이 말하기를 '이 일도 또한 봉장(封章)으로 하는 것이 좋겠으나 하루 동안에 두 건의 큰일을 논의함이 어떨는지?'라고 했더니 (누군가가) 대답하기를 '무슨 상관이 있겠느냐?'라고 했으므로 드디어 중론(衆論)을 따라서 신이 스스로 소를 지었습니다. '이(利)에 따라 잘 움직이고, 위협하면 쉽게 겁낸다'라고 한 것은 옛글을 인용한 것이고 (특별한) 뜻이 있어서 글자를 넣은 것이 아닙니다."

사문은 말했다.

"병권을 내놓게 하자는 것은 신이 사실상 말을 냈습니다."

서로는 말했다.

"신 또한 병권을 내놓는 것이 좋다고 말했습니다."

인산의 경우 두려워해 한마디 말도 하지 못했다. 순금사에서 그 말을 갖춰 아뢰니 상이 말했다.

"사문과 서로는 지휘(指揮)한 사람을 말하도록 고문(拷問)하고, 사눌은 행수(行首)로서 능히 이를 금지하지 못했으니 어찌 죄가 없겠는가? 그러나 아직은 형을 가하지 말라. 인산은 다른 사람의 논의에 핍박을 받은 것이니 진실로 따질 만한 것이 없겠다."

○ 광연루(廣延樓)에 나아가 남재(南在)에게 일러 말했다.

"사람들이 전번의 대원(臺員-사헌부 관리)들이 평양군을 논죄한 일로 인해 폄척(貶斥)된 것을 모두 알고 있다. (그런데) 이제 또다시 이같이 한 것은 제 뜻에서 나온 것이 아닐 것이다. 어찌 처음부터 국문하는 것을 두려워해 그 실정을 다 털어놓았겠느냐."

재가 대답했다.

"사문이 처음 그 말을 꺼냈고 서로는 이를 좇아서 한 것이며 인산은 다만 중의(衆議)에 따랐을 뿐입니다. 신이 보건대 서로가 장(杖)

수십 대를 맞고 그 아픔을 참지 못해 숨김없이[無隱] 실정을 다 말했
으니[輸情] 다시 국문할 필요 없이 사실이 이미 드러났습니다."

상이 말했다.

"엄하게 형벌하지 말도록 명한 것은 사눌이 매를 맞을까봐 염려한
것이었다. 사눌도 이미 서명(署名)했으니 어찌 알지 못하는 자이겠느
냐? 다시 서로(瑞老)를 국문해 그 말을 들은 곳을 밝히도록 하라."

재가 대답했다.

"요사이 대성(臺省)에서 (몸을) 보전(保全)하는 자가 없으니 신은
애석하게 여깁니다."

상이 말했다.

"안팎의 여러 사람의 마음을 알 수가 없다. 내가 만약 전일에 맹사
성(孟思誠)을 극형에 처했다면 어찌 오늘날 이처럼 형(刑)을 당하는
자가 있겠느냐? 그때 대신들이 눈물을 흘리면서 청했기 때문에 내가
일단[姑] 따른 것이었다."

재가 말했다.

"전후의 대간(臺諫)들이 진실로 죄가 있다 하더라도 매번 이들이
국문(鞫問)을 당하면 사책(史冊-역사서)에서 (상께서) 간언하는 말을
듣지 않았다고 쓸까 심히 두렵습니다. 바라건대 머물러 두고 세 번
생각하셔야 할 것입니다."

임금이 말했다.

"만약 나의 과실을 간언한 것이라면 그 말이 비록 (사안에) 적중하
지 못했다[不中] 해도 작은 것은 너그러이 용서하고 큰 것은 폄출(貶
黜)하기만 했을 것이다. 근일에 대간에서 말한 것은 이미 나의 잘잘

못이 아니니 비록 사책에 싣는다 하더라도 일의 옳고 그름의 여하에 달려 있을 뿐이다. 내가 듣건대 하 정승(河政丞)이 대간(臺諫)에 있을 때 형(刑)을 받았다고 하니 어찌 여러 말을 하겠는가? 전일에 대간(臺諫)이 보전할 수 없었던 것은 나의 죄가 아니라 그들이 스스로 불러들인 것[自取＝自招]이다. 양촌(陽村-권근)은 국가의 보배요 유림(儒林)의 사표(師表)다. (그런 그가) 평소에 나에게 경계하여 말하기를 '대간(臺諫)에서 비록 지나친 말이 있을지라도 반드시 너그럽게 용서해 언로(言路)를 넓히셔야 할 것입니다'라고 했기에 내가 이미 그대로 따랐었다. 그러나 오늘의 일은 내 마음에 따라서 처리하겠다."

그러고는 재에게 일러 말했다.

"모름지기[須] 고문을 더하라."

재가 말했다.

"근자에 대간(臺諫)을 제수한 것이 여러 번입니다."

상이 한숨을 내쉬며[喟然] 말했다.

"내가 잠저(潛邸)에 있을 때에 듣건대 사람들이 '대부(大夫)'라고 일컫는 자는 오직 우현보(禹玄寶, 1333~1400년)[7]와 안종원(安宗源,

---

7 1355년(공민왕 4년) 문과에 급제하고 춘추관 검열이 됐다. 이어 사헌부집의(司憲府執義), 좌사의대부(左司議大夫)를 역임했다. 우왕이 즉위하자 밀직사대언(密直司代言)이 되고 곧 이어 제학으로 승진했다. 그 뒤 대사헌을 거쳐 정당문학(政堂文學)을 오래 역임하면서 정사를 주관하고 문하찬성사(門下贊成事)에 올랐다.
1388년(우왕 14년) 이성계(李成桂)가 위화도에서 회군하자 우왕의 명령에 따라 좌시중에 임명돼 방어하려 했으나 실패해 파직됐다. 그 뒤 공양왕이 즉위하자 아들 우성범이 공양왕의 사위였던 관계로 단양부원군(丹陽府院君)에 봉해졌다. 1390년(공양왕 2년) 판삼사사(判三司事)가 됐으나 이초(彝初-윤이(尹彝)와 이초(李初))의 옥사에 연루돼 외방으로 유배됐다가 곧 석방됐다. 그러나 이듬해 대간의 탄핵을 받아 다시 철원으로 유배되고 곧 풀려나 단산부원군(丹山府院君)으로 다시 봉해졌다. 1392년 이방원(李芳遠) 일파에 의해

134

1325~1394년)⁸ 두 사람뿐이었다.⁹ 지금은 사람들이 모두 대부(大夫)

이니 이는 대체로 대간(臺諫)의 그릇됨이 많은 까닭에 그런 것이다.

이제 내가 대부(大夫)를 제수하지 아니하는 것은 (그들이) 해를 입을

까 두려워하기 때문이다. 일찍이 (황해도) 추동(楸洞)에 있었을 때 대

궐 안에 정자를 지었더니 간관(諫官)들이 한(漢)나라 문제(文帝)의

노대(露臺)를 짓지 아니한 고사(故事)¹⁰를 끌어다가 간언하기에 내가

비록 처음에는 노했으나 마침내 마음을 풀었다. 그것은 토목(土木)의

역사를 정지하도록 청했기 때문이었다. 오늘의 일은 저번과는 다르

니 내가 어찌 부마(駙馬)를 사랑해서이겠느냐? 전조(前朝)의 말년에

정몽주(鄭夢周)가 살해되자 시체를 거둬 장례를 치렀다. 이로 인해 도평의사사(都評議使
司)에 의해 다시 탄핵을 받고 경주에 유배됐다가 곧 석방됐다. 조선이 건국되자 광주(光
州)에 다시 유배됐다가 이듬해 석방됐다. 1398년(태조 7년) 정도전(鄭道傳) 일파가 제거된
뒤에 복관됐고 1399년 단양백(丹陽伯)에 봉해졌다. 1400년(정종 2년) 2차 왕자의 난 때
문인 이래(李來)로부터 반란의 소식을 듣고 이를 이방원에게 알려준 공으로 추충보조공
신(推忠輔祚功臣)에 봉해졌으나 곧 병사했다.

8 신돈이 주살된 후 사헌시사(司憲侍史)를 거쳐 우사의대부(右司議大夫)에 이르렀다. 우왕
(禑王) 초에 좌사의대부(左司議大夫) 유순(柳珣) 외에 다섯 사람과 함께 도당(都堂)에 글
을 올려 환관(宦官)의 폐단을 논했으나 재상들에 의해 받아들여지지 않았다. 성균관대사
성, 우상시(右常侍)를 거쳐 대사헌(大司憲)에 승진됐다가 판숭경부사(判崇敬府事)가 된 뒤
에 흥녕군(興寧君)에 책봉됐다. 이 무렵 공민왕 때부터 환관으로 있던 김현(金玄)이 내사
(內事)를 잘 정돈하지 못한다고 논박해 김현이 회덕현에 유배되었다. 아울러 환관의 수
를 10명 내로 줄여서 국정의 문란을 막아야 한다고 상소를 올렸다. 또 명나라에 가는 사
신들이 사행(使行)을 기화(奇貨)로 금·은·말 또는 포목(布木)들을 밀반출해 장사하는 것
을 엄금하도록 건의했다. 1382년(우왕 8년) 순흥군(順興君)으로 새로 책봉되고 다시 공신
호(功臣號)를 받았으며 정당문학(政堂文學)이 됐다. 최영(崔瑩)이 탐관과 권신들을 숙청할
즈음에 청렴한 안종원을 문하찬성사(門下贊成事)로 기용, 관리의 인사권을 맡겼으나 곧
사임했다. 그 뒤 흥녕부원군(興寧府院君)이 되었고 조선조에 와서는 판문하부사(判門下府
事)가 됐으나 곧 세상을 떠났다.

9 여기서 말하는 대부란 간언을 맡았던 간의대부를 가리킨다.

10 문제가 노대를 세우려다가 백성들의 고통을 걱정해 포기한 일을 말한다.

시중(侍中) 이자송(李子松, ?~1388년)[11]이 이미 장(杖) 100대를 맞았는데도 뒤따라 죽였으니 의리가 아니다. 내가 맹사성을 죄주지 아니한 것은 이 때문이다."

재가 감히 다시 말하지 못했다. 순금사에서 사문과 서로에게 말을 들은 곳을 물으니 사문이 마침내 말했다.

"성균 박사 주면(周冕)이 일찍이 나에게 이르기를 '집의 탁신(卓愼)의 소청(疏請)은 사리(事理)로 보아 당연한[理然=當然] 일인데 그가 폄출된 것은 애석한 일이다. 법사(法司)의 직임은 진실로 어렵다'라고 했습니다."

이에 면(冕)을 붙잡아 고문하니 면이 그 말이 사실이라고 자복했다. 상이 순금사의 옥사(獄辭)를 보고 재에게 일러 말했다.

"사문과 서로는 이미 장(杖)을 많이 맞았으니 다시 신문할 필요가 없다. 중간에서 부질없는 말을 한 자가 어찌 주면 혼자뿐이겠느냐? 같이 의논한 사람을 고문하는 것이 마땅하다."

재가 대답했다.

"신 등이 대간(臺諫)의 관원을 국문함에 있어 친척같이 타이르고 매를 가해 위협하여 옥사(獄辭)를 이룬 것입니다. 만약 다시 국문하면 서로 교제한 사람들을 무고(誣告)로 끌어들여 체포 구금하는 일이 번거로워질까 두렵습니다. 옛사람이 말하기를 '매[箠楚] 아래에서는 무엇을 요구해도 얻지 못함이 없다'라고 했고 『서경(書經)』에 이르

---

11 1388년 요동정벌에 반대하다가 임견미(林堅味) 일당으로 몰려 장류(杖流)에 처해졌고 곧이어 죽음을 당했다.

기를 '그 괴수(鬼首)만 죽이고 따라 한 자는 다스리지 말라'고 했습니다. 이제 주면을 죄주어 그 나머지를 경계하면 음모한 사람들이 모두 다 겁내어 움츠릴 것입니다."

상이 오직 면에게만 장(杖) 100대를 때리도록 명했다.

병자일(丙子日- 4일)에 정수홍(鄭守弘), 허모(許謨), 정흠지(鄭欽之), 이유희(李有喜) 등을 외방종편(外方從便)할 것을 명했다.

정축일(丁丑日-5일)에 강원도 평강현(平康縣)에 눈이 사흘 동안 내렸다.

○ 오도리(吾都里) 구로보야(仇老甫也)가 옹구참(雍丘站)에 침입해 남녀 15명과 그들의 소와 말을 죽이고 사로잡아 갔다.

○ 소목(燒木)[12] 거두는 법을 고쳤다. 의정부에서 아뢰었다.

"경기에서 공물로 올리는[貢上] 소목 193만 5,000근(斤)을 면제하고, 각도에 기인(其人) 103명을 더 두어서 그 일에 이바지하게 하고, 또 우도(右道) 수참부(水站夫)로 하여금 일이 없을 때에 소목을 베어 조전(漕轉)해 위에 바치게 해야 할 것입니다."

(상이) 그것을 따랐다.

무인일(戊寅日-6일)에 사역원판사 설내(偰耐)[13]를 보내 진남위(鎭南

---

12 대궐(大闕)에서 연료(燃料)로 쓰던 참나무 장작(長斫)을 말한다.

13 사역원을 설립하는 등 개국 초기에 외교와 통역관 양성에 큰 공을 세운 설장수(偰長壽)

衛) 백호(百戶) 유귀(柳貴)를 데리고[管押] 요동에 가게 했다. 애초에
귀(貴)의 배가 (전라도) 옥구(沃溝)에서 돌아가다가 반양산(半洋山)에
이르러 다시 바람을 만나 표류해 (풍해도) 옹진현(甕津縣)에 이르렀
는데 육로(陸路)로 돌아가기를 요청했기 때문이다.

기묘일(己卯日-7일)에 상이 문소전(文昭殿)에 친히 제사하고 드디어
인덕궁(仁德宮-상왕의 궁)에 나아가 문병하고 돌아왔다. 상왕(上王)의
궁인(宮人) 가운데 이름이 자재(自在)라는 자가 있는데 공안부(恭安
府) 여종이었다. 상왕이 그를 불쌍히 여겨 상에게 부탁해 왕패(王牌)
를 주어 영구히 풀어주어 양인(良人)으로 삼았다. 대개 상왕에게 총
애를 받아 자녀 여덟을 낳았는데 군생(群生)이 그 맏이다.

○ 아악(雅樂)과 전악(典樂)의 천전법(遷轉法-인사이동 규정)을 정
했다. 의정부에서 아뢰었다.

"아악(雅樂)은 종묘(宗廟)에 사용하므로 그 일이 매우 중한데 공인
(工人-악사)이 거관(去官-인사이동)하면 7품에 그치고, 전악(典樂)은
조회(朝會)와 연향(燕享)에 사용하는데 도리어 5품으로 거관(去官)할
수 있으니, 같은 악공(樂工)인데도 직임(職任)을 상주는 것이 거꾸로
되었습니다. 바라건대 아악을 전악이 거관하는 예(例)와 같도록 해
한 도목(都目)[14]을 사용하도록 해야 할 것입니다."

의 아들이다.
14 해마다 음력 6월과 12월에 관리(官吏)의 근무 성적을 고과(考課)하여 승진시키거나 출척
(出陟)시키는 일을 말하는데 여기서는 하나의 도목장(都目狀)을 사용해 고과 평정(考課評
定)함을 말한다.

상이 좌우(左右)에 일러 말했다.

"예악(禮樂)은 중한 일인데 우리 동방(東方)은 아직도 옛 습관을 따라 종묘에는 아악을 쓰고, 조회에는 전악을 쓰고, 연향에는 향악(鄕樂)과 당악(唐樂)을 번갈아 연주하므로 난잡하고 절차가 없으니 어찌 예악이라 이르겠는가? 아악은 곧 당악이니, 참작 개정해 종묘에도 쓰고 조회와 연향에도 쓰는 것이 옳다. 어찌 일에 따라 그 악(樂)을 다르게 할 수 있겠느냐?"

황희(黃喜)가 대답했다.

"향악을 쓴 지 오래이므로 고칠 수 없습니다."

상이 말했다.

"만일 그 잘못된 것을 알면서도 오랜 습관에 젖어 고치지 않는 것이 옳겠느냐?"

좌대언 이조(李慥)가 아뢰어 말했다.

"신이 사명을 받들고 중국에 가서 보니 (조회를 받는) 봉천문(奉天門)에 항상 아악이 놓여 있었습니다."

상이 말했다.

'중국의 법을 준용(遵用)하는 것이 마땅하다.'

○ 하형(河逈)과 장안지(張安之)를 풀어주었다.

신사일(辛巳日-9일)에 의안대군(義安大君) 화(和-이화)의 과전(科田)을 나눠 반은 그 선처(先妻-전처)에게 주고 반은 그 자녀(子女)에게 주도록 명했다. 상이 화의 전처 아들 완성군(完城君) 지숭(之崇)과 후실(後室) 아들 완천군(完川君) 숙(淑) 등이 그 아비의 과전(科田)을 놓고서 다툰다는 말을 들었기 때문에 이런 명이 있었다.

○ 전라도 도관찰사가 판관(判官)의 인신(印信)을 만들어줄 것을 청했다. 올린 말씀은 이러했다.

'각도의 관찰사와 절제사(節制使)가 겸임하는 각 고을에 판관의 인신을 만들어주기를 빕니다.'

상이 의정부에 내려 토의하게 했다. 정부에서 다음과 같이 의결했다.

"각사(各司)의 인신은 시임(時任)의 행수(行首) 관원이 인신을 얻어서 씁니다. 경외(京外)의 예(例)가 같으니 따로 인신(印信)을 줄 수 없습니다. 관찰사와 절제사가 감행(監行)할 때에는 판관이 목사(牧使) 일을 대신 행하므로 모든 행이(行移)하는 문서에 그 관(官)의 인신을 쓸 수 있습니다."

(상이) 그것을 따랐다.

임오일(壬午日-10일)에 『권선서(勸善書)』[15]를 속히 운반해 올 것을 명했다. 상이 말했다.

"권완(權緩, ?~1417년)[16]이 올 때 제(帝)께서 『권선서(勸善書)』

---

15 정확히 어떤 책인지 알 수 없다.

16 1407년(태종 7년) 태종이 즉위하기 전부터 태종과 친분이 깊었던 까닭으로 승정원 우대언으로 발탁됐고 이듬해 예문관제학을 거쳐 계품사(啓稟使)가 돼 명나라에 다녀왔다. 같은해 우군동지총제를 거쳐 의정부참지사를 역임하다가 언사(言事)로 인해 파직됐다. 1411년 경기도 관찰사로 부임했는데, 이듬해 조세징수의 성적이 좋지 않고, 조운을 막히게 했다는 대간의 탄핵을 받고 영주로 유배되던 중 특사로 풀려났다. 같은 해 공안부윤(恭安府尹)에 복직, 이후 판원주목사(判原州牧使)를 지냈다. 1416년 휴관(休官) 중에 개인적으로 소장한 소합유(蘇合油) 3근을 지신사 유사눌(柳思訥) 등과 공모해 내약방(內藥房)

300권을 내려주셨는데 중도에 두고 지금까지 서울[京城]에 운반해
오지 않았으니 매우 불경(不敬)한 일이다. 제가 만약 들으면 반드시
야만스럽다고 할 것이고 이로 인해 (명나라와의 사이에) 흔극(釁隙-틈)
이 생길는지도 알 수 없다. 완(緩)이 스스로 말하기를 '형편상 가지
고 오기가 어려웠습니다'라고 하나 그 말이 잘못이다. 이번 길에 다
른 물건을 가져온 것이 어찌 없었겠는가?"

상이 속히 실어 올 것을 명했다.

계미일(癸未日-11일)에 일본(日本) 전평전(田平殿)이 사자를 보내 토
물(土物)을 바쳤다.

갑신일(甲申日-12일)에 사은사(謝恩使) 이양우(李良祐)와 부사(副使)
민여익(閔汝翼)이 경사(京師)에서 돌아왔다. 양우(良祐) 등이 말했다.

"2월 초9일에 제(帝)가 베이징[北京]에 행차해 본국에서 바친 처
녀 권씨(權氏)를 먼저 불러들여 현인비(顯仁妃)에 봉하고, 그 오라비
영균(永均)을 광록시 경(光祿寺卿)에 제수했는데 작질(爵秩)이 3품이
고, 채단(綵段) 60필, 채견(綵絹) 300필, 금(錦) 10필, 황금 2정(錠),
백은(白銀) 10정, 말 5필, 안장[鞍] 2면(面), 옷 2벌[襲], 초(鈔) 3천
장을 내려주었습니다. 그 나머지도 모두 차등 있게 작(爵)을 봉했는
데 임첨년(任添年)은 홍려경(鴻臚卿)이 되고, 이문명(李文命)과 여귀

에 들여보낸 사건으로 의금부에 하옥된 뒤 외방으로 유배됐으나, 곧 풀려나 직첩을 환급
받았다.

진(呂貴眞)은 광록 소경(光祿少卿)이 됐는데 작질이 모두 4품이고, 최
득비(崔得霏)는 홍려소경(鴻臚少卿)인데 작질이 5품입니다. 각각 채단
60필, 채견 300필, 금(錦) 10필, 황금(黃金) 1정, 백은 10정, 말 4필,
안장 2면, 옷 2벌, 초(鈔) 3,000장을 하사했습니다. 또 이문화(李文和)
와 임첨년의 족자(族子) 김화(金和)에게는 각각 말 2필과 안장 1면을
내려주었습니다.”

○ 본국 사람 김맹쇄(金孟碎)가 왜구에게 포로가 됐다가 요동(遼東)
에 이르렀는데 제(帝)가 양우(良祐)에게 맡겨서 데리고 돌아가도록
[帶回] 명했다.
　대회

을유일(乙酉日-13일)에 일본(日本) 풍후주(豊厚州)가 사자를 보내 토
산물을 바쳤다.

○ 처음으로 『진도(陣圖)』를 반송정(盤松亭)에서 연습했다.

○ 강원도의 농사를 망친[失農] 각 고을에 국고의 곡식을 내어 종자
　　　　　　　　　　실농
(種子)와 농량(農糧)에 이바지하게 했다. 도관찰사가 말씀을 올렸다.

‘의창(義倉)에 저장한 곡식은 겨우 굶주림을 구제할 만하고 종자와
농량은 전연 의뢰할 데가 없습니다. 만약 의정부의 정식(定式)대로
행이(行移)해 지급하면 집집의 논밭에 파종(播種)을 마치지 못할 형
편입니다. 바라건대 국고의 쌀과 콩을 적당하게 나눠 주어 넉넉하게
해 농사를 망치지 않게 해야 할 것입니다.’

(상이) 그것을 따랐다.

○ 태평관(太平館) 북루(北樓)를 새로 지었다. 임금이 이귀령(李貴
齡)에게 일러 말했다.

"참찬(參贊)은 태평관 감조 제조(太平館監造提調)이니 정릉(貞陵)의 정자각(亭子閣)을 헐어 누(樓) 3간을 짓고, 관(館)의 구청(舊廳)을 가지고 동헌(東軒)과 서헌(西軒)을 창건하면 목석(木石)의 공력을 덜고 일도 쉽게 이뤄질 것이다. 황엄(黃儼)이 일찍이 말하기를 '정자 터를 높이 쌓고 가운데에 누각(樓閣)을 짓고 동쪽과 서쪽에 헌(軒)을 지어 놓으면 아름다울 것이다'라고 했다. 지금 이 누각을 짓는 것은 엄(儼)의 의견에 따른 것이다. 그리고 정릉의 돌을 운반해 쓰고 그 봉분(封墳)은 자취를 없애 사람들이 알아볼 수 없게 하는 것이 좋겠으며 석인(石人)은 땅을 파고 묻는 것이 좋겠다."

황희(黃喜)가 아뢰었다.

"석인을 가지고 주초(柱礎)를 메우는 것이 좋겠습니다."

상이 귀령(貴齡)에게 말했다.

"옳지 못하다. 묻는 것이 마땅하다."

병술일(丙戌日-14일)에 성균관(成均館)에 명해 교훈(敎訓)을 돈독히 하도록 했다. 매달 초하룻날 예궐(詣闕)하는 것을 제외하고는 다른 아일(衙日)이나 조방 시위(朝房侍衛)[17]에는 모두 나오지 말도록 했다.

정해일(丁亥日-15일)에 상이 문소전(文昭殿)에 친히 보름 제사를 행하며 전(奠)을 올렸다.

---

17 조방이란 조신(朝臣)들이 조회(朝會) 때를 기다리느라고 모여 있던 방을 말하는데 대궐 문밖에 있었다.

○사간원에서 군자주부(軍資注簿) 곽운(郭惲)의 죄를 청했다. 소는 대략 이러했다.

'적처(嫡妻)와 첩(妾)의 명분은 관계되는 바가 매우 중하므로 문란하게 할 수 없습니다. 지금 군자주부 곽운은 일찍이 군자감의 여종 장명(長命)을 첩으로 삼아 그 여우같이 아양을 떠는 유혹에 빠져서 아들이 있는 적처를 버렸습니다. 지금 감림관(監臨官)이 돼서도 뻔뻔스럽게 부끄러워하지 않고 예전처럼 여종을 사랑합니다. 참으로 법강(法綱)을 두려워하지 아니하고 풍속을 무너뜨리는 자입니다. 빌건대 유사(攸司)로 하여금 곽운과 장명 등의 죄를 율(律)대로 과단(科斷)하고 이이(離異-이혼)하게 해 사풍(士風)을 바로잡아야 할 것입니다.'

상이 소를 대내(大內)에 머물러 두고 내리지 않았다. 운(惲)은 바로 곽추(郭樞, 1338~?)[18]의 아들이다. 얼마 안 가서[未幾] 공정고 부사(供正庫副使)로 고쳐 제수했다.

○사간원에서 소(疏)를 올렸다. 소는 대략 이러했다.

'옛사람이 간관(諫官)의 직책을 논하기를 "천하의 정치와 사해(四海-세상) 대중의 옳고 그름과 이롭고 해로움을 한 관(官)에 모아서 말하게 하는 것이다"라고 했습니다. 신 등이 생각건대 비록 말하고자 하더라도 그 사기(事機-일의 틀)를 알지 못하면 구구하게 귀와 눈

---

18 포은(圃隱) 정몽주(鄭夢周)와 동문수학하여 사이가 좋았다. 1360년(공민왕 9년) 과거에 급제했고 이후 여러 관직을 거쳐 1376년(우왕 2년) 지신사로서 국자감시를 주관했다. 1388년(우왕 14년)에는 정당문학으로서 명(明)나라에 가서 약재를 내려준 것에 대해 사례했다. 고려가 망하자, 두문동(杜門洞)에 들어가 임금이 불러도 나가지 않고 고려 신하로서의 절개를 굽히지 않았다.

으로 보고 들어서 능히 다 말할 수는 없습니다. 반드시 정령(政令)이 나오는 곳에 참여한 뒤라야 그 옳고 그름과 이롭고 해로움을 알아서 말할 수 있습니다. 이러한 까닭으로 당(唐)나라에서는 간성(諫省)을 두고 좌우(左右)로 나눠 좌(左)는 문하성(門下省)[19]에 소속시키고 우(右)는 중서성(中書省)[20]에 소속시켰으며 송(宋)나라 제도도 또한 그렇게 하여 함께 규간(規諫)을 맡아서 무릇 조정(朝政)의 잘못과 대신(大臣)에서 백관(百官)에 이르기까지 그 적임자를 잘못 임명하는 것과 삼성(三省)에서 백사(百司)에 이르기까지 일이 잘못된 데가 있으면 모두 간언하여 바로잡게 했습니다. 전조(前朝-고려)에서도 간관(諫官)이 문하부(門下府)에 참여했는데 모두 간관으로 하여금 일의 경중 완급(輕重緩急)을 두루 알아서 말하게 하려고 한 까닭입니다. 지금 간원(諫院)을 따로 둔 뒤로부터 진언(進言)을 하고자 하나 모든 일을 잘 알지 못하며 비록 말을 했다 하더라도 뒤늦어서 그 시기를 놓친 것이 많습니다. 신 등은 바라건대 당송(唐宋)이 간관을 분속시킨 제도에 따라서 전하의 측석(側席)에 가까이 있게 해 구언(求言)하는 길을 넓히도록 해야 할 것입니다.

또 옛사람이 사람을 임명하는 방도를 논하기를 '의심스럽거든 맡기지 말고, 맡겼거든 의심하지 말'고 했습니다. 지금 관찰사와 절제사가 돼 한 지방을 위임 받은 자는 모두 전하의 심복이며 기쁨과 슬

---

19 중국의 고대 관서(官署)의 하나다. 주로 왕명(王命)의 출납(出納)을 맡아보았다. 후한(後漢) 시대에 시중시(侍中寺)가 있었는데, 진(晉)나라 때에 들어와 문하성(門下省)으로 고쳤고, 당(唐)나라 때에 삼성(三省)의 하나로 고착(固着)됐다.

20 삼성(三省)의 하나이며 주로 기무(機務)·조서(詔書)·민정(民政)을 맡아보았다.

품을 같이하는 신하입니다. 출척(黜陟)의 가부와 호구(戶口)의 증감이 감사에게 있고, 군졸의 정둔(精鈍)과 공격·수비의 승부가 절제사에 달렸습니다. 진실로 그 책임을 오로지 맡기는 것이 마땅하며 혐의스러운 생각을 사이에 둘 수 없습니다. 이제 이미 그 책임을 맡기고도 또 따로 사람을 차임해 혹은 손실 경차관(損實敬差官)²¹이라 이르고, 혹은 군용점고관(軍容點考官)²²이라 이르니 이 때문에 감사와 절제사가 마음을 오로지하지 못하며, 역로(驛路)와 여리(閭里)에서 영송(迎送)이 분주해 그 폐단이 참으로 이루 다 말할 수가 없습니다. 신 등은 무릇 민간의 이해(利害)를 간심(看審)하고 관리의 근만(勤慢)을 독찰(督察)하는 데 별차(別差-별도의 파견관리)를 보내지 말고, 맡은 자에게 전첩(傳牒)해 그 일을 다스리게 하기를 원합니다. 만약 성상(聖上)의 위임(委任)하신 뜻을 돌보지 아니하고 그 직책을 다하지 못하는 자가 있으면 작은 것은 수령관(首領官)을 논죄하고, 큰 것은 감사와 절제사를 논죄하여 삼가지 못한 죄를 징계하도록 해야 할 것입니다.'

(상이) 답하지 않았다[不報].
불보

무자일(戊子日-16일)에 유정현(柳廷顯)을 한성부판사, 김한로(金漢老)를 예조판서, 안노생(安魯生)을 충청도 도관찰사, 이종선(李種善)

---

21 나라에서 해마다 곡식의 잘 되고 못된 것을 직접 살펴 그 손실(損實)에 따라 조세를 매기기 위해 중앙 정부에서 파견하던 임시 관원이다.
22 각 지방에 있는 군대의 병기(兵器)를 점검(點檢)하기 위해 중앙 정부에서 파견하던 임시 관원이다.

과 이회(李薈)를 좌우 사간대부, 민설(閔渫)을 사헌부집의, 김익정(金益精)을 장령(掌令), 유박(柳博)을 지평(持平)으로 삼았다.

○ 사재감(司宰監) 권지직장(權知直長) 10인을 예빈시(禮賓寺)로 옮겨 소속시켰다. 의정부에서 아뢰었다.

"예빈시는 맡은 일은 많고 인원은 적습니다. 사재감 권지 직장은 실차(實差)[23]가 10인, 예차(預差)가 10인인데 일하는 바가 없습니다. 청컨대 실차 5인과 예차 5인을 제(除-제수)하여 예빈시로 옮겨 소속시키고 그 거관(去官)은 합하여 한 도목(都目)으로 만드소서."

(상이) 그것을 따랐다.

○ 검교한성윤(檢校漢城尹) 공부(孔俯)에게 쌀과 콩 30석을 내려주었다.

기축일(己丑日-17일)에 백관들이 시복(時服) 차림으로 성절 하례(聖節賀禮)를 행했다. 왜냐하면 상이 상중(喪中)에 있었기 때문이다.

경인일(庚寅日-18일)에 호군방(護軍房)[24]에 참알 회좌(參謁回坐)하는 예(禮)를 폐지할 것을 명했다. 전조(前朝-고려) 때에 각령(各領)의 장군(將軍)이 한 방(房)에 합사(合仕)했으므로 장군방(將軍房)[25]이라 일

---

23 각 품계의 정해진 숫자 안에 들어가는 정식 관원이다. 이 경우에는 지록(地祿)의 과수(科數)를 받으나 임시직에 해당하는 예차(豫差)일 때는 지록(地祿)이 없다.

24 조선조 때 호군(護軍) 이상이 모여서 군사(軍事)에 관한 일을 의논하던 기관이다. 고려 때의 장군방(將軍房)을 고친 이름이다. 태종 6년에 부활했다가 이때인 태종 9년에 폐지했다.

25 고려 말엽에 장군(將軍) 이상이 모여서 군사(軍事)에 관한 일을 의논하던 기관이다. 고려

컬었는데 장군(將軍) 가운데 명망(名望)이 있는 사족(士族)을 골라서 방주(房主)와 장무(掌務)로 삼아, 방주는 수석이 되고 장무는 그 다음이 되게 했다. 새로 사진(仕進)하는 자에게는 반드시 족씨(族氏), 가풍(家風), 재행(才行) 등을 상고한 뒤에야 이 좌차(坐次)에 앉기를 허락했는데 이것을 '참알 회좌'라고 했다. 국초(國初)에 폐지했다가 다시 행했는데 이때에 이르러 다시 폐지했다.

○손귀생(孫貴生) 등 두 사람을 석방할 것을 명했다. 귀생(貴生) 등은 시골 사람이다. 창덕궁(昌德宮)을 구경하고 들어와 광연루(廣延樓)의 못 아래에 이르렀는데 순금사(巡禁司)에서 장(杖) 80대로 조율(照律)했다. 상이 말했다.

"이들은 무지한 시골 사람이니 방면(放免)하는 것이 옳다. 예전에 조서(趙敍)가 대언(代言)으로 있을 때 시골 선비[鄕儒] 한 사람을 데
　　　　　　　　　　　　　　　　　　　　　　향유
리고 들어와 숙직하고 이른 아침에 내보냈는데 그 사람이 갈 길을 잃어 곧바로 침전(寢殿)의 뜰 안으로 들어오자 궁인(宮人)들이 놀라서 꾸짖으니 대답하기를 '나가려고 한 것뿐입니다'라고 했다. 내가 말하기를 '이는 무지한 자이다. 좌우(左右)에서 들으면 반드시 법대로 처치하도록 청할 것이니 빨리 놓아 보내 가게 하고 이 말을 드러내지 말도록 하라'고 했다. 바로 이와 똑같은 일이다."

신묘일(辛卯日-19일)에 중외(中外)에 이죄(二罪) 이하를 사면했다. 상왕(上王)의 병이 위독한 때문이었다.

중방(重房)의 후신으로 조선조 정종(定宗) 2년에 폐지했다.

○ 예문관제학(藝文館提學) 권완(權緩)에게 노비 6구를 내려주었다. 잠저(潛邸) 때에 (상을 위해) 정성껏 마음을 쏟았고 사명을 받들고 (명나라에 가서) 전대(專對)[26]한 노고에 대해 상을 준 것이다.

○ 쇄권색(刷卷色)[27]을 두었다. 이조판서 유량(柳亮)과 반성군(潘城君) 박은(朴訔)을 제조(提調)로 삼고 사간(司諫) 이회(李薈)와 장령(掌令) 김익정(金益精)을 별감(別監)으로 삼아서 10년 이래의 각사(各司)의 용도(用度)를 구교(句較)[28]하게 했다.

임진일(壬辰日-20일)에 이지직(李之直), 박안신(朴安臣), 허조(許稠), 탁신(卓愼), 김맹성(金孟誠), 이소축(李小畜), 유사눌(柳思訥), 김사문(金士文), 조서로(趙瑞老), 임인산(林仁山), 김섭(金涉) 등을 외방종편(外方從便)하고 최선(崔宣)은 경외종편(京外從便)할 것을 명했다.

○ 평민(平民)으로 하여금 별요(別窯)에 소목(燒木)을 운반하지 말 것을 명했다. 상이 별요(別窯)의 소목(燒木)을 수변(水邊)의 군민(郡民)들로 하여금 강가에 운반해 내도록 하고, 또 사선(私船)을 빼앗아 실어 내린다는 말을 듣고 탄식하며 말했다.

"내가 지금 백성들이 이미 편안하리라고 생각했는데 다시 이처럼

---

26 옛날에는 사신의 가장 큰 일이 바로 임금의 명을 받들어 전권을 갖고서 대처하는 것[專對]이다. 이 말은 『논어(論語)』 「자로(子路)」편에 나오는 다음 구절에 근거를 둔 것이다. 공자는 말했다. "『시경』 300편을 외우더라도 정사를 맡겼을 때 잘하지 못하고, 외국에 사신으로 나가 혼자서 응대하여 처결하지[專對] 못한다면 비록 많이 배웠다 한들 또한 어디에다 쓰겠는가?"

27 나라의 각사(各司)에서 쓰는 재정 비용을 감사(監査)하기 위해 특별히 설치한 기관이다.

28 일일이 하나하나씩 비교 검사하는 것을 말한다.

백성들을 수고롭게 하는 일이 있지 않은가!"

좌우에서 모두 침묵했다. 상이 마침내 의정부에 뜻을 전해 말했다.

"별요(別窯)에서 굽는 기와는 오직 사처(私處)의 용도(用度)에만 공급하고 그 소목(燒木)을 갯가로 내오는 데는 평민(平民)을 부역시키지 말라."

계사일(癸巳日-21일)에 광연루(廣延樓)에서 술자리를 베풀었다. 영안군(寧安君) 양우(良祐)가 돌아온 것을 위로하기 위함이었다. 세자와 종친과 입직(入直)한 총제(摠制)들로 하여금 과녁을 쏘게 하고 구경했는데 세자가 과녁을 맞힌 것이 모두 여덟 번이었다.

○ 호군(護軍) 평도전(平道全)을 대마도(對馬島)에 보냈다. 예물을 보내온 데 보답한 것[報聘]이다.
_{보빙}

갑오일(甲午日-22일)에 송충이를 잡았다. 대장(隊長), 대부(隊副), 군기감(軍器監), 순금사(巡禁司), 오부방리(五部坊里) 사람들을 풀어서 잡았다.

○ 동북면(東北面)의 굶주림을 진제(賑濟)했다. 상이 동북면의 안변군(安邊郡)에 기근(飢饉)이 들었는데 민간(民間)에서 군사가 쳐들어온다는 거짓말이 나돌아 서로 도망하여 숨는다는 소문을 듣고서 의정부지인을 보내 일깨워 안심시키고 회양창(淮陽倉)의 곡식을 운반하여 진대(賑貸)하도록 명했다.

을미일(乙未日-23일)에 편전(便殿)에서 정사를 보았다. 총제(摠制)

연사종(延嗣宗)이 동북면(東北面)에서 돌아오니 상이 물었다.

"동북면에 기근(飢饉)이 거듭 들어[荐臻=重至] 백성들 가운데서 농
　　　　　　　　　　　　　　　천진　중지
사를 짓는 자가 없다고 들었다. 그런 일이 있는가?"

대답해 말했다.

"어찌 짓지야 아니하겠습니까? 다만 굶주려서 힘써 농사를 짓지
못하고 소도 여위어서 갈고 심는 자가 적을 뿐입니다."

상이 측은하게 여겨 말했다.

"요즘 안변(安邊)의 백성들이 더욱 심하게 굶주린다고 들었는데, 강
원도의 곡식을 옮겨서 진제(賑濟)하자고 청하는 자가 있었으나 내가
허락하지 아니한 것은 곡식을 옮기기를 기다리다가 곡식이 이르지도
아니해 백성들이 죽게 될 것이기 때문이다. 또 강원도 백성들이 함께
그 폐해를 받게 될 것이니 안변의 백성들로 하여금 와서 회양(淮陽)
의 곡식을 받게 하는 것이 더 편하겠다. 내가 생각건대 동북면의 백
성들은 밀과 보리를 심지 아니하니 비록 보리가 익을 때를 당할지라
도 반드시 진대(賑貸)를 받아야만 살아갈 수 있을 것이다. 이제부터
감사와 수령으로 하여금 봄·가을로 절기에 따라 밀과 보리를 갈도
록 권장케 하여 항식(恒式)으로 삼으라."

이어 좌우(左右)에 일러 말했다.

"백성의 기쁨과 슬픔은 감사와 수령에게 달렸다. 그러므로 그 백성
을 보호하도록 책임을 맡긴 것인데 그 백성을 가까이하는 자가 과연
나의 지극한 생각을 몸받아 백성들로 하여금 살 곳을 얻도록 하는
지 알지 못하겠다. 하물며 지금 백성들이 굶주리고 있는데 진휼하는
일에 힘을 기울이고 있는가?"

사종(嗣宗)이 또 진언(進言)했다.

"신이 노상(路上)에서 금강산(金剛山)의 송백(松柏)이 누렇게 마른다는 이야기를 들었습니다."

상이 말했다.

"이는 거승(居僧)들이 그 책임을 면하지 못한다. 개국(開國) 이래로 재변(災變)이 없는 해가 없었다. 태상왕(太上王) 때는 내가 기억하지 못하나 상왕조(上王朝) 때에는 만약 재이(災異)가 있으면 들어와서는 고하고 나가면 물어 항상 경계하고 두려워하여 매번 산(山)이 무너지고 물이 마르는 일과 해·달·별·바람·서리·우레·비·새·벌레·물고기 따위의 변괴(變怪)가 있으면 모두 기억(記憶)하여 수성(修省)하지 아니함이 없었는데 오늘날에 이르러 하늘의 견고(譴告)는 진실로 알기 어렵다. 한(漢)나라 광무제(光武帝)와 당(唐)나라 태종(太宗)도 재이(災異)를 면하지 못해, 동중서(董仲舒)가 재이(災異)를 논했는데, 무엇 때문에 응(應)한 것인지 말하지 않았다. 송(宋)나라는 지금으로부터 오래지 아니한데, 사람이 변해 용이 된 이변(異變)이 있었어도, 무엇 때문에 응(應)한 것인지를 듣지 못했다. 그러나 어찌 예전에도 이 같은 일이 있었다고 해 하늘의 경계를 소홀히 여길 수가 있겠느냐?"

찬성(贊成) 남재(南在)가 대답했다.

"옛날 임금은 재이(災異)를 만나면 공구 수성(恐懼修省)해 그 정사를 고쳐서 바로잡았습니다. 그러므로 비록 재이(災異)가 있었다 하더라도 그 응보(應報)가 없었습니다. 이것은 임금의 삼가고 두려워하는 여하에 달려 있습니다."

상이 말했다.

"내가 비록 부덕(否德)하지만 어찌 감히 수성(修省)하지 아니하겠느냐? 또 공경 대신(公卿大臣)이 모두 덕의(德義)가 있고, 마음과 힘을 합해 왕업(王業)을 도와 이룩했으니, 비록 근시(近侍)의 무신(武臣)이라 하더라도 남의 전지를 빼앗거나 남의 처첩(妻妾)을 유혹해 사풍(士風)을 무너뜨려 화기(和氣)를 손상시켰다는 말을 듣지 못했는데 재이(災異)의 변이 무슨 연고로 생기는 것인가? 전조(前朝) 말년에 남의 전지와 사람을 빼앗아 만백성을 침해하여 포학(暴虐)함이 몹시 심했으나 큰 이변이 없었으니 반드시 천수(天數)이리라. 예전의 말에 인애(仁愛)하라는 말이 있는데 과인과 같은 자야 어찌 임금의 (임금)다움에 부합하겠는가!"

재(在)가 대답했다.

"재상(宰相)과 대신(大臣)도 위로 열수(列宿)[29]에 응해 나라를 도와 다스리는데, 하물며 인군(人君)은 위로 황천(皇天)을 이고 아래로 억조창생(億兆蒼生)에 임(臨)했으니, 말해 무엇하겠습니까?"

상이 빙그레 웃었다. 좌우(左右)를 돌아보고 일러 말했다.

"문무 군신(文武群臣)으로서 어느 누구가 그 어버이에게 효도하고 임금에게 충성해 마땅히 해야 할 직분에 힘쓰지 아니하겠느냐? 다만 붕우(朋友) 사이의 교분(交分)에 있어서는 정성을 다해 서로 사랑한다 할 수 없을 것이니, 얼굴을 대해서는 좋은 체하나 돌아서면 미워하는 자가 간혹 있을 것이다."

---

29 하늘에 제성(帝星)을 둘러 싸고 벌여 있는 별들을 가리킨다. 재상과 대신들이 열수에 해당한다.

재가 대답했다.

"옛부터 군자(君子)와 소인(小人)의 구별이 있습니다."

상이 말했다.

"군자의 친구가 되도록 힘쓰는 것이 오늘날 내 뜻이다."

또 근신(近臣)에게 일러 말했다.

"내가 석씨(釋氏)의 가르침에 일찍이 마음을 두지 아니했다. (그런데) 요즘 듣자니 외방(外方) 고을에서 혁거(革去)한 사사(寺社)의 불상(佛像)을 관부(官府)에 마구 가져다 둔다고 하는데 백성이 보고 들으면 해괴할 듯하니 사사(寺社)로 옮겨 두는 것이 마땅하다."

○ 일본(日本) 준주태수(駿州太守) 원원규(源圓圭)가 사람을 보내 진위(陳慰)하고 예물을 바쳤다.

병신일(丙申日-24일)에 크게 천둥과 번개가 치며 우박(雨雹)이 내렸다. 경상도 삼기현(三岐縣)에서는 우박의 크기가 탄환(彈丸)만했는데 어떤 사람이 마침 밭으로 달려가다가 맞아서 죽은 일이 있었고 꿩 뱀 까마귀 참새도 역시 죽은 것이 많았다. 상이 좌우(左右)에 일러 말했다.

"전기(傳記-역사서)를 상고하건대 여름에 우박이 내리는 것은 정령(政令)이 번거롭고 가혹하며 요역(徭役)이 과중한 소치라고 했다."

명하여 이를 써서 의정부에 보이도록 했다.

정유일(丁酉日-25일)에 사헌부에 명해 영홍주목사(領洪州牧使) 이구철(李龜鐵)의 가속(家屬)을 거느리고 서울로 돌아오지 말도록 했다.

구철(龜鐵)의 아내가 사천(私賤)이었는데 이를 데리고 부임했으므로 사헌부에서 본도(本道-충청도)로 이문(移文)하여 그 집으로 돌아오도록 독촉한 때문이었다.

○ 궁방환자(弓房宦者) 박성우(朴成祐)와 시인(矢人) 권인경(權仁敬)을 순금사(巡禁司)에 가뒀다가 3일 만에 풀어주었다. 성우(成祐) 등이 궁시(弓矢-활과 화살)를 만드는 것을 감독하면서 정밀하게 하지 아니해 세자가 활쏘기를 연습하다가 잘못해 손가락을 다쳤기 때문이다.

임인일(壬寅日-30일)에 상왕이 병이 오래도록 낫지 아니하므로 인보(印寶)를 화장사(華藏寺)에 시주하고자 하니 상이 듣고서 말했다.

"명기(名器)이니 그렇게 할 수는 없습니다."

군이 청해 마침내 그만두었다.

癸酉朔 上親奠于文昭殿.
계유 삭 상 친전 우 문소전

流崔宣于益州 杖朴持七十. 義勇巡禁司啓:"宣之罪 律無正條
유 최선 우 익주 장 박지 칠십 의용순금사 계 선지죄 율무 정조

比侵占他人田宅律 應杖八十 徒二年. 持之罪 亦無正條 比踏驗
비 침점 타인 전택 율 응장 팔십 도 이년 지지죄 역무 정조 비 답험

災傷田糧 通同作弊 瞞官害民者 杖一百 罷職不敍."上曰:"崔宣
재상 전량 통동 작폐 만관 해민 자 장 일백 파직 불서 상왈 최선

之罪 當斷之以律 然於予爲同年 有同盟之舊 可①除杖八十. 朴持
지죄 당단 지 이율 연 어여 위동년 유 동맹 지구 가 제장 팔십 박지

之情 亦不可減一杖也. 然於宣 旣加私恩 獨於持 豈可拘常律哉?
지정 역 불가 감 일장 야 연 어선 기가 사은 독 어지 기 가구 상률 재

可①減三等."上又曰:"湛之妻 予之從妹也. 以勢言之 固可畏憚
가 감 삼등 상 우왈 담지처 여지 종매 야 이세 언지 고 가 외탄

也 而二人恣行無所忌 不亦甚乎!"又曰:"予斷二人之罪 史册必
야 이 이인 자행 무소기 불역 심호 우왈 여단 이인 지죄 사책 필

書之矣. 無乃誤斷乎?"湛之妻 卽元桂之女也.
서지 의 무내 오단 호 담지처 즉 원계 지녀 야

與大臣議可掌兵者 李茂薦宋貞 李叔蕃薦鄭初 柳亮薦辛悅. 又
여 대신 의 가장병 자 이무 천 송정 이숙번 천 정초 유량 천 신열 우

論招諭宗貞茂之事曰:"宜遣有識之士以覘之."
논 초유 종정무 지사왈 의견 유식 지사 이 첨지

甲戌 釋鄭矩 成石因 李季拱 元肅等. 上謂黃喜曰:"矩與
갑술 석 정구 성석인 이계공 원숙 등 상위 황희 왈 구 여

石因 皆非自作之罪也. 然以宰相長戶曹 聞如此不義之事 又從
석인 개 비자작 지죄 야 연 이재상 장호조 문 여차 불의 지사 우종

而爲之 是無宰相之趣矣. 若憲司則雖細事 亦當擧劾. 朴訔之輩
이 위지 시무 재상 지취 의 약 헌사 즉수 세사 역당 거핵 박은 지배

但召戶曹之吏而言之:孟思誠之輩 只移關令改給 皆可罪也. 然
단소 호조 지리 이 언지 맹사성 지배 지 이관 영개급 개 가죄 야 연

訔功臣 思誠曾受他罪 置之勿論 則豈可只罪季拱乎? 惟張安之
은 공신 사성 증수 타죄 치지 물론 즉 기가 지죄 계공 호 유 장안지

156

河逈 不可安然在任所 宜致於獄."
하형 불가 안연 재 임소 의 치어 옥

流執義柳思訥于安岳 掌令金士文于晉州 持平趙瑞老于昌原
유 집의 유사눌 우 안악 장령 김사문 우 진주 지평 조서로 우 창원

林仁山于陽城 杖成均博士周冕一百. 初 瑞老詣闕進封章二道.
임인산 우 양성 장 성균 박사 주면 일백 초 서로 예궐 진 봉장 이도

其一曰: '伏見無咎 無疾不忠之罪 一國臣民所共憤懟 殿下
기일 왈 복견 무구 무질 불충 지 죄 일국 신민 소공분대 전하

乃念勳親之舊 不忍加誅 俾居于外 得保首領. 彼乃罔有悛心
내 염 훈친 지 구 불인 가주 비거 우외 득보 수령 피 내 망유 전심

交結賓客 朋淫肆虐 侵人之田 奸人之女. 臺諫累上封章 請正
교결 빈객 붕음 사학 침 인지전 간 인지녀 대간 누상 봉장 청정

其罪 殿下尙寬鈇鉞之誅 薄示邊邑之流 賜與屢至. 其於討罪之義
기죄 전하 상관 부월 지주 박시 변읍 지류 사여 누지 기어 토죄 지의

何如? 昔漢章帝時 竇憲恃宮掖之勢 奪沁水公主田. 發覺 帝大怒
하여 석 한 장제 시 두헌 시 궁액 지세 탈 심수 공주 전 발각 제 대로

召憲切責曰: "國家棄憲如孤雛腐鼠耳" 卒不能正其罪. 厥後竇氏
소헌 절책 왈 국가 기헌 여 고추부서 이 졸 불능 정 기죄 궐후 두씨

專權 父子兄弟充滿朝廷 朝臣上下莫不附憲 賴中常侍鄭衆定議
전권 부자 형제 충만 조정 조신 상하 막불 부헌 뇌 중상시 정중 정의

誅憲. 史官以爲帝優柔不斷之過. 夫以賤直奪田 罪之微者也 一
주헌 사관 이위 제 우유부단 지과 부 이 천직 탈전 죄지미자 야 일

不能正之 則奸臣無所忌憚 卒至擅權專恣 幾傾漢室 千載之下 猶
불능 정지 즉 간신 무 소기탄 졸 지 천권 전자 기경 한실 천재 지하 유

可憤懣. 今無咎 無疾 罪惡貫盈 非憲之比也. 今不誅之 將來之
가 분만 금 무구 무질 죄악 관영 비헌 지비야 금 부 주지 장래 지

禍 未可知已. 蓋法者 天下之公也 不可以私廢也. 矧惟罪盈惡積
화 미 가지 이 개 법자 천하 지공야 불가 이사 폐야 신유 죄영악적

事關宗社 豈殿下之所得私也? 夫爲臣而不能討其不忠 厥罪惟均
사관 종사 기 전하 지 소득사 야 부 위신 이 불능 토 기 불충 궐죄 유균

豈不殆哉! 蘇軾曰: "臺諫所言 當隨天下公議. 公議所與 臺諫亦
기 불태 재 소식 왈 대간 소언 당수 천하 공의 공의 소여 대간 역

與之 公議所擊 臺諫亦擊之." 伏望殿下斷以大義 將無咎 無疾
여지 공의 소격 대간 역 격지 복망 전하 단 이 대의 장 무구 무질

置之於法 永爲垂世之規.'
치지 어법 영위 수세 지규

其二曰: '兵者 國之大事也; 將者 人之司命也. 其選不可不重
기이 왈 병자 국지 대사 야 장자 인지 사명 야 기선 불가 부중

故必擇其忠謹勇智者 爲之將帥 古今之通義也. 伏見平壤君
고 필 택 기 충근용지 자 위지 장수 고금 지 통의 야 복견 평양군

趙大臨 衣冠之冑 生長富貴 少不更事 且無學問 易動以利 易怵
조대림 의관 지주 생장 부귀 소불 경사 차무 학문 이동 이리 이출

以威. 是以仁海之奸言一入 而不虞墮其術中 此殿下之所親見也.
이위 시이 인해 지간언 일입 이불우 타기 술중 차 전하 지 소친견 야

臣等伏望殿下 姑釋其兵 使之怡養精神 勉强學問 以待自新之日
신등 복망 전하 고석 기병 사지 이양 정신 면강 학문 이대 자신 지일

猶未晚也. 臣等昧冒天聰 敢進狂瞽之言 伏惟聖鑑留意.'
유 미만 야 신등 매모 천총 감진 광고 지언 복유 성감 유의

　上覽至論大臨之事 震怒 令瑞老紫門請暇 歸其家. 翼日 下
상람지 논 대림 지사 진노 영서로 자문 청가 귀 기가 익일 하

思訥 士文 仁山于巡禁司. 上再覽憲府疏曰: "無咎 無疾 予亦
사눌 사문 인산 우 순금사 상 재람 헌부 소왈 무구 무질 여역

不謂無罪 然非獨斷 乃朝廷之同議. 若平壤君之事 則非獨平壤君
불위 무죄 연비 독단 내 조정 지동의 약 평양군 지사 즉 비독 평양군

也 予與安城君 亦墮仁海術中. 于時巡禁司 罪人未得 請憑問
야 여여 안성군 역타 인해 술중 우시 순금사 죄인 미득 청 빙문

大臨與仁海 此亦非墮於術中乎? 人有言曰: '王子不可握兵.'
대림 여 인해 차 역비 타어 술중 호 인 유언 왈 왕자 불가 악병

孝寧 忠寧 將寄食於世子矣. 駙馬淸平君 以上黨之弟 見忌於人
효령 충녕 장 기식 어 세자 의 부마 청평군 이 상당 지제 견기 어인

吉川君年幼 我之令平壤君握兵者 所以强公室也. 憲司欲其釋兵
길천군 연유 아지 영 평양군 악병 자 소이 강 공실 야 헌사 욕기 석병

果何意歟? 且其疏曰: '易怵以威 易動以利.' 不知將何以怵之
과 하의 여 차 기소 왈 이출 이위 이동 이리 부지 장 하이 출지

將何以動之? 當一一鞫問." 遂命刑曹判書李彬 左副代言安騰 同
장 하이 동지 당 일일 국문 수명 형조판서 이빈 좌부대언 안등 동

巡禁司兼判事南在等 拷問首發釋兵之議者 吏曹判書柳亮諫曰:
순금사 겸 판사 남재 등 고문 수발 석병 지의자 이조판서 유량 간왈

"臺諫下獄 史筆不美. 願殿下親自審問 諭而釋之." 上曰: "予之
대간 하옥 사필 불미 원 전하 친자 심문 유이 석지 상왈 여지

行事 不美於史筆 知之審矣. 其能削之乎? 予之傷於苛急 亦知之
행사 불미 어 사필 지지 심의 기능 삭지 호 여지 상어 가급 역 지지

明矣 終不能改也." 竟不許. 在等問思訥以發言之處 思訥曰: "臣
명의 종 불능 개야 경 불허 재등 문 사눌 이 발언 지처 사눌 왈 신

自除執義之日 欲請閔氏之罪 在家草疏 坐本府出示同僚 皆以爲
자제 집의 지일 욕청 민씨 지죄 재가 초소 좌 본부 출시 동료 개 이위

可. 其日坐中 有言請釋大臨兵柄者 臣曰: '此事亦可封章. 然
가 기일 좌중 유언 청석 대림 병병 자 신왈 차사 역가 봉장 연

一日之內 論兩件大事 何如?' 對曰: '何害之有!' 遂從衆論 臣自
일일 지내 논 양건 대사 하여 대왈 하해 지유 수종 중론 신자

裁疏. 至如易動以利 易怵以威 乃引用古文耳 非有意而下字也."

士文曰: "釋兵之議 臣實發之." 瑞老曰: "臣亦言可釋兵." 仁山
則惶懼不能出一言. 巡禁司具辭以聞 上曰: "士文 瑞老 可拷問
指揮之人. 思訥則以行首不能禁止 夫豈無罪? 然姑勿加刑. 若
仁山 則逼於他人之議 固不足數矣."

　御廣延樓 謂南在曰: "人皆知前等臺員 因論平壤君而貶斥矣.
今又如此者 非出己意也. 豈畏初加鞫問 盡輸其情乎?" 在對曰:
"士文發其端 瑞老從而成之 若仁山則但從衆議. 臣見瑞老 受杖
數十 不忍痛楚 輸情無隱 不竢更鞫 情已露矣." 上曰: "命不嚴刑
者 恐思訥之受杖也. 思訥亦旣署名 則夫豈不知者! 更鞫瑞老
以現聽言之處." 在對曰: "近日臺省 無有保全 臣竊惜之." 上
曰: "中外群心 未可知也. 予若前日置孟思誠於極刑 則豈有今日
之被傷者! 時有大臣涕泣而請 故予姑從之." 在曰: "前後臺諫 雖
信有罪 每被訊鞫 深恐史冊書拒諫之名. 願留三思." 上曰: "若諫
吾過者 言雖不中 小則優容 大則貶黜. 近日臺諫所言 旣非予之
得失 則雖載之史冊 在事之是非如何耳. 予聞河政丞有臺諫受刑
何其數之言. 前日臺諫不獲保全 非予罪 乃其自取也. 陽村國家
珍寶 儒林師範. 平日陳戒於予曰: '臺諫言雖有過 必須優容 以廣
言路.' 予旣從之 今日之事 則從吾心以處之." 乃謂在曰: "須加
拷問." 在曰: "近者除拜臺諫屢矣." 上喟然曰: "予在潛邸 聞人

之稱大夫者 惟禹玄寶 安宗源兩人而已. 今也人皆大夫 蓋以臺諫
지칭 대부 자 유 우현보 안종원 양인 이이 금야 인개 대부 개 이 대간

多失錯之致然也. 今予不除大夫 恐其被傷也. 嘗在楸洞 治亭闕內
다 실착 지 치연 야 금여 부제 대부 공기 피상 야 상재 추동 치정 궐내

諫官引漢文不作露臺而諫之. 予雖始怒而終解者 以其請停土木之
간관 인 한문 부작 노대 이 간지 여수 시노 이종 해자 이기 청정 토목 지

事耳. 今日之事 異於彼 予豈愛駙馬乎? 前朝之季 侍中李子松 旣
사 이 금일 지사 이어 피 여기 에 부마 호 전조 지계 시중 이자송 기

受杖一百 又從而殺之 非義矣. 予之不罪思誠 爲是也." 在不敢
수장 일백 우 종이 살지 비의 의 여지 부죄 사성 위시 야 재 불감

復言. 巡禁司問士文 瑞老聽言之處 士文乃謂: "成均博士周冕
부언 순금사 문 사문 서로 청언 지처 사문 내위 성균 박사 주면

嘗謂予曰: '執義卓愼疏請理然之事 其見貶可惜. 法司之任 誠
상 위여 왈 집의 탁신 소청 이연 지사 기 견폄 가석 법사 지임 성

難矣.'" 於是 逮冕拷掠之 冕自實其語. 上覽巡禁司獄辭 謂南在
난의 어시 체면 고략 지 면 자실 기어 상람 순금사 옥사 위 남재

曰: "士文 瑞老被杖已多 不必更訊. 至若中間閑話 則豈獨周冕
왈 사문 서로 피장 이다 불필 갱신 지약 중간 한화 즉기 독 주면

哉! 當掠問同議之人." 在對曰: "臣等鞫臺官 誨之如親戚 威之
재 당 약문 동의 지인 재 대왈 신등 국 대관 회지 여 친척 위지

以棰楚 乃成獄辭 若更鞫問 恐致誣引相交之人 以繁逮繫. 古人
이 수초 내성 옥사 약갱 국문 공치 무인 상교 지인 이번 체계 고인

有言: '棰楚之下 何求不得!' 書曰: '殲厥巨魁 脅從罔治.' 今罪
유언 수초 지하 하구 부득 서왈 섬 궐 거괴 협종 망치 금 죄

周冕 以警其餘 則陰謀之人 悉皆屛縮矣." 命只坐冕 杖一百.
주면 이경 기여 즉 음모 지인 실개 병축 의 명 지좌 면 장 일백

丙子 命鄭守弘 許謨 鄭欽之 李有喜外方從便.
병자 명 정수홍 허모 정흠지 이유희 외방 종편

丁丑 江原道平康縣雨雪三日.
정축 강원도 평강현 우설 삼일

吾都里 仇老甫也 寇雍丘站 殺擄男女十五人及其牛馬而去.
어도리 구로보야 구 옹구 참 살로 남녀 십오 인 급기 우마 이거

改收燒木之法. 議政府啓曰: "蠲京畿貢額燒木一百九十三萬
개 수 소목 지법 의정부 계왈 견 경기 공액 소목 일백 구십 삼만

五千斤 增置各道其人百三名 供其役. 且令右道水站夫當無事之
오천 근 증치 각도 기인 백 삼명 공 기역 차령 우도 수참 부당 무사 지

時 斫燒木 漕轉上納." 從之.
시 작 소목 조전 상납 종지

戊寅 遣判司譯院事偰耐 管押鎭南衛百戶柳貴如遼東. 初 貴船
무인 견 판사역원사 설내 관압 진남위 백호 유귀 여 요동 초 귀선

自沃溝還至半洋山 復遭風漂至甕津縣 乞由陸路回還故也.

己卯 上親祭于文昭殿 遂詣仁德宮 問疾而還. 上王宮人名自在

者 恭安府婢也. 上王憐之 囑于上 令給王牌 永放爲良. 蓋寵於

上王 生子女八 群生其長也.

定雅樂典樂遷轉之法. 議政府啓曰: "雅樂 用之宗廟 其事甚重

工人去官則止七品 典樂用之朝會燕享 反得五品去官 均是樂工

而職賞倒置. 乞令雅樂同典樂去官之例 用一都目." 上謂左右曰:

"禮樂 重事也. 吾東方尙循舊習 宗廟用雅樂 朝會用典樂 於燕享

迭奏鄕 唐樂 亂雜無次. 豈禮樂之謂乎! 雅樂乃唐樂. 參酌改正

用之宗廟 用之朝會 燕享可矣. 豈可隨事而異其樂乎?" 黃喜

對曰: "用鄕樂久 未能改耳." 上曰: "如知其非 狃於久而不改

可乎?" 左代言李憓啓曰: "臣奉使上國 觀奉天門常置雅樂." 上

曰: "上國之法 宜遵用之."

釋河逈 張安之.

辛巳 命分義安大君和科田 一半給其先妻 一半給其子女. 上

聞和先室子完城君之崇及後室子完川君淑等 爭其父科田 故有

是命.

全羅道都觀察使請鑄給判官印信. 上言曰: '各道觀察使節制使

兼任各官 乞鑄給判官印信.' 下議政府議之. 政府議得: "各司

印信 時在行首員開印. 京外例同 不可別給印信. 觀察使節制使

監行之時 則判官權行牧使之事 凡有行移 用其官印信."從之.
감행 지시 즉 판관 권행 목사 지사 범유 행이 용 기관 인신 종지

壬午 命速輸勸善書. 上曰: "權緩之來 帝賜勸善書三百本 置
임오 명 속수 권선서 상왈 권완 지래 제사 권선서 삼백본 치

諸中道 迄今不輸至京城 大不敬矣. 帝若聞之 必以爲野 因此
저 중도 흘금 불수 지 경성 대불경 의 제약 문지 필이위야 인차

生釁 亦未可知. 緩自言勢難齎來 其說非矣. 是行 豈無他所齎之
생흔 역 미가지 완자언 세 난 재래 기설 비의 시행 기 무타 소재 지

物乎?" 命速輸來.
물호 명 속 수래

癸未 日本 田平殿遣使獻土物.
계미 일본 전평전 견사 헌 토물

甲申 謝恩使李良祐 副使閔汝翼 回自京師. 良祐等言:
갑신 사은사 이양우 부사 민여익 회자 경사 양우 등언

'二月初九日 帝幸北京. 本國所進處女 權氏 被召先入 封
이월 초 구일 제행 북경 본국 소진 처녀 권씨 피소 선입 봉

顯仁妃 其兄永均 除光祿寺卿 秩三品 賜綵段六十匹 綵絹三百
현인비 기형 영균 제 광록시 경 질 삼품 사 채단 육십필 채견 삼백

匹 錦十匹 黃金二錠 白銀十錠 馬五匹 鞍二面 衣二襲 鈔三千張
필 금 십필 황금 이정 백은 십정 마오필 안 이면 의 이습 초 삼천 장

餘皆封爵有差. 以任添年爲鴻臚卿 李文命 呂貴眞光祿少卿 秩皆
여개 봉작 유차 이 임첨년 위 홍려 경 이문명 여귀진 광록 소경 질개

四品; 崔得霏鴻臚少卿 秩五品. 各賜綵段六十匹 綵絹三百匹 錦
사품 최득비 홍려 소경 질 오품 각사 채단 육십필 채견 삼백 필 금

十匹 黃金一錠 白銀十錠 馬四匹 鞍二面 衣二襲 鈔三千張. 又賜
십필 황금 일정 백은 십정 마사필 안 이면 의 이습 초 삼천 장 우사

李文和及任添年之族子金和各馬二匹 鞍一面.
이문화 급 임첨년 지 족자 김화 각마 이필 안 일면

有本國人金孟碎 被倭擄 至遼東 帝命付良祐帶回.
유 본국인 김맹쇄 피 왜로 지 요동 제 명부 양우 대회

乙酉 日本豐厚州遣使獻土物.
을유 일본 풍후주 견사 헌 토물

始習陣圖于盤松亭.
시 습 진도 우 반송정

發江原道失農各州 國庫 以資穀種農餉. 都觀察使上言曰:
발 강원도 실농 각주 국고 이자 곡종 농향 도관찰사 상언 왈

'義倉所儲 僅能救飢 至於穀種農糧 全無所仰. 若依議政府
의창 소저 근능 구기 지어 곡종 농량 전무 소앙 약 의 의정부

定式 行移支給 則家家田地 勢將未盡播種. 乞以國庫米豆 酌量
구기 행이 지급 즉 가가 전지 세 장 미진 파종 걸 이 국고 미두 작량

162

題給 期於周足 不使失農.'
제급 기어 주족 불사 실농

從之.
종지

新作太平館北樓. 上謂李貴齡曰: "參贊是太平館監造提調也.
신작 태평관 북루 상위 이귀령 왈 참찬 시 태평관 감조 제조 야

破貞陵丁字閣 作樓三間 以館之舊廳 創東西軒 則木石功省 事亦
파 정릉 정자각 작루 삼간 이관지구청 창 동서헌 즉 목석 공성 사역

易成矣. 黃儼嘗曰: '高築亭基 構樓于中 東西置軒 則美矣.' 今
이성 의 황엄 상왈 고축 정기 구루 우중 동서 치헌 즉 미의 금

作此樓 從儼意也. 且輸東西石用之 夷其墳滅其迹 以絶人觀視
작 차루 종 엄 의야 차 수 동서 석용지 이 기분 멸 기적 이절 인 관시

可也. 石人則可掘地而埋之." 黃喜啓曰: "可以石人塡塞柱礎."
가야 석인 즉 가 굴지 이 매지 황희 계왈 가이 석인 전색 주초

上謂貴齡曰: "不可. 當理之."
상위 귀령 왈 불가 당 매지

丙戌 命成均館敦加敎訓. 除每月朔日詣闕外 其他衙日及朝房
병술 명 성균관 돈가 교훈 제 매월 삭일 예궐 외 기타 아일 급 조방

侍衛 皆令不赴.
시위 개령 불부

丁亥 上親行望奠于文昭殿.
정해 상 친행 망전 우 문소전

司諫院請軍資注簿郭惲之罪. 疏略曰:
사간원 청 군자 주부 곽운 지죄 소 약왈

'嫡妾之分 所係甚重 不可亂也. 今軍資注簿郭惲 曾以監婢
적첩 지분 소계 심중 불가 난야 금 군자 주부 곽운 증 이 감비

長命爲妾 溺於狐媚之惑 棄有子之正嫡. 今旣爲監臨官 恬不爲愧
장명 위첩 익어 호미 지혹 기 유자 지 정적 금 기 위 감림 관 염 불위 괴

昵愛如昔 眞不畏憲綱 敗傷風俗者也. 乞令攸司 將郭惲 長命等
닐애 여석 진 불외 헌강 패상 풍속 자야 걸령 유사 장 곽운 장명 등

罪 依律科斷離異 以正士風.'
죄 의율 과단 이이 이정 사풍

疏留中不下. 惲卽樞之子. 未幾改除供正庫副使.
소 유중 불하 운 즉 추지자 미기 개제 공정고 부사

司諫院上疏. 疏略曰:
사간원 상소 소 약왈

'昔人論諫官之職者曰: "天下之政 四海之衆 得失利病 萃于
석인 논 간관 지직 자왈 천하 지정 사해 지중 득실 이병 췌우

一官 使言之." 臣等謂雖欲言之 苟不知其事機 則非區區耳目
일관 사 언지 신등 위 수욕 언지 구 부지 기 사기 즉 비 구구 이목

見聞所能盡也 必與乎政令之所自出 然後知其得失利病而言之
견문 소능 진야 필여호 정령 지 소자출 연후 지기 득실 이병 이 언지

也. 是故唐置諫省 分爲左右 左隸門下 右隸中書. 宋制亦然 同掌
야 시고 당치 간성 분위좌우 좌예문하 우예중서 송제역연 동장

規諫 凡朝政闕失 大臣至百官任非其人 三省至百司事有失當 皆
규간 범 조정 궐실 대신 지 백관 임비 기인 삼성 지 백사 사유 실당 개

得諫正. 至於前朝 諫官亦與門下府 皆所以欲令諫官 周知事之
득 간정 지어 전조 간관 역여 문하부 개 소이 욕령 간관 주지 사지

輕重緩急 而得言之也. 今自別置諫院以後 雖欲進言 其於庶事
경중 완급 이득 언지 야 금자 별치 간원 이후 수욕 진언 기어 서사

漫不知焉. 雖或言之 後而失其時者多矣. 臣等願遵唐宋諫官分隸
만 부지 언 수혹 언지 후이 실기시 자다의 신등 원준 당송 간관 분예

之制 以廣殿下側席求言之路.
지제 이광 전하 측석 구언 지로

又昔人論任人之道者曰: "疑則勿任 任則勿疑." 今爲觀察節制
우 석인 논 임인 지도 자왈 의즉 물임 임즉 물의 금위 관찰 절제

專受一方之任者 皆殿下腹心休戚之臣也. 黜陟之當否 戶口之
전수 일방 지임 자 개 전하 복심 휴척 지신 야 출척 지 당부 호구 지

增損 在乎監司; 兵卒之精鈍 攻守之勝負 係乎節制 固當專寄
증손 재호 감사 병졸 지 정둔 공수 지 승부 계호 절제 고 당 전기

其任 不可以嫌疑間之也. 今旣寄其任 又別差人 或云損實敬差官
기임 불가이 혐의 간지 야 금기 기기임 우 별차인 혹운 손실경차관

或云軍容點考. 是以監司節制 心或不專 至於驛程閭里送迎奔走
혹운 군용점고 시이 감사 절제 심혹 부전 지어 역정 여리 송영 분주

之間 其弊亦有不可勝言者. 臣等願凡有興除利病 督察勤慢 毋遣
지간 기폐 역유 불가 승언 자 신등 원 범유 흥제 이병 독찰 근만 무견

別差 傳牒所掌 以治其事. 苟有不顧聖上委任之意 不稱其職者
별차 전첩 소장 이치 기사 구유 불고 성상 위임 지의 불칭 기직 자

小則論首領官 大則論監司與節制 以懲不恪.'
소즉 논 수령관 대즉 논 감사 여 절제 이징 불각

不報.
불보

戊子 以柳廷顯判漢城府事 金漢老禮曹判書 安魯生忠淸道
무자 이 유정현 판한성부사 김한로 예조판서 안노생 충청도

都觀察使 李種善 李薈爲左右司諫大夫 閔漵司憲執義 金益精
도관찰사 이종선 이회 위 좌우 사간 대부 민설 사헌 집의 김익정

掌令 柳博持平.
장령 유박 지평

以司宰權知直長十人 移屬禮賓. 議政府啓曰: "禮賓寺所掌多
이 사재 권지 직장 십인 이속 예빈 의정부 계왈 예빈시 소장 다

而員額少. 司宰監權知直長 實差十 預差十 無所事. 請除實差五
이 원액 소　사재감 권지 직장 실차 십 예차 십 무 소사　청제 실차 오

預差五 移屬禮賓寺 其去官合爲一都目." 從之.
예차 오 이속 예빈시 기 거관 합위 일 도목　종지

賜檢校漢城尹孔俯米豆三十石.
사 검교 한성윤 공부 미두 삼십 석

己丑 百官以時服 行聖節賀禮. 以上在衰絰也.
기축 백관 이 시복 행 성절 하례　이상 재 최질 야

庚寅 命罷護軍房參謁回坐之禮. 前朝各領將軍合仕一房 稱爲
경인 명파 호군방 참알회좌 지 례　전조 각령 장군 합사 일방 칭위

將軍房 將軍內選有名望士族 爲房主掌務 房主居首 掌務副之.
장군방 장군 내 선 유 명망 사족 위 방주 장무 방주 거수 장무 부지

於新仕者 必考其族氏家風才行 然後方許序坐 謂之參謁回坐.
어 신사 자 필고 기 족씨 가풍 재행 연후 방허 서좌 위지 참알회좌

國初 廢而復行 至是復廢之.
국초 페이부행 지시 부 페지

命放孫貴生等二人. 貴生等 鄕人也. 觀于昌德宮 入至廣延樓
명방 손귀생 등 이인　귀생 등 향인 야　관우 창덕궁 입지 광연루

池下 巡禁司照律杖八十. 上曰: "此則野人之無知者 可放免. 昔
지하 순금사 조율 장 팔십　상왈　차 즉 야인 지 무지자 가 방면　석

趙敍爲代言 率一鄕儒入直 昧爽而遣出 其人迷所之 直入寢殿
조서 위 대언 솔 일 향유 입직 매상 이 견출 기인 미 소지 직입 침전

庭內 宮人驚駭訴之 答云: '欲出去耳.' 予曰: '此無知者. 左右
정내 궁인 경해 후지 답운　욕 출거 이　여왈　차 무지자　좌우

聞之 必請置於法 宜速放去 勿露此言.' 正此類也."
문지 필 청치 어법 의속 방거 물로 차언　정 차류 야

辛卯 宥中外二罪二下. 爲上王疾篤也.
신묘 유 중외 이죄 이하　위 상왕 질독 야

賜藝文館提學權緩奴婢六口. 錄其歸心潛邸之誠 奉使專對之
사 예문관 제학 권완 노비 육구　녹기 귀심 잠저 지성 봉사 전대 지

勞也.
로 야

設刷卷色. 以吏曹判書柳亮 潘城君朴訔爲提調 司諫李薈 掌令
설 쇄권색　이 이조판서 유량 반성군 박은 위 제조 사간 이회 장령

金益精爲別監 句較十年以來各司用度.
김익정 위 별감 구교 십년 이래 각사 용도

壬辰 命李之直 朴安臣 許稠 卓愼 金孟誠 李小畜 柳思訥
임진 명 이지직 박안신 허조 탁신 김맹성 이소축 유사눌

金士文 趙瑞老 林仁山 金涉外方從便 崔宣京外從便.
김사문 조서로 임인산 김섭 외방 종편 최선 경외 종편

命勿令平民 輸燒木于別窯. 上聞別窯燒木 令水邊郡民輸出
명 물령 평민 수 소목 우 별요 상문 별요 소목 영 수변 군민 수출

江邊 又奪私船載下 歎曰:"予意今百姓已安矣 無乃復有如此
강변 우탈 사선 재하 탄왈 여의금 백성 이안의 무내부유 여차

勞民之事乎?"左右皆默然. 上乃傳旨于議政府曰:"別窯燔瓦 只
노민 지사호 좌우 개묵연 상내 전지 우 의정부 왈 별요 번와 지

供私處之用 其燒木出浦 勿役平民."
공 사처 지용 기 소목 출포 물역 평민

癸巳 置酒廣延樓. 勞寧安君良祐之還也. 令世子及宗親 入直
계사 치주 광연루 노 영안군 양우 지환야 영 세자 급 종친 입직

摠制 射的而觀之 世子中侯凡八.
총제 사적 이관지 세자 중후 범팔

遣護軍平道全于對馬島. 報聘也.
견 호군 평도전 우 대마도 보빙 야

甲午 捕松蟲. 發隊長 隊副 軍器監 巡禁司 五部坊里人 捕之.
갑오 포 송충 발 대장 대부 군기감 순금사 오부 방리 인 포지

賑東北面飢. 上聞東北面安邊郡飢 民間訛傳兵至 轉相竄匿 遣
진 동북면 기 상문 동북면 안변군 기 민간 와전 병지 전상 찬닉 견

議政府知印諭安之 命輸淮陽倉穀以貸之.
의정부 지인 유 안지 명수 회양 창곡 이 대지

乙未 視事便殿. 摠制延嗣宗回自東北面 上問曰:"聞東北面
을미 시사 편전 총제 연사종 회자 동북면 상문왈 문 동북면

飢饉荐臻 民無耕稼者 有諸?"對曰:"豈不耕乎? 但飢餓不能
기근 천진 민무 경가 자 유저 대왈 기 불경호 단 기아 불능

力耕耳. 牛亦羸疲 耕種者少."上惻然曰:" 近聞 安邊之民 飢莩
역경 이 우역 이피 경종 자소 상 측연 왈 근문 안변 지민 기부

尤甚 有請移江原道粟而賑之者. 予不許者 待移粟 則粟未至 而
우심 유 청이 강원도 속 이 진지자 여 불허 자 대 이속 즉 속 미지 이

民且就死矣 且使江原之民 竝受其病 不若②使安邊之民 來受
민차 취사 의 차사 강원 지민 병수 기병 불약 사 안변 지민 내수

淮陽之粟之便也.
회양 지속 지편야

予念東北之民 不種麰麥 雖逢麥熟之時 必仰賑貸 而後生活.
여념 동북 지민 부종 모맥 수봉 맥숙 지시 필 앙 진대 이후 생활

自今以後 令監司守令 春秋趁節勸耕麰麥 以爲恒式."因謂左右
자금 이후 영 감사 수령 춘추 진절 권경 모맥 이위 항식 인위 좌우

曰:"民生休慼 係乎監司守令 故專責其保民. 其近民者 果能體
왈 민생 휴척 계호 감사 수령 고 전책 기 보민 기 근민 자 과 능체

予至懷 使民得其所乎? 是未可知也. 況今民飢 其能汲汲於賑恤
여 지회 시민 득 기소 호 시 미가 지야 황 금 민기 기능 급급 어 진휼

乎?" 嗣宗又進曰:"臣於路上 聞金剛山松栢黃枯." 上曰:"此則

居僧未免其責. 開國以來 災變無歲無之. 太上時則予未有記

上王之朝 若值災異 則入告出問 常以警懼. 每當山水崩渴 與夫

日月星辰風霜雷雨禽鳥蟲魚之怪 靡不記臆而修省 以至今日 天

之譴告 果難知也. 漢之光武, 唐之太宗 未免災異 董仲舒論災異

未有曰有某應也. 若宋朝 去今未遠 至有人化爲龍之異 亦未聞有

某應也. 然豈可謂古旣如此 而漫天戒乎?"

贊成南在對曰:"古之人君 遇災異則恐懼修省 改紀其政 故雖有

其異 無其應 是在君上謹畏之如何." 上曰:"予雖否德 敢不修省!

且公卿大臣 皆有德義 同心協力 輔成王業. 雖近侍武臣 未聞有

奪人之田誘人妻妾 以毀士風 以傷和氣. 災異之變 何緣而起! 在

前朝季 奪人田民 侵漁萬姓 暴虐尤甚 無大變異 意必天數也. 古

有仁愛之說. 若寡人者 豈合人君之德乎!" 在對曰:"宰相大臣 上

應列宿 佐理邦國 矧人君 上戴皇天 俯臨億兆乎!" 上哂之. 顧謂

左右曰:"文武群臣 孰不孝於親忠於上 勉其職分之所當爲乎! 第

其間朋友之交 恐未必施誠相愛 面悅背憎者 容或有之." 在對曰:

"古有君子小人之分." 上曰:"勉爲君子之朋 今日之意也." 上又謂

近臣曰:"予於釋氏之敎 不曾留意焉. 近聞外方州郡 以革去寺社

佛像雜置于官府 使駭民之視聽. 宜令移置寺社."

日本駿州太守源圓珪 使人陳慰獻禮物.

丙申　大雷電雨雹. 慶尙道三歧縣　雹大如彈丸. 有一人方馳田
병신　대 뇌전 우박　경상도 삼기현　박 대 여 탄환　유 일인 방 치 전

爲所擊而死 雉蛇烏雀 亦多有死者. 上謂左右曰：“考諸傳記 夏雹
위 소격 이 사 치사 오작 역 다 유 사자　상 위 좌우 왈　고 저 전기 하박

乃政令繁苛 徭役煩重之所致也.”命書之 以示議政府.
내 정령 번가 요역 번중 지 소치 야　명 서지 이시 의정부

丁酉　命司憲府　勿令領洪州牧事李龜鐵家屬還京. 龜鐵之妻係
정유　명 사헌부　물령 영 홍주목 사 이구철 가속 환경　구철 지 처 계

私賤 而率以赴任 憲府移文本道　督還其家故也.
사천　이 솔 이 부임 헌부 이문 본도　독환 기가 고야

囚弓房宦者朴成祐 矢人權仁敬于巡禁司 三日而釋之. 以成祐
수 궁방 환자 박성우　시인 권인경 우 순금사　삼일 이 석지　이 성우

等監造弓矢不精緻 世子習射 誤傷手指也.
등 감조 궁시 부 정치 세자 습사 오상 수지 야

壬寅　上王疾彌留 欲以印寶施諸華藏寺　上聞之曰：“名器也
임인　상왕 질 미류 욕 이 인보 시 저 화장사　상 문지 왈　명기 야

不可.”固請乃止.
불가　고청 내 지

|원문 읽기를 위한 도움말|

① 可除杖八十. 可減三等. 여기서 可는 둘 다 조동사 역할을 하는 것이 아
　가 제 장 팔십　가 감 삼등　가
니라 그 뒤에 이어지는 내용을 해도 좋다는 뜻이다. 그래서 한글 토를
붙이지 않고 떼서 달았다. 그러나 바로 뒤에 이어지는 可畏憚也의 可는
　　　　　　　　　　　　　　　　　　　　　가 외탄 야　가
‘~할 만하다’는 일종의 조동사다.

② 不若은 未若, 不如와 같은 뜻으로 ‘~不若~’라고 해서 ‘~는 ~만 못하다’
　불약　미약　불여　　　　　　　불약
라는 뜻이다.

태종 9년 기축년
윤4월

閏四月

계묘일(癸卯日-1일) 초하루에 의정부에서 대궐에 나아와 (상에게) 고기 반찬[肉膳]을 들 것을 청했다. 상이 지난날[向=向者] 병으로 인해 마른 고기[乾肉]를 들다가 병이 낫자 마침내 그만두었는데 이때 이르러 다시 몸이 편찮았기 때문이었다.

을사일(乙巳日-3일)에 상이 인덕궁(仁德宮-상왕의 궁)에 나아갔다. 상왕(上王)이 부른 때문이었다.

○ 의정부에서 전라도의 조전(漕轉)에 대한 일의 마땅함을 아뢰었다. 아뢴 내용은 이러했다.

"전라도의 조전은 본도(本道)와 충청도 수군 절제사로 하여금 각각 그 지경(地境)에 전령(傳令)해 호송(護送)토록 해서 서울에 도달하게 해야 할 것입니다."

(상이) 그것을 따랐다.

기유일(己酉日-7일)에 맹사성(孟思誠)을 외방종편(外方從便)하도록 명했다. 상이 말했다.

"정승 이무(李茂)는 오직 사위가 하나뿐인데 그 아비가 죄인이 된 까닭으로 출입하지 못하니 이에 특별히 용서한다."

무(茂)가 대궐에 나아와 사례했다.[1]

○ 다시 경상도 동평현(東平縣)을 양주(梁州)에 소속시켰다.

○ 예조에서 아악서(雅樂署)와 전악서(典樂署)의 관품(官品)을 상정(詳定)했다. (아악서에는) 사성랑(司成郎) 전악(典樂) 1인인데 종5품이고, 조성랑(調成郎) 부전악(副典樂)이 1인인데 종6품이고, 사협랑(司協郎) 전율(典律)이 2인인데 종7품이고, 조협랑(調協郎) 부전율(副典律)이 3인인데 종8품이고, 조절랑(調節郎) 직률(直律)이 4인인데 종9품이다. 전악서에는 전악 부전악이 각각 1인이고, 전율이 4인, 부전율이 5인, 종률이 6인인데, 그 관품(官品)과 낭계(郎階)는 모두 아악서와 같다.

○ 지방으로 가는 사신(使臣)과 수령(守令)이 서로 회좌(會坐)하는 예의 법도를 다시 정했다. 구제(舊制)에는 조관(朝官-중앙조정 관리)으로 외방(外方)에 사명(使命)을 받들고 가는 자는 1~2품의 외관에 대해서는 모두 자기 몸을 굽혀 참장(參狀)[2]하는 예(禮)가 있었다. 상이 말했다.

"『춘추(春秋)』의 법에 '왕인(王人-왕명을 받드는 사람)이 비록 벼슬이 미천(微賤)할지라도 제후(諸侯)의 윗자리에 있게 한다'라고 했으니 예관(禮官)이 다시 상정(詳定)하는 것이 마땅하다."[3]

---

1 맹사성의 장남 맹귀미(孟歸美)가 이무의 사위다.

2 아랫사람이 윗사람을 알현(謁見)할 때에 제시하는 자기 소개장을 말한다. 혹은 그런 소개장을 지참하는 것을 말한다.

3 이는 분명 신하들을 누르고 왕권을 강화하려는 조치다. 이는 앞서 4월 15일 사간원에서 올렸던 상소와 연결해서 봐야 한다.

이에 이르러 예조에서 아뢰었다.

'가정(嘉靖)과 가선대부(嘉善大夫)[4]에 해당하는 사신은 양부(兩府)의 관원이 행(行)하든 행(行)하지 않든 논하지 아니하고 동등한 예(例)를 사용하고, 가정과 가선대부에 해당하는 외관(外官)도 양부의 관원이 행하든 행하지 않든 논하지 아니하고 역시 동등한 예를 사용하되, 그 예(禮)의 법도는 사신은 동쪽에서, 외관은 서쪽에서[5] 서로 대해 재배(再拜)하고, 좌차(坐次)는 사신이 남쪽을, 외관이 서쪽을 향하며, 출입(出入)은 서쪽 지게문[戶]을 사용하고, 2품 이상의 외관이 통정대부(通政大夫-정3품 당상) 이하의 사신에게 대해서는 동서(東西)로 서로 대하여 앉되, 외관은 동쪽에, 사신은 서쪽에 있게 하고, 예의 법도는 마주 대해 재배(再拜)하게 해야 할 것입니다. 통정대부 이하 6품 이상의 사신이 통정 대부 이하 6품 이상의 외관에 대해서는 남쪽을 향하여 앉고, 외관은 동쪽을 향해 앉으며, 예의 법도에 있어서는 객(客)은 동쪽에서, 주인(主人)은 서쪽에서 마주 대하여 재배(再拜)하게 해야 할 것입니다. 통정 대부 이하 6품 이상의 사신이 2품 이상의 사신이 있는 곳에서는 서쪽을 향해 앉고, 참외(參外)의 사신은 자리를 달리하여 서쪽을 향해 앉으며, 예의 법도에 있어서는 남쪽을 향해 재배(再拜)하게 해야 할 것입니다. 왕지(王旨)를 받든 사신이나 봉향(奉香) 사신이 있으면 먼저 이르고, 2품 이상의 사신과 여러 사신이 함께 명(命)을 맞이해 계수(稽首) 사배례(四拜禮)

---

4 둘 다 종2품이다.
5 궁궐에서 문관이 동쪽, 무관이 서쪽에 서듯이 동쪽이 서쪽보다는 우위다.

를 행하며, 영봉(迎逢)에 있어서는 2품 이상의 사신은 중문(中門) 안의 뜰 왼쪽에 서서 궁신(躬身-몸을 굽힘)하고, 3품 이하의 사신은 중문 밖의 뜰 왼쪽에 서서 궁신하며, 참외 사신은 뒷줄에서 행하게 하고 외관은 교외에서 맞이해야 합니다. 문상례(問上禮)와 교서영봉례(教書迎逢禮)는 모두 『육전(六典)』의 예(禮)와 같이하되, 여러 사신이 서로 접견하는 예에 있어서는 관품을 물론하고 궁신(躬身) 참장(參狀)을 쓰지 못하게 하며, 모두 은신(隱身-몸을 숨김) 청알(請謁)하게 해야 할 것입니다. 대소의 외관(外官)이, 사신들이 서로 회좌(會坐)하는 데나 스스로 서로 회좌(會坐)하는 데서는 모두 궁신(躬身) 참장(參狀)하지 말게 하되, 한 등 이상의 차이가 있는 자는 은신(隱身) 청알(請謁)하고, 한 등 이하의 격차가 있는 자는 계하(階下)에 서서 청알(請謁)하게 해야 할 것입니다.'

(상이) 그것을 따랐다.

신해일(辛亥日-9일)에 경차관(敬差官)을 충청도와 풍해도(豊海道)에 나눠 보내 기민(飢民)을 진제(賑濟)하는 일을 검찰하게 하고 겸해 선군(船軍)들이 예전대로 분번(分番)하는가를 점검하게 했다.

임자일(壬子日-10일)에 이방연(李芳衍)을 추증(追贈)하여 문안군(文安君)으로 삼았다. 임금의 동모제(同母弟)인데, 을축년(乙丑年-1385년)에 과거에 뽑혔으나 일찍 졸(卒)해 후사(後嗣)가 없었다.

계축일(癸丑日-11일)에 일본(日本) 대내전(大內殿) 다다량덕웅(多多良

174

德雄)이 중 주정(周鼎) 등을 보내 토산물을 올리고 또 관음화상(觀音
畫像)을 바쳤다.

갑인일(甲寅日-12일)에 풍해도(豊海道)의 문화현(文化縣)에 얼음과
싸락눈이 섞여 내려서 거의 두 자나 됐고, 안악(安岳)·풍주(豊州)·
신주(信州) 그리고 강원도 평창(平昌)에는 우박이 내렸다.

○ 경기(京畿)의 기민(飢民)을 진제(賑濟)했는데 모두 3,450명이
었다.

을묘일(乙卯日-13일)에 (강원도) 원주(原州)에 서리가 내렸다.

○ (경상도) 개령현(開寧縣)에서 소나무에 벼락이 쳐 불이 이틀 만
에야 꺼졌고 우박이 내렸는데 크기가 탄환(彈丸)만했다.

○ (경상도) 양산현(陽山縣)과 감음현(減陰縣)에서 밭을 가는 농부
에게 벼락이 쳤다.

○ 변계량(卞季良)을 예문관제학(藝文館提學) 동지춘추관사(同知春
秋館事)로 삼았다.

○ 내섬소윤(內贍少尹) 조수(趙須)를 파직했다. 수(須)의 집이 전 수
군첨절제사(水軍僉節制使) 김소(金紹)의 집과 붙어 있었다. 밤에 수
의 집에 돌이 날아드는 일이 자주 있어 그릇을 깨기까지 했다. 수가
소(紹)의 집 종 김련(金連)의 소행이라 의심하고 뒤를 밟아 붙잡아서
묶어놓고 매질했다. 소의 아내 설씨(薛氏)가 노비를 거느리고 밤중에
수의 집에 와서 문짝을 부수고 들어가 수를 꾸짖으니 수가 마침 잠
을 자다가 놀라 일어나서 알몸으로 달아나 피했다. 련(連)은 거짓 죽

은 체하고 있다가 수가 다리미[熨斗]로 배꼽을 지지고 약을 콧구멍
에 넣으니 련이 일어나 달아났다. 형조에서 수의 고발로 인해 양쪽
모두 죄주기를 청하니 수는 파직시키게 하고 설씨는 논하지 말도록
명했다.

○ 건원릉(健元陵) 비를 세웠다. 글은 이러했다.

'하늘이 다움을 갖춘 이[有德]를 돌보아 세상을 다스릴 운명[治運]
을 열어주실 때에는 반드시 먼저 이적(異蹟)을 드러내어 그 부명(符
命)을 훤히 밝히신다.

하(夏)나라에서는 현규(玄圭)[6]를 내려준 일이 있었고 주(周)나라에
서는 협복(協卜)의 꿈[7]이 있었다. 한(漢)나라 이후로 왕조마다 각각 이
러한 일이 있었다. 이것들은 모두 하늘이 내려준 것에서 나온 것이지
사람의 계책에서 나온 것이 아니다.

아, 우리 태조 대왕(太祖大王)께서는 잠저(潛邸-龍淵(용연))에 계실
때 공훈과 다움[勳德]이 이미 크게 높았으며 부명(符命) 또한 밝게
드러났다. 꿈에 어떤 신인(神人)이 금척(金尺-금으로 된 자)을 가지고
하늘에서 내려와서 그것을 건네주면서 말했다.

"공(公)은 마땅히 이것을 가지고 나라를 바로잡으리라."

(이는) 하(夏)나라의 현규(玄圭)와 주(周)나라의 꿈과 딱 맞아 떨어

---

6 현(玄)은 검은 빛이요, 규(圭)는 큰 홀(笏)이다. 예전에 순(舜)임금이 (하나라를 세운) 우왕
   (禹王)에게 이 현규(玄圭)를 하사했었는데 이것은 하늘 아래의 모든 것을 물려준다는 뜻
   이다.

7 문왕(文王)이 사냥을 나갈 때 꿈을 꾼 것을 점치고 그의 대업(大業)을 도운 강태공(姜太
   公)을 얻었다는 고사(故事)에서 나온 말이다.

지는 것[同符]이라 하겠다. 또 어떤 이인(異人)이 대문에 와서 글을 바치며 말했다.

"지리산(智異山) 암석(巖石) 가운데서 얻은 것이다."

거기에는 "목자(木子)[8]가 다시 삼한(三韓)을 바로 잡으리라"는 말이 있었다. 그래서 사람을 시켜 나가서 맞이하게 했더니 이미 가버리고 없었다. 서운관(書雲觀)의 옛 장서(藏書)인 비기(秘記)에 『구변진단지도(九變震檀之圖)』란 것이 있는데 "건목득자(建木得子)[9]"라는 말이 있다. 조선(朝鮮)이 곧 진단(震檀)이라고 한 설(說)은 수천 년 전부터 내려오는 것으로 지금에 와서야 마침내 검증됐으니 하늘이 다움을 갖춘 이[有德]를 돌보아 돕는다는 것은 진실로 징험이 있는 것이다.

신(臣)이 삼가 선원(璿源)[10]을 가만히 살펴보건대 이씨(李氏)는 전주(全州)의 망성(望姓)[11]이었다. 사공(司空) 휘(諱), 한(翰)은 신라에 벼슬해 종성(宗姓-신랑 왕실 성씨)의 딸에게 장가들었고 6세손(世孫) 긍휴(兢休)에 이르러 처음으로 고려에서 벼슬했으며 13세손 황고조(黃高祖) 목왕(穆王)에 이르러 원조(元朝)에 들어가 벼슬해 천부장(千夫長)이 된 뒤에 4세를 거쳐 습작(襲爵)했는데 모두 아름다운 업적을 이뤘다[濟美=成美]. 원(元)나라의 정치가 쇠퇴하자 황고(皇考) 환왕(桓王-이자춘)은 (고려로) 돌아와서 고려의 공민왕(恭愍王)을 섬겼다.

---

8 이씨(李氏)를 가리킨다.

9 이씨(李氏)를 이르는 말이다.

10 조선 왕실의 족보에 대한 통칭이다. 그런데 공식적 명칭으로서의 족보 『선원록(璿源錄)』은 태종 12년에 만들어졌다.

11 이름 있는 집안이었다는 말이다.

지정(至正) 신축년(1361년)에 홍건적(紅巾賊)이 고려의 서울[王京]왕경을 함락하니 공민왕(恭愍王)은 남쪽으로 (안동으로) 옮겨가서[南遷]남천 군사를 보내 싸워 이겨 수복(收復)했다. 우리 태조께서 맨 먼저 성에 올라 첩서(捷書-승진 보고서)를 올렸다. 이듬해 임인년(1362년)에 호인(胡人-오랑캐) 나하추(納哈出, ?~1388년)[12]를 쳐서 패주(敗走)시켰고 또 그 이듬해인 계묘년(1363년)에 위왕(僞王-가짜왕) 탑첩목(塔帖木)을 물리쳐 쫓아내니 공민의 신임이 더욱 두터워져 여러 번 벼슬이 올라 장상(將相)에 이르러 중외(中外-조정과 지방)를 들고 났다. 경전과 역사서[經史]경사 보기를 좋아해 늘 부지런하고[亹亹]미미 게으르지 않았으며[無倦=無逸]무권 무일 세상을 구제하려는 도량(度量)과 살리기를 좋아하는 다움[好生之德]호생 지 덕을 갖췄으니 이는 지극한 열렬함[至誠]지성에서 나온 것이다. 공민왕이 훙(薨)하자 이성(異姓)[13]이 왕위를 도적질하니[竊位=찬위 篡位] (안으로는) 권간(權奸)이 나라를 마음대로 하여[擅國=擅斷]천국 천단 조정의 정치를 어지럽게 했고 (밖으로는) 해적(海賊)이 나라 안 깊숙이

---

12 원나라 초기 공신(功臣)의 후예로서 대대로 요동(遼東) 지방의 군사적 책임을 맡았던 집안에서 태어나 원나라의 국세가 떨어진 말기에는 심양(瀋陽)을 근거지로 해서 스스로 행성승상(行省丞相)이라 칭하며 만주 지방에 세력을 뻗쳤다. 원나라의 멸망 5년을 앞둔 1362년(공민왕 11년) 2월 고려의 반역자 조소생(趙小生)의 유인을 받은 그는 동북면(東北面) 쌍성(雙城-함남 영흥(永興))을 치고자 수만 대군을 이끌고 삼철(三撒-북청(北青))·홀면(忽面-홍원(洪原)) 등지에 침입했으나 동북면 병마사(東北面兵馬使) 이성계(李成桂)가 이끄는 고려군에게 함흥평야의 대회전(大會戰)에서 참패하고 달아났다. 북원(北元)이 세워진 1368년 이후 그는 공민왕과 이성계에게 예물을 보내며 화친을 맺었는데, 특히 전술에 뛰어났던 이성계를 깊이 존경했다. 고려에서는 그에게 정1품의 관위(官位)인 삼중대광사도(三重大匡司徒) 벼슬을 주었으나 후에 명나라를 세운 태조 주원장에게 항복해 해서후(海西侯)에 봉해져 운남(雲南) 정벌에 나섰다가 병으로 사망했다.

13 신씨(辛氏), 곧 우왕(禑王)을 가리킨다. 조선 개국 세력은 우왕을 공민왕의 자식이 아니라 신돈의 자식으로 간주해 거짓 임금[僞王]위왕이라고 불렀다.

들어와 군현(郡縣)을 불지르고 약탈했다.

홍무(洪武) 경신년(1380년)에 우리 태조께서 (전라도 남원 인근) 운봉(雲峰)에서 (왜구와) 싸워 이겨[戰捷] 동남 지방이 편안해졌다. 무진년(1388년)에 시중(侍中) 최영(崔瑩)이 권간(權奸)들을 주륙(誅戮)할 때 지나치게 참혹했는데 우리 태조에 힘 입어 목숨을 보전해 살아난 자가 자못 많았다. 영(瑩)이 태조를 시중으로 삼고 이어서 우군 도통사(左軍都統使)의 절월(節鉞)을 주어 억지로 요동(遼東)을 치게 했다. 군사가 위화도(威化島)에 머물렀을 때 앞장서서 여러 장수를 거느리고 의로움을 내걸어 깃발을 돌이켰다. 군사가 강 언덕에 오르자 큰물이 섬을 휩쓸어버리니 사람들이 모두 신기하게 여겼다. 영을 잡아서 물러나게 하고 대신에 명유(名儒) 이색(李穡)을 좌시중(左侍中)으로 삼았다. 바로 이때야말로 권간(權奸)들이 정치를 어지럽게 하고 광패(狂悖)한 자들이 중국과 흔극(釁隙-분란의 틈)을 만들어 위망(危亡)이 눈앞에 닥치고 화란(禍亂)이 헤아리기 어려웠었는데, 우리 태조의 돌이킨 힘[轉移之力]이 아니었더라면 나라가 위태했을 것이다. 색(穡)이 말했다.

"지금 공의 의거(義擧)는 중국을 높인 것인데 집정대신(執政大臣)이 친히 입조(入朝)하지 않으면 불가(不可)합니다."

날을 받아[剋日] 명나라 서울로 가려 하자 태조가 여러 아들 중에서 지금의 우리 주상 전하(主上殿下-태종)을 골라 이색과 함께 조현(朝見)하게 했더니, 고황제(高皇帝)가 가상(嘉賞)히 여겨 돌려보냈다.

기사년(1389년) 가을에 제(帝)가 이성(異姓-창왕(昌王))이 왕이 된 것을 문책했기에 태조는 여러 장상(將相)과 더불어 왕씨(王氏)의 종친(宗親) 정창군(定昌君) 요(瑤-공양왕)를 골라 왕으로 세우고 마음을 다해 정사를 보필하면서 사전(私田)을 혁파하고 용관(冗官-쓸데없는 관직)을 쓸어 없애니 많은 사람이 마음으로 모두 기뻐했다. 공로가 높아지자 시기(猜忌)를 받아 참소(讒訴)와 간계(奸計)가 번갈아 드니 정창(定昌)이 자못 의심을 품었다. 태조는 지위가 성만(盛滿)[14] 하다고 해 나이가 많다는 이유로 물러날 것[老退]을 청했으나 사직의 허락을 얻지 못했다. 때마침[會] 서쪽 지방에 갔다가 병을 얻어 돌아왔는데 이 틈을 타서 모해(謀害)하는 자들이 일을 더욱 급박하게 만들자 우리 전하(殿下)가 시기에 응해[應機] 변고를 제압해 모든 모해(謀害)가 와해됐다.

홍무(洪武) 임신년(1392년) 가을 7월 16일에 전하(태종)가 대신(大臣) 배극렴(裵克廉), 조준(趙浚) 등 52명과 더불어 창의(倡義)하여 (태상을) 왕으로 추대(推戴)하니 신료(臣僚)들과 부로(父老)들이 (따로) 모의하지 않았는데도 모두 뜻을 같이했다. 태조(太祖)는 정변(政變)을 듣고 놀라 일어나서 두세 번 굳이 사양하다가 마지못해 왕위에 올랐다. 집의 섬돌을 내려오지 않고서도 한 집안을 나라로 화(化)하게 했으니[化邦國=化家爲國] 하늘이 다움을 갖춘 이를 밝게 이끌어 돕지[啓佑] 아니 하고서야 누가 능히 이같이 할 수 있겠는가!

즉시 중추원지사(中樞院知事) 조반(趙胖)을 중국에 보내 주문(奏聞)하니 제가 조(詔)하기를 "삼한(三韓)의 백성들이 이미 이씨(李氏)을 높였고 백성들은 병화(兵禍)가 없이 사람마다 각각 하늘이 주는

---

14 차고 넘친다는 뜻으로 곧 정승의 자리를 말한다.

즐거움을 즐기고 있으니 이는 상제(上帝)의 명(命)이다"라고 했다. 또 칙명(勅命)하기를 '나라 이름은 무엇으로 고쳐 호칭하려 하는가?'라고 했으므로 즉시 예문학사(藝文學士) 한상질(韓尙質)을 보내 주청(奏請)하니, 또 조(詔)하기를 '조선(朝鮮)이란 명칭이 아름다우니 그 이름을 근본으로 하여 지었으면 좋겠다. 하늘을 몸받아 백성을 기르고, 길이 후사(後嗣)를 창성하게 하라'고 했다. 우리 태조(太祖)의 위엄(威嚴)과 명성(名聲)과 의열(義烈)이 천자(天子)에게까지 높이 들려서 황제(皇帝)의 마음을 움직였기 때문에 고명(誥命)을 청하자 문득 유음(兪音-천자의 윤허)을 받게 된 것이니 어찌 우연한 일이겠는가?

3년을 지난 갑술년(1394년) 여름에 나라를 모함하는 자가 있어 제(帝)가 친아들을 보내 입조(入朝)시키라 명했다. 태조는 우리 전하가 경서(經書)에 능통하고 사리(事理)에 통달해[通經達理] 여러 아들 중 통경달리 에서 뛰어나다[賢]고 하여 즉시 보내 명(命)에 응하게 했다. 명나라에 현 이르러 주선하고 아뢴 것이 제의 뜻에 맞으니[稱旨] 도탑게 예우해 칭지 돌려보냈다. 그해 겨울 11월에 한양(漢陽)에 도읍을 정해 궁궐을 짓고 종묘(宗廟)를 세웠으며, 앞선 4대(四代)를 추존(追尊)해 황고조(皇高祖)를 목왕(穆王)으로, 배위(配位) 이씨(李氏)를 효비(孝妃)로, 황증조(皇曾祖)를 익왕(翼王)으로, 배위 최씨(崔氏)를 정비(貞妃)로, 황조(皇祖)를 도왕(度王)으로, 배위 박씨(朴氏)를 경비(敬妃)로, 황고(皇考)를 환왕(桓王)으로, 배위 최씨(崔氏)를 의비(懿妃)로 삼았다. 예악(禮樂)을 닦고 제사를 삼가 지내며 장복(章服)[15]을 정해 관등(官等)의 위

---

15 관복(官服)의 제도를 말한다.

의(威儀)를 구분하고 학교를 일으켜 인재를 육성하며, 봉록(俸祿)을 두텁게 하여 선비를 권장하고, 소송(訴訟)을 바르게 판결하며, 수령(守令)을 신중히 뽑았다. 피폐한 정치를 모두 개혁하고 여러 가지 업적이 빛났다. 해구(海寇-왜구)가 와서 복종하고 온 나라 안이 평안해졌다. 우리 태조(太祖)의 높고 넓은 성대한 다움[盛德]은 참으로 이른바 하늘이 주신 지용(智勇), 총명(聰明), 신무(神武), 웅위(雄偉)의 임금이라 할 것이다.

간신(奸臣) 정도전(鄭道傳)이 표문(表文)의 글로 인해 중국 조정의 견책(譴責)을 받게 되자 명(命)을 거역하려고 몰래 모의했다. 무인년(1398년) 가을 8월에 우리 태조(太祖)가 편찮은 틈을 타서 어린 얼자(孽子)[16]를 끼고 자기 뜻을 펴 보려고 했다. (그러나) 우리 전하가 기미(幾微)를 훤하게 살펴 이들을 섬멸하여 없애고 적장(嫡長)이라 하여 상왕(上王-정종)을 세자로 세울 것을 청했다. 9월 정축일에 태조가 병이 낫지 않은 까닭으로 상왕에게 선위(禪位)했다. 상왕은 계사(繼嗣-후사)가 없었고, 또 나라를 세우고 사직(社稷)을 안정시킨 것이 모두 우리 전하의 공적이라고 하여 곧 (전하를) 세자로 책립(冊立)했다. 1400년(경진년) 가을 7월 기사일에 태조(太祖)에게 계운신무태상왕(啓運神武太上王)의 호(號)를 올렸다. 11월 계유일에 상왕 또한 병으로 우리 전하에게 선위했다. 사신을 중국에 보내 고명(誥命)을 청하니 영락(永樂) 원년(1402년) 여름 4월에 제가 도지휘사(都指揮使) 고득(高得) 등을 보내 조(詔)와 인(印)을 받들고 와서

16　이방석(李芳碩)을 가리킨다.

우리 전하를 국왕(國王)으로 봉(封)하고 이어서 한림 대조(翰林待詔) 왕연령(王延齡) 등을 보내 와서 전하에게 곤면 구장(袞冕九章)을 내려주었으니 그 품계(品階)가 친왕(親王)[17]과 같았다. 우리 전하가 양궁(兩宮)[18]을 봉양(奉養)하는 데 열렬함과 삼감[誠敬]이 모두 극진했다. 영락(永樂) 무자년(1408년) 5월 24일 임신일에 태조께서 안가(晏駕)[19]하시니 춘추가 74세였다. 왕의 자리에 있은 지 7년이며 늙어서 정사를 보지 않으신 지 11년이었는데 홀연히 활과 칼만 남기시니[弓劍忽遺][20] 아아, 슬프도다! 우리 전하께서 애모(哀慕)함이 망극(罔極)하여 거상(居喪) 중에 예(禮)를 다했다[諒闇盡禮]. 책보(冊寶)를 받들어 태조지인계운성문신무대왕(太祖至仁啓運聖文神武大王)의 호(號)를 올리고, 이해 9월 초9일 갑인일에 성(城) 동쪽 양주(楊州) 경내 검암산(儉巖山)에 장사지내고 능의 이름을 건원(健元)이라 했다.

부음(訃音)을 듣고 황제(皇帝)가 놀라고 슬퍼하여 파조(罷朝)[21]하고 곧장 예부낭중(禮部郎中) 임관(林觀) 등을 보내 태뢰(太牢)[22]의 예로 사제(賜祭)했는데 그 글은 대략 이러했다.

---

17 황제의 친자식을 가리킨다.

18 태상왕과 상왕을 말한다.

19 임금이 돌아가신 것을 에둘러 말하는 표현으로 '편안하게 말을 타고 가다'라는 뜻이다.

20 옛날 중국의 황제(黃帝)가 죽어서 하늘로 올라갈 때 활을 떨어뜨렸고, 또 황제를 장사지냈다는 교산(橋山)이 무너졌을 때 그 관중(棺中)에는 다만 칼만 남아 있었다는 고사(故事)에서 나온 말로 곧 귀인(貴人)의 죽음을 일컫는 말이다.

21 조회를 파했다는 말이다.

22 나라 제사에 소를 통째로 올리는 일을 가리킨다. 처음에는 소·양·돼지를 아울러 올렸으나 뒤에 소만 올리게 됐다.

"아, 왕은 눈 밝고 사리에 통달하며[明達] 선(善)을 좋아했으니 이는 천성에서 나온 것이라. 하늘과도 같은 도리[天道]를 삼가 따르고 의로움을 본받아 충성을 다했으며 공손하고 조심하며 사대(事大)하였고 한 나라의 백성을 보호하고 긍휼(矜恤)히 했도다.

우리 황고(皇考-주원장)께서 그 충직과 정성을 심히 아름답게 여겨 다시[復] 나라 이름을 조선(朝鮮)이라고 내렸다. 왕의 공로와 다움의 뛰어남은 비록 옛날 조선의 뛰어난 임금[賢王]이라 하더라도 이보다 더 나을 수 없으리라."

또 고명(誥命)을 내려주어 시호(諡號)를 '강헌(康獻)'이라 했다. 또 전하에게 칙유(勅諭)하고 부의(賻儀)를 특별히 두텁게 내려 남달리 사랑하는 은전(恩典)을 극진히 하여 조금도 유감(有感)됨이 없었다. 이는 대개[蓋] 우리 태조(太祖)의 하늘을 두려워하는 정성과 전하의 그 뜻을 이어 받드는 효성이 앞뒤로 서로 이어지며 천심(天心)을 잘 누렸기 때문이니 그래서 한 시대가 끝나고 새롭게 시작하는[始終] 즈음에 있어 하늘과 사람이 위아래에서 돕는 것이 이처럼 지극함을 얻은 것이리라, 아아, 성대하도다!

수비(首妃) 한씨(韓氏)는 (동북면) 안변(安邊)의 세가(世家) 출신으로 증 영문하부사(贈領門下府事) 안천부원군(安川府院君) 휘(諱) 한경(韓卿)의 딸인데 먼저 훙(薨)했다. 애초에 시호(諡號)를 절비(節妃)라고 했다가 뒤에 승인순성신의왕후(承仁順聖神懿王后)의 호(號)를 더했다. 6남 2녀를 낳았는데[誕] 상왕(上王)이 둘째이고 전하가 다섯째다. 맏이는 방우(芳雨) 진안군(鎭安君)인데 먼저 졸(卒)했고 그다음 셋째는 방의(芳毅) 익안대군(益安大君)인데 역시 먼저 졸했다. 그 다

184

음 네째는 방간(芳幹) 회안 대군(懷安大君)이고 그다음 여섯째는 방연(芳衍)인데 과거에 올랐다가 곧 죽으니 원윤(元尹)의 작호를 추증했다.

장녀(長女)는 경신궁주(慶愼宮主)인데 상당군(上黨君) 이저(李佇)에게 시집갔고 같은 이씨가 아니다. 다음은 경선궁주(慶善宮主)인데 청원군(青原君) 심종(沈淙)에게 시집갔다. 차비(次妃) 강씨(康氏)는 판삼사사(判三司事) 강윤성(康允成)의 딸인데 애초에 현비(顯妃)를 봉했으나 (태상왕보다) 먼저 흥(薨)하자 시호(諡號)를 신덕 왕후(神德王后)라 했다. 2남 1녀를 낳았는데 장남(長男)은 방번(芳蕃)이니 공순군(恭順君)을 추증했고 다음은 방석(芳碩)이니 소도군(昭悼君)을 추증했다. 딸은 경순궁주(慶順宮主)이니 흥안군(興安君) 이제(李濟)에게 시집갔는데 역시 같은 이씨는 아니다. 모두 먼저 졸했다. 상왕(上王)의 비(妃)는 김씨인데 지금 왕대비(王大妃)에 봉했으며, 증 문하시중(門下侍中) 김천서(金天瑞)의 딸로 자식이 없다.

우리 중궁(中宮)은 정비(靜妃) 민씨(閔氏)인데 여흥부원군(驪興府院君) 시(諡) 문도공(文度公) 민제(閔霽)의 딸이다. 4남 4녀를 낳았는데 장남은 세자(世子) 제(禔)이고 다음은 호(祜) 효령대군(孝寧大君), 다음은 도(裪) 충녕대군(忠寧大君)이며 다음은 어리다. 장녀는 정순 궁주(貞順宮主)이니 청평군(淸平君) 이백강(李伯剛)에게 시집갔는데 역시 같은 이씨는 아니다. 다음은 경정궁주(慶貞宮主)이니 평양군(平壤君) 조대림(趙大臨)에게 시집갔고 다음은 경안궁주(慶安宮主)이니 길천군(吉川君) 권규(權跬)에게 시집갔고 다음은 어리다.

진안군(鎭安君)은 찬성사(贊成事) 지윤(池奫)의 딸에게 장가들어

두 아들을 낳았는데 장남은 복근(福根) 봉녕군(奉寧君), 다음은 덕근(德根) 원윤(元尹)이다. 익안대군(益安大君)은 증 문하찬성사(門下贊成事) 최인두(崔仁㺱)의 딸에게 장가들어 아들을 낳았으니 석근(石根) 익평군(益平君)이다. 회안대군(懷安大君)은 문하찬성사(門下贊成事) 민선(閔璿)의 딸에게 장가들어 아들을 낳았으니 맹중(孟衆) 의령군(義寧君)이다.

신이 역대(歷代)로 천명(天命)을 받은 임금들을 보건대 덕업(德業)의 성대함과 부명(符命)의 신기함이 간책(簡册)에 밝게 나타나서 그 빛이 끝없이 흐른다. (그러나) 지금 우리 조선이 일어남에 있어 성대한 다움[盛德]과 신령한 부명(符命)이 옛날보다 빛남이 있으니 이는
성덕
마땅히 이미 그 위(位-지위)를 얻고 또 수(壽-수명)를 얻은 것으로 넓은 기업(基業)을 더 높이고 큰 복조(福祚)를 이어받아 하늘 땅과 더불어 장구하리라.

신 근(近)이 외람되이 비(碑)에 새길 글을 지으라는 명을 받았으니 감히 온 정성을 다하여 성대한 다움을 드러내어 밝은 빛을 후세에 드리우지 않으리오! 그러나 신은 글재주가 비루하고 서툴러[鄙拙] 성대한 아름다움[盛美]을 드러내서 밝은 뜻[明旨]을 남김없
비졸   성미   명지
이 칭송하기에는 부족하지만 그러나 삼가 공훈(功勳)과 덕업(德業)이 사람들의 귀와 눈에 남아 있는 것만이라도 찬술(撰述)하고 감히 손으로 절하고 머리를 조아려 명(銘)을 드리노라. 그 사(詞)[23]는 다음과 같다.

---

23 시의 일종이다. 대체로 위의 내용을 운문으로 정리한 것이다.

'하늘은 이 백성 낳으시어 사목(司牧)²⁴을 세우시도다

길러주시고 다스리시게 되자 이에 다움을 갖춘 이를 돌보시네

하늘이 타일러 말하지는[諄諄] 않지만 그 명(命)이 있음은 훤하
도다
  순순

우왕(禹王)에게는 현규(玄圭)를 내려주셨고 주(周)나라의 꿈은 협
복(協卜)이었다네

우리 조선이 비로소[肇] 왕업(王業)의 기초를 다지려 할 때
         조

꿈에 신인(神人)이 나타나 금척(金尺)을 주었도다

(이로써) 부록(符錄)²⁵이 먼저 정해지니 천명(天命)은 아주 분명하였네

고려의 운수[麗運] 이미 끝나가자 임금은 어둡고 재상은 잔인했
      려운
도다

농사철에 군사 일으켜 큰 나라[大邦]와 틈을 만들어냈도다
              대방

우리의 군사 의로움의 깃발 올리자 죄인들 이에 벌을 받았네

충성이 위에까지 들려 황제 마음으로 기뻐했네[懌=悅]
                  역 열

천운[曆數]이 돌아오고 시중의 여론[輿情]이 이에 절박(切迫)했
   역수   여정
도다

대업(大業)은 이미 이룩됐다지만 저자[市肆]는 바뀌지 않았네
                  시사

고황제(高皇帝) 말씀하셨지 "그대 나라를 세우자

백성들에게 전란이 없어 하늘이 준 기쁨을 즐기도다"

---

24 임금을 가리킨다.

25 길흉화복(吉凶禍福)이나 흥망(興亡)을 미리 예언한 말이나 글을 가리킨다. 뒷날에 일어날
   일을 미리 짐작하여 남 모르게 비밀히 적어놓은 글을 말한다. 부서(符書) 혹은 부참(符
   讖)이라고도 한다.

이어 국호를 내려주셨는데 다시 조선(朝鮮)이라 했다네

땅을 골라 도읍(都邑)을 정하니 한강의 북쪽이라

범이 웅크린 듯 용이 도사린 듯 왕기(王氣)가 쌓인 곳

궁실(宮室)은 높디높고 종묘(宗廟)는 의짓하도다[翼翼]
익익

어진 마음 깊어 살리기를 좋아하고 다스림은 아름답고 생각은 조화로워

온갖 제도 고루 갖춰지니 모든 교화(敎化) 흡족하도다

마침내 정사에 지치시어 적사(嫡嗣)에게 선위(禪位)하셨네

이에 공로 있는 이에게 양보하시어 대대로 세세로 미쳤도다

밝디 밝은 우리 전하 기미(幾微)를 반드시 밝게 살펴

화란(禍亂)을 두 번이나 평정하니 그 경사 지극히 도탑구나

나라를 열고 사직을 안정시킨 것 모두 우리 전하의 공적이라

대명(大命)을 사양하기 어려워 신기(神器-임금 자리)를 떠맡았네

양궁(兩宮)을 공경히 받드니 경건하고 공순함 더욱 지극하도다

효도와 공순함[孝弟] 신(神)에 통하여 상제(上帝)의 돌보심이 더욱
효제
도탑구나

태조의 상(喪)을 만나 근심에 잠겨[惸惸] 애모(哀慕)의 슬픈 정 몸
경경
부림치도다

제(帝)가 듣고 놀라고 슬퍼해 사신을 보내 조곡(弔哭)하셨고

태뢰(太牢)로 제사하며 칙명(勅命)하여 두텁게 부의하셨으며

아름다운 시호(諡號)를 주어 포장(褒獎)하니 휼전(恤典)은 온전히
갖춰졌다네

하늘의 도우심 처음부터 끝까지 변함없어

큰 복이 길이 이어지고 자손이 번창하여

종사(宗祀) 유구(攸久)하여 하늘과 더불어 끝이 없으리라'

길창군(吉昌君) 권근(權近)이 지었다. 정승 성석린(成石璘)이 쓰고 전 한성부판사 정구(鄭矩)가 전액(篆額)을 썼다. 석린(石璘)에게는 안마(鞍馬)를, 구(矩)에게는 말 1필을 내려주었다.

정사일(丁巳日-15일)에 상이 문소전(文昭殿)에 망제(望祭-보름맞이 제사)를 친히 행했다.

무오일(戊午日-16일)에 경차관(敬差官)을 경상도·강원도·충청도·전라도에 나눠 보냈는데 백성들의 질고(疾苦)를 조사하기 위함이었다. 상이, 각도 수령들이 영선(營繕)을 멈추지 아니하고 누대(樓臺)를 많이 지어 놀이를 일삼아 농사를 방해하고 백성을 괴롭힌다고 들었기 때문에 이러한 명이 있었다. 이해 봄에 충청도 백성들이, 관찰사(觀察使) 유정현(柳廷顯)이 각박하게 부세(賦稅)를 거두는 데 시달려 굶주림이 더욱 심했다.

기미일(己未日-17일)에 경상도 보주(甫州)에 지진(地震)이 있었다.

경신일(庚申日-18일)에 (사헌부) 지평(持平) 유박(柳博)을 금주(錦州)로, 집의(執義) 민설(閔渫)을 상주(尙州)로 유배 보내고 장령(掌令) 김익정(金益精)을 파직시켰다. 애초에 오상미(吳尙美)의 손자 금록(金

祿) 등이 헌부(憲府)에서 소량장(訴良狀)²⁶을 접수받지 않는다고 신문고(申聞鼓)를 쳐서 하소연하니 사간원(司諫院)에 내려 이것을 핵실(覈實)하게 했다. 사간원에서 말씀을 올렸다.

'헌사(憲司)는 (임금의) 눈과 귀가 되는 관원입니다. 모든 민간의 억울한 일을 공평한 마음으로 듣고 살펴서 옳고 그른 것을 분별해 아뢰는 것이 직책입니다. 이제 금록과 장금(長金)이 억울하다고 고소한 고장(告狀)을 마땅히 곧 수리하여 그 억울함을 풀어주어 전하의 근심하고 부지런히 힘쓰는 정치[憂勤之治]를 도와야 할 것인데
우 근 지 치
지평 유박은 사헌부의 장무(掌務)로 있으면서 번거로운 것을 싫어해 심복(審覆-재심)하지 아니하고 공공연히 고장(告狀)을 물리쳐서 억울함을 품고도 호소하지 못하도록 하여 마침내 예궐(詣闕)하여 신문고를 쳐서 신청(宸聽-임금의 귀)을 번거롭게 하는 데까지 이르게 했으니 바라건대 유사(攸司)에 내려 그 죄를 다스려야 할 것입니다.'

상이 의정부에 내려 그 죄를 토의해 유배 보내고 익정(益精)은 단지 원의(圓議)²⁷에만 참석한 까닭에 파직시켰다.

○ 전 정주목사(定州牧使) 이사강(李斯剛)에게 장(杖) 60대를 때리고 남원 부사(南原府使) 오식(吳湜)은 파직시켰다. 사강(斯剛)에게는 조상 양쪽으로부터 내려오던 노비로서 부당하게 속공(屬公)된 노비(奴婢)가 있었는데 숨어 있는 것을 데려다 사역시킨 지 오래였다. 신

---

26 양인(良人)이라고 호소하는 정장(呈狀)을 말한다.

27 사헌부(司憲府)나 사간원(司諫院)의 관원들이 죽 둘러앉아 풍헌(風憲)에 관한 일과 탄핵(彈劾)하는 일 및 서경(署經)에 관한 일을 의논하던 것을 말하는데 완의(完議)라고도 한다.

법(新法)에 따르면 속공 노비로서 도망 중에 있는 것을 본주인이 잡아서 고(告)하면 이를 상(賞)으로 준다는 말을 듣고 도리어 새로 잡은 것이라고 말을 꾸며 관가에 고하여 상을 받아놓고도 도리어 그것으로 부족하게 여겨 다시 속공 노비를 찾아서 잡은 공을 남원부에 고장(告狀)했다. 식(湜)은 그 거짓됨을 살피지 못하고 노비 1구(口)를 상으로 더 주었다. 일이 발각되자 의정부에서 형조로 하여금 핵실(核實)하게 해 사강이 관을 속이고[瞞官] 이익을 탐한 죄와 식이 일에
어두워 함부로[濫] 상을 준 죄를 청한 때문이었다.

만관

남

신유일(辛酉日-19일)에 진리(陳理)의 아내에게 쌀 10석을 내려주었다.

○ 전의감판사(典醫監判事) 평원해(平原海)에게 쌀과 콩 15석과 종이 100권을 내려주었다. 원해(原海)의 어미가 대마도(對馬島)에 있다가 죽은 때문이었다.

임술일(壬戌日-20일)에 경창(京倉)의 쌀과 콩 2만 석을 내어[發] 도성 안과 기내(畿內)의 굶주리는 백성들을 구제했다.

발

○ 밀양군지사(密陽郡知事) 우균(禹均)이 파면됐다. 사간원에서 소(疏)를 올려 말했다.

"신 등이 듣건대 우균이 잔혹(殘酷)하고 어질지 못해[不仁] 이민(吏民)을 장살(杖殺)한 것이 그 수가 하나둘이 아니라고 합니다. 차사원(差使員) 영주부지사(永州府知事) 이백함(李伯含)이 밀양(密陽)에 이르러 균(均)이 이민을 장살한 상황을 물으니 호장(戶長) 박량

불인

(朴良)의 아내는 그 남편을 죽였다고 말하고, 신일(申逸)의 아내는 그 딸을 죽였다고 말하고, 학생(學生) 김을우(金乙雨)는 그 종을 죽였다고 고(告)하고, 기관(記官) 박진(朴進)의 아내는 그 아들을 죽였다고 했습니다. 량(良)의 아들 흥발(興發)에게 그 아비가 죽음을 당한 이유를 묻자 균이 삼반(三班)을 거느리고 공청(公廳)에 난입해 성난 목소리로 이르기를 "다만 10여 대만 때렸을 뿐이다"라고 하고 흥발을 꾸짖어 감히 말하지 못하게 하고서 백함(伯含)에게 이르기를 "차사원(差使員)이 공정치 못해 나를 죄에 빠뜨리려고 하는구나!"라고 하니 백함이 이를 어렵게 여겼습니다. 관찰사가 다시 금산군지사(金山郡知事) 김질(金晊), 창녕감무(昌寧監務) 금유(琴柔)로 하여금 그 일을 조사하게 했으나 모두 병으로 인하여 저절로 죽은 것이라고 공사(供辭)를 만들었습니다. 상왕(上王)이 편찮으시어 이죄(二罪) 이하를 용서하게 되자 관찰사는 바로 우균을 환임(還任)시켰습니다. 신 등이 생각건대 균이 한 해 동안에 네 사람을 잘못 죽였으나 사건이 모두 대죄(大罪)에 관계되지 아니했고 그 (피해자) 집안 사람들이 위협을 두려워해 감히 자백하지 못하는 것이 아닌가 합니다. 지금 우리 전하가 호생지덕(好生之德)으로 백성의 마음을 어루만져 비록 한 나라의 큰 것으로도 형벌로 사람을 죽이는 일이 적습니다. 그러나 균은 한 고을 안에서 한 해 동안에 죽인 것이 이같은 숫자에 이르렀습니다. 비록 너그럽게 용서하는 은혜를 입었다 하더라도 균으로서는 집으로 물러가서 스스로 마음을 새롭게 하고 행동을 고치는 것이 마땅합니다. 그러나 감사가 도로 취임하라는 명을 달게 받아들이고 조금도 물러나 피하려는 생각이 없으니 저

잔인하고 음흉한 성질을 가진 자가 분개해 보복(報復)하려는 마음을 품고 그 포학한 심술을 더하여 더욱 광포하게 군다면, 한 고을의 인민(人民)들이 신음하고 해독을 입는 것을 어찌 다 말할 수 있겠습니까? 후일에 가혹한 짓을 하기를 좋아해 생민(生民)을 포학하게 해치는 자가 반드시 균으로 말미암아 (그것을 본받아) 나올까 두렵습니다. 균의 범한 죄가 유지(宥旨-사면령) 전에 있었으므로[28] 비록 다시 법대로 처치할 수 없으나 어찌 다시 백성을 다스리는 수령이 될 수 있겠습니까? 바라건대 그를 파면해 그 집으로 내쫓아서 종신토록 벼슬자리에 서지 못하게 하여 후일에 함부로 형벌을 자행해 무리한 짓을 하고자 하는 자로 하여금 이를 보고 거울로 삼도록 한다면 국가의 수많은 생민(生民)에게 어찌 유익(有益)함이 있지 않겠습니까?'

(상이) 명하여 그를 파직했다.

○ 병조에서 대장(隊長), 대부(隊副)를 비호(庇護)할 일의 마땅함을 아뢰었다. 계문(啓聞)은 이러했다.

'대장(隊長)과 대부(隊副)는 부위(府衛)[29]의 병사입니다. 전에 삼군(三軍)에 소속해 있을 때에는 부득이한 차비(差備)나 역부(役夫)로 사용할 때 소관(所管) 원리(員吏)가 그 죄를 마음대로 가하지 못하고 본부(本府)에 아뢰어 추고(推考)해 시행했습니다. 이로 인해 체통(體

---

28 이미 사면을 받았다는 뜻이다.
29 조선시대 농민으로 조직된 병농일치제의 군대다. 당(唐)나라의 제도를 모방해 병농일치의 병제를 설치한 것이라고 한다. 전국 각지의 지방 농민이 3년마다 한 번씩 교대로 번상(番上)하여 서울에서 복무하거나 변방에서 수자리를 섰다.

統)이 서고 군법(軍法)이 더욱 엄격했습니다. (그런데) 본조(本曹)에 통속(統屬-소속)된 이후로부터는 각처로 정해 보내 문득 긴요하지 아니한 일을 가지고 징포 결죄(徵布決罪)하므로 그 고통을 이기지 못해 서로 잇달아 도망하니 양병(養兵)하는 뜻에 어그러짐이 있습니다. 이 뒤로는 부득이한 차비나 각처의 역부로 사용할 경우 대부(隊副) 가운데서 죄가 있는 자는 즉시 본조(本曹)에 보고해 본조에서 추핵(推覈)해 논죄할 수 있게 해야 할 것입니다.'

(상이) 가르쳐 말했다.

"선공감(繕工監-공조 소속) 외에는 한결같이 아뢴 대로 시행하라."

계해일(癸亥日-21일)에 사간원에서 청정(聽政)하기를 청했다. 아뢰어 말했다.

"태조께서 훙서(薨逝)하신 뒤부터 전(殿)에 납시어 정사를 듣지 않으신 지 오래입니다. 또 근일(近日)에 상체(上體)가 회복되셨으니 [平復=平愈] 날마다 아침 정사를 보는 것이 마땅합니다."
      평복   평유

또 아뢰었다.

"세자가 늦게 일어나고 일찍 잠자리에 들어 배움에 힘쓰지 않으니 바라건대 더욱 권면해 가르치도록 해야 할 것입니다."

상이 말했다.

"명일(明日)부터 정사를 듣겠다. 세자가 늦게 나온다는 말은 내가 듣지 못했다. 내가 장차 말하겠다."

곧 환관(宦官)을 시켜 세자에게 가르침을 전하게[傳敎] 했다.
                                            전교

갑자일(甲子日-22일)에 폐지했던 대장(隊長) 대부(隊副) 650인을 다시 부대에 편입시켰다.

○ 비로소 광연루(廣延樓)에 나아가 일을 보았다. 사간원지사(司諫院知事) 한상덕(韓尙德, ?~1434년)[30]이 나아와 말했다.

"순(舜)임금은 위대한 성인[大聖]이었지만 고요(皐陶)[31]가 (요임금의 아들) 단주(丹朱)처럼 하지 말라고 경계시켰고 당(唐)나라 태종(太宗)도 영명(英明)한 임금이었지만 위징(魏徵)이 수(隋)나라 양제(煬帝)처럼 하지 말라고 경계시켰으니 지금 신도 신우(辛禑)처럼 하지 말도록 경계의 말씀을 올립니다. 전하께서 오래도록 정사를 듣지 않으시기에 신은 편찮으신가 생각했습니다."

상이 말했다.

"내가 매번 이 절기(節氣)를 당하면 눈에 미질(微疾)이 있는데 금년에도 그렇다. 황천사(黃天使-황엄)가 우리나라에 이르기 전에 고치려고 해 정사(政事)를 보지 아니한 것일 뿐이다."

---

30 할아버지는 호부상서 한공의(韓公義), 아버지는 한수(韓脩)이며, 어머니는 길창군(吉昌君) 권적(權適)의 딸이다. 1385년(우왕 11년) 문과에 급제해 우대언(右代言)과 호조참판을 역임했다. 한명회(韓明澮)는 그의 종손뻘이 되나 아들이 없던 그가 명회를 길렀다. 우대언으로 있던 당시 우리나라는 많은 부분 중국 농서를 이용해 왔다. 이에 불편을 느낀 태종은 유신(儒臣)들에게 명해 중국의 고서에서 우리 실정에 간절히 필요한 말을 초록하되 우리말로 주를 달아 널리 보급하도록 지시한 바 있다. 이때 왕명의 출납을 맡았던 그가 왕의 뜻에 따라 1273년(원종 14년) 원나라 사농사(司農司)가 엮은 『농상집요(農桑輯要)』 제4권에서 양잠에 관한 내용의 약 30%를 초록, 이에 이두문으로 주를 달아 1415년(태종 15년) 우리나라 최초의 양잠에 관한 책인 『양잠경험촬요(養蠶經驗撮要)』를 초록했다.

31 요순(堯舜) 시기의 신하로 일찍이 순임금 때에 형법(刑法)을 관장하던 이관(理官)이 되었는데 그의 벼슬은 사(士), 사사(士師), 대리관(大理官), 구주목(九州牧) 등이었다. 특히 고대의 최고 명재상으로 꼽힌다.

상덕(尙德)이 말했다.

"지금 사대(事大)하기를 정성스레 하고 도적을 방어하기를 엄중하게 하므로 중외(中外)가 태평스럽다고 이를 만합니다. 그러나 항상 스스로 경외(敬畏)해 날마다 부지런히 정사를 들으시고 사방에 눈을 밝히고 사방에 귀를 밝히시어[明四目達四聰] 뛰어난 이를 등용하고 불초(不肖)한 이를 물리쳐야 할 것이며 평안할 때 위태로운 것을 잊지 마시고, 다스려질 때 어지러운 것을 잊지 않으신다면 삼왕(三王)[32]에 미칠 수 있습니다."

상이 기분이 좋아서[欣然] 말했다.

"경이 태평시대라고 말하나 어찌 삼왕(三王)에 미칠 수 있겠는가?"

한상덕이

"전하께서 정심 성의(正心誠意)하여 천지(天地)와 더불어 그 (임금)다움이 부합되게 하시고 나는 불민하여 할 수 없다고만 아니하신다면[33] 능히 옛 빼어난 이[聖人]에 미칠 것입니다."라고 하니 상이 말했다.

"천지와 더불어 그 다움이 부합되는 것이야말로 참으로 빼어난 이인데 내가 어찌 감히 바라겠는가?"

상덕이 나가니 상이 좌우에 일러 말했다.

"한상경(韓尙敬, 1360~1423년)[34]의 말이 심히 간절하고 지극하더

---

32 중국 고대의 세 임금인 하(夏)의 우왕(禹王), 은(殷)의 탕왕(湯王), 주(周)의 문왕(文王) 혹은 무왕(武王)을 가리킨다.

33 앎이나 지식의 문제가 아니라 의지의 문제임을 강조하는 표현이다.

34 1382년(우왕 8년) 문과에 급제해 예의좌랑·우정언·전리정랑(典理正郞)·예문응교·공부

니 그 아우도 또한 그렇다. 내가 즉위한 이후로 간관(諫官)과 더불어 옳거니 그르거니 서로 말했으나 오늘처럼 잘하는 자는 보지 못했다."

○ (경기도) 수원부사(水原府使) 이지강(李之綱)이 도당(都堂-의정부)에 글을 올렸다. 그 글은 이러했다.

'지강(之綱)이 지난해 6월부터 이 고을에 수령으로 와서 밀과 보리부터 늦곡식[晩穀]까지 친히 답험(踏驗)했는데 수재(水災)와 한재(旱災)로 손상된 곡식이 적지 않았으나 온 집이 실농(失農)한 것은 없었습니다. 그런데 금년 3~4월에 이르러 사민(四民-사농공상)의 남녀가 연달아 달려와 날마다 관문(官門)에 모여 먹을 것이 없다고 다투어 말하고, 혹은 울면서 말하는 자까지 있었습니다. 지강은 백성의 생활이 이처럼 궁핍한 이유를 알지 못하겠으며 소민(小民)들이 먹을 것이 없다고 아뢰는 상황이 진정인지 거짓인지 쉽게 알지 못하겠습니다. 그러나 나물 캐는 사람이 산야(山野)에 널려 있고 창름(倉廩)에서 주는 말과 되의 곡식을 사족(士族-양반)의 집에서도 다투어 와서 주기를 바라고 있습니다. 이는 백성의 생활이 곤란함을 대체로 보여주는 것입니다. 만약 국가에서 창고의 곡식을 내어 구제하지 아니하면 유망(流亡)하거나 굶주려 죽는 사람이 마땅히 길에 잇닿을 것입

총랑(工部摠郎)·종부령(宗簿令)을 거쳐 1392년(공양왕 4년) 밀직사 우부대언에 승진했다. 이해 이성계(李成桂)를 추대하는 모의에 가담하고, 보새(寶璽)를 받들어 이성계에게 바쳤으며, 그 공으로 개국공신 3등에 추록됐다. 개국 후 중추원 도승지가 되고 충청도 도관찰사가 돼 서원군(西原君)에 봉해졌다. 다시 경기좌도 도관찰사에 보직되었다가 태종 때 참찬의정부사·이조판서를 거쳐 서원부원군(西原府院君)·우의정·영의정에 이르렀다.

니다. 지금 비록 밀과 보리가 거의 익었으나 굶주린 백성이 먼저 익은 이삭을 골라서 혹은 볶기도 하고, 혹은 찌기도 하여 겨우 그 생명을 이어가는데 하물며 한번 배불리 먹는 기쁨을 바랄 수 있겠습니까? 밀과 보리를 답험하는 관리가 비록 늠급(廩給)을 받는다고 하지만 민간에서 접대하는 즈음에 어찌 전혀 폐단이 없겠습니까? 근근이 살아가는 백성으로서 도리어 답험의 접대에 분주(奔走)하게 되면 원망이 적지 아니할 것입니다. 예전에 한(漢)나라 문제(文帝)는 한창 봄철에 그해 전조(田租)의 반(半)을 미리 주었으니 이는 농사를 정성스레 장려하고 영세민(零細民)의 힘을 돕기 위한 것이었습니다. 엎드려 바라건대 위에 전해 아뢰어서 문제(文帝)가 미리 전조의 혜택을 준 것을 본받아 이들 농민에게 금년의 양맥(兩麥-밀과 보리) 세(稅)를 내려주어 기민(飢民)의 마음을 위로한다면 어찌 다만 [啻=但] 창름의 곡식을 내어서 궁핍한 백성을 구제하는 데 비하겠습니까?'
시   단

지강은 또 이렇게 말했다. '답험을 면제할 수 없다면, 늦곡식을 답험하는 날, 보리밭에 다시 다른 곡식을 심은 것은 조세를 거두는 데 과식(科式)을 감하지 말고 다만 보리만을 수확하는 것은 다른 전제(田制)에 따르는 것이 또한 편리하고 유익하겠습니다.'

도당(都堂)에서 아뢰니 상이 깊이 토의할 것[擬議]을 명했다. (그러나) 도당에서 보리는 국용(國用)이니 전감(全減)할 수 없다고 말하니 일은 결국 시행되지 못했다.
의의

을축일(乙丑日-23일)에 약주(藥酒)을 올리는 것[上供]을 그치게
상공

했다. 상이 말했다.

"비가 내리지 않은 지 10여 일이나 되었으니 술을 금해야 되지 않을까?"

황희(黃喜)가 대답했다.

"아닙니다[未也]."
미야

남재(南在)가 말했다.

"사람들이 항상 하는 말이 '금년에 비록 풍년이 들었다 하더라도 명년에는 겨우 굶주림을 면할 뿐이다'라고 합니다."

상이 곧 공상(供上)하는 약주를 없애도록 명했다. 남재가 아뢰었다.

"한재(旱災)는 비록 기수(氣數-절기)에 관계되는 것이나 또한 정령(政令)의 잘못에도 연유하는 것이니 정녕 공구수성(恐懼修省)하는 것이 마땅합니다."

상이 아름답게 받아들이고[嘉納] 그로 인해 기로대신(耆老大臣-원
가납
로대신)을 찾아가 시정(時政)의 잘못을 묻도록 명했다.

○ 그로 인해 천둥과 벼락에 대한 일을 아뢰자 상이 말했다.

"내가 『삼국사(三國史)』를 보니, 어떤 여자가 간통한 일로 옥(獄)에 갇혔는데 옥문에 벼락이 쳐서 탈출해 도망친 일이 있었다."

한상덕(韓尙德)이 나아와 말했다.

"지금 절기(節期)가 무더운 여름철에 속하는데 기후(氣候)가 그 조화를 잃어 오랫동안 비가 내리지 아니하고 가을철 같이 서늘한 바람이 부니 신은 임금이 다움을 잃은[失德] 때문인지 시정(時政)이 잘못
실덕
된 때문인지 알지 못하겠습니다."

상이 말했다.

"기후가 조화를 잃은 것은 진실로 여러 날이 되었다. 만일 정사(政事)에 잘못[闕失]이 있다면 간관(諫官)이 마땅히 알 것인데 어찌 된 일인가?"
궐실

대답했다.

"모르겠습니다."

상덕(尙德)이 말했다.

"명령(命令)이 나오면 정부에서 받아 시행합니다. 신 등이 비록 혹시 듣게 되는 일이 있더라도 일이 이미 시행된 뒤인지라 어찌 미칠 수 있겠습니까? 전일에 간관(諫官)을 정부에 예속시키도록 청한 것은 이 때문입니다."

상이 말했다.

"이와 같은 것은 어찌하면 좋겠는가? 예전에는 비록 문하부 낭사(門下府郎舍)라 할지라도 도당 공사(都堂公事)에 참여하지 못했다."

황희에게 일러 말했다.

"국초(國初)에 간관(諫官)으로서 도당수령관(都堂首領官)이 된 자가 누구냐?"

대답했다.

"이문화(李文和)와 윤사수(尹思修)가 모두 산기(散騎)로서 경력(經歷)을 겸했었습니다."

상이 말했다.

"이는 아름다운 법이 아니다. 의정부 수령관은 도필(刀筆-서기)을 맡은 것이다. 임금의 동정(動靜)과 정령(政令)의 득실(得失)을 모두 간언하여 바로잡는 것이 간관이고, 그 좌우(左右)라고 칭하는 것도 또한 임금을 가리킨 것이다. 아무리 올바른 말일지라도 어찌 도필(刀筆)에게 맡기겠는가? 임금을 높이고 간관을 중히 여기는 처사가 아니다."

상덕이 또 말했다.

"요즘 대간(臺諫)들이 모두 언사(言事) 때문에 파출(罷黜)됐는데, 죄가 그 일신에만 그치는 것이 아니라 서로 논의한 사람도 국문(鞫問)했습니다. 이리하여 사림(士林)들이 서로 경계하여 간관(諫官)의 집에 가지도 아니하고 권귀(權貴)의 가문에서도 왕래를 금하고 끊으니 아무리 간관이라 하더라도 어찌 능히 (정사에 관해) 들을 수 있겠습니까?"

상이 말했다.

"간쟁(諫諍)하는 선비의 경우 말이 비록 (사안에) 적중하지 않을지라도[不中] 내가 죄를 주지 않았다. 일찍이 폄출당한 자는 모두 악의(惡意)를 품은 사람들이다. 그러나 내가 죄를 처단한 것은 매우 가벼웠다."

상덕이 말했다.

"전하의 언동(言動)과 정교(政敎)의 시행에 있어서는 하나도 간언할 만한 것이 없습니다. 그러나 정사가 이미 다스려지고 백성이 이미 편안하다고 하지 마시고, 매번 한가한 때를 당하면 마음을 스스로 깨우치고 반성하되 '품고 있는 생각 가운데 무슨 일이 하늘을 거스리겠는가? 시행한 정치 가운데 무슨 일이 백성에게 잘못되겠는가?'라고 해 이미 지나간 일만을 두려워할 뿐만 아니라 또한 장차 올 일을 항상 염려한다면 화환(禍患)을 없앨 수 있습니다. 옛날의 빼어난 이나 뛰어난 이들 가운데 이처럼 하지 않은 사람들이 없습니다."

상이 말했다.

"경의 말이 옳다."

상덕이 엎드린 채[俯伏] 물러가지 않으니 상이 말했다.
부복

"더 말할 것이 있는가?"

상덕이 말했다.

"지난해의 흉년은 사람들이 모두 아는 바입니다. 유정현(柳廷顯)이 충청도에 있으면서 백성들에게 많이 거둬들이고, 빚진 것을 독촉하여 백성을 거듭 괴롭혔습니다. 신 등이 이미 핵문(劾問)했으나 마침 사유(赦宥-사면령)를 겪게 돼 죄를 청하지는 못했습니다. 신이 듣건대 전(傳)에 이르기를 '백성에게 많이 거두는 신하를 두는 것보다는 차라리 나라의 재물을 훔치는 신하를 두는 것이 낫다'[35]라고 했는데 지금으로 본다면 나라의 재물을 훔치는 것은 무거운 것 같고, 백성의 재물을 거두는 것은 가벼운 것 같습니다. 옛사람이 경계한 말이 그 뜻이 깊습니다."

상이 말했다.

"내가 전혀 그같은 사실을 알지 못했다. 다만 정현(廷顯)이 외방에서 오래 수고한 까닭에 소환(召還)한 것뿐이다. 6대언(代言)이 내 좌우에 있으면서 아직까지 말하지 않았으니 내가 어떻게 알겠느냐?"

좌대언 이조(李慥)가 말했다.

---

35 『대학(大學)』에 나오는 말이다.

"지난해 손실(損實)이 과중(過重)하여 한 도(道)의 인민(人民)들이 모두 굶주림을 당했으니 원망하는 것이 단지 한두 사람에 그칠 정도가 아닙니다."

곧바로 사인(舍人) 박강생(朴剛生)을 불러 사실 여부를 구문(究問)하여 아뢰게 했다. 상덕이 나가자 상이 근신(近臣)들에게 일러 말했다.

"정현이 그렇게 하지는 않았을 것이다. 향원(鄕愿)³⁶의 헐뜯는 말이 아닌지를 어떻게 알겠느냐?"

또 말했다.

"연군(鍊軍),³⁷ 인보(隣保), 양전(量田) 세 가지 일은 사람들이 모두 싫어하는 바이나 우리나라는 해구(海寇)가 염려스러우니 어찌 폐지할 수가 있겠느냐?"

○ 금주령(禁酒令)을 엄격하게 했다.

○ 진헌사(進獻使) 이문화(李文和)와 권영균(權永均, ?~1424년)³⁸ 등

---

36 『논어(論語)』「양화(陽貨)」편에 나오는 말이다. 공자는 말했다. "시골에서 덕망이 있다는 소리를 듣는 사람[鄕原=鄕愿]은 (잘 알고 보면 대부분) 다움[德]을 해치는 자이다." 향원은 시골 사람 중에서 신망이 있고 후덕한 자이니, 시류와 동화하고 더러운 세상에 영합하여 세상 사람들에게 아첨한다. 이 때문에 시골 사람들 사이에서만 유독 후덕하다고 칭하는 것이다. 결국 태종의 이 말은 향원들이 유정현을 헐뜯는 말이라는 뜻이 되는데 그러면 사실상 한상덕을 향원의 일종으로 보았다는 말이다. 그만큼 유정현에 대한 태종의 신임이 깊었다는 뜻이기도 하다.

37 연군(烟軍)이라고도 하며 조선 때 각 집에서 동원되던 일꾼을 말한다.

38 세종 6년 그가 세상을 떠났을 때 『세종실록』은 이렇게 기록하고 있다. "영균은 명나라 태종 문황제(太宗文皇帝-영락제)의 후궁 현인비(顯仁妃)의 오라비였다. 처음에 명나라 광록경(光祿卿)이 되어 여러 번 상사(賞賜)를 받았다. 갑자기 부하고 귀하게 되어 우리나라의 권력자와 교제하여 자못 교만했으며 주색을 좋아하여 일찍 죽게 된 것이었다. 부의로 쌀 30석과 관곽(棺槨)을 내렸다."

이 경사(京師)에서 돌아왔다. 제(帝)가 영균(永均)을 특별히 두텁게 대접하여 내전(內殿)에 불러들여 일렀다.

"너에게 높은 벼슬을 주어 가까이에서 나를 모시게 하고 싶으나 네 누이가 여기 있는데 너까지 돌아가지 아니하면 늙은 어미가 마땅히 섭섭한 마음이 있을 것이다. 너에게 귀국하기를 명하니 가서 네 마음[乃心]을 삼가서 국왕을 공경히 섬기도록 하라. 네가 옛일을 듣지 아니했느냐? 게으르고 거칠게 굴어 그 누(累)가 짐의 몸에까지 미치게 해서는 안 될 것이다."

영균이 사조(辭朝-하직인사)하자 제가 그에게 일렀다.

"네가 다시 올 때에는 바다로 오지 말고 오직 육로로 오너라. 너희 나라에서 온 사신에게도 육로로 오라고 말했다."

○ 권영균(權永均)이 말 1필, 금(金) 1정(錠), 은(銀) 2정, 채단(綵段) 채견(綵絹) 각각 5필, 금(錦) 1필, 사탕(沙糖) 5항(缸-항아리), 금강자 단주(金剛子短珠)·용단 단주(龍丹丹珠) 각각 2관(串), 상아 단주(象牙丹珠) 1관(串)을 바치고, 임첨년(任添年)은 금·은 각각 1정(錠)과 채단(綵段) 2필을 바치고, 여귀진(呂貴眞)은 채단 3필, 금(錦) 1필, 은 1정, 말 1필을 바치고, 이문명(李文命)은 채단 3필, 금(錦) 1필, 금 1정을 바쳤다. 상이 금 은은 도당(都堂)에 내려 국용(國用)에 이바지하도록 명했다. 이튿날 최득비(崔得霏)가 말 1필, 은 1정, 채단 2필을 바치니, 상이 말 1필만 받고 나머지는 모두 돌려주었다.

정묘일(丁卯日-25일)에 비가 내렸다. 이때 사람들이 서로 말했다.

"빼어난 임금[聖主]께서 철선(輟膳-반찬 가짓수를 줄임)하고 자책(自

責)하며 언관(言官)이 임금의 언짢아하는 낯빛을 무릅쓰고[犯顏] 나
아가서 간언해 임금과 신하가 서로 경계하므로 하늘이 마침내 곧 비
를 내린 것이다."

병진일(丙辰日-26일)에 비가 내렸다.

○ 풍천군(豊川君) 심구령(沈龜齡)을 보내 경사(京師)에 가게 했다.
천추절(千秋節)을 하례하기 위함이었다.

○ 일본 대내전(大內殿)의 사자 주정(周鼎) 등이 대궐에 이르러 하
직하니 상이 정전(正殿)에 나아가 불러 보고 위로했다. 또 대장경(大
藏經) 1부(部), 보리수엽경(普提樹葉經) 1엽(葉), 나발(螺鉢)·종경(鍾
磬) 각 1개와 조사(祖師)의 초상과 나옹화상(懶翁和尙)의 화상을 특
별히 내려주었는데 덕웅(德雄)의 요청에 따른 것이었다.

○ 의정부에서 약주(藥酒)를 올리니 허락하지 않았다. 상이 말
했다.

"내가 술을 그친 것은 단지 가뭄을 근심하는 것뿐만 아니라 백성
들의 굶주림을 염려하기 때문이었다."

기사일(己巳日-27일)에 광연루(廣延樓)에서 일을 보았다. 한상덕(韓
尙德)이 아뢰어 말했다.

"지금 전하께서 하늘의 경계에 삼가고 부지런히 하시어[恪勤] 지극
한 열렬함이 하늘에 이르러서 때마침 비가 흠뻑[需然] 내렸습니다. 바
라건대 더욱 더 경계하고 삼가시어 혹시 조금이라도 늦추지 마소서."

상이 말했다.

"비가 내린 것은 단지[特] 우연한 일일 뿐이다.'
특

상덕(尚德)이 말했다.

"내금위(內禁衛) 군사(軍士)의 시위(侍衛)가 허술하니 그들이 입번
(入番)할 때에는 모두 식가(式暇-정식 휴가)와 복제(服制)를 없애도록
해야 할 것입니다."

상이 말했다.

"이는 안 된다."

황희(黃喜)가 말했다.

"일이 없을 때를 맞아서는 예절(禮節)을 옛 법도[古文]대로 따르는
고문
것이 마땅하니 폐기할 수 없습니다."

○ 상이 연침(燕寢-침실)에서 세자에게 일러 말했다.

"나는 백성들이 굶주린다는 말을 들으면 마음이 아프다."

세자가 자리를 피석(避席)[39]하며 말했다.

"신이 듣건대 백성들 가운데 굶주림으로 인해 나물을 캐다가 죽은
자도 있다고 합니다."

상이 놀라며 말했다.

"네가 들은 것을 자세히 물어보고 오너라."

세자가 나가서 환관(宦官)의 무리를 불러 물으니 모두 말했다.

"길에서 들었는데, 어떤 사람인지 자세히 알지 못합니다."

○ 동북면(東北面) 백성에게 콩씨[豆種]를 지급하도록 명했다. 도순
두종
문사(都巡問使)가 말씀을 올려 청했기에 지급하도록 명하고 또 그

---

39 윗사람에게 공경을 표하는 의미로 모시던 자리에서 일어나는 행위를 뜻한다.

보고가 늦은 것을 질책했다.

경오일(庚午日-28일)에 이백강(李伯剛), 설미수(偰眉壽), 최긍(崔兢)이 경사(京師)에서 돌아왔다. 미수(眉壽)가 명나라 서울에 이르러 예부(禮部)에 나아가 (공물로 바치는) 금은(金銀)을 면제해주기를 청하는 자문(咨文)을 올렸는데 수일 후에 상서(尙書) 조공(趙羾)이 미수를 보고 성을 내어 마구 욕하고서 또 말했다.

"너희 나라에서 황제의 은혜를 특별히 두텁게 받고 있으니 이런 청은 있을 수 없다."

마침내 비(批-쪽지)를 미수에게 보이면서 말했다.

"내가 지금 흠차(欽差)를 받아 산서(山西) 등지에 공무(公務)로 가는데 너희가 갑자기 문서를 가지고 와서 '본국(本國)에 금은(金銀)이 생산되지 아니한다'라고 칭하고 다른 물건으로 대신 바치고자 하니 이는 홍무(洪武) 연간(年間)의 옛법에 위배됨이 있다. 나는 감히 너희의 말을 황제에게 아뢰지 못하겠다. 너희가 아뢰고자 원하거든 내일 일찍이 너희들이 직접 아뢰어라. 우리 예부(禮部)는 너희가 이래라저래라 하는 곳이 아니다."

○ 미수가 또 말했다.

"급사중(給事中) 호용(胡庸)이 섬서(陜西) 지방에 사명(使命)을 받들고 가서 보계현(寶溪縣)에 이르러 흰 꿩[白雉] 1쌍을 잡아 바쳤는데
백치
길들인 까치와 조금 닮았습니다. 여러 관리들[千官]이 모두 하례하니
천관
제가 서산(西山)으로 놓아 보내면서 말하기를 '이것이 무슨 상서로운 물건이 되겠느냐?'라고 했습니다."

신미일(辛未日-29일)에 대궐 안의 낮 점심[晝點心]⁴⁰을 없앨 것을 명
했다.
주점심

○ 이조판서 유량(柳亮)으로 하여금 사헌부대사헌을 겸하게 하고
이회(李薈)와 권우(權遇)를 좌·우사간 대부, 한상덕(韓尙德)을 사헌
부집의로 삼았다.

○ (풍해도) 토산현(兎山縣)에서 소가 송아지 두 마리를 낳았다.

---

40 조선시대 초기까지 아침에 먹는 것은 조점심(朝點心), 낮에 먹는 것은 주점심(晝點心), 해
질녘에 먹는 것은 모점심(暮點心), 저녁에 먹는 것은 석점심(夕點心) 이라고 했다.

癸卯朔 議政府詣闕請進肉膳. 上向以疾嘗乾肉 及愈乃止 至是
계묘 삭 의정부 예궐 청진 육선 상향이질상건육 급유내지 지시

復未寧故也.
부 미령 고야

乙巳 上詣仁德宮. 上王召之也.
을사 상 예 인덕궁 상왕 소지 야

議政府啓全羅漕轉事宜. 啓曰: "全羅漕轉 令本道及忠淸道
의정부 계 전라 조전 사의 계왈 전라 조전 영 본도 급 충청도

水軍都節制使 各以地境傳令護送 以達于京." 從之.
수군도절제사 각 이 지경 전령 호송 이달 우 경 종지

己酉 命孟思誠外方從便. 上曰: "政丞李茂唯有一壻 以父爲
기유 명 맹사성 외방 종편 상왈 정승 이무 유 유일 서 이부위

罪人 故未得出入 今特宥之." 茂詣闕謝.
죄인 고 미득 출입 금 특 유지 무 예궐 사

復以慶尙道東平縣屬梁州.
부 이 경상도 동평현 속 양주

禮曹詳定雅樂署典樂署官品: 司成郎 典樂一人從五品, 調成
예조 상정 아악서 전악서 관품 사성 랑 전악 일인 종오품 조성

郎 副典樂一人從六品, 司協郎 典律二人從七品, 調協郎 副典律
랑 부전악 일인 종육품 사협 랑 전율 이인 종칠품 조협 랑 부전율

三人從八品, 調節郎 直律四人從九品. 典樂署 典樂 副典樂各
삼인 종팔품 조절 랑 직률 사인 종구품 전악서 전악 부전악 각

一人 典律四人 副典律五人 直律六人 其官品郎階 竝同雅樂署.
일인 전율 사인 부전율 오인 직률 육인 기 관품 낭계 병동 아악서

更定外方使臣及守令相會禮度. 舊制 朝官奉使外方者 於一二品
갱정 외방 사신 급 수령 상회 예도 구제 조관 봉사 외방 자 어 일이 품

外官 皆有躬身參狀禮. 上曰: "春秋之法 王人雖微 序於諸侯之
외관 개 유 궁신 참장 례 상왈 춘추 지법 왕인 수 미 서어 제후 지

上 禮官宜更詳定." 於是 禮曹啓曰:
상 예관 의 갱 상정 어시 예조 계왈

'嘉靖嘉善使臣 兩府行未行勿論 用同等例; 嘉靖嘉善外官
가정 기선 사신 양부 행 미행 물론 용 동등 예 가정 기선 외관

兩府行未行勿論 亦用同等例. 禮度則使臣在東 外官在西 相對
양부 행 미행 물론 역용 동등 예 예도 즉 사신 재동 외관 재서 상대

再拜; 坐次則使臣向南 外官向西 出入從西戶. 二品以上外官 於
재배 좌차 즉 사신 향남 외관 향서 출입 종 서호 이품 이상 외관 어

通政以下使臣 東西相對坐 外官在東 使臣在西; 禮度則相對
통정 이하 사신 동서 상대좌 외관 재동 사신 재서 예도 즉 상대

再拜. 通政以下六品以上使臣 於通政以下六品以上外官 向南
재배 통정 이하 육품 이상 사신 어 통정 이하 육품 이상 외관 향남

坐 外官向東坐; 禮度則客東主西 相對再拜. 通政以下六品
좌 외관 향동 좌 예도 즉객동주서 상대 재배 통정 이하 육품

以上使臣 於二品以上使臣在處 向西坐 參外使臣 異位向西坐;
이상 사신 어 이품 이상 사신 재처 향서 좌 참외 사신 이위 향서 좌

禮度則南向再拜. 有奉王旨奉香使臣 則先到二品以上使臣及諸
예도 즉 남향 재배 유봉 왕지 봉향 사신 즉 선도 이품 이상 사신 급 제

使臣 俱行迎命稽首四拜禮. 迎逢則二品以上使臣 中門內立庭左
사신 구행 영명 계수 사배례 영봉 즉 이품 이상 사신 중문 내 입 정좌

躬身; 三品以下使臣 中門外庭左躬身; 參外使臣後行 外官郊迎;
궁신 삼품 이하 사신 중문 외 정좌 궁신 참외 사신 후행 외관 교영

問上禮與敎書迎逢禮 竝如六典禮. 諸使臣相接 勿論官品 不許用
문상례 여 교서 영봉 례 병여 육전 예 제 사신 상접 물론 관품 불허 용

躬身參狀 俱隱身請謁. 大小外官 於使臣相會及自中相會 皆除
궁신 참장 구 은신 청알 대소 외관 어 사신 상회 급 자중 상회 개 제

躬身參狀 差一等以上者 隱身請謁; 隔一等以下者 立階下請謁.'
궁신 참장 차 일등 이상 자 은신 청알 격 일등 이하 자 입 계하 청알

從之.
종지

辛亥 分遣敬差官于忠清 豊海道 檢察飢民賑濟之事 兼考船軍
신해 분견 경차관 우 충청 풍해도 검찰 기민 진제 지사 겸고 선군

依舊分番.
의구 분번

壬子 追贈芳衍爲文安君 上之母弟也. 擢乙丑年第 早卒無後.
임자 추증 방연 위 문안군 상지 모제 야 탁 을축년 제 조졸 무후

癸丑 日本大內殿 多多良德雄 使僧周鼎等 進土物 且進觀音
계축 일본 대내전 다다량 덕웅 사승 주정 등 진 토물 차 진 관음

畫像.
화상

甲寅 豊海道文化縣 氷雹交下幾二尺 安岳 豊州 信州 江原道
갑인 풍해도 문화현 빙박 교하 기 이척 안악 풍주 신주 강원도

平昌 雨雹.
평창 우박

賑京畿飢民 凡三千四百五十人.

乙卯 原州隕霜.

震開寧縣松樹 火二日乃滅 雨雹如彈丸大.

震陽山縣及減陰縣耕夫.

以卞季良爲藝文館提學 同知春秋館事.

罷內贍少尹趙須職. 須之家 與前水軍僉節制使金紹家隣. 夜
投石於須家者數 至破器物. 須疑紹家奴金連所爲 跡而執之 縛
莕之. 紹妻薛氏率奴婢 夜抵須家毁門扉 遂入罵須 須方寢驚起
裸身走避之. 連伴死 須以熨斗煮其臍 藥吹鼻孔 連起走. 刑曹以
須告 兩請其罪 命罷須職 勿論薛氏.

立健元陵碑. 文曰:

'天眷有德 以開治運 必先現異 彰其符命. 夏有玄圭之錫 周
有協卜之夢 由漢以降 代各有之. 皆由天授 非出人謀. 惟我太祖
大王之在龍淵也 勳德旣隆 符命亦著. 夢有神人執金尺 自天降
而授之曰: "公宜持此正國." 夏圭周夢 可同符矣. 又有異人來門
獻書云: "得之 智異山巖石之中 有木子更正三韓之語." 使人
出迎則已去矣. 書雲觀舊藏秘記 有九變震檀之圖 建木得子.
朝鮮卽震檀之說 出自數千載之前 由今乃驗 天之眷佑有德 信
有徵哉!

臣謹按璿源 李氏全州望姓. 司空諱翰仕新羅 娶宗姓之女.

六世而至兢休 始仕高麗 十三世而至皇高祖穆王入仕元朝而長
육세 이지 긍휴 시사 고려 십삼 세이지 황고조 목왕 입사 원조 이장

千夫 四世襲爵 咸能濟美 元政旣衰 皇考桓王還仕高麗 恭愍王
천부 사세 습작 함능 제미 원정 기쇠 황고 환왕 환사 고려 공민왕

至正辛丑 紅寇陷王京 恭愍南遷 遣使克復. 我太祖先登獻捷.
지정 신축 홍구 함 왕경 공민 남천 견사 극복 아 태조 선등 헌첩

明年壬寅 擊走胡人納哈出 又明年癸卯 却逐僞王塔帖木 恭愍
명년 임인 격주 호인 나하추 우명년 계묘 각축 위왕 탑첩목 공민

恃倚益重 累官至將相 出入中外. 樂觀經史 亹亹無倦 濟時之
시의 익중 누관지장상 출입 중외 낙관 경사 미미 무권 제시 지

量 好生之德 出於至誠. 恭愍薨 異姓竊位; 權奸擅國 濁亂朝政;
량 호생 지덕 출어 지성 공민 훙 이성 절위 권간 천국 탁란 조정

海寇深入 焚掠郡縣.
해구 심입 분략 군현

洪武庚申 我太祖戰捷雲峯 東南以安. 戊辰 侍中崔瑩誅戮權奸
홍무 경신 아 태조 전첩 운봉 동남 이안 무진 시중 최영 주륙 권간

過於慘酷 賴我太祖 全活頗多. 瑩以太祖爲侍中 仍授右軍都統
과어 참혹 뢰아 태조 전활 파다 영이 태조 위시중 잉수 우군 도통

節鉞 逼遣攻遼. 師次威化島 倡率諸將 仗義旋斾 師旣登岸 大水
절월 핍견 공료 사차 위화도 창솔 제장 장의 선패 사기 등안 대수

沒島 人皆神之. 執退瑩 代以名儒李穡爲左侍中. 方是時也 權奸
몰도 인개 신지 집퇴영 대이 명유 이색 위 좌시중 방시시야 권간

濁亂 狂悖構隙 危亡岌岌 禍亂莫測 非我太祖轉移之力 一國
탁란 광패 구극 위망 급급 화란 막측 비아 태조 전이 지력 일국

殆矣. 穡曰:"今公擧義以尊中國 然非執政親朝 則不可." 剋日
태의 색왈 금공 거의 이존 중국 연비 집정 친조 즉불가 극일

如京 太祖爲擇諸子 以今我主上殿下 與穡偕朝 高皇帝嘉賞而
여경 태조 위택 제자 이금 아 주상 전하 여색 해조 고황제 가상 이

遣. 己巳秋 帝責異姓爲王 太祖與諸將相 選立王氏宗親定昌君瑤
견 기사 추 제책 이성 위왕 태조 여제 장상 선립 왕씨 종친 정창군 요

盡心輔政 革私田汰冗官 群情胥悅 功高見忌 讒匿交構 定昌頗
진심 보정 혁 사전 태 용관 군정 서열 공고 견기 참닉 교구 정창 파

惑焉. 太祖以盛滿 請老而不得謝. 會因西行 遘疾而還 謀者益急
혹언 태조 이성만 청로 이부득 사 회인 서행 구질 이환 모자 익급

我殿下應機制變 群謀瓦解.
아 전하 응기 제변 군모 와해

洪武壬申秋七月十六日 殿下與大臣裴克廉 趙浚等五十二人
홍무 임신 추 칠월 십육일 전하 여대신 배극렴 조준 등 오십 이인

倡義推戴 臣僚父老 不謀僉同. 太祖聞變驚起 牢讓再三 勉登
창의 추대 신료 부로 불모 첨동 태조 문변 경기 뇌양 재삼 면등

王位. 不下堂階而化邦國 非天啓佑有德 疇克如茲!
왕위 불하 당계 이화 방국 비천 계우 유덕 주극 여자

卽遣知中樞院事趙胖奏聞 帝詔曰:"三韓之民 旣尊李氏 民無
즉견 지중추원사 조반 주문 제 조왈 삼한 지민 기존 이씨 민무

兵禍 人各樂天之樂 乃帝命也." 繼又有勅:"國更何號?" 卽遣
병화 인각락 천지락 내제명 야 계우 유칙 국경 하호 즉견

藝文學士韓尙質奏請 又詔曰:"維朝鮮之稱美 可以本其名而
예문 학사 한상질 주청 우 조왈 유 조선 지칭미 가이 본기명 이

祖之. 體天牧民 永昌後嗣." 繇我太祖威聲義烈 升聞于上 簡在
조지 체천 목민 영창 후사 요아 태조 위성 의열 승문 우상 간재

帝心 故當請命 輒蒙兪音 豈偶然哉!
제심 고당 청명 첩몽 유음 기우연 재

越三年甲戌夏 有構國家者 帝命遣親男入朝. 太祖以我殿下
월 삼년 갑술 하 유구 국가 자 제 명견 친남 입조 태조 이아 전하

通經達理 賢於諸子 卽遣應命. 旣至 敷奏稱旨 優禮賜還. 其冬
통경달리 현어 제자 즉견 응명 기지 부주 칭지 우례 사환 기동

十一月 定都于漢陽 營宮室 建宗廟. 嘗已追尊四代 皇高祖爲
십일월 정도 우 한양 영 궁실 건 종묘 상이 추존 사대 황고조 위

穆王 配李氏爲孝妃; 皇曾祖爲翼王 配崔氏爲貞妃; 皇祖爲度王
목왕 배 이씨 위 효비 황증조 위 익왕 배 최씨 위 정비 황조 위 도왕

配朴氏爲敬妃; 皇考爲桓王 配崔氏爲懿妃. 修禮樂而愼祀事 定
배 박씨 위 경비 황고 위 환왕 배 최씨 위 의비 수 예악 이 비 사사 정

章服而辨等威. 興學以育材 重祿以勸士. 辨析詞訟 愼簡守令.
장복 이 변 등위 흥학 이 육재 중록 이 권사 변석 사송 신간 수령

弊政悉革 庶績惟熙. 海寇來服 四境按堵. 我太祖巍蕩盛德 眞
폐정 실혁 서적 유희 해구 내복 사경 안도 아 태조 외탕 성덕 진

所謂天錫智勇聰明神武雄偉之主也. 奸臣鄭道傳 以表辭獲譴
소위 천석 지용 총명 신무 웅위 지주 야 간신 정도전 이 표사 획견

帝庭 陰謀拒命. 戊寅秋八月 乘我太祖不豫之隙 欲挾幼孽 以肆
제정 음모 거명 무인 추 팔월 승아 태조 불예 지극 욕협 유얼 이사

己志. 我殿下炳幾殲除 以嫡以長 請建上王爲世子. 九月丁丑
기지 아 전하 병기 섬제 이적 이장 청건 상왕 위 세자 구월 정축

太祖以疾未瘳 禪于上王. 上王未有繼嗣 且謂開國定社 咸我殿下
태조 이질 미추 선우 상왕 상왕 미유 계사 차위 개국 정사 함아 전하

之績 乃冊爲世子. 庚辰秋七月己巳 獻太祖以啓運神武太上王之
지적 내 책위 세자 경진 추 칠월 기사 헌 태조 이 계운 신무 태상왕 지

號. 冬十有一月癸酉 上王亦以疾禪位于我殿下 遣使請命. 永樂
호 동 십유 일월 계유 상왕 역 이질 선위 우아 전하 견사 청명 영락

元年夏四月 帝遣都指揮使高得等 奉詔印來封我殿下爲國王 繼
원년 하 사월 제견 도지휘사 고득 등 봉 조인 내봉 아 전하 위 국왕 계

遣翰林待詔王延齡等 來賜殿下袞冕九章 秩視親王. 我殿下奉養
건 한림 대조 왕연령 등 내사 전하 곤면 구장 질시 친왕 아 전하 봉양

兩宮 誠敬備至. 永樂戊子五月二十四日壬申 太祖晏駕 春秋
양궁 성경 비지 영락 무자 오월 이십 사일 임신 태조 안가 춘추

七十四歲. 在王位七年 老不聽政十有一年 弓劍忽遺 嗚呼痛哉!
칠십 사세 재 왕위 칠년 노 불 청정 십유 일년 궁검 홀유 오호 통재

我殿下哀慕罔極 諒闇盡禮. 奉册寶上 太祖至仁啓運聖文神武
아 전하 애모 망극 양암 진례 봉 책보 상 태조 지인 계운 성문 신무

大王之號. 以是年九月初九日甲寅 葬于城東 楊州治之儉巖山
대왕 지호 이 시년 구월 초구일 갑인 장우 성동 양주 치지 검암산

陵曰健元. 及訃聞 皇帝震悼罷朝 卽遣禮部郎中林觀等 賜祭以
능 왈 건원 급 부문 황제 진도 파조 즉견 예부낭중 임관 등 사제 이

太牢. 其文略曰:
태뢰 기문 약왈

"惟王明達好善 出於天性 敬順天道 效義攄忠 恭謹事大 保恤
유 왕 명달 호선 출어 천성 경순 천도 효의 터충 공근 사대 보휼

一方之民. 我皇考深嘉忠誠 賜復國號曰朝鮮. 王功德之著 雖古
일방 지민 아 황고 심가 충성 사부 국호 왈 조선 왕 공덕 지저 수 고

朝鮮之賢王 無以過也."
조선 지 현왕 무이 과야

又賜誥命 諡曰康獻. 又勅殿下賜賻特厚 寵異之典 備極無憾.
우사 고명 시왈 강헌 우 칙 전하 사부 특후 총이 지전 비극 무감

蓋①我太祖畏天之誠 殿下繼志之孝 前後相承 克享天心 故於
개 아 태조 외천 지성 전하 계지 지효 전후 상승 극향 천심 고 어

始終之際 大獲天人上下之助如此其至 嗚呼盛哉!
시종 지제 대획 천인 상하 지조 여차 기지 오호 성재

首妃韓氏 安邊世家 贈領門下府事安川府院君諱卿之女 先薨.
수비 한씨 안변 세가 증 영문하부사 안천부원군 휘경 지녀 선흥

初諡節妃 後加諡承仁順聖神懿王后. 誕六男二女 上王居二 我
초 시 절비 후 가시 승인 순성 신의왕후 탄 육남 이녀 상왕 거이 아

殿下居五. 長曰芳雨鎭安君 先卒. 次三 芳毅益安大君 亦先卒.
전하 거오 장 왈 방우 진안군 선졸 차삼 방의 익안대군 역 선졸

次四 芳幹懷安大君. 次六 芳衍 登科不祿 贈元尹. 女長 慶愼
차사 방간 회안대군 차육 방연 등과 불록 증 원윤 여장 경신

宮主 下嫁上黨君李佇 非一李也. 次 慶善宮主 下嫁靑原君沈淙.
궁주 하가 상당군 이저 비일 이야 차 경선 궁주 하가 청원군 심종

次妃 康氏 判三司事允成之女 初封顯妃 先薨 諡神德王后. 誕
차비 강씨 판삼사사 윤성 지녀 초봉 현비 선흥 시 신덕왕후 탄

二男一女 男長 芳蕃 贈恭順君 次 芳碩 贈昭悼君 女慶順宮主
이남 일녀 남장 방번 증 공순군 차 방석 증 소도군 여 경순 궁주

下嫁興安君李濟 亦非一李也. 皆先卒. 上王妃金氏 今封王大妃
하가 흥안군 이제 역 비일 이야 개 선졸 상왕 비 김씨 금 봉 왕대비

贈門下侍中天瑞之女無嗣.
증 문하시중 천서 지녀 무사

我中宮 靜妃閔氏 驪興府院君諡文度公諱霽之女. 誕四男
아 중궁 정비 민씨 여흥부원군 시 문도공 휘 제 지녀 탄 사남

四女 長男世子褆 次 祜孝寧大君 次【今上諱】忠寧大君 次幼.
사녀 장남 세자 제 차 호 효령대군 차 금상 휘 충녕대군 차유

女長 貞順宮主 下嫁淸平君李伯剛 亦非一李. 次 慶貞宮主 下嫁
여장 정순 궁주 하가 청평군 이백강 역 비일 이 차 경정 궁주 하가

平壤君趙大臨; 次慶安宮主 下嫁吉川君權跬; 次幼. 鎭安娶
평양군 조대림 차 경안 궁주 하가 길천군 권규 차 유 진안 취

贊成事池奫之女 生二男 長曰 福根奉寧君 次曰 德根元尹
찬성사 지윤 지녀 생 이남 장 왈 복근 봉녕군 차 왈 덕근 원윤

益安娶贈門下贊成事崔仁㺪之女 生男曰 石根益平君. 懷安娶
익안 취 증 문하찬성사 최인두 지녀 생남 왈 석근 익평군 회안 취

門下贊成事閔璿之女 生男曰 孟衆義寧君.
문하찬성사 민선 지녀 생남 왈 맹중 의령군

臣觀歷代受命之君 德業之盛 符命之神 輝映簡册 流光罔極.
신 관 역대 수명 지군 덕업 지성 부명 지신 휘영 간책 유광 망극

今我 朝鮮之誕興也 盛德貞符 于古有光 是宜旣得其位 又得其壽
금아 조선 지 탄흥 야 성덕 정부 우고 유광 시 의 기득 기위 우 득 기수

峙洪基流景祚 與天地而久長矣. 臣近濫承勒碑之命 敢不竭精
치 홍기 유 경조 여 천지 이 구장 의 신 근 남승 늑비 지명 감 불 갈정

鋪張盛德 以垂耿光! 鄙拙 不足以發揚盛美 稱塞明旨 謹撰勳德
포장 성덕 이수 경광 비졸 부족이 발양 성미 칭색 명지 근찬 훈덕

之在人耳目者 敢拜手稽首而獻銘. 其詞曰:
지 재인 이목 자 감 배수 계수 이 헌명 기사 왈

天生斯民 立以司牧
천 생 사민 입이 사목

迺長迺治 迺眷有德
내 장 내 치 내 권 유덕

非天諄諄 有命赫赫
비 천 순순 유명 혁혁

禹錫玄圭 周夢協卜
우 석 현규 주몽 협복

惟我朝鮮 肇基王迹
유 아 조선 조 기 왕적

夢有神人 授以金尺
몽 유 신인　수 이 금척

符籙前定 天命昭晰
부록 전정　천명 소절

麗運旣終 君昏相酷
려운 기종　군혼 상혹

農月興師 大邦搆隙
농월 흥사　대방 구극

我師義旋 罪人斯得
아사 의선　죄인 사득

忠誠上聞 帝心載懌
충성 상문　제심 재역

曆數有歸 輿情斯迫
역수 유귀　여정 사박

大業旣成 市肆不易
대업 기성　시사 불역

高皇曰咨 惟爾有國
고황 왈자　유 이 유국

民無兵禍 樂天之樂
민 무 병화　낙 천지락

繼賜國號 朝鮮是復
계 사 국호　조선 시 복

相地定都 于漢之北
상지 정도　우 한지북

虎踞龍盤 王氣攸積
호거 용반　왕기 유적

宮室崇崇 宗廟翼翼
궁실 숭숭　종묘 익익

仁深好生 治蔚思緝
인 심 호생　치 울 사집

百度俱修 萬化斯洽
백도 구수　만화 사 흡

乃倦于勤 轉付聖嫡
내 권 우 근　전부 성적

乃讓于功 惟世惟及
내 양 우 공　유세 유급

明明我后 有幾必燭
명명 아후　유기 필촉

禍亂再平 其慶克篤
화란 재평　기경 극독

開國定社 咸我之績
개국 정사 함 아지적

大命難辭 神器有托
대명 난사 신기 유탁

祗奉兩宮 虔恭愈恪
지봉 양궁 건공 유각

孝弟通神 帝眷尤渥
효제 통신 제권 우악

遭喪惸惸 哀慕踊擗
조상 경경 애모 용벽

帝聞震悼 遣使弔哭
제문 진도 견사 조곡

太牢有祀 厚賻有勅
태뢰 유사 후부 유칙

美諡褒嘉 恤典備飭
미시 포가 휼전 비칙

自天佑之 終始不忒
자천 우지 종시 불특

景祚緜緜 子孫千億
경조 면면 자손 천억

宗祀攸長 與天罔極.’
종사 유장 여천 망극

吉創君權近所製也 政丞成石璘書 前判漢城府事鄭矩篆額. 賜
길창군 권근 소제 야 정승 성석린 서 전 판한성부사 정구 전액 사

石璘鞍馬, 矩馬一匹
석린 안마 구 마 일필

丁巳 上親行文昭殿望祭.
정사 상 친행 문소전 망제

戊午 分遣敬差官 慶尙 江原 忠淸 全羅道 問民疾苦也. 上
무오 분견 경차관 경상 강원 충청 전라도 문민 질고 야 상

聞各道守令不輟營繕 多作樓臺 以事觀遊 妨農病民 故有是命.
문 각도 수령 불철 영선 다작 누대 이사 관유 방농 병민 고유 시명

是春 忠淸道民困於觀察使柳廷顯賦斂刻剝 飢餓尤甚.
시춘 충청도 민 곤어 관찰사 유정현 부렴 각박 기아 우심

己未 慶尙道甫州地震.
기미 경상도 보주 지진

庚申 流持平柳博于錦州 執義閔漺于尙州 罷掌令金益精職. 初
경신 유 지평 유박 우 금주 집의 민철 우 상주 파 장령 김익정 직 초

吳尙美孫子金祿等 以憲府不接訴良狀擊鼓 下司諫院覈之. 諫院
오상미 손자 금록 등 이 헌부 부접 소량장 격고 하 사간원 핵지 간원

上言:
상언

'憲司 耳目之官也. 凡民間冤枉 虛心聽察 分別啓聞 職也. 今
헌사 이목 지관야 범 민간 원왕 허심 청찰 분별 계문 직야 금

金祿 長金告狀訴冤 宜卽受理 以伸含抑 以補殿下憂勤之治 而
금록 장금 고장 소원 의즉 수리 이신 함억 이보 전하 우근 지치 이

持平柳博爲府中掌務 厭於煩劇 不爲審覆 公然退狀 使之抱冤
지평 유박 위 부중 장무 염어 번극 불위 심복 공연 퇴장 사지 포원

莫訴 至於詣闕擊鼓 以煩宸聽. 願下攸司 以治其罪.'
막소 지어 예궐 격고 이번 신청 원하 유사 이치 기죄

下議政府 議其罪流之 益精則以只參圓議罷職.
하 의정부 의 기죄 유지 익정 즉 이 지참 원의 파직

杖前定州牧使李斯剛六十 罷南原府使吳湜職. 斯剛有祖上
장 전 정주목사 이사강 육십 파 남원부사 오식 직 사강 유 조상

兩邊不當屬公奴婢 招隱役使久矣. 及 聞新法屬公奴婢在逃者
양변 부당 속공 노비 초은 역사 구의 급 문 신법 속공노비 재도 자

本主捕告充賞 反以新得爲辭 告官受賞 猶爲不足 更以捕覓之功
본주 포고 충상 반 이신 득 위사 고관 수상 유위 부족 갱 이 포멱 지공

告狀于南原府 湜不察其僞 加賞一口. 事覺 議政府令刑曹核實
고장 우 남원부 식 불찰 기위 가상 일구 사각 의정부 영 형조 핵실

請斯剛瞞官僥利及湜昏昧濫賞之罪.
청 사강 만관 요리 급 식 혼매 남상 지죄

辛酉 賜陳理妻米十石
신유 사 진리 처 미 십석

賜判典醫監事平原海米豆十五石 紙一百卷. 以原海之母在
사 판전의감사 평원해 미두 십오 석 지 일백 권 이 원해 지 모 재

對馬島而死也.
대마도 이 사 야

壬戌 發京倉米豆二萬石 賑城中及畿內飢民.
임술 발 경창 미두 이만 석 진 성중 급 기내 기민

知密陽郡事禹均免. 司諫院上疏曰:
지밀양군사 우균 면 사간원 상소 왈

'臣等聞禹均殘暴不仁 杖殺吏民 其數非一. 差使員知永州事
신등 문 우균 잔포 불인 장살 이민 기수 비일 차사원 지영주사

李伯含至密陽 問均杖殺吏民之狀 戶長朴良妻白殺其夫 申逸妻
이백함 지 밀양 문 균 장살 이민 지상 호장 박량 처 백살 기부 신일 처

白殺其女 學生金乙雨告殺其婢 記官朴進妻告殺其子. 及問朴良
백 살 기녀 학생 김을우 고 살 기비 기관 박진 처 고 살 기자 급 문 박량

之子興發 以其父見殺之由 均率三班闥公廳厲聲云：“但鞭十餘
지 자 흥발 이 기부 견살 지유 균솔 삼반 틈 공청 여성 운 단편 십여

度耳.” 叱興發使不敢言 謂伯含曰：“差使員不公 欲陷我於罪.”
도 이 질 흥발 사 불감 언 위 백함 왈 차사원 불공 욕함 아 어죄

伯含難之. 觀察使更使知金山郡事金晊 昌寧監務琴柔 按其事
백함 난지 관찰사 갱자 지금산군사 김질 창녕 감무 금유 안 기사

則竝以因病自斃爲辭 及上王未寧 宥二罪以下 則觀察使輒令均
즉 병이 인병 자폐 위사 급 상왕 미령 유 이죄 이하 즉 관찰사 첩령 균

還任. 臣等以爲均於一歲之內 枉殺四人 事皆不關大罪 其家人
환임 신등 이위 균 어 일세 지내 왕살 사인 사개 불관 대죄 기가인

畏威不敢自白. 今我殿下好生之德 洽于民心 雖以一國之大 刑殺
외위 불감 자백 금 아전하 호생지덕 흡우 민심 수이 일국 지대 형살

蓋寡 而均以一郡之內 一歲之中所殺 乃至於此 雖蒙寬宥之恩 爲
개과 이 균이 일군 지내 일세 지중 소살 내 지어 차 수몽 관유 지은 위

均計者 宜退處于家 自新改轍 而乃甘受監司還任之命 略無退避
균계자 의 퇴처 우가 자신 개철 이내 감수 감사 환임 지명 약무 퇴피

之計 則以彼殘忍陰狠之資 懷憤懣報復之心 增其虐焰使之益熾
지계 즉 이피 잔인 음한 지자 회 분만 보복 지심 증기 학염 사지 익치

一邑之人民 呻吟荼毒 可勝言哉! 他日崇尙嚴酷 虐害生靈者 恐
일읍 지 인민 신음 도독 가 승언 재 타일 숭상 엄혹 학해 생령 자 공

必由均而生也. 均之所犯 在宥旨前 雖不可更置於法 豈可復爲民
필유 균이 생야 균지 소범 재 유지 전 수 불가 갱치 어법 기가 부위 민

之父母乎？ 願廢放其家 終身不齒 使後之欲淫刑濫罰 以逞非理
지 부모 호 원 폐방 기가 종신 불치 사 후지 욕 음형 남벌 이령 비리

者 視此爲鑑 豈不有益於國家生民萬萬哉!’
자 시차 위감 기불 유익 어 국가 생민 만만 재

命罷其職.
명파 기직

兵曹啓隊長隊副庇護事宜. 啓曰:
병조 계 대장 대부 비호 사의 계왈

‘隊長隊副府衛之兵 在前屬三軍時 不得已差備及役夫所管
대장 대부 부위 지병 재전 속 삼군 시 부득이 차비 급 역부 소관

員吏 不得擅加其罪 告其本府 推考施行. 因此有所體統 軍法
원리 부득 천가 기죄 고기 본부 추고 시행 인차 유 소체통 군법

益嚴. 自本曹統屬以來 定送各處 輒以不緊事 徵布決罪 不勝
익엄 자 본조 통속 이래 정송 각처 첩이 불긴 사 징포 결죄 불승

其苦 相繼而逃 有乖養兵之義. 今後不得已差備及各處付役隊副
기고 상계 이도 유괴 양병 지의 금후 부득이 차비 급 각처 부역 대부

有罪者 隨卽報本曹 本曹推覈論罪.’
유죄 자 수즉 보 본조 본조 추핵 논죄

教曰："繕工監外 一依所啓."

癸亥 司諫院請聽政. 啓曰："自太祖薨逝 不御殿聽政者久矣.

且近日 上體平復 宜日視朝政." 又曰："世子晏起早寢 不勤學問

乞加勸誨." 上曰："明將聽政. 若世子晏出則② 予未聞也. 予將

教之." 即令宦官傳教于世子.

甲子 復令革去隊長隊副六百五十人隨領.

始御廣延樓視事. 知司諫院事韓尙德進曰："舜爲大聖 皋陶以

無若丹朱爲戒; 唐太宗亦英明之主 魏徵以無若隋煬帝戒之 今

臣亦以無若辛禑爲戒. 殿下久不聽政 臣意謂未寧也." 上曰："予

每當此節 眼有微疾 今年亦然. 欲及黃天使到國之前治之 故不

視事耳." 尙德曰："今事大以誠 禦寇以嚴 中外號爲太平. 然願

常自敬畏 日勤聽政 明四目達四聰 進賢退不肖 安不忘危 治不忘

亂 則今之政治 三王可及." 上欣然曰："卿言太平 然三王安可及

哉!" 尙德曰："殿下正心誠意 與天地合其德 毋曰予不敏焉 則

能及古聖人矣." 上曰："與天地合其德 眞聖人矣 予何敢望哉!"

尙德出. 上謂左右曰："韓尙敬 言甚切至 其弟亦然. 自予即位

以來 與諫官都兪相語 未有如今日之善者也."

水原府使李之綱上書都堂. 書曰:

'之綱自去年六月 來守是邑 自兩麥至于晚穀 親自踏驗 水旱

之傷 不爲不多 然亦無擧家失農者. 至今年三四月以來 四民男女

奔走絡繹 日聚官門 爭言匱乏 或有垂泣而言者. 之綱未知民生

若此匱乏之由 且小民告匱之情 眞僞固未易知也. 然採菜之人

遍於山野 倉廩所給斗升之穀 士族之家 爭來仰給. 是則民生之

艱 槪可見矣. 若非國家發倉賑之 流亡餓莩 當相繼於道矣. 今雖

兩麥垂熟 飢民擇其先熟之穗 或焦或煮 僅活其生 況望一飽之懽

乎? 兩麥踏驗之官 雖云廩給 民間支對之際 豈盡無弊! 以僅活

之民 反奔走於踏驗支對 則怨咨不少矣. 昔漢文帝方春預賜今年

田租之半 此其所以誠於悶農 而寬細民之力也. 伏望轉聞于上 法

文帝預賜田租之惠 賜農民今年兩麥之稅 以慰飢民之心 則奚啻

發倉廩以賑窮乏乎?'

之綱又以謂: '如不可蠲除踏驗 則晩穀踏驗之日 麥田更種他穀

者 收租不減科式: 只收麥者 從他田制 亦爲便益.' 都堂以聞 上

命擬議. 都堂言: "麥乃國用 不可全減." 事遂不行.

乙丑 止上供藥酒. 上曰: "不雨今旬日矣 禁酒乎?" 黃喜對曰:

"未也." 南在曰: "人有恒言 今年雖豐穰 明年但免飢饉耳." 上

卽命除供上藥酒. 在啓曰: "旱災雖關氣數 亦由政令之失 正宜

恐懼修省." 上嘉納之 因命訪問時政得失于耆老大臣.

因啓雷震之事 上曰: "予觀三國史 有女行奸 繫於獄 震獄門

得脫而逃." 韓尙德進曰: "今節屬炎夏 氣失其調 天久不雨 凄風

如秋. 臣未知君德之失歟? 時政之故歟?" 上曰: "氣候失調則誠

有日矣 若政事闕失 諫官宜知之 何爲?"曰:"不知也." 尙德曰:

"命令之出 政府承行. 臣等雖或有聞 事已施行 豈有及哉! 前日

請隸諫官于政府者 以此也." 上曰:"若之何而可? 古者 雖曰

門下府郞舍 不與都堂公事矣." 謂黃喜曰:"國初 以諫官爲都堂

首領官者誰歟?" 對曰:"李文和 尹思修 皆以散騎兼經歷." 上

曰:"此非美法 政府首領刀筆任也. 君上動靜 政令得失 皆得規正

者 諫官也 其稱左右 亦指君上也. 雖正言 豈宜委之刀筆! 非所以

尊君上重諫官也." 尙德又曰:"近日臺諫俱以言事罷黜 不特罪止

其身 鞫問相與論議之人. 是以士林相戒 不過諫官之門 至於權貴

家門 禁絶往來. 雖名諫官 焉能得聞!" 上曰:"若諫官之士 言雖

不中 吾不罪之. 曾見貶黜者 皆懷惡之人也. 然予之斷罪 殊甚輕

也." 尙德曰:"殿下言動之間 政敎之施 無一可規. 然不曰政已治

民已安 每當清燕 心自警省曰:'所存之念 何事獲戾于天乎? 所行

之政 何事見咈于民乎?' 非惟懼其已然 亦常慮其將然 則禍患

可消. 古昔聖賢 莫不如此." 上曰:"卿之言是矣." 尙德俯伏不退

上曰:"復有所言乎?" 尙德曰:"去歲凶歉 人所共知. 柳廷顯在

忠清道 厚斂督責 重困百姓. 臣等旣以劾問 適經赦宥 未得請罪.

臣聞 傳曰:'與其有聚斂之臣 寧有盜臣.'③ 自今觀之 盜國財似

重 斂民財似輕. 古人垂戒 其旨深矣." 上曰:"予殊不知如此 但以

廷顯久勞于外 召還耳. 六代言在予左右 尙且不言 予何以知之!"

左代言李慥曰："去歲損實高重 一道人民 皆致飢饉 非止一二人
좌대언 이조 왈 거세 손실 고중 일도 인민 개 치 기근 비지 일이 인

之怨也." 卽召舍人朴剛生 究事之實否以聞. 尙德出 上謂近臣曰:
지 지야 즉소 사인 박강생 구 사지실부 이문 상덕 출 상위 근신 왈

"廷顯不應如是. 安知非鄕愿誣毁之言也?" 又曰："鍊軍隣保量田
정현 불응 여시 안지 비향원 무훼 지언 야 우왈 연군 인보 양전

三事 人所共惡 然我國海寇可慮 烏可廢也?"
삼사 인 소공오 연 아국 해구 가려 오 가폐 야

嚴禁酒令.
엄 금주령

進獻使李文和及權永均等 回自京師. 帝待永均特厚 引入內殿
진헌사 이문화 급 권영균 등 회자 경사 제 대 영균 특후 인입 내전

謂曰："除汝崇班 欲令近侍 然爾妹在此 爾亦不還 老母當有不豫
위왈 제여 숭반 욕령 근시 연 이매 재차 이 역 불환 노모 당유 불예

之情矣. 命爾還國 往謹乃心 恭事國王. 爾不聞古事歟? 毋以
지정의 명이 환국 왕근 내심 공사 국왕 이 불문 고사 여 무이

怠荒 累及朕躬." 及永均朝辭 帝謂之曰："爾再來時 休從海上過
태황 누급짐궁 급 영균 조사 제 위지왈 이 재래시 휴종 해상 과

只從旱路上來. 爾那來的使臣 敎他旱路上來."
지종 한로 상래 이나 내적 사신 교타 한로 상래

永均獻馬一匹 金一錠 銀二錠 綵段綵絹各五匹 錦一匹 沙糖五
영균 헌 마 일필 금 일정 은 이정 채단 채견 각 오필 금 일필 사탕 오

缸 金剛子龍丹短珠各二串 象牙短珠一串. 任添年獻金銀各一錠
항 금강자 용단 단주 각 이관 상아 단주 일관 임첨년 헌 금은 각 일정

綵段二匹 呂貴眞獻綵段三匹 錦一匹 銀一錠 馬一匹 李文命獻
채단 이필 여귀진 헌 채단 삼필 금 일필 은 일정 마 일필 이문명 헌

綵段三匹 錦一匹 金一錠. 上命下金銀于都堂 以供國用. 翼日
채단 삼필 금 일필 금 일정 상 명하 금은 우 도당 이공 국용 익일

崔得霏獻馬一匹 銀一錠 綵段二匹 上只受馬一匹 餘皆還之.
최득비 헌 마 일필 은 일정 채단 이필 상 지수 마 일필 여개 환지

丁卯 雨. 時人相謂曰："聖主輟膳責己 言官犯顔進諫 君臣
정묘 우 시인 상위 왈 성주 철선 책기 언관 범안 진간 군신

交警 天乃卽雨."
교경 천내 즉우

丙辰 雨.
병진 우

遣豊川君沈龜齡如京師. 賀千秋也.
견 풍천군 심구령 여 경사 하 천추 야

日本大內殿使者 周鼎等 詣闕辭 上御正殿 召見而勞之. 且
일본 대내전 사자 주정 등 예궐 사 상어 정전 소견 이 로지 차

別賜大藏經一部 菩提樹葉經一葉 螺鉢鍾磬各一事 祖師眞
懶翁和尙影子 從德雄之求也.

議政府進藥酒 不許. 上曰:"予之止酒 非獨憂旱 亦慮百姓之
飢饉也."④

己巳 視事於廣延樓. 韓尙德啓曰:"今殿下恪勤天戒 至誠所格
時雨霈然. 願尤加戒謹 無或小弛." 上曰:"雨特偶爾." 尙德曰:
"內禁衛軍士 侍衛虛疎 當其入番 皆除式暇服制." 上曰:"是則
未可也." 黃喜曰:"當無事之時 禮節宜倣古文 不可廢也."

上在燕寢謂世子曰:"予痛聞百姓之飢饉." 世子避席曰:"臣聞
百姓因飢有採荣而死者." 上驚曰:"汝推原所聞而來." 世子出 進
宦官輩問之 皆曰:"聞諸道路 未知適是何人也."

命給東北面民豆種. 都巡問使上言以請 命給之 且責其報之晚也.

庚午 李伯剛 偰眉壽 崔兢 回自京師. 眉壽至京 詣禮部呈請免
金銀咨. 後數日 上書趙羾見眉壽發怒 折辱之 且曰:"爾國蒙
帝恩特厚 不宜有此請." 遂批示眉壽曰:"我見蒙欽 差往山西等處
公幹 爾勑文書來 說稱本國不產金銀 欲將別物代貢. 係干有違
洪武年間舊制 我自不敢與恁奏. 恁要奏時 明日早自奏. 我禮部家
不是恁借俉的."

眉壽又言:"給事中胡庸 奉使陝西至寶溪縣 得白雉一雙以獻
稍似馴鵲. 千官畢賀 帝放之西山曰:'此物 何足爲祥!'"

辛未 命除闕內晝點心.
신미 명제 궐내 주점심

以吏曹判書柳亮兼司憲府大司憲 李薈 權遇左右司諫大夫
이 이조판서 유량 겸 사헌부대사헌 이회 권우 좌우 사간 대부

韓尙德司憲執義.
한상덕 사헌 집의

兔山縣牛産二犢.
토산현 우산 이 독

| 원문 읽기를 위한 도움말 |

① 蓋. 이처럼 문장 맨 앞에 蓋가 오면 그것은 앞 문장에 대한 이유나 설명
   개   개
이다. 그래서 옮길 때에도 그냥 '대개'라고 하기 보다는 '이는 대개 ~ 때
문이다'라고 하면 자연스럽다.

② 若世子晏出則. '若~則'은 '~의 경우에는'이라는 뜻이다.
   약 세자 안출 즉 약 즉

③ 與其有聚斂之臣 寧有盜臣. '與其~寧~'은 '~하기보다는 차라리~가 낫다'
   여기 유 취렴지신 녕유 도신
라는 구문이다.

④ 非獨憂旱 亦慮百姓之飢饉也. '非獨~亦~'는 전형적인 '~뿐만 아니라
   비독 우한 역려 백성 지 기근 야 비독 역
~도 또한'이라는 구문이다.

태종 9년 기축년
5월

五月

임신일(壬申日-1일) 초하루에 상이 문소전(文昭殿)에 나아가서 삭전(朔奠)을 행했다.

○ 임첨년(任添年)이 백마(白馬) 1필을 바쳤다.

○ 형조참의 허지(許遲, 1372~1422년)[1]가 글을 올려 스스로를 탄핵했다[自劾]. 그 글은 이러했다.
자핵

'신이 지난해 9월에 충청도 경차관(敬差官)의 명을 받고 상의 뜻을 봉행(奉行)하면서 손실답험(損實踏驗)을 실상에 맞게 해[適中] 전하의 (백성을) 인애(仁愛)하시는 마음을 어기지 않음으로써 민폐(民弊)
적중
[民瘼]를 제거하고자 해 주군(州郡)을 순행(巡行)하면서 친히 스스
민막
로 핵실(覈實-실상 파악)해 일을 공정하게 함으로써 민생(民生)을 두텁게 하려고 힘썼었습니다. (그런데) 이제 들건대 충청도 한 도(道)가 온통 굶주림을 당해 농사지을 겨를이 없고, 거의 죽을 지경에 임해 떠들썩하게 원망하는 소리[嗷嗷之怨]가 간원(諫院)에까지 들려서 책
오오 지 지
임을 감사에게 돌린다고 합니다. 생각건대 감사(-관찰사)는 모든 사

---

1   1414년(태종 14년) 충청도 도관찰사로 재직 중 향리(鄕里)의 풍속(風俗)을 두텁게 하고 인심(人心)을 권면하는 방법으로 이사(里社-마을 사당)의 법을 행하도록 청했다. 1415년(태종 15년) 가뭄이 심할 때 구황을 위해 부족한 수리시설을 축조할 것을 청했다. 1418년(태조 18년) 한성부윤(漢城府尹)이 되고 이어서 대사헌, 이조참판, 형조판서, 이조판서를 역임했다. 1421년(세종 3년) 불교의 폐단에 대한 상소문을 올렸다.

무를 총괄하므로 그 잡무(雜務)의 모든 사의(事宜-일의 마땅함)를 실제로 미뤄 헤아려 다 챙기기[推究]가 어렵습니다. 신이 손실(損實)을 척간(擲奸-간사한 짓을 찾아냄)하는 직임을 맡아 마침내 잘못을 저질렀으니 소신(小臣)을 제쳐두고서 누가 그 허물에 대한 책임을 지겠습니까? 엎드려 바라건대 신의 죄를 밝게 다스려 굶주린 백성들의 분하고 원망하는 심정을 위로하소서.'

상이 말했다.

"듣은 자들이 묻지도 아니하는데 무엇 때문에 (탄핵을) 스스로 청(請)하는가?"

갑술일(甲戌日-3일)에 (명나라 환관인) 태감(太監) 황엄(黃儼), 감승(監丞) 해수(海壽), 봉어(奉御) 윤봉(尹鳳)이 (도성에) 이르니 상이 담채복(淡彩服) 차림으로 백관을 거느리고 모화루(慕華樓)에 나가서 맞이했다. 사신이 창덕궁(昌德宮)에 이르러 칙서(勅書)를 선포했는데 칙서는 이러했다.

'지금 태감 황엄, 감승 해수, 봉어 윤봉을 보내 왕(王)과 왕비(王妃)에게 특별히 예물을 하사하니 이르거든 영수(領受)하라. 국왕(國王)에게는 은(銀) 1,000냥(兩), 저사(紵紗) 100필, 채견(綵絹) 100필, 말 15필, 안장 2부(副)를, 왕비에게는 저사·선라(線羅)·은사사(銀絲紗) 각각 10필, 채견 20필을 특별히 하사한다.'

상이 하사품(下賜品)을 받고 나서 전(殿)에 오르니 엄(儼)이 구두(口頭)로 다음과 같이 성지(聖旨-황제의 뜻)를 선포했다.

"지난해 너희가 저곳에 데리고 와서 바친 여자는 매양 살찐 것은 살찌고, 마른 것은 마르고, 작은 것은 작아서 모두 매우 좋지 못했다. 다만 너희 국왕(國王)의 공경하는 마음[敬心]이 중한 것을 보아서 우두머리 되는 자는 비로 봉(封)할 것은 비(妃)로 봉하고, 미인(美人)으로 봉할 것은 미인으로 봉하고, 소용(昭容)으로 봉할 것은 소용으로 봉해 모두 봉하기를 마쳤다. 왕이 지금 만일 뽑아 둔 여자가 있거든 많으면 두 명, 적으면 한 명을 다시 데리고 오도록 하라."

사신이 태평관(太平館)으로 돌아가니 상이 따라가서 북루(北樓)에서 연회를 베풀었다. 엄(儼)과 수(壽) 등에게는 안마(鞍馬)를 주고, 하륜(河崙) 성석린(成石璘)·이무(李茂)·조영무(趙英茂) 등에게는 채단과 견(絹)을 1필씩 나눠 주었다.

○ 진헌색(進獻色)을 설치해 중외(中外)의 처녀들에게 혼인(婚姻)하는 것을 금지했다.

을해일(乙亥日-4일)에 상이 태평관(太平館)에 나아가 연회를 베풀고 역사(力士)들에게 각각 안마(鞍馬-안장 달린 말)를 내려주었다.

○ 전온(全穩)을 (경상도) 동래(東萊)로, 권수기(權守紀)를 (경상도) 보주(甫州-예천 지역)로, 배둔(裵屯)을 (풍해도) 해주(海州)로, 배온(裵蘊)을 (충청도) 충주(忠州)로 유배시키고, 이숙명(李叔明)에게 장(杖) 100대를 때려 (동북면) 경원부(慶源府)로 유배 보냈다. 애초에 이백강(李伯剛)이 명나라 서울에 갈 때 감찰 전온이 (서북면) 의주(義州)에 이르러 금물(禁物)을 수색해 빼앗아 가지고 돌아와 아뢰었다.

"백강(伯剛)이 가지고 가던 은병(銀瓶) 행기(行器-여행용 그릇)와 최긍(崔兢)이 싸 가지고 가던 입모(笠帽) 20개를 신이 삼가 법에 의거해 거두어 빼앗으니 백강이 노해 말하기를 '은기(銀器)도 금하는데 하물며 금대(金帶)이겠느냐?' 하고서 드디어 풀어두고 갔습니다. 금대는 금물(禁物)이 아닌 까닭에 신이 주관(州官)에게 맡기고 왔습니다."

상이 곧 서북면 도순문사(都巡問使)에게 명해 사람을 시켜 금대(金帶)와 은병 행기(行器)를 싸 가지고 백강을 쫓아가서 주게 했는데 가보니 벌써 멀리 가서 미칠 수가 없었다. 백강이 길에서 영안군(寧安君) 양우(良祐-이양우)를 만나 그 대(帶)를 빌려 가지고 갔었다. 이때에 이르러 대언(代言)에게 명해 온(穩)과 서장(書狀-서장관) 배둔, 압물(押物) 배온, 통사(通事) 이자영(李子暎), 그리고 그때 의주 판관(義州判官)이던 권수기를 불러 한곳에서 캐물었다[憑問]. 둔, 온. 수기 등은 모두 말했다.

＊빙문

"청평군(淸平君-이백강)이, 온이 강제로 금물(禁物)을 빼앗는 데 화가 나 스스로 금대(金帶)를 버리고 갔습니다."

자영(子暎)만이 홀로 이렇게 말했다.

"청평군이 굳이 청했으나 온이 이를 허락하지 않았습니다."

온과 자영이 서로 따지며[相詰] 하늘을 가리켜 맹세하니 끝내 (실상을) 밝힐 수가 없었다. 황희(黃喜)가 아뢰었다.

＊상힐

"죄는 온에게 있습니다."

곧장 온과 수기를 순금사에 가두도록 명하고 뜻을 전해 말했다.

"둔과 온 두 사람은 비록 반쯤 가다가 말긴 했지만 사명(使命)을 받든 노고가 있으니 아직은[姑] 가두지 말라."

＊고

또 말했다.

'지금 가는 행대(行臺) 이유상(李有常)이 소임(所任) 이외에 만일 다른 일을 할 것 같으면 내가 장차 법대로 처치하겠다.'

마침내 말했다.

"내가 어찌 부마(駙馬)를 위해 이러겠는가! 홍서(洪恕)가 갈 적에 수색하여 빼앗은 것이 너무 심했다. 있는 것을 가지고 없는 것을 바꾸는 것이 어찌 그리 해롭겠느냐?"

이윽고[尋] 둔과 온을 모두 순금사에 내렸다. 순금사에서 전온 등을 국문하니 온의 공초(供招)에 이런 내용이 있었다.

'판지(判旨) 외에 금대(金帶)를 잘못 거두었습니다.'

수기 둔 온 등은 애초에 말하기를, 감찰(監察)이 금물(禁物)을 수색하던 날 청평군의 금대를 금침(衾寢) 상자에 넣어 청평군의 종에게 주었더니 이튿날 청평군이 그 상자는 돌려보내고 금대는 내놓고 갔다고 했다. (그런데 이때) 형문(刑問-고문)함에 이르러 모두 그 말을 뒤엎어 온의 꾐에 빠져 납초(納招)를 사실대로 하지 않았다고 했다. 순금사에서 아뢰었다.

"전온의 죄는 『대명률(大明律)』의 '제서(制書)를 받들어 시행함에 있어 이를 어긴 자는 장(杖) 100대에 처한다'는 조문에 해당하고 수기와 둔의 죄는 『대명률(大明律)』에 이르기를 '죄수를 국문함에 있어 증좌인(證佐人-증인)이 실정(實情)대로 말하지 아니하고, 고의로 남을 무고(誣告)해 증거를 대는 자는 죄인보다 2등(等)을 감한다'라고 했습니다."

상이 모두 부처(付處-유배)할 것을 명했다. (사헌부) 집의(執義) 한상덕(韓尙德)이 대궐에 이르러 간언해 말했다.

"전온의 죄는 미혹(迷惑)한 소치이고 본디 악한 마음을 품은 것은 아닙니다. 신은 원방(遠方) 부처(付處)는 지나치다고 생각합니다."

윤허하지 않았다. 둔이 간혔을 때 형조 도관정랑(刑曹都官正郞) 이숙명(李叔明)이 옥중(獄中)에 찾아와 그에게 말했다.

"자네가 비록 이 지경에 이르렀으나 사림(士林)들이 반드시 뒷 의견[後議]이 있을 것이다. 또 순금사(巡禁司)에서는 다만 성지(聖旨)만을 받들 뿐, 마음대로 할 수 없을 것이다."

순금사(巡禁司) 사직(司直) 심구린(沈龜麟)이 마침[適] 이 말을 듣고 그 내용을 보고하니 상이 말했다.

"내가 전온에게 비록 관용(寬容)을 베풀지라도 유사(攸司)를 맡은 자는 마땅히 온이 임금을 속인 죄를 청해야 할 것인데 이미 이 같지 않았으니 비록 헌사(憲司)에 내릴지라도 누가 능히 국문(鞫問)하겠는가? 육조(六曹)와 대간(臺諫)으로 하여금 잡치(雜治)[2]하게 하는 것이 마땅할 것이다."

이에 병조판서 이천우(李天佑), 의정부지사 설미수(偰眉壽), 좌대언(左代言) 안등(安騰), 형조참의 허지(許遲), 우사간(右司諫) 권우(權遇), 집의(執義) 한상덕(韓尙德) 등에게 명해 숙명(叔明)이 사림에서 논의할 것이라고 한 이유를 국문하게 했다. 순금사에서 아뢰었다.

"숙명의 죄는 율(律)에 정조(正條-정확한 해당 조항)가 없으니 '관리인(官吏人)들이 사정(私情)을 끼고 공(公)을 속이고 망령되이 이의(異

---

2 나라에서 중죄인(重罪人)을 심문할 때 대간(臺諫)의 관원과 육조(六曹)의 관원이 합동으로 심문하던 일을 말한다. 이때 위관(委官-재판장)은 임금이 임시로 임명했다. 나중에는 육조(六曹)에서 형조(刑曹)만이 참여하게 돼 삼성잡치(三省雜治)라는 말이 생겼다.

義)를 내어 성법(成法)을 어지럽힌 경우 참형(斬刑)에 처한다'는 조문
에 의거해야 할 것입니다."

1등을 감해 시행하여 장(杖) 100대를 쳐서 경원부(慶源府)로 유배
보낼 것을 명했다.

병자일(丙子日-5일)에 문소전(文昭殿)에 친히 전(奠)을 올렸다.

○ 의정부에서 술을 올릴 것을 다시 청하자 허락했다.

정축일(丁丑日-6일)에 상이 인덕궁(仁德宮)에 나아가 문병했다.

○ 봉어(奉御) 윤봉(尹鳳)이 돌아갔다. 봉(鳳)은 풍해도(豊海道) 서
흥현(瑞興縣) 사람이다. 어머니가 죽어 해를 넘기도록 장사지내지 못
해 봉이 먼저 가서 그 어미를 장사지내고 돌아가려 하니 상이 백관
(百官)을 거느리고 모화루(慕華樓)에서 전별하고 한성 윤(漢城尹) 김
겸(金謙)을 반송사(伴送使)로 삼고 풍해도 도관찰사에게 명해 그 어
미를 두텁게 장사지내 주도록 했다. 봉이 자신의 여러 형제들에게 벼
슬을 주도록 청하니 모두 서반(西班-무반)의 사직(司直)이나 사정(司
正)을 제수하고 각각 이전의 자급(資給)에서 한 급(給)을 더해 주었
는데 모두 10여 인이었다.

○ 상이 (모화루에서) 돌아와 태평관(太平館)에 이르러 황엄(黃儼)
등을 만나보았다. 해수(海壽)가 은밀히 이무(李茂)에게 일러 말했다.

"지난해 엄이 사명(使命)을 받들고 왔을 때 뇌물로 받은 안장
[鞍子]과 신물(新物)이 매우 많았는데 제(帝)께서 이미 알고 있습
안자
니다. 지금 또 전과 같이 한다면 내가 마땅히 아뢸 것입니다. 주는

자[與者]나 받는 자[受者]나 모두 죄가 있습니다."

 기묘일(己卯日-8일)에 큰비가 내려 물이 불어서[水漲] 교량(橋梁)이 죄다 허물어지고 성안에 익사자가 2명이었다. 소격전(昭格殿)이 있는 서동(西洞)의 산이 무너져 해괴제(解怪祭)를 지낼 것을 명했다.

 ○ 도당(都堂)에 명해 말했다.

 "이번에 수재(水災)가 매우 심하니 기근(饑饉)이 반드시 찾아올 것이다. 이에 쓸데없는 비용[冗費]을 줄일 조건들을 토의하고 헤아려[議裁] 아뢰라."

 ○ 강화(江華)의 마니산(摩尼山), 길상산(吉祥山), 진강산(鎭江山)이 무너졌다.

 경진일(庚辰日-9일)에 완성군(完城君) 이지숭(李之崇)과 원평군(原平君) 윤목(尹穆)을 보내 경사(京師)에 가게 했다. 은혜를 베풀어준 것에 사례하고 겸하여 흰 꿩의 상서로움을 하례하기 위함이었다.

 ○ 집의(執義) 한상덕(韓尙德)에게 명해 군자감(軍資監)의 원리(員吏-관리)가 공두(貢豆)를 수납(收納)하지 않아 모두 썩거나 젖게 한 죄를 캐묻게[劾問] 했다.

 ○ 침장고 제거(沈藏庫提擧) 손원유(孫原裕), 별좌(別坐) 성수경(成守卿), 별감(別監) 강위(姜諱)를 순금사에 내렸다. 새로 난 참외를 여러 전(殿)에 바치고 문소전(文昭殿)에만 빠뜨렸기 때문이었다. 조금 뒤에[旣而] 놓아 주었다.

임오일(壬午日-11일)에 동문(東門)에 영제(禜祭)[3]를 행하고 남문(南門) 서문(西門) 북문(北門)에서 차례로[以次] 행했다.
                                                      이차

○ 개성유후사 교수관(開城留後司敎授官) 장자수(張子秀)에게 저포(紵布) 마포(麻布) 2필씩을 내려주었다. 태평관(太平館)의 누벽(樓壁)에 그림을 그린 때문이다.

○ 봉상부령(奉常副令) 이백전(李百全)이 면직됐다. 상이 모화루(慕華樓)에 행차할 때 백전(百全)이 시신(侍臣)으로서 호가(扈駕)했는데 태평관(太平館) 앞길에 돌아가는 굽은 곳이 있어서 대가(大駕)가 가까이 이르자 모두 말에서 내렸으나 백전은 노쇠(老衰)하여 미처 내리지 못했고 시좌소(時坐所)에 돌아오자 중로(中路)에서 물러가고 시신(侍臣)의 반열(班列)에 끼지 못했다. 사간원에서 (그 죄를) 논하여 파면시켰다.

계미일(癸未日-12일)에 상이 태평관(太平館)에 나아가 사신(使臣)에게 연회를 베풀고 두 사람에게 안마(鞍馬)를 내려주고 궁으로 돌아왔다. 어마(御馬)가 제대로 길들지 못했다고 해 겸 사복정(司僕正) 문천봉(文天奉), 판사(判事) 고신부(高臣傅), 환자(宦者) 한문직(韓文直)을 순금사에 가뒀다가 얼마 뒤에 풀어주었다.

갑신일(甲申日-13일)에 군자감(軍資監) 전목(全穆)을 (경상도) 양주(梁州-양산)로, 주부(注簿) 여의(呂儀)를 고령(高靈)으로 유배 보냈다.

---

3   비가 그치기를 비는 제사로 기청제(祈晴祭)라고도 한다.

애초에 의정부에서 충주(忠州) 경원창(慶原倉)의 콩 8,776석을 운반해 서울 안 사람들에게 환납(還納)으로 지급하려고 했는데 용산강(龍山江)에 이르자 군자감에서 운반해 들이기를 꺼려 강가에 노적(露積)해 두기를 청하니 정부에서도 그렇게 하라고 했다. 군자감에서 그대로 미뤄두고 나눠 주지 않다가 마침 강물이 갑자기 불어 8,000석의 콩이 모두 물에 잠겨 혹은 싹이 나고 혹은 썩기도 해 모두 먹지 못하게 됐다. 정부에서 걱정해 각 품(品) 관리들에게 나눠 줄 것을 청하니 그대로 따랐다. 이때에 이르러 사헌부에서 말씀을 올렸다.

"전목과 여의는 장맛비가 장차 내릴 때를 맞아 충주의 공두(貢豆)를 즉시 거둬들이지 아니해 썩게 했습니다. 청컨대 율에 의거해 논죄해야 할 것입니다."

을유일(乙酉日-14일)에 이조(吏曹)와 병조(兵曹)에 명해 동반(東班-문반)과 서반(西班-무반)의 생기(省記)[4]를 나눠 담당하게[分掌] 했다. 사간원에서 각사(各司)의 숙직하는 관원[直宿官]을 고찰(考察)하는 것이 옛 제도인데, 형조정랑 조유인(曹由仁)이 법관(法官)으로서 서명(署名)하려 하지 않으니 간원(諫院)에서 이를 탄핵해 아뢰었다. 의정부에 내려 깊이 토의하게 하니 의정부에서 말했다.

"형조(刑曹)는 형(刑)을 맡을 뿐이며 대간(臺諫)에 의견을 낼 수 없

---

4   이조와 병조(兵曹)에서, 각사(各司)에 입직(入直)하는 관원과 각영(各營)·각문(各門)에 수직(守直)하는 장사(將士)의 이름을 열기(列記)하여 승정원(承政院)에 올리던 서면을 말한다.

으니 유인(由仁)이 잘못입니다. 그러나 생기(省記)의 감신(監申)[5]은 이전에 문하부(門下府)에서 궐내(闕內)의 일품아문(一品衙門)이 이를 주관했는데, 지금은 따로 간원(諫院)을 두었으니 예전대로 하는 것은 마땅치 않습니다. 동반(東班) 서반(西班)의 생기를 이조와 병조로 하여금 나눠 맡게 하는 것이 마땅합니다."

그것을 따르고 조금 뒤에 유인에게 벼슬에 나오도록 명했다. 사간원에서 아뢰어 말했다.

"본원(本院)은 인주(人主)의 귀와 눈입니다. 문하부 때부터 궐내(闕內)에 입직(入直)해 각사(各司)의 담당 생기를 감신(監申)했습니다. 지금 이조로 하여금 그 임무를 맡게 하고 본원(本院)에서도 각사(各司)의 예(例)에 따라 생기를 이조에 바치게 한다면, 전하가 구별(區別)하여 위임(委任)하신 뜻에 어그러짐이 있습니다. 바라건대 본원(本院)이 상직하는 관원의 직명(職名)은 승정원(承政院)의 단자(單子)에 거듭 포함해 보고해야 할 것입니다."

그것을 따랐다.

병술일(丙戌日-15일)에 상이 문소전(文昭殿)에 나아가 망제(望祭)를 행했다.

무자일(戊子日-17일)에 광연루(廣延樓)에 나아가 권영균(權永均) 임첨년(任添年) 등 5인을 불러 만나보고[引見] 승정원에 명해 음식을

─────────

5   챙겨서 보고하는 것을 말한다.

대접하도록[饋之] 했다.
_{궤지}

○ 충청도 수군도절제사 유습(柳濕, 1367~1439년)⁶이 면직됐다. 경차관(敬差官) 강종덕(姜宗德)이 돌아와 아뢰었다.

"습(濕)이 폐단을 짓는 것[作弊]이 많아 백성들이 매우 괴로워합_{작폐}니다."

상이 말했다.

"습은 무인(武人)인지라 마땅히 그러한 지경에 이르렀을 것이다."

의정부에서 인하여 논했다.

"습이 마음대로 영진(營鎭)을 떠나 산과 들에서 사냥하고 불법(不法)으로 집을 지으며 공장(工匠)들을 사사로이 사역시켰으니 율(律)에 의하면 장(杖) 100대에 도(徒-징역) 3년에 해당합니다."

상이 다만[止=只] 사마(私馬)로 상경(上京)하게 했다.
_{지 지}

○ 풍해도 병마도절제사 김계지(金繼志, ?~1410년)⁷가 면직됐다. 경

---

6 아버지는 고려말 시중 유탁(柳濯)이다. 음보로 합문 인진사(閤門引進使)가 되었다. 조선
   건국 후 태조의 꿈에 유탁이 나타나 아들에게 관직을 줄 것을 청했다 하여 과의상장군
   (果毅上將軍)에 특진됐다. 태종 때에는 원종공신이 되어 예조·형조·병조·이조의 전서(典
   書)를 역임한 뒤에 전라·충청·평안도의 도절제사를 역임했다. 이어 좌군동지총제(左軍同
   知摠制) 경기우도도총제 호분시위사총제 개천도감제조(開川都監提調) 별사금제조(別司禁
   提調) 등을 역임하고, 1414년에는 하정사로 명나라에 다녀왔다. 1418년 평안도 도절제사
   에 이어 1419년(세종 1년)에는 좌군도절제사로서 이종무(李從茂) 등과 함께 대마도정벌에
   공을 세우기도 했다.
7 1403년(태종 3년) 안변부사 조사의(趙思義)가 난을 일으키자 안변에 파견되어 교서를 반
   포하고 민심을 위무했다. 1406년 좌군총제(左軍摠制) 재직 중 조사의의 난 평정에 기여
   한 공으로 군공 1등에 등제되면서 토지와 노비를 하사받았고, 곧 전라도병마도절제사로
   파견됐다. 1407년 삼군총제서로 명나라에 관마진헌을 위한 진헌관마색(進獻官馬色)이 설
   치되면서 그 제조(提調)를 겸임했다. 1408년 전라도 도절제사 때에 천거한 만호 박광계
   (朴光桂) 허승량(許承亮)이 탐관오리로 죄를 받게 되자 천거의 책임을 추궁당한 뒤 면직
   됐다. 그러나 곧 풍해도(지금의 황해도) 병마도절제사 겸 판해주목사에 기용됐고, 이때인

차관 한옹(韓雍)이 풍해도에서 돌아와 말씀을 올렸다.

"도관찰사 함부림(咸傅霖)이 금령(禁令)을 어기고 인보(隣保)에 추가로 나타난 인구(人口)를, 마음대로 50명을 추려 뽑아 새로 만든 병선(兵船)에 나눠 타게 했고 계지(繼志)는 함부로 사냥을 하고 원래의 군인 정원 외에 마음대로 30명을 더해 자제패(子弟牌)를 만들어 부방(赴防)하게 했으며 풍주량 만호(豐州梁萬戶) 박귀봉(朴貴俸)과 아랑포 만호 최안해(崔安海)는 공물(貢物)을 준비한다고 핑계대고 초도(椒島)에서 군인을 조발(調發)해 때 아닌 사냥을 했습니다.'

의정부에 내리니 정부에서 조율(照律)했다.

"부림(傅霖)은 신상(申上-위에 복명하는 것)해야 할 것을 신상하지 아니한 죄로 태(笞) 40대에 해당하고, 계지는 정원(定員) 외에 함부로 군병(軍兵)을 충당한 죄로 장(杖) 100대에 해당하고, 귀봉(貴俸)과 안해(安海)는 마음대로 군사를 내어 산과 들에서 사냥한 죄로 태(笞) 40대에 해당합니다."

상이 말했다.

"부림은 논하지 말고, 계지는 사마(私馬)로 상경(上京)하게 하고, 귀봉과 안해는 율(律)대로 시행하라."

계지가 죄를 얻게 되자 (풍해도) 도사(都事) 허성(許誠, 1382~1442년)[8]

1409년 전렵군(田獵軍)의 수를 가정(加定)하고 자제패(子弟牌)를 만든 뒤 이들의 부방(赴防)을 면제하게 한 일로 다시 면직됐다. 그 전국에 걸친 11도 병마도절제사의 설치와 함께 다시 강원도 병마도절제사에 서용됐다. 무예에 능했고, 태종의 신임을 받으면서 내외의 군정에 기여한 바 많았다.

8   1402년(태종 2년) 문과에 동진사(同進士)로 급제해 예문관검열을 거쳐 사간원 우정언이 됐다. 그 뒤 형조·예조·병조의 좌랑을 거쳐 1411년 지평에 올랐다. 곧 공조정랑에 올랐

도 서울로 돌아왔다. 상이 성(誠)을 불러 뜻을 전해 말했다.

"경술(經術)이 있는 선비를 뽑아 보좌관[佐貳官]으로 삼는 것은 장수(將帥)의 실수를 구원하기 위한 것이다. 유자(儒者)는 군상(君上)의 잘못에도 바른 말을 하고자 하는데 너만은 어찌하여 계지를 깨우쳐 주는 말 한마디가 없었느냐?"

기축일(己丑日-18일)에 상이 인덕궁(仁德宮)에 나아갔다.

○ 전 호군(護軍) 박모(朴謨)를 외방(外方)에 유배 보냈다. 모(謨)가 평양군(平壤君) 조대림(趙大臨)에게 일러 말했다.

"예전에 공께서 대사(大事)를 모의(謀議)하면서 어찌 인해(仁海-목인해)하고만 모의하였소?"[9]

대림(大臨)이 은밀히 보고하니 곧바로 외방 부처(外方付處)하도록 명했는데 바깥 사람들은 그 까닭을 알지 못했다.

경인일(庚寅日-19일)에 태백성(太白星)이 낮에 보였다.

○ 세자 제(禔), 효령군(孝寧君) 보(補), 충녕군(忠寧君) 【지금 임금의 이름】, 막내 아들 종을 불러 화목(和睦)하는 도리를 일깨워주고 말을

고, 장령이 됐다. 1421년(세종 3년) 지사간원사(知司諫院事)가 되고, 우사간과 동부대언(同副代言)을 거쳐 지신사(知申事)가 됐다. 1431년에 대사헌에 올랐고, 곧이어 형조참판과 예조참판을 지낸 뒤 경기도 도관찰사가 됐다. 1435년 예조판서에 올랐으나 병으로 사임했다. 이듬해 동지중추부사가 되고, 1438년 중추원사를 거쳐 이조판서가 됐다. 1440년 예문관대제학에 이르러 병으로 사임했다. 성격이 강직하고 불의를 못 참았으며 총명함으로 왕의 총애를 받았다고 한다.

9 왜 자기하고는 상의하지 않았느냐는 뜻이다.

마치자 마침내 눈물을 주르르[泫然] 흘렸다. 이는 대개 민씨(閔氏)가
일찍이 전제(剪除)할 뜻을 가졌던 데에 마음이 상했던 까닭이다. 황
희(黃喜)에게 일러 말했다.

"너는 구신(舊臣)이므로 나의 뜻을 미뤄 알 것이다[揣知]."

세자 이하가 모두 눈물을 흘렸다. 황희가 물러가니 상이 세자로
하여금 전문(殿門)까지 전송하도록 했다. 희(喜)가 세자에게 다음과
같이 일렀다.

"오늘 부왕(父王)께서 일깨워주신 뜻을 잊지 않으면 실로 조선(朝
鮮) 만세(萬世)의 복(福)이 될 것입니다."

○ 상이 태평관(太平館)에 나아가 사신(使臣)에게 연회를 베풀었다.

○ 중관(中官)을 보내 뜻을 전해 (부친상 중인) 길천군(吉川君) 권규
(權跬)를 기복(起復)하게 했다. 규(跬)가 군사를 거느리기 때문이다.

○ 사헌부대사헌 유량(柳亮) 등이 조순화(趙順和)와 손효종(孫孝宗)
의 죄를 청했다. 소(疏)는 이러했다.

'가만히 보건대 죄인 조순화, 손효종 등이 지금까지 도망하여 나타
나지 않고 있는데 만약 은밀히 도모(圖謀)하게 되면 화(禍)를 헤아릴
수 없을 것입니다. 바라건대 그 아내와 형제를 잡아다 관가에 넘기고
그 죄를 밝게 바로잡아야 할 것입니다.'

소(疏)를 대내(大內)에 머물러 두었다.

신묘일(辛卯日-20일)에 이지성(李之誠)[10]을 (경상도) 용궁(龍宮-예천)

---

10 하륜이 그의 고모부다.

으로 유배 보냈다. 사헌부에서 소를 올려 말했다.

'이지성이 불충한 말[大言語]을 했으니 죄를 용서해서는 안 되는
데 전하께서 지방 고을에 가서 살게 했으니 은혜가 지극히 두텁습
니다[渥=厚]. 법사(法司)에서는 그 이유를 알지 못해 감히 죄를 청하
지 못했습니다. 이 사람으로서는 상의 은덕에 감격해 마땅히 허물을
뉘우치고 좋은 사람이 되려고 끊임없이 노력해야 할 것인데 이를 생
각지 않고 경사(京師)에 들어와 권귀(權貴)들에게 분경해 조반(朝班)
에 초배(超拜-특진 제수)됐습니다. 무릇 죄가 있어도 벌을 주지 아니
한다면 악한 일을 하는 자가 어떻게 징계됨이 있겠습니까? 바라건대
직첩(職牒)을 거두고 그 죄를 국문(鞫問)해 상벌(賞罰)의 대전(大典)
을 밝게 보임으로써 간궤(奸軌)한 무리를 징계해야 할 것입니다.

또 듣건대 박모(朴謨)를 다만 외방(外方)에 유배시켰다고 하니 이
것 또한 죄가 방헌(邦憲-국법)에 관계되는 것이온데 법사에서는 그
이유를 알지 못합니다. 엎드려 바라건대 아울러 유사(攸司)에 내려
그 죄를 국문해 죄인으로 하여금 그 간사한 행동을 숨기지 못하게
해야 할 것입니다. 죄를 처벌하는 법이 지성(之誠)에게 밝지 못했기
때문에 박모의 간사한 행동이 오늘날에 다시 생긴 것입니다. 엎드려
바라건대 전하께서 유의(留意)하셔야 합니다. 또 서리(書吏)를 보내
지성의 집을 수직(守直)하게 해야 할 것입니다.'

가르쳐 말했다.

"지성은 외방(外方)에 안치(安置)하고 박모는 이미 안치(安置)했으
니 논하지 말라."

이에 다만 지성에게서 중훈(中訓-종3품 중훈대부)의 직첩(職牒)을

거두고 용궁(龍宮)으로 안치(安置-유배)했다. 모(謨)가 유배될 때 상이 말했다.

"이 사람이 바로 지성이로군!"[11]

이숙번(李叔蕃)이 아뢰어 말했다.

"지성은 이미 중훈(中訓) 사재감행사직(司宰監行司直)을 받았습니다."

상이 말했다.

"지성의 초천(超遷)은 내가 한 것이 아니다."

이무(李茂)가 대궐에 이르러 사죄(謝罪)하여 말했다.

"신이 늙어서 사람을 천거(薦擧)하는 데 잘못이 있었습니다."

상이 좌대언(左代言) 이조(李慥)를 힐책했다.

"네가 지병조(知兵曹)[12]가 되어 죄가 있는 자를 초천(超遷)한다면 공(功)이 있는 자는 무엇으로 상(賞)을 줄 것이냐?"

조(慥)가 말했다.

"지성의 초천은 신이 알지 못하는 일입니다."

상이 말했다.

"네 나이가 어리니 어찌 알 수 있겠느냐!"

○ 임첨년(任添年)이 경사(京師)에 입조(入朝)했다. 사은(謝恩)하기 위함이었다.

---

11 태종은 지성이 누구인지를 잘 몰랐다는 뜻이다.
12 육대언 혹은 육승지는 각각 육조의 업무를 나눠 맡고 있었다. 여기서 좌대언은 병조의 업무를 맡고 있었기 때문에 병조를 담당한다[知]해서 이렇게 말한 것이다.

임진일(壬辰日-21일)에 비가 내렸다.

○ 개경사(開慶寺)에서 법회(法會)를 베풀었다. 이날 상이 건원릉(健元陵)에 나아가 제사를 행하고 또 법회를 보려고 했는데 소상(小祥)이 가까웠기 때문이다. 어가(御駕)가 흥인문(興仁門) 밖에 이르니 후자(候者-망꾼)가 돌아와서 말했다.

"송계원(松溪院) 서천(西川)의 물이 불어서 건널 수 없습니다.'

이에 그냥 돌아왔다.

○ 사헌부에서 전목(全穆), 여의(呂儀) 등의 죄를 청했다. 계문(啓聞)은 이러했다.

'신 등이 전일에 군자감(軍資監) 행수장무(行首掌務)의 죄를 논했으나 다만 부처(付處-유배형)에 처하셨습니다. 그러나 마음을 다하지 아니해 국용(國用)을 축냈으니 죄는 중(重)하고 벌은 경(輕)합니다. 환납(還納)으로 진제(賑濟)하여 나눠 준 수량을 제외하고 실제 회계 상 없어진 콩이 2,262석(石) 4두(斗)입니다. 율문(律文)을 상고하면 "재물을 적취(積聚)함에 있어 주수인(主守人-담당자)이 법대로 안치(安置)하지 아니하여 손실(損失)을 가져오게 한 자는 손실된 물건을 계산해 장물죄(贓物罪)로 논하고, 그 손실된 물건의 배(倍)를 징수하여 관(官)에 환납(還納)시킨다"라고 했으니 그때의 관원(官員) 전목(全穆) 여의(呂儀)와 직장(直長) 여계(呂稽)를 율문(律文)에 의거해 징납(徵納)해야 할 것입니다.'

상이 그 반액을 징수하도록 명했다. 헌부(憲府)에서는 애초에 그 죄만을 청했었는데 군자감에서 정부(政府)에 보고해 이를 징수하고자 한다는 소문을 듣고 마침내 먼저 이 소(疏)를 올렸던 것이다. 하륜(河崙)이 대궐에 이르러 아뢰었다.

"전목(全穆)은 신의 처조카입니다. 사헌부에서 국용(國用)을 썩게 한 죄를 논해 이를 파직(罷職)시켜 부처했는데 이제 또 없어진 콩[耗豆]을 징수하기를 독촉하니 졸지에 준비하기[卒辦]가 어렵습니다. 바라건대 가을까지 기다려서 징납(徵納)하도록 해야 할 것입니다."

그것을 따랐다.

○ 권규(權踦, 1393~1421년)[13]가 전(箋)을 올려 기복(起復)을 사양했으나 허락하지 않았다. 상이 규(踦)의 전을 보고서 말했다.

"규가 나이가 어리고 학식도 없는데 이는 반드시 그 형제들이 시킨 것이다."

규가 말했다.

"전(箋)은 비록 신의 손에서 나온 것이 아니나 상(喪)을 (끝까지) 마치는 일은 신의 본뜻입니다."

상이 말했다.

"네가 상을 마치고자 하는 것은 잘못이 아니다. 그러나 기복(起復)하라는 명이 어찌 구차스런 일[苟]이겠느냐? (나의) 여러 아들이 모

---

13 아버지는 찬성(贊成) 권근(權近)이다. 1404년(태종 4년) 태종의 3녀 경안공주(慶安公主)와 결혼해 길천군(吉川君)에 봉해졌다. 1407년 호분위상호군(虎賁衛上護軍)을 거쳐 이듬해 겸우군도총제(兼右軍都摠制)가 되었다. 1413년 명나라 성조(成祖)의 동정을 탐문하기 위해 지의정부사(知議政府事) 여칭(呂稱)과 함께 명나라에 가서 성조로부터 구마(廐馬) 3필, 견단(絹段) 각각 8필씩을 하사받고 돌아왔다. 1416년 길창군(吉昌君)으로 다시 봉작되고 1418년에 의용위절제사(義勇衛節制使)가 되었다. 1421년 29세에 죽자 3일 동안 조회를 중지했다. 품성이 온후하고 매우 겸손했다.

두 어리고 네가 조금 크기 때문에 병권(兵權)을 준 것이다."

이에 규가 비로소 일어나 직무에 나아갔다[就職].
취직

계사일(癸巳日-22일)에 (경기도) 적성현(積城縣) 감악산(紺岳山)의
신당(神堂) 남쪽 봉우리의 돌이 무너졌는데, 길이가 87척이고 너비가
38척이었다.

을미일(乙未日-24일)에 상이 참최복(斬衰服-3년 상복) 차림으로 문
소전(文昭殿)에 나아가 소상제(小祥祭)를 거행했다. 연복(練服) 차림
으로 바꿔 입고 사헌부 집의(執義) 한상덕(韓尙德)으로 하여금 연주
(練主-신주)를 쓰게 해 신좌(神座)에 봉안(奉安)하고, 상주(桑主)[14]는
병처(屏處)[15]에 묻고 궁으로 돌아왔다. 애초에 제주(題主)의 법식을
의논하니 하륜(河崙)이 말했다.

"새겨서 도금(塗金)해야 합니다."

성석린(成石璘)이 말했다.

"새 신주에 글씨를 쓰면 이미 신(神)이 되는데 이를 새기는 것은 불
가(不可)하지 않겠습니까! 새겨서 도금(塗金)한다는 말은 예전에 듣
지 못했습니다."

예관(禮官)이 이를 아뢰니 상이 석린(石璘)의 말을 따랐다.

---

14 연주(練主)를 만들기 전에 사용하는 뽕나무 신주(神主)를 가리킨다.
15 사마광의 『자치통감(資治通鑑)』에 의하면 "병처(屏處)는 막히거나 가려진 곳으로서 사람
   이 잘 보지 못하는 곳이다"라고 했다.

○ 의용 순금사(巡禁司) 호군(護軍) 박미(朴楣)가 조순화(趙順和)를 (풍해도) 영강현(永康縣)에서 잡아 왔다.

병신일(丙申日-25일)에 황엄(黃儼)과 해수(海壽)가 돌아가니 상이 모화루(慕華樓)에 나가서 전송했다. 상이 엄(儼)과 더불어 설미수(偰眉壽) 및 조공(趙玒)의 일에 대해 말하고, 또 지난해에 뽑은 (그러나 명나라에 바치지 않은) 처녀들에게 시집가는 것을 허락해달라고 말하니 엄이 허락했다.

○ 전 상호군(上護軍) 조말통(趙末通)과 상호군 차지남(車指南)을 순금사(巡禁司)에 가두었다. 말통(末通)은 순화(順和-조순화)와 사촌[堂] 형제로서 사실을 알면서도 이를 고(告)하지 아니한 때문이며 지남(指南)은 사금(司禁)[16]의 장(長)으로서 어가(御駕) 앞에서 함부로 신정(申呈)[17]하는 것을 금하지 못한 때문이었다.

정유일(丁酉日-26일)에 상이 건원릉(健元陵)에 나아가 별제(別祭)를 거행했다. 차지남(車指南)을 풀어주어 그로 하여금 어가(御駕)를 따르도록 했다. 상이 능실(陵室)을 둘러보고 성석린(成石璘)이 쓴 비문(碑文)을 보면서 말했다.

"7순(旬)이 넘은 이의 필력(筆力)이 이와 같으니 후세 사람이 이를

---

16 임금의 어가(御駕)를 수종하면서 일반 잡인(雜人)의 범접(犯接)을 막던 군사다. 태조 3년(1394년)에 종래의 차사올(車沙兀)을 고친 이름인데, 1418년(태종 18년)에 다시 사엄(司嚴)으로 고쳤다.

17 진정하는 것을 말한다.

보면 어찌 탄복하지 아니하겠는가!"

무술일(戊戌日-27일)에 일본(日本) 지좌전(志佐殿) 객인(客人)이 와서 토산물을 바쳤다.

○ (강원도) 금성 현령(金城縣令) 민인생(閔麟生)이 파직됐다. 인생(麟生)이 강릉(江陵) 관기(官妓) 소매향(小梅香)을 데리고 부임하니 관찰사 윤사수(尹思脩)가 (그 죄를) 논해 파직시켰다.

기해일(己亥日-28일)에 순금사(巡禁司)의 관원을 (강원도) 이천(伊川)에 보내 손효종(孫孝宗)을 숨겨 준 사람을 추핵(推覈)하게 했다. 풍해도 도관찰사(豐海道都觀察使) 함부림(咸傅霖)이 아뢰었다.

'손효종이 이천현(伊川縣)에 있는 동복 누이인 기전룡(奇田龍)의 처(妻) 집에 도망쳐 숨어 있습니다.'

의정부에서 순금사 관원 한 사람을 보내 숨겨준 사람을 조사해 심문할 것을 청했다. 관원이 가서 보니 효종이 갑자기 죽어서 이미 나흘이나 지났다.

경자일(庚子日-29일)에 태백성(太白星)이 낮에 이틀 동안 보였다.

○ 상이 인덕궁(仁德宮)에 나아가서 문병(問病)했다.

○ 충청도 도관찰사 안노생(安魯生)을 영주(寧州-천안)에 가둘 것을 명했다. 애초에 노생은 의정부에 이렇게 보고했다.

'본도(本道) 55고을의 수령(守令)이 정보(呈報-보고)한 것에 의하면 무자년(戊子年-1408년)에 한재(旱災)로 흉년이 아주 심하여 벼가 제

대로 자라난[蹬] 것이 없었고, 또 채녀(採女)[18]로 인해 대소 인가(大
小人家)에서 놀라고 소동(騷動)하지 아니한 집이 없어 사람들 가운데
실농(失農)한 자가 자못 많습니다. 또 산릉(山陵)의 역사에 나가는
데 걸핏하면 여러 달이 걸려서 백성들의 굶주림이 지독합니다. 전에
감사가 겨울부터 봄까지 새로 병선(兵船)을 만들었으므로 백성들이
편안히 쉬지 못했고, 또 조세(租稅)를 거두는 때가 되면 흉년인 것을
돌보지 아니하고 반드시 많이 거둬들이고 백성에게 꾸어준 곡식을
기한 내에 다 거두었으므로 굶주린 백성들이 괴로워하고, 한 지방이
원망합니다. 바라건대 금년 공맥(貢麥)의 수량을 예전 액수에 구애하
지 말고 실제 수량에 좇아서 수납(收納)하여 이 백성들의 굶주림을
구제하여 길이 생민(生民)을 살리도록 해야 할 것입니다.'

정부에서 아뢰니 상이 생각하기를 한상덕(韓尙德)이 항상 유정현
(柳廷顯)을 배척해 백성들을 착취하는 신하[聚斂之臣]라고 했는데
　　　　　　　　　　　　　　　　　　　　취렴지신
이제 노생(魯生)이 또 이러한 말을 한다고 해 정부로 하여금 핵실(覈
實)하게 하니 정부에서 말씀을 올렸다.

"호조(戶曹)의 손실도목장(損實都目狀)[19]을 참고하건대 충청도의 금
년 기전(起田-경작지)은 15만 결(結)인데 손급(損給)한 것이 5만 결이
므로 바로 3분의 1을 감면한 것입니다. 노생이 반드시 많이 거두었다
고 보고한 것은 사실이 아닙니다. 또 55고을의 수령이 반드시 모두

---

18 처녀를 뽑는 일을 가리킨다.

19 호조(戶曹)에서 조세를 매기는데 자료로 삼기 위해 각도 고을의 곡식의 손실(損實)된 상
　　황을 총괄적으로 기재해 보관하던 장부를 말한다.

정장(呈狀)하지 아니했을 것이니 모조리 상부(上府)로 하여금 그 진위(眞僞)를 상고하게 해야 할 것입니다."

상이 그것을 따랐다. 사헌부지평 유면(兪勉)을 불러 말했다.

"노생이 55고을에서 보고한 것이라고 핑계를 대는데 정부가 주현(州縣)에서 보고한 것을 가져다가 맞춰 보니 일찍이 이처럼 심하지는 않았었다. 그러므로 노생이 몽롱(朦朧)하게 계문(啓聞)한 죄를 (정부가) 청했다. 너희 헌부(憲府)는 규탄하는 직책을 맡았으니 핵실(覈實)하여 아뢰는 것이 좋겠다."

노생을 영주(寧州)에 가두도록 명했다. 상이 말했다.

"감사로서 그 도(道)에서 갇히게 되면 반드시 깊이 욕이 된다고 생각할 것이다."

신축일(辛丑日-30일)에 민여익(閔汝翼)을 충청도 도관찰사로 삼았다.

○사헌부에서 병조(兵曹)의 죄를 청했다. 헌부에서 우정승(右政丞) 이무(李茂), 병조판서 이천우(李天祐), 한평군(漢平君) 조연(趙涓), 좌대언 이조(李慥)를 탄핵하고 서리(書吏)를 보내 수직(守直)했다. 올린 소(疏)는 이러했다.

'신 등이 가만히 생각건대 오직 임금만이 복록(福祿)[20]을 주고, 오직 임금만이 위엄(威嚴)[21]을 베풀고, 신하는 복록을 줄 수 없고 위엄을 베풀 수 없으니 벼슬로 상을 주고 형벌로 위엄을 베푸는 것은

---

20 상을 내리는 것을 말한다.
21 벌을 내리는 것을 말한다.

인주(人主)의 대권(大權)이고 아래 사람에게로 옮겨갈 수 없는 것입니다. 신하로서 감히 복록을 주고 위엄을 베풀어서 가깝고 친밀한 자에게 미친다면 법사(法司)에서는 마땅히 죄를 청해 붕당(朋黨)의 근원을 근절해야 하며 인주(人主)는 마땅히 대의(大義)로 제재함으로써 화란(禍亂)을 미리 방비하도록 삼가 경계해야 할 것입니다. 이것이 신 등이 감히 천위(天威-임금의 분노)를 무릅쓰고 전하의 눈 밝음과 귀 밝음[聰明]을 우러러 모독하는 까닭입니다. 간신(奸臣) 이지성(李之誠)이 세자를 호위(扈衛)하고 중국 조정에 갔다가 오면서 속으로 화심(禍心)을 품었으니 죄가 용서할 수 없는 지경에 이르렀습니다. 전하가 불쌍히 여겨 법대로 처치하지 아니하고 유배(流配)시켰다가 용서했습니다. 훈맹(勳盟)의 신하와 귀척(貴戚)의 대신은 나라와 함께 운명을 같이하는 것인데, 빙 둘러서서 서로 보고 입을 다물고 말하지 아니해 죄인으로 하여금 잘못 용서를 받게 했으니 이른바 "어디다 저 신하를 쓰겠느냐!"[22] 하는 자들입니다. 게다가 또 몰래 이

---

22 『논어(論語)』「계씨(季氏)」편에 나오는 대화의 한 대목이다. 오히려 윗 사람을 해치는 신하일 뿐이라는 뜻이다. 계씨가 장차 부용국 전유를 치려하니 염유와 계로가 공자를 찾아 뵙고 말한다. "계씨가 장차 전유를 향해 정벌하는 일(事)이 있을 것입니다."
공자는 말했다. "구(염유)야! 네가 이 잘못을 한 것 아니냐? 모름지기 전유는 옛날에 선왕이 동몽산의 제주로 삼았고 또 그 나라가 우리나라 영토 범위 안에 있으니 이는 노나라 사직을 지켜온 신하다. 어찌 정벌할 필요가 있겠는가?"
이에 염유가 변명했다. "계손께서 정벌하려 했을지언정 우리 두 신하된 사람은 모두 정벌을 원하지 않았습니다."
공자는 말했다. "구야, 주임이 한 말 중에 이런 말이 있다. '온 힘을 다해 지위에 나아가서 능히 할 수 없는 자는 그만두라'고 했으니 (모시는 주군이) 위태로운데도 잡아주지 않고 넘어지려는 데도 부축해주지 못한다면 장차 어디다 저 신하를 쓰겠느냐? 또 너의 말은 지나치다. 호랑이와 외뿔들소가 우리에서 뛰어나오고 고귀한 거북등껍질과 옥이 궤 속에서 훼손되는 것, 이것이 누구의 잘못이겠는가?"

런 사람을 추천해 포장(褒奬)하는 은전(恩典)을 베풀 때, 자급(資級-품계)의 차례에 따르는 것만으로도 충분한데, 두어 자급을 건너뛰어 승진시켰습니다. 이는 다만 상벌(賞罰)이 법이 없을 뿐만 아니라, 인주(人主)의 위엄과 복록의 대권(大權)을 도둑질하고 사사로이 은혜를 베풀어 그 당(黨)을 굳건하게 하는 행위입니다.

그 사유를 거슬러서 자세히 상고해보면[歷考] 우군 도총제(右軍都摠制) 조연(趙涓)[23]이 이 사람을 먼저 천거해 갑사(甲士)의 명부에 이름을 올렸는데 왕실(王室)의 친척으로서 위사(衛士)의 선임(選任)을 맡아 먼저 이 사람을 추천했으니 일찍이 왕실을 위해 사람을 추천한다고 하면서 이와 같이 할 수 있겠습니까? 하물며 이 사람이 무과(급제)가 그 집 문에서 나온 것임이겠습니까. 그 사사로운 문에 아첨한 것이 심합니다.

이무(李茂)는 훈맹대신(勳盟大臣)으로서 세자의 행차에 친히 호종(扈從)해 아침저녁으로 좌우에 있으면서 죄 있는 자를 놓아두고 토죄(討罪)하지 않았습니다. 지금 전조(銓曹-인사를 담당하는 부서)에 있으면서 이 사람을 먼저 추천해 조현(朝見)하는데 시종(侍從)한 공이 있다 하고, 초자(超資-특진)해 벼슬로 상을 주었습니다. 태재(太宰)[24]가 형벌과 상작(賞爵)의 법을 논해 왕(王)을 돕는 임무에 있어서 또 어떠하겠습니까?

병조판서 천우(天祐)도 귀척훈신(貴戚勳臣)으로서 조현하는 행차

---

23 어머니가 이성계의 누이다.
24 정승을 부르는 별칭이다.

에 참여했는데 지성이 범한 죄에 대해 자신은 알지 못한다고 했고, 품계를 높여[加資] 서용(敍用)하고서 "이 사람이 실제로 호군(護軍)을 이미 역임했다"라고 했습니다. 몸이 귀척(貴戚)이고 지위가 병조 판서에 이르렀는데도 마음은 왕실에 공정하지 못하니 또한 그의 잘못입니다. 위의 두 신하는 지성만 알고 방헌(邦憲)이 있다는 사실을 알지 못했으며, 지성이 조현하는 데 시종한 공이 있는 것만 알고 인주(人主)의 대권(大權)을 도둑질할 수 없다는 사실은 생각지 않았습니다.

지병조(知兵曹) 이조(李慥)는 임금의 좌우(左右)에서 가까이 모시고 왕명(王命)을 출납(出納)하면서 지성의 범한 죄를 소홀히 해 살피지 못했습니다. 그가 일을 부주(敷奏)하는 데는 어둡고 사정(私情)을 쓰는 데는 이처럼 밝았습니다. 어찌 왕의 후설(喉舌-대언이나 승지의 별칭)이 될 수 있겠습니까?

지성의 한 몸이 전하에게는 용서치 못할 죄인이 되는데 몇 사람의 신하에는 포장(襃獎)하는 훌륭한 선비[良士]가 되니 임금과 신하 사이에서 형벌(刑罰)과 상작(賞爵)의 다름이 어찌 이처럼 심합니까? 신등은 간절히 생각건대 대권을 아래 사람에게 옮길 수 없다는 것은 옛사람의 큰 훈계(訓戒)이며 붕비(朋比)로 당(黨)을 만드는 것은 선철(先哲)이 깊이 경계한 것입니다. 위의 몇 사람은 바로 대권을 도둑질한 신하이고 당(黨)을 만든 무리이며 이른바 왕실의 충신은 아닙니다. 지성의 사람됨이 비록 뛰어나고 지혜로울지라도[賢且智] 만약 전하에게 품의하지 아니하고 벼슬을 주었다면 오히려 대권을 도둑질하고 당을 만든 죄를 면하지 못할 터인데 하물며 악인(惡人)에게 편들고 간신(奸臣)에게 붙는 것이겠습니까? 진실로 왕법(王法)에서 용서하지 못할 자입니다. 전하께서는 이상(履霜)[25]의 경계를 깊이 생각하시어 고식적(姑息的-임시변통)으로 대인(大仁)을 해치지 마시고, 이러한 신하들로 하여금 유사(攸司)에 나아가게 해 대권을 도둑질하고, 당을 만든 실정을 모두 자백하게 하고 밝은 형벌에 복종하게 해, 명분(名分)을 엄하게 하고 임금의 위엄을 떨쳐야 할 것입니다.'

상이 읽어 보기를 마치고 도로 봉(封)하고서 말했다.

"무(茂)가 만약 이 말을 들으면 어찌 일을 보려고 하겠느냐!"

무가 이러한 상소가 유면(兪勉)의 손에서 나왔다는 말을 듣고 매우 혐오(嫌惡)했다. 이에 우군총제(右軍摠制) 연사종(延嗣宗), 성발도(成發道)와 병조참의 윤규(尹珪) 이흥(李興) 이하가 모두 감히 일을 보지 못하니 지평 유면(兪勉)[26]에게 명해 말했다.

"대간(臺諫)의 말이 진실로 도리에 합당하지 못하면 탄핵을 받은 사람에게 나오도록 명하는 것이 예다. 전일의 상소는 옳으나 군사를 거느리는 사람은 자리를 비울 수가 없으므로 이미 조연(趙涓)에게 출사(出仕)하도록 명했다."

또 일러 말했다.

"소(疏)로 청한 일은 장차 대사헌(大司憲)을 만나보고 친히 말하겠다."

○ 의정부에서 대장(隊長) 대부(隊副)의 녹봉(祿俸) 액수를 아뢰

---

25 서리가 내리면 곧 차가운 얼음이 이른다는 뜻으로, 미리 조짐을 보고 화(禍)를 막으라는 것이다. 『주역(周易)』의 곤괘(坤掛)에 "서리를 밟으면 얼음이 이른다"라는 말에서 나온 말이다.

26 사헌부지평을 역임하고 흥해군수 재직시에 병사했다.

었다. 아뢴 바는 이러했다.

"대장 대부 가운데 다시 수령(隨領)시킨 자가 650인입니다. 그들의
녹봉은 미두(米豆)를 1품에서 6품까지 각각 2석(石)씩 7품에서 권무
(權務)까지 각각 1석씩 감한 것과 포화(布貨)를 8품에서 권무까지 각
각 1필씩 감한 것으로 그 액수(額數)를 채워서 나눠 주게 해야 할 것
입니다."

그것을 따랐다. 가정갑사(加定甲士)의 녹과(祿科)를 상정(詳定)할
때 8품 이하는 과(科)가 낮기 때문에 포화(布貨)를 감하지 않았는데
이때에 이르러 아울러 감했다.

壬申朔 上詣文昭殿行朔奠.
임신 삭 상 예 문소전 행 삭전

任添年獻白馬一匹.
임첨년 헌 백마 일필

刑曹參議許遲上書自劾. 書曰:
형조참의 허지 상서 자핵 서왈

'臣於去年九月 受忠淸敬差之命 奉宣聖意 欲使損實踏驗適中
신 어 거년 구월 수 충청 경차 지 명 봉선 성의 욕사 손실답험 적중

庶不違殿下仁愛之心 以除民瘼 巡行州郡 親自覈實 務要歸正
서 불위 전하 인애 지 심 이제 민막 순행 주군 친자 핵실 무요 귀정

以厚民生. 今聞 忠淸一道 擧罹飢饉 不暇農業 殆濱於死 嗷嗷之
이후 민생 금문 충청 일도 거이 기근 불가 농업 태 빈사 오오 지

怨 聞于諫院 責歸監司. 惟監司摠庶務 其雜凡事宜 實難推究. 臣
원 문우 간원 책귀 감사 유 감사 총 서무 기잡 범 사의 실난 추구 신

則全任損實擲奸之職 竟致違戾. 捨小臣 誰當其咎哉? 伏望明正
즉 전임 손실 척간 지 직 경치 위려 사 소신 수 당 기구 재 복망 명정

臣罪 以慰飢民憤懣之情.'
신 죄 이위 기민 분만 지정

上曰: "聞者不問 何故自請也?"
상왈 문자 불문 하고 자청 야

甲戌 太監黃儼 監丞海壽 奉御尹鳳至 上以淡彩服率百官 出迎
갑술 태감 황엄 감승 해수 봉어 윤봉 지 상 이 담채복 솔 백관 출영

于慕華樓. 使臣至昌德宮宣勅. 勅曰:
우 모화루 사신 지 창덕궁 선칙 칙왈

'今遣太監黃儼 監丞海壽 奉御尹鳳 特賜王及王妃禮物 至可領
금견 태감 황엄 감승 해수 봉어 윤봉 특사 왕 급 왕비 예물 지 가령

也. 特賜國王銀一千兩 紵絲一百匹 綵絹一百匹 馬一十五匹 鞍
야 특사 국왕 은 일천 냥 저사 일백 필 채견 일백 필 마 일십 오필 안

二副. 王妃紵絲 線羅 銀絲紗各一十匹 綵絹二十匹.'
이부 왕비 저사 선라 은사사 각 일십 필 채견 이십 필

上拜賜訖 升殿. 儼口宣聖旨:
상 배사 흘 승전 엄 구선 성지

258

“去年爾這裏進將去的女子 每胖的胖 麻的麻 矮的矮 都不
<small>거년 이 저리 진 장거 적 여자 매 반적반 마적마 왜적왜 도불</small>

甚好. 只看爾國王敬心重的 上頭封妃的封妃 封美人的封美人 封
<small>심호 지간이 국왕 경심 중적 상두 봉비 적봉비 봉미인 적봉미인 봉</small>

昭容的封昭容 都封了也. 王如今有尋下的女子 多便兩箇 小只
<small>소용 적봉 소용 도봉료야 왕여금 유심하 적 여자 다 편양개 소지</small>

一箇 更將來.”
<small>일개 갱 장래</small>

使臣還太平館 上隨至 設宴于北樓. 贈儼 壽等鞍馬 分賜河崙
<small>사신 환 태평관 상 수지 설연 우 북루 증엄 수등 안마 분사 하륜</small>

成石璘 李茂 趙英茂綵段及絹各一匹.
<small>성석린 이무 조영무 채단 급견 각 일필</small>

置進獻色 禁中外處女婚嫁.
<small>치 진헌색 금 중외 처녀 혼가</small>

乙亥 上如太平館設宴 賜力士各鞍馬.
<small>을해 상여 태평관 설연 사 역사 각 안마</small>

流全穩于東萊 權守紀于甫州 裵屯于海州 裵蘊于忠州 杖
<small>유 전온 우 동래 권수기 우 보주 배둔 우 해주 배온 우 충주 장</small>

李叔明一百 流慶源府. 初 李伯剛之赴京也 監察全穩至義州
<small>이숙명 일백 유 경원부 초 이백강 지 부경 야 감찰 전온 지 의주</small>

搜奪禁物 還啓曰:“伯剛所齎去銀瓶行器 崔兢所齎笠帽二十 臣
<small>수탈 금물 환 계왈 백강 소재 거 은병 행기 최긍 소재 입모 이십 신</small>

謹據法收奪 伯剛怒曰:‘銀器且禁 況金帶乎!’遂解置而去. 臣以
<small>근 거법 수탈 백강 노왈 은기 차금 황 금대 호 수 해치 이거 신이</small>

帶非禁物 故付諸州官而來.”上卽命西北面都巡問使 使人齎金帶
<small>대 비금물 고부 저 주관 이래 상 즉명 서북면 도순문사 사인 재 금대</small>

銀瓶行器 追給于伯剛 至則行已遠 不能及矣. 伯剛路遇寧安君
<small>은병 행기 추급 우 백강 지즉 행 이원 불능 급 의 백강 노우 영안군</small>

良祐 借其帶而去. 至是 命代言召穩及書狀裵屯 押物裵蘊 通事
<small>양우 차 기대 이거 지시 명 대언 소온 급 서장 배둔 압물 배온 통사</small>

李子瑛及其時 義州判官權守紀 一處憑問. 屯 蘊 守紀皆曰:
<small>이자영 급 기시 의주판관 권수기 일처 빙문 둔 온 수기 개왈</small>

“淸平君怒穩強取禁物 自棄金帶而去.”獨子瑛曰:“淸平固請而
<small>청평군 노온 강취 금물 자기 금대 이거 독 자영 왈 청평 고청 이</small>

穩不許.”穩與子瑛相詰 指天爲誓 竟不能明. 黃喜啓曰:“罪在
<small>온 불허 온 여 자영 상힐 지천 위서 경 불능 명 황희 계왈 죄재</small>

穩.”卽命囚穩 守紀于巡禁司. 傳旨曰:“屯 蘊二人 雖曰半路
<small>온 즉명 수온 수기 우 순금사 전지 왈 둔 온 이인 수왈 반로</small>

奉使有勞 姑且勿繫.”又曰:“今去行臺李有常所任之外 如有
<small>봉사 유로 고차 물계 우왈 금거 행대 이유상 소임 지외 여유</small>

所爲 吾將置法." 乃曰:"吾豈爲①駙馬而若是乎! 洪恕之行 搜取
太甚 以有易無 豈其深害!"

　尋幷下屯 蘊于巡禁司. 巡禁司鞫全穩等 穩供稱:'判旨外
誤收金帶." 守紀 蘊 屯 初言監察搜禁物之日 以淸平君金帶盛
于衾寢筒 以授淸平之奴 翼日 淸平君還送其筒 出金帶 置之而
去. 及刑問 盡反其辭 謂爲穩所誘 納招不直. 巡禁司啓:"全穩
罪 大明律 奉制書有所施行而違者杖一百. 守紀 屯罪 律云:'若
鞫囚而證佐之人 不言實情 故行誣證者 減罪人二等.'"上命皆
付處. 執義韓尙德詣闕諫曰:"全穩之罪 因迷惑所致 本非懷惡
者也. 遠方付處 臣以爲過矣." 不允. 屯之繫也 刑曹都官正郎
李叔明訪于獄中 語之曰:"子雖至此 然士林必有後議. 且巡禁司
但承旨意耳 不得擅便." 巡禁司司直沈龜麟適聞之以聞 上曰:
"予於全穩 雖加寬容 爲攸司者 宜請穩欺君之罪. 旣不如此 雖
下憲司 誰能鞫之! 當使六曹臺諫雜治." 乃命兵曹判書李天祐
知議政府事偰眉壽 左代言安騰 刑曹參議許遲 右司諫權遇 執義
韓尙德等 鞫叔明以士林論議之由. 巡禁司啓:"叔明罪 律無正條
比官吏人等挾私欺公 妄生異議 變亂成法者斬." 命減一等施行
杖一百 流慶源府.

　丙子 親奠于文昭殿.

　議政府再請進酒 許之.

丁丑 上詣仁德宮問疾.

奉御尹鳳還. 鳳 豐海道瑞興縣人也. 母死踰年未葬 鳳欲先行

葬母而還 上率百官餞之于慕華樓 以漢城尹金謙爲伴送使 命

豐海道都觀察使 厚葬其母. 鳳請授昆季伯叔職 皆除西班司直

司正 各因前資加一級 凡十餘人.

上還至太平館 見黃儼等. 海壽密謂李茂曰: "去年 儼之奉使也

受賂鞍子二與新物甚多 帝已知之 今又如前 吾當奏之. 與者受者

俱有罪."

己卯 大雨水漲 橋梁盡毀 城內溺死者二人 昭格殿西洞山崩.

命行解怪祭.

命都堂曰: "今水災太甚 饑饉必至. 其議裁省冗費條件以聞."

江華 摩尼山 吉祥山 鎭江山崩.

庚辰 遣完城君李之崇 原平君尹穆如京師. 謝恩兼賀白雉之瑞也.

命執義韓尙德 劾問軍資監員吏不收納貢豆 皆致朽濕之罪.

下沈藏庫提擧孫原裕 別坐成守卿 別監姜麗于巡禁司. 以新瓜

已獻於諸殿 而獨闕於文昭殿也. 旣而釋之.

壬午 禜于東門 南西北門 以次行之.

賜開城留後司敎授官張子秀紵麻布各二匹. 以畫太平館樓壁也.

奉常副令李白全免. 上之幸慕華樓也 百全以侍臣扈駕 太平館

前路有回曲處 近大駕 皆下馬 百全老衰不及下 還至時坐所 中路

而退 不入侍臣之列. 司諫院論罷之.

癸未 上如太平館宴使臣 贈二人鞍馬. 還宮 以御馬不馴 囚兼
司僕正文天奉 判事高臣傅 宦者韓文直于巡禁司 旣而釋之.

甲申 流軍資監全穆于梁州 注簿呂儀于高靈. 初 議政府令輸
忠州慶原倉豆八千七百七十六石 欲以還納 給京中人也. 旣到
龍山江 軍資監憚於輸納 請露積江邊 政府然之 因循稽留 不以
分賜. 適値江水暴漲 八千石俱沒於水 或芽或腐 皆不可食. 政府
憂之 請頒各品 從之. 至是 司憲府上言: "全穆 呂儀 當水潦
將降之時 忠州貢豆 不卽收納 以致腐毀 請依律論罪."

乙酉 命吏兵曹 分掌東西班省記. 司諫院考察各司直宿官
古也. 刑曹正郎曹由仁 自以法官 不肯署名 諫院劾之以聞 下
議政府擬議. 政府以爲: "刑曹掌刑而已 不可例論於臺諫 由仁
誤矣. 然省記監申 前此門下府以闕內一品衙門主之 今別爲諫院
而仍舊 則未便 東西班省記 宜令吏兵曹分掌." 從之. 旣而命
由仁供職. 司諫院啓: "本院 人主耳目. 自門下府時 入直闕內
監申各司上直省記 今令吏曹掌其任 本院以各司例 呈省記於吏曹
有違殿下區別委任之意. 乞將本院上直員職名 於承政院單子
申呈." 從之.

丙戌 上詣文昭殿行望祭.

戊子 御廣延樓 引見權永均 任添年等五人 命承政院饋之.

忠淸道水軍都節制使柳濕免. 敬差官姜宗德回啓: "濕作弊
多端 民甚苦之." 上曰: "濕 武人 宜其至此." 議政府因論: "濕
擅離營鎭 圍獵山野 非法營造 私役工匠 準律當杖一百 徒三年."
上止令私馬上京.

豊海道兵馬都節制使金繼志免. 敬差官韓雍 還自豊海道
上言:

"都觀察使咸傅霖 違犯禁令 將隣保加現人口 擅自抄出五十
名 新造兵船分騎; 繼志恣爲田獵 軍數元額之外 擅加三十名 作
子弟牌赴防; 豊州梁萬戶朴貴奉 阿郞浦萬戶崔安海 託以備辦
貢物 調發軍人於椒島 非時田獵."

下議政府. 政府照律: "傅霖應申上而不申上 擬笞四十; 繼志
額外濫充軍兵 擬杖一百; 貴奉 安海擅差軍人 圍獵山野 擬笞
四十." 上曰: "傅霖勿論 繼志私馬上京 貴奉 安海依律施行."
繼志得罪 都事許誠亦還京. 上召誠傳旨曰: "選用經術之士 爲
佐貳官者 爲其能救將帥之失也. 儒者於君上之失 且欲直言 汝何
獨無一言以悟繼志哉?"

己丑 上詣仁德宮.

流前護軍朴謨于外方. 謨謂平壤君趙大臨曰: "向者公謀大事
何獨謀諸仁海乎?" 大臨密以聞 卽命外方付處 外人莫知其故.

庚寅 太白晝見.

召世子禔 孝寧君 補 忠寧君【今上諱】小子 種 諭以和睦之義
소 세자 제 효령군 보 충녕군 금상 휘 소자 종 유이 화목 지의

語訖遂泫然泣下. 蓋傷閔氏曾有剪除之志也. 謂黃喜曰: "汝舊臣
어흘 수 현연 읍하 개 상민씨 증유 전제 지지야 위 황희왈 여 구신

揣知予意." 世子以下蓋泣下. 黃喜退 上令世子送于殿門. 喜謂
췌지 여의 세자 이하 개 읍하 황희 퇴 상영 세자 송우 전문 희위

世子曰: "無忘今日父王誨諭之意 實朝鮮萬世之福也."
세자 왈 무망 금일 부왕 회유 지의 실 조선 만세 지복 야

上如太平館 宴使臣.
상 여 태평관 연 사신

遣 中官傳旨 起復吉川君權跬. 以硅將兵也.
견 중관 전지 기복 길천군 권규 이규 장병 야

司憲府大司憲柳亮等 請趙順和 孫孝宗罪. 疏曰: '竊見 罪人
사헌부대사헌 유량 등 청 조순화 손효종 죄 소왈 절견 죄인

趙順和 孫孝宗等 至今在逃未見 儻或潛謀 禍在不測. 願令其妻
조순화 손효종 등 지금 재도 미현 당혹 잠모 화재 불측 원령 기처

及兄弟 現捉付官 明正其罪.' 疏留中.
급 형제 현착 부관 명정 기죄 소 유중

辛卯 流李之誠于龍宮. 司憲府上疏曰:
신묘 유 이지성 우 용궁 사헌부 상소 왈

'李之誠說大言語 罪當不宥 殿下使居外郡 恩至渥也. 法司
이지성 설 대언어 죄 당 불유 전하 사거 외군 은 지악 야 법사

未知所由 莫敢請罪. 爲此人者 感上之德 所當悔過遷善之不暇
미지 소유 막감 청죄 위 차인 자 감 상지덕 소당 회과 천선 지 불가

不此爲慮 來入京師 奔走權貴 超拜朝班. 夫有罪而不見罰 則
불차 위려 내입 경사 분주 권귀 초배 조반 부유죄 이불 견벌 즉

爲惡者 何所懲哉! 況不見罰而反蒙爵祿之賞耶! 願收職牒 鞫問
위악 자 하 소징 재 황불 견벌 이반 몽 작록 지상 야 원수 직첩 국문

其罪 昭示賞罰之大典 以懲奸軌之徒.
기죄 소시 상벌 지 대전 이징 간궤 지도

又聞朴謨只流於外. 此亦罪干邦憲 而法司莫知其由. 伏望倂下
우문 박모 지 유어 외 차역 죄간 방헌 이법사 막지 기유 복망 병하

攸司 鞫問其罪 無使罪人得匿其奸也. 罰罪之典 不明於之誠
유사 국문 기죄 무사 죄인 득닉 기간 야 벌죄 지전 불명 어 지성

朴謨之姦復生於今日. 伏惟殿下留意焉 且遣吏守直之誠.'
박모 지간 부생 어 금일 복유 전하 유의 언 차 견리 수직 지성

教曰: "之誠外方安置 朴謨已曾安置 勿論." 於是 只收之誠
교왈 지성 외방 안치 박모 이증 안치 물론 어시 지수 지성

中訓職牒 龍宮安置. 謨之流也 上曰: "此人 卽之誠也." 李叔蕃
중훈 직첩 용궁 안치 모지 유야 상왈 차인 즉 지성 야 이숙번

啓曰: "之誠已受中訓司宰監行司直矣." 上曰: "之誠之超遷 非
予所爲也." 李茂詣闕謝罪曰: "臣老矣 擧人失當." 上責左代言
李憺曰: "汝爲知兵曹 有罪者超遷 則有功者 何以賞哉?" 憺曰:
"之誠超遷 非臣所知也." 上曰: "爾年幼矣 焉有知乎?"

任添年入朝京師. 謝恩也.

壬辰 雨.

設法會于開慶寺. 是日 上欲詣健元陵行祭 且視法會 爲近小祥
也. 駕至興仁門外 候者還曰: "松溪院西川 水漲不可涉." 乃還.

司憲府請全穆 呂儀等罪. 啓曰:

'臣等前日論軍資監行首掌務之罪 只令付處. 然不
用心 以損國用 罪重罰輕. 除以還納賑濟分給數外 實計無面豆
二千二百六十二石四斗. 按律文 積聚財物 主守之人 安置不如法
致有損毀者 計所損毀之物 坐贓論 著落均倍還官. 其時官員全穆
呂儀及直長呂稽 乞依律文徵納.'

命徵其半. 憲府初只請其罪 及聞軍資監欲報政府徵之 遂先上
此疏. 河崙詣闕啓曰: "穆 臣之妻姪也. 憲府論其腐朽國用之罪
罷職付處 今又督徵耗豆 難以卒辨. 願待秋徵納." 從之.

權跬上箋辭起復 不許. 上覽跬箋曰: "跬年幼不學文 此必其昆季
誘之也." 跬曰: "箋雖不出於臣手 若終喪則臣之本意也." 上曰:
"汝欲終喪 不爲非矣. 然起復之命 豈苟也哉! 諸子皆幼 汝稍長

故授以兵柄." 於是珪始起就職.
고 수 이 병병 어시 규 시 기 취직

癸巳 積城縣紺岳山神堂南峰石崩 長八十七尺 廣三十八尺.
계사 적성현 감악산 신당 남봉 석붕 장 팔십 칠척 광 삼십 팔척

乙未 上以斬衰詣文昭殿 行小祥祭 易練服. 令司憲執義韓尙德
을미 상이 참최 예 문소전 행 소상제 역 연복 영 사헌 집의 한상덕

題練主 奉安神座 埋桑主於屛處 還宮. 初議題主之式 河崙曰:
제 연주 봉안 신좌 매 상주 어 병처 환궁 초의 제주 지식 하륜 왈

"刻而塗金." 成石璘曰: "書新主則已神之矣 刻之無乃不可乎!
각 이 도금 성석린 왈 서 신주 즉 이신 지 의 각지 무내 불가 호

刻而塗金 古所未聞." 禮官以聞 上從石璘之言.
각 이 도금 고 소미문 예관 이문 상 종 석린 지언

義勇巡禁司護軍朴楣 獲趙順和于永康縣以來.
의용순금사 호군 박미 획 조순화 우 영강현 이래

丙申 黃儼 海壽還 上如慕華樓餞之. 上與儼 語及偰眉壽 趙狂
병신 황엄 해수 환 상여 모화루 전지 상여엄 어급 설미수 조공

之事 又言前年所擇處女 許令婚嫁 儼許之.
지 사 우언 전년 소택 처녀 허령 혼가 엄 허지

囚前上護軍趙末通 上護軍車指南于巡禁司. 末通以順和
수 전 상호군 조말통 상호군 차지남 우 순금사 말통 이 순화

堂兄弟 知情不告; 指南以司禁之長 不能禁駕前汎濫申呈也.
당형제 지정 불고 지남 이 사금 지장 불능 금 가전 범람 신정 야

丁酉 上詣健元陵 行別祭. 釋車指南 俾之隨駕. 上周覽陵室
정유 상예 건원릉 행별제 석 차지남 비지 수가 상 주람 능실

見成石璘所書碑文曰: "七旬之餘 筆力如此 後人視之 豈不
견 성석린 소서 비문 왈 칠순 지여 필력 여차 후인 시지 기 불

歎服!"
탄복

戊戌 日本志佐殿客人來獻土物.
무술 일본 지좌전 객인 내헌 토물

金城縣令閔麟生罷. 麟生率江陵官妓小梅香赴任 觀察使
금성 현령 민인생 파 인생 솔 강릉 관기 소매향 부임 관찰사

尹思修論罷之.
윤사수 논 파지

己亥 命遣巡禁司官于伊川 推覈藏匿孫孝宗之人. 豐海道
기해 명견 순금사 관 우 이천 추핵 장닉 손효종 지인 풍해도

都觀察使咸傅霖啓: '孫孝宗亡匿 伊川縣內同生姊奇田龍妻家.'
도관찰사 함부림 계 손효종 망닉 이천현 내 동생 자 기전룡 처가

議政府請遣巡禁司一員 推問 藏匿人 至則孝宗暴死已四日矣.
의정부 청견 순금사 일원 추문 장닉인 지즉 효종 폭사 이 사일 의

庚子 太白晝見二日.
경자 태백 주견 이일

上詣仁德宮問疾.
상 예 인덕궁 문질

命囚忠淸道都觀察使安魯生于寧州. 初魯生報議政府曰:
명수 충청도 도관찰사 안노생 우 영주 초 노생 보 의정부 왈

'據本道五十五官守令呈報 戊子年旱荒莫甚 禾不登場 且因
거 본도 오십오 관 수령 정보 무자년 한황 막심 화부 등장 차인

採女 大小人家 無不驚擾 人之失農者頗多. 又赴山陵之役 動經
채녀 대소 인가 무불 경요 인지 실농 자 파다 우부 산릉 지역 동경

累朔 民之飢饉至矣. 前等監司自冬徂春 新造兵船 民不息肩 又
누삭 민지 기근 지의 전등 감사 자동 조춘 신조 병선 민불 식견 우

當收租 不恤歲歉 必取盈焉 人民所貸 刻期畢收 飢民苦之 一方
당 수조 불휼 세겸 필 취영 언 인민 소대 각기 필수 기민 고지 일방

怨咨. 願今歲貢麥之數 不拘舊額 從實收納 救此民飢 永底生生.'
원자 원 금세 공맥 지수 불구 구액 종실 수납 구차민 기 영저 생생

政府以聞 上以韓尙德常斥柳廷顯爲聚斂之臣 今魯生又言之
정부 이문 상 이 한상덕 상척 유정현 위 취렴지신 금 노생 우 언지

令政府覈實. 政府上言:
영 정부 핵실 정부 상언

"參考戶曹損實都目狀 則忠淸道今歲起田五十萬結 給損五萬
참고 호조 손실도목장 즉 충청도 금세 기전 오십 만 결 급손 오만

結 卽是寬三分之一也 魯生必取盈焉之報爲不實. 且五十五官
결 즉시 관 삼분 지일야 노생 필 취영 언지보 위 부실 차 오십오 관

守令 未必皆有呈狀 悉令上府 以考眞僞."
수령 미필 개유 정장 실령 상부 이고 진위

上從之. 召司憲持平兪勉曰: "魯生托言五十五州所報 政府
상 종지 소 사헌지평 유면 왈 노생 탁언 오십오 주 소보 정부

取勘州縣所報 曾不如是之甚 故請魯生矇矓啓聞. 爾憲府職掌
취감 주현 소보 증 불여 시지심 고청 노생 몽롱 계문 이 헌부 직장

彈糾 可劾以聞." 乃命囚魯生于寧州. 上曰: "以監司見囚②於
탄규 가핵 이문 내 명수 노생 우 영주 상왈 이 감사 견수 어

其道 其必深以爲辱矣."
기도 기필 심 이위 욕의

辛丑 以閔汝翼爲忠淸道都觀察使.
신축 이 민여익 위 충청도 도관찰사

司憲府請兵曹之罪. 憲府劾右政丞李茂 兵曹判書李天祐
사헌부 청 병조 지죄 헌부 핵 우정승 이무 병조판서 이천우

漢平君趙涓 左代言李慥 遣吏守直. 上疏曰:
한평군 조연 좌대언 이조 견리 수직 상소 왈

‘臣等竊以 惟辟作福 惟辟作威, 臣無有作福作威 則爵賞
신등 절이 유벽 작복 유벽 작위 신 무유 작복 작위 즉 작상

刑威 人主之大權 不可下移者也. 臣而敢有作福作威 以及私昵
형위 인주 지 대권 불가 하이 자야 신 이 감유 작복 작위 이급 사닐

者 法司當以罪請 以絶朋黨之源 人主當以義制 以謹堅氷之戒.
자 법사 당 이죄 청 이절 붕당 지원 인주 당 이의 제 이근 견빙 지계

此臣等所以敢冒天威 仰瀆聰明者也. 奸臣之誠 扈衛世子 往復
차 신등 소이 감모 천위 앙독 총명 자야 간신 지성 호위 세자 왕복

中朝 包藏禍心 罪底不赦. 殿下縱以欽恤 不置於法而流宥之
중조 포장 화심 죄저 불사 전하 종 이 흠휼 불치 어법 이유 유지

勳盟之臣 貴戚之卿 與國咸休 周旋相視 含容不言 至使罪人曲
훈맹 지신 귀척 지경 여국 함휴 주선 상시 함용 불언 지사 죄인 곡

蒙赦宥 所謂焉用彼相者也. 而又陰薦此人 置諸褒典 循資足矣
몽 사유 소위 언용피상 자야 이우 음천 차인 치저 포전 순자 족의

而超陞數級. 此不啻賞罰之無章 乃竊人主威福之大權③ 以施
이 초승 수급 차 불시 상벌 지 무장 내절 인주 위복 지대권 이시

私恩 以固其黨者也.
사은 이고 기당 자야

歷考其由 則右軍都摠制趙涓 首擧此人 登名甲士之薦. 以公室
역고 기유 즉 우군 도총제 조연 수거 차인 등명 갑사 지천 이 공실

之戚 掌選衛士 而首及此人 曾謂爲公室薦人而若是乎? 矧此人
지척 장선 위사 이수급 차인 증위위 공실 천인 이약시 호 신 차인

之武科 出諸其門者乎? 其爲阿私甚矣. 李茂以勳盟大臣 親扈
지 무과 출저 기문 자호 기위 아사 심의 이무 이 훈맹 대신 친호

世子之行 朝夕於左右 縱釋有罪 舍而不討 今在銓曹 首揭此人
세자 지행 조석 어좌우 종석 유죄 사이 불토 금재 전조 수게 차인

以待從朝見之功 超資以賞. 於太宰論刑賞之法 以詔王之任 又
이대 종조현 지공 초자 이상 어 태재 논 형상 지법 이 조왕 지임 우

如何哉? 兵曹判書天祐 亦以貴戚勳臣 與於朝見之行 之誠所犯
여하 재 병조판서 천우 역 이 귀척 훈신 여어 조현 지행 지성 소범

曰: "余不知." 加資敍用 曰: "此人實護軍已行." 身聯貴戚 位至
왈 여 부지 가자 서용 왈 차인 실 호군 이행 신연 귀척 위지

大司馬 而心不公於公室 亦已非矣. 右二臣知有之誠 不知有邦憲
대사마 이심 불공 어 공실 역이 비의 우 이신 지유 지성 부지 유 방헌

也: 知有之誠侍從朝見之功 不恤人主大權之爲不可竊也.
야 지유 지성 시종 조현 지공 불휼 인주 대권 지위 불가 절야

知兵曹李慥昵侍左右 出納王命 之誠所犯 漫不得省 其昧於
지병조 이조 닐시 좌우 출납 왕명 지성 소범 만 부득 성 기 매어

敷奏 優於私昵若是 烏在其爲王喉舌也哉! 之誠一身 在殿下則
부주 우어 사닐 약시 오재 기위 왕 후설 야재 지성 일신 재 전하 즉

268

爲不赦罪人 在數臣則爲褒獎之良士. 君臣威福之異致 何其甚哉!
위 불사 죄인 재 수신 즉위 포장 지 양사 군신 위복 지 이치 하 기 심재

臣等竊惟 權不可下移 古人之大訓也; 朋比之植黨 先哲之深戒
신등 절유 권불가 하이 고인 지 대훈 야 붕비 지 식당 선철 지 심계

也. 上項數人 是乃竊權之臣 植黨之徒 非所謂公室之忠臣也.
야 상항 수인 시내 절권 지신 식당 지도 비 소위 공실 지 충신 야

之誠爲人 雖賢且智 苟不稟殿下而爵之 猶不免竊權植黨之罪 況
지성 위인 수현차지 구 불품 전하 이 작지 유 불면 절권 식당 지죄 황

此黨惡而附奸也哉! 誠王法所不赦者也. 殿下深念履霜之戒 勿以
차 당악 이 부간 야재 성 왕법 소불사 자야 전하 심념 이상 지계 물이

姑息而害大仁 令此臣輩就諸攸司 竊權植黨之情 允服明刑 以嚴
고식 이 해 대인 영차 신배 취저 유사 절권 식당 지정 윤복 명형 이엄

名分 以張主威.'
명분 이장 주위

　　上覽訖 還封曰: "茂若聞此 豈肯視事哉!" 茂聞此疏出於兪勉
상람 흘 환봉 왈 무약 문차 기긍 시사 재 무 문차소 출어 유면

之手 甚慊之. 於是右軍都摠制延嗣宗 成發道 兵曹參議尹珪
지수 심 겸지 어시 우군 도총제 연사종 성발도 병조참의 윤규

李興以下 俱不敢視事. 命持平兪勉曰: "臺諫之言 苟不合義
이흥 이하 구 불감 시사 명 지평 유면 왈 대간 지언 구 불합의

命出被劾之人 例也. 前日之疏則是矣 然將兵之人 不可虛位也
명출 피핵 지인 예야 전일 지소 즉 시의 연 장병 지인 불가 허위 야

已命趙涓出仕矣." 又曰: "疏請之事 將見大司憲而親語之."
이 명 조연 출사 의 우왈 소청 지사 장견 대사헌 이 친어 지

　　議政府啓隊長隊副祿俸之數. 啓曰: "隊長隊副 復令隨領者
의정부 계 대장 대부 녹봉 지수 계왈 대장 대부 부령 수령 자

六百五十人. 其祿俸米豆 減自一品至六品各二石 七品至權務各
육백 오십 인 기 녹봉 미두 감자 일품 지 육품 각 이석 칠품 지 권무 각

一石. 布貨減自八品至權務各一匹 充數頒賜." 從之. 加定甲士
일석 포화 감자 팔품 지 권무 각 일필 충수 반사 종지 가정 갑사

祿科詳定之時 惟八品以下 以科卑布貨得不減 至是幷減之.
녹사 상정 지시 유 팔품 이하 이 과비 포화 득 불감 지시 병 감지

│ 원문 읽기를 위한 도움말 │

① 吾豈爲駙馬而若是乎! 여기서의 爲는 '~를 위해서'라는 뜻이다. 주의해
오 기 위 부마 이 약시 호　　　　　　　위

야 한다.

② 以監司見囚. 여기서 見은 수동형을 만드는 일종의 조동사다.
　이 감사 견수　　　　　견

③ 此不啻賞罰之無章 乃竊人主威福之大權. '不啻~乃'는 '~뿐만 아니라
　차 불시 상벌 지 무장　내 절 인주 위복 지 대권　　불시　내
~또한~'의 구문이다.

태종 9년 기축년
6월

六月

임인일(壬寅日-1일) 초하루에 태백성(太白星)이 낮에 보였다.

○ 상이 문소전(文昭殿)에 친히 제사를 지냈다.

○ 사헌부에서 대궐에 나아와 우정승 이무(李茂) 등의 죄를 청하니 상이 황희(黃喜)로 하여금 뜻을 선포해 전하게 했다.

"말한 바가 진실로 옳으나 여기에 관련된 자는 모두 훈친 대신(勳親大臣)들이다. 위에서 이미 용서를 받았으니 하관(下官)만 벌을 줄 수 없다."

상이 수직(守直)을 풀 것을 명했다.

○ 의정부에서 이지성(李之誠)의 죄를 청했다. 아뢰어 말했다.

"가만히 듣건대[竊聞] 세자가 조현(朝見)하러 가던 행차에 이지성이 틈을 타서[乘間] (세자에게) 남몰래 말하기를 '무구(無咎)와 무질(無疾) 등은 죄가 없는데 쫓겨났습니다[見黜]'라고 하고서 또 말하기를 '앞서 한 말을 누설하지 말기를 바랍니다'라고 해 훗날의 공(功)을 구했습니다. 세자가 마음 속으로 충효(忠孝)가 돈독해 돌아오던 날 즉시 전하[宸聰]께 전달했고 전하께서는 다만 본향(本鄕)에 안치(安置)하게 하니 나라 사람들은 모두 그가 악한 자를 편든[黨惡] 계략을 알지 못합니다. 지성은 용서받지 못할 죄를 지어 안치된 지 오래지 아니해 사면을 받아 요행히 죄를 면하고 서울에 올라와서 직임을 받았습니다. 헌사(憲司)에서 그 죄를 거듭 청해 전하께서 다시 안치하도록 하셨으며 신 등이 전일에 누차 상소해 청했으나 역시 윤허를 받지 못했습니다. 전하가 무구와 무질에 대해서는 인친(姻親)인 까닭으로 인해 이미 공의(公義)를 잃었다지만, 지성에게는 또 무슨 까닭인지 알지 못하겠습니다. 무구·무질의 불충(不忠)한 죄는 천지와 종사(宗社)가 모두 알고 일국의 신민(臣民)이 함께 분개하는 일인데, 지성은 죄가 없다고 하면서 감히 세자에게 말해서 군신(君臣)과 부자(父子) 사이에 거짓말을 행하려고 했습니다. 만약 세자가 그 간사함을 밝게 보지 못했다면 지성이 다른 날에 악한 무리들과 붕당을 만들어 난(亂)을 꾸밀 음모를 어찌 쉽게 추측할 수 있었겠습니까? 또 싹이 나는 것은 뿌리가 있기 때문이니 무구 등이 전하의 사사로운 은혜를 잘못 입어[曲蒙] 목숨을 보전했으므로 간사한 무리가
곡몽
끊이지 아니하고 남몰래 후일을 꾀하는 데까지 이르게 되었습니다. 엎드려 바라건대 전하께서는 대의(大義)로 결단해 수괴(首魁)와 지당(枝黨)을 함께 법대로 처치해 화란(禍亂)의 싹을 끊어 없애야 할 것입니다.'

   계묘일(癸卯日-2일)에 태백성(太白星)이 낮에 보였다.

  ○사헌부대사헌 유량(柳亮) 등이 민무구(閔無咎)·무질(無疾)의 죄를 청했다. 올린 말씀은 이러했다.

  '무구·무질은 죄는 신하답지 못함[不臣=不敬]에 관계되므로 천토
불신 불경
(天討)를 가해야 하는데 전하가 법대로 처리하지 않고 목숨을 보전하게 한 것은 그가 옛 훈친(勳親)이라 생각한 때문입니다. 그러나 위로 총명하신 전하가 계신데도 몰래 그 당류(黨類)를 끌어모아 후일

을 꾀하는 자가 매우 많으니 이는 두 사람의 악한 뿌리를 제거하지 않은 때문입니다. 심사숙고(深思熟考)하면 장래에 환란이 참으로 두려우니 이른바 호랑이를 길러서 스스로 해를 끼치는 것이라 하겠습니다. 이것이 신 등의 마음 아픈 까닭입니다. 또 전하가 옛 훈척의 정에 얽매여 후사(後嗣)의 대환(大患)을 생각지 않으시고 살리기를 좋아하는 다움[好生之德]이 돈독해 천토(天討)의 대형(大刑)을 베풀지
호생지덕
않고 계십니다. 신 등이 생각건대 훈척이라 해 그 옛 공로만을 생각한다면 그것을 자손을 연익(燕翼-편안히 보좌함)하는 모책(謀策)과 본지 백세(本支百世)를 위한 생각과 비교할 때 어느 것이 가볍고 어느 것이 무겁습니까? 엎드려 바라건대 전하는 강명(剛明)함을 발휘하여[廓揮] 대의(大義)로 결단하시어 장차 무구·무질 등을 법대로
확휘
처리해 천토(天討)를 받들고 후환을 막아야 할 것입니다.'

윤허하지 않았다.

○ 이지성(李之誠)의 직첩을 거두고 먼 지방 부처(付處)를 명했다. 하륜(河崙), 성석린(成石璘), 황거정(黃居正) 등이 대궐에 이르러 아뢰었다.

"이지성이 외람되게 관작(官爵)을 받은 일로 인해 법사에서 그 죄를 청해 대신에게까지 미쳤습니다. 신 등이 생각건대 이는 다름이 아니라 당초에 그 죄를 밝게 바로잡지 못한 때문에 그런 것입니다. 바라건대 유사(攸司)에 내려 그 죄를 밝게 바로잡도록 해야 할 것입니다."

윤허하지 않았다. 하륜이 자리에서 나아와 청했다.

"지성은 신에게 처질(妻姪)이 됩니다. 일이 만약 대체(大體-중대 사

안)에 관계되지 않았다면 신은 마땅히 피했을 것입니다. 지금 피하지 않은 것은 대체에 관계되기 때문입니다."

상이 말했다.

"이에 앞서 죄를 청했으나 내가 이미 들어주지 않았다. 하물며 지금 외방(外方)에 내쳤는데 어찌 다시 번거롭게 말하는가?"

석린 등이 굳게 청했다.

"신 등은 청해야 할 것을 청하는 것입니다. 어찌 한갓 청하기만 하고 말겠습니까?"

상이 말했다.

"내가 일단은 생각해보겠으니 경들은 이제 물러가라."

마침내 이러한 명이 있었다.

○ 손윤조(孫閏祖), 윤물(閏物)과 그 아비 이천군(伊川君) 손흥종(孫興宗)[1] 등을 순금사(巡禁司)에 내리고 대간(臺諫)과 형조에 명해 순금사에 회좌(會坐)해 윤조(閏祖) 형제가 효종(孝宗)을 숨겨두고 신고하지 아니한 죄와, 효종이 갑자기 죽은[暴死] 까닭을 형문(刑問)하도록
_{폭사}
했다. 상이 말했다.

"임오년의 변란[2]은 효종이 그 주모자인 것이 틀림없다[審矣]. 흥종
_{심의}

---

1 고려말 조선초의 무신이다. 군호는 이천군(伊川君)이다. 조선 개국에 참여해 개국공신 3등에 녹훈됐다. 거제도에서 왕씨들을 바다에 빠뜨릴 때 참가했다. 이때인 1409년 동생 손효종(孫孝宗)의 반역죄에 연루되어 황해도 신은(新恩)에 부처됐는데 얼마후에 이숭인 (李崇仁)과 이종학(李種學)을 죽인 혐의로 폐서인되고 공신녹권을 추탈당했다.

2 1402년(태종 2년) 임오년에 안변 부사(安邊府使) 조사의(趙思義) 일파가 신덕왕후 강씨 (神德王后康氏)의 원수를 갚는다는 명목으로 일으킨 변란이다. 곧 진압돼 그 주모자들은 처형됐다.

276

은 그 형인데 어찌 효종이 있는 곳을 알지 못했겠느냐? 만약 윤조 등을 심문해 사실이 드러나면 홍종이 비록 개국 공신(開國功臣)이라 하더라도 대역(大逆) 죄인이니 어찌 공신이라 하여 용서하겠느냐?"

상은 또 말했다.

"임오년에 (내가) 북행(北幸)할 때 중립(中立)을 지키며 사변을 관망 (觀望)한 자가 있었다."

또 말했다.

"임금을 먼저 생각하고 형제를 뒤에 생각하는 것이 도리인데 지금 은 풍속이 아름답지 못해 이와는 반대다."

모두 홍종을 가리킨 것이다. 윤물은 그 아비가 막았기 때문에 감 히 신고하지 못했다고 자복했다. 곧 홍종을 국문하니 홍종이 대답 했다.

"우리 형제가 본디 네 사람인데 두 동생은 모두 일찍 죽고 오로지 효종만 남았기 때문에 차마 신고하지 못했습니다."

갑진일(甲辰日-3일)에 안노생(安魯生)의 직첩을 거두고 (경상도) 영 해(寧海)로 유배시킬 것을 명했다. 사헌부에서 소를 올려 말했다.

'신 등이 뜻을 받들어 충청도 전지(田地)의 손실(損實)된 사유를 추핵(推劾)한 결과 안노생이 망령되게 55고을의 수령들이 올린 보고 라고 일컬어, 손(損)을 실(實)로 해 전혀 급손(給損)하지 아니하고 유 정현(柳廷顯)이 과중하게 거두었다고 허물을 지적해 조정을 속였습 니다. 청컨대 직첩(職牒)을 거두고 국문해 율(律)에 따라 처리해 후일 의 귀감(龜鑑)이 되게 해야 할 것입니다.'

상이 량(亮-유량)에게 일러 말했다.

"노생의 죄는 곧 착오(錯誤)로 인한 것이다. 그러나 그의 속뜻을 알기가 어렵다."

량이 대답했다.

"15만 결(結)에서 5만 결을 급손(給損)했으니 3분의 1이나 됩니다. 또 무엇을 더하겠습니까?"

마침내 이러한 명이 있었다.

을사일(乙巳日-4일)에 태백성이 낮에 보였다. 달이 태미(太微) 북쪽 우집법(右執法)에 있었다.

○ 이무(李茂), 이천우(李天祐), 조연(趙涓), 이조(李慥) 등에게 일을 볼 것을 명했다.

○ 유용생(柳龍生)을 중군도총제(中軍都摠制), 이빈(李彬)을 호조판서, 황거정(黃居正)을 형조판서, 이응(李膺)·권완(權緩)을 의정부참지사, 공부(孔俯)를 우군동지총제로 삼았다. 사헌부 집의 한상덕(韓尙德)을 파면해 이숙야(李叔野)로 대신했다.

병오일(丙午日-5일)에 한강 가의 목마장(牧馬場)에 벼락이 쳤다. 땅이 갈라졌는데 길이가 24척이고, 너비가 5척이었다.

○ 각도(各道)에서 조운(漕運)하는 쌀을 경복궁(景福宮) 행랑(行廊)으로 운반할 것을 명했다. 애초에 의정부에서 군자창(軍資倉)과 풍저창(豐儲倉)을 서강(西江)에 지을 것을 청하니 상이 말했다.

"토목(土木) 역사를 일으켜 새 창고를 짓지 말게 하라."

마침내 이러한 명이 있었다.

○ 유정현에게 직무에 나아올 것을 명했다.

○ 서반(西班)에 전직(前職)을 감안해 고신(考身)을 서경(署經)하는 법을 세웠다. 사간원에서 아뢰었다.

"서반 5품 이하로서 벼슬을 받은 자가 출사(出謝)할 즈음에 그 전직(前職)을 상고해 조사(朝謝)[3]하게 하는 것은 차례를 뛰어 함부로 벼슬을 받는 것을 막기 위한 것입니다. 현납(現納)[4]하기를 꺼려 100일을 넘기는 자는 모두 파직(罷職)해야 할 것입니다."

그것을 따랐다.

정미일(丁未日-6일)에 손흥종(孫興宗)을 (풍해도) 신은(新恩-신계)에 부처하고 조말통(趙末通) 등은 차등 있게 논죄해 처결했다. 순금사에서 아뢰었다.

"전 전서(典書) 최면(崔沔)은 조순화(趙順和)를 받아들여 숨겨주었고[容隱] 전 중랑장(中郎將) 한문(韓文)은 손효종(孫孝宗)을 받아들여 숨겨주었으니 율(律)이 참형에 해당하며, 손흥종·조말통 손윤조(孫閏祖)·강문길(姜文吉) 등은 사실을 알면서도 신고하지 않았으니 장(杖) 100대에, 유(流) 3,000리에 해당합니다."

---

3   대간에서 관직 임명자의 자격을 심사하는 서경 절차다. 조선시대에는 관리가 관직에 임명되면 대간에서 해당 인물의 신분을 조사하고 행실을 살펴서 그 관직을 받을 만한 자격을 갖추고 있는지 여부를 심사했다. 심사에 통과하면 조사 문서, 즉 사첩(謝牒)을 발급했다.

4   세금이나 문서 따위를 해당 관아에 출두하여 바치는 것을 말한다.

최면은 순화(順和)의 장인이고, 문(文)은 홍종(興宗)의 반인(伴人)이었다. 명하여 홍종은 자원부처(自願付處)하게 하고, 말통과 윤조는 외방 부처(外方付處)하게 하고, 문길은 장(杖) 70대를 쳐서 외방에 유배시키고, 최면과 한문은 늙은 까닭으로 1등을 감하여 속(贖)을 거두게 했다. 순금사에서 또 아뢰었다.

"기전룡(奇田龍)의 아내 손(孫)씨, 손효종의 아내 가(加)씨, 학생 한부해(韓浮海), 전 낭장(郎將) 함송(咸松) 등은 효종을 숨겨주었으니 법(法)에 의해 참형에 처할 것을 청합니다. 그리고 황사안(黃沙顔) 유식(柳植) 등은 사실을 알면서도 자수하지 않았으니 장(杖) 100대에 유(流) 3,000리에 해당합니다."

(상이) 가르쳐[敎] 말했다.

"기전룡의 아내는 나이가 늙었고, 효종의 아내는 부인이니 각각 1등을 감하여 속(贖)을 거두고, 부해와 송은 1등을 감하며, 사안과 식은 장(杖) 20대를 감하도록 하라."

기유일(己酉日-8일)에 사헌부대사헌 유량(柳亮) 등이 무구(無咎) 무질(無疾)의 죄를 청했다. 소는 이러했다.

'신 등이 가만히 살펴보건대 고금(古今)의 인주(人主-임금)가 훈친(勳親)을 보전하고자 한 것은 그 공로가 사직(社稷)에 있어 감히 잊지 못하고, 은의(恩誼)가 골육(骨肉)에 관계돼 박대(薄待)할 수 없음을 생각한 때문입니다. 그러나 그 죄가 종사(宗社)에 관계되고 의리가 골육(骨肉)을 끊게 되면 공로가 죄를 속(贖)할 수 없고 사은(私恩)이 공의(公義)를 덮을 수 없습니다. 엎드려 보건대 무구 무질은 특별히 인친(姻親)인 까닭으로 인해 훈맹(勳盟)의 대열에 참여할 수 있었고 일찍이 사직에서 힘입은 바도 없으며, 또 천륜(天倫)처럼 중한 것도 없습니다. 하물며 이제 사직을 넘어뜨리려고 꾀하다가 맹재(盟載-맹세의 글)에서 이름이 삭제됐고, 종지(宗支)를 약화시키려고 꾀하다가 스스로 그 속적(屬籍)을 끊었으니 은혜와 의로움[恩義]이 이미 끊어져서 실로 종사(宗社)와 생민(生民-백성)의 죄인입니다. 전하께서 옛정을 생각해 그 생명을 보전하려고 하시어 악(惡)의 뿌리가 제거되지 아니하는 바람에 사직을 무너뜨리고 위태롭게 하는 일이 잇달아 일어나니 온 나라 신민(臣民)이 마음속으로 분개하고 결망(缺望)합니다. 신 등이 전일에 그 죄를 거듭 청했으나 상의 윤허를 얻지 못하여 통분(痛憤)함이 갑절이나 더합니다. 가만히 생각건대 전하께서는 태상왕(太上王)의 왕업(王業)의 어려움을 이어받아 종사(宗社) 안위(安危)의 중대한 책임을 맡으셨으니 이러한 죄인을 버리는 것은 고추부서(孤雛腐鼠)를 버리는 것과 같을 것입니다. 엎드려 바라건대 전하께서는 훈친(勳親)을 보호하는 작은 은혜로써 종사(宗社)와 후사(後嗣)의 대계를 잊지 마시고 한결같이 신 등의 아뢰는 바와 같이 시행해 악의 근본을 뽑아 없애고 돋아나는 싹을 영원히 끊어 없앰으로써 후손에게 편안함을 주고 신민의 바라는 마음을 위로하셔야 할 것입니다.'

소(疏)를 대내(大內)에 머물러 두고 (유사에) 내리지 않았다.

경술일(庚戌日-9일)에 이거이(李居易)를 (충청도) 진주(鎭州-진천)에서 불렀다가 잠시 후에[旣而=尋] 그만두었다. 애초에 정부에 뜻을 전해 말했다.

"이거이의 아내 최씨(崔氏)가 유후사(留後司)에 있는데 병이 위독해 그 남편을 보고 싶어 한다."

정부에서 안 된다고 고집하니 상이 마침내 원아패(圓牙牌)[5]로 직접 불렀다. (그러자) 의정부에서 아뢰었다.

"이거이는 죄가 극형에 처함이 마땅한데 목숨을 보존할 수 있어 외방에 안치된 지 5년이니 이것만으로도 충분합니다. 부부(夫婦)간의 사사로운 정은 비록 죄가 없는 신하일지라도 감히 말하지 못할 것인데 하물며 거이(居易)이겠습니까? 자신이 무거운 죄를 범했는데 부부의 사사로운 정이 있을 수 있겠습니까? 또 아패(牙牌)는 대신(大臣)과 장병(將兵)을 부르는 것인데 이제 법을 세우는 초창기에 역신(逆臣)을 부르시니 심히 안 될 일입니다."

상이 말했다.

"내가 이미 불렀으니 지금쯤 사자(使者)가 벌써 진주(鎭州)에 이르렀을 것이고 따라갈 수도 없으리라 생각된다. 내가 후일에는 다시 이 같은 명령을 내리지는 않겠다."

의정부에서 굳게 청하니 상이 말했다.

"거이는 다만 민씨(閔氏)를 싫어하여 말했을 뿐이다. 내가 과인(寡人)을 질시(疾視)하는 무리에게도 그 아비의 병을 와서 보도록 허락했는데 하물며 거이이겠는가!"

정부에서 더욱 강하게 청했고 대사헌 유량(柳亮) 등도 소를 올렸다.

5   상아(象牙)로 만든 신부(信符)의 하나다. 임금이 대신(大臣)이나 군사(軍士)를 맡은 장수(將帥)를 직접 부를 때 사용하는 패(牌)로 아패(牙牌)라고도 한다.

282

'거이가 일찍이 화심(禍心)을 품고 다른 임금을 섬기기를 꾀했으니 국법으로 용서할 수 없는 적(賊)입니다. 전하가 너그럽게 사랑해 목숨을 보전하게 하셨으나 중외(中外)의 신민(臣民)들은 오랫동안 분한을 품고 있습니다. 가만히 듣건대 요즘 전하가 어부(御府)의 부절(符節)을 주어 역마(驛馬)를 타고 사제(私第)로 돌아가도록 은총을 베풀었다고 하니 신 등은 배나 놀랍고 두렵습니다. 전하가 천토(天討)의 형벌을 내리지 아니해 이미 신민(臣民)의 바라는 마음에 어그러짐이 있는데, (오히려) 이를 우대해 명소(命召)의 은전(恩典)을 보이고, 또 악덕(惡德)을 조장한다는 비난을 받으시니 신 등은 난적(亂賊)의 무리가 두려워하고 꺼리는 바가 없어서 오늘날에 잇달아 일어날까 가만히 두렵습니다. 엎드려 바라건대 전하께서 대의(大義)로 결단해 이 사람을 유사(攸司)에 내려 천토(天討)의 떳떳한 형벌을 가함으로써 악의 뿌리를 뽑고 방헌(邦憲)을 밝히셔야 할 것입니다.'

상이 마침내 사람을 보내 중지시켰다.

○ (사헌부) 장령(掌令) 이숙봉(李叔捧), 지평(持平) 유면(兪勉)이 대궐에 나아와 전일에 상소(上疏)한 일을 윤허해줄 것을 청하니 상이 말했다.

"중관(中官)은 이러한 명을 전할 수 없고 헌부(憲府)의 각 자리도 갖춰지지 못했으니 내가 장차 대사헌에게 친히 일러주겠다."

이날 대사헌 유량(柳亮)이 집안의 기일(忌日) 때문에 참여하지 못했다.

○ 처음으로 내시위(內侍衛)에 3번(番)을 두었다. 번(番)마다 40인을 정원으로 해 삼군(三軍)에 나눠 소속시키고, 순녕군(順寧君) 이지(李

枝), 안천군(安川君) 한검(韓劍), 공안부판사(恭安府判事) 강우(姜祐)
를 절제사(節制使)로 삼았다.

○사헌부에서 전목(全穆)의 죄를 청하니 그 직첩을 거두도록 명
했다. 아뢰어 말했다.

"(전라도) 임피현(臨陂縣)에서 군자감에 바친 황두(黃豆) 120석이
흙비[霾雨]로 인해 침수(沈水)돼 썩게 됐는데 이 또한 전목이 그대
로 두고 즉시 거두어 들이지 않은 때문입니다. 목(穆)이 임무에 게으
르고 직책을 다하지 못해서 국용(國用)을 손실한 것이 하나둘이 아
닙니다. 죄는 중한데 벌이 경하면 징계할 길이 없으니, 청컨대 직첩을
거두고 그 죄를 묻도록 해야 할 것입니다."

○처음으로 육조참의(六曹參議)로 하여금 대소 조회(大小朝會)에
서 교상(交床)을 가지고 와서 종2품(從二品)의 아래에 앉게 했다.

○태백성(太白星)이 낮에 보였고 달이 심성(心星)의 큰 별을 범
했다.

○연경사(衍慶寺)⁶에 전지 100결(結)을 내려주었다.

○병조판서 이천우(李天祐)에게 명해 호종(扈從)하는 법을 다시 정
하게 했다. 상이 말했다.

"호종하는 법이 산만해 일정한 자리가 없으니 (다시) 정해서 보고
하라."

이에 내금위(內禁衛) 내시위(內侍衛) 별시위(別侍衛)에 입직(入直)

---

6 황해북도 판문군 상도리에 있던 절이다. 고구려 영류왕 7년에 혜량(惠亮)이 창건했고 고
려 충목왕 4년에 신욱(信旭)이 중건했으며 조선 숙종 28년에 추계가 중수했다.

하는 자는 대가(大駕) 앞에 있고, 출직(出直)한 자는 대가 뒤에 있게
한 것을 예(例)로 삼도록 계청(啓請)하니 그것을 따랐다.

신해일(辛亥日-10일)에 검교공조참의(檢校工曹參議) 양홍적(楊弘迪)[7]
을 순금사에 가두도록 명했다. 홍적(弘迪)의 집이 장사언(張思彦)과
이웃해 있었다. 홍적의 말이 달아나 사언(思彦)의 채마밭을 짓밟아
사언의 집 계집종이 욕하니 홍적이 노해 사언의 집에 찾아와 두 아
들을 마구 두들겨 팼다. 형조에서 그 죄를 청하니 상이 좌우에 일러
말했다.

"홍적은 어리석은 자다. 해마다 갇히고, 혹은 한 해에 두 번씩 갇
히는구나! 말을 놓아 남의 전지를 짓밟는 것도 잘못인데 또 두 아들
을 때렸으니 죄가 진실로 겹치는구나!"

이에 그를 가두었다가 6일이 지나서 풀어주었다.

임자일(壬子日-11일)에 하륜(河崙), 성석린(成石璘), 이무(李茂) 등이
대궐에 이르러 육선(肉膳)을 들도록 세 번이나 청하니 허락했다. 상
이 상기(祥期)라 해 오래도록 육선(肉膳)을 들지 않은 때문이었다.

○사헌부대사헌 유량(柳亮) 등이 손흥종(孫興宗) 부자의 죄를 청

---

7 의관 양홍달의 동생이다. 태조가 병들었을 때 의관으로 있으면서 정성껏 치료하여 신임
을 얻었다. 1399년(정종 1년) 별좌(別坐)에 올랐는데, 다른 관리들이 천인이라 하여 함께
하는 것을 꺼리자 정종이 특명을 내려 차별하지 못하도록 했다. 1408년(태종 8) 태종이
병들었을 때 침과 뜸을 잘못 놓아 순군옥에 갇혔다가 풀려났다. 1412년 중궁이 해산할
때 약을 잘 써 순산하게 한 공으로 쌀 10석을 상으로 받았으며 다시 원종공신전 45결과
별사전 20결을 받았다.

했다. 소는 이러했다.

'난신적자(亂臣賊子)를 주토(誅討)하고 그 당여(黨與)를 엄히 다스리는 것은 『춘추(春秋)』의 법입니다. 지금 순화(順和)와 효종(孝宗)은 반역을 꾀하다가 도망쳤는데 그 실정을 알고도 일부러 놓아주고 숨겨주어 자수하지 않았으니 모두 대악(大惡)의 당여로 용서해서는 안 될 죄입니다. 유사(攸司)에서 안율(按律)한 것도 중한 죄에 해당하는데 전하께서는 오히려 어지시고 너그러운 마음[仁恕]을 베푸시어 등(等)에 따라 말감(末減)하셨습니다. 신 등이 맹재(盟載)의 글을 보니 "공신(功臣)의 후손은 사유(赦宥)가 영세(永世)에 미치나, 그 일이 종사(宗社)에 관계되면 법으로 논한다"라고 했습니다. 지금 흥종 부자는 효종을 숨겨주고 자수하지 않았으니 일이 종사에 관계되지 않는다고 함이 옳겠습니까? 한문(韓文), 최면(崔沔), 강문길(姜文吉), 조말통(趙末通) 등에 이르러서는 공신의 후손이 아닌데도 또한 은혜를 베풀어 용서하시니 신 등이 보건대 법이 엄하지 않으면 대간(大姦)을 징계할 수 없을 것입니다. 엎드려 바라건대 전하께서는 『춘추(春秋)』의 큰 법[大法]을 취해 율문(律文)의 정례(正例)에 의해 이러한 무리들로 하여금 그 형벌에 진심으로 복종케 함으로써 대의(大義)를 보이시고 그것을 통해 간악(姦惡)을 징계해야 할 것입니다.'

○사헌부에서 또 소를 올려 무구(無咎) 무질(無疾)의 죄를 청했다. 소는 대략 이러했다.

'『서경(書經)』에 이르기를 "악을 없애려면 그 근본에 힘쓰라"[8]고 했

---

8 태서(泰誓)에 실려 있는 말이다.

으니 이는 악을 없애는 자는 반드시 그 근본을 끊은 뒤에라야, 지당(支黨)이 잠잠해지고 위태로운 계책이 이뤄지지 못한다는 말입니다. 지금 무구 무질 등 불충(不忠)한 사람들이 빼어난 상의 자애(慈愛)를 잘못 입어[曲蒙] 목숨을 도둑질해 구차스럽게 살고 있고[偸命苟生] 그 당여(黨與)의 무리가 얽히고 붙어서 위태로운 형세가 잇달아 싹트고 있습니다. 전하께서는 그래도 고추부서(孤雛腐鼠)[9]처럼 차마 버리지를 못하고 국가의 큰 좀[蠹]을 살찌게 기르시니 신 등은 깊이 전하를 위해 애석해 합니다. 그 악함을 베도록 청했으나 상의 윤허를 얻지 못하고 계속해 봉장(封章)을 올렸으나 역시 윤허를 얻지 못하니 어찌할 바를 알지 못하겠습니다. 전하께서 두 사람을 온전히 하고자 하는 것은 훈친(勳親)의 옛 공을 생각하는 사사로운 은혜입니다. 신 등이 아뢰는 바는 악의 근본을 없애고자 하는 것이니 종사(宗社)를 무겁게 하기 위한 공의(公義)입니다. 전하께서 여기에 경중(輕重)을 구분하지 못하시니 어찌하여 밝게 결단하시기를 과감하게 하지 못하십니까! 이 두 사람이 사는 것이 무엇이 전하에게 보탬이 되며, 그 죽는 것이 무엇이 전하에게 손해가 되겠습니까? 살아서 이미[旣] 해악이 있고 죽어도 장차[且=將] 허물이 있을 것이니 신 등은 차라리 죽음에 이를지라도 그 머리를 끊도록 청해 우리의 마음을 통쾌하게 하고, 종사와 생민의 바라는 마음을 위로하고자 합니다. 엎드려 바라건대 전하께서는 마땅히 대의(大義)로 결단하셔야 할 것입니다.'

---

9   외로운 병아리와 썩은 쥐라는 뜻으로 '쓸모 없어진 사람을 쉽게 버리다'라는 뜻이다.

상이 모두 윤허하지 않았다. 얼마 후에 유량을 불러 대궐에 이르게 해 사람들을 물리치고 뜻을 전해 윤허하지 않는 이유를 타이르니 량은 물러가서 이숙봉(李叔捧) 유면(兪勉)과 더불어 사직했다.

○ 의정부에서 아뢰었다.

"대신(臺臣)의 아뢴 바가 진실로 마땅한데 마침내 윤허를 받지 못해 사직했으니 마땅히 직사(職事)에 나오게 해야 할 것입니다."

○ 조순화(趙順和)에게 장(杖) 100대를 때려 경상도 고성현(固城縣)의 관노(官奴)로 영속(永屬)시켰다. 의정부에서 순화(順和)를 베기를 청하니 상이 말했다.

"나는 살리고자 한다."

하륜(河崙)이 말했다.

"비록 빼어난 이[聖人]이라도 형벌을 쓰는 것을 폐기하지 않았으니 순화는 전하께서 사사로이 할 수 없는 자입니다."

성석린(成石璘)이 아뢰어 말했다.

"신은 늙고 또 죽을 것이니 전하의 호생지덕(好生之德)을 따르지 아니함은 진실로 옳지 못하나 이 사람이 죄가 지극하니 살릴 수가 없습니다. 비록 죽일지라도 순화 스스로 죽는 것이고, 국가에서 죽이는 것이 아닙니다."

상이 말했다.

"임순례(任純禮), 박만(朴蔓), 신효창(申孝昌), 정용수(鄭龍壽) 등의 죄가 이 사람보다 작지는 않았지만 그래도 삶을 얻었다. 이 사람을 놓아두고 베지 아니한들 무엇이 방해될 게 있는가! 또 순화는 효종(孝宗)처럼 심하지는 않았다."

륜(崙)이 대답했다.

"순례를 살려준 것 역시 전하의 잘못입니다."

상이 말했다.

"내가 정부(政府)의 토의에 참여하지 않았던 것은 반드시 이 논의가 있을 줄 알았기 때문이다. 내가 이 한 사람을 살리려고 한 뜻은 이미 정해졌으니 다시 말하지 말라."

그러고는 이런 명이 있었다. 순금사에서 한계생(韓繼生)이 손효종을 숨겨 준 죄는 참형(斬刑)에 해당한다고 아뢰니, 1등을 감해 시행하도록 명해 장(杖) 100대를 때려 먼 지방에 유배시켰다. 계생(繼生)은 곧 문(文)의 아들이다. 순금사에서 또 (강원도) 이천현(伊川縣) 전 좌수(座首) 이항(李恒)과 호장(戶長) 최길(崔吉)은 손효종이 도망 중인 것을 알면서도 자수시키지 않았으니 율(律)에 준하면 장(杖) 100대에, 유(流) 3,000리에 해당한다고 아뢰자 그것을 따랐다. 순금사에서 또 조순화를 숨겨준 자로서 그 6촌 송유(宋有) 이장수(李長壽), 6촌 매부(妹夫) 염사의(廉思義), 7촌 조카 최이순(崔彝純), 8촌 매부 김을경(金乙卿) 및 사노(私奴) 복삼(福三)과, 사실을 알고도 자수시키지 아니한 자로서 김현(金顯)·김천(金天), 그리고 부녀(婦女) 웅이(熊伊)의 죄를 아뢰니, 명하여 송유 등 6인에게 1등을 감하여 시행하고, 김현·김천은 장(杖) 20대를 감하고, 웅이는 나이가 늙었다고 해 장(杖) 80대를 수속(收贖)하게 했다. 순금사에서 또 손효종의 3촌 조카 손불로(孫佛老)가 사실을 알면서도 고하지 아니한 죄를 아뢰니 원방부처(遠方付處)하도록 명했다. 순금사에서 또 백영부(白英富) 송성필(宋成弼)이 순화를 숨겼으니 조율(照律)하면 참형

(斬刑)에 해당하나 순화가 이미 장(杖) 100대를 맞고 속천(屬賤)됐
으니, 명례(名例)[10]에 '만약 죄인이 특별한 은혜를 입어 죄를 감(減)
하는 경우에는 역시 그 죄인의 감등(減等)한 법에 준한다'라고 했
기에 이에 따라 시행하자고 아뢰니 그것을 따라 장(杖) 20대를 감
했다.

계축일(癸丑日-12일)에 사간원 우사간대부 권우(權遇) 등이 민무구
(閔無咎) 무질(無疾) 이거이(李居易) 이지성(李之誠) 조순화(趙順和)
등의 죄를 청했다. 소(疏)는 이러했다.

'난신적자(亂臣賊子)의 무리는 용서하지 않는 것이 고금의 일정한
법전[常典]입니다. 예전에[暴者] 무구·무질·거이 등의 불충한 죄는
상전   낭자
종척(宗戚)·훈신(勳臣)·헌신(憲臣-사헌부 관리)·간신(諫臣-사간원 관
리) 등이 교장(交章)하여 법대로 시행할 것을 거듭 청한 것이 여러
해가 됐습니다. 전하께서 인아(姻婭-인척)인 까닭으로 차마 갑자기
끊지 못하고 긍휼(矜恤)히 여기는 은전(恩典)을 더해 다만 외방에 귀
양보냈을 뿐이었습니다. 이것은 실로 공도(公道)에 어그러짐이 있습
니다. 한 나라의 신민(臣民)들 가운데 통분하게 여기지 않는 자가 없
는 것은 이 때문입니다. 뒤에 지성(之誠)이란 자가 무구 등에게 당부
(黨付)하여 망령되게 난언(亂言)을 했으니 그 품은 뜻은 반드시 까
닭이 있습니다. 이는 마땅히 국문해 그 간사한 형상을 밝히고 법대

---

10 명(名)은 5형(五刑)의 죄명(罪名)을 말하고, 예(例)는 5형의 실제 예(禮)를 말하는데, 곧
법(法)의 총칙(總則)을 뜻한다. 여기서는 당률(唐律) 명례(名例)를 말한 것이다.

로 처치해야 할 것인데 전하께서 남몰래 그 고향으로 보내고, 남이 알지 못하게 했습니다. 지성은 시골에 있은 지 오래지 않아 사유(赦宥)를 만나 서울로 올라와서 연줄로 청탁해 벼슬을 얻었으니 (이리 되면) 간사한 사람이 징계되는 바가 없습니다. 헌사(憲司)에서 그 죄를 거듭 청했으나 전하께서 다만 그 고향에 안치하게 했습니다. 정부(政府) 대신들도 괴수(魁首)와 지당(支黨)을 모두 법에 의해 처치하도록 청했으나 전하께서 또 지성의 직첩만 거두고 외방(外方)에 내치도록 허락하셨을 뿐이고, 그 죄의 수괴(首魁) 되는 사람은 용서하고 차마 논죄하지 않았으니 종사(宗社)를 위한 계책에 있어 어떠하겠으며 신하들이 바라는 마음에 있어 어떠하겠습니까? 엎드려 바라건대 전하께서는 무구·무질·거이·지성 등을 극형에 처해 화란(禍亂)의 근원을 막고 종사(宗社)의 기틀을 튼튼하게 해야 할 것입니다. 또 역적 조순화에 관련된 사람들은 모두 일찍이 복주(伏誅-사형)됐으나 (순화는) 특히 간교(奸狡)해 여러 해 동안 도망쳐서 법망(法網)을 벗어났다가 이제야 다행히 구속됐으니 즉시 죽여야 마땅합니다. 그러나 또 너그러운 법에 따라 매를 쳐서 쫓아냈을 뿐이니 이 또한 방헌(邦憲)에 어긋남이 있습니다. 엎드려 청컨대 법에 의거해 시행해야 할 것입니다.'

대내(大內)에 머물러 두고 (유사에) 내리지 않았다.

갑인일(甲寅日-13일)에 (전라도) 순창군(淳昌郡) 백문호(白文戶)의 계집종이 벼락에 맞았다.

○ 유량(柳亮) 등에게 일을 볼 것을 명했다.

○ 우사간대부 권우(權遇) 등이 복각(伏閣)[11]해 전에 상소한 것을 거듭 청했으나 윤허하지 않았다.

○ 의정부·사헌부·사간원에서 소를 올려 무구(無咎)·무질(無疾) 등의 죄를 청했다. 정부의 소는 이러했다.

'무구·무질의 불충한 죄는 마땅히 주륙에 처해[顯戮] 종사(宗社)와
_{현륙}
신민(臣民)의 분함을 위로함으로써 자손 만대(子孫萬代)의 교훈으로 드리워야 할 것입니다. 전하께서 이들을 곡진히 보전해 수년에 이르렀으므로 간당(奸黨) 지성(之誠) 같은 자로 하여금 감히 간사한 말을 내어 방헌(邦憲)을 허물어뜨리려는 데까지 이르게 했습니다. 무구 등은 오래도록 권세를 잡고 은혜를 자못 베풀었으므로 간사한 무리들이 지난날의 은혜를 생각하고 장래의 권세를 바라서 감히 간사한 꾀를 내어 지성보다 심한 자가 또 나올까 깊이 두렵습니다. 전(傳)에 이르기를 "풀을 없애는 데 그 뿌리를 없애지 아니하면 마침내 다시 난다"[12]라고 했습니다. 신 등이 전일에 그 죄를 거듭 청했고 헌부(憲府)와 간원(諫院)에서도 잇달아 소를 올려 청했으나 또한 윤허를 받지 못했으니 온 나라 신민(臣民)들이 실망하지 않는 이가 없습니다. 엎드려 바라건대 전하께서는 공의(公義)와 사은(私恩)의 경중(輕重)과 종사(宗社)와 자손의 안위(安危)를 생각해 무구 무질 등에게 그 죄를 밝게 바로잡아 만세(萬世)에 밝게 보이셔야 할 것입니다.'

---

11 사간원에서 큰일을 상소(上疏)하여 임금의 재가(裁可)를 받지 못했을 때 전 관원이 궐문(闕門) 밖에 엎드려 거듭 청하는 일을 말한다.
12 『자치통감(資治通鑑)』당기(唐紀)에 실려 있는 말이다.

헌부(憲府)의 소(疏)는 이러했다.

"무구·무질은 평소에 금장(今將)[13]의 마음을 품고, 남몰래 상께서 병드신 틈을 엿보아 국병(國柄)을 잡으려고 도모해 종지(宗支-왕자들)를 전제(剪除)하고 왕실(王室)을 약화시키려고 꾀해 간신(諫臣)들을 꾀어 말을 만들어 무고(誣告)해서 아뢰게 했습니다. 이리하여 우리 상(上)의 다움에 누(累)를 끼치고, 그 당여(黨與)를 천거해 쓰며, 양민(良民)을 억압해 노비로 삼고 임금의 관대(冠帶)를 마음대로 착용하며 병권(兵權)을 내놓는 문제에 대해 문답(問答)까지 했으며 왕위(王位)를 사양할 때에 덕색(德色)[14]을 보이고 정권을 회복하던 날에 불평을 드러냈으니 무릇 이것은 모두 임금을 업신여기는 마음[無君之心]

이 속에 쌓여서 불충한 형적이 밖으로 드러난 것입니다. 신들만이 보고 들은 바가 아니라 전하께서 친히 보신 바입니다. 그 배은망덕(背恩忘德)하고 불충불의(不忠不義)한 행동은 진실로 천토(天討)를 마땅히 받아야 할 것이며, 왕법(王法)으로 용서할 수 없는 바입니다. 전하께서는 오히려 부월(鈇鉞)의 형벌을 너그럽게 용서하시어 지당(支黨)의 위험한 행동이 끊이지 않습니다. 신 등은 전일에 그 죄를 두세 번 거듭 청했으나 윤허를 받지 못했습니다. 전하께서는 비록 훈척(勳戚)을 보전하시려는 사사로운 은혜를 베푸시지만 종사(宗社)의 큰 계책과 천하의 공의(公義)에 있어 어떠하겠습니까? 하물며 하늘이

---

13 『춘추공양전(春秋公羊傳)』에 나오는 말로 장차 난(亂)을 일으켜 정권을 탈취하려는 불충(不忠)한 마음을 품는 것을 말한다.

14 공(功)이 있음을 자랑하는 기색을 말한다.

죄 있는 자를 다스리는 데 오형(五刑)으로 다섯 가지 형벌을 쓴다[15]
고 했으니 형벌을 써서 죄를 다스리는 것도 임금이 사사로이 할 수
는 없는 것입니다. 또 전하께서 이들 두 사람을 공신(功臣)이라 해서
보호하시나, 일이 종사(宗社)에 관계되면 마땅히 법으로 논한다는 것
이 맹재(盟載)의 글에 있어 신명(神明)이 이미 아는 바입니다. 비록
인친(姻親)이라 하여 보전하시나 사은(私恩)으로써 공의(公義)를 해
치지 못한다는 것이 전기(傳記-경전과 역사서)에 기재되어 있는 바이
며 성현(聖賢)의 밝은 교훈입니다. 무구·무질의 죄를 가지고 무구·
무질의 몸을 다스리는 일은 바로 천토(天討)의 지당한 것이고 인정
(人情)의 통쾌한 것이며 종사가 이에 힘입어 길이 평안할 것입니다.
감히 다시 글을 올려 윤허하시기를 내리시어 한결같이 신 등이 아뢴
바에 따라 시행함으로써 민중의 분노를 풀고 후세 사람을 징계하게
하셔야 할 것입니다.'

간원(諫院)의 소는 이러했다.

'하늘은 다움이 있는 이에게 명해 오복(五服)으로 다섯 가지 의복
을 마련하고[16] 죄 있는 자를 다스리되 오형(五刑)으로 다섯 가지 형
벌을 쓴다고 했으니 무릇 선(善)에는 복(福)을 주고, 음(淫)에는 화

---

15 『서경(書經)』「고요모(皐陶謨)」편에 보면 "하늘이 죄 있는 자를 천토(天討)하는 데 5형(五
刑)으로 다섯 가지 형벌을 쓴다"라 하고, 그 주(注)에 5형은 자자(刺字)하는 묵형(墨刑),
코를 베는 의형(劓刑), 발뒤꿈치를 베는 비형(剕刑), 불알을 까는 궁형(宮刑), 목을 베는
대벽(大辟)이라 했다.

16 『서경(書經)』「고요모(皐陶謨)」편에 이르기를 "하늘이 다움이 있는 이에게 명해 5복(五服)
으로 다섯 가지 의복을 마련한다"라고 하고, 그 주(注)에 5복(五服)은 천자(天子)·제후
(諸侯)·경(卿)·대부(大夫)·사(士)의 복색을 말하는데, 이로써 존비(尊卑)를 옷의 색깔로
구분하여, 다움이 있는 이에게 명(命)하여 천하의 질서를 바로잡도록 했다고 한다.

(禍)를 주는 것이 하늘의 도리이며 선(善)을 좋아하고 악(惡)을 미워하는 것은 사람의 정리입니다. 옛 현철한 임금은 반드시 위로는 천도(天道)에 순응하고, 아래로는 인정(人情)에 따라서 천하와 국가를 다스렸으므로 공이 있는 착한 자는 상을 주지 않을 수 없으며 죄가 있는 악한 자는 벌을 주지 않을 수 없었습니다. 상과 벌이 밝고 믿음이 있으며 참람(僭濫)하지 아니한 뒤에야 인정이 복종하지 아니함이 없고 천도도 더불어 순응하는 것입니다.

지금[今者] 무구·무질 등의 죄는 실로 종사(宗社)와 백성에게 관
금자
계가 있는 까닭으로 하늘과 땅과 귀신에게 용납되지 못하니 마땅히 떳떳한 형벌을 써서 그 죄를 바로잡아야 할 것입니다. 왕실(王室)과 혼인한 것으로 인해 요행히 천벌을 면하고[逭=免] 목숨을 보전하고
                                                             환 면
있으니 상과 벌이 밝지 못하고 기강(紀綱)이 이지러짐이 있어 위로는 천도에 순응하지 못하고, 아래로는 인정에 부합하지 못합니다. 옛날 순(舜)임금이 사흉(四凶)을 제거하자 천하가 모두 복종했으니 이것이 곧 천하의 공도(公道)입니다. 주공(周公)이 삼숙(三叔)[17]에게 비록 지친(至親)으로서 차마 형벌을 행하지 못할 입장에 있었으나 그 일이 천하의 안위(安危)와 생령(生靈)의 화복(禍福)에 관계되었으므로 어찌 사(私)로써 공(公)을 멸(滅)할 수 있었겠습니까? 다만 마땅히 대의(大義)로써 처단했을 뿐입니다. 삼숙을 주멸하자 천하가 안정되어 주(周)나라 왕업(王業)이 800년을 전했으니 이는 성인(聖人-주공)의 일이 만세의 법이 된 까닭입니다. 주공이 동기(同氣)의 지친(至親)을 베

---

17 관숙(管叔), 채숙(蔡叔), 곽숙(霍叔)을 가리킨다.

어서 천하의 대의를 폈거늘 하물며 지금 이들은 전하에게 동기의 지친도 아닌데 어찌하여 사정에 얽매여서 대의로 결단하지 못하십니까?

예로부터 천하 국가에서 변란(變亂)이 일어난 것은 모두 그 죄악의 우두머리 되는 자를 그대로 둠으로 말미암아 지당(支黨)이 떼를 지어 일어나 틈을 타서 변을 일으킨 것입니다. 그러므로 비록 부모(父母) 골육(骨肉)의 은의라 하더라도 서로 보호할 수 없었던 것이 많습니다. 지성은 악을 편들고 간신에게 붙어서 감히 난언(亂言)을 했으니 그 음흉한 꾀와 숨겨진 계책은 진실로 헤아리기 어렵습니다. 멀리 흐르는 물도 반드시 그 근원이 있고 크게 타오르는 불도 반드시 그 불씨[爐]에서 일어나기 때문에 어려운 것을 쉬울 때에 도모하고 큰 것을 작을 때에 방비하는 것이 고금의 정치하는 요도(要道)입니다. 무구·무질이 법망(法網)을 벗어나 죄를 면하자, 지성이 난언(亂言)을 했고 지성이 남몰래 고향으로 돌아갔다가 서울로 와서 벼슬을 얻으려는 간사한 꾀가 이뤄졌으니 이것은 이미 밝은 증거입니다. 지금 또 지성을 법대로 처치하지 아니하면 어찌 감히 후일의 환(患)을 보장하겠습니까? 비록 나중에 후회한들 어찌 미칠 수 있겠습니까? 또 『춘추(春秋)』의 법에 난신(亂臣)을 베고 적자(賊子)를 쳐서, 반드시 그 당류(黨類)를 끊어 없앴습니다. 지성은 완악하고 용렬하고 미미한[蕞爾] 소인(小人)인지라 국가에 척촌(尺寸)의 공효(功效)도 없사오니 그를 버리기란 고추부서(孤雛腐鼠)와 같은 것입니다. 전하께서 무엇 때문에 이 사람을 아끼시어 정부 대신과 대간의 청을 오래도록 어기시는지 알지 못하겠습니다[未審=未知].

296

엎드려 바라건대 전하께서는 예감(睿鑑)을 밝게 드리워 굳은 결단을 내리시어 순(舜)임금이 사흉(四凶)을 제거한 일과 주공(周公)이 삼숙(三叔)을 벤 일을 본받아서 위의 사람들을 함께 법대로 처치하시면 실로 종사(宗社)와 생령(生靈)의 복이 될 것입니다. 또 역적 조순화(趙順和)는 반역(反逆)과 순종(順從)의 이치를 알지 못하고 간사한 계책을 내어 시종(始終) 회오(悔悟)하는 빛이 없으니 부득이하여 남의 위협에 따른 것이 아님이 명백합니다. 일이 실패하게 되자 스스로 그 죄가 용서받지 못할 줄을 알고 몸을 숨겨서 망명(亡命)했으니 충의(忠義)한 자가 모두 통분해한 지 여러 해가 됐습니다. 다행히 종사 신령(宗社神靈)의 음우(陰佑)에 힘입어 잡혀서 옥에 갇혔으니, 마땅히 저자에 내다가 여러 사람과 더불어 기시(棄市)해야 할 것인데 어찌하여 도리어 말감(末減)에 따라 목숨을 보전케 하십니까? 그렇게 되면 뒤에 오게 될 악한 자를 징계할 수 없을 뿐만 아니라 또한 하늘이 죄 있는 자를 다스리는 뜻에도 부합하지 않습니다. 바라건대 전의 소장(疏章)에서 아뢴 바와 같이 율(律)에 의해 시행해야 할 것입니다.'

모두 윤허하지 않았다.

병진일(丙辰日-15일)에 상이 문소전(文昭殿)에 나아가 망제(望祭)를 행했다.

○ (도성안) 명통방(明通坊)[18]의 밤나무와 장의사(藏義寺)의 잣나무

---

18 조선시대 초기부터 있던 한성부 북부 10방 중의 하나다.

가 벼락을 맞았다.

○ 경상도 동래현(東萊縣)에서 3인, 양주(梁州)·창원(昌原)·비옥(比屋)에서 각각 1인이 벼락에 맞았다.

○ 정부에서 백관(百官)을 거느리고 소를 올려 무구(無咎) 무질(無疾) 등의 죄를 청했다. 소는 이러했다.

'의정부 제군(諸君), 육조(六曹), 삼군(三軍), 백관(百官) 등은 삼가 주상 전하에게 말씀을 올립니다. 신 등이 듣건대 큰 죄악은 용서하기 어렵고 대중의 분노(憤怒)는 어기기 어렵습니다. 무구 무질이 화심(禍心)을 품은 것은 일조일석(一朝一夕)이 아니온데 다행히 천지 종사의 신령(神靈)에 힘입어 반역과 순종의 형상이 스스로 드러났습니다. 전하께서 긍휼(矜恤)의 은전(恩典)을 더하시어 반드시 베고 용서할 수 없는 사람으로 하여금 삶을 도둑질해 구차히 편안하게 살게 한 지 수년이 됐습니다. 이같이 한다면 강상(綱常)이 서지 아니하고, 상벌(賞罰)의 법이 없어져서 난신적자(亂臣賊子)를 징계할 바가 없습니다. 그러므로 공신(功臣), 재보(宰輔), 대간(臺諫), 백관(百官)이 소를 올려 죄를 청한 것이 또한 수년에 이르도록 그치지 아니하고 함께 살지 아니하기를 맹세하는 것입니다. 만약 일절 바른 법으로 다스려서 사람들의 이목(耳目)을 쾌하게 하지 않는다면 나라 사람들의 분노는 그치지 아니할 것입니다. 신 등은 가만히 생각건대 전하께서는 태조의 어렵게 이루신 대업(大業)을 이어받았으므로 마땅히 대체(大體)에 뜻을 두시어 자손만대의 교훈으로 삼아야 될 것이온데 지금 크게 불충한 사람에게 반드시 임시변통의 어짊을 행해 은혜를 중히 여기고 의리(義理)를 무시하고 사은(私恩)으로 공의(公義)를 폐기해 선(善)을 버리고 악을 비호(庇護)하시니 이 몇 가지는 상서롭지 못한 큰일입니다. 엎드려 바라건대 전하께서는 다시 깊은 생각을 더 하시어 한결같이 군신(群臣)의 청에 따라 나라 사람들의 분노를 풀도록 해야 할 것입니다.'

사간원에서 소(疏)를 올려 말했다.

'나무는 먹줄을 따르면 바르게 되고 임금은 간언하는 말을 따르면 빼어날 수 있다고 했습니다. 그러므로 예로부터 제왕(帝王)이 천하 국가를 다스릴 때에 비록 지극히 잘 다스려질 때라 하더라도 일찍이 스스로 만족한 마음을 가지지 아니하고 반드시 언로(言路)를 널리 열고 곧게 간언하는 말을 기꺼이 들으며 신하된 자도 마땅히 나아가서는 충성을 다하기를 생각하고 물러나서는 (임금의) 허물을 돕기를 생각해 그 임금을 인도해 도리에 합치하도록 힘썼습니다. 군신(君臣) 상하(上下)가 서로 더불어 옳고 그른 것을 의논하여 마치 원수(元首)와 고굉(股肱)이 한 몸에서 서고 작용하는 것과 같으니 천하 국가가 길이 다스려지고 오래도록 편안해졌습니다. 지금 무구·무질·거이·지성·순화 등은 이미 종사(宗社)에 죄를 얻었으므로 신 등이 여러 차례 상소해 법대로 죄를 논하도록 청한 지가 여러 날이 됐으나 아직 윤허를 얻지 못해 신 등은 황공함을 이기지 못해 몸둘 바가 없습니다. 엎드려 바라건대 위대한 순임금[大舜]이 남에게 좋은 점을
대순
취하기를 좋아하던 것과 성탕(成湯)이 간언하는 말을 따르고 어기지 않던 것을 본받으시어 한결같이 앞의 상소(上疏)에서 아뢴 것에 따라 그대로 윤허하시어 시행해야 할 것입니다.'

상이 모두 윤허치 아니하니 사간원에서 사직하고 물러갔다. 대사

헌 유량(柳亮) 등이 대궐에 나아와 무구 등의 죄를 청했다. 이날 밤에 상이 정부(政府)와 헌부(憲府), 간원(諫院)이 올린 소를 가져오도록 명해 읽어보았다.

○ 유량(柳亮) 등이 대궐에 나아와 무구 등의 죄를 다시 청했다. 상이 의정부에서 장차 백관(百官)을 거느리고 대궐에 나아온다는 소식을 듣고 지신사(知申事) 황희(黃喜)를 보내 정부에 뜻을 전해 말했다.

"정부 백관들이 교장(交章)하여 상소하는 것은 당연하나 외고(外姑-장모) 송씨(宋氏)가 나라 사람들이 죄를 청한다는 말을 듣고 두 아들이 반드시 죽으리라 생각해 울고 있는지 여러 날이다. 그러므로 내가 차마 대벽(大辟-사형)에 처해 여러 신하의 청을 따르지 못하겠으니 다시 말하지 말라."

희(喜)가 돌아와서 아뢰었다.

"성석린(成石璘)과 하륜(河崙)은 모두 정부에 출석하지 않았으므로 (우정승) 이무(李茂)와 동·서벽(東西壁) 재상(宰相)에게만 뜻을 전했습니다."

상이 말했다.

"모름지기 영의정과 좌정승으로 하여금 이런 뜻을 알게 하라."

○ 유량(柳亮) 등이 말씀을 올렸다.

'무구 무질의 불충(不忠)한 죄는 천지와 종사에 용납되지 못하는 것이고 나라 사람들이 함께 분개하는 것으로 전하께서 친히 듣고 보시는 바입니다. 대악(大惡)을 저지른 자가 떳떳한 형벌을 당하지 아니하고 천토(天討)의 위엄을 오용(五用-다섯 가지 형벌을 씀)으로 시행하지 않으시는 바람에 신 등이 청하기를 두세 번이나 했으나 아직 윤허를 받지 못했습니다. 전하께서 비록 훈친(勳親)의 사사로운 은혜로써 천토(天討)의 떳떳한 형벌을 폐기하시지만 신 등은 어찌 감히 불충한 죄인을 놓아두어 한 하늘 밑에서 함께 살 수 있습니까? 엎드려 바라건대 전하께서는 대의(大義)로 결단해 한결같이 장신(狀申)한 바에 의해 시행하셔야 할 것입니다. 그러면 어찌 신들만이 감격하고 기뻐할 뿐이겠습니까? 종사(宗社)와 생령(生靈)에게도 큰 다행이 될 것입니다.'

상이 소를 대내(大內)에 머물러 두었다. 유량 등이 대궐에 나아와 청했으나 윤허하지 않았다. 의정부에서 선차(宣差)[19] 두 사람을 풍해도(豊海道)와 강원도 두 도에 보내 감사로 하여금 무구·무질을 간수(看守-감시)하여 왕래하는 사람을 금절(禁絶)시킬 것을 청했다. 풍해도 관찰사가 왜적(倭賊)이 장차 이를 것이라 칭탁하고 무구를 옹진 읍성(甕津邑城)에 들어가 있게 하고, 바깥 사람과 통래하는 것을 금하니 (장모) 송씨(宋氏)가 이를 호소했다. 상이 말했다.

"아무리 난신 적자(亂臣賊子)라 할지라도 신하가 죄를 마음대로 줄 수 없는 것이 고금의 떳떳한 이치다. 이제 백관들이 죄를 청해 내 뜻을 받으려는 때를 당해 어찌 이 같은 일을 용납할 수 있겠느냐!"

이에 무구를 예전 살던 곳으로 돌아가게 했다. 광연루(廣延樓)에 나아가 하륜(河崙), 성석린(成石璘), 이무(李茂), 조영무(趙英茂), 유량(柳亮) 등을 불러 좌우를 물리치고 무구의 일을 말했는데 공의(公義)와 사은(私恩)은 어느 한쪽에 치우쳐 폐기할 수 없다고 했다. 안평

---

19 나라에서 임시로 뽑아 보내는 관원을 말한다.

부원군(安平府院君) 이서(李舒)와 하륜, 성석린, 이무, 조영무가 백관을 거느리고 대궐에 이르러 반(班)을 나눠 서서 전일의 소장(疏狀)을 (유사에) 내려서 불충한 죄를 바로잡을 것을 청했다. 상이 이를 알고서 먼저 황희(黃喜)에게 일러 말했다.

"예로부터 신하로서 임금에게 간언해 청을 얻은 것도 있고, 임금으로서 간언하는 것을 거절해 듣지 아니한 것도 있었다. 만약 신하가 간언하는 것을 (임금이) 따르기를 반드시 기약한다면 어찌 뛰어나지 못한[不賢] 임금이 있겠는가?"
불현

드디어 내문(內門)을 닫았다. 희가 바깥 뜰에 나가서 고하니 석린이 대답했다.

"신 등이 극진히 말하는 까닭은 오직 상의 뜻을 돌이키려는 것뿐입니다. 이제 승부(勝負)로 말씀하시니 몸둘 바가 없습니다. 신하가 되어 임금을 두려워하지 않고 누구를 두려워하겠습니까?"

량(亮) 등이 소를 올려 말했다.

'신 등은 무구·무질이 평소 임금을 없는 것처럼 여기는 마음을 품었으니 진실로 천벌을 받을 죄인이라는 것입니다. 전하께서 오히려 부월(鈇鉞)의 형벌을 너그럽게 해 위험한 형세를 조장하시므로 정부(政府), 대간(臺諫), 백료(百僚)들이 같은 말로 죄를 청하는 것입니다. 이것은 나라 사람들이 모두 '죽여야 옳다'라고 하는 것인데, 전하께서는 이 두 사람에 대해 그 불충함을 밝게 아시면서도 우유부단(優柔不斷)해 천토(天討)의 형벌을 베풀지 아니하고, 신민(臣民)의 바라는 마음에 답하지 않으시니, 하늘을 받들어 죄를 다스리는 뜻에 어떠하겠습니까? 신 등이 조목(條目)별로 아뢰어 거듭 청한 것이 네댓

번에 이르렀으나 상의 윤허를 받지 못했습니다. 가만히 생각건대 『서경(書經)』에 이르기를 "하늘이 죄 있는 이를 다스리되, 오형(五刑)으로 다섯 가지 형벌을 쓴다"라고 했으니 형벌을 써서 죄를 다스리는 것은 임금이 사사로이 할 수 없는 것입니다. 전(傳-『춘추좌씨전』)에 이르기를 '불충(不忠)한 적(賊)은 모든 백성들이 미워하지 않는 이가 없으니 어떤 사람이라도 토죄(討罪)할 수 있다'라고 했습니다. 신하 노릇 아니하는 죄 또한 왕법(王法)으로 어찌 용서할 수 있겠습니까? 엎드려 바라건대 한때의 사사로운 은혜로써 만세의 공의(公義)를 폐기하지 마시고 장신(狀申)한 바에 의거해 시행하시어 하늘을 받들어 죄를 다스리는 위엄으로써 신민(臣民)의 바라는 바에 부응토록 해야 할 것입니다.'

윤허하지 않았다.

○ 순금사에 명해 최호(崔浩), 김광우(金光雨), 오가물(吳加勿) 등에게 각각 장(杖) 100대를 때려 유배 보냈다. 호(浩) 등은 역적(逆賊) 이언(李彥)을 숨겨준 자들이다. 순금사에서 조율(照律)해 참형(斬刑)에 해당한다고 하니 호 등 3인에게 1등씩을 감형하고 중명(仲明)과 장귀(張貴)에게는 장(杖) 20대씩을 감형했는데 중명은 언(彥)의 아들이다. 순금사에서 또 아뢰었다.

"전 부사정(副司正) 임세장(林世長)은 역적 이언이 그 집에 오는 것을 보고도 신고하지 않았으니 청컨대 고의로 놓아준[故縱] 율문(律文)에 의거해 참형(斬刑)에 처해야 할 것입니다."
_{고종}

1등을 감형해 시행하도록 명했다.

정사일(丁巳日-16일)에 태백성(太白星)이 이틀 동안 낮에 보였다.

○ (경기도) 적성현(積城縣) 백성의 말이 벼락에 맞았다.

신유일(辛酉日-20일)에 태백성(太白星)이 낮에 보였다.

○ 의정부에서 백관을 거느리고 대궐에 나아와 무구 무질의 죄를 청하니 상이 말했다.

"대신(大臣)이 이미 내 뜻을 알 것이다. 내가 또 병이 있는데, 도형(徒刑)이나 유형(流刑) 같은 형벌은 가벼운 것이나 대벽(大辟)은 무거운 것이니[20] 어찌 쉽게 결단할 수 있겠는가! 내 병이 조금 나으면 마땅히 함께 상량(商量)하겠다."

석린(石璘)이 대답했다.

"노신(老臣)은 다만 백료(百僚)의 우두머리 자리를 더럽힐 뿐입니다. 지금 백관들이 모두 분노해 기어이 청을 얻으려 하니 여러 사람의 뜻을 어찌 막겠습니까?"

드디어 각품반두(各品班頭)[21]로 하여금 자리에 나가서 청하게 했으나 윤허하지 않았다.

○ 사헌부에서 대궐에 나아와 거듭 청하니 상이 말했다.

"대사헌이 이미 내 뜻을 알 것이니 나는 더 이상 다른 할 말이

---

20 『사물기원(事物紀原)』에 '태형(笞刑)은 5가지인데 10대에서 50대까지이고, 장형(杖刑)은 5가지인데 60대에서 100대까지이고, 도형(徒刑)은 5가지인데 1년에서 3년까지이고, 유형(流刑)은 5가지인데 1,000리에서 3,000리까지이고, 사형(死刑:大辟)은 2가지인데 교형(絞刑)과 참형(斬刑)이다'라고 했다.

21 반두란 백관의 반열(班列)에서 수반(首班)이 되는 사람을 말한다.

없다."

유량(柳亮)이 대답했다.

"전하께서 사은(私恩)으로 공의(公義)를 폐기하시고 천토(天討)를 행하지 않으셨습니다. 예전에 주창(周昌)[22]이 '절대로 조명(詔命)을 받들지 못하겠다'라고 한 말이 있으니 상의 뜻이 비록 이와 같으나 신 등은 교명(敎命)을 받들지 못하겠습니다."

상이 병이 있다고 핑계를 말하니 이에 모두 사직하고 물러갔다. 이튿날 의정부에서 백관을 거느리고 모두 대궐 뜰에 나아가 무구·무질의 죄를 청하니 상이 병이 있다고 둘러댔다.

○ 가르침을 내려[下敎] 구언(求言)했다. 가르침은 이러했다.
하교

"근년(近年) 이래로 물·가뭄·바람·서리·우박 등의 재해와 산이 무너지고 우레와 벼락이 치고, 천문(天文)의 이변(異變)이 여러 차례 나타나 나를 견책(譴責)하니 이것이 어찌 우연한 일이겠는가! 정치의 잘잘못과 생민(生民)의 휴척(休戚-평안과 근심)을 마땅히 시직(時職)과 산관(散官)으로 하여금 갖춰 아뢰게 하되 숨김이 없도록 하라."

계해일(癸亥日-22일)에 태백성(太白星)이 사흘 동안 낮에 보였다.

---

22 진(秦)나라 때 사수졸사(泗水卒史)를 지냈다. 나중에 유방(劉邦)을 따라 패현에서 봉기하여 입관(入關)했고 진나라를 격파하여 중위(中尉)가 됐다. 내사(內史)로 오창(敖倉)을 견고하게 방어해 어사대부(御史大夫)가 되고, 항우(項羽)를 격파했다. 유방이 제위에 오르자 6년(기원전 201년) 분음후(汾陰侯)에 봉해졌다. 사람됨이 고집이 세 직언을 서슴지 않았고 말을 더듬었다. 고조가 태자(太子, 惠帝)를 폐하고 여의(如意)를 세우려고 하자 한사코 이를 막았다. 여후(呂后)가 조왕(趙王)을 독살하자 병이라 하여 입조(入朝)하지 않았다.

갑자일(甲子日-23일)에 종친에게 명해 문소전(文昭殿)에 번갈아 숙직하게 했다.

을축일(乙丑日-24일)에 상이 편찮아[違豫=不豫] 정부에서 날마다 [逐日] 문안했다.
위예 불예
축일

병인일(丙寅日-25일)에 각 품(品) 관원이 올린 글을 친히 읽어보았다. 상이 예조좌랑 정효복(鄭孝復)의 글을 (유심히) 보았는데 그 글은 이러했다.

'신(臣)이 지금 말씀을 구하는 가르침을 받고서 삼가 우왕(禹王)과 고요(皐陶)가 순(舜)임금을 경계시킨 예(例)에 의거해 마음속에 있는 바를 곧게 말하고 감히 숨기지 않겠습니다. 가만히 생각건대 나라에 사치하는 풍속이 많아 순박한 선비는 용납되지 못하고 아첨하는 풍습이 성행해 올바른 말이 제대로 펼쳐지지 못하니 생민(生民)의 폐단이 오늘날처럼 많은 적이 없었으며 용도(用度)의 많음과 재물의 소모도 오늘날처럼 심한 때가 없었습니다. 전야(田野)의 백성들이 모두 군사가 되기를 원하고 농사짓는 것을 부끄러워하며 처자(妻子)를 양육하는 일을 돌보지 아니하고 농기(農器)를 녹여서 병기(兵器)를 만들고 농우(農牛)를 팔아 전마(戰馬)를 사서 변경을 방어한 공로에 참여해 벼슬을 상으로 받으면 자신의 조부(祖父)를 "고리타분한 농사꾼[田舍翁]"이라 비웃고 친척은 말할 것도 없고 이웃 사람들에게 전사옹
까지 교만하게 굴고 있습니다. 흉년이나 가뭄이 들어 굶주림과 헐벗음이 절박하면 집을 버리고 도망쳐 도둑이 됐다가 옥(獄)에 갇혀 죽

음을 당하기도 하고, 또 날래고 사나운 무리들은 권세 있는 집에 분주히 복역(服役)해 이로 인해 부귀(富貴)를 얻으면 조신(朝臣)을 업신여기고 교만하고 사치하고 방자(放恣)하여 못하는 짓이 없다가 한 번 뜻에 맞지 아니하면 반역(叛逆)을 꾀해 그 자신은 죽고 친족은 멸망하게 됩니다. 관리들은 가혹하게 살피고 이익을 취하는 데 힘써 백성들을 사랑하는 성심(誠心)은 없고, 녹(祿)을 보존하고 몸을 편안히 하기를 꾀해 나라를 자기 집같이 걱정하는 자가 드뭅니다. 하늘이 재이(災異)를 내리고 시절이 풍년이 들지 않는 것은 모두가 이런 부류들이 불러오는 것입니다. 대개 하늘에 있어서는 오행(五行)[23]이 되고 사람에게는 오사(五事)[24]가 되는데 인사(人事)가 잘 되면 좋은 징조가 무리 지어 응하고 인사(人事)가 잘못되면 나쁜 징조가 또한 무리지어 이릅니다. 홍범(洪範)[25]에서 서징(庶徵)[26]을 말한 것이 어찌 헛된 것이겠습니까? 또 둔전(屯田)은 만백성이 모두 싫어하는 것이며, 여자(女子)는 환관(宦官)이 비축하는 것이 아니오니 이것을 금하지 아니하면 어떻게 정치를 한다고 하겠습니까? 신이 이해할 수 없는 것[未解]의 첫째입니다.
미해

---

23 만물을 생성하는 5가지 원소(元素)로 수(水)·화(火)·목(木)·금(金)·토(土)를 가리킨다.

24 사람에게 있어서 다섯 가지의 큰일, 즉 모(貌)·언(言)·시(視)·청(聽)·사(思)를 가리킨다.

25 『서경(書經)』의 편명이다.

26 하늘의 여러 가지 징조로 『서경(書經)』의 홍범구주(洪範九疇) 가운데 여덟 번째 조목을 가리키는 말이다. 정치의 치란(治亂)과 득실(得失)에 앞서 햇빛 비 따뜻함 추위 바람 계절의 변화 등 여러 가지 조짐이 나타난다고 한다. 이것은 모든 것이 조화와 질서를 유지할 때 나타나는 좋은 징조[休徵]와 그렇지 못할 때 나타나는 나쁜 징조[咎徵]로 구분되며 이는 모두 임금의 덕(德)에 따른 것이라고 보았다.
휴징   구징

군사는 숫자가 많은 데 있는 것이 아니라 오직 정련(精鍊)이 되어야 하며 벼슬은 반드시 자리를 갖춰야 하는 것이 아니라 오직 그 자리에 적당한 사람이 있어야 합니다. 긴요하지 않은 벼슬이 많고, 쓸데없는 군사가 많으니 백성들이 어찌 곤란하지 아니하겠으며, 나라가 어찌 가난하지 아니하겠습니까? 신이 이해할 수 없는 것의 둘째입니다.

승도(僧徒)는 나라에 무슨 보탬이 있기에 직첩(職牒)을 받고 살찐 말을 타는 것입니까? 왜놈[倭奴]은 우리 백성에게 무슨 덕이 있기에 곡식[粟米]을 실어다가 굶주림을 구제하는 것입니까? 신이 이해할 수 없는 것의 셋째입니다.

아아, 공(功)은 같은데[功同] 상(賞)이 높고 낮음이 있는 것은 그 신분의 귀천(貴賤)에 따르기 때문이고 죄는 한 가지인데[罪一] 형벌이 가볍고 중함이 있는 것은 그 친소(親疏)의 사정(私情)에 따르기 때문입니다. 만일 이와 같이 한다면 상(賞)으로 무엇을 권장할 수 있으며 형벌로 무엇을 징계할 수 있겠습니까? 한 사람이 죄를 지어서 나라 사람들이 모두 죽어야 옳다고 하는데 이를 죽이지 아니하면 여러 사람의 마음이 어찌 스스로 편하겠습니까? 여러 사람의 마음이 편하지 아니하면 나라가 어찌 위태롭지 아니하겠습니까? 신이 이해할 수 없는 것의 넷째입니다.

아아, (지금 신하들은) 정사에 족히 참여할 만하지 못하고 사람됨이 더불어 일을 할 만하지 못한데 어찌 사사건건(事事件件) 하나하나 들어서 말씀드릴 수 있겠습니까! 오직 원하는 바는, 전하께서 검소함을 숭상하고 씀씀이를 절약해 백성의 생활을 두텁게 하시고 궁

308

궐과 의복을 검소하게 해 풍속을 고치시며 재물을 천하게 여기고 덕을 귀하게 여기시어 재리(財利)를 말하는 신하를 기르지 마시고 근본(根本-농업)을 두텁게 하고 말엽(末葉-상업)을 누르시어 놀고 먹는 무리[游手]를 엄격히 금하소서. 정부(正賦) 이외에 진헌(進獻)하는 것은 합당하지 못하며 쓸 물건 이외에는 영선(營繕)을 허락하지 말며 일은 반드시 옛 것을 본받고 새 법을 세우지 말며 큰 제사를 받들 듯이 백성의 일을 가볍게 생각지 말며 협종(脅從)²⁷은 다스리지 아니해 지극한 어짊을 보이며 근거 없는 말은 듣지 말며 묻지도 아니한 모책(謀策)은 쓰지 말며 노성(老成)한 사람을 업신여기지 말아야 할 것입니다. 칠월시(七月詩)²⁸를 되풀이해 읽고 무일서(無逸書)²⁹를 깊이 연구하시어 옛날 요(堯)임금, 순(舜)임금, 우왕(禹王), 탕왕(湯王), 문왕(文王), 무왕(武王)의 선행(善行)을 오늘날의 선행(善行)으로 삼으시고 (명재상들인) 고요(皐陶), 이윤(伊尹), 부열(傅說), 주공(周公), 소공(召公)이 그들 임금에게 고하여 경계한 말을 오늘날의 귀로 듣는 것처럼 하셔야 할 것입니다. 부귀(富貴)를 믿지 말고 숭고(崇高)함을 믿지 마시며 갑병(甲兵)의 많음과 성곽(城郭)의 완전함과 산과 계곡의 험한 것을 믿지 말고 항상 두려워하고 조심하는 마음을 품으시어 천명(天命)을 공경하고 소민(小民)을 두려워하셔야 할 것입니다.'

상이 읽어보고, 칭찬하고 탄복하기를 오래도록 하다가 말했다.

---

27 남의 위협에 의해 부득이 죄를 같이 짓는 것을 말한다. 이 경우에는 법전(法典)에서 관대하게 했다.
28 『시경(詩經)』 「빈풍(豳風)」의 편 이름으로 농업을 권장한 시다.
29 『서경(書經)』 「주서(周書)」의 편 이름이다.

"곧도다[直哉]! 이 사람! 조정 신하 가운데 이 사람처럼 곧은 말을 하는 자가 없다."

드디어 붓을 잡아 '공동(功同)'과 '죄일(罪一)'이라는 네 글귀에 친히 비점(批點)을 찍고 그를 발탁해 사간원 우헌납(司諫院右獻納)에 제배했다.[30]

정묘일(丁卯日-26일)에 서운관판사(書雲觀判事) 이제무(李齊茂) 등을 순금사에 내렸다. 상이 서운관월령(書雲觀月令)을 살펴보며 말했다.

"영성(雺星)은 무슨 별인가? 그에 맞는 제사는 어떠한 것인가?"

제무(齊茂) 등이 모두 대답하지 못했다. 예조로 하여금 『문헌통고(文獻通考)』[31]를 상고하게 하니 본래 천전영성(天田靈星)으로 농사를 주관하는 별이었다. 그러므로 임금된 자[王者]가 제사하는 것으로 입추(立秋) 후 진일(辰日)에 제사를 지내 농공(農功)을 보답하는 것이었다. 상이 말했다.

"서운관에서 잘못 전해 내려와서 영(靈)을 영(雺)으로 하여 축문(祝文)에 기재한 지가 오래됐다."

이에 제무 등을 가두었다.

---

30 예조좌랑은 정6품, 우헌납은 정5품이니 종5품을 뛰어넘어 제배된 것이다.

31 중국 송말(宋末) 원초(元初)의 학자 마단림(馬端臨)이 저작한 제도와 문물사(文物史)에 관한 저서로 총 348권으로 구성돼 있다.

무진일(戊辰日-27일)에 각 품(品) 관원의 진언(陳言)을 의정부에 내렸다. 시행할 만한 것을 깊이 토의하게 하려 함이었다. 또 정부에 뜻을 전해 말했다.

"각품 관원의 진언(陳言) 가운데 민씨(閔氏)의 죄를 언급한 것이 매우 많으나 이는 백성에게 관계되는 것이 아니다. 민간의 병폐(病弊)를 빨리 논의하는 것이 옳다."

○ 유일(遺逸-버려져 있거나 숨어 있음)을 천거하도록 명했다. 상이 황희(黃喜)에게 일러 말했다.

"유일(遺逸)의 인재(人材)를 찾아내지 아니할 수 없다. 이에 각사(各司)로 하여금 천거하게 하라."

드디어 교지(敎旨)를 내려 말했다.

"늙고 덕이 높아 명예와 영달을 구하지 아니하는 자와 충효절의(忠孝節義)가 세상에 드러난 자, 정치하는 대체(大體)를 밝게 통달하여 이사(吏事-관리의 일)를 맡길 만한 자, 병법(兵法)에 지모(智謀)가 깊어서 장수가 될 만한 자, 그리고 활쏘기와 말타기에 능해 적의 칼날을 꺾어 함몰시킬 만한 자를 백관들은 각각 아는 대로 천거하되, 한 사(司)에서 두세 사람씩 천거하도록 하라.'

○ 이달에 일기주지주(一岐州知主) 원량희(源良喜)가 사람을 보내 예물(禮物)을 바쳤다.

壬寅朔 太白晝見.
임인 삭 태백 주견

上親祭于文昭殿.
상 친제 우 문소전

司憲府詣闕 請右政丞李茂等罪 上使黃喜宣傳曰: "所言固是 然
사헌부 예궐 청 우정승 이무 등 죄 상 사 황희 선전 왈 소언 고시 연

坐此者 皆勳親大臣也. 上旣蒙宥 則下官不可獨罰." 命除守直.
좌차 자 개 훈친 대신 야 상 기 몽유 즉 하관 불가 독벌 명제 수직

議政府請李之誠罪. 啓曰:
의정부 청 이지성 죄 계왈

"竊聞世子朝見之行 李之誠乘間密言: '無咎 無疾等無罪而
절문 세자 조현 지행 이지성 승간 밀언 무구 무질 등 무죄 이

見黜.' 又言: '願勿洩前語.' 以要後日之功. 世子心篤忠孝 回還
견출 우언 원 물설 전어 이요 후일 지공 세자 심 독 충효 회환

之日 卽達宸聰 殿下只令本鄉安置 國人皆未知黨惡之謀也. 之誠
지일 즉 달 신총 전하 지령 본향 안치 국인 개 미지 당악 지모 야 지성

以不赦之罪 安置未久 會赦幸免 上京受職. 憲司申請其罪 殿下
이 불사 지죄 안치 미구 회사 행면 상경 수직 헌사 신청 기죄 전하

復令安置 臣等於前日 累次上請 亦未蒙允. 殿下於無咎 無疾 以
부령 안치 신등 어 전일 누차 상청 역 미 몽윤 전하 어 무구 무질 이

姻親之故 旣失公義 未知於之誠 又何爾也? 無咎 無疾等不忠之
인친 지고 기실 공의 미지 어 지성 우 하이 야 무구 무질 등 불충 지

罪 天地宗社實知之 一國臣民共憤之 之誠以爲無罪 敢言於世子
죄 천지 종사 실 지지 일국 신민 공분 지 지성 이위 무죄 감언 어 세자

欲行詐於君臣父子之間 儻非世子之明燭其奸匿 之誠他日黨惡
욕행 사어 군신 부자 지간 당비 세자 지 명촉 기 간닉 지성 타일 당악

構亂之謀 豈易測哉! 且孼牙之生 以有根株. 無咎等曲蒙殿下
구란 지모 기 이 측재 차 얼아 지생 이유 근주 무구 등 곡몽 전하

之私恩 獲保首領 致使奸黨不絶 陰爲後日之計. 伏望殿下 斷以
지 사은 획보 수령 치사 간당 부절 음위 후일 지계 복망 전하 단 이

大義 渠魁枝黨 俱置於法 以絶禍亂之萌.
대의 거괴 지당 구치 어법 이절 화란 지맹

癸卯 太白晝見.

司憲府大司憲柳亮等 請閔無咎無疾罪. 上言:

'無咎 無疾罪著不臣 天討所加 殿下不置於法 俾保首領 念其

勳親之舊也. 然當上有殿下之聰明 陰結其黨 爲後日之計者甚衆 以

二人之爲惡根而不除也 深思熟慮 則將來之患 誠可畏也 所謂養虎

自遺患也. 此臣等之所以痛心. 且殿下狃於勳戚之舊 而不恤後嗣

之大患; 篤於好生之德 而不施天討之大刑. 臣等以爲勳戚尙念

其舊 其於以燕翼子之謀 本支百世之念 孰爲輕重? 伏望殿下 廓揮

剛明 斷以大義 將無咎 無疾等 置之於法 以奉天討 以杜後患.'

不允.

命收李之誠職牒 遠方付處. 河崙 成石璘 黃居正等詣闕啓曰:

"李之誠濫受官爵 法司請罪 延及大臣. 臣等以爲此無他 當初

不明正其罪之致然也. 願下攸司 明正其罪." 不允. 河崙出位而

請曰: "之誠於臣 爲妻姪也. 事若不關於大體 則臣當避矣 今

不避者 爲其關於大體也." 上曰: "前此請罪 予旣不聽 況今黜外

何更煩云?" 石璘等固請曰: "臣等可以得請者 而後請之 豈徒請

而止哉?" 上曰: "予姑思之 卿等其退." 乃有是命.

下孫閏祖 閏物及其父伊川君興宗等于巡禁司. 命臺諫刑曹會坐

巡禁司. 刑問閏祖兄弟以舍匿孝宗不告之罪及孝宗暴死之故. 上

曰: "壬午之變 孝宗之爲謀主審矣. 興宗其兄也 豈不知孝宗之

所在乎? 若案問閏祖等 事狀若著 興宗雖開國功臣 於大逆 豈

可以功臣宥乎?"上又曰:"壬午之北幸 中立觀變者有之."又曰:

"先君而後兄弟 義也. 今風俗不美 故反是."皆指興宗也. 閏物

服爲父所禁① 故不敢告也. 乃囚興宗鞫之 興宗對曰:"我兄弟本

四人 二弟皆短命 獨孝宗在 故不忍告也."

　甲辰 命收安魯生職牒 流于寧海. 司憲府上疏曰:

'臣等奉旨 推劾忠淸道田地損實之由 則安魯生妄稱五十五

州守令呈報 以損爲實 專不給損 以咎柳廷顯之重斂 欺蔽朝廷.

請收職牒鞫問 依律鑑後.'

　上謂亮曰:"魯生之罪 乃錯誤也. 然其意難知."亮對曰:"十五

萬結 給損五萬 三分之一也. 又何加焉!"乃有是命.

　乙巳 太白晝見. 月在太微北右執法.

　命李茂 李天祐 趙涓 李憸視事.

　以柳龍生爲中軍都摠制 李彬戶曹判書 黃居正刑曹判書 李膺

權緩參知議政府事 孔俯右軍同知摠制. 司憲執義韓尙德免 以

李叔野代之.

　丙午 震漢江邊牧馬. 地裂 長二十四尺 廣五尺.

　命輸各道漕運之米於景福宮之行廊. 初 議政府請作軍資

豐儲倉於西江 上曰:"母興土木 以建新倉."乃有是命.

　命柳廷顯就職.

立西班考前職乃署考身之法. 司諫院啓曰: "西班五品以下受職
者 出謝之際 考其前職朝謝 所以防越次冒受者也. 其不肯現納
延拖百日者 乞皆罷職." 從之.

丁未 孫興宗 新恩付處 趙末通等 論決有差. 巡禁司啓: "前典書
崔沔容隱順和 前中郞將韓文容隱孝宗 律應處斬. 孫興宗 趙末通
孫閏祖 姜文吉 知而不告 杖一百流三千里." 沔 順和妻父 文 興宗
伴人也. 命興宗自願付處 末通 閏祖外方付處 文吉杖七十流外方
崔沔 韓文以老減一等收贖. 巡禁司又啓: "奇田龍妻孫氏 孫孝宗
妻加氏 學生韓浮海 前郞將咸松等 藏匿孝宗 乞依律處斬. 黃沙顏
柳植等知情不首 當杖一百流三千里." 敎曰: "奇田龍妻年老 孝宗
妻婦人 各減一等收贖; 浮海 松 各減一等; 沙顏 植 減杖二十."

己酉 司憲府大司憲柳亮等 請無咎 無疾之罪. 疏曰:

'臣等竊觀古今人主 欲全勳親者 念其功在社稷而不敢忘 恩
聯骨肉而不可薄. 然其罪關宗社 義絕骨肉 則功不贖罪 而私恩
不足以掩公義也. 伏見無咎 無疾 特緣姻親之故 而得與勳盟之列
耳 曾非社稷之攸賴 亦非天倫之重也. 矧今謀傾社稷 見削於盟載
圖弱宗支 自絕其屬籍 則恩義已斷 實爲宗社生民之罪人也. 殿下
尙念其舊 欲全其生 惡根不除 傾危相續 擧國臣民 憤心缺望.
臣等前日申請其罪 未蒙聖允 倍增痛憤. 竊謂殿下 承太上王業之
惟艱 守宗社安危之重寄 去此罪人 特孤雛腐鼠之棄耳. 伏望殿下

勿以保勳親之小惠 忘宗社後嗣之大計 一如臣等所申施行 拔除
물 이보 훈친 지소혜 망 종사 후사 지 대계 일여 신등 소신 시행 발제

惡本 永斷孼芽之萌; 垂裕後昆 以慰臣民之望.'
악본 영단 얼아 지맹 수유 후곤 이위 신민 지망

留中不下.
유중 불하

庚戌 召李居易于鎭州 旣而止之. 初 傳旨政府曰:"李居易妻
경술 소 이거이 우 진주 기이 지지 초 전지 정부 왈 이거이 처

崔氏 在留後司病篤 欲見其夫." 政府執不可 上乃以圓牙牌直
최씨 재 유후사 병독 욕견 기부 정부 집불가 상내 이 원아패 직

召之. 議政府啓曰:
소지 의정부 계왈

"李居易罪當極刑 得保首領 安置于外 于今五年足矣. 夫婦之
이거이 죄 당 극형 득보 수령 안치 우외 우금 오년 족의 부부 지

私 雖無罪之臣 所不敢言. 何況居易! 身犯重罪 何有於夫婦! 且
사 수 무죄 지신 소불감언 하황 거이 신범 중죄 하유 어 부부 차

牙牌 所以召大臣與將兵者也. 今立法之初 以召逆臣 甚爲不可."
아패 소이 소 대신 여 장병 자야 금 입법 지초 이소 역신 심위 불가

上曰:"業已召之 度今使者已至鎭州 不可追也. 予於後日 不復
상왈 업이 소지 탁금 사자 이지 진주 불가 추야 여어 후일 불부

有如此之命." 政府固請 上曰:"居易但厭閔氏而有言耳. 予
유 여차 지명 정부 고청 상왈 거이 단염 민씨 이 유언 이 여

於疾視寡人之徒 尙許來見其父之病. 況居易乎!" 政府請益堅
어 질시 과인 지도 상 허 내견 기부 지병 황 거이 호 정부 청 익견

大司憲柳亮等亦上疏曰:
대사헌 유량 등 역 상소 왈

'居易曾包禍心 圖事異君 王法不赦之賊也. 殿下寬慈 俾保
거이 증 포 화심 도사 이군 왕법 불사 지적 야 전하 관자 비보

首領 中外臣民 久懷憤悒. 竊聞近殿下賜以御府之節 寵以乘傳之
수령 중외 신민 구회 분읍 절문 근 전하 사이 어부 지절 총이 승전 지

行 俾還私第 臣等倍增驚懼. 殿下不施天討之刑 旣缺臣民之望
행 비환 사제 신등 배증 경구 전하 불시 천토 지형 기결 신민 지망

優示命召之恩 又受長惡之譏. 臣等竊恐亂賊之徒 無所畏憚 而
우시 명소 지은 우수 장악 지기 신등 절공 난적 지도 무 소외탄 이

接踵於今日也. 伏望殿下 斷以大義 下此人於攸司 用天討之常刑
접종 어 금일 야 복망 전하 단이 대의 하 차인 어 유사 용 천토 지 상형

以拔惡根 以昭邦憲.'
이발 악근 이소 방헌

上乃遣人止之.
상 내 견인 지지

掌令李叔捧 持平兪勉 詣闕請允前日之疏 上曰：“中官不可傳
장령 이숙봉 지평 유면 예궐 청윤 전일 지소 상왈 중관 불가전

此命 憲府各位 亦不備矣. 予將親諭大司憲.” 是日 大司憲柳亮以
차명 헌부 각위 역불비 의 여장 친유 대사헌 시일 대사헌 유량 이

家忌不參.
가기 불참

初置內侍衛三番. 每番四十人爲額 分屬三軍. 以順寧君枝
초치 내시위 삼번 매번 사십 인 위액 분속 삼군 이 순녕군 지

安川君韓劒 判恭安府事姜祐 爲節制使.
안천군 한검 판공안부사 강우 위 절제사

司憲府請全穆之罪 命收職牒. 啓曰：
사헌부 청 전목 지죄 명수 직첩 계왈

‘臨陂縣納軍資黃豆一百二十石 因霾雨沈水 以致朽惡 是亦
임피현 납 군자 황두 일백 이십 석 인 매우 침수 이치 후악 시역

全穆因循不卽收納之故. 穆之怠任失職 損毀國用 非一端也.
전목 인순 부즉 수납 지고 목지 태임 실직 손훼 국용 비 일단 야

罪重罰輕 懲戒無門 請收職牒 進問其罪.’
죄중벌경 징계 무문 청수 직첩 진문 기죄

初令六曹參議 於大小朝會 提交床坐從二品之下.
초 령 육조 참의 어 대소 조회 제 교상 좌 종이품 지하

太白晝見 月犯心大星.
태백 주견 월 범 심 대성

賜田百結于衍慶寺.
사전 백결 우 연경사

命兵曹判書李天祐 更定扈從之法. 上曰：“扈從之法 散無定局
명 병조판서 이천우 갱정 호종 지법 상왈 호종 지법 산무 정국

定擬以聞.” 乃啓請使內禁衛內侍衛別侍衛 入直者在駕前；出直
정의 이문 내 계청 사 내금위 내시위 별시위 입직 자재 가전 출직

者在駕後 以爲例 從之.
자재 가후 이위례 종지

辛亥 命囚檢校工曹參議楊弘迪于巡禁司. 弘迪家與張思彦隣.
신해 명수 검교 공조참의 양홍적 우 순금사 홍적 가여 장사언 인

弘迪馬逸 踏思彦之圃 思彦家婢罵之 弘迪怒 至思彦家亂捶二子.
홍적 마일 답 사언 지포 사언가 비 매지 홍적 노 지 사언가 난추 이자

刑曹請其罪 上謂左右曰：“弘迪 愚者也. 歲歲見囚 或一歲再繫.
형조 청기죄 상위 좌우 왈 홍적 우자 야 세세 견수 혹 일세 재계

縱馬踏人之田 已非矣 又打人二子 罪固疊矣.” 乃囚之 經六日釋之.
종마 답 인지전 이 비의 우타 인 이자 죄고 첩의 내 수지 경 육일 석지

壬子 河崙 成石璘 李茂等詣闕請進肉膳者三 許之. 上以祥期
임자 하륜 성석린 이무 등 예궐 청진 육선 자삼 허지 상이 상기

久廢肉膳也.
구폐 육선 야

司憲府大司憲柳亮等 請孫興宗父子等罪. 疏曰:
사헌부대사헌 유량 등 청 손흥종 부자 등 죄 소왈

'誅討亂賊 嚴治黨與 春秋之法也. 今順和 孝宗 謀反在逃 其
주토 난적 엄치 당여 춘추 지법야 금 순화 효종 모반 재도 기

知情故縱 藏匿不首 皆大惡之黨 不赦之罪也. 攸司按律 亦當
지정 고종 장닉 불수 개 대악 지당 불사 지죄야 유사 안율 역당

重典 殿下尙垂仁恕 隨等末減. 臣等竊觀盟載之文:"功臣之後
중전 전하 상수 인서 수등 말감 신등 절관 맹재 지문 공신 지후

宥及永世 其有事關宗社 當以法論." 今興宗父子藏匿孝宗而不首
유급 영세 기유사관 종사 당 이법 논 금 흥종 부자 장닉 효종 이 불수

謂非事關宗社可乎? 至於韓文 崔沔 文吉 末通等 非功臣之後 亦
위 비 사관 종사 가호 지어 한문 최면 문길 말통 등 비 공신 지후 역

蒙恩宥 臣等以謂法不嚴 無以懲大姦. 伏望殿下 取春秋之大法
몽 은유 신등 이위 법 불엄 무이 징 대간 복망 전하 취 춘추 지 대법

依律文之正例 令此人輩 允服其刑 以示大義 以懲姦惡.'
의 율문 지 정례 영 차인 배 윤복 기형 이시 대의 이징 간악

司憲府又上疏請無咎 無疾之罪. 疏略曰:
사헌부 우 상소 청 무구 무질 지죄 소 약왈

'書曰:"除惡務本"言去惡者 必絶其根本 然後支黨可息 而
서왈 제악 무본 언 거악 자 필절 기 근본 연후 지당 가식 이

傾危不成也. 今無咎 無疾不忠之人 曲蒙聖慈 偸命苟生 而黨與
경위 불성 야 금 무구 무질 불충 지인 곡몽 성자 투명 구생 이 당여

之徒 牽緣附著 傾危之勢 相續而萌. 殿下尙不忍孤雛腐鼠之棄
지도 견연 부저 경위 지세 상속 이맹 전하 상 불인 고추 부서 지기

肥養國家之巨蠹 臣等深爲殿下惜也. 請誅其惡 未蒙聖允 繼上
비양 국가 지 거두 신등 심위 전하 석야 청주 기악 미몽 성윤 계상

封章 亦未蒙允 罔知所措. 殿下之欲全二人者 念勳親之舊 私恩
봉장 역 미몽윤 망지 소조 전하 지욕 전 이인 자 염 훈친 지구 사은

也; 臣等所啓欲除惡本者 爲宗社之重 公義也. 殿下於此而不分
야 신등 소계 욕제 악본 자 위 종사 지중 공의 야 전하 어차 이 불분

輕重 是何明斷之不果也! 惟此二人 其生也 何補於殿下 其死也
경중 시하 명단 지 불과 야 유 차 이인 기생 야 하보어 전하 기사 야

何損於殿下? 生旣有害 死且有辜. 臣等寧至於死 請斷其首 以快
하손 어 전하 생기 유해 사차 유고 신등 녕 지어 사 청단 기수 이쾌

我心 以慰宗社生民之望. 伏惟殿下 當以大義斷之.'
아심 이위 종사 생민 지망 복유 전하 당 이 대의 단지

上皆不允. 旣而 召柳亮詣闕 屛人傳旨 諭以不允之意. 亮退 與
상개 불윤 기이 소 유량 예궐 병인 전지 유 이 불윤 지의 량퇴 여

李叔捧 兪勉辭職.

議政府啓:"臺臣所啓固當 乃以未蒙允兪辭職 宜令就職."

杖趙順和一百 永屬慶尙道固城縣官奴. 議政府請誅順和 上

曰:"予欲活之." 河崙曰:"雖聖人不廢用刑 順和 非殿下所得私

也." 成石璘啓曰:"臣老且死 不從殿下好生之德 故爲不可 然

此人罪極 不可活也. 雖殺之 乃順和自殺 非國家殺之也." 上曰:

"任純禮 朴蔓 申孝昌 鄭龍壽罪 不在此人之下 亦且得生. 釋此

不誅 亦何妨哉! 且順和不若孝宗之甚也." 崙對曰:"純禮之生

亦殿下之失也." 上曰:"予之不與政府議者 知其必有此論也.②

予欲活一人 志已定矣 勿復有言." 乃有是命. 巡禁司啓韓繼生

隱藏孫孝宗之罪當斬 命減一等施行 杖百遠流. 繼生卽文之子.

巡禁司又啓:"伊川縣前座首李恒 戶長崔吉 知孫孝宗在逃而

不首 準律杖一百 流三千里." 從之. 又啓隱藏趙順和者 其六寸

宋有 李長壽 六寸妹夫廉思義 七寸姪崔彝純 八寸妹夫金乙卿

及私奴福三 知情不首者金顯 金天 婦女熊伊之罪 命宋有等六人

減一等施行 金顯 金天減杖二十 熊伊以年老杖八十 收贖. 又啓

孫孝宗三寸姪佛老知情不首 命遠方付處. 又啓:"白英富 宋成弼

隱藏趙順和 照律當斬 然順和旣杖百屬賤. 名例云:'若罪人特

蒙恩減罪者 亦準罪人減等法.'" 從之 減杖二十.

癸丑 司諫院右司諫大夫權遇等 請閔無咎 無疾 李居易 李之誠

趙順和等罪. 疏曰:
조순화 등죄 소왈

'亂賊之人 罔有攸赦 古今之常典也. 曩者 無咎 無疾 居易
난적 지인 망유 유사 고금 지상전 야 낭자 무구 무질 거이

等不忠之罪 宗戚勳臣憲臣諫臣 交章再請 依法施行者 有年矣.
등 불충 지죄 종척 훈신 헌신 간신 교장 재청 의법 시행 자 유년 의

殿下特以姻婭之故 未忍遽絶 曲加矜恤 但竄逐于外而已. 是則
전하 특이 인아 지고 미인 거절 곡가 긍휼 단 찬축 우외 이이 시즉

實有虧於公道. 一國臣民莫不痛憤者 爲此也. 後有之誠者 黨附
실유 휴어 공도 일국 신민 막불 통분 자 위차야 후유 지성 자 당부

無咎等 妄造亂言 其包藏之意 必有以也. 是宜鞫問 發其奸狀
무구 등 망조 난언 기 포장 지의 필유 이야 시의 국문 발기 간상

置之於法 殿下密遣其鄉 勿令人知. 之誠在鄉未久 會赦來京
치지 어법 전하 밀견 기향 물령 인지 지성 재향 미구 회사 내경

夤緣請託 遂得官職 是則奸人無所懲矣. 憲司申請其罪 而殿下
인연 청탁 수득 관직 시즉 간인 무소징 의 헌사 신청 기죄 이전하

只令安置其鄉: 政府大臣亦請居魁支黨俱置於法 而殿下又只許
지령 안치 기향 정부 대신 역청 거괴 지당 구치 어법 이전하 우지허

之誠收職牒黜外而已. 其罪魁之人 容忍不論 其於宗社之計何
지성 수 직첩 출괴 이이 기 죄괴 지인 용인 불론 기어 종사 지계하

其於群臣之望何? 伏惟殿下 將無咎 無疾 居易 之誠等 置之極刑
기어 군신 지망하 복유 전하 장 무구 무질 거이 지성 등 치지 극형

以杜禍亂之源 以固宗社之基. 又逆賊趙順和一千人等 皆曾伏誅
이두 화란 지원 이고 종사 지기 우 역적 조순화 일간인 등 개증 복주

特以奸狡 累年在逃 得脫法網. 今幸被拘 宜卽加誅 又從寬典
특이 간교 누년 재도 득탈 법망 금행 피구 의즉 가주 우종 관전

杖逐而已 是亦有乖邦憲. 伏請依律施行.'
장축 이이 시역 유괴 방헌 복청 의율 시행

留中不下.
유중 불하

甲寅 震淳昌郡白文戶婢.
갑인 진 순창군 백문호 비

命柳亮等視事.
명 유량 등 시사

右司諫大夫權遇等伏閣 申前疏之請 不允.
우사간대부 권우 등 복각 신 전소 지청 불윤

議政府 司憲府 司諫院上疏請無咎 無疾等罪. 政府之疏曰:
의정부 사헌부 사간원 상소 청 무구 무질 등죄 정부 지소왈

'無咎 無疾不忠之罪 當致顯戮 以慰宗社臣民之憤 以垂子孫
무구 무질 불충 지죄 당치 현륙 이위 종사 신민 지분 이수 자손

萬世之訓. 殿下曲保全之 以至數年 致使奸黨如之誠者 敢發詐言
만세 지훈 　 전하 곡 보전 지 　 이지 수년 　 치사 간당 여 지성 자 　 감발 사언

欲毀邦憲. 無咎等久據權勢 頗施恩惠 深恐奸黨懷往日之惠 冀
욕훼 방헌 　 무구 등 구거 권세 　 파시 은혜 　 심공 간당 회 왕일 지혜 　 기

將來之勢 敢逞奸計 又有甚於之誠者也. 傳曰: "去草不去其根
장래 지세 　 감영 간계 　 우유 심어 지성 자야 　 전왈 　 거초 불거 기근

終當復生." 臣等於前日 申請其罪 憲府諫院 相繼而上請 亦未
종당 부생 　 신등 어전일 　 신청 기죄 　 헌부 간원 　 상계 이 상청 　 역미

蒙允 舉國臣民罔不缺望. 伏惟殿下 念公義私恩之輕重 宗社
몽윤 　 거국 신민 망불 결망 　 복유 전하 　 염 공의 사은 지 경중 　 종사

子孫之安危 將無咎 無疾等 明正其罪 昭示萬世.'
자손 지 안위 　 장 무구 　 무질 등 　 명정 기죄 　 소시 만세

憲府之疏曰:
헌부 지 소 왈

'無咎 無疾 素畜今將之心 密伺上疾 謀執國柄 欲剪宗支 圖弱
무구 　 무질 　 소 축 금장 지심 　 밀사 상질 　 모집 국병 　 욕전 종지 　 도약

王室 誘諸諫臣 造言誣啓 累我上德; 薦用黨附 壓賤良民 至於
왕실 　 유제 간신 　 조언 무계 　 누아 상덕 　 천용 당부 　 압천 양민 　 지어

冠帶之擅著 釋兵之問答 德色於辭位之時 慍見於復政之日. 凡
관대 지 천저 　 석병 지 문답 　 덕색 어 사위 지시 　 온현 어 복정 지일 　 범

此皆其無君之心積於中 不忠之迹見于外. 不惟臣等所得見聞 亦
차 개 기 무군 지심 적 어중 　 불충 지적 현 우외 　 불유 신등 소득 견문 　 역

殿下之所親見也. 其背德忘恩 不忠不義 眞天討之所當加 王法
전하 지 소친견 야 　 기 배덕 망은 　 불충 불의 　 진 천토 지 소당가 　 왕법

之所不宥也 殿下尙寬鈇鉞之誅 以致支黨傾危之不絶. 臣等前日
지 소불유 야 　 전하 상관 부월 지주 　 이치 지당 경위 지 부절 　 신등 전일

申請其罪 至再至三 未蒙俞允. 殿下縱自保勳戚之私恩 其於宗社
신청 기죄 　 지재지삼 　 미몽 유윤 　 전하 종 자보 훈척 지 사은 　 기어 종사

之大計 天下之公義何? 況天討有罪 五刑五庸哉. 用刑討罪 亦非
지 대계 　 천하 지 공의 하 　 황 천토 유죄 　 오형 오용 재 　 용형 토죄 　 역비

人君之所得私也. 且殿下於此二人 雖以勳臣而保之 事關宗社 當
인군 지 소득사 야 　 차 전하 어 차 이인 　 수 이 훈신 이 보지 　 사관 종사 　 당

以法論 盟載之文 神明之所已知也; 雖以姻親而保之 不以私恩
이법 논 　 맹재 지문 　 신명 지 소이지 야 　 수 이 인친 이 보지 　 불이 사은

害于公義 傳記之所載 聖賢之明訓也. 以無咎 無疾之罪 治無咎
해 우 공의 　 전기 지 소재 　 성현 지 명훈 야 　 이 무구 　 무질 지죄 　 치 무구

無疾之身 乃天討之至當 人情之所快 而宗社賴以永安者也. 敢
무질 지신 　 내 천토 지 지당 　 인정 지 소쾌 　 이 종사 뢰 이 영안 자야 　 감

復上書 佇聽俞音. 伏望聖裁輕重 廓揮剛斷 一依臣等所申施行
부 상서 　 저청 유음 　 복망 성재 경중 　 확휘 강단 　 일의 신등 소신 시행

以答衆怒 以懲後人.'
이답 중노 이징 후인

諫院之疏曰:
간원 지 소왈

'天命有德 五服五彰哉; 天討有罪 五刑五庸哉. 夫福善禍淫
천명 유덕 오복 오창 재 천토 유죄 오형 오용 재 부 복선 화음

天之道也; 好善惡惡 人之情也. 古先哲王 必上順天道 下徇人情
천지도 야 호선 오악 인지정 야 고선 철왕 필 상순 천도 하순 인정

以治天下國家 有功而善者 不可以不賞 有罪而惡者 不可以不罰.
이치 천하 국가 유공 이 선자 불가이 불상 유죄 이 악자 불가이 불벌

惟賞罰明信 不僭不濫 然後人情莫不服 而天道亦與之順矣.
유 상벌 명신 불참 불람 연후 인정 막 불복 이 천도 역 여지 순의

今者無咎 無疾等之罪 實有關於宗社生靈 故不見容於天地神祇
금자 무구 무질 등 지죄 실 유관 어 종사 생령 고 불 견용 어 천지 신기

宜用象刑 以正其罪. 顧以連姻公室 幸逭天討 得保性命 賞罰
의용 상형 이정 기죄 고 이 연인 공실 행환 천토 득보 성명 상벌

不明 紀綱有虧 上不順乎天道 下不合於人情. 昔舜去四凶而天下
불명 기강 유휴 상 불순 호 천도 하 불합 어 인정 석 순거 사흉 이 천하

咸服 乃天下之於公道也. 至若周公之於三叔 雖以至親 有所不忍
함복 내 천하 지어 공도 야 지약 주공 지어 삼숙 수이 지친 유 소불인

然其事關於天下之安危 生靈之禍福 豈可以私而滅公! 但當斷
연 기사 관어 천하 지 안위 생령 지 화복 기 가 이사 이 멸공 단당 단

以大義耳. 三叔旣誅而天下安 周家之業 垂於八百 此聖人之事
이 대의 이 삼숙 기주 이 천하 안 주가 지업 수어 팔백 차 성인 지사

所以爲萬世法也. 周公誅同氣之至親 以申天下之大義. 況今此等
소이 위 만세 법야 주공 주 동기 지 지친 이신 천하 지 대의 황금 차등

人 於殿下非同氣之親 何其繫於私 而不能斷以大義乎? 自古天下
인 어 전하 비 동기 지친 하기 계어 사 이 불능 단이 대의 호 자고 천하

國家之致亂 皆由首惡尙在 支黨群起 乘隙生變 雖以父母骨肉
국가 지 치란 개 유 수악 상재 지당 군기 승극 생변 수이 부모 골육

之恩 不能相保者多矣. 之誠黨惡附奸 敢造亂言 其陰謀秘計 固
지은 불능 상보 자 다의 지성 당악 부간 감조 난언 기 음모 비계 고

難測也. 水流之長 必有其源; 火燎之大 必自其燼 故圖難於其易
난측 야 수류 지장 필유 기원 화요 지대 필자 기신 고 도난 어 기이

爲大於其細者 古今爲治之要道也.
위대 어 기세 자 고금 위치 지 요도 야

無咎 無疾漏網逃罪 而之誠之亂言作; 之誠密歸其鄕而來京
무구 무질 누망 도죄 이 지성 지 난언 작 지성 밀귀 기향 이 내경

得職之奸謀成 此已然之明效也. 今又不置之誠於法 則安敢保其
득직 지 간모 성 차 이연 지 명효 야 금우 불치 지성 어법 즉 안감 보기

後日之患乎! 雖悔於終 亦將何及! 且春秋之法 誅亂臣討賊子 必
후일 지환호 수회 어종 역장 하급 차 춘추 지법 주 난신 토 적자 필

絶其黨. 之誠頑鈍庸碌 蕞爾小人 未有尺寸之效於國家 其棄之
절 기당 지성 완둔 용록 최이 소인 미유 척촌 지효 어국가 기 기지

如孤雛腐鼠耳. 未審殿下何惜此人 久違政府大臣臺諫之請乎?
여 고추부서 이 미심 전하 하석 차인 구위 정부 대신 대간 지청 호

伏望殿下 明垂睿鑑 廓揮剛斷 法舜之去四凶 周公之誅三叔 右件
복망 전하 명수 예감 확휘 강단 법순 지거 사흉 주공 지주 삼숙 우건

人等 俱置於法 實爲宗社生靈之福. 又逆賊趙順和 不知逆順之理
인 등 구치 어법 실위 종사 생령 지복 우 역적 조순화 부지 역순 지 리

樂爲奸計 終始不悟 非其不得已而脅從於人明矣. 及其潰敗 自知
낙위 간계 종시 불오 비기 부득이 이 협종 어인 명의 급기 궤패 자지

其罪之不宥 遁身亡命 忠義者莫不痛憤 蓋有年矣. 幸賴宗社陰佑
기죄 지 불유 둔신 망명 충의 자 막불 통분 개 유년 의 행뢰 종사 음우

之靈 被擒就獄 是宜肆諸市朝 與衆棄之 何其反從末減 而俾保
지 령 피금 취옥 시의 사저 시조 여중 기지 하기 반종 말감 이 비보

首領乎? 然則非惟無以懲後來之惡 亦不合天討有罪之義. 願加
수령 호 연즉 비유 무 이징 후래 지악 역 불합 천토 유죄 지 의 원가

前章所啓 依律施行.'
전장 소계 의율 시행

皆不允.
개 불윤

丙辰 上詣文昭殿行望祭.
병진 상예 문소전 행 망례

震明通坊栗木 藏義寺栢木.
진 명통방 율목 장의사 백목

震慶尙道東萊縣三人 梁州 昌原 比屋各一人.
진 경상도 동래현 삼인 양주 창원 비옥 각 일인

議政府率百官上疏 請無咎 無疾等罪. 疏曰:
의정부 솔 백관 상소 청 무구 무질 등 죄 소왈

'議政府諸君六曹三軍百官等 謹上言于主上殿下. 臣等聞大惡
의정부 제군 육조 삼군 백관 등 근 상언 우 주상 전하 신등 문 대악

難容 衆怒難犯. 無咎 無疾包藏禍心 非一朝夕 幸賴天地宗社
난용 중노 난범 무구 무질 포장 화심 비 일조석 행뢰 천지 종사

之靈 逆順之形自現 殿下曲加矜貸 使必誅無赦之人而偸生苟安
지 령 역순 지형 자현 전하 곡가 긍대 사 필주 무사 지인 이 투생 구안

以至數年之久. 如此則綱常不立 賞罰無章 亂臣賊子無所懲戒.
이지 수년 지구 여차즉 강상 불립 상벌 무장 난신 적자 무 소징계

是以功臣宰輔臺諫百官 上疏請罪 亦至數年而不已 誓不俱生.
시이 공신 재보 대간 백관 상소 청죄 역지 수년 이 불이 서 불 구생

若不一正典刑 以快耳目 則國人之怒 未有已也. 臣等竊伏惟念
약불 일정 전형 이쾌 이목 즉 국인 지노 미유 이야 신등 절복 유념

殿下承太祖艱大之業 當志存大體 以爲子孫萬世之訓 今於大不忠
전하 승 태조 간대 지업 당지존 대체 이위 자손 만세 지훈 금어 대 불충

之人 必行姑息之仁 重恩而滅義 以私而廢公 棄善而庇惡. 此數者
지인 필행 고식 지인 중은 이멸의 이사 이폐공 기선 이비악 차수자

不祥之大也. 伏望殿下 更加深慮 一從群臣之請 以弭國人之怒.'
불상 지대야 복망 전하 갱가 심려 일종 군신 지청 이미 국인 지노

　司諫院上疏曰
　사간원 상소 왈

'惟木從繩則正 惟后從諫則聖 故自古帝王之治天下國家也 雖
유목 종승 즉정 유후 종간 즉성 고 자고 제왕 지치 천하 국가 야 수

當極治之時 未嘗有自足之心 而必廣開言路 樂聞直諫; 爲人臣
당 극치 지시 미상 유 자족 지심 이필 광개 언로 낙문 직간 위 인신

者 亦當進思盡忠 退思補過 務引其君以當道 君臣上下 相與
자 역당 진사 진충 퇴사 보과 무인 기군 이 당도 군신 상하 상여

都俞吁咈 猶元首股肱一體之相爲用 而天下國家長治久安. 今有
도유우불 유 원수 고굉 일체 지상 위용 이 천하 국가 장치 구안 금유

無咎 無疾 居易 之誠 順和等 旣得罪於宗社 臣等累次上疏 請論
무구 무질 거이 지성 순화 등 기득 죄어 종사 신등 누차 상소 청론

如法 已有日矣 尙未蒙允 臣等不勝惶懼 措躬無地. 伏望法大舜
여법 이 유일 의 상미 몽윤 신등 불승 황구 조궁 무지 복망 법 대순

之樂取諸人 成湯之從諫弗咈 一依前章所啓 兪允施行.'
지 낙취 저인 성탕 지종간 불불 일의 전장 소계 유윤 시행

　上皆不允 司諫院辭職而退. 大司憲柳亮等 詣闕請無咎等之罪.
　상개 불윤 사간원 사직 이퇴 대사헌 유량 등 예궐 청 무구 등 지죄

是夜 上命取政府憲府諫院之疏 覽之.
시야 상 명취 정부 헌부 간원 지소 감지

　柳亮等詣闕復請無咎等之罪. 上聞議政府將率百官詣闕 遣
　유량 등 예궐 부청 무구 등 지죄 상문 의정부 장솔 백관 예궐 견

知申事黃喜 傳旨政府曰:"政府百官交章 固當矣. 外姑宋氏聞
지신사 황희 전지 정부왈 정부 백관 교장 고음 의 외고 송씨 문

國人請罪 意二子之必死 哭泣累日 予不忍致辟 以從群臣之請
국인 청죄 의 이자 지 필사 곡읍 누일 여 불인 치벽 이종 군신 지청

勿復有言." 喜還啓曰:"成石璘 河崙俱不坐政府 獨傳旨于李茂與
물부 유언 희 환계 왈 성석린 하륜 구 부좌 정부 독 전지 우 이무 여

東西壁宰相矣." 上曰:"須使領議政左政丞知此意."
동서 벽 재상 의 상왈 수사 영의정 좌정승 지 차의

　柳亮等上言曰:
　유량 등 상언 왈

324

'無咎 無疾不忠之罪 天地宗社之所不容 國人之所共憤 而殿下
所親見聞者也. 大惡之人 不見其常刑; 天討之威 不施於五用
臣等請至再三 尙未蒙允. 殿下縱以勳親之私恩 廢天討之常刑
臣等其敢縱釋不忠 共戴一天乎? 伏望殿下斷以大義 一依狀申
施行. 豈惟臣等之感悅! 抑亦宗社生靈之大幸.'
　疏留中. 亮等詣闕而請 不允. 議政府請遣宣差二人于豐海江原
兩道 令監司看守無咎 無疾 禁絶往來之人. 豐海道觀察使托以
倭賊將至 令無咎入處甕津邑城 禁外人相通. 宋氏訴之 上曰:
"雖亂臣賊子 臣子不得而擅罪 古今常理也. 今當百官請罪取旨之
時 豈容如是哉!" 乃使還無咎于 舊居. 御廣延樓 召河崙 成石璘
李茂 趙英茂 柳亮 屛左右言無咎之事 以謂: "公義私恩 不可
偏廢." 安平府院君李舒 河崙 成石璘 李茂 趙英茂 率百官詣闕
班立 請下前日之狀 以正不忠之罪. 上知之 先謂黃喜曰: "自古
爲臣而諫君得請者有之 爲君而拒諫不聽者亦有之 若臣必期於
從諫 則安有不賢之君哉!" 遂閉內門 喜以告外庭 石璘對曰:
"臣等所以盡言者 但欲回天耳 今以勝負爲言 措身無地. 爲臣而
不畏君 伊誰之畏!"
　柳亮等上疏曰:
'臣等言無咎 無疾素畜無君之心 誠天討之罪人也 殿下尙寬
鈇鉞之討 以長傾危之勢. 政府臺諫百僚同辭請罪 是國人皆

曰可殺也. 殿下於此二人 灼見其不忠 優游不斷 不施天討之
왈 가살 야 전하 어차 이인 작견 기 불충 우유 부단 불시 천토 지

刑 不答臣民之望 其於奉天討罪之義 爲如何哉? 臣等條奏申請
형 부답 신민 지망 기어 봉천 토죄 지의 위 여하 재 신등 조주 신청

至四至五 未蒙聖兪. 竊謂經曰: "天討有罪 五刑五用" 則用刑
지사 지오 미몽 성유 절위 경왈 천토 유죄 오형 오용 즉 용형

罰罪 非人君所得私也. 傳曰: "不忠之賊 凡民罔不憝 亦夫人之
벌죄 비 인군 소득사 야 전왈 불충 지적 범민 망불 대 역 부인 지

所得討也" 則 不臣之罪 亦豈王法所可赦也! 伏望勿以一時之
소득 토야 즉 불신 지죄 역기 왕법 소가사 야 복망 물이 일시 지

私恩 廢萬世之公義 依狀申施行 以奉天討之威 以副臣民之望.'
사은 폐 만세 지 공의 의장 신 시행 이봉 천토 지위 이부 신민 지망

　不允.
　불윤

　命巡禁司 杖崔浩 金光雨 吳加勿等各一百流之. 浩等 皆隱藏
　명 순금사 장 최호 김광우 오가물 등각 일백 유지 호등 개 은장

逆賊李彦者也. 巡禁司照律當斬 浩等三人減一等 仲明 張貴 減
역적 이언 자야 순금사 조율 당참 호등 삼인 감일등 중명 장귀 감

杖二十. 仲明 彦之子也. 巡禁司又啓: "前副司正林世長 見逆賊
장 이십 중명 언지자야 순금사 우계 전 부사정 임세장 견 역적

李彦到戶不首 請依故縱律文處斬."命減一等施行.
이언 도호 불수 청의 고종 율문 처참 명 감일등 시행

　丁巳 太白晝見二日.
　정사 태백 주견 이일

　震積城縣民馬.
　진 적성현 민 마

　辛酉 太白晝見.
　신유 태백 주견

議政府率百官詣闕 請無咎 無疾之罪 上曰: "大臣已知予意 予
의정부 솔 백관 예궐 청 무구 무질 지죄 상왈 대신 이지 여의 여

且有疾. 若徒流之刑 則輕者耳 大辟之重 則豈可易斷! 予疾小愈
차 유질 약 도류 지형 즉 경자 이 대벽 지중 즉기 가 이단 여질 소유

當共商量." 石璘對曰: "老臣但忝百僚之長而已. 今百官共憤
당공 상량 석린 대왈 노신 단첨 백료 지장 이이 금 백관 공분

期於得請 衆志豈可遏!"遂令各品班頭出位而請 不允.
기어 득청 중지 기 가알 수령 각품 반두 출위 이청 불윤

　司憲府詣闕申請 上曰: "大司憲已知予意 予更無他言." 柳亮
　사헌부 예궐 신청 상왈 대사헌 이지 여의 여 갱 무타 언 유량

對曰: "殿下以私恩廢公義 不行天討. 昔周昌有期期不奉詔之語.
대왈 전하 이 사은 폐 공의 불행 천토 석 주창 유 기기 불봉 조 지어

上意雖如此 臣等不敢奉教." 上辭以疾 於是皆辭職而退. 明日
상 의 수 여차 신등 불감 봉교 상 사 이질 어시 개 사직 이 퇴 명일

議政府率百官咸進闕庭 固請無咎 無疾之罪 上辭以疾.
의정부 솔 백관 함진 궐정 고청 무구 무질 지 죄 상 사 이질

下教求言. 教曰: "近年以來 水旱風霜雨雹之災 山崩雷震天文
하교 구언 교왈 근년 이래 수한 풍상 우박 지재 산붕 뇌진 천문

之變 屢彰譴告 是豈偶然哉! 政治得失 生民休戚 宜令時散備陳
지 변 누창 견고 시기 우연 재 정치 득실 생민 휴척 의령 시산 비진

無隱."
무은

癸亥 太白晝見三日.
계해 태백 주견 삼일

甲子 命宗親番宿于文昭殿.
갑자 명 종친 번숙 우 문소전

乙丑 上違豫 政府逐日問安.
을축 상 위예 정부 축일 문안

丙寅 親覽各品上書. 上見禮曹佐郎鄭孝復書 有曰:
병인 친람 각품 상서 상견 예조좌랑 정효복 서 유왈

'臣今承求言之教 謹依禹 皐陶戒舜之例 經情直言 不敢有隱.
신 금승 구언 지교 근 의우 고요 계순 지례 경정 직언 불감 유은

竊惟國家 奢侈之俗多 而純朴之士無所容 諛佞之風盛 而讜直之
절유 국가 사치 지속 다 이 순박 지사 무소용 유영 지풍 성 이 당직 지

言有所不伸 生民之弊 未有今日之多 用度之廣 財用之耗 亦未有
언 유 소불신 생민 지폐 미유 금일 지다 용도 지광 재용 지모 역 미유

今日之甚也. 田野之民 皆願爲兵 恥爲農事 不顧妻子之養 鑄農器
금일 지심 야 전야 지민 개 원 위병 치 위 농사 불고 처자 지양 주 농기

爲兵械 賣農牛爲戰馬 與於邊功 受賞以職 笑其祖父田舍翁也 驕
위 병계 매 농우 위 전마 여어 변공 수상 이직 소기 조부 전사옹 야 교

其宗族 以及隣里. 至於凶年荒歲 而飢寒切 則擧家而逃 乃爲盜賊
기 종족 이급 인리 지어 흉년 황세 이 기한 절 즉 거가 이도 내 위 도적

繫獄而死 又有勇夫悍卒 犇走服役於權勢之門. 以此馴致貴富
계옥 이사 우 유 용부 한졸 분주 복역 어 권세 지문 이차 순치 귀부

凌轢朝臣 驕奢放恣 無所不爲 一不叶意 則謀爲叛逆 身死族滅.
능력 조신 교사 방자 무 소불위 일 불 협 의 즉 모위 반역 신사 족멸

吏以苛察興利爲務 而未有愛民之誠心 保祿容身爲計 而鮮有
이 이 가찰 흥리 위무 이 미유 애민 지 성심 보록 용신 위계 이 선유

憂國如家者矣. 天降災異 歲不豐稔者 皆此等人所召也. 蓋在天
우국 여가 자 의 천강 재이 세 불 풍임 자 개 차등 인 소소 야 개 재천

爲五行 在人爲五事. 人事修 則休徵類應 人事失 則咎徵亦以類
위 오행 재인 위 오사 인사 수 즉 휴징 유응 인사 실 즉 구징 역 이류

而至. 洪範庶徵 豈虛也哉! 且屯兵是萬民之所共惡 女子非宦官
이 지 홍범 서징 기허 야재 차 둔병 시 만민 지 소공오 여자 비 환관

之所宜畜. 此而不禁 何以爲政? 臣之未解一也.
지 소의축 차 이 불금 하이 위정 신 지 미해 일야

兵不在多 惟其精 官不必備 惟其人 不急之官多 無用之兵衆矣.
병 부재 다 유 기정 관 불필 비 유 기인 불급 지관 다 무용 지병 중의

民安得不困 國安得不貧? 臣之未解二也.
민 안득 불곤 국 안득 불빈 신 지 미해 이야

僧徒何補於國 受職牒乘肥馬乎 倭奴何德於吾民 船粟米周飢饉
승도 하 보어 국 수 직첩 승 비마 호 왜노 하 덕어 오민 선 속미 주 기근

乎? 臣之未解三也.
호 신 지 미해 삼야

嗚呼! 功同而賞有高下者 從其貴賤也; 罪一而罰有輕重者 以
오호 공동 이 상유 고하 자 종기 귀천 야 죄일 이 벌유 경중 자 이

其親疎也. 夫如是則賞何能勸 罰何能懲也哉? 一夫有罪 國人皆
기 친소 야 부 여시 즉 상 하능 권 벌 하능 징 야재 일부 유죄 국인 개

謂可殺 猶不殺之 衆心其得自安乎? 衆心未安 國家其得不危乎?
위 가살 유 불살 지 중심 기득 자안 호 중심 미안 국가 기득 불위 호

臣之未解四也.
신 지 미해 사야

嗚呼! 政不足與間也 人不足與適也 安得悉以事事而擧之?
오호 정 부족 여간 야 인 부족 여적 야 안득 실이 사사 이 거지

惟願殿下 崇儉節用 以厚民生; 卑宮惡衣 以移風俗; 賤貨而
유원 전하 숭검 절용 이후 민생 비궁 악의 이이 풍속 천화 이

貴德 勿畜言利之臣; 厚本而抑末 痛禁游手之徒 正賦之外 不合
귀덕 물축 언리 지신 후본 이 억말 통금 유수 지도 정부 지외 불합

進獻; 用物之外 不許營繕; 事必師古 勿立新法; 如承大祭 毋輕
진헌 용물 지외 불허 영선 사필 사고 물립 신법 여승 대제 무경

民事 脅從罔治 以示至仁; 勿聽毋稽之言; 勿用不詢之謀; 勿侮
민사 협종 망치 이시 지인 물청 무계 지언 물용 불순 지모 물모

老成之人; 三復七月之詩 潛心無逸之書. 以古昔堯舜禹湯文武之
노성 지인 삼복 칠월 지시 잠심 무일 지서 이 고석 요순 우탕 문무 지

善行 爲今日之善行; 皐陶 伊 傅 周 召之所以告戒其君者 便作
선행 위 금일 지 선행 고요 이 부 주 소 지소이 고계 기군 자 편작

今日之耳聞 勿恃富貴 勿恃崇高 勿恃甲兵之多 城郭之完 山溪之
금일 지 이문 물시 부귀 물시 숭고 물시 갑병 지다 성곽 지완 산계 지

險 常懷戰兢之心 敬天命畏小民.'
험 상회 전긍 지심 경 천명 외 소민

上覽之 稱嘆久之曰: "直哉 此人! 廷臣未有直言如此人者也."
상 람지 칭탄 구지 왈 직재 차인 정신 미유 직언 여 차인 자야

遂取筆 親自批點功同罪一四句 擢拜司諫院右獻納.
수 취필　친자 비점 공동 죄일 사구　탁배　사간원 우헌납

丁卯 下判書雲觀事李齊茂等于巡禁司. 上覽書雲觀月令曰:
정묘　하 판서운관사 이제무 등 우 순금사　상 람 서운관 월령 왈

"零星 何星也? 其祭乃何?" 齊茂等 皆莫能對 令禮曹考文獻通考
영성 하성 야 기제 내하　제무 등 개 막능 대 영 예조 고 문헌통고

則本天田靈星 主農 故王者祀之以立秋後辰日 報農功也. 上曰:
즉 본 천전 영성 주농 고 왕자 사지 이 입추 후 진일 보 농공 야　상왈

"書雲觀承誤轉訛 以靈爲零 載之祝文久矣." 乃囚齊茂等.
서운관 승오 전와 이 영위영 재지 축문 구의　내 수 제무 등

戊辰 下各品陳言于議政府. 以擬議可行者也. 且傳旨政府曰:
무진 하 각품 진언 우 의정부　이 의의 가행 자야　차 전지 정부 왈

"各品陳言 言及閔氏之罪者頗多 然此不係於民. 其民間弊瘼 可
각품 진언 언급 민씨 지 죄자 파다 연 차 불 계어 민　기 민간 폐막 가

速擬議."
속 의의

命擧遺逸. 上謂黃喜曰: "遺逸人材 不可不搜訪也. 其令各司
명거 유일　상 위 황희 왈　유일 인재 불가 불 수방 야　기 영 각사

薦擧." 遂下旨曰: "年耆德邵 不求聞達者 忠孝節義聞於一時者
천거　수 하지 왈　연기 덕소 불구 문달 자 충효 절의 문 어 일시 자

明達治體 可任吏事者 謀深韜略 可爲將帥者 工於射御 摧鋒陷敵
명달 치체 가임 이사 자 모심 도략 가위 장수 자 공어 사어 최봉 함적

者 百官各以所知 闔司薦二三人."
자 백관 각 이 소지 합사 천 이삼 인

是月 一岐州知主 源良喜 使人獻禮物.
시월 일기주 지주 원량희 사인 헌 예물

| 원문 읽기를 위한 도움말 |

① 閔物服爲父所禁. '爲~所~'의 구문으로 '~에게 ~당하다'라는 뜻이다. 즉
　 윤물 복위 부 소금　위 소
'아버지에게 저지당했다'는 말이다.

② 予之不與政府議者 知其必有此論也. '~者~也'의 구문이기 때문에 知
　 여 지 불여 정부 의자 지 기필 유 차론 야　　자 야　　　　　　　　지
앞에 以가 생략된 것으로 봐야 한다. 즉 '~한 것은 ~ 때문이다'라는 문
　　　이
장이다.

태종 9년 기축년
7월

七月

신미일(辛未日-1일) 초하루에 태백성(太白星)이 낮에 하늘을 가로질러 지나갔다.

○ 상이 친히 문소전에 제사를 지냈다.

○ 민설(閔渫)과 유박(柳博)을 경외(京外) 종편(從便)할 것을 명했다.

임신일(壬申日-2일)에 이제무(李齊茂) 등을 옥에서 풀어주고 6품 이상의 직첩(職牒)을 추탈(追奪)한 다음 도로 본관(本觀-서운관)에 근무하게 해 그 업(業)이 정통하기를 기다려서 바야흐로 천전(遷轉)시킬 것을 허락했다.

계유일(癸酉日-3일)에 큰 바람이 불고 비가 내리며 천둥과 번개가 몹시 심해 도봉산(道峯山)이 무너졌고, 양주(楊州)에서 산이 무너져 내린 것은 더욱 심했다. 의정부(議政府)에서 (상에게) 아뢰고 서운감후(書雲監候) 김종선(金種善)을 보내 가서 살펴보게 하니 벽제(碧蹄)와 고령(高嶺-지금의 개명산) 사이에 산이 무너진 곳이 270곳이나 되었는데 고령사(高嶺寺) 아랫마을에선 한 가족 22명이 모두 압사(壓死)했다. 경기 도관찰사(京畿都觀察使)가 아뢰어 말했다.

'이달 초3일 수재(水災)로 산이 무너져 양주(楊州), 포천(抱川), 풍양(豐壤) 등지에서 죽은 사람이 55명이나 되고, 소가 죽은 것이 5두(頭), 말이 죽은 것이 5필(匹)입니다.'

상이 울면서 말했다.

"예전에 제왕(帝王)이 경계하고 두려워하며 행실을 닦은 이가 있었는데 어떤 것이 행실을 닦는 일이 되는지를 모르겠다."

개성유후사(開城留後司)에 표류(漂流)한 민가(民家)가 9호(戶)이고, 강원도(江原道) 조종현(朝宗縣)에 산이 무너져 압사한 자가 남녀 20명이고, 말이 죽은 것이 7필, 소가 죽은 것이 3두였다.

을해일(乙亥日-5일)에 동쪽에 홍기(紅氣), 흑기(黑氣), 백기(白氣)가 있다가 하늘로 치솟았다[射天].
사천

○ 사문(四門)에서 기청제(祈晴祭)를 지낼 것을 명했다.

○ 예문관(藝文館) 장무검열(掌務檢閱) 우승범(禹承範)을 순금사에 가뒀다. 상이 장차 친히 기청제(祈晴祭)의 향(香)과 축(祝)을 전하려고 했는데 제문(祭文)이 이르지 않았다. 상이 노하여 말했다.

"새벽에[平明] 마음이 전일(專一)할 때 향(香)을 전하여 신명(神明)
평명
을 섬기는 것이 예(禮)인데, 지금 어찌하여 늦느냐? 이것은 예방대언(禮房代言)의 허물이다. 비가 한이 없이 내려 농사를 해치는데 나만 혼자 절식(絶食)하는 것이냐? 어찌 이다지도 걱정이 없는가?"

대언이 아뢰었다.

"지제교(知製敎)가 늦게 지어 바쳤습니다."

상이 말했다.

"그러면 가장 뒤늦게 지어 바친 한 사람을 옥에 가두라."

황희(黃喜)가 아뢰었다.

"일시(一時)에 바쳤으니 선후를 분간하기 어렵습니다."

이에 승범(承範)을 가뒀다가 4일이 지나서[經] 풀어주었다.

○ 종묘(宗廟)와 백악(白岳), 목멱(木覓-남산)에서 비가 개기를 빌었다.

○ 진헌색 제조(進獻色提調) 이귀령(李貴齡) 등이 처녀(處女)를 선택하는 일의 마땅함[事宜]을 아뢰어 말했다.

"서울 안의 처녀는 지금 이미 두루 살펴보았는데 입격할 만한 자가 없습니다. 의정부에 명해 마땅한 방법에 따라[隨宜] 시행해야 할 것입니다."

이에 의정부에서 아뢰었다.

"유후사(留後司)와 풍해도(豐海道) 강원도·전라도에서 각각 2인, 경상도에서 4인, 경기좌우도(京畿左右道)에서 3인을 뽑되, 이미 보았거나 아직 보지 못한 처녀 중에서 연령 17세 이하 13세 이상으로 좋은 사람을 골라 전년(前年)에 입격한 처녀 27인과 합해 올려보내게 해야 할 것입니다."

상이 옳다고 여겨 지인(知印)[1]을 각도에 나눠 보내고 정부에 뜻을 전해 말했다.

"중외(中外)의 처녀가 금령(禁令)으로 인해 혼가(婚嫁)의 때를 잃으니 하늘의 도리가 두렵다. 그러나 대국(大國)의 요구를 소국(小國)이

---

1 원래는 지방관의 관인(官印)을 맡아보았다. 녹사(錄事)와 비슷한 신분으로서 토관들 밑에서 주로 지방행정 및 군사에 관한 일을 담당했다. 함흥부의 지인은 군사정보 전달 및 진상물 수송과 관련된 일을 맡아보았다.

또한 감히 따르지 않을 수 없으니 사신을 보내 입조(入朝)할 적에 마땅히 부주(附奏)²를 행해야 할 것이다."

○ 유량(柳亮), 권우(權遇) 등에게 일을 볼 것을 명했다.

○ 강원도 병마도절제사 심인봉(沈仁鳳)을 파직하고, 인봉(仁鳳)으로 하여금 사마(私馬)를 타고 서울로 올라오게 했다. 도관찰사(都觀察使) 윤사수(尹思修)가, 인봉이 반인(伴人)으로 하여금 역마(驛馬)를 타고 길을 돌아가게 한 죄를 논하니 상이 말했다.

"인봉이 대체(大體)를 생각하지 않고 매번 사수와 서로 혐의하고 시기하기를 그치지 않았다."

○ 상이 근신(近臣)들에게 일러 말했다.

"내가 듣건대 각도(各道) 감사(監司)가 수령(守令)을 포폄(褒貶-인사고과)하는 것이 대개 제 비위를 맞추는 자와 민폐(民弊)를 걱정하지 않는 자를 상등(上等)으로 삼는다고 하니 무슨 일인가?"

○ 경상도 영해부사(寧海府使) 김사천(金四川)과 안동판관(安東判官) 김상녕(金尙寧)이 파면됐다. 사천(四川) 등이 본관(本官)의 창기(倡妓)와 관계했기 때문에 관찰사가 논핵해 파면시킨 것이다.

정축일(丁丑日-7일)에 우사간 대부 권우(權遇) 등이 소(疏)를 올려 무구(無咎) 무질(無疾)의 죄를 청했으나 상이 소를 보지 않았다. 이튿날 우(遇) 등이 다시 청했다.

---

2 임금이 내린 유지(諭旨)에 대해 정승이 봉답(奉答)하는 것을 말한다.

○ 예조(禮曹)에서 문선왕(文宣王)[3]과 4배위(配位)[4] 및 십철(十哲)[5]의 위판(位板) 규식(規式)을 아뢰었다.

"위판(位板)의 식(式)에 대해 고례(古禮)에는 명문(明文)이 없습니다. 『홍무예제(洪武禮制)』를 상고하면 사직단(社稷壇) 신패(神牌)의 몸 높이가 2척(尺) 2촌(寸)이고, 너비가 4촌(寸) 5푼(分)이며, 두께가 9푼, 좌고(座高) 4촌 5푼이고, 너비가 8촌 5푼, 두께가 4촌 5푼이며, 제왕(帝王) 능묘(陵墓)의 제물(祭物) 기명(器皿)의 의주(儀註)가 모두 사직(社稷)과 같으니, 문선왕(文宣王)의 위판(位板)을 사직단 신(社稷壇神)의 위판 규식(位板規式)에 의해 제조하고, 4배위(配位)의 위판은 신고(身高) 2척, 너비 4촌 3푼, 두께 8푼으로, 십철(十哲)의 위판은 신고(身高) 1척 8촌, 너비 4촌 1푼, 두께 7푼으로 하되, 좌(座)의 높이·너비·두께는 모두 같게 하여, 이 차등(差等)에 의해 제조해야 할 것입니다."

을묘일(乙卯日-9일)에 달이 이틀 동안 남두(南斗)를 범했다.

○ 상이 문소전(文昭殿)에 나아가 추향 대제(秋享大祭)를 거행했다. 사헌 집의 이숙야(李叔野), 장령 이숙봉(李叔捧), 지평 유면(兪勉)이 미처 배제(陪祭)하지 못하고, 또 예도감 감찰(禮度監監察)을 정하지 않았기에 사간원에서 탄핵해 파직하기를 계청(啓請)하니, 소(疏)를

---

3 공자(孔子)의 존호(尊號)다. 중국 당(唐)나라 현종(玄宗)이 개원(開元) 27년(739년)에 왕으로 추존했다.
4 4명은 안회, 증자, 자사, 맹자다.
5 공자의 제자 중 뛰어난 제자인 민자건(閔子騫), 염백우(冉伯牛), 중궁(仲弓), 재아(宰我), 자공(子貢), 염유(冉有), 자로(子路), 자유(子游), 자하(子夏), 자장(子張)을 말한다.

궁중에 머물러 두었다.

○이무(李茂)를 파면해 단산부원군(丹山府院君)으로 삼고, 이서(李舒)를 우정승, 이응(李膺)을 의정부참지사, 노한(盧閈)을 한성부윤(漢城府尹)으로 삼았다. 무(茂)가 당연히 파면될 것을 스스로 알고 글을 올려 사직했으나 미처 아뢰기도 전에 정승(政丞)을 파면하는 비(批)[6]가 이미 내려왔다.

○권숙(權肅)을 공안부윤(恭安府尹), 이고(李皐)를 이조참의(吏曹參議)로 삼았다. 신제(辛劑), 복한(卜偘), 강려(康慮)를 사헌감찰(司憲監察)로 삼았다. 유일(遺逸)을 들어 쓴 것이다.

○당성(唐誠)을 공안부윤(恭安府尹)으로 삼아 그대로 치사(致仕)하게 하고, 전봉(全俸)을 종신토록 지급할 것을 명했다.

경진일(庚辰日-10일)에 예조정랑 임형(任衡)과 좌랑 김타(金沱)를 파직했다. 우사간 권우(權遇) 등이 말씀을 올렸다.

'전(傳)에 이르기를 "국가의 큰 일은 제사(祭祀)와 병융(兵戎-군사)에 있다"[7]라고 했습니다. 이는 대개 제사(祭祀)는 근본(根本)에 보답하고 신명(神明)을 섬기는 것이요, 병융(兵戎)은 침모(侵侮)를 막고 국가를 편안히 하는 것이기 때문입니다. 그렇기 때문에 이와 같은 일이 있는데 만일 경건하지 못해[不虔] 어긋나고 그릇되는 일을 가져오게 되면 그 죄가 반드시 무거워 용서할 수 없는 것입니다. 지금 우

6　임금이 짧게 내리는 비지(批旨)를 말한다.
7　『춘추좌씨전(春秋左氏傳)』 성공(成公) 13년에 나오는 말이다.

리 국가에서 무릇 조회(朝會)와 제향(祭享)을 당하게 되면 예조에서 각사(各司)에 방(膀)을 내고, 대간(臺諫)에 관문(關文)을 보내는 것이 그 유래가 오랩니다[尙=久]. 이달 초9일에 전하께서 문소전(文昭殿)에 친히 행차하여 대제(大祭)를 행하실 때, 예조에서 다만 방(膀)을 내었을 뿐, 대간에는 일찍이 관문(關文)을 보내지 않아 이 때문에 헌부(憲府)의 여러 신하가 모두 시위(侍衛)에 빠지게 되고, 예도감 감찰(禮度監監察)도 차정(差定)하지 못했습니다. 신 등이 생각건대 헌부(憲府)는 일국의 기강(紀綱)이 있는 곳이니 백관을 탄핵하고 규찰하는 것이 그 임무입니다. 예조가 비록 관문을 보내지 않았더라도 이미 방(膀)을 내었으니, 마땅히 예조에서 관문을 보내지 않은 까닭을 물어서 죄주고, 제사를 행하던 날 (문소전에) 나아가 시위하고 또 예도감을 정했더라면 직사(職事)를 폐기했다는 꾸지람[誚=譴責]을 면할 수 있었을 것입니다. 좌랑 김타(金沱)는 예무(禮務)로서 이달 초7일에 각사(各司)에서 시위할 일을 승정원(承政院)에 고한 뒤에 병을 칭탁해 집으로 돌아가고, 영사(令史)를 시켜 각위(各位)에게 관문을 보내고 방을 낼 뜻을 전해 알렸는데, 정랑 임형(任衡) 또한 예무로서 출방(出膀)할 줄만 알고 이관(移關)은 하지 않았습니다. 타(沱)가 몸소 승정원에 나아가 고과(告課)했다면 경각(頃刻) 사이에 병이 갑자기 극도에 이르지는 않았을 것이니, 마땅히 본조(本曹)에 근무하여 그 일을 마쳤어야 할 것입니다. 그런데 도리어 병을 칭탁하고 집으로 돌아가 여러 날 동안 출사하지 않았고, 형(衡)은 연일 행공(行公)하면서 전혀 살피지 아니해 어긋나고 그릇되게 했으니, 불경(不敬)하기 심하고 그 죄가 똑같습니다. 바라건대 타와 형 등을 직임을 삭탈해 외

방으로 내쫓아 직사(職事)에 삼가지 못한 자의 감계(鑑戒)로 삼아야 할 것입니다.'

임오일(壬午日-12일)에 태백성(太白星)이 낮에 보였고 하늘을 가로질러 지나갔다.

○ 의정부(議政府)에서 별요(別窯)[8]를 파(罷)하지 말 것을 청했다. 아뢰어 말했다.

"지금 진언(陳言)으로 인해 별와요(別瓦窯)를 없애려 하는데 각 사람이 일찍이 기와값으로 쌀 100여 석을 바친 자가 아직 다 받지 못했습니다. 청컨대 기와 굽는 일이 끝나기를 기다려 뒤에 혁파(革罷)해야 할 것입니다."

윤허하지 않았다.

○ 사간원(司諫院)에서 이숙야(李叔野) 등의 죄를 청했다. 소(疏)는 이러했다.

'대간(臺諫)은 임금의 귀와 눈이요 국가의 기강(紀綱)입니다. 위로는 임금의 임금다움을 보좌하고 아래로는 풍속을 규찰해 하루하루 조심해서 그들이 행하는 바가 조금도 허물이 없게 한 연후에야 거의[庶=庶幾] 위임한 뜻을 저버리지 않는 것입니다. 근래에 예조(禮曹)서 서기가, 전하께서 친히 문소전(文昭殿)에 나아가 강신(降神)하던 일에 그 직책을 삼가지 못해[不敬=不虔] 어긋나고 그릇되게 했으므로 본 불경 불건 원(本院)에서 그 죄를 논계(論啓)했는데 전하께서 그대로 윤허하시어

---

8 양반에게 기와를 공급하기 위하여 특별히 설치한 요를 말한다.

[兪允] 직사(職事)를 파면하셨습니다. 헌부(憲府)의 여러 신하가 기
강(紀綱)과 규탄(糾彈)의 직임에 있으면서 이미 제사를 행하는 날을
알고도 다만 예조에서 관문(關文)을 보내지 않은 까닭으로 인해 모
두 시위(侍衛)를 궐(闕)하고 예도감(禮度監)을 정하지 않았으니 이것
은 자신도 허물을 면치 못한 것으로 어떻게 예조의 잘못을 탄핵하
여 바로잡을 수 있겠습니까? 전일에 본원에서 핵문(劾問)해 그 죄를
청하기를 여러 날 동안 했으나, 전하의 유윤(兪允)을 얻지 못해 황공
(惶恐)하고 송구스러웠습니다[隕越]. 지금 헌부(憲府)를 용서해 복직
하게 하시므로 그때 헌납(獻納) 유익지(柳翼之)가 대궐에 이르러 불
가하다고 거듭 아뢰니[申啓] 전하께서 옳게 여기시고 복직을 정지하
여 개하(改下)하도록 허락하셨습니다. 신 등이 생각건대 율(律)에 이
르기를 "무릇 대소 관리(大小官吏)가 공죄(公罪)를 범하면 현임(見任)
은 해면하고 따로 서용(敍用)한다"라고 했습니다. 보통 관리가 된 자
도 오히려 이러하거늘 하물며 대간(臺諫)에 있는 자가 한 번이라도
죄가 있어 탄핵을 당했으면, 언관(言官)으로서 어떻게 뻔뻔스럽게 부
끄러움이 없이 다시 그 직책에 있을 수 있습니까? 헌납(獻納) 신(臣)
유익지(柳翼之)가 예조와 헌부의 잘못한 죄를 핵문함에 있어 일의 본
말(本末)과 죄의 경중(經重)을 살피지 않고 허물을 온전히 헌부로 돌
렸는데 전하께서도 역시 그 허물이 오로지 헌부에 있다 하시고 일이
예조에서 일어난 것을 알지 못하고 계셨습니다. 이튿날 본원(本院)에
서 예조의 잘못을 논계(論啓)한 연후에야 전하께서 그런 줄을 아셨
습니다. 익지(翼之)가 전하의 귀와 눈의 직임에 있으면서 신료의 비위
(非違)를 규탄해 위에 계달하는 것을 사실대로 하지 않았으니 진실

로 (임금의) 귀 밝음과 눈 밝음[聰明]을 가리고 덮은[蒙蔽] 죄를 면할
_{총명} _{몽폐}
수 없습니다. 바라건대 이숙야(李叔野), 이숙봉(李叔捧), 유면(兪勉),
유익지(柳翼之) 등을 파직하고 서용(敍用)하지 말아 신하의 절조(節
操)를 가다듬어 나라 사람들로 하여금 직책을 지키고 충성을 다하
는 의리를 알게 해야 할 것입니다.'

상이 말했다.

"추향제(秋享祭)는 상제(常祭-정기적인 제사)가 아니니 비록 방시(牓
示)가 없더라도 으레 마땅히 시위(侍衛)해야 할 것이다. 예조에서는
이미 일시(日時)를 알렸으니 무슨 죄책(罪責)이 있는가?"

황희(黃喜)가 대답했다.

"헌부(憲府-사헌부)에서는 미처 제사에 참여하지 못하고 둔사(遁
辭)'로 핑계대는 것이며 간원(諫院-사간원)에서 예조를 탄핵한 것은

---

9 『맹자(孟子)』 「공손추장구」에 나오는 말이다. 공손추가 물었다. "어떠해야 '말을 안다
[知言]'고 할 수 있습니까?" 이에 맹자가 말했다. "편벽된 말[詖辭]을 들었을 때 그것이 숨
_{지언} _{피사}
기고 있는 게 무엇인지를 알고, 방탕한 말[淫辭]을 들었을 때 그것이 어떤 함정에 빠져 있
_{음사}
는지를 알고, 간사한 말[邪辭]을 들었을 때 그것이 실상과 얼마나 괴리되어 있는지를 알
_{사사}
고, 둘러대며 회피하는 말[遁辭]을 들었을 때 그것이 얼마나 (논리적으로) 궁한지를 아
_{둔사}
는 것이다. (이 네 가지는 그 말하는 사람의) 마음에서 생겨나와 정사에 해를 끼치고 (그것
이 정치에 반영되어) 정치(나 정책)로 구현되어 (나라의) 일에 해를 끼치게 되니 공자와 같
은 위대한 인물이 다시 나오신다 해도 (知言이 무엇인지에 대해서는) 반드시 내 견해를 따
_{지언}
를 것이다." 여기서 맹자는 말을 아는 것[知言]을 사람을 아는 것[知人]의 맥락에서 체계
_{지언} _{지언}
적으로 풀이하고 있다고 해도 과언이 아니다. 첫째 맹자는 어떤 사람이 하는 편벽된 말
[詖辭]을 들었을 때 그가 그 말 뒤에 숨기고 있는 것이 무엇인지를 알 수 있다면 말을 아
_{피사}
는 것[知言]이라고 말한다. 詖는 치우치다, 기울다, 편파적이다 등을 뜻한다. 어떤 사람이
_{지언} _피
의도적이건 아니건 간에 치우친 이야기를 할 때 그것을 곧바로 알아차린다면 그 사람은
말을 알아차릴 줄 아는[知言] 사람이다.
_{지언}
둘째 맹자는 어떤 사람이 하는 방탕한 말[淫辭]을 들었을 때 그것이 어떤 함정에 빠져 있
_{음사}
는지[陷]를 알 수 있다면 말을 아는 것[知言]이라고 한다. 방탕한 말이란 어디에 흠뻑 빠
_함 _{지언}
져들어 있는 데서 나오는 것이다. 따라서 그 빠져 있는 곳이 어디인지를 분별해낸다면 방

너무 심했습니다."

○ 갑자기 죽은 우군갑사(右軍甲士) 사직(司直) 조사청(曹士淸)에게 관곽(棺槨)과 종이를 내려주라고 명했다. 사청(士淸)이 입직(入直)한 곳에서 죽었기 때문에 이런 명이 있었다.

○ 서북면(西北面)의 안정관승(安定館丞)을 없애고[汰=去] 생양(生陽)·대동(大同)·안정(安定)·숙녕(肅寧)을 한 도(道)로 만들고, 안흥(安興)·가평(嘉平)·신안(新安)을 한 도(道)로 만들고, 임반(林畔)·양책(良策)·의순(義順)을 한 도(道)로 만들었다. 도순문사(都巡問使)의 아룀에 따른 것이다.

○ 전 동북면 도순문사 이지원(李之源)이 백성들을 편하게 하기 위한 대책[便民事宜]을 올렸다. 그 글은 다음과 같다.

'가만히 듣건대 천재(天災)와 지변(地變)은 요(堯)와 순(舜) 이래로

탕한 말에 현혹되는 일은 없다. 그래서 어떤 사람이 방탕한 말을 할 때 그 말이 어디에 흠뻑 빠져서 나온 것인지를 곧장 분별해낸다면 그 사람은 말을 아는[知言] 사람이다.
셋째 맹자는 어떤 사람이 하는 간사한 말[邪辭]을 들었을 때 그것이 실상과 얼마나 괴리되어 있는지를 알 수 있다면 말을 아는 것[知言]이라고 한다. 간사한 말이란 뭔가 그릇된 쪽으로 끌고 가려는 의도를 가진 말이다. 그 말은 실상에서 벗어나 있을 수밖에 없다. 그래서 어떤 사람이 간사한 말을 할 때 그 말이 실상에서 얼마나 벗어나 있는지를 정확히 분별해낸다면 그 사람은 말을 아는[知言] 사람이다.
끝으로 맹자는 어떤 사람이 하는, 둘러대며 회피하는 말[遁辭]을 들었을 때 그것이 얼마나 (논리적으로) 궁한지를 알 수 있다면 말을 아는 것[知言]이라고 한다. 회피하는 말이란 논리적으로 모순되는 것임에도 불구하고 이리저리 둘러대는 말이다. 그래서 어떤 사람이 회피하는 말을 할 때 그 말이 논리적으로 곤경에 처할 수밖에 없다는 것을 꿰뚫어 보는 사람이 있다면 그 사람은 말을 아는[知言] 사람이다.
사람을 살피고 판단하는 문제와 관련해 정명도(程明道)는 아주 흥미로운 언급을 하고 있어 덧붙여둔다. "맹자의 知言은 바로 사람이 윗자리[堂上]에 있어야 바야흐로 자리 아래[堂下] 사람의 굽음과 곧음[曲直]을 구별할 수 있는 것과 같으니, 만일 자신이 아직도 자리 아래의 여러 사람 속에 섞여 있음을 면치 못한다면 굽음과 곧음을 분별할 수 없는 것과 같다." 이는 곧 사람을 알아보는 것[知人]은 일정한 지위에 오를 때에야 가능함을 말한다.

이미 있던 것입니다. 정관(貞觀-당태종 연호) 연간(年間)에 큰 수재가 있었는데 태종(太宗)이 복식(服飾)을 강등(降等)하고 반찬 가짓수를 줄여서 공구수성(恐懼修省)하고, 좋은 말을 구하고 기강(紀綱)을 고침으로써 천지(天地)의 감응(感應)을 사라지게 했습니다. 신이 비록 어리석고 노둔(魯鈍)하나 마침 재앙을 만나 말을 구하는[求言] 날을 맞아 입을 다물고 침묵할 수 없어 삼가 좁은 소견을 뒤에 조목조목 열거합니다.

하나, 지금 국상(國喪-태조상)을 당하여 무식한 무리들이 매를 놓아 사냥을 하니, 다만 신자(臣子)의 애통(哀痛)한 정에 어긋날 뿐 아니라 화곡(禾穀)을 밟아 손상시켜 그 폐해가 전리(田里)에 미치고 있습니다. 청컨대 응패(鷹牌)를 회수하고 엄금(嚴禁)해야 할 것입니다.

하나, 천도(遷都)한 처음에 토목(土木)의 역사를 비록 그만둘 수 없으나 예전에 모자(茅茨-띠로 이은 집)와 토계(土階)로 만방(萬方)에 군림(君臨)한 적이 있었으니[10] 비록 위로 궁궐(宮闕)이라도 마땅히 풍년을 기다려서 검소하게 영조(營造)해 민생(民生)을 두텁게 해야 하는데, 하물며 사가(私家)에서 흉년을 따지지 않고 다투어 화려하게 하여, 원망을 일으키고 화기(和氣)를 상하게 합니다. 그 영조(營造)하는 물자가 비록 사재(私財)와 사노(私奴)에서 나왔다고는 하나 사노(私奴)가 곧 국민(國民)이요, 사재(私財)가 곧 국재(國財)이니, 공사와요(公私瓦窯)와 토목의 역사를 풍년이 들 때까지라도 일절 금해야

---

10 옛날에 요임금이 궁궐을 꾸미지 않고 띠집과 흙계단으로 된 궁궐에서 통치했다고 해서 인용하는 말이다.

할 것입니다.

하나, 근년에 여러 섬과 물가의 물억새[草蔽]를 모두 국용(國用)으로 하고 그 나머지는 호조(戶曹)에서 화매(和賣-군말 없이 사고파는 것)하는데 세가(勢家)에 먼저 주다 보니 그 이익이 백성에게는 미치지 못합니다. 밭둑[田畔]에 나는 것은 밭 주인의 종이 금하니 이 때문에 힘없는 백성들은 낫을 댈 땅이 없어서 양식을 싸 가지고 험한 곳을 넘게 돼 사람과 말이 모두 노곤하여 원망을 부르게 됩니다. 산골에서 나는 것을 가지고 백성과 이익을 다투니 금후로는 공사(公私)의 와요(瓦窯)를 모두 혁파하고 그 물억새는 국용에 필요한 것을 제외하고는 호조에서 화매하는 것을 폐지해 백성들이 베어 가는 것을 허락하고 호세가(豪勢家)와 밭 주인의 종이 제 마음대로 점거하는 것을 금해야 할 것입니다.

하나, 근래에 공사 토목(公私土木)의 역사와 사신(使臣)의 지응(支應-대접)으로 인해 민간의 사무가 지극히 번다하고 심한데 감사(監司)가 백성의 폐단[民瘼]을 살피지 않고 각각 안면의 정[面情]으로 인해 혼인(婚姻)과 장사(葬事), 조묘(造墓) 같은 데 농민들을 몰아대어 지경을 넘어 뛰어다니고 있습니다. 청컨대 밝게 금령(禁令)을 내리시어 민력(民力)을 여유 있게 해주어야 할 것입니다.'

상이 그것을 모두 따랐다.

갑신일(甲申日-14일)에 의정부에 명해 각 종파의 사사(寺社) 전지(田地)의 세미(稅米)를 감(減)하게 했다. 각 종파에서 말씀을 올린 것에 따른 것이다.

을유일(乙酉日-15일)에 상이 문소전(文昭殿)에 나아가 망제(望祭)를 거행했다. 내자시(內資寺)에서 제주(祭酒)를 빠뜨렸기 때문에 직장(直長) 최유항(崔有恒)을 옥에 가뒀다. 보통 제사(祭祀)에 있어서는 전사시(典祀寺)에서 주찬(酒饌)을 모두 준비하지만 문소전은 내자시에서 술을 올리는 것이 전부터 해오던 관례였다. 세자가 늦게 도착하니 상이 화가 나서 경승부(敬承府-세자 담당 부서) 사약(司鑰)[11]을 내쫓았다.

○ 전 승추부첨서사(承樞府僉書事) 이정견(李廷堅)이 졸했다.

○ 사신을 보내 경상도 수군첨절제사(僉節制使) 김을우(金乙雨)에게 궁온(宮醞-술)과 표리(表裏-옷감)를 내려주었다. 을우(乙雨)가 (경상도) 욕지도(欲知島)의 큰 바다에서 왜선 한 척을 잡고 머리 10급(級)을 베었기 때문이다.

병술일(丙戌日-16일)에 큰 바람이 불어 나무가 뽑혔다. 개성 유후사(開城留後司)에서 보고했다[報].

'나무 200여 주(株)가 부러지고 사원(寺院)과 공사가옥(公私家屋) 20여 간(間)이 무너졌습니다.'

정해일(丁亥日-17일)에 서북면 도순문사가 요동(遼東) 군인(軍人)이 백성을 침요(侵擾-노략질)한 일을 아뢰었다.

'지난해 11월에 천사(天使) 기보(祁保)를 영봉(迎逢)하기 위한 요동

---

11 궁궐 내 여러 문의 열쇠와 자물쇠를 맡아보았다.

군인들이 밤을 틈타 민가에 흩어져 들어가서 강제로 면포(縣布)를 주고 소 116척(隻)과 말 8필(匹)을 빼앗았습니다. 강을 건너던 날에 경력(經歷) 이지(李漬)가 천사(天使)에게 고해 우마(牛馬)를 되돌려 달라고 하니 천사가 허락했습니다. 뒤에 요동도사(遼東都司)에서 그 가포(價布)[12] 1,130필을 찾는데 우마의 주인이 혹은 나타나기도 하고, 혹은 숨기기도 합니다.'

상이 말했다.

"이미 나타난 가포(價布)는 빨리 요동도사에게 돌려보내고, 영(令)을 범해 방매(放賣)한 우마(牛馬)는 관가(官家)에 몰수하라."

○ 의정부(議政府)에서 창고(倉庫)의 수저(收儲-비축 관리)와 출납(出納)에 대한 법을 아뢰었다.

"서울과 외방의 국고(國庫)의 미속(米粟-곡식)이 연월(年月)이 오래되지 않았는데도 많이 썩게 되는 것은, 실로 곳간[庫間]이 튼튼하지 못해 위는 새고 아래는 습하며 수납 지출(收納支出)할 즈음에 새 곡식과 묵은 곡식을 분간하지 못하고 또 곳간이 협착해 묵고 묵은 것[陳陳]을 섞어서 쌓기 때문입니다. 창고를 견실하게 짓고 새 곡식과 묵은 곡식을 따로따로 거두어 쌓아 이를 분간해 출납하라는 것을, 두 번 씩이나 수판(受判-임금의 명을 받음)하여 행이(行移-문서 이첩)했는데, 수령(守令)들이 내팽개쳐 두고 시행하지 않아서 새 것과 묵은 것이 뒤바뀌고, 감사(監司-관찰사) 또한 (수령에게) 맡겨두고 고찰

---

12 첫째는 품삯이나 물건값, 공물(貢物) 대신에 치르는 포목(布木)을 뜻하고 둘째는 일정한 신역(身役)을 치러야 할 사람이 역(役)에 나아가지 아니하고 그 역의 대가로 바치는 포목을 뜻한다.

하지 않으니 모두 위임한 뜻을 잃었습니다. 금후로는 각관(各官)의 창고를 모두 배판(排板)해 짓고 신구 곡식을 분간하여 수납하되, 경차관(敬差官)을 나눠 보내 고찰하게 해서 만일 곳간이 부실하여 썩고 손실됐거나 새 것 묵은 것을 섞어 쌓은 자가 있으면 각관(各官)의 수령과 관찰사·수령관(首領官)을 율(律)에 의해 논죄(論罪)해야 할 것입니다."

그것을 따랐다. 또 아뢰었다.

"각도(各道) 각관(各官)의 군자(軍資) 미속(米粟)이 두어 해도 지나지 못해 벌레가 먹고 썩어서 군량(軍糧)의 저축이 이름만 있고 실상이 없습니다. 마땅히 각관으로 하여금 수납(收納)할 때를 당해 황두(黃豆)를 제외한 미속(米粟)은 매 1두(斗)에 정미(精米) 1승(升)을 주어 용정(舂正-도정)해 쪄서 말려[蒸乾] 입고(入庫)하게 하고 또 광흥창(廣興倉)에 바치는 각 품(品)의 녹봉(祿俸) 갱미(粳米)는 조미(造米)로 대신해 민폐(民弊)를 제거해야 할 것입니다."

상이 말했다.

"예전 법을 경솔히 고칠 수 없다."

정부에서 다시 아뢰었다.

"오직 임금이라야 옥식(玉食-흰쌀밥)을 먹을 수 있으니[惟辟玉食][13] 마땅히 고쳐 시행해야 할 것입니다."

그것을 허락했다.

---

13 이는 『서경(書經)』「주서(周書)」'홍범(洪範)'에 나오는 임금의 권위를 강조하는 말의 일부다. "오직 임금[辟]만이 복을 내려줄 수 있고 위엄을 부릴 수 있으며 옥식을 먹을 수 있다. 신하는 복을 내려줄 수 없고 위엄을 부릴 수 없으며 옥식을 먹어서는 안 된다."

기축일(己丑日-19일)에 정부(政府)에 명해 과전(科田)을 옮겨주는 [移給] 일에 대해 가부를 토의하게 했다. 봉사(封事)를 올린 자 대부분이 이렇게 말했다.

"경기(京畿)의 백성들이 사복시(司僕寺)의 마초(馬草)와 사재시(司宰寺)의 장작[薪]으로 인해 곤란한 데다가 무릇 과전을 받은 자는 또 따라서 거두는 것이 한정이 없으니 빌건대 과전을 옮겨 경기(京畿) 밖에 주어야 할 것입니다."

일을 정부에 내리니 정부에서 다음과 같이 말했다.

"전법(田法)은 국초(國初)에 정한 것이므로 갑자기 고칠 수 없으니 조(租)를 거두는 사람으로 하여금 양식을 싸 가지고 가게 하고 전객(佃客)[14]으로 하여금 공급하지 말게 해야 할 것입니다."

○ 병조(兵曹)에서 좌우군총제(左右軍摠制)가 갑사(甲士)를 거느리고 사냥한 죄를 청하니 상이 말했다.

"임금이 3년의 상(喪)이 있는데도 나라에서 하루도 사냥(-군사훈련)을 폐기하지 않았다라고 했는데 진정 이런 말이 있다.[15] (그런데) 지금 갑사가 전답(田畓)을 밟아 피해를 끼치며 사냥을 했으니 죄가 작지 않다. 일단은[姑] 조금 곤장을 때려 징계하라."

○ 의정부에서 각 품(品)이 진언(陳言)한 것 가운데 시행할 만한 적

---

14 남의 농토를 빌려 농사짓는 사람을 말한다.

15 이 말은 『춘추좌씨전(春秋左氏傳)』「소공(昭公)」11년에서 숙향(叔向)은 이렇게 말한다. "노(魯)나라 공실(公室)은 장차[其] 쇠미[卑]해질 것이다. 임금에게 대상(大喪)이 있는데도 국가에서 군사훈련을 폐지하지 않았고, (임금의) 모친의 상에는 삼년복을 입는 예가 있는데도 하루 동안도 슬퍼하지 않았다. 국가는 임금을 두려워하지 않고 임금은 모친을 생각하지 않으니 쇠미해지지 않을 수 있겠는가? 아마도 나라를 잃게 될 것이다."

합한 사안들[事宜]을 올렸다.

'하나, 광흥창사(廣興倉使) 유몽(柳蒙) 등이 진언(陳言)하기를 "군전(軍田)을 지급받은 자는 모두 늙어서 소용이 없고 군인으로 종사하는[從戎] 자는 모두 전지(田地)를 받지 못했으니 바라건대 각도의 군전(軍田)을 모두 군자(軍資)에 속하게 하고 나라에서 그 조(租)를 거둬 수군(水軍)에게 주어야 할 것입니다"라고 했습니다.

하나, 전 사헌 장령(司憲掌令) 김이남(金以南)이 진언(陳言)하기를 "각사(各司)의 관원을 체대(遞代-인사이동)시키는 것이 (일정한) 때가 없어서 (새로운 직임을 맡은지) 시일(時日)이 얼마 되지 않아 갈리는 자가 매우 많아 직사(職事)가 폐기되고 해이하게 되니 바라건대 이제부터는 1년 만에 체대시켜 직사(職事)가 잘 다스려지고 그 재주를 다하게 해야 할 것입니다"라고 했습니다.

하나, 대호군(大護軍) 목진공(睦進恭)이 진언하기를 "선비를 뽑는 것을 신중하게 하지 않을 수 없는데 지금 공후(公侯)의 문(門)에서 나고 자랐으면서도 배우지 못하고 교만 방자한 자들이 외람되게 관직을 받는 자가 더러 있습니다. 바라건대 이제부터는 비록 공신(功臣)의 자제(子弟)라 하더라도 반드시 군신 부자(君臣父子)의 예의(禮義)를 배우게 한 연후에야 관직을 받는 것을 허락해야 할 것입니다"라고 했습니다.

하나, 전 중랑장(中郎將) 이보양(李寶陽)이 진언하기를 "일을 결단하는 관리[決事官吏]가 대개는 모두 사(私)를 써서, 혹은 오결(誤決)하고, 혹은 시일(時日)을 질질 끌어서 억울하고 원통한 일을 가져옵니다. 바라건대 이제부터는 결사관(決事官)이 정장(呈狀-보고서나 고 소장)의 선후(先後)를 분간해 결단(決斷)하게 하되 만일 오결(誤決)한 자가 있으면 율(律)에 의거해 엄격히 징계하고, 시일(時日)을 끌고 뒤로 미루는 자는 녹(祿)을 징수(徵收)해 뒷사람을 경계해야 할 것입니다'라고 했습니다.

하나, 평양교수관(平壤敎授官) 김조(金稠) 등이 진언하기를 "법을 만들면 폐단이 생기는 것은 이치상 반드시 그러한 일입니다. 무릇 문장(文章)과 제도(制度), 예악(禮樂), 형정(刑政)을 삼가 고전(古典)을 지키고 감히 경솔하게 고치지 말아야 합니다. 만일 혹시 폐단이 있으면 다스려 개혁해 다만 그 폐단만 제거하고 여러 번 새 법을 세워 백성의 뜻이 정해지지 않게 할 것이 아닙니다"라고 했습니다.

하나, 성균대사성(成均大司成) 최함(崔咸) 등이 진언하기를 "인재(人才)는 국가의 기용(器用-그릇)이니 잘 고르지 않을 수 없습니다. 그러므로 예전에 육덕(六德)[16]과 육행(六行)[17]으로 만민(萬民)을 가르쳐서 빈례(賓禮)로 서울에 올려보냈습니다. 바라건대 이제부터는 비록 재능이 칭찬할 만한 것이 있더라도 (다움에 있어) 불효(不孝) 불목(不睦)의 행실이 있으면 일절 모두 물리쳐버려야 할 것입니다"라고 했습니다.'

경인일(庚寅日-20일)에 이고(李皐)를 공안부윤(恭安府尹), 진의귀(陳

---

16 사람이 지켜야 할 여섯 가지 덕(德), 곧 지(知)·인(仁)·성(聖)·의(義)·충(忠)·화(和)를 말한다.

17 여섯 가지의 선행(善行), 곧 효(孝)·우(友)·목(睦)·인(婣-부부간 화목)·임(任)·휼(恤)을 말한다. 육덕과 육행은 모두 『주례(周禮)』 「대사도(大司徒)」에 실려 있다.

義貴)를 이조 참의, 최견(崔蠲)을 사헌집의, 이숙야(李叔野)를 봉상령(奉常令)으로 삼았다. 의귀(義貴)는 유일(遺逸)로 들어 쓴 사람이다. 유익지(柳翼之)를 예조정랑으로 삼고, 이숙봉(李叔捧) 유면(兪勉) 임형(任衡) 김타(金沱)를 모두 복직(復職)시켰다.

신묘일(辛卯日-21일)에 고(故) 상호군(上護軍) 박순(朴淳)의 처 임씨(任氏)에게 쌀과 콩 10석(石)을 내려주었다.

계사일(癸巳日-23일)에 (경상도) 상주(尙州)에 우박이 내렸다.
○ 계림군(鷄林君) 이승상(李昇商)의 어미의 빈소(殯所)에 사제(賜祭)했다. 중궁(中宮)도 또한 내사(內史)를 보내 제사를 행했다.

갑오일(甲午日-24일)에 약주(藥酒)를 정지할 것을 명했다. 음침한 여기(沴氣)[陰沴]를 근심한 때문이다.
음려
○ 성주 목사(星州牧事) 이백지(李伯持), 영해부사(寧海府使) 권만(權蔓), 울주지사(蔚州知事) 양오복(楊五福), 영주지사(永州知事) 이백함(李伯含), 울진만호(蔚珍萬戶) 권소(權紹), 횡천감무(橫川監務) 구익령(具益齡), 가평감무(加平監務) 김욱(金郁) 등을 자원(自願)에 따라 부처(付處)했다. (그에 앞서) 경차관(敬差官)이 돌아와서 아뢰었다.
"평민(平民)을 역사시켜 관둔전(官屯田)을 경작했습니다."
○ 여섯 대언(代言)에게 육조(六曹)의 일을 고핵(考覈-실상에 맞게 고찰)하도록 명했다. 상이 대언(代言)에게 일러 말했다.

"무릇 일의 가부(可否)는 일을 맡은 자(者)의 책임이기는 하나 후설(喉舌-대언)의 직책에 있는 자가 태만해 살피지 않는 것이 좋겠는가? 이제부터 여섯 대언(代言)이 각각 그 일을 맡아 때때로 고과(考課)하고, 비록 맡은 것이 아니라 하더라도 승전(承傳)의 일은 참고(參考)하는 것이 가하다. 혹 잘못된 일이 있으면 마땅히 대언(代言)을 책하겠다."[18]

병신일(丙申日-26일)에 충청도(忠淸道) 목주(木州) 자복사(資福寺)의 돌부처[石佛]에서 땀이 났다.

○ 일본(日本) 단대전(丹大殿)이 사자(使者)를 보내 토산물을 바쳤다.

정유일(丁酉日-27일)에 의정부에 명해 (임금을 대신해) 서무(庶務)를 재결(裁決)하라고 했다. 의정부사인 신개(申槪)를 불러 말했다.

"금년에 천문(天文)이 변(變)을 보여 풍우(風雨)와 뇌진(雷震) 상박(霜雹-서리와 우박) 산붕(山崩-산사태) 수일(水溢) 등으로 인해 죽은 자가 심히 많으니 모두 내가 부덕(否德)한 소치다. 내가 공구수성(恐懼修省)하고자 하니 무릇 대소 공사(大小公事)를 내게 아뢰지 말고 정부(政府)에서 처결하라. 만일 큰일을 스스로 결단하지 못하겠거든

---

18 대개 6승지(혹은 6대언)를 분방(分房)하여 도승지는 이방, 좌승지는 호방, 우승지는 예방, 좌부승지는 병방, 우부승지는 형방, 동부승지는 공방을 맡게 하여 이들의 업무를 분할했으나 반드시 그랬던 것은 아니고, 왕명에 의해 각 승지의 담당 업무는 융통성 있게 변경될 수 있었다.

세자에게 들어서 행하라."[19]

이에 하륜(河崙)과 성석린(成石璘) 이서(李舒) 이무(李茂) 조영무 (趙英茂) 등이 대궐에 나아와 청해 말했다.

"예로부터 인군(人君)이 재변(災變)을 만나면 선(膳-반찬)을 줄이고 음악을 정지하며, 정전(正殿)을 피하고 잘못된 정사[闕政]를 닦아서
_{궐정}
제거하였지, 아무것도 영위(營爲)함이 없이 만기(萬機)를 듣지 아니해 천변(天變)에 답한 이는 없었습니다. 만일 재이(災異)가 모두 (전하의) 부덕(否德)의 소치라 해 정사를 듣지 않는다고 한다면 신하된 자 어 느 누가 자기 덕(德)이 하늘에 합한다 해 여러 사무(事務)를 구처 결 단(區處決斷)하려 하겠습니까? 하물며 남의 신하된 자가 군상(君上) 에게 명령을 품(稟)하지 않는다면 이것은 난역(亂逆)이 심한 것이니 신 등이 어찌 처결할 이치가 있겠습니까?"

상이 병(病)을 핑계로 대니 석린(石璘) 등이 굳이 청했으나 (상의 뜻을) 얻지 못했다.

무술일(戊戌日-28일)에 하륜, 성석린, 이서(李舒) 등이 백관을 거느 리고 모두 대궐 뜰에 나아와 정사를 들을 것[聽政]을 청하니 상이
_{청정}
말했다.

"계획이 일단 정해졌는데 지금 갑자기 고치겠는가?"

륜(崙) 등이 양부(兩府) 이상을 거느리고 문(門)을 밀치고 곧장 들 어가서 면대(面對)해 아뢰려 하니, 상이 명해 내문(內門)을 잠그게

---

19 이 말에 다시 선위하려는 포석이 들어 있다.

했다. 류 등이 내정(內庭)에 늘어서 앉아 있자 상이 말했다.

"경 등이 나가는 것을 기다려서 내가 조선(朝膳-아침 식사)을 들겠다."

류 등이 물러나와 외정(外庭)에 서 있으니 상이 또 명해 중문(中門)을 잠그게 했다. 여러 신하들이 어찌할 줄을 몰라 혹은 앉고 혹은 서 있었다. 석린(石璘)이 말했다.

"신의 나이 70여 세이니 오늘이 바로 죽을 날이다."

드디어 종일토록 먹지 않고 해가 저물어서 물러나왔다. 사헌장령 유의(柳顗)와 사간원 우정언 송치(宋寘) 등이 대궐에 나아와 소를 올렸으나 상이 모두 살피지 않았다[不省].
불성

기해일(己亥日-29일)에 백관(百官)과 공신(功臣)이 모두 궐정(闕庭)에 나아오니 기로(耆老-원로) 재추(宰樞) 안익(安翊 ?~1410년)[20] 등 10여 명도 또한 참여했다. 상이 다시 명해 궁문(宮門)을 닫게 하고 비록 명령을 전하는 내시(內侍)라 하더라도 들어오는 것을 허락하지 않았다. 해가 저무니 상이 말했다.

"내가 정사를 듣지 않는 것은 천재(天災)를 만났기 때문이다. 백관

---

20 어려서부터 관리의 직무에 밝아 공민왕 때에는 여러 주군(州郡)의 수령을 역임하며, 그 공적이 뛰어났다. 우왕 때에는 밀직부사·문하평리를 역임했다. 이때에 권문세가들에게 이성계(李成桂)를 적극 옹호해 뒤에 이성계로부터 크게 신임을 얻었다. 1386년(우왕 12년) 성절사(聖節使)로 명나라에 건너가 뛰어난 외교수완을 보이고 돌아왔다. 이어서 문하찬성사(門下贊成事)를 지내고, 조선 왕조가 창업하자 참찬문하부사(參贊門下府事)로서 국정에 참여했다. 1393년(태조 2년) 개국공신이 됐다. 1397년 다시 명나라에 건너가 당시 불편했던 양국관계를 해소시키는 데 힘쓰고 돌아왔다. 그 뒤 찬성사를 역임했는데, 성품이 강직해 공무집행에 철저했다.

(百官)이 연일 뜰에 있으니 대신 기로가 그 사이에 어찌 병든 사람이 없겠는가? 천재가 이미 저와 같은데 인사(人事) 또한 어찌 이러한 데에 이르는가? 세쇄(細瑣)한 일은 정부에서 시행하라. 2~3일 뒤에 내가 마땅히 참작하여 생각하겠다."

석린이 아뢰어 말했다.

"명이 이미 이와 같으시니 과연 신 등의 소망에 부합합니다. 그러나 다시 큰일을 청단(聽斷)하시겠다는 명만 있으시면 신 등이 다시 무슨 말을 하겠습니까?"

상이 말했다.

"과인(寡人)이 마음잡기 어려운 것을 경들이 어찌 다 알겠는가? 뒤에 마땅히 면대(面對)해 명하겠으니, 이에[其] 물러가서 우선 세미(細微)한 일을 처리하라."

석린 등이 사례(謝禮)를 행하고자 하니 상이 허락하지 않았다.[21]

○ (강원도) 원주(原州)에서 흰 벌레[白蟲]가 조 이삭을 갉아 먹는 일이 있었다.

---

21 사례를 행하도록 내버려둔다는 것은 신하들의 청을 받아들인다는 뜻이기 때문에 허락하지 않은 것이다.

辛未朔 太白晝見經天.
신미 삭 태백 주견 경천

上親祭于文昭殿.
상 친제 우 문소전

命閔渫 柳博京外從便.
명 민설 유박 경외종편

壬申 釋李齊茂等囚 追奪六品以上職牒 仍令還仕本觀 竣通
임신 석 이제무 등수 추탈 육품 이상 직첩 잉 령 환사 본관 사통

其業 方許遷轉.
기업 방 허 천전

癸酉 大風雨雷電暴作 道峯山崩 楊州山頹尤甚. 議政府白
계유 대풍 우 뇌전 폭작 도봉산 붕 양주 산퇴 우심 의정부 백

遣書雲監候金種善 行視之 碧蹄 高嶺之間 山頹二百七十處
견 서운 감후 김종선 행 시지 벽제 고령 지간 산퇴 이백 칠십 처

高嶺寺下里一家二十二人皆壓死. 京畿都觀察使啓云:'本月初
고령사 하리 일가 이십 이 인 개 압사 경기 도관찰사 계운 본월 초

三日水災山頹 楊州 抱川 豊壤等處人死者五十五 牛五頭 馬五
삼일 수재 산퇴 양주 포천 풍양 등처 인 사자 오십 오 우오두 마오

匹.'上泣曰: "古有帝王側身修行者 未知何者爲修行之事乎!'
필 상 읍왈 고유 제왕 측신 수행 자 미지 하자 위 수행 지 사 호

開城留後司漂流民家九戶: 江原道 朝宗縣山頹 壓死男婦二十名
개성유후사 표류 민가 구호 강원도 조종현 산퇴 압사 남부 이십 명

馬七匹 牛三頭.
마 칠필 우 삼두

乙亥 東方有紅黑白氣射天.
을해 동방 유 홍흑 백기 사천

命祈晴于四門.
명 기청 우 사문

下藝文館掌務檢閱禹承範于巡禁司. 上將親傳祈晴祭香祝 而
하 예문관 장무 검열 우승범 우 순금사 상 장 친전 기청제 향축 이

祭文未至 上怒曰: "平明心一之時 傳香事神 禮也. 今何晏也?
제문 미지 상 노왈 평명 심일 지시 전향 사신 예야 금 하안 야

此乃禮房代言之過也. 雨無其極 傷我稼穡 奚獨予絶食乎? 何忍
차 내 예방 대언 지과야 우무 기극 상아 가색 해독여 절식 호 하인

若是哉?"代言啓曰: "知製教遲晚製進." 上曰: "然則囚最後
약시 재 대언 계왈 지제교 지만 제진 상왈 연즉 수 최후

製進一人于獄." 黃喜啓曰: "一時進呈 難分先後." 乃囚承範 經
제진 일인 우옥 황희 계왈 일시 진정 난분 선후 내수 승범 경

四日放之.
사일 방지

祈晴于宗廟 白岳 木覓.
기청 우 종묘 백악 목멱

進獻色提調李貴齡等 啓擇處女事宜. 啓曰: "京中處女 今
진헌색 제조 이귀령 등 계 택 처녀 사의 계왈 경중 처녀 금

已遍閱 無可入格者. 命議政府隨宜施行." 於是 議政府啓:
이 편열 무가 입격자 명 의정부 수의 시행 어시 의정부 계

"留後司 豐海 江原 全羅道 各二人 慶尙道四人 京畿左右道
유후사 풍해 강원 전라도 각 이인 경상도 사인 경기좌우도

三人. 將已見未見處女中 年十七以下十三以上擇善 幷前年入格
삼인 장 이견 미견 처녀 중 연 십칠 이하 십삼 이상 택선 병 전년 입격

處女二十七人上送." 上可之 分遣知印於各道. 傳旨政府曰:
처녀 이십 칠인 상송 상 가지 분견 지인 어 각도 전지 정부 왈

"中外處女 因禁令婚嫁失時 天道可畏. 然大國之求 小國亦不敢
중외 처녀 인 금령 혼가 실시 천도 가외 연 대국 지구 소국 역 불감

不從 遣使入朝之時 當行附奏."
부종 견사 입조 지시 당행 부주

命柳亮 權遇等視事.
명 유량 권우 등 시사

罷江原道兵馬都節制使沈仁鳳職 令仁鳳私馬上京. 都觀察使
파 강원도 병마도절제사 심인봉 직 영 인봉 사마 상경 도관찰사

尹思修 論其令伴人馳驛枉道之罪 上曰: "仁鳳不思大體 每與
윤사수 논기 령 반인 치역 왕도 지죄 상왈 인봉 불사 대체 매여

思修 嫌猜不已."
사수 혐시 불이

上謂近臣曰: "予聞各道監司 褒貶守令 率以務爲容悅者與不恤
상 위 근신 왈 여 문 각도 감사 포펌 수령 솔 이무 위 용열 자여 불휼

民弊者爲上等 何哉?"
민폐 자위 상등 하재

慶尙道 寧海府使金四川 安東判官金尙寧免. 四川等淫本官
경상도 영해부사 김사천 안동판관 김상녕 면 사천 등 음 본관

倡妓 觀察使論罷之.
창기 관찰사 논 파지

丁丑 右司諫大夫權遇等 上疏請無咎 無疾之罪 上不覽疏.
정축 우사간대부 권우 등 상소 청 무구 무질 지 죄 상 불람 소

翼日 遇等復請.
익일 우 등 부청

禮曹啓文宣王四配位十哲位版規式. 啓曰:
예조 계 문선왕 사배 위 십철 위판 규식 계왈

"位版之式 古無其文. 按洪武禮制 社稷壇神牌 身高二尺
위판 지 식 고 무 기문 안 홍무예제 사직단 신패 신고 이척

二寸 闊四寸五分 厚九分: 座高四寸五分 闊八寸五分 厚四寸
이촌 활 사촌 오분 후 구분 좌고 사촌 오분 활 팔촌 오분 후 사촌

五分. 帝王陵墓 其祭物器皿儀註 竝與社稷同. 文宣王位版 乞依
오분 제왕 능묘 기 제물 기명 의주 병여 사직 동 문선왕 위판 걸의

社稷壇神位版規式製造. 四配位版 身高二尺 闊四寸三分 厚
사직단 신 위판 규식 제조 사배 위판 신고 이척 활 사촌 삼분 후

八分; 十哲位版 身高一尺八分 闊四寸一分 厚七分 座高闊厚
팔분 십철 위판 신고 일척 팔분 활 사촌 일분 후 칠분 좌고 활후

皆同. 依此差等製造."
개동 의 차 차등 제조

己卯 月犯南斗二日.
기묘 월 범 남두 이일

上詣文昭殿 行秋享大祭. 司憲執義李叔野 掌令李叔捧 持平
상 예 문소전 행 추향대제 사헌 집의 이숙야 장령 이숙봉 지평

兪勉 不及陪祭 且不定禮度監監察 司諫院劾啓請罷之 疏留中.
유면 불급 배제 차 부정 예도감 감찰 사간원 핵 계청 파지 소 유중

罷李茂爲丹山府院君. 以李舒爲右政丞 李膺參知議政府事
파 이무 위 단산부원군 이 이서 위 우정승 이응 참지 의정부 사

盧閈漢城府尹. 茂自知當罷 上書乞辭 未及啓而罷相之批已下矣.
노한 한성부윤 무 자지 당파 상서 걸사 미급 계 이 파상 지 비 이하 의

以權肅爲恭安府尹 李皐吏曹參議 辛劑 卜僩 康戾司憲監察.
이 권숙 위 공안부 윤 이고 이조참의 신제 복한 강려 사헌 감찰

擧遺逸也.
거 유일 야

以唐誠爲恭安府尹 仍令致仕 命給全俸終身.
이 당성 위 공안부 윤 잉령 치사 명급 전봉 종신

庚辰 罷禮曹正郎任衡 佐郎金沱職. 右司諫權遇等上言:
경진 파 예조정랑 임형 좌랑 김타 직 우사간 권우 등 상언

'傳曰: "國之大事 在祀與戎." 蓋①祭祀 所以報本而事神明;
전 왈 국지 대사 재사 여융 개 제사 소이 보본 이 사 신명

兵戎 所以禦侮而安國家. 是故有事於斯 如或不虔 以致違誤 則
병융 소이 어모 이 안 국가 시고 유사 어사 여혹 불건 이치 위오 즉

其罪必重而不可宥也. 今我國家 凡當朝會祭享 禮曹於各司則
기죄 필중 이 불가유 야 금아 국가 범 당 조회 제향 예조 어 각사 즉

出牓 於臺諫則移關 其來尚矣. 今月初九日 行文昭殿親幸大祭
출방 어 대간 즉 이관 기래 상의 금월 초 구일 행 문소전 진행 대제

禮曹但出牓而已 曾不移關於臺諫. 緣此憲府諸臣 皆闕侍衛 亦不
예조 단 출방 이이 증 불 이관 어 대간 연차 헌부 제신 개궐 시위 역불

差定禮度監監察. 臣等竊惟憲府 一國紀綱之所在 彈糾百官 其任
차정 예도감 감찰 신등 절유 헌부 일국 기강 지소재 탄규 백관 기임

也. 禮曹雖不移關 旣出牓矣 當問禮曹以不移關之故而罪之 行祭
야 예조 수불 이관 기 출방 의 당문 예조 이불 이관 지고 이 죄지 행제

之日 進而侍衛 且定禮度監 則得免於廢職之誚矣. 佐郎金沱以
지일 진이 시위 차정 예도감 즉 득면 어 폐직 지초 의 좌랑 김타 이

禮務 於今月初七日 以各司侍衛事 告承政院後 稱病歸家 使令史
예무 어 금월 초 칠일 이 각사 시위 사 고 승정원 후 칭병 귀가 사 영사

傳通各位以移關出牓之意; 正郎任衡亦以禮務 但知出牓而不
전통 각위 이 이관 출방 지의 정랑 임형 역이 예무 단지 출방 이불

移關. 金沱旣躬進承政院告課 則頃刻之間 其病不能遽至於極 宜
이관 김타 기 궁진 승정원 고과 즉 경각 지간 기병 불능 거 지어 극 의

仕本曹 以終其事 顧乃稱病歸家 累日不仕; 任衡連日行公 漫不
사 본조 이종 기사 고내 칭병 귀가 누일 불사 임형 연일 행공 만불

致察 以致違誤 不敬甚矣 厥罪惟均. 願將沱 衡等削職黜外 以爲
치찰 이치 위오 불경 심의 궐죄 유균 원장 타 형등 삭직 출외 이위

當職不敬者之鑑.'
당직 불경 자 지감

壬午 太白晝見經天.
임오 태백 주견 경천

議政府請勿罷別窯. 啓曰: "今以陳言 罷別瓦窯 然各人曾納
의정부 청 물파 별요 계왈 금 이 진언 파 별와요 연 각인 증 납

瓦價米百餘石者 尙未畢受. 乞待畢燔瓦而後革去." 不允.
와가 미 백여 석자 상 미필 수 걸대 필 번와 이후 혁거 불윤

司諫院請李叔野等罪. 疏曰:
사간원 청 이숙야 등죄 소왈

'臺諫 人主之耳目 國家之紀綱. 上輔君德 下糾風俗 日愼一日
대간 인주 지 이목 국가 지 기강 상보 군덕 하규 풍속 일신 일일

使其所爲 無或有過 然後庶無負委任之意. 近者禮曹 當殿下親裸
사 기 소위 무혹 유과 연후 서무 부 위임 지의 근자 예조 당 전하 친관

文昭殿之日 不敬其職 以致違誤. 本院論啓其罪 殿下兪允 貶免
문소전 지일 불경 기직 이치 위오 본원 논계 기죄 전하 유윤 폄면

職事. 憲府諸臣 在紀綱彈糾之任 旣知行祭之日 但以禮曹不移關
직사 헌부 제신 재 기강 탄규 지임 기지 행제 지일 단이 예조 불 이관

之故 皆闕侍衛 不定禮度監. 是則身且不能免咎 安得劾正禮曹

之失乎? 前日本院劾問 申請其罪累日 未蒙俞音 惶懼隕越 今宥

憲府 使復其職. 其時獻納柳翼之 詣闕申啓 以爲不可 殿下可之

且停復職 許以改下. 臣等竊惟 律有云: "凡大小官吏犯公罪 解

見任別敍." 凡爲官吏者 猶且如此. 況在臺諫者 一有罪咎 見劾

言官 豈可靦然無恥 復居其職乎? 獻納臣柳翼之 劾問禮曹與

憲府違誤之罪 不審事之本末 罪之輕重 全歸咎於憲府. 殿下

亦以爲其咎專在憲府 不知事起於禮曹也 翌日本院論啓禮曹之

失 然後殿下乃知其然. 蓋翼之在殿下耳目之任 彈糾臣僚之非違

以達于上不以其實 固未免蒙蔽聰明之罪. 願將李叔野 李叔捧

兪勉 柳翼之等罷職不敍 以礪臣節 使國人知所以守職盡忠之義.'

上曰: "秋享祭 非常祭也. 雖無牓示 例當侍衛 禮曹已報日時

有何罪責乎?" 黃喜對曰: "憲府不及與祭 托爲遁辭耳 諫院之劾

禮曹則已甚矣."

命賜暴死右軍甲士司直曹士淸棺槨及紙. 士淸死於直所 故有

是命.

汰西北面安定館丞 以生陽 大同 安定 肅寧爲一道 安興 嘉平

新安爲一道 林畔 良策 義順爲一道. 從都巡問使之啓也.

前東北面都巡問使李之源進便民事宜. 其書曰:

'竊聞天災地怪 堯舜以來 已有之矣. 貞觀年間 有大水之災

太宗降服減膳 恐懼修省 求言改紀 以消其應. 臣雖愚魯 適逢遇

災求言之日 不可緘默 謹以管見 條錄于後.

一, 今當國喪 無識人員 放鷹田遊 非獨違臣子哀戚之情 踏損

禾穀 害及田里. 乞收鷹牌 痛禁.

一, 遷都之初 土木之役 雖不得已 然古者有以茅茨土階 君臨

萬方 則雖上以宮闕 當待以豐年 儉素營造 以厚民生. 況於私家

不計凶年 競爲華麗 起怨傷和? 其營造之資 雖曰出於私財私奴

然私奴乃國民也 私財乃國財也. 公私瓦窰土木之役 乞限豐年

一禁.

一, 近年 諸島及水邊草薍 竝爲國用 其餘則戶曹和賣 先於

勢家 利未及民 若田畔則爲田主之奴所禁. 因此小民 無用鎌之

地 裹糧越險 人馬俱困 以致怨咨 山谷所産 與民爭利. 今後公私

瓦窰 竝皆革罷 其草薍 除國用外 罷戶曹和賣 許民刈取 禁豪勢

之家 田主之奴擅占.

一, 近因公私土木之役及使臣支應 民間事務 至爲煩劇 而監司

不察民瘼 各以面情 如婚姻葬送造墓之類 驅出農民 越境奔走.

乞下明禁 以寬民力.'

上皆從之.

甲申 命議政府 蠲各宗寺社田地稅米. 從各宗之上言也.

乙酉 上詣文昭殿 行望祭. 以內資寺闕祭酒 囚直長崔有恒. 凡

祭 典祀寺皆備酒饌 文昭殿則內資進酒 例也. 世子後至 上怒 黜
敬承府司鑰.

前僉書承樞府事李廷堅卒.

遣使賜慶尙道水軍僉節制使金乙雨宮醞表裏. 乙雨捕倭船一艘
於欲知島大洋 斬首十級故也.

丙戌 大風拔木. 開城留後司報: '二百餘株毀折 寺院公私家舍
二十餘間頹落.'

丁亥 西北面都巡問使 啓遼東軍人擾民之事. 啓曰: '去年
十一月 天使祁保迎逢 遼東軍人 乘夜散入民戶 據給縣布 奪牛
一百十六隻 馬八匹. 及過江之日 經歷李漬告于天使 俾還牛馬
天使許之. 後遼東都司 索其價布一千一百三十匹 牛馬之主 或見
或隱.' 上曰: "已見價布 速還都司 將其犯令放賣牛馬 沒於官."

議政府啓倉庫收儲出納之法. 啓曰:

"京外國庫米粟 年月未久 多致腐朽 實由庫間不實 上漏下濕
收支之際 不能揀新舊穀 亦有庫間狹窄 陳陳交積故也. 倉庫堅實
造作 新舊各別收儲 分揀出納 再度受判行移 而守令廢閣不行
以致新舊倒置; 監司任置 不行考察 俱失委任之意. 今後各官
倉庫 竝以排板造作 新舊穀分揀收納. 敬差官發遣考察 如有
庫間不實 以致朽損 新舊交積者 各官守令及觀察使首領官 依律
論罪."

從之. 又啓曰:
<small>종지　우　계왈</small>

"各道各官軍資米粟　不過數年　蟲損腐朽　糧餉之畜　有名無實.
<small>각도　각관　군자　미속　불과　수년　충손　부후　양향　지축　유명무실</small>

宜令各官　當收納之時　除黃豆外　米粟每一斗給精一升　舂正蒸乾
<small>의령　각관　당　수납지시　제　황두외　미속　매　일두　급정　일승　용정　증건</small>

入庫　又廣興倉所納各品祿俸粳米　代以造米　以除民弊."
<small>입고　우　광흥창　소납　각품　녹봉　갱미　대이　조미　이제　민폐</small>

上曰: "舊法不可輕改." 政府復啓曰: "惟辟玉食　宜改施行."
<small>상왈　구법　불가　경개　정부　부계왈　유벽　옥식　의개　시행</small>

許之.
<small>허지</small>

己丑　命議政府議移給科田可否. 上封事者多言: "京畿之民
<small>기축　명　의정부　의　이급　과전　가부　상　봉사　자　다언　경기　지민</small>

困於司僕之草　司宰之薪　凡受科田者　又從而科斂無藝. 乞移科田
<small>곤어　사복　지초　사재　지신　범수　과전　자　우종이　과렴　무예　걸이　과전</small>

給於畿外." 事下政府. 政府言: "田法　國初所定　不可遽改. 宜令
<small>급어　기외　사　하　정부　정부　언　전법　국초　소정　불가　거개　의령</small>

收租之人　私自贏糧　毋令佃客供給."
<small>수조　지인　사자　영량　무령　전객　공급</small>

兵曹請左右軍摠制　率甲士田獵之罪　上曰: "君有三年之憂　國
<small>병조　청　좌우　군　총제　솔　갑사　전렵　지죄　상왈　군유　삼년지우　국</small>

不廢一日之蒐　固有是言. 今甲士踏損田畓而行獵　罪不小矣　姑小
<small>불폐　일일　지수　고유　시언　금　갑사　답손　전답　이　행렵　죄　부소　의　고소</small>

杖之以懲.
<small>장지　이징</small>

議政府上各品陳言可行事宜:
<small>의정부　상　각품　진언　가행　사의</small>

'一, 廣興倉使柳蒙等陳言: "軍田折受者　皆老無用　而從戎者
<small>일　광흥창　사　유몽　등　진언　군전　절수　자　개　노무용　이　종융　자</small>

則皆未受田. 願各道軍田　皆屬軍資　公收其租　以給水軍."
<small>즉　개　미수전　원　각도　군전　개속　군자　공수　기조　이급　수군</small>

一, 前司憲掌令金以南陳言: "各司官員　遞代無時　不久而遞者
<small>일　전　사헌　장령　김이남　진언　각사　관원　체대　무시　불구　이체　자</small>

頗多　以致職事廢弛. 願自今一年而遞　使之職治事擧　以效其才."
<small>파다　이치　직사　폐이　원　자금　일년　이체　사지　직치　사거　이효　기재</small>

一, 大護軍睦進恭陳言: "取士不可不中. 今生長侯門　不學
<small>일　대호군　목진공　진언　취사　불가　부중　금　생장　후문　불학</small>

驕狂　濫受官職者　容或有之　願自今雖功臣子弟　必使之學君臣
<small>교광　남수　관직　자　용혹　유지　원　자금　수　공신　자제　필　사지　학군신</small>

父子禮義 然後方許受職."
<small>부자 예의 연후 방 허 수직</small>

一, 前中郎將李寶陽陳言:"決事官吏 率皆容私 或誤決或延拖
<small>일 전 중랑장 이보양 진언 결사 관리 솔개 용사 혹 오결 혹 연타</small>

以致枉冤. 願自今決事官呈狀 先後分揀決絶 如有誤決者 依律
<small>이치 왕원 원 자금 결사관 정장 선후 분간 결절 여유 오결 자 의율</small>

痛懲 延拖者 徵祿鑑後."
<small>통징 연타 자 징록 감후</small>

一, 平壤教授官金稠等陳言:"法立弊生者 理之必然. 凡文章
<small>일 평양 교수관 김조 등 진언 법립 폐생 자 이지 필연 범 문장</small>

制度禮樂刑政 謹守古典 無敢輕改. 如或有弊 治而更張 只除
<small>제도 예약 형정 근수 고전 무감 경개 여혹 유폐 치이 경장 지제</small>

其弊 不可屢立新法 以致民志之不定."
<small>기폐 불가 누립 신법 이치 민지 지 부정</small>

一, 成均大司成崔咸等陳言:"人才 國家之器用 不可不擇 故
<small>일 성균대사성 최함 등 진언 인재 국가 지 기용 불가 불택 고</small>

古者以六德六行 敎萬民而賓興之. 願自今雖才能可稱者 有不孝
<small>고자 이 육덕 육행 교 만민 이 빈흥지 원 자금 수 재능 가칭 자 유 불효</small>

不睦之行 則一皆斥去."'
<small>불목 지행 즉 일개 척거</small>

庚寅 以李皐爲恭安府尹 陳義貴吏曹參議 崔鸛司憲執義
<small>경인 이 이고 위 공안부 윤 진의귀 이조참의 최견 사헌 집의</small>

李叔野奉常令. 義貴以遺逸擧. 柳翼之爲禮曹正郞 李叔捧 兪勉
<small>이숙야 봉상 령 의귀 이 유일 거 유익지 위 예조정랑 이숙봉 유면</small>

任衡 金沱皆復職.
<small>임형 김타 개 복직</small>

辛卯 賜故上護軍朴淳妻任氏米豆十石.
<small>신묘 사고 상호군 박순 처 임씨 미두 십 석</small>

癸巳 尙州雨雹.
<small>계사 상주 우박</small>

賜祭于雞林君李升商母之殯. 中宮亦遣內史祭之.
<small>사제 우 계림군 이승상 모 지빈 중궁 역견 내사 제지</small>

甲午 命止藥酒. 憂陰沴也.
<small>갑오 명지 약주 우 음려 야</small>

星州牧使李伯持 寧海府使權蔓 知蔚州事楊五福 知永州事
<small>성주목사 이백지 영해부사 권만 지울주사 양오복 지영주사</small>

李伯含 蔚珍萬戶權紹 橫川監務具益齡 加平監務金郁等
<small>이백함 울진 만호 권소 횡천 감무 구익령 가평 감무 김욱 등</small>

自願付處. 敬差官還啓役平民使耕官屯田故也.
<small>자원부처 경차관 환계 역평민 사경 관둔전 고야</small>

命六代言 考覈六曹之事. 上謂代言曰:"凡事之可否 雖當職者
명 육대언 고핵 육조 지사 상위 대언 왈 범사 지 가부 수 당직자

之責 然在喉舌者 慢不致察可乎? 自今六代言 各掌其事 以時
지책 연재 후설 자 만불 치찰 가호 자금 육대언 각장 기사 이시

考課 雖非所掌 承傳之事則參考可也. 事或有違 當責代言."
고과 수비 소장 승전 지사 즉 참고 가야 사 혹 유위 당책 대언

丙申 忠淸道木州資福寺石佛汗.
병신 충청도 목주 자복사 석불 한

日本 丹大殿 遣使獻土物.
일본 단대전 견사 헌 토물

丁酉 命議政府裁決庶務. 召議政府舍人申槪曰:"今歲天文
정유 명 의정부 재결 서무 소 의정부 사인 신개 왈 금세 천문

示變 風雨 雷震 霜雹 山崩 水溢而致死者甚衆 皆否德之致. 然
시변 풍우 뇌진 상박 산붕 수일 이 치사 자 심중 개 부덕 지치 연

予欲恐懼修省 凡大小公事 勿啓于我 政府處決. 若大事不可自斷
여욕 공구수성 범 대소 공사 물계 우아 정부 처결 약 대사 불가 자단

聽於世子而行." 於是 河崙 成石璘 李舒 李茂 趙英茂等 詣闕
청어 세자 이행 어시 하륜 성석린 이서 이무 조영무 등 예궐

請曰:"自古人君遇災變 減膳徹樂 避正殿 修闕政以銷去之 未有
청왈 자고 인군 우 재변 감선 철악 피 정전 수 궐정 이 소거 지 미유

無營無爲 不聽萬機 以答天變者也. 若曰災異皆否德所召 而不
무영 무위 불청 만기 이답 천변 자야 약왈 재이 개 부덕 소소 이불

聽政 則爲臣下者 孰肯以爲己德合天 而區斷庶務乎? 況人臣而不
청정 즉 위 신하 자 숙긍 이위 기덕 합천 이 구단 서무 호 황 인신 이불

稟命於君上 此逆亂之尤. 臣等豈有處決之理乎?"上托以疾 石璘
품명 어 군상 차 역란 지우 신등 기유 처결 지 리호 상 탁 이질 석린

等固請不得.
등 고청 부득

戊戌 河崙 成石璘 李舒等 率百官咸進闕庭請聽政 上曰:
무술 하륜 성석린 이서 등 솔 백관 함진 궐정 청 청정 상왈

"計畫一定 今遽改之乎?"崙等率兩府以上 欲排闥直入面啓 上
계획 일정 금 거개 지호 륜 등 솔 양부 이상 욕 배달 직입 면계 상

命鎖內門. 崙等列坐內庭 上曰:"待卿等出後 予進朝膳矣."崙
명쇄 내문 륜 등 열좌 내정 상왈 대경 등 출후 여 진 조선 의 륜

等退立于外庭 上又命鎖中門. 群臣莫知所措 或坐或立. 石璘曰:
등 퇴립 우 외정 상우 명쇄 중문 군신 막지 소조 혹좌 혹립 석린 왈

"臣年七十餘矣 是可死之日." 遂終日不食 至日暮乃退. 司憲掌令
신 연 칠십 여의 시 가사 지일 수 종일 불식 지 일모 내퇴 사헌 장령

柳顗 司諫院正言宋寘等 詣闕上疏 上皆不省.
유의 사간원 정언 송치 등 예궐 상소 상 개 불성

366

己亥 百官功臣 咸進闕庭 耆老宰樞安翊等十餘人 亦與焉. 上
기해　백관　공신　함진 궐정　기로 재추 안익 등십여인　역여언　상

復命閉宮門 雖將命內竪 亦不許入. 日且暮 上曰："予之不聽政
부명 폐 궁문 수 장명 내수　역 불허 입　일차모 상왈　여지불 청정

遇天災也. 百官連日在庭 大臣耆老 其間豈無病者乎？ 天災
우 천재 야　백관 연일 재정　대신 기로　기간 기 무병 자 호　천재

旣如彼 人事又何至如是？ 事之細者 政府施行 二三日後 予當
기 여피　인사 우 하지 여시　사 지세자 정부 시행　이삼 일후 여당

酌量."石璘啓曰："命旣如此 果合臣等之望 然更許有聽斷大事
작량　석린 계왈　명기 여차 과합 신등 지망 연 갱허 유 청단 대사

之命 則臣等復何言哉？"上曰："寡人爲心之難 卿等豈能盡知？
지명 즉 신등부 하언 재　상왈　과인 위심 지난 경등기능 진지

後當面命 其退姑行細事."石璘等欲行謝禮 上不許.
후당 면명 기 퇴고 행세사　석린 등 욕행 사례 상 불허

原州有白蟲食粟穗
원주 유 백충 식 속수

| 원문 읽기를 위한 도움말 |

① 蓋는 앞 문장에 대한 설명을 시작할 때 나오는 표현이다.
　개

태종 9년 기축년
8월

八月

경자일(庚子日-1일) 초하루에 세자 제(禔)에게 명해 문소전(文昭殿)
에서 삭제(朔祭-초하루 제사)를 섭행(攝行-대행)하게 했다. 이날에 (이
런) 명이 처음 나왔으나 (상이) 전상(殿上)에 좌기(坐起)해 정사(政事)
를 듣지는 않았다.

○ 의정부에서 아뢰었다.

"선왕(先王) 선후(先后)의 기신(忌晨) 재제(齋祭)¹에 마땅히 삼감
[敬]을 지극히 하고 예(禮)를 다해야 하는데 종친(宗親)과 부마(駙馬)
제군(諸君)의 위요(圍繞)²가 재계(齋戒)도 하지 않은 채 배제(陪祭-제
사에 참석)하며, 혹은 진용(眞容-어진) 앞에 작(酌)을 드리는 일도 있
어 전혀 예(禮)에 맞지 않으니 특히 뿌리에 보답하는[報本] 정성에
어긋납니다. 이제부터 종부시(宗簿寺)³로 하여금 주관하게 해 정윤
(正尹)⁴ 이상의 종친(宗親)이 재계에 나오는지 안 나오는지의 여부(與

---

1 기일 새벽에 재(齋)를 올리는 것으로 주로 궁중에서 선왕이나 선후의 제사를 지낼 때 부
   처에게 공양을 올리고 지내는 제사다.
2 무리[徒]를 높여서 표현한 것이다.
3 조선시대 정3품아문(正三品衙門)으로 왕실(王室) 족보(族譜)의 편찬과 종실(宗室)의 비위
   를 규찰(糾察)하는 임무를 관장했다. 1392년(태조 1년)에 설치해 전중시(殿中寺)라고 하던
   것을 1401년(태종 1년)에 종부시(宗簿寺)로 개칭했고, 1864년(고종 1년)에 종친부(宗親府)
   에 병합됐다.
4 조선시대 왕자 중 정비(正妃)의 몸에서 출생한 적실왕자(嫡室王子)는 대군(大君)이라
   했다. 처음에는 정1품 유자(有資)였으나 『경국대전』에서는 무품무자(無品無資)로 되었다.

否)를 기록해 아뢰게 하고 그것을 바탕으로 헌부(憲府)에 이문(移文)해 고찰(考察)할 때 근거자료로 삼아야[憑據] 할 것입니다."

그것을 따랐다.

계묘일(癸卯日-4일)에 왜적이 전라도(全羅道) 해진(海珍)의 선산도(仙山島)에 침입해 봉졸(烽卒) 4인이 잡혀갔다가 조금 뒤에[旣而] 도망쳐 왔다.

갑진일(甲辰日-5일)에 고(故) 중추원학사(中樞院學士) 조화(趙禾)[5]의 처 김씨(金氏)를 (충청도) 충주(忠州)에 부처(付處-유배)했다. 김씨가

즉 군왕과 정비처럼 관품과 품계가 붙지 않게 된 것이다. 대군의 칭호는 고려시대도 있었다. 국초에 원군(院君)·대군의 칭호가 있었다 하고, 1298년(충렬왕 24년) 1월 충선왕이 즉위해 관제를 개혁할 때, 대군·원군을 정1품, 군을 종1품, 원윤(元尹)을 정2품, 정윤(正尹)을 종2품으로 정했다. 조선 초기의 왕자봉작제는 충선왕제를 수용해 사용한 것이다. 조선시대 왕친(王親)의 관부는 처음 재내제군부(在內諸君府)라 칭하다가 1430년(세종 12년) 11월 종친부로 승격, 정1품 아문이 됐다. 대군 이하 모든 왕친은 종친부에 소속돼 규정된 봉작을 받았고, 그들의 비위 규찰은 종부시(宗簿寺)에서 관장했는데, 원칙적으로 대군이 존속종친(尊屬宗親)이 되어 그 임무를 주관했다. 왕친의 봉작은 1차 왕자의 난 직후인 1398년(태조 7년) 9월 친왕자를 공(公), 제종친을 후(侯), 정1품을 백(伯)으로 개정했다. 그러다가 1401년(태종 1년) 1월 다시 공·후의 작호를 폐지하고 친왕자는 부원대군(대군), 제종친은 군·원윤·정윤의 명호를 사용하게 됐다. 그러나 초기에는 가령 태조의 서제(庶弟)인 화(和)가 공 또는 부원대군(府院大君)에 봉해지고 천계(天桂)의 아들 양유(良裕)는 후 또는 군에 봉해졌다. 그런데 태종의 아들 보(補-효령)와 도(祹-뒤의 세종)가 처음 군에 책봉됐다가 뒤에 대군에 승자(陞資-관품이 오름)하고 있는 사실은 왕자의 초수봉작제(初授封爵制-처음으로 내리는 작위제도)가 아직 확립되지 못했기 때문이다. 『경국대전』에 보이는 것과 같은 초수봉작제가 확립되기 시작하는 것은 1414년 1월부터이다. 즉 이때 왕의 적비제자(嫡妃諸子)를 대군, 빈잉자(嬪媵子)를 군, 궁인의 자를 원윤, 친자·친형제의 적실제자를 군에 봉한 것 등이 그것이다. 이로써 왕의 적자는 출생하자마자 대군에 봉해지게 됐다.

5 조준(趙浚)의 형 조후(趙煦)의 아들이다.

시녀(侍女)와 교결(交結)해 자못 궁중(宮中)의 일을 듣고 고(故) 정당(政堂) 정총(鄭摠, 1358~1397년)[6]의 처 김씨(金氏)의 집에 가서 말을 전했다. 상이 이를 듣고서 사람을 시켜 김씨에게 물었다.

"어떤 사람에게 들었는가?"

김씨가 이를 숨겼다[諱]. 일을 헌부(憲府)에 내려 조사하기를 급하게 하니 김씨가 두려워해 그 사위인 총제(摠制) 이종무(李從茂)를 시켜 대궐에 나아가 들은 바를 아뢰게 했다. 이리하여 종무(從茂)가 무릇 서너 번이나 왕래했다. 이에 말을 누설한 궁녀(宮女) 10인을 밖에 내치고 장령(掌令) 유의(柳顗)[7]를 불러 말했다.

"죄인을 이미 잡아냈고, 또 종무가 자식이 있으므로 특별히 너그러운 법(法)을 보인 것이니, 헌사(憲司)는 다시 말하지 말라."

드디어 이런 명이 있었다. 집의(執義) 최견(崔蠲) 등이 소를 올려 아뢰었다.

'조화(趙禾)의 처는 본래 더러운 행실이 있어 사람들이 천하게 여기고 미워하니 마땅히 먼 변방(邊方)에 내쳐서 나라 안에 함께 있지 못하게 해 풍속을 더럽히지 말아야 될 것인데 지금 또 궁금(宮禁)의

---

6 조선 개국공신 정탁(鄭擢)의 형이다. 1376년(우왕 2년) 문과에 장원급제해 19세로 춘추관 검열이 되고, 대간 응교 사예를 거쳐 대호군에 이르고, 1389년(공양왕 1년) 병조판서에 승진됐으며, 1391년 이조판서를 거쳐 정당문학에 이르렀다. 당시 중국에 보낸 표전문(表箋文)은 대부분 그가 지었다. 조선개국 후 개국공신 1등에 서훈되고, 첨서중추원사(簽書中樞院事)로서 서원군(西原君)에 봉해졌다. 1394년(태조 3년) 정당문학이 되고, 다시 예문춘추관태학사가 되어 정도전(鄭道傳)과 같이 『고려사』를 편찬하고, 그 서문을 썼다. 1395년 태조 이성계의 고명(誥命) 및 인신(印信)을 줄 것을 청하러 명나라에 사신으로 파견됐다가, 때마침 명나라에 보낸 표전문이 불손하다 하여 명나라 황제에게 트집잡혀 대리위(大理衛)에 유배 도중 죽었다.
7 유정현(柳廷顯)의 아들이다.

말을 밖에 누설했으니 그 죄를 논하지 않을 수 없습니다. 무릇 사대부(士大夫)의 규문(閨門-안방)의 말도 그 가인(家人) 비복(婢僕)이 오히려 감히 밖에 말하지 못하는데 하물며 궁금(宮禁) 가운데의 말이겠습니까? 전하께서 가벼운 법에 따라 자원(自願)에 의해 안치(安置)하시면 그 마음이 어떻게 징계되겠습니까? 빌건대 김씨를 국문해 율(律)에 따라 단죄(斷罪)함으로써 뒷 사람을 경계시켜야 할 것입니다.'

소(疏)가 올라오자 궁중에 머물러 두었다.

을사일(乙巳日-6일)에 충청도(忠淸道) 문의(文義), 청주(淸州), 평택(平澤)에 우박이 내렸다.

정미일(丁未日-8일)에 달이 남두(南斗)로 들어갔다.

○ 하천추사(賀千秋使)[8] 심구령(沈龜齡)이 (명나라) 경사(京師)에서 돌아왔다. 이때 태자(太子)가 난징[南京]에 있었는데 구령(龜齡)이 북경(北京)에 이르니 제(帝)가 말했다.

"태자가 모후 상을 당한 지 3년이 못 돼 하례(賀禮)를 받을 수 없으니 너희들은 이에[其] 돌아가라."

○ 호군(護軍) 평도전(平道全)의 아비의 상(喪)에 두텁게 부의(賻儀)할 것을 명했다.

---

8 명나라 황태자의 생일을 축하하기 위하여 파견됐다. 조선 초기에 명나라에 보낸 정례사행(定例使行)으로는 동지(冬至)·정조(正朝)·성절(聖節)·천추(千秋)의 네 가지가 있었다.

무신일(戊申日-9일)에 사간원(司諫院) 우사간대부(右司諫大夫) 권우(權遇, 1363~1419년)[9] 등이 소(疏)를 올렸다. 소는 이러했다.

'근래에 전하께서는 재이(災異)가 나타남으로 인해 감히 스스로 편안해하지[自安] 않으시고 전지(傳旨)까지 내리시어 말씀하셨습니다. "지금 이 재이는 진실로 (과인의) 부덕(否德)으로 말미암은 것이다." 이에 궁문(宮門)을 닫고 수라를 줄이시고[撤膳=撤膳] 정사를 듣지 않고 계십니다. 전하의 마음이 진실로 간절하기가 이와 같으시니 장차[將] 재앙이 바뀌어 복이 되는 것을 보게 될 것입니다. 신 등이 모두 용렬한 재주[庸材]로 외람되게 간원(諫院)에 있어 나아오면 충성을 다하기를 생각하고, 물러가면 허물을 돕기를 생각해[進思盡忠 退思補過] 좋은 점은 더욱 이끌어내고[將順] (그릇된 점은) 바로 잡고 구제해[匡救][10] (전하의) 빼어난 다움이 빛나는 것이 마치 해와 달이

---

9 어려서는 형인 권근(權近)에게서 학문을 배우다가 자라서는 정몽주(鄭夢周)의 문하에 들어가 수학했다. 1377년(우왕 3년) 진사가 되고, 1385년 문과에 을과로 급제해 문첩녹사(文牒錄事)가 되고, 이어 성균박사·밀직당(密直堂)·장흥고사(長興庫使)·군기주부(軍器主簿) 등을 역임했다. 1390년(창왕 2년) 액정알자감(掖庭謁者監)을 거쳐 예조좌랑이 되고, 이듬해 이조좌랑을 거쳐 군자감승(軍資監丞)을 역임했다. 조선이 건국된 뒤에도 계속 등용돼 1394년(태조 3년) 광주판관(廣州判官)에 임명되고, 이듬해 중부유학교수관(中部幼學敎授官)이 됐다. 1400년(정종 2년)에는 사헌부사헌에 오르고 성균직강(成均直講)·예조정랑·사간원좌헌납(司諫院左獻納)·집현전지제교(集賢殿知製敎)·예문응교(藝文應敎) 등을 거쳐 사헌부장령에 올랐고, 그 뒤 성균사예(成均司藝)·사헌부집의·사간원우사간 겸 춘추편수관(司諫院右司諫兼春秋編修官) 등을 거쳐 성균대사성에 올랐다. 1412년(태종 12년) 예조우참의와 세자우보덕(世子右輔德)이 됐다가 곧 예조좌참의와 세자좌보덕이 되고, 형조참의를 거쳐 집현전직제학이 됐다. 1415년 원주목사를 거쳐 예문관제학이 됐으며, 1418년 충녕대군(忠寧大君)이 세자로 책봉되자 세자빈객이 됐다. 관직에 재임하는 동안 두 번이나 시관(試官)이 되어 정인지(鄭麟趾) 등 명사 100여 인을 선발했다. 그는 글씨를 잘 썼으며 작품으로 그의 형 권근의 신도비가 남아 있다. 또한 시문에 능했으며 성리학과 『주역』에 밝았다. 당시 그의 학풍이 떨쳐져 정인지·안지(安止) 등 많은 학자를 배출했다.

10 '나아오면' 이하는 『효경(孝經)』「사군(事君)」편에 나오는 구절이다.

빛을 비추는 것[照臨] 같아 한 점(點)의 나쁜 기운의 가림막[氛翳]도 그 사이를 가리지 못하게 하는 것이 신 등의 직분입니다. 이에 삼가 좁은 소견[管見]을 진술해 목욕재계(沐浴齋戒)하고 베껴 써서 전하의 밝은 귀[聰聞]를 더럽히오니[庸瀆] 엎드려 바라건대 전하께서는 유념(留念)하시어[留神] 받아들여 주소서[採納].

신 등이 듣건대 하늘은 위에서 덮고[覆] 땅은 밑에서 신고[載] 사람은 가운데에 위치해[位] 삼재(三才)[11]가 하나로 관통돼 그 사이에 아무런 틈이 없다고 했습니다. 그래서 옛날의 빼어난 임금들은 천하를 다스리는 경륜[彌綸][12]을 갖고서 재상의 보필을 받아[輔相] 크게는[大而] 법전을 돈독하게 하고 예(禮)를 쓰며[惇典庸禮][13] 다움이 있는 이를 (자리에) 명하고 죄 있는 자를 토벌하며, 작게는[微而=小而] 하나의 호령(號令) 하나의 언동(言動)이 하늘과도 같은 이치[天理]에 조금의 어긋남이 없어서 혹시라도 사사로운 뜻[私意]을 용납하지 않기에 천경(天經) 지기(地紀) 인사(人事)가 남김 없이 잘 닦여져 하늘과 사람이 화합돼 하나가 됐으니 그 요체는 단지 마음을 보존해 일을 처리하는 것[存心處事]을 한결같이 삼감[敬]에 바탕을 두었기 때문일 뿐입니다. 비록 기수(氣數)[14]가 고르지 못하고 음양(陰陽)이 어긋남으로 인

---

11 삼재(三才) 삼극(三極)이라고도 하며, 천(天)·지(地)·인(人)을 가리킨다. 『역(易)』의 「계사전(繫辭傳)」에서 괘(卦)에 6개의 효(爻)가 있는 이유를 설명하여 "천도(天道)가 있고, 지도(地道)가 있고, 인도(人道)가 있으며, 삼재(三才)를 겸하여 이를 둘로 한다. 그래서 6이다"라고 했다.

12 『주역(周易)』 「계사전(繫辭傳)」에 나오는 용어다.

13 명나라 구준(丘濬)의 『대학연의보(大學衍義補)』에 나오는 말이다.

14 1년 24절기의 정상 차례를 말한다.

해 간혹 재이(災異)가 있기는 하나 사람의 힘으로 이겨내지 못한 것이 드뭅니다. 옛날에 홍수(洪水)가 심해 산을 둘러싸고 언덕을 뒤덮으니 요(堯)가 말하기를 "하민(下民)들이 탄식하니 유능한 이가 있거든 다스리게 하라"[15]고 했고 순(舜)은 말하기를 "홍수가 나를 경구(警懼)하게 한다"[16]라고 했으며 우(禹)는 말하기를 "내가 날마다 부지런히 힘쓰고자[孜孜] 한다"[17]라고 하여 마침내 지평(地平) 천성(天成)해지는 바람에 만세(萬世)에 길이 힘입게 했습니다. (은나라를 세운) 탕왕(湯王)은 7년의 가뭄이 있었는데 여섯 가지 일[六事]로써 스스로 책망하고[18] 비축을 많이 해 나라가 굶주리거나 쇠약해짐[捐瘠]이 없게 했고 은나라 고종(高宗)은 꿩이 우는[雉雊] 이변(異變)이 있었는데 "제사(祭祀)를 가까운 조상(祖上)에게만 풍성하게 하지 말라"는 조기(祖己)[19]의 훈계를 들어 향년(享年)의 영구함을 얻었으며 (주나라) 성왕(成王)은 풍뢰(風雷)의 변(變)을 만나 능히 감동해 깨닫고 주공(周公)을 맞이해 돌아오니 하늘이 비를 내리고 바람을 뒤집어서 큰 풍년이 들었고 (주나라) 선왕(宣王)은 가뭄의 재앙을 만나 몸을 경계하고 행실을 닦아

---

15 『서경(書經)』「요전(堯典)」에 나오는 말이다.

16 『맹자(孟子)』「등문공장구」에 나오는 말이다.

17 『서경(書經)』「우서(虞書)」 '익직'에 나오는 말이다.

18 탕왕이 즉위한 후에 7년 동안 가뭄이 계속됐으므로 스스로 재계(齋戒)하고 희생을 올려 상림(桑林)에서 자신을 꾸짖었던 여섯 가지 일을 말한다. 곧 "제가 정치에 절제(節制)가 없어 문란해졌기 때문입니까? 백성이 직업을 잃고 곤궁에 빠졌기 때문입니까? 제 궁전이 너무 화려하기 때문입니까? 여알(女謁)이 성행해 정치가 공정하지 못한 때문입니까? 뇌물이 성해 정도(正道)를 해치고 있기 때문입니까? 참소하는 말로 인해 뛰어난 사람이 배척당하기 때문입니까?"라고 하니 갑자기 구름이 모여들어 비가 내려 수천 리의 땅을 적셨다는 고사(故事)를 말한다.

19 은 고종(殷高宗)의 현신(賢臣)이다.

제거하려고 하자 천하에서 왕화(王化-왕의 교화)가 다시 행해지는 것을 기뻐했습니다. 이것들은 옛날의 임금다운 임금[王者]들이 재이(災異)를 만나면 거의 모두가 그 마음을 두려워하고 그 정사(政事)를 고쳐 닦아서 인사(人事)로서 마땅히 행해야만 될 것에 힘을 다할 뿐이었으니 어찌 사설(邪說)에 미혹돼 망령되게 요명(窈冥-그윽하고 오묘함)하고 혼묵(昏默)한 사이에서 구할 수 있겠습니까?

삼가 『춘추(春秋)』를 상고하건대 재이의 변고가 있으면 비록 지극히 미미한 일이라 하더라도 반드시 썼으니 이는 대개 인사(人事)가 아래에서 느껴지면 천변(天變)이 위에서 응하기 때문에, 후세(後世)로 하여금 천재(天災)를 두려워하고 백성의 고통[民隱]을 불쌍히 여기게 하기 위함이었습니다. 홍범 구주(洪範九疇)에 다섯 가지 일[五事][20]이 닦여져 황극(皇極)이 세워지면 아름다운 징조(徵兆)가 응하고, 다섯 가지 일이 잘못해 황극이 서지 못하면 나쁜 징조가 응하니, 하늘과 사람이 서로 참여하는 사이를 열어 보인 것이 매우 간절하고 밝다 하겠습니다. 『예기(禮記)』「월령(月令)」에 춘하추동(春夏秋冬)을 열기(列記)하고 각각 그달의 절후(節候)와 그 달의 영(令)을 말했는데 만일 혹시 봄에 하령(夏令)을 행하거나 여름에 추령(秋令)을 행해 그 영(令)이 그 절후(節候)에 어긋남이 있다면 아무 아무의 재앙을 가져오게 되니 이것은 대개 오행(五行)의 기운이 서로 응하지 않아서 상(傷)하게 된 결과입니다. 이것들은 모두 성경 대훈(聖經大訓)이 해와 별같이 밝아서 만세(萬世)에 보인 것입니다.

---

20 다섯 가지의 큰일, 곧 모(貌)·언(言)·시(視)·청(聽)·사(思)를 말한다.

전하께서 즉위하신 이래 밤낮으로[夙夜] 오직 삼가며[寅＝欽＝敬] 정신을 가다듬어 다스리기를 생각하고 혹 재이(災異)를 만나면 두려워하며 마음을 가다듬어 오직 전하 자신의 다움이 좋지 못해서 하늘의 꾸지람을 받은 것이 아닌가 두려워하시니, 마음 가지는 바가 진실로 예전의 임금다운 임금[王者]들에 부끄러움이 없습니다. 그러나 신이 엎드려 보건대 전하께서 마음속에 가지신 것은 아름다우나 일에 나타나 보이는 것은 간혹 마음속에 있는 것과 같지 못한 것이 있으니 이것을 말하지 않을 수 없습니다.

전하께서 근년 이래로 경연(經筵)을 정파(停罷)해 뛰어난 사대부들과 더불어 성현(聖賢)의 글을 강명(講明)하고 제왕(帝王)의 도리를 널리 구하지 않으시니 어찌 "나의 학문(學問)이 이미 지극한데 다시 무엇을 경연에서 일삼으랴?" 하는 (오만한 마음이 싹튼) 것이 아니겠습니까? 신 등은 전하를 위해 애석하게 여기는 바입니다. 일찍이 보건대 이윤(伊尹)[21]이 태갑(太甲)[22]에게 고하기를 "생각의 끝과 시작이 항

---

21 이름이 이(伊)고, 윤(尹)은 관직 이름이다. 일명 지(摯)라고도 한다. 노예였다가 유신씨(有莘氏)의 딸이 시집갈 때 잉신(媵臣)으로 따라갔다. 탕(湯)왕의 인정을 받아 등용됐다. 하(夏)나라를 멸하고 은나라를 건국하는 데 큰 공을 세웠다. 이로 인해 은나라의 재상이 됐다. 탕왕이 죽은 뒤에 외병(外丙)과 중임(仲壬) 두 임금을 보좌했다. 중임이 죽고 태갑(太甲)이 왕위에 올라 정사를 돌보지 않고 탕왕의 법을 따르지 않자 그를 동(桐)으로 축출하고 일시 섭정했다. 3년 뒤 태갑이 잘못을 뉘우치자 다시 왕위에 올렸다. 일설에는 태갑이 올라야 하는데 이윤이 찬탈하여 자립하면서 태갑을 쫓아냈는데, 7년 뒤 몰래 돌아와 그를 죽였다고 한다. 후세 고대의 명재상으로 전해진다.

22 성탕(成湯)의 손자고, 태정(太丁)의 아들이다. 중임(仲壬)을 이어 즉위했다. 즉위한 뒤 법을 어기고 방탕 포악하게 생활해 이윤(伊尹)에 의해 쫓겨났다. 3년 뒤 자신의 잘못을 반성하자 이윤이 맞아 복위시켰다. 복위한 뒤 정치에 힘써 제후들이 상나라로 귀의했고, 백성들도 안정을 되찾았다.

상 학문(學問)하는 데 있으면 그 다음이 닦아지는 것을 스스로도 깨닫지 못할 것입니다"라고 했으니 인군(人君)이 학문하는 것이 어찌 갑자기 스스로 만족하게 여겨 시작은 있고 끝이 없어 날로 새로워지는 공(功)을 폐기할 수 있겠습니까? 전하께서 봄·여름 사이에 정전(正殿)에 출어(出御)해 서정(庶政)을 보고 듣다가 며칠이 못돼 이내 또 정파(停罷)하고 지금까지 다시 거행하지 않으시니 전하께서 반드시 생각하시기를 "큰일은 승정원(承政院)이, 작은 일은 승전색(承傳色)이 이미 명령을 받아 출납(出納)하니 어찌 신체(身體)를 수고롭게 하여 빈번하게 응접(應接)할 필요가 있겠느냐?"라고 여기시는 것입니다. 신 등은 진실로 전하를 위해 애석하게 여기는 바입니다.

"새벽에 일어나 크게 덕(德)을 밝히며 앉아서 아침을 기다린 이"[23]는 성탕(成湯)이고 "아침부터 해가 한나절이 기울기에 이른 이"[24]는 문왕(文王)입니다. 주공(周公)이 성왕(成王)을 경계하기를 '무일(無逸-게으름이 없도록 함)을 처소로 삼으라'고 했으니 예로부터 인군(人君)이 부지런한 것으로 흥(興)하고 편안한 것으로 망치지 않은 이가 없었습니다. 위 무공(衛武公)이 나라에 잠계(箴戒)하기를 '내가 늙고 혼모(昏耄-늙어서 정신이 흐릿함)하다 하여 나를 버리지 말고, 반드시 서로 나를 경계하라'고 해 거침(居寢-침실)에는 설어(褻御)[25]의 잠(箴)이, 위저(位宁)에는 관사(官師)의 전(典)이 있었고, 이에 억계(抑戒)를 지어서

---

23 『서경(書經)』「상서(商書)」'태갑(太甲)'에 나오는 이윤의 말이다.
24 『서경(書經)』「주서(周書)」'무일(無逸)'에 나오는 주공의 말이다.
25 근신(近臣)을 가리킨다.

스스로 경계하기를 "너의 방에 있을 때를 보건대 거의 방구석에 부끄럽지 않게 해야 한다"라고 했습니다. 지금 전하께서 궁액(宮掖) 안에 조용히 홀로 계실 때 한 가지 생각의 발(發)함과 한 가지 기거(起居)의 움직임이 어찌 감히 "반드시 이치(理致)에 입각해 볼 때 참으로 사사로움이 없다"라고 말할 수 있겠습니까? 더불어 거처하는 것이 혹은 여러 소인(小人)을 가까이 하고, 종사(從事)하는 것이 혹은 옳지 못하고 사사로움에 편중된 일에 관계된다면 어찌 성심(聖心)을 함양(涵養)하고 성궁(聖躬)을 조호(調護)하는 도리이겠습니까?

전하께서 항상 작은 침실에 거처하시고 정전(正殿)에는 드물게 납시어 경연(經筵)을 폐지해 강론하지 않으시며, 정사(政事)를 게을리해 보지 않으시고, 이단(異端)의 글을 보아 그 그른 것을 깨닫지 못하고, 도리어 화복의 설(說)에 근거를 두고서 기양(祈禳-푸닥거리)하는 곳을 만들고자 해 곧 왕궁(王宮) 북쪽에 새로 별전(別殿)을 지어 불씨(佛氏)와 노씨(老氏)를 받드시니, 허무적멸(虛無寂滅)의 가르침과 우괴사망(迂怪邪妄)의 설(說)은 실로 사람의 마음에 해충(害蟲)이요, 성인(聖人)의 도리에 황무(荒蕪)한 풀입니다. 비록 한 개인의 선비라도 마땅히 음성(淫聲) 미색(美色)과 같은 것을 끊어버려야 하는데 하물며 인군(人君)이겠습니까? 진 시황(秦始皇)과 한 무제(漢武帝)가 방사(方士)의 설(說)에 혹(惑)해 신선(神仙)의 방술(方術)을 믿고 구하기를 심히 부지런히 하고, 섬기기를 심히 공경스럽게 했으나 마침내는 효험을 보지 못하고 천고(千古)에 기롱(譏弄-비판)을 받았습니다. 불법(佛法)이 처음 중국에 들어오자 초왕(楚王) 영(英)이 가장 먼저 좋아했는데, 얼마 아니되어 몸은 대륙(大戮)에 빠지고, 집안은 남은 무리[噍類]가 없었으며, 양 무제(梁武帝)는 부도(浮屠)를 숭신(崇信)해 탑(塔)과 사당을 세웠으나 대성(臺城)의 욕(辱)을 면치 못하여, 나라가 패(敗)하고 몸이 망(亡)했으니, 이것이 바로 그러한 명험(明驗)입니다. 그렇다면 불로(佛老-불교와 도교)를 의지하고 믿어서 재앙(災殃)을 제거하고 복(福)을 구하고자 하나 만만번 이런 이치가 없는 것이 아니겠습니까? 비록 황고(皇考) 황비(皇妣)를 위해 명복(冥福)을 빌고자 한다 하더라도 이미 건원릉(健元陵)에 개경사(開慶寺)를 창건하고 제릉(齊陵)에 연경사(衍慶寺)를 창건했으니 어찌 또 반드시 왕궁(王宮) 안에 별전(別殿)을 지어서 받들 필요가 있습니까? 공자(孔子)가 제후(諸侯)의 효(孝)를 논(論)하기를 "위에 있어 교만하지 않으면 높아도 위태롭지 않고, 절(節)을 제재(制裁)하고 도(度)를 삼가면 가득차도 넘치지 않는다"[26]라고 했습니다. 높아도 위태롭지 않은 것은 길이 귀(貴)를 지키는 것이요, 차도 넘치지 않는 것은 길이 부(富)를 지키는 것이니 이런 뒤에야 그 사직(社稷)을 보존하고 인민(人民)을 조화롭게 할 수 있는 것입니다. 전하께서 마땅히 길이 부귀(富貴)를 지키고 사직(社稷)을 보존하며, 인민을 조화롭게 하기를 가슴속에 간직하고 잃지 말아서 힘써 행하되 게으르지 아니하면, 전하의 큰 행실이 오늘에 이뤄지고 태조(太祖)의 아름다운 통서(統緖)가 무궁하게 전할 것입니다. 어찌 불로(佛老)의 믿지 못할 가르침에 귀의해 명명(冥冥)해서 볼 수 없는 가운데서 복(福)을 추구하려 하십니까? 불로(佛老)의 가르침은 현세에서는[明] 재앙(災殃)을 제거하지 못하

---

26 『효경(孝經)』에 있는 말이다.

고 저승에서도[幽] 복(福)을 구하지 못하는데, 전하께서 그 글을 보고 그 신(神)을 받드는 것이 무엇 때문인지 알지 못하겠습니다.

엎드려 바라건대 전하께서는 별전(別殿)에 받든 불로(佛老)의 신(神)을 철거하고, 연침(燕寢)에서 보시는 이단(異端)의 글을 버려 끊으시고 다시 경연(經筵)을 세워 한결같이 예전 제도와 같이 행해야 할 것입니다. 그러나 어찌 경서(經書)를 연구하는 선비[儒士]가 신근 숙독(辛勤熟讀)해 장(章)마다 풀고 장구마다 해석하는 것처럼 하겠습니까? 성경(聖經) 현전(賢傳) 가운데서 의리(義理)의 주장이 되는 것과 치도(治道)의 요법(要法), 그리고 고금(古今) 치란(治亂)의 자취와 운조(運祚) 장단(長短)의 까닭을 취해 시간(時間)의 여유를 가지고 조용히 반복해 강마절차(講磨切磋)하시되, 열심히 힘써[亹亹=孜孜] 게으름을 잊어 그 의리(義理)로 하여금 몸과 마음에 융합하게 하시어 본받을 만한 것이 있으면 따라 미치려[及] 하시고 경계할 것이 있으면 마땅히 끊어버리셔야 할 것입니다. 이와 같이 해 오래 쌓으시면 궁리 정심(窮理正心) 수기 치인(修己治人)의 도리에 크게 도움이 있을 것입니다.

또 전하께서 정전(正殿)에 나오시면 정부(政府), 대신(大臣)과 대간(臺諫), 육조(六曹)의 장(長)이 각기 그 직책을 총괄(總括)해 계본(啓本)을 써서 아뢰거나, 입으로 부주(敷奏)하거든 전하께서 마음을 맑게 가지시고 생각을 깨끗이 가지시어 여러 신하와 더불어 다시 서로 상량(商量)하고 의논해 그 일이 반드시 이치에 합당하게 한 연후에 처결하셔야 할 것입니다. 그러면 위아래가 사귀어져서 막고 가리는[壅蔽] 폐단이 없을 것이며 서적(庶績)이 넓어져서 폐지되고 잘못되는 근심이 없어져 완연히 당(唐-요임금) 우(虞-순임금)의 군신(君臣)

이 도유(都兪)²⁷ 읍양(揖讓)²⁸하는 기상(氣像)이 있을 것입니다. 엎드려 바라건대 전하께서는 삼대(三代) 성왕(聖王)의 선정(善政)을 반드시 행해야 될 일로 삼으시고 오경(五經)의 성인(聖人)의 격언(格言)을 반드시 스승으로 삼아 오늘날에 행하는 일을 모두 이와 같이 한다면 하늘이 거듭 명(命)하고 아름답게 여기어 복(福)과 녹(祿)이 아울러 이르게 될 것입니다. 이리하면 종묘(宗廟)가 증상(烝嘗)²⁹을 백세(百世)까지 흠향(歆饗)하고 자손(子孫)이 복록(福祿)을 만대(萬代)까지 편히 할 것입니다.'

헌납(獻納) 정효복(鄭孝復)을 시켜 대궐에 나아가 장(章)을 올리니 상이 소(疏)를 보고 효복(孝復)에게 물었다.

"내가 최질(衰経-상복) 중에 있어 일찍이 하는 일이 없는데 음성(淫聲) 미색(美色)이 어디서 이르겠느냐? 그리고 불로(佛老)를 숭신(崇信)한다는 것은 무슨 일로 증험(證驗)할 수 있느냐?"

효복이 제대로 대답하지 못하고 다만 능(陵)에 절을 짓고 궁중에 별전(別殿)을 지은 잘못을 말했다. 상이 말했다.

"불로(佛老)가 비록 이단(異端)이기는 하나 내가 일찍이 한 몸의 사사로움으로 인해 베푼 것이 아니고 또 혹(惑)하여 믿는 것도 아니다. 간관(諫官)이 말할 만한 일이 없으면 마땅히 사기(事機)를 기다릴 것이지 이 따위의 말을 진달해서는 안 된다. 그리고, 경연(經筵) 같은

---

27 찬성(贊成)을 나타내는 감탄사(感歎詞)다. 요제(堯帝)가 군신(群臣)과 더불어 정사(政事)를 의논할 때 사용한 말이라고 한다.

28 공수(拱手)의 예를 행하고 겸양(謙讓)하는 것을 말한다.

29 각각 겨울 제사와 가을 제사를 가리킨다.

것은 내가 늙어서 할 수 없으니 세자의 학문을 권하는 것이 좋겠다."

○ 의정부에서 술을 올리니 상이 말했다.

"내가 천재(天災)로 인해 맛있는 것을 먹어도 달지 않은데 지금 들으니 백료(百僚)들 또한 모두 마시지 않는다 하니 이 때문에[爲是=위시 以是] 허락한다."
이시

기유일(己酉日-10일)에 하륜(河崙)을 진산부원군(晉山府院君), 이서(李舒)를 영의정부사(領議政府事), 조영무(趙英茂)를 우정승(右政丞) 및 영삼군사(領三軍事), 유량(柳亮)을 의정부참찬사(議政府參贊事) 겸 사헌부대사헌, 윤저(尹柢)를 이조판서, 이귀령(李貴齡)을 병조판서, 이간(李衎)을 좌군도총제, 황희(黃喜)를 의정부참지사(議政府參知事), 김한로(金漢老)를 광산군(光山君), 안등(安騰)을 지신사(知申事)로 삼고, 세자 빈객(世子賓客) 청성군(淸城君) 정탁(鄭擢), 서천군(西川君) 한상경(韓尙敬), 계성군(雞城君) 이래(李來), 검교판한성부사(檢校判漢城府事) 조용(趙庸)을 고쳐 경연관(經筵官)으로 삼고, 또 예문관 제학 변계량(卞季良)을 경연동지사(經筵同知事)로 삼았다. 이는 대개 세자에게 선위(禪位)하려는 때문이었다. 저녁때에 하륜과 이무가 대궐에 나오니 황희가 이들을 맞아 말했다.

"오늘의 하비(下批)는 바로[正] 내선(內禪)을 위한 것입니다."
정

이어 상의 뜻을 (대신) 말했다.

"병술년(丙戌年-1406년)부터 비로소 세자에게 전위(傳位)하려 했는데 대신(大臣)들이 중지할 것을 굳게 청하고, 또 불초(不肖)한 무리가 있어 어린 아이를 세우는 것을 좋아했기 때문에 내가 일단은 그것

을 그치고서[寢=止] 그 뜻을 살펴보았다. 근일(近日)에 이르러 또 재
괴(災怪)로 인해 내가 정사(政事)를 듣지 않고 세자로 하여금 큰 일
을 청단(聽斷)하게 하고자 했더니 기로(耆老), 신료(臣僚)들이 날마다
나아와 굳게 청하므로 내가 문을 닫아걸고 명(命)을 전(傳)하는 자까
지 끊어버렸다. 그러나 어찌 대신(大臣)들의 말을 듣지 않겠느냐? 지
금 대신들과 선위(禪位)에 대한 일을 깊이 토의하고자 하나, (대신을)
만나지 않는 것은 대신들의 의견이 반드시 저지하려는 바가 있으리
라 생각하기 때문이다. 대신의 의견이 비록 사직(社稷)을 무겁게 여
기나, 과인(寡人) 또한 어찌 종사(宗社)를 가볍게 여기겠느냐? 옛날에
한 대신(大臣)이 능히 어린 임금을 보호해 사직(社稷)을 편안케 했으
니,[30] 내가 비록 물러가 후궁(後宮)에 있다 하더라도 어찌 종사(宗社)
를 돌보지 않겠느냐?

군려(軍旅-군사)의 중대한 일은 내가 전부 맡겠고, 사람을 쓰는 일
에 이르러서도 마땅히 친히 하겠다. 내가 보기에 홍무황제(洪武皇帝-
주원장)가 천하(天下)에 임어(臨御)하기를 30여 년이나 했으니 오래
지 않은 것이 아니며, 향년(享年)이 70이었으니 장수하지 않은 것이
아니다. 그때 건문(建文)의 나이 장성(壯盛)했으니 만일 일찍이 그
위(位)를 바르게 해 세력을 굳히고 번왕(藩王)의 병권(兵權)을 회수
해 경사(京師)에 두어 편안히 부귀(富貴)를 누리게 했다면 (정난과 같
은) 다른 일은 없었을 것이다. 또 우리 태조(太祖)께서도 을해(乙亥-

---

30 아마도 주나라 때 주공(周公)이 성왕(成王)을 보호하여 나라를 안정시킨 일을 염두에 둔
듯하다.

1395년) 연간에 방석(芳碩)에게 전위(傳位)하고 물러나서 후궁에 계셨다면 우리가 마침내 움직이지 못했을 것이다. 어찌 무인(戊寅-1398년)의 변(變)이 있었겠는가? 내가 내선(內禪)하고자 한 것이 병술년부터 지금까지 이미 두세 번이다. 지금은 내 계책이 이미 결정됐으니 비록 재상(宰相)이 여러 번 청한다 해도 단연코 청종(聽從)하지 않을 것이다."

륜(崙)과 무(茂)가 (환관) 노희봉(盧希鳳)을 시켜 들어가 아뢰게 했다[入啓].
임계

"전하께서 또 선위(禪位)하고자 하시나 세자가 어리고 주상께서 또한 성년(盛年-한창 때)이시니 만일 이 거조(擧措-조치)가 계시면 어찌 중국(中國)의 시청(視聽)을 놀라게 하지 않겠습니까? 중국뿐 아니라 사경(四境-나라) 안이 또한 놀랄 것입니다."

상이 말했다.

"내 계책은 이미 정해졌으니 어찌 중지하겠는가?"

륜 등이 대답했다.

"옛날부터 지금에 이르기까지 까닭 없이 내선(內禪)한 이는 없었습니다. 전조(前朝-고려) 때에 오직 충선왕(忠宣王)[31]과 충숙왕(忠肅

---

31 고려 제 26대 왕으로 1298년 왕위에 오르자 정방을 폐지하는 등 관제를 혁신하고 권신들의 토지를 몰수했으며 원나라에 대해서도 자주적인 태도를 취했다. 그러나 7개월 만에 폐위됐다가 1308년 충렬왕이 죽자 다시 왕위에 올랐다. 정치에 싫증을 느껴 원나라로 가 전지(傳旨)로써 국정을 처리했으나 그 와중에도 각염법을 제정하여 사원과 권문세가의 소금 독점에 의한 폭리를 막았다. 1313년(충선왕 5년) 아들 강릉대군(江陵大君-충숙왕)에게 전위하고 계속해서 연경(燕京)에 머물러 만권당(萬卷堂)을 지은 뒤에 내외의 고금 서적을 수집했으며, 1320년(충숙왕 7년) 원나라의 환관 임파이엔토그스[任伯顏禿古思]와 틈이 생겨 그의 참소로 토번(吐蕃)에 유배갔다가 이제현 등의 간절한 소청으로 3년 만에

王)³²이 이를 행했으나, 부자 사이에 혐의(嫌疑)와 틈이 도리어 생겼습니다. 전하께서는 천성(天性)이 순수하고 지극하시며[純至] 세자께서는 어질고 효도하며 간곡주밀(懇曲周密)하시니 비록 전조에 비할 바는 아니나 조정에 가득한 여러 신하 중에 어찌 불초(不肖)한 무리가 그 사이에 섞여 있지 않겠습니까? 그렇다면 (이들이) 교묘하게 틈을 만들어 내어 마침내는 뒤에 곤란한 일을 밟게 될 것입니다. 바라건대 전하께서는 깊이 생각하셔야 할 것입니다."

상이 말했다.

"충선과 충숙의 일은 내가 전사(前史-고려사)에서 이미 익히 보았다. 밤이 깊었으니 물러가라."

경술일(庚戌日-11일)에 영의정부사(領議政府事-영의정) 이서(李舒), 좌정승 성석린(成石璘) 등이 백관(百官)을 거느리고 소(疏)를 올렸다. 좌정승 성석린이 대궐에 나아오니 상이 안등(安騰, ?~1417년)³³을 시

풀려나 돌아왔다.

32 선왕을 따라 원나라에 갔다가 1313년 왕위를 물려받고 돌아와서 즉위했다. 즉위 후 정치를 소홀히 해 혼란이 오자 이 기회를 틈타 심양왕(瀋陽王) 고(暠)가 왕위 찬탈을 꾀하여 원나라에 무고, 1321년 연경(燕京)에 들어가 돌아오지 못하고 5년간 체류했다. 1325년에 귀국, 이듬해 심양왕에게 선위할 계획을 세웠으나 한종유(韓宗愈) 등 충신들의 반대로 취소했다. 그 후 눈·귀가 멀어 정사를 못 돌본다는 조적(曹頔) 일당의 무고를 받고 정사에 더욱 염증을 느껴 1330년 태자 정(禎-충혜왕)에게 선위하고 원나라에 갔다. 그러나 아들 충혜왕을 황음무도(荒淫無道)하다는 이유로 원나라가 폐위하자 1332년에 자신이 복위, 그 뒤 원나라의 무리한 세공(歲貢)을 삭감하고, 공녀(貢女) 환자(宦者)의 선발 등을 중지하도록 청원한 사실 등 업적을 세웠으나 여전히 연락(宴樂)과 사냥에 몰두하여 정사를 돌보지 않았다.

33 1400년(정종 2년)에 사헌부시사(司憲府侍史-정4품직, 뒤의 장령(掌令))를 거쳐 1404년(태종 4년)에 지사간원사(知司諫院事)가 됐다. 1407년에는 판예빈시사(判禮賓寺事)로서 해안방

켜 뜻을 전해 말했다.

"내가 세자에게 선위(禪位)하고자 해 길일(吉日)이 가까워졌으니 늦출 수 없다. 예전에 어찌 내선을 받아 즉위하고 안팎에 포고한 예(禮)가 없겠는가? 내가 『문헌통고(文獻通考)』에서 대강 선위하는 예(禮)를 살펴보았으니 경들도 또한 옛 법을 참고하여 빨리 거행하라."

석린(石璘)이 대답했다.

"이 거조(擧措)가 이미 신 등의 마음에 어긋났으니 청컨대 물러가 의정부와 함께 토의해 아뢰겠습니다."

마침내 백관을 모아 소를 올려 말했다.

'신 등이 가만히 생각건대 태조강헌대왕(太祖康獻大王)께서 천명(天命)에 응하고 인심(人心)을 고분고분 따라서 창업 수통(創業垂統)하셨는데, 비록 규모(規模)는 넓고 크나 전장(典章) 법도(法度)는 날이 가도 제대로 갖춰지지 못한 것이 많았습니다. 우리 전하께서 보위(寶位)를 계승해 등극하시어 정신을 가다듬고 다스리기를 도모해 치구(治具)가 바야흐로 베풀어졌으니 안팎 사람들이 모두 지극한 다스림[至治]을 크게 바라고 있었습니다. (그런데) 지금 내선(內禪)을 행하고자 하시니 신 등이 생각건대 내선의 일이란 쇠망해 가던 세상에서 일어난 것입니다. 중국(中國)의 일을 반드시 들 필요가 없이 우선 전조(前朝)를 가지고 말한다면, 충렬(忠烈)·충선(忠宣)·충숙왕(忠肅王)

어의 성실유무를 감찰하기 위해 전라도에 파견됐고, 1410년 참지의정부사(參知議政府事)를 거쳐 이듬해 경상도 관찰사가 됐다. 이어서 대사헌을 거쳐 1415년에 충청도 관찰사가 됐으나, 노모가 상주에 있고 또한 경상도 관찰사 이지강(李之剛)의 처부모가 평택에 있었으므로 양자의 관직을 맞바꿔 다시 경상도 관찰사가 됐다. 1416년 형조판서가 됐다.

이 모두 선례(禪禮)를 행했으나 그 폐단이 이루 말할 수 없는 것이 있었습니다.

들건대 주(周)나라 문왕(文王)이 향년(享年)이 97세였고 무왕(武王)이 80이 가까운 나이로 세자(世子)로 있었으나 뒤에 빼어난 이[聖人]^{성인}를 일컫는 자들은 반드시 문왕과 무왕을 말하니, 이것이 어찌 만세(萬世)에 본받을 것이 아니겠습니까? 이것을 버리고 모범으로 삼지 않고 쇠퇴한 세상의 일을 행하고자 하시니 신 등은 그 옳은 것을 알지 못하겠습니다. 생각건대 전하의 춘추(春秋)가 아직 왕성하시고 세자의 나이 20이 못됐는데, 전하께서 선례(禪禮)를 행하고자 하시니 어떻게 중국(中國)에 알릴 것이며 우리 중외(中外)의 인심이 어찌 놀라는 자가 없겠습니까? 엎드려 바라건대 전하께서는 문왕(文王)·무왕(武王)을 모범으로 삼으시고 종사(宗社)와 생령(生靈)을 계책으로 삼으시어 천의(天意)를 돌이켜서 신민의 바람에 부응하신다면 심히 다행이겠습니다.'

대간(臺諫) 또한 소를 올려 그 불가(不可)함을 다퉈 말했으나 상은 모두 듣지 않았다.

○삼군 진무소(三軍鎭撫所)³⁴를 두었다. 이때 병조(兵曹)에서 군정

---

34 본래 군사를 통할하던 삼군도총제부(三軍都摠制府)는 병조의 지휘 하에 있었는데, 병조를 맡은 유신(儒臣)들이 군사의 실무를 알지 못한다는 것과 병조에 군령(軍令)과 군정(軍政)이 집중돼 있는 것이 부당하다 하여 1409년(태종 9년) 삼군진무소를 설치했다. 관원으로는 초기에 도진무(都鎭撫), 상진무(上鎭撫), 부진무(副鎭撫), 진무 27인을 두었으나 때에 따라 증감하기도 했다. 장관인 도진무는 가끔 문신으로 임명되는 경우가 있었지만, 대개는 무신직을 역임한 자가 임명됐으며, 전임관(專任官)이 아니라 겸임관(兼任官)으로 충당했다. 삼군진무소는 곧 의흥부(義興府)로 개칭되어 군령에 관한 사항을 장악했는데, 태종이 전위(傳位)함에 이르러서는 의흥부를 의건부(義建府)로 고쳤다가, 1419년(세종 1년)의

(軍政)을 총괄했는데 상이 전위(傳位)한 뒤에 친히 군정(軍政)을 맡고자 해 이에 말했다.

"병조(兵曹)를 모두 유신(儒臣)으로 뽑아 채우니 군사(軍事)를 지휘하기에 마땅치 않다."

(의정부) 찬성사(贊成事) 이천우(李天祐)를 도진무(都鎭撫)로 삼고 도총제(都摠制) 박자청(朴子靑)을 상진무(上鎭撫), 풍산군(豐山君) 심구령(沈龜齡)을 부진무(副鎭撫), 상호군(上護軍) 차지남(車指南) 등 27인을 진무(鎭撫)로 삼았다.

신해일(辛亥日-12일)에 이서(李舒), 하륜(河崙), 성석린(成石璘) 등이 백관을 거느리고[率=領] 궐정(闕庭)에 들어와 면대(面對)해 큰 계책 [大計]을 진술할 것을 청하니 상이 허락하지 않고 말했다.

"당장[其=當] 물러가 선위(禪位)할 일이나 준비하라."

서(舒) 등이 아뢰어 말했다.

"이번 거조(擧措)는 상국(上國)에 보고함[聞見]에 있어서나 종사(宗社) 신민(臣民) 생령(生靈)의 큰 계책에 있어서나, 전하(殿下) 세자(世子)에 있어서나 모두 불가함이 있습니다. 만일 하문(下問)을 주신다면 하나하나 진달하겠습니다."

상이 허락하지 않고 말했다.

건부를 삼군도총제부에 합속시키고 따로 삼군진무소를 두었는데 여기에 점차 문신들이 들어가게 되고 또 군령상으로도 병조의 지휘를 받게 됐다. 1457년(세조 3년) 군사조직이 오위로 고정됨에 따라 오위진무소(五衛鎭撫所)로 개편됐다가 1466년 오위도총부가 편성되면서 없어졌다.

"예전에 제요(帝堯-요임금)가 순(舜)으로 하여금 섭정(攝政)케 했으니 과인(寡人)같은 사람이 어찌 감히 요(堯)·순(舜)에게 비할 수 있겠는가마는 일은 같은 것이다."

서 등이 아뢰어 말했다.

"요(堯)가 순(舜)에게 줄 때는 요의 나이가 90이고, 순의 나이 또한 60이었습니다. 전하께서는 춘추가 아직 왕성하시고 세자가 어리니 어떻게 마땅히 비교할 수 있겠습니까?"

상이 말했다.

"요(堯)는 늙었기 때문이라면 과인은 병(病)이 있기 때문이요, 순(舜)은 뛰어난[賢] 때문이나 세자(世子)는 대를 잇기 위한[世] 때문이니 때와 세상은 비록 다르나 그 도리는 한 가지다."

서 등이 아뢰어 말했다.

"임금이 국가를 통치하는 것[御=治]은 한 사람이 사사로이 하는 것이 아니고 천명(天命)과 인심(人心)의 향배(向背)에 있을 뿐입니다. 지금 대소 신료(大小臣僚)로부터 우부(愚夫)·우부(愚婦)에 이르기까지 이 거조를 들은 자는 놀라지 않는 자가 없으니 민심(民心)이 이와 같다면 하늘의 뜻[天意]을 알 수 있는 것입니다. 임금이 국가에 대해 한 가지 작은 일이라 하더라도 어찌 스스로 취하고 버릴 수 있겠습니까? 오늘의 일은 전하(殿下)와 신 등의 구설(口舌) 언어(言語) 사이에 있는 것이 아니오니 바라건대 상께서는 다시 생각해주소서."

또 말했다.

"중국에서 우리나라를 예(禮)를 아는 나라[知禮之國]라 하고, 우리

392

임금을 예를 아는 임금이라 합니다. (그런데) 만일 까닭 없이 선위한 사실을 듣게 되면 반드시 의심할 것입니다. 또 전하께서 병이 없다는 사실을 중국에서 알고 있고 세자가 나이 어려서 지위에 임(臨)할 수 없으니 바라건대 전하께서 매번 정사(政事)를 들으실 때에 세자로 하여금 항상 좌우(左右)에서 모시게 해 다스리는 체통(體統)을 알게 한 연후에 지위를 전해주셔야 할 것입니다."

상이 말했다.

"경들의 뜻은 이미 알고 있다."

대답하여 아뢰었다.

"전하께서 이미 아셨다고 하셨으니 천의(天意)를 돌리신 것을 알수 있습니다. 신 등이 사례(謝禮)하고자 합니다."

상이 (중간에서 말을 전하던 환관) 노희봉(盧希鳳)을 꾸짖어 말했다.

"내가 무슨 말을 했다고 사례를 행하고자 한단 말이냐?"

서 등이 모두 물러갔다.

○사간원 우사간 대부(右司諫大夫) 권우(權遇), 사헌 집의 최견(崔 蠲) 등이 대궐에 나아와 소를 올렸다. 소는 이러했다.

'전하의 유지(有旨)를 엎드려 보건대 대위(大位)를 세자에게 전하려 하시니 듣는 자가 서로 돌아보며 놀라지 않는 이가 없었습니다. 신 등이 전날에 함께 글을 올려[交章] 거듭 청했으나 유윤(兪允)을 입지 못했으니 마음 아픈 바를 이길 수가 없습니다. 생각건대 옛날의 빼어난 임금은 무릇 어떤 일을 하려 할 때면 반드시 경사(卿士) 서인(庶人)에게 모의(謀議)하고 귀서(龜筮-점서)에 의해 점검을 해서 신명(神明)과 사람이 화합해 따른 연후에야 시행했습니다. 하물며 선위(禪位)라는 큰 일을 어찌 많은 이들[衆庶]과 모의하지 않고 신충(宸衷)[35]으로 독단(獨斷)하실 수 있습니까? 더구나 우리 태조 강헌 대왕(太祖康獻大王)께서 조선(朝鮮) 만세(萬世)의 왕업(王業)을 창시(創始)하여 전하에게 전하셨으니 전하의 일신(一身)은 종사(宗社)와 생령(生靈)이 의탁한 바인데 말해 무엇하겠습니까? 하물며 전하의 작록(爵祿)은 천자(天子)가 명하신 것이니 어찌 사사로이 주고 받을 수 있습니까? 또 옛날부터 제왕(帝王)이 선수(禪授)를 행한 이가, 제요(帝堯)는 나이 90이 돼서 부지런할 데에 게을렀기 때문에 순(舜)에게 선위했고, 순(舜)은 위(位)에 있은 지 50년이 된 연후에 우(禹)가 선위를 받았습니다. 그 뒤의 쇠퇴한 세상의 일은 부득이한 데서 나온 것이니 본받을 것이 못 됩니다. 지금 전하께서는 총명 예지(聰明睿知)한 성품과 문무 관인(文武寬仁)한 다움으로 춘추(春秋)가 아직 왕성(旺盛)해 크게 유위(有爲-업적)하셔야 할 때를 맞이했고, 세자(世子)는 연기(年紀-나이)가 장성하지 못하고 학문이 성취되지 못한 때이겠습니까? 엎드려 바라건대 전하께서는 위로 천자(天子)의 작명(爵命)의 무거움과 태조(太祖)의 간대(艱大)한 업(業)을 생각하시고 아래로 중외(中外) 신민(臣民)의 소망을 물어서 천의(天意)를 돌이켜 다시 이런 말을 드러내지 않으신다면 실로 종사(宗社) 생령(生靈)의 만세 무궁(萬世無窮)한 복(福)이 될 것입니다.'

상이 말했다.

"내가 전의 상소에서 이미 그 뜻을 알았다. 오늘의 상소는 내가 비

---

35 임금의 뜻을 가리키는 말로 신념(宸念)이라고도 한다.

록 보지 않더라도 그 뜻을 헤아려 알 수 있겠다[意會].”
의회

○ 제릉(齊陵)의 연경사(衍慶寺)를 고쳐 짓게 했다. 우희열(禹希烈)
에게 명해 그 역사를 감독하게 했다[監董=監督].
감동　감독

임자일(壬子日-13일)에 이서(李舒), 성석린(成石璘), 하륜(河崙), 이무
(李茂), 조영무(趙英茂), 이숙번(李叔蕃), 유량(柳亮) 등이 대궐에 나아
와서 량(亮)과 숙번(叔蕃)이 문(門)을 밀치고 바로 들어가려고 하다
가 되지 않자 량이 내정(內庭)에서 통곡하니 그 소리가 상에게까지
들렸다. 서(舒) 등이 아뢰어 말했다.

“전일에 전하께서 신 등에게 이르기를 ‘이미 알고 있다’라고 하셨는
데 지금까지도 유윤(兪允-윤허)을 얻지 못했습니다.”

영무(英茂)가 아뢰어 말했다.

“대체로 인정(人情)이란 속이지 않는 것을 마땅함[義]으로 여깁
의
니다. 지금 상께서 병(病)을 칭탁해 선위(禪位)하시고 (명나라) 조정
(朝廷)에 아뢴다면 이것은 하늘을 속이고 제(帝)를 속이는 것입니다.”

대간(臺諫)이 또 이르러 전날의 소를 볼 것을 청하니 상이 이에 그
것을 가져다 열람하고서 말했다.

‘봉장(封章)의 뜻은 다 잘 알았다. 그러나 경사(卿士)와 서인(庶人)
에게 모의(謀議)했다는 말은 일찍이 들어보지 못했다.“

상이 중환(中宦-환관)을 시켜 서 등을 인도해 안으로 들어오게 하
고서 뜻을 전해 말했다.

“과인(寡人)이 병이 있어 선위하려고 하는데, 경들은 나더러 병이
없다고 하는가? 그러면 반드시 베개에 엎드려 약을 먹어야만 병이라

말할 수 있는가?"

영무가 말했다.

"신은 생각하기를 이와 같아야만 곧 병이라 말할 수 있습니다."

상이 듣고서 웃었다. 석린(石璘)이 말했다.

"입이 마르고 마음이 답답해 감히 말을 못하겠습니다."

륜(崙) 등이 말했다.

"반드시 선위(禪位)코자 하신다면 미세(微細)한 일들만 세자에게 명해 처결하시고 큰일은 마땅히 전하께서 스스로 청단(聽斷)하셔야 할 것입니다. 그러나 먼저 (명나라) 조정에 알리지 않을 수 없습니다."

상이 말했다.

"오진(吳眞)이 갈 때 만일 나의 병을 일컫고 약재(藥材)를 구한다고 하면 좋을 것이다. 그러나 경들의 뜻은 반드시 모순(矛盾)이다[36]!"

○ 이숙번(李叔蕃)이 면대(面對)해 선위(禪位)의 잘못을 진달하고 또 날마다 조회(朝會)와 정사(政事) 보기를 청하니 상이 말했다.

"내가 어찌 만기(萬機)를 싫어하는 것인가? 천재(天災)가 바야흐로 심하니 내가 하는 일이 하늘의 뜻에 부합하지 않을까 두렵다."

숙번(叔蕃)이 말했다.

"마땅히 정사 듣기를 부지런히 하셔야 합니다. 선위하여 재앙을 제거했다는 말은 듣지 못했습니다."

상이 말했다.

---

36 누구는 물러나서는 안 된다고 하고 누구는 물러나는 것을 염두에 둔 발언을 한 때문에 이런 말을 한 것으로 보인다.

"그렇다면 어느 때나 이 무거운 짐을 벗을 수 있겠는가?"

숙번이 말했다.

"사람의 나이 50이 돼야 혈기(血氣)가 비로소 쇠(衰)하니, 나이 50이 되기를 기다려도 늦지 않습니다."[37]

갑인일(甲寅日-15일)에 상이 문소전(文昭殿)에 나아가 추석 제사(秋夕祭祀)를 거행했다.

○ 호조 참의(戶曹參議) 오진(吳眞)을 보내 경사(京師)에 가게 했다. 주문(奏文)은 이러했다.

'영락(永樂) 7년(1409년) 5월 초3일 흠차 태감(欽差太監) 황엄(黃儼)이 본국(本國-조선)에 이르러 흠전(欽傳)한 선유(宣諭) 가운데 "지난해에 너희 나라에서 보낸 여자가 모두 그다지 아름답지 못하다. 다만 너희 국왕의 공경하는 마음이 중한 것을 보아서 상등(上等)인 사람으로 비(妃)에 봉(封)할 것은 비를 봉하고 미인(美人)에 봉할 것은 미인을 봉하고 소용(昭容)에 봉할 것은 소용을 봉해 모두 다 봉해 주었다. 왕이 지금 찾아낸 좋은 여자가 있거든 많으면 두 사람, 적으면 한 사람만이라도 다시 보내 오라'고 하셨습니다. 이에 신(臣) 아무[某]가 흠의(欽依)해 본국(本國)에서 도성(都城)과 각도(各道) 주·부·군·현에 있는 종척(宗戚)·문무 양반(文武兩班), 그리고, 군민(軍民)의 집을 정성껏 찾아서 여자 2명을 뽑아 진헌(進獻)에 대비했습니다. 그

___

37 이때 태종의 나이 43세쯤 됐다. 결국 8년 후인 태종 17년초 이숙번은 세자에게 아부하려 했다는 모호한 죄로 의금부에 갇혔다가 유배를 떠나게 된다.

러므로 지금 먼저 여자의 생년 월일(生年月日)과 아비의 직사(職事) 성명(姓名) 적관(籍貫)을 하나하나 개사(開寫)해 삼가 주문(奏聞)하는 바입니다. 한 명은 전 조봉대부(朝奉大夫-종4품) 지선주사(知宣州事) 정윤후(鄭允厚)의 딸인데 나이는 18세로 임신(壬申) 10월 17일 해시(亥時)에 출생했고 본관(本貫)은 동래현(東萊縣)입니다. 한 명은 수의교위(修義校尉) 충좌시위사후령(忠佐侍衛司後領) 부사직(副司直) 송경(宋瓊)의 딸인데 나이는 13세로 정축(丁丑) 5월 14일 묘시(卯時)에 출생했고 본관(本貫)은 여산현(礪山縣)입니다.'

(별도로) 예부(禮部)에 이자(移咨)했다.

'그윽이 살피건대 친형(親兄-상왕) 아무개[某]가 본래 풍병(風病)을 앓고 있었는데 요사이 더욱 심중(深重)해졌습니다. 그리하여 약을 쓰다가 약재가 떨어졌기 때문에 지금 오진(吳眞)을 보내 흑세마포(黑細麻布) 30필과 백세저포(白細苧布) 20필, 그리고, 약단(藥單) 한 장(張)을 싸 가지고 경사(京師)에 가게 했으니 청컨대 주문(奏聞)하여 수매(收買)할 수 있도록 시행(施行)해주시오.'

엄(儼)이 왔을 때 제(帝)가 다시 처녀를 구했기 때문에 상왕(上王)의 병을 칭탁해 약물(藥物)을 구매하고 더불어 정윤후의 딸 등의 일을 아뢴 것이다. 엄이 일찍이 말하기를 만약 절색(絶色)을 얻거든 곧 반드시 다른 일을 칭탁(稱托)해 아뢰라고 했기 때문이다.

을묘일(乙卯日-16일)에 서리가 내렸다.

병진일(丙辰日-17일)에 제주(濟州)에서 바친 말 20필을 대신(大臣)

과 근신(近臣)들에게 나눠 주었다.

정사일(丁巳日-18일)에 태백성(太白星)이 낮에 보였는데 하늘을 가로질러 갔다.

○ (동북면) 청주(青州-북청)의 여진 천호(女眞千戶) 주인(朱因)을 베었다. 형조(刑曹)에서 아뢰었다.

"인(因)이 그 자식을 시켜[敎=使] 남의 소와 말을 도둑질했기 때문에 부사(府使) 이추(李推)가 사람을 시켜 붙잡으려 하니 인 등이 활을 당겨 화살을 쏘고 올랑합(兀郎哈) 지역으로 도망해 들어가려 하다가 경성 진무(鏡城鎭撫)에게 붙잡혔습니다. 청컨대 본국(本國)을 배반하기를 꾀한 (자를 처벌하는) 율(律)에 따라 참형에 처해야 할 것입니다."

그것을 따랐다.

무오일(戊午日-19일)에 서천군(西川君) 한상경(韓尙敬)과 청성군(清城君) 정탁(鄭擢)에게 다시 서연(書筵)에 사진(仕進-출근)하도록 명했다. 서연관(書筵官)을 불러 물었다.

"근일에 세자가 어찌하여 공부를 하지 않느냐?"

대답했다.

"네 사람의 빈객(賓客)이 모두 경연(經筵)의 직함(職銜)을 고쳐 받았기 때문에 빈객의 자리가 비었습니다. 그러므로 강(講)을 정지한 것입니다."

상이 말했다.

"보덕(輔德)[38] 이하도 역시 진강(進講)해야 한다. 왜 일찍 고하지 않았느냐? 이미 문의(文義)를 깨달은 자라도 수일(數日)만 글을 읽지 않으면 간삽(艱澁)[39]한 폐단이 있는 법인데 하물며 세자처럼 초학(初學)이겠는가? 경 등은 어째서 규계(規戒)하기를 힘써 생각하지 않는가?"

마침내 이런 명이 있었다.

○ 정도복(鄭道復)을 인녕부 사윤(仁寧府司尹)[40]으로 삼았다. 도복(道復)은 정도전(鄭道傳)의 아우인데 바야흐로 도전(道傳)이 나라 일을 맡아 그 세력이 조야(朝野)를 누를 때에 (그 아우) 도복을 불러 서울에 오게 하니 도복이 사양하며 말했다.

"세력과 지위는 오래가기 어려우니 믿을 수 없는 것입니다. 또 우리는 한미(寒微)한 가문(家門)인데 영화(榮華)가 이미 지극합니다. 다시 무엇을 바라겠습니까? 마땅히 낚시질하고 밭을 갈며 내 천년(天年)을 마치겠습니다. 청컨대 형(兄)은 (저를 부르느라) 번거롭게 하지 마소서."

뒤에 (경상도) 성주(星州) 유학교수관(儒學敎授官)이 되어 7년이나 있어 오래되었으므로 부름을 받았다.

기미일(己未日-20일)에 상이 인덕궁(仁德宮)에 나아갔다.

경신일(庚申日-21일)에 태백성이 낮에 보였다.

---

38 세자 시강원에서 경사와 도의를 가르치던 관직이다. 정원은 1명으로 종3품의 품계를 가진 관직이었으나 인조 이후에 정3품으로 승격시켰다.

39 시(詩)나 문장(文章)이 어려워 이해하기 곤란한 것을 말한다.

40 조선시대 경흥부(敬興府) 경승부(敬承府) 등에 두었던 정3품 벼슬이다.

신유일(辛酉日-22일)에 광연루(廣延樓)에 임어하여[臨=坐起] 정사(政事)를 들었다. 처음으로 세자로 하여금 조계(朝啓)[41]에 입참(入參)하게 했다.

○ 사간원(司諫院)에서 대사헌 유량(柳亮)과 장령 유의(柳顗)를 탄핵했다. 임첨년(任添年)이 입조(入朝)할 때 다른 사람의 포필(布匹)을 많이 받았는데 행대 감찰(行臺監察)[42] 이유상(李有常)이 압록강(鴨綠江)에 이르러 포(布) 300필을 찾아냈었다. 포단(布端)에 모두 주인(主人)의 이름을 썼는데 권귀(權貴)가 대부분이었다. 헌부(憲府)에서 서북면 도순문사에게 이첩(移牒)해 그 포(布)를 모두 서울로 실어 보내게 했다. 그 뒤에 오래도록 거핵(擧劾)하지 않았기 때문에 간원(諫院)에서 논핵(論劾)한 것이다. 상이 량(亮)과 의(顗)에게 직사(職事)에 나오도록 명하니 량이 면대(面對)해 사죄하며 말했다.

"포필(布匹)이 서울에 도착한 이튿날에 비로소 내선(內禪)의 명령이 계셨으므로 신서(臣庶)들이 놀라고 정신이 없어[惶惶] 다른 일에 미칠 겨를이 없었고 그 뒤에 신(臣)이 복(服-상(喪))을 가져서 부(府)의 일을 다스리지 못했기 때문에 포(布) 임자의 이름을 신이 미처 알지 못했습니다."

상이 말했다.

---

41 매일 아침 문무 백관이 상복(常服) 차림으로 임금을 조알하는 상참(常參)을 마친 후에 조신(朝臣)들이 임금에게 국사(國事)를 아뢰는 정규 회의를 말한다. 상참 의식이 끝나면 계사(啓事)할 관원들은 사관(史官)과 함께 전내(殿內)에 들어가 부복(俯伏)하고 차례로 용건을 계문(啓聞)했다.

42 임금의 명령을 받고 지방에 파견되어 불법한 일을 규찰하는 사헌부(司憲府)의 관리를 말한다. 사신단이 갈 때도 함께 파견됐고 때로는 사신단의 서장관이 이 직임을 겸하기도 했다.

"내가 비록 부덕(否德)하나 나라를 전(傳)하는 것은 큰일이니 서사(庶司)가 다른 일에 미치지 못하는 것이 당연하다."

상이 사간(司諫) 권우(權遇)를 보며 말했다.

"각사(各司)가 죄를 범하면 다만 해당 관리만 논핵하는 것이 이미 나타난 영갑(令甲)이 있는데 일이 그다지 크지 않은데 량을 탄핵한 것은 무슨 까닭인가?"

우(遇)가 대답했다.

"행대 감찰을 명해 보내어 범금(犯禁)을 추핵(推劾)했는데 지금 거둔 포물(布物)이 이토록 많습니다. 만일 엄격하게 징계하지 않는다면 어찌 행대(行臺)를 명할 필요가 있습니까? 신은 직책이 간원(諫院)에 있으므로 말하지 않을 수 없습니다."

상이 말했다.

"우의 말은 옳다. 그러나 이는 작은 일이니 훈귀(勳貴)의 신하로서 혹 범한 자가 있으면 핵문하지 말라."

드디어 (사간원) 우정언(右正言) 송치(宋實)를 불러 이 뜻을 이르니 치(實)가 대답했다.

"만일 어리석은 백성이라면 용서할 수 있지만 대체(大體)를 아는 훈신(勳臣)이 이것을 범했다면 어떻게 그대로 둘 수 있습니까? 또 이 포(布)를 중국(中國)에 팔다가 포단(布端)의 성명(姓名)을 보게 된다면 중국에서 우리 재상(宰相)들을 어떻다 하겠습니까? 일이 진실로 큽니다."

그러고는 물러갔다. 상이 명해 포단(布端)의 주인 이름을 끊어서 불태우게 하고 다음과 같이 말했다.

"비록 불태운다 하더라도 어찌 두려워하며[惕然] 내심으로 부끄러
_{척연}
워하지 않겠느냐?"

○사헌부에서 우정언 송치(宋寘)를 탄핵했다. (송치를) 핵문(劾問)
한 말은 이러했다.

"재상(宰相)은 탐오(貪汚)하고 불법(不法)한 일을 저지른 연후에야
탄핵을 행하고 평상시(平常時) 공사(公事)에 대해서는 해당 관원 한
사람만 탄핵하도록 일찍이 판지(判旨-임금의 명)가 있었는데 갑자기
대사헌을 탄핵하는 것은 무슨 일입니까?"

드디어 소(疏)를 올려 그 죄를 청하니 궁중에 머물러 두었다.

임술일(壬戌日-23일)에 사은사(謝恩使) 통사(通事) 최운(崔雲)이 경
사(京師)에서 돌아왔다. 운(雲)이 아뢰었다.

"기국공(沂國公) 구승(丘勝)이 군사 20만을 거느리고 북정(北征)에
나섰습니다."[43]

상이 말했다.

"지금 상국(上國)에 군사가 일어났으니 이에 달단(韃靼) 부락(部落)
의 동쪽에 있는 자들이 피난(避難)하여 반드시 우리에게 달려올 것
이며, 비록 삭북(朔北)에 심거(深居)해 있는 자라 하더라도 형세가 궁
하면 또한 장차 달려올 것이다. 만일 북쪽 군사가 이기면 남쪽 사람
이 또한 이와 같을 것이니 비유하면 큰 물이 내려갈 때 지류(支流)가

---

43 이때 영락제가 구승에게 명해 막북(漠北) 정벌에 나서게 했으나 10만 병력을 잃는 대패
를 당했다.

모두 꽉 차는 것과 같다."

드디어 상호군(上護軍) 이유(李愉)를 보내 동서(東西-동북면과 서북면) 2면(二面)에 치고(馳告-긴급 명령)하게 하여 불우(不虞-비상사태)에 대비했다.

○ 명하여 진명선(陳明善)을 옥에서 풀어주었다. 순덕후(順德侯) 진리(陳理, ?~1408년)⁴⁴의 처 이씨(李氏)가 말씀을 올렸다.

"지난 임자년에 나온[出來] 뒤로 거듭 성은(聖恩)을 입었습니다. 지난해에 가옹(家翁)이 죽고 오직 한 자식 명선(明善)이 있사온데 주색(酒色)에 빠져서 지금 유후사(留後司)에 갇혀 있습니다. 다른 나라 [異土] 사람인 과부(寡婦)가 눈을 들면 친척(親戚)이라곤 하나도 없으니 모자(母子)의 정(情)을 견디기 어렵습니다. 바라건대 상자(上慈)를 입게 해주소서."
<small>이토</small>

드디어 그를 용서했다[原=赦].
<small>원 사</small>

갑자일(甲子日-25일)에 성석린(成石璘)을 세자부(世子傅), 하륜(河崙)을 세자사(世子師), 정탁(鄭擢) 조용(趙庸)을 좌우빈객(左右賓客), 한상경(韓尙敬) 이래(李來)를 좌·우 부빈객(左右副賓客), 이문화(李文和)를 형조판서(刑曹判書)로 삼았다. 예문관대제학 유관(柳觀)을 춘

---

44 중국 양산(梁山) 사람으로 세칭 진왕(陳王)이라 불렸다. 부친은 안남국(安南國)의 왕 진우량(陳友諒)으로, 원나라 말기 주원장(朱元璋)과 파양호(鄱陽湖)에서 싸우다 전사했고, 진리(陳理)는 무창(武昌)으로 도망갔다 항복했다. 이후 명태조(太祖) 주원장이 한가하게 살라며 고려로 보냈다. 조선조로 들어와 생활이 어려워졌는데 태조 이성계(李成桂)가 순덕후(順德侯)에 봉하고 전지(田地)를 하사했다. 조부는 진보재(陳普材), 아들로 진명선(陳明善)이 있다.

추관 지사, 한성윤 정이오(鄭以吾)를 춘추관동지사로 삼았다.

○사헌 집의 최견(崔蠲) 등이 우사간 대부 권우(權遇) 등의 죄를 청했다. 소(疏)는 이러했다.

'영(令)이 금하는 바가 있는데 이를 좇지 않으면 이것은 신자(臣子)로서 삼가지 못한 것[不恪=不敬]이요, 일이 마땅히 말해야 될 것이 있는데 혐의(嫌疑)를 피하면 이것은 곧은 도리[直道]로 임금을 섬기는 뜻이 아닙니다. 근래에 간원(諫院)에서 대사헌 신(臣) 유량(柳亮)과 장령 신(臣) 유의(柳顗) 등을 핵문(劾問)했습니다. 신 등이 엎드려 보건대 우건(右件)의 포필(布匹)은 본부(本府)의 이문(移文)으로 인해 이달 초8일에 서북면(西北面)에서 이르렀습니다. 그 포 위에 표(標)를 붙인 것을 보면, 혹은 살고 있는 방명(坊名)을 쓰고, 혹은 노비(奴婢)의 이름을 쓰고, 혹은 성(姓)만 있고 직명(職名)이 없으며, 혹은 이름만 있고 성(姓)과 벼슬이 없으며, 혹은 단지[止] 벼슬만 써서 족히 증거해 믿을 수가 없습니다. 반드시 임첨년(任添年)이 돌아오기를 기다려서, 갖춰 묻고 사실을 검열해 물건 주인을 밝게 안 연후에야 이를 핵문(劾問)할 수 있는 것입니다. 비록 그사이에 경대부(卿大夫) 사(士) 한두 사람의 성명(姓名)만이 조금 믿을 만한 것이 있었으나, 뒤를 이어 내선(內禪)하신다는 왕지(王旨)가 있어 여러 사람의 마음이 부동(浮動)하고 대소 신료(大小臣僚)로서 직책에 있는 자들이 모두 놀라고 마음 아파해 분주히 돌아다니며 눈물로 울지 않는 이가 없어 날마다 하루 속히 천의(天意)를 돌이키시기를 바랄 뿐이었으니 어찌 다른 것을 근심하겠으며 어찌 믿을 수 없는 표(標)를 증거로 삼아 경솔히 탄핵을 행해 보고 듣는 것을 해이(駭異)하게 하겠습니까? 비록 이번 틈을 어긴다 하더라도 시기를 잃는 것이 아니고 저 첨년을 기다려도 또한 늦지 않습니다. 이것은 신 등이 의논한 것이며 고의로 내버려두고 묻지 않은 것도 아니요 두려워하고 꺼리는 것이 있어 감히 못한 것도 아닙니다. 비록 신 등은 용렬(庸劣)해 감히 행하지 못했다 하더라도 유량(柳亮)은 마음 쓰는 바가 충성스럽고 곧아서 강하게 막는 것을 두려워하지 않고 화환(禍患)을 돌보지 않으며 오직 공사(公事)만을 위해 집을 잊고 오직 임금만을 위해 몸을 잊습니다. 그리고 악한 것을 미워하는 데 이르러서는 신 등이 보는 바로는 너무 지나치오니 어찌 털끝만한 사의(私意)로 마음과 가슴속에 계교(計較)하려 하겠습니까?

대(臺)와 간(諫)은 모두 전하의 이목지관(耳目之官)이니 마땅히 한 마음으로 헌체(獻替)[45]하고 힘을 합해 광구(匡救)해 국가를 돕고 기강(紀綱)을 진작해야 합니다. 만일 미치지 못하는 바가 있으면 마땅히 서로 깨우쳐서 큰 허물이 없게 해야 할 것인데 어찌 과실(過失)을 관망(觀望)해 문득 서로 경알(傾軋)[46]해서 죄의 그물망[罪罟]에 빠뜨리기에 급급해할 수 있습니까?

또 대사헌은 지위가 높고 선임(選任)이 중해 여러 사람이 모두 우러러보는 터이니 경솔히 탄핵할 수 없는 법입니다. 건문(建文) 3년 11월 일에 의정부(議政府)에서 수판(受判)한 가운데 "대간관(臺諫官)이 공죄(公罪)를 범한 것이 있으면 해당 관원 한 사람만 조사해 핵실(覈實)

45 옳은 것은 취하고 그른 것은 폐지하는 것을 말한다.
46 질투심으로 간책(奸策)을 꾀하여 남을 모함하는 것을 말한다.

하고 이를 신문(申聞)해 왕지(王旨)를 받으라. 어기는 자는 판지(判旨)를 좇지 않은 것으로 율(律)에 비춰 논죄(論罪)하라"고 했고, 또 영락(永樂) 2년 6월 일에 의정부에서 수판(受判)한 가운데 "재상(宰相)은 작위(爵位)가 존현(尊顯)하고 고굉동체(股肱同體)이다. 그중에 대사헌(大司憲)은 더욱 중임(重任)이어서 여러 사람이 공경하고 꺼리는 바인데 근자에 경이(輕易)하게 탄핵해 당폐(堂陛)가 높아지지 못하니, 그 잘못이 작은 것이 아니다. 금후로는 국가에 관계되는 대사(大事)를 제외하고는 경이하게 탄핵할 수 없다"라고 해, 두 번의 판지(判旨)가 영갑(令甲)[47]에 실려 있으니 마땅히 영구토록 준수(遵守)해야 합니다. 비록 문핵(問劾)할 일이 있더라도 판지(判旨)를 따라서 해당 관원 한 사람에게 묻는 것이 족한데 지금 간원(諫院)에서 일의 시말(始末)을 캐보지도 않고 갑자기 본부(本府)를 탄핵하고 또 판지(判旨)를 따르지 아니하고 대사헌까지 탄핵했으니 진실로 그릇된 처사입니다.

또 어고(御庫)의 물건은 내지(內旨-왕이나 왕비의 명)와 의정부(議政府)의 이문(移文)이 없으면 임의로 출납(出納)할 수 없고 어고의 물건뿐 아니라 대소 전곡(大小錢穀)이 그렇지 않은 것이 없습니다. 상항(上項)의 포물(布物)은 본부(本府)에서 정부(政府)에 정문(呈文)하고 내자(內資)로 수납(輸納)해서 이미 어고에 들어갔는데 간원(諫院)에서 직접 문서(文書)를 발하고 사람을 시켜 독촉해 강제로 밖으로 꺼내게 했습니다. 만일 포(布) 임자의 성명(姓名)을 상고하기 위해서라고 말한다면 본부(本府)에 이문(移文)해도 될 수 있는 것이

---

47 명령 1호와 같은 것이다.

고, 만일 본부(本府)에서 초(抄)한 것을 믿을 수 없어 반드시 그 본포(本布)에 쓴 것을 상고하기 위해서라고 말한다면 반드시 정부(政府)의 행이(行移)를 받은 연후에 꺼내는 것이 무엇이 일에 미치지 못할 걱정이 있기에 차례를 무시하고 직접 문서를 행해 어고의 물건을 꺼내려 합니까? 그 행한 바를 보면 고의로 판지(判旨)를 어긴 것입니다. 신 등이 만일 보복(報復)으로 혐의(嫌疑)해 이를 내버려두고 계문(啓聞)하지 않는다면 어찌 곧은 것으로 임금을 섬기는 마음이 겠습니까? 우사간 권우(權遇), 우정언 송치(宋寘) 등 간원(諫院)의 여러 신하는 사유(事由)를 캐지 않고 판지를 따르지 아니하며 마음대로 본부(本府) 대사헌을 탄핵했고, 또 임의로 문서를 행해 직접 어고의 물건을 꺼냈으니 그 불각(不恪) 불경(不敬)한 죄를 징계하지 않을 수 없습니다.

엎드려 바라건대 그 직첩(職牒)을 거두고 정상(情狀)을 국문하여 판지(判旨)에 따라 논죄(論罪)해 후세에 경계를 남겨야 할 것입니다.'

병인일(丙寅日-27일)에 태백성이 낮에 보였다.

○ 명하여 후척(后戚-왕비의 친척)을 봉군(封君)하는 일에 대해 가부(可否)를 토의하게 했다. 상이 좌우(左右)에게 일러 말했다.

"여후(女后-왕비)의 친족(親族)이 봉군(封君)을 얻은 것은 우리 태조조(太祖朝) 때에 상산군(象山君) 강계권(康繼權)[48]에게서 시작됐고 민씨(閔氏)에 이르러서도 또한 봉군(封君)을 얻었는데 이것이 어

---

48 신덕왕후 강씨의 오빠다.

떤 법(法)에 의한 것인가? 만일『문헌통고(文獻通考)』나 여러 가지 고제(古制)를 상고해서 선왕(先王)의 성헌(成憲)이 있는 것이라면 가(可)하지만 그렇지 않으면 부왕(父王) 때나 지금의 대신(大臣)들이 모두 그르다. 지난번에 민량(閔亮)[49]을 봉해 군(君)으로 삼으려 하기에 내가 못하게 했다. 한(漢)나라 때에 (유방이) 약속하기를 '유씨(劉氏)가 아니면 왕이 되지 못하고, 공신(功臣)이 아니면 후(侯)가 되지 못한다'라고 했으니 이것이 그 증거다."

또 예조판서 이응(李膺)에게 일러 말했다.

"후비(后妃)의 친족에게 군(君)을 봉(封)하는 것은 예전 제도가 아니다. 어제 진산군(晉山君-하륜)에게 물었더니 대답하기를 '쇠퇴한 세상에는 있었지만 빼어나고 밝은 임금[聖明]의 조정에는 없었다'라고
_{성명}
했다. 경은 역대의 제도를 상고하여 조목조목 써서 올려라."

응(膺)이 물러나와 역대의 고사(古事)를 조목조목 써서 아뢰니 상이 말했다.

"이것은 대략 든 것일 뿐이다. 한(漢)나라의 사양제(史良娣)[50]나 음황후(陰皇后)[51]의 족속(族屬) 같은 것을 모두 싣지 않았으니 남김 없이 자세히 상고해 보고하라."

상(上)은 천성(天性)이 총예(聰睿)하고 경사(經史)를 널리 보았기 때문에 여러 신하가 일을 아뢸 적에 만일 묻는 것이 있으면 모두 다

---

49 태종의 장인 민제의 동생이다.

50 전한 무제의 아들이자 태자였던 여태자의 후궁이다.

51 후한 광무제의 부인이다.

대답하지 못했다.

○ 왕지(王旨)를 의정부(議政府)에 내렸다.

"대개 듣건대 옛날부터 제왕(帝王)(다운 제왕)의 세상에는 임금과 신하가 '도(都)'라, '유(兪)'라 하여[52] 함께 삼가고 함께 공경하여[同寅協恭]_{동인}[53] 정대광명(正大光明)한 업(業)을 이루고, 장치구안(長治久安)[54]하여 만세(萬世)의 태평(太平)을 터잡았다 하는데 세상이 쇠(衰)하고 도리가 땅에 떨어지자 인심(人心)이 각박해져서[澆漓]_{요리} 참소(讒訴)와 간사한 자들이 잇달아 일어나서 서로 넘어뜨리고 위태하게 하는 버릇을 내가 진실로 민망하게 여긴다. 지금 불령(不逞)한 무리들이 혹은 국가의 이해(利害)를 빙자하고 혹은 일신(一身)의 좋아하고 싫어하는 것을 가지고 말을 만들어 서로 왕래하며 아부(阿附)하는 계제(階梯)와 사진(仕進)하는 길을 만들어서 우리 군신(君臣)을 이간하고 우리 종실(宗室)과 장상(將相)을 함정에 빠트리려 하니[構陷]_{구함} 국가의 화(禍)가 되는 것이 장차 이루 다 말하지 못할 정도다. 말이 여기에 미치니, 내가 진실로 마음이 아프다. 의정부는 백관(百官)을 통솔하고 호령(號令-임금의 명령)을 시행해 과인(寡人)의 정치를 보좌하니, 대간(臺諫)으로 하여금 나의 지극한 생각을 이어받아 들은 바에 따라 숨김 없이 진달하게 하라. 그러면 비록 종실(宗室) 공신(功臣)이라도 일이 종

---

52 『서경(書經)』「요전(堯典)」에는 도유우불(都兪吁咈)이 나오는데 도유(都兪)는 찬성 혹은 인정하는 말이고 우불(吁咈)은 반대하거나 동의하지 않을 때 쓰는 말이다. 그런데 고요모(皐陶謨)에는 도유(都兪)만 나온다. 그래서 이는 임금과 신하가 서로 뜻을 합친 모습을 나타낼 때 쓴다.

53 동인협공(同寅協恭)은『서경(書經)』「고요모(皐陶謨)」에 나오는 말이다.

54 길이 다스리고 오래 편안하다는 뜻이다.

사(宗社)에 관계되면 마땅히 법으로 논한다는 것이 이미 맹서(盟書)에 실려 있으니 내가 감히 용서하지 못하겠다. 종사(宗社)를 위한 계책이 있는 자는 혹은 직접 와서 친히 고하고 혹은 실봉(實封)하여 아뢰어 언로(言路)를 넓히고 종사(宗社)를 다행하게 하라."

상이 제학(提學) 변계량(卞季良)을 불러 내전(內殿)에 들어오게 하고 즉시 명하여 이를 짓게 했다.

정묘일(丁卯日-28일)에 (황해도) 해주(海州)에 눈이 조금 내렸다.

○ 경연청(經筵廳)에 나아갔다. 상이 좌우(左右)에 일러 말했다.

"이번에 진무소(鎭撫所)를 둔 것은 대개 예전에 병권(兵權)을 한곳에 소속시키지 않은 뜻을 본받고자 한 것이다. 태조(太祖) 때 삼군부(三軍府)가 병사(兵事)를 전장(專掌)했으나 여러 도(道)의 군병(軍兵)이 진퇴(進退)하는 것은 정부(政府)의 호령(號令)을 따랐기 때문에 권세(權勢)가 양립(兩立)됐으므로 이를 고쳐 승추부(承樞府)로 만들었다. 근래에는 군무(軍務)가 병조(兵曹)에 완전히 속해 그 법이 조금 가벼워졌다. 지금은 삼군(三軍)의 움직임[動作]을 먼저 영삼군사(領三軍事)에 고하고 다음에 삼군총제(三軍摠制)에게 고하니 이것이 한군데에 치우쳐 소속시키지 않은 뜻이다."

의정부지사 설미수(偰眉壽)가 윤차(輪次-윤번제)로 조계(朝啓)에 입시(入侍)했는데 상이 물었다.

"어제 하지(下旨)했는데 정부(政府)에서 그 뜻을 아는가? 아조(我朝)의 풍속이 아름다운 것이 전조(前朝) 때의 말기와는 다르다. 그러나 밖으로는 겸손(謙遜)한 풍도(風度)가 많지만 안으로는 순후(淳

厚)한 덕(德)이 없는 것은 무슨 까닭인가? 말을 만들어 가지고 왕래하는 자가 더러 있으니 풍속이 아름답지 못하기가 이와 같은 것이 없다. 전조(前朝) 말년에는 권병(權柄)이 아래에 있었기 때문에 말을 만들어 왕래하는 자가 없었다. 어제 내가 변계량(卞季良)에게 명해 내 말을 직접 써서 비밀리에 정부(政府)에 전한 것인데 경들이 그 뜻을 아는지 내 장차 정승(政丞)을 면대(面對)해 말해줄 것이다."

미수(眉壽)가 부복(俯伏)하여 대답했다.

"신은 진실로 감히 알지 못합니다."

○ 춘추관 영사(領春秋館事) 하륜(河崙)에게 『태조실록(太祖實錄)』을 편수(編修)할 것을 명했다. 상이 륜(崙)과 춘추관지사 유관(柳觀), 춘추관 동지사 정이오(鄭以吾) 변계량(卞季良)을 불러 대궐에 이르게 했다. 중관(中官)이 륜을 인도해 안으로 들어갔다. 조금 있다가 중관이 유관 등에게 뜻을 전해 말했다.

"『태조실록』을 진산부원군(晉山府院君)의 지휘하에 편수(編修)해 올리라."

륜이 명령을 받고 나와서 장무 사관(掌務史官)을 불러 말했다.

"임신년(壬申年-1392년)부터 경진년(庚辰年-1400년)까지의 사관 사초(史官史草)를 빨리 수납(收納)하라."

유관과 변계량이 춘추관(春秋館)에 모여 편수사목(編修事目)을 토의하니 기사관(記事官)[55] 등이 아뢰었다.

---

55 조선시대 춘추관(春秋館)의 정6품(正六品)에서 정9품(正九品)까지의 직명(職名)으로 시사(時事)를 기록하는 일을 맡았다.

"예전 사기(史記)를 가만히 보건대 모두 3대 후에 이뤄졌습니다. 전조(前朝) 때에도 역시 그러했습니다. 『태조실록』을 어찌 오늘날에 편수할 수 있습니까? 본관(本館)에서 왜 소(疏)를 올려 정지하기를 청하지 않습니까?'

관 등이 말했다.

"기사관(記事官)이 하는 것이 좋겠소."

드디어 영관사(領館事) 하륜에게 고하니 륜이 말했다.

"만일 소를 올려 청하고자 하거든 반드시 예전 법을 상고하시오. 예전 사기(史記)도 모두 사군(嗣君-바로 뒤를 이어받은 임금) 때에 이뤄졌소. 근거 없는 말이 무엇이 그리 대단하오?"

기사관 등이 말했다.

"태조(太祖)의 구신(舊臣)으로서 태조의 실록을 찬수(撰修)하면 후세(後世)의 의논이 어떻게 여기겠습니까?"

륜이 얼굴을 붉히며[作色] 말했다.
작색

"태조의 일을 한때[一時]의 사관(史官)이 어떻게 다 갖춰 기록했겠
일시
소? 족히 사실로 삼을 수 없소! 마땅히 노성(老成)한 신하가 죽지 않았을 때에 본말(本末)을 갖춰 기록해 실록(實錄)을 만들어야 하오. 이것이 마땅히 할 일이오. 지금 대간(臺諫)의 신하들이 사람의 과실(過失)을 말하는 것도 꺼리지 아니하는데 하물며 서법(書法)으로 사람을 포폄(褒貶)하는 것이겠는가? 예전 사람이 문헌(文獻)이라고 말하는데 문(文)은 사기(史記)이고 헌(獻)은 노성(老成)한 사람을 말함이오. 나는 (지금 편수해서는) 불가(不可)하다는 것을 알지 못하겠소."

기사관이 감관사(監館事) 성석린(成石璘)에게 고하니 석린이 말

했다.

"이 의논이 어디서 나온 것을 알 수 없으니 노신(老臣)의 알 바 아니오. 내가 비록 감관(監館)이지만, 원래 상(上)의 명이 없었고, 또 영(令)을 품(稟)한 자가 와서 말하지 않았으니 어떻게 알겠소? 소(疏)를 갖춰 청하는 것은 그 책임이 사관(史官)에게 있소."

○사헌장령(司憲掌令) 이숙봉(李叔捧)을 불러 회암사(檜巖寺) 중이 불사(佛事)를 일으키는 것을 논(論)하지 말라고 명했다.

"들으니 소사(所司)에서 회암사 중들이 부녀자들을 모아 불사(佛事)를 일으키는 것을 논하려 한다고 하는데 이는 상왕(上王)의 청이 있으시고, 또 부녀자가 실행(失行)해 나쁜 소문이 없으니 이에[其] 다시 묻지 말라."
기

또 말했다.

"너희들이 사간원(司諫院)에게 판지(判旨)를 범했다 하면서 어째서 간원(諫院)을 두루 탄핵하는가?"

대답했다.

"단지 장무(掌務)만 탄핵했습니다."

상이 말했다.

"장무만 탄핵했다고 하면서 죄를 청한 소장(疏章)에는 행수(行首-책임자)까지 거론한 것은 무엇 때문인가? 너는 물러가라."

그러고는 좌우(左右)에게 말했다.

"대간원(臺諫員)에 도리를 아는 사람을 골랐는데도 가끔 망발(妄發)하는 일이 있으니 한 사람이 말을 꺼내면 나머지 사람들이 제지하지 못하고 모두 따르는 것이 아닌가? 요새 간원(諫院)에서 헌부(憲

府)를 탄핵한 것도 경솔하고 조급해 자세히 살피지 못한 것이다."

○ 삼군진무소(三軍鎭撫所)를 고쳐 의흥부(義興府)라 하고 질(秩-품계)을 2품으로 겸판사(兼判事)·지사(知事)·동지사(同知事) 각 한 사람을 두고, 3품 이하는 전과 같이 진무(鎭撫)라고 일컬었다. 대개 태조(太祖) 때의 의흥 삼군부(義興三軍府)의 이름을 취한 것이었다. 상이 좌대언(左代言) 김여지(金汝知)에게 일러 말했다.

"예로부터 병권(兵權)의 연혁(沿革)에 대해 과인(寡人)만큼 마음을 쓴[用心] 자가 없다."
용심

여지(汝知)가 대답했다.

"병권(兵權)을 분산(分散)해 주장(主掌)하게 하되 항상 공실(公室-왕실)에 있게 하는 것은 만세(萬世)의 귀감(龜鑑)입니다."

이 뒤로부터 전선(銓選-인사) 의장(儀仗) 품명(稟命) 이문(移文) 등의 일은 병조(兵曹)가 맡게 하고 그 나머지 군기(軍機)·시위(侍衛)·순작(巡綽) 등의 일은 모두 의흥부에 소속시키며 의흥부가 군사(軍士)를 간열(簡閱-검열)하는 것은 병조(兵曹)로 하여금 고찰하게 했다.[56]

○ 사은사(謝恩使) 완성군(完城君) 이지숭(李之崇)과 부사(副使) 평원군(平原君) 윤목(尹穆)이 경사(京師)에서 돌아왔다.

무진일(戊辰日-29일)에 경기(京畿)·광주(廣州)와 토산(兔山)에 우박이 내렸다.

---

56 군령과 군정을 나눈 것인데 군정은 인사권, 군령은 작전권이다. 여기서는 대체로 군정은 병조, 군령은 의흥부가 맡도록 한 것이다.

○ 월성군(月城君) 김수(金需)가 졸했다. 순덕대비(順德大妃)[57]의 오빠다. 순박하고 검소하고 질박하고 곧았다. 졸했을 때 나이 72세였다. 조회(朝會)를 3일 동안 정지하고 시호(諡號)를 정호공(靖胡公)이라 했다. 아들 하나가 있으니 겸(謙)이다.

기사일(己巳日-30일)에 태백성이 낮에 보였다.

○ 일본(日本) 구주목(九州牧) 우무위 장군(右武衛將軍) 원도진(源道鎭)이 사자를 보내 진위(陳慰)하고 예물(禮物)을 바쳤다.

---

57 상왕의 본부인 김씨다.

庚子朔 命世子禔 攝行朔祭于文昭殿. 是日 命令始出 猶不
坐殿聽政.

議政府啓: "先王先后忌晨齋祭 所當致敬盡禮 宗親及駙馬
諸君圍繞 不齋而陪祭 或有眞前酌獻 漫不爲禮 殊失報本之誠.
自今乞令宗簿寺主掌 將正尹以上宗親 開寫赴齋與否以聞 仍
移文憲府 以憑考察." 從之.

癸卯 倭寇全羅道海珍仙山島 烽卒四人被擄 旣而逃來.

甲辰 命故中樞院學士趙禾妻金氏 忠州付處. 金氏交結侍女 頗
聞宮中之事 至故政堂鄭摠妻金氏家言之. 上聞之 使人問金氏
曰: "聞諸何人?" 金氏諱之. 事下憲府 按之急 金氏懼 使其壻
摠制李從茂詣闕 以所聞啓. 從茂凡往返三四 乃出宮女漏言者
十人于外. 召掌令柳顗曰: "罪人已得 且從茂有兒息 特示寬典
憲司勿復有言." 遂有是命. 執義崔龐等上疏啓曰: '趙禾之妻 素
有醜行 人所賤惡 宜屛荒徼 不與同國 以汚風俗 今又以宮禁之
言 漏洩於外 其罪不可不論也. 凡士大夫閨門之言 其家人婢僕
尙不敢稱揚於外. 況宮禁中言語乎? 殿下姑從輕典 自願安置 則

其心安所懲哉? 乞將金氏鞫問 依律結斷 以戒後人.'

疏上留中.

乙巳 忠淸道 文義 淸州 平澤雨雹.

丁未 月入南斗.

賀千秋使沈龜齡 回自京師. 時太子在南京 龜齡至北京 帝曰:

"太子喪未三年 不受賀禮 爾等其還."

命厚賻護軍平道全父喪.

戊申 司諫院右司諫大夫權遇等上疏. 疏曰:

'近者 殿下因災異之見 不敢自安 至下旨曰: "今玆災異 實由

否德." 乃閉宮徹膳 不聽朝政. 殿下之心 誠切如此 則將見災轉而

爲福矣. 臣等俱以庸材 承乏諫院 進思盡忠 退思補過 將順匡救

使聖德 光輝如日月之照臨 無有一點氛翳 或蔽於其間 此臣等之

職分也. 是用謹述管見 齋沐繕寫 庸瀆聰聞 伏惟殿下 留神採納.

臣等聞天覆於上 地載於下 人位於中 三才一貫而無間 故古

之聖王 彌綸輔相 大而惇典庸禮 命德討罪 微而至於一號一令

一言一動 莫不純乎天理 而無或容以私意 則天經地紀人事之畢修

合天人而爲一 其要只在乎存心處事 一主乎敬而已. 雖或因氣數

之不齊 陰陽之或愆 而有災異 鮮不以人力勝之. 昔者 洪水湯湯

懷山襄陵 堯則曰: "下民其咨 有能俾乂." 舜則曰: "洚水警予."

禹則曰: "予思日孜孜, 卒能使地平天成 萬世永賴.

湯有七年之旱 六事自責 使畜積多 而國無捐瘠; 高宗有雊雉之
異 聽祖己祀無豐昵之戒 而得享年之永; 成王遭風雷之變 能感悟
而迎周公 天乃雨反風 歲則大熟; 宣王遇旱乾之災 側身修行 欲
消去之 天下喜於王化復行. 是則古之王者 遇災異也 率皆畏懼
其心 改紀其政 盡力於人事之所當爲而已 豈有惑於邪說 而妄
求於窈冥昏黙之間哉? 謹按春秋 其有災異之變 雖至微而必書
者 蓋謂人事感於下 則天變應於上 故欲使後世畏天災而恤民隱.
洪範九疇 五事修而皇極建 則休徵應; 五事失而皇極不建 則
咎徵應. 其所以開示天人相與之際 可謂深切著明矣. 禮記月令
列春夏秋冬 各言其月之候與其月之令 如或春行夏令 夏行秋令
其令有乖於其候 則致某某之災 蓋其五行之氣 不相應而有所傷
也. 此皆聖經大訓 炳如日星 垂耀萬世者也. 殿下卽位以來 夙夜
惟寅 礪精圖治 或遇災異 則惕然而厲 惟恐己德之不類 而見謫
于天 所以操心 眞無愧於古之王者矣. 然臣伏覩殿下 存乎心者
美矣 而見乎事者 則或有未能如心之所存者 此不可不言也. 殿下
比年以來 停罷經筵 不與賢士大夫 講明聖賢之書 敷求帝王之道
豈不以爲我之學已至 復何事於經筵哉? 臣等竊爲殿下惜之. 嘗觀
伊尹之告太甲曰:"念終始典于學 厥德修罔覺"則人君爲學 豈可
遽自爲足 而有始無終 以廢日新之功哉? 殿下於春夏間 出御正殿
視聽庶政 曾未幾日 旋又停罷 至今不復擧行. 殿下必以爲 大事

則承政院 小事則承傳色 旣將命而出納之矣 又何必勤勞身體
즉 승정원　소사 즉 승전색　기 장명 이 출납 지 의　우 하필 근로 신체

頻煩應接哉? 身等亦爲殿下惜之.
빈번 응접 재　신등 역 위 전하 석지

　　昧爽不顯 坐而待朝 成湯也; 自朝至于日中昃 文王也; 周公
　　매상 비현　좌 이 대조　성탕 야　자 조 지 우 일중 측　문왕 야　주공

戒成王曰: "所其無逸." 自古人君未有不以勤而興 以逸而廢也.
계 성왕 왈　소기 무일　자고 인군 미유 불이 근 이 흥　이 일 이 폐야

衛武公箴警于國曰: "無以我老耄而舍我 必交戒我." 於是居寢
위무공 잠경 우 국 왈　무 이 아 노모 이 사 아　필 교계 아　어시 거침

有贄御之箴 位宁有官師之典 乃作抑戒以自警曰: "相在爾室 尙
유 설어 지 잠　위저 유 관사 지 전　내 작 억계 이 자경 왈　상 재 이실　상

不愧于屋漏." 今殿下於宮掖之內 燕居獨處之時 一念慮之發 一
불괴 우 옥루　금 전하 어 궁액 지 내　연거 독처 지 시　일 염려 지 발　일

起居之動 安敢自謂其必循理而眞無私也? 所與處者 或近群小
기거 지 동　안감 자위 기필 순리 이 진 무사 야　소여처 자 혹 근 군소

所從事者 或干非辟 豈所以涵養聖心 調護聖躬之道乎? 殿下常居
소종사 자 혹간 비벽　기 소이 함양 성심　조호 성궁 지 도 호　전하 상거

小寢 罕御正殿 廢經筵而不講 倦朝政而不視 乃觀異端之書 不覺
소침　한 어 정전　폐 경연 이 불강　권 조정 이 불시　내 관 이단 지 서　불각

其非 顧緣禍福之說 欲爲祈禳之所 直當王宮之北 新構別殿 以奉
기비　고 연 화복 지 설　욕위 기양 지 소　직당 왕궁 지 북　신구 별전　이봉

佛老虛無寂滅之敎. 迂怪邪妄之說 實爲人心之蟊賊 聖道之蓁蕪
불로 허무 적멸 지 교　우괴 사망 지 설　실위 인심 지 모적　성도 지 진무

雖一介之士 當如淫聲美色以絶之. 況人君乎?
수 일개 지 사 당여 음성 미색 이 절지　황 인군 호

　　秦皇 漢武 惑方士之說 信神仙之術 求之甚勤 事之甚敬 卒
　　진황　한무 혹 방사 지 설　신 신선 지 술　구지 심근　사지 심경　졸

不見效 貽譏千古. 佛法初入中國 楚王英最先好之 未幾身陷
불견 효　이기 천고　불법 초입 중국　초왕 영 최선 호지　미기 신함

大戮 家無噍類; 梁武帝崇信浮屠 營建塔廟 而未免臺城之辱 國
대륙　가 무 초류　양무제 숭신 부도　영건 탑묘　이 미면 대성 지 욕　국

敗身亡. 此乃已然之明驗 則憑信佛老 欲以禳災致福 萬萬無此理
패 신 망　차 내 이연 지 명험　즉 빙신 불로　욕이 양재 치복　만만 무 차리

也. 雖曰爲皇考皇妣 欲追冥福 旣於健元陵創開慶寺 於齊陵
야　수왈 위 황고 황비　욕추 명복　기 어 건원릉 창 개경사　어 제릉

置衍慶寺 則又何必於王宮之內 構別殿以奉之乎? 孔子論諸侯
치 연경사　즉 우 하필 어 왕궁 지 내　구 별전 이 봉지 호　공자 논 제후

之孝曰: "在上不驕 高而不危 制節謹度 滿而不溢." 高而不危
지 효 왈　재상 불교　고 이 불위　제절 근도　만 이 불일　고 이 불위

所以長守貴也 滿而不溢 所以長守富也. 然後能保其社稷 而和
소이 장수 귀야 만이 불일 소이 장수 부야 연후 능보 기 사직 이 화

其民人. 殿下當長守富貴 保社稷和民人 服膺勿失 力行無怠 則
기 민인 전하 당 장수 부귀 보 사직 화 민인 복용 물실 역행 무태 즉

殿下之大行 成於今日 而太祖之令緒 垂於罔極矣. 豈可歸於佛老
전하 지 대행 성어 금일 이 태조 지 영서 수어 망극 의 기가 귀어 불로

不可信之敎 欲追福於冥冥不可見之中哉?
불가 신지교 욕추 복어 명명 불가 견지중재

佛老之敎 明不足以禳災 幽不足以追福 則殿下之觀其書而奉
불로 지교 명 부족이 양재 유 부족이 추복 즉 전하 지 관 기서 이 봉

其神 未審何謂也? 伏望殿下 撤去別殿所奉佛老之神 棄絶燕居
기신 미심 하위 야 복망 전하 철거 별전 소봉 불로 지신 기절 연거

所觀異端之書 復立經筵 一如舊制而行之 然豈若治經儒士 辛勤
소관 이단 지서 부립 경연 일여 구제 이 행지 연 기 약 치경 유사 신근

熟讀 章解句釋之爲哉? 又取聖經賢傳中義理之宗 治道之要 與
숙독 장해구석 지위재 우취 성경 현전 중 의리 지종 치도 지요 여

夫古今治亂之迹 運祚長短之故 從容反覆 講磨切磋 亹亹忘倦 使
부 고금 치란 지적 운조 장단 지고 종용 반복 강마 절차 미미 망권 사

其義理融於身心 有可法者 欲企而及之 有可戒者 當絶而去之.
기 의리 융어 신심 유 가법 자 욕기 이 급지 유 가계 자 당절 이 거지

如是積久 則於窮理正心修己治人之道 大有益矣.
여시 적구 즉 어 궁리 정심 수기 치인 지도 대유 익의

又殿下出於正殿 政府大臣與臺諫六曹之長 各摠其職 開寫啓本
우 전하 출어 정전 정부 대신 여 대간 육조 지장 각 총 기직 개사 계본

口且敷奏 殿下澄心淨慮 乃與群臣 更相擬議 使其事必當於理
구 차 부주 전하 징심 정려 내여 군신 갱상 의의 사 기사 필당 어리

然後處決 則上下交而無壅蔽之患 庶績熙而無廢失之憂 宛然若
연후 처결 즉 상하 교이 무 옹폐 지환 서적 희이 무 폐실 지우 완연 약

唐虞君臣都兪揖讓之氣像矣. 伏望殿下 以三代聖王之善政 爲必
당우 군신 도유 읍양 지 기상 의 복망 전하 이 삼대 성왕 지 선정 위필

可行: 五經聖人之格言 爲必可師 使今日所爲亦若是 則天其申命
가행 오경 성인 지 격언 위필 가사 사 금일 소위 역약시 즉 천기 신명

用休 福祿駢臻 宗廟享烝嘗於百世 子孫綏福祿於萬葉矣.'
용휴 복록 병진 종묘 향 증상 어 백세 자손 수 복록 어 만엽 의

使獻納鄭孝復詣闕進章. 上覽疏 問孝復曰: "予在衰絰 曾無
사 헌납 정효복 예궐 진장 상람 소 문 효복 왈 여재 최질 증무

所爲 淫聲美色 何所至乎? 崇信佛老 何事可驗?" 孝復不能對
소위 음성 미색 하 소지 호 숭신 불로 하사 가험 효복 불능 대

只言創寺於陵 構殿於內之失 上曰: "佛老雖異端 予未嘗私一己
지언 창사 어릉 구전 어내 지실 상왈 불로 수 이단 여 미상 사 일기

而設也 亦非惑而信之也. 諫官無可言之事 則宜待事機 不可陳
이 설야 역비혹이신지야 간관무가언지사 즉의대사기 불가진

此等之言也. 若經筵則吾老矣不能 宜勸世子之學."
차등지언야 약경연즉오로의불능 의권세자지학

議政府進酒 上曰: "予以天災 食旨不甘 今聞百僚亦皆不飮
의정부진주 상왈 여이천재 식지불감 금문백료역개불음

爲是而許之.
위시이허지

己酉 以河崙爲晉山府院君 李舒領議政府事 趙英茂右政丞
기유 이하륜위 진산부원군 이서 영의정부사 조영무 우정승

領三軍事 柳亮參贊議政府事兼司憲府大司憲 尹柢吏曹判書
영삼군사 유량 참찬 의정부 사 겸 사헌부대사헌 윤저 이조판서

李貴齡兵曹判書 李衎左軍都摠制 黃喜參知議政府事 金漢老
이귀령 병조판서 이간 좌군 도총제 황희 참지 의정부 사 김한로

光山君 安騰知申事. 以世子賓客淸城君鄭擢 西川君韓尙敬
광산군 안등 지신사 이 세자 빈객 청성군 정탁 서천군 한상경

雞城君李來 檢校判漢城府事趙庸 改爲經筵官 又以藝文館提學
계성군 이래 검교 판한성부사 조용 개위 경연관 우이 예문관제학

卞季良爲同知經筵事. 蓋欲禪位世子也. 日晚 河崙 李茂詣闕
변계량 위 동지 경연 사 개욕 선위 세자 야 일만 하륜 이무 예궐

黃喜迎謂之曰: "今日之批 正爲內禪也." 因言上旨曰:
황희 영 위지왈 금일 지비 정위 내선 야 인언 상왈

"自丙戌年 始欲傳位世子 大臣固請止之 且有不肖之徒 樂於
자 병술년 시욕 전위 세자 대신 고청 지지 차유 불초 지도 낙어

立幼 予姑寢之 以觀其意. 至于近日 又因災怪 予不聽政 欲使
입유 여고 침지 이관 기의 지우 근일 우인 재괴 여불 청정 욕사

世子聽斷大事 耆老臣僚 日進固請 予雖闔門 以絕將命者 然豈
세자 청단 대사 기로 신료 일진 고청 여수 합문 이절 장명 자 연기

不聞大臣之言乎? 今深欲與大臣 議禪位之事 所以不見者 意大臣
불문 대신 지언호 금심 욕여 대신 의 선위 지사 소이 불견자 의 대신

之議 必有牴牾也. 大臣之議 雖重社稷 寡人亦豈輕宗社者乎?
지의 필유 저오 야 대신 지의 수중 사직 과인 역기경 종사 자호

古者一大臣 猶能保幼君而安社稷. 予雖退居後宮 豈不顧宗社乎?
고자 일 대신 유 능보 유군 이안 사직 여수 퇴거 후궁 기불고 종사 호

軍旅重事 予固全掌 至於用人 亦當親之. 吾見洪武皇帝 臨御
군려 중사 여고 전장 지어 용인 역당 친지 오견 홍무 황제 임어

天下三十餘年 不爲不久 享年七十 不爲不壽. 于時建文春秋旣盛
천하 삼십 여년 불위 불구 향년 칠십 불위 불수 우시 건문 춘추 기성

若早正其位 以固其勢 收蕃王兵柄 置諸京師 安享富貴 則無餘事
약조 정기위 이고 기세 수 번왕 병병 치저 경사 안향 부귀 즉무 여사

矣. 我太祖亦於乙亥年間 傳位芳碩 退居後宮 則吾等終無敢動

矣. 安有 戊寅之變乎? 吾欲內禪 自丙戌迨于今 已再三矣. 今則

吾計已決 雖宰相累請 斷不聽從."

崙與茂 使盧希鳳入啓曰: "殿下又欲禪位 然世子幼沖 上亦

盛年 若有此擧 豈不駭中國之視聽? 非唯中國 四境之乃亦且

驚駭." 上曰: "吾計已定 豈容中止!" 崙等對曰: "自古及今 未有

無故而內禪者. 其在前朝 惟忠宣 忠肅行之 然父子之間 嫌隙反

生. 殿下天性純至 世子仁孝懇到 雖非前朝之比 滿朝群臣 豈

無不肖之徒 混於其間哉? 然則巧構釁隙 終蹈後艱矣. 願殿下

深思." 上曰: "忠宣 忠肅之事 予於前史 已熟觀矣. 夜深宜退."

庚戌 領議政府事李舒 左政丞成石璘等 領百官上疏. 左政丞

成石璘詣闕 上使安騰傳旨曰: "予欲禪位世子 吉日已近 不可緩

也. 古者豈無受內禪卽位 布告中外之禮乎? 予於文獻通考 略考

禪位之禮 卿等亦宜參考古法 疾速擧行." 石璘對曰: "此擧旣違

臣等之心 請退與議政府同議以聞." 乃會百官上疏曰:

'臣等竊惟 太祖康獻大王 應天順人 創業垂統 而典章法度 日

不暇給. 我殿下嗣登寶位 礪精圖治 治具方張 中外之人 顒望至治

今乃欲行內禪. 臣等竊謂內禪之事 起於衰世. 中國之事 不必槪擧

姑以前朝言之 忠烈 忠宣 忠肅俱行禪禮 其弊有不可勝言者. 竊聞

周之文王 享年九十七 武王以八十之年 尙爲世子. 後之稱聖人者

必曰文武 此豈非萬世所當法者哉? 捨此不以爲法 欲行衰世之事
필왈문무　차기비만세 소당 법자재　사차불이위법 욕행 쇠세 지사

臣等未知其可也. 恭惟殿下 春秋鼎盛 世子年未及冠 殿下乃欲行
신등 미지 기가 야　공유 전하　춘추 정성　세자 연미급관　전하내욕행

禪禮 何以聞於中國 而我中外人心 豈無驚駭者哉? 伏望殿下 以
선례　하이 문어 중국　이아 중외 인심　기무 경해 자재　복망 전하 이

文武爲法 宗社生靈爲計 旋回天意 以副臣民之望 幸甚.'
문무 위법　종사 생령 위계　선회 천의　이부 신민 지망 행심

　臺諫亦上疏 爭言不可 上皆不聽.
　대간 역 상소 쟁언 불가 상개 불청

　置三軍鎭撫所. 時兵曹摠軍政 上欲於傳位之後 親掌軍政
　치 삼군진무소　시 병조 총 군정 상욕어 전위 지후 친장 군정

乃曰: "兵曹皆以儒臣充選 不宜於指畫軍事." 以贊成事李天祐爲
내왈　병조 개이 유신 충선 불의어 지획 군사　이 찬성사 이천우 위

都鎭撫都摠制 朴子靑爲上鎭撫 豊山君沈龜齡爲副鎭撫 上護軍
도진무 도총제 박자청 위 상진무　풍산군 심구령 위 부진무　상호군

車指南等二十七人爲鎭撫.
차지남 등 이십 칠인 위 진무

　辛亥 李舒 河崙 成石璘等 率百官咸入闕庭 請面陳大計 上
　신해 이서　하륜 성석린 등 솔 백관 함입 궐정 청 면진 대계 상

不許曰: "其退 備禪位之事." 舒等啓曰: "此擧 於上國之聞見 於
불허 왈　기퇴 비 선위 지사　서등 계왈　차거 어 상국 지 문견 어

宗社臣民生靈之大計 於殿下於世子 皆有不可. 若賜下問 請一一
종사 신민 생령 지 대계 어 전하 어 세자 개 유 불가　약 사 하문 청 일일

陳達." 上不許曰: "昔者 帝堯使舜攝政 若寡人者 何敢比擬於
진달　상 불허 왈　석자 제요 사순 섭정 약 과인 자 하감 비의 어

堯舜! 然事則同也." 舒等啓曰: "堯之授舜 堯年九十 舜亦六十.
요순　연 사즉 동야　서등 계왈　요지 수순 요연 구십 순역 육십

殿下春秋鼎盛 世子幼沖 豈宜比竝!" 上曰: "堯以老 寡人以病;
전하 춘추 정성 세자 유충 기의 비병　상왈　요 이로 과인 이병

舜以賢 世子以世 則時世雖異 其揆一也." 舒等啓曰: "人君之
순 이현 세자 이세 즉 시세 수이 기규 일야　서등 계왈　인군 지

御國家 非一人之所得私也 在天命人心之向背耳. 今自大小臣僚
어 국가 비 일인 지 소득사 야 재 천명 인심 지 향배 이　금 자 대소 신료

至於愚夫愚婦 聞此擧者 莫不驚駭. 民心如此 天意可知. 人君
지어 우부 우부 문 차거 자 막불 경해　민심 여차 천의 가지　인군

之於國家 雖一事之微 豈可自爲取捨哉? 今日之事 非在殿下與
지어 국가 수 일사 지미 기가 자위 취사 재　금일 지사 비재 전하 여

臣等口舌言語之間也 願上更思之." 又曰: "中國謂吾邦爲知禮之
신등 구설 언어 지간 야 원 상 갱 사지　우왈　중국 위 오방 위 지례 지

424

國 吾君爲知禮之君. 若聞無故禪位 必有疑也. 且殿下無疾 中國
국 오군위지례지군 약문무고선위 필유의야 차전하무질 중국

所知; 世子年幼 不宜苴祚. 願殿下每當聽政之時 使世子常侍
소지 세자연유 불의저조 원전하매당청정지시 사세자상시

左右 得知治體 然後可禪以位." 上曰: "卿等之意 已知之矣."
좌우 득지치체 연후가선이위 상왈 경등지의 이지지의

對曰: "殿下旣曰已知 天意之回可知 臣等欲謝." 上叱盧希鳳曰:
대왈 전하기왈이지 천의지회가지 신등욕사 상질노희봉왈

"予何言哉 乃欲行謝禮!" 舒等皆退.
여하언재 내욕행사례 서등개퇴

司諫院右司諫大夫權遇 司憲執義崔蠲等 詣闕上疏. 疏曰:
사간원 우사간대부 권우 사헌집의 최견 등 예궐 상소 소왈

'伏見殿下有旨 欲以大位轉于世子 聞者莫不相顧驚駭. 臣等
복견 전하유지 욕이대위전우세자 문자막불상고경해 신등

前日交章申請 未蒙兪允不勝痛心. 竊謂古昔聖王 凡有所爲 必
전일교장신청 미몽유윤불승통심 절위고석성왕 범유소위 필

謀及卿士庶人 謀及龜筮 神人協從 然後爲之. 況禪位大事 豈可
모급경사서인 모급귀서 신인협종 연후위지 황선위대사 기가

不謀於衆庶 而獨斷於宸衷哉? 況我太祖康獻大王 創始朝鮮萬世
불모어중서 이독단어신충재 황아 태조강헌대왕 창시조선만세

之業 傳在殿下 殿下一身 乃宗社生靈之所寄哉? 況殿下爵祿 乃
지업 전재전하 전하일신 내종사생령지소기재 황전하작록 내

天子之所命 豈可私以授受哉? 又況自昔帝王行禪授者 帝堯則
천자지소명 기가사이수수재 우황자석제왕행선수자 제요 즉

耄期倦于勤 乃禪于舜 舜在位五十 然後禹受之. 厥後衰世之事
모기권우근 내선우순 순재위오십 연후우수지 궐후쇠세지사

則出於不得已耳 非小取法. 今殿下 以聰明睿知之性 文武寬仁之
즉출어부득이 이비소취법 금전하 이총명예지지성 문무관인지

德 春秋鼎盛 當大有爲之時 而世子年紀未壯 學問未就哉? 伏望
덕 춘추정성 당대유위지시 이세자연기미장 학문미취재 복망

殿下 上惟天子爵命之重 與夫太祖艱大之業 下詢中外臣民之望
전하 상유천자작명지중 여부태조간대지업 하순중외신민지망

以回天意 勿復更露此言 則實爲宗社生靈萬歲無疆之福也.'
이회천의 물부갱로차언 즉실위종사생령만세무강지복야

上曰: "予於前疏 已知其意. 今日之疏 予雖不覽 可以意會."
상왈 여어전소 이지기의 금일지소 여수불람 가이의회

改創齊陵衍慶寺. 命禹希烈監董其役.
개창 제릉 연경사 명 우희열 감동 기역

壬子 李舒 成石璘 河崙 李茂 趙英茂 李叔蕃 柳亮等詣闕 亮與
임자 이서 성석린 하륜 이무 조영무 이숙번 유량 등 예궐 양여

叔蕃 欲排閤直入不得 亮痛哭於內庭 聲徹于上. 舒等啓曰: "殿下
숙번 욕 배달 직입부득 량 통곡 어 내정 성철 우상 서등 계왈 전하

前日謂臣等曰: '已知之矣.' 至今未蒙兪允." 英茂啓曰: "大抵
전일 위 신등 왈 이 지지 의 지금 미몽 유윤 영무 계왈 대저

人情 以不欺爲義 今上托疾而禪位 以聞朝廷 是欺天欺帝也."
인정 이 불기 위의 금상 탁질 이 선위 이문 조정 시 기천 기제 야

臺諫又至 請覽前日之疏 上乃取疏覽之曰: "封章之意 固悉矣. 然
대간 우지 청람 전일 지소 상내 취소 람지왈 봉장 지의 고 실의 연

謀及卿士庶人之語 則所未嘗聞也." 上使中宦 引舒等入于內 傳旨
모급 경사 서인 지어 즉 소미상문 야 상사 중환 인서등입 우내 전지

曰: "寡人有疾 欲禪位 卿等乃謂我不病. 然則必伏枕服藥後 方
왈 과인 유질 욕 선위 경등 내위아 불병 연즉 필 복침 복약후 방

可謂之病歟?" 英茂曰: "臣謂如是 乃可謂病." 上聞而笑之. 石璘
가 위지 병여 영무 왈 신위 여시 내 가위 병 상문 이 소지 석린

曰: "口燥心悶 未能敢言." 崙等曰: "必欲禪位 細務則命世子
왈 구조 심민 미능 감언 륜등왈 필욕 선위 세무 즉 명세자

處決 大事則宜自聽斷. 然不可不先聞于朝廷也." 上曰: "吳眞之
처결 대사 즉 의자 청단 연 불가 불선 문우 조정 야 상왈 오진 지

行 若稱予之病 爲求藥材 則誠幸矣. 然卿等之意 必矛盾矣."
행 약칭 여지병 위구 약재 즉 성행 의 연경등지의 필 모순 의

李叔蕃面陳禪位之非 且請日視朝政 上曰: "予豈厭萬機哉?
이숙번 면진 선위 지비 차청 일시 조정 상왈 여 기염 만기 재

天災方殷 恐所爲未合天意也." 叔蕃曰: "宜勤聽政 未聞禪位以
천재 방은 공 소위 미합 천의 야 숙번 왈 의근 청정 미문 선위 이

禳之也." 上曰: "然則何時可得釋此重負?" 叔蕃曰: "人生五十
양지 야 상왈 연즉 하시 가득 석차 중부 숙번 왈 인생 오십

血氣始衰 待年五十 尙未晩也."
혈기 시 쇠 대연 오십 상 미만 야

甲寅 上詣文昭殿 行秋夕祭.
갑인 상예 문소전 행 추석제

遣戶曹參議吳眞如京師 奏曰:
견 호조참의 오진 여 경사 주왈

'永樂七年五月初三日 欽差太監黃儼到國 欽傳宣諭: "去年爾
영락 칠년 오월 초 삼일 흠차 태감 황엄 도국 흠전 선유 거년 이

這裏進將去的女子 都不甚好 只看爾國王敬心重的 上頭封妃的
저 이진 거적 여자 도불 심호 지간 이국 왕 경심 중적 상두 봉비 적

封妃 封美人的美人 封昭容的封昭容 都封了也. 王如今有尋的
봉비 봉 미인 적 미인 봉 소용 적봉 소용 도 봉료야 왕여 금유 심적

好女子 多便兩箇 少只一箇 更進將來." 欽此. 臣某欽依 於本國
호 여자 다 편 양개 소지 일개 갱진 장래 흠차 신모 흠의 어 본국

在城及各道州府郡縣宗戚文武兩班幷軍民之家 儘情尋覓 選揀
재성 급 각도 주부 군현 종척 문무 양반 병 군민 지가 진정 심멱 선간

到女子二名 待候進獻. 今先將女子生年月日及父職事姓名籍貫
도 여자 이명 대후 진헌 금 선장 여자 생년 월일 급부 직사 성명 적관

逐一開坐 謹具奏聞. 一名 前朝奉大夫知宣州事鄭允厚女子 年
축일 개좌 근구 주문 일명 전 조봉대부 지 선주 사 정윤후 여자 연

十八歲 壬申十月十七日亥時生 本貫東萊縣. 一名 修義校尉
십팔 세 임신 십월 십칠 일 해시 생 본관 동래현 일명 수의교위

忠佐侍衛司後領副司直宋瓊女子 年十三歲 丁丑五月十四日卯時
충좌시위사 후령 부사직 송경 여자 연 십삼 세 정축 오월 십사일 묘시

生 本貫礪山縣.'
생 본관 여산현

移咨禮部曰:
이자 예부 왈

'竊照 親兄某舊患風病 卽目益加深重 用供藥餌 爲因缺乏藥材
절조 친형 모 구환 풍병 즉목 익가 심중 용공 약이 위인 결핍 약재

今差吳眞 將齎黑細麻布三十匹 白細苧布二十匹幷藥單一張赴京
금차 오진 장재 흑 세마포 삼십 필 백 세저포 이십 필병 약단 일장 부경

伏請聞奏 許令收買施行.'
복청 문주 허령 수매 시행

儼之來也 帝更求處女 故托上王之疾 求買藥物 因奏鄭允厚
엄지래야 제 갱구 처녀 고탁 상왕 지질 구매 약물 인주 정윤후

女子等事. 儼嘗言若得絶色 卽必托他事以奏故也.
여자 등사 엄 상언 약득 절색 즉필 탁 타사 이주 고야

乙卯 隕霜.
을묘 운상

丙辰 以濟州貢馬二十匹 分賜大臣及近臣.
병진 이 제주 공마 이십 필 분사 대신 급 근신

丁巳 太白晝見經天.
정사 태백 주견 경천

誅靑州女眞千戶朱因. 刑曹啓: "因敎其子竊人牛馬 府使李推
주 청주 여진 천호 주인 형조 계 인교 기자 절인 우마 부사 이추

使人捕之 因等引弓發矢 欲逃入兀郎哈地面 爲境城鎭撫所獲.①
사인 포지 인등 인궁 발시 욕 도입 올랑합 지면 위 경성 진무 소획

請依謀背本國律處斬." 從之.
청의 모배 본국 율 처참 종지

戊午 命西川君韓尙敬 淸城君鄭擢 復仕書筵. 召書筵官問曰:
무오 명 서천군 한상경 청성군 정탁 부사 서연 소 서연관 문왈

"近日世子何不學?" 對曰: "四賓客 皆改帶經筵銜 賓客闕位
근일 세자 하 불학 대왈 사 빈객 개 개대 경연 함 빈객 궐위

是以停講." 上曰: "輔德以下 亦當進講 何不早告! 雖已曉文義

者 數日不讀書 尙有艱澁之弊. 況世子之初學乎? 卿等胡不勉慮

箴規歟!" 乃有是命.

以鄭道復爲仁寧府司尹. 道復 道傳之弟. 方道傳當國 勢傾

朝野 召道復至京 辭曰: "勢位難久 不可恃也. 且吾寒門也. 榮已

至矣 復何望哉! 當釣水耕田 以終吾年 請兄毋相煩." 後爲星州

儒學敎授官者七年 以久見召.②

己未 上詣仁德宮.

庚申 太白晝見.

辛酉 御廣延樓聽政. 初令世子入參朝啓.

司諫院劾大司憲柳亮 掌令柳顗. 任添年之入朝也 多受人布匹

行臺監察李有常至鴨綠江 搜取三百匹 其布端 皆書主名 權貴

居多. 憲府牒西北面都巡問使 悉輸其布于京. 旣而 久不擧劾

故諫院論之. 上命亮及顗就職 亮面謝曰: "布匹至京翼日 始

有內禪之命 臣庶驚惶 未遑他及. 旣而 臣又持服 不治府事 布

主之名 臣未及知也." 上曰: "予雖否德 傳國 大事也 宜乎庶司

未及他事." 上目司諫權遇曰: "各司犯罪 只劾當該官吏 已有

著令. 事不甚大 而劾亮何?" 遇對曰: "命遣行臺 以推犯禁. 今

所收布物 若是其多 苟不痛懲 何命行臺之有! 臣職在諫院 不得

不言." 上曰: "遇言是也. 然此小事 而勳貴之臣 或有犯者 可

勿問." 遂召右正言宋寅諭旨 寅對曰: "若愚民則可宥 至於知
물문 수소 우정언 송치 유지 치 대왈 약 우민 즉 가유 지어 지

大體勳臣犯此 何可置也! 且此布賣于中國 使看布端姓名 則中國
대체 훈신 범차 하 가치 야 차차포매우중국 사간 포단 성명 즉 중국

謂吾宰相爲如何也? 事實大矣." 乃退. 上命截焚布端主名曰:
위오 재상 위 여하 야 사실대의 내퇴 상명 절분 포단 주명 왈

"雖焚之 寧不爲之惕然內愧乎?"
수 분지 녕 불위 지 척연 내괴호

司憲府劾右正言宋寅. 劾問之辭曰: 宰相貪汚不法 然後乃行
사헌부 핵 우정언 송치 핵문 지사왈 재상 탐오 불법 연후 내행

彈劾. 常時公事 劾當該一員 曾有判旨 而乃遽劾大司憲 何哉?"
탄핵 상시 공사 핵 당해 일원 증유 판지 이 내 거핵 대사헌 하재

遂上疏請其罪 留中.
수 상소 청 기죄 유중

壬戌 謝恩使通事崔雲 回自京師. 雲啓: "沂國公丘勝 將兵二十
임술 사은사 통사 최운 회자 경사 운계 기국공 구승 장병 이십

萬北征."上曰: "今上國兵興 其韃靼部落在東者避難 必奔於我 雖
만 북정 상왈 금상국 병흥 기 달단 부락 재동 자 피난 필 분어 아 수

深居朔北者 勢窮則亦將來奔矣. 若北軍勝 則南人亦將如之 譬如
심거 삭북 자 세궁 즉 역장 내분 의 약 북군 승 즉 남인 역장 여지 비여

大水 支流皆滿矣."遂遣上護軍李愉 馳告東西二面 以備不虞.
대수 지류 개 만의 수견 상호군 이유 치고 동서 이면 이비 불우

命釋陳明善囚. 順德侯陳理妻李氏上言: "去壬子年出來以後
명석 진명선 수 순덕후 진리 처 이씨 상언 거 임자년 출래 이후

重蒙聖恩 去年家翁死 惟有一子明善 沈迷酒色 今繫於留後司.
중몽 성은 거년 가옹 사 유 유일 자 명선 침미 주색 금 계어 유후사

異土寡婦 舉眼無親戚 難堪母子之情 願蒙上慈."遂原之.
이토 과부 거안 무 친척 난감 모자 지정 원몽 상자 수원 지

甲子 以成石璘爲世子傅 河崙世子師 鄭擢 趙庸左右賓客
갑자 이 성석린 위 세자부 하륜 세자사 정탁 조용 좌우빈객

韓尙敬 李來左右副賓客 李文和刑曹判書. 以藝文館大提學柳觀
한상경 이래 좌우부빈객 이문화 형조판서 이 예문관대제학 유관

知春秋館事 漢城尹鄭以吾同知春秋館事.
지춘추관사 한성윤 정이오 동지춘추관사

司憲執義崔蠲等 請右司諫大夫權遇等罪. 疏曰:
사헌 집의 최견 등 청 우사간대부 권우 등 죄 소왈

'令有禁而不從 是臣子之不恪; 事當言而避嫌 非直道事上之意
영 유금 이 부종 시 신자 지 불각 사 당언 이 피혐 비 직도 사상 지의

也. 近者 諫院劾問大司憲臣柳亮 掌令臣柳顗等. 臣等伏見右件
야 근자 간원 핵문 대사헌 신 유량 장령 신 유의 등 신등 복견 우건

布匹 因本府移文 月初八日 至自西北面. 觀其布上着標 則或以
포필 인 본부 이문 월초 팔일 지자 서북면 관 기포 상착표 즉 혹이

所居坊名 或以奴婢名號 或有姓而無職名 或有名而無姓爵 或止書
소거 방명 혹이 노비 명호 혹유성이무 직명 혹유명 이무 성작 혹지서

其爵 固未足據以爲信. 必待任添年回還 問備閱實 明知物主 然後
기작 고 미족 거 이위 신 필 대 임첨년 회환 문비 열실 명지 물주 연후

乃可劾問也. 雖其間有卿大夫士一二名姓之稍可信者 繼而有內禪
내가 핵문 야 수 기간 유 경대부 사 일이 명성 지 초 가신 자 계이유 내선

之旨 衆心浮動 大小臣僚之在職 莫不驚駭痛心 奔走涕泣 日望速
지 지 중심 부동 대소 신료 지 재직 막불 경해 통심 분주 체읍 일망 속

回天意耳 奚恤其他! 安可據其未足信之所標 輕致彈劾 以駭觀聽
회천의 이 해휼 기타 안 가거 기 미족 신지 소표 경치 탄핵 이해 관청

哉? 縱違此隙 非失期也 待彼添年 亦未晚也. 此臣等之所議也 非
재 종위 차극 비 실기 야 대피 첨년 역 미만 야 차 신등 지 소의 야 비

故任置而不問也 非有畏忌而不敢也. 雖臣等庸劣而不敢能焉 若
고 임치 이 불문 야 비유 외기 이 불감 야 수 신등 용렬 이 불감 능언 약

柳亮則 用心忠直 不畏强禦 不顧禍患 公耳忘家 主耳忘身 至於
유량 즉 용심 충직 불외 강어 불고 화환 공 이 망가 주 이 망신 지어

疾惡 則以臣等所見 猶大過也. 豈肯以一毫私意 較計於心胸哉?
질악 즉 이 신등 소견 유 대과 야 기 긍 이 일호 사의 교계 어 심흉 재

臺諫 具殿下耳目之官也. 當一心獻替 同力匡救 以補國家 以振
대간 구 전하 이목 지 관야 당 일심 헌체 동력 광구 이보 국가 이진

紀綱. 若有不逮 則宜胥相曉諭 俾無大過 豈可汲汲於觀望過失
기강 약유 불체 즉 의 서상 효유 비무 대과 기가 급급 어 관망 과실

輒相傾軋 以陷罪罟也? 且大司憲 位尊選重 爲衆具瞻 不可輕以
첩 상 경알 이함 죄고 야 차 대사헌 위존 선중 위중 구첨 불가 경이

彈劾. 建文三年十一月日議政府受判內:"臺諫官有犯公罪 當該
탄핵 건문 삼년 십일 월일 의정부 수판 내 대간 관 유범 공죄 당해

一員 問備覈實 申聞取旨 違者以判旨不從 照律論罪." 又永樂
일원 문비 핵실 신문 취지 위자 이 판지 부종 조율 논죄 우 영락

二年六月日議政府受判內:"宰相 爵位尊顯 股肱同體; 大司憲
이년 육월 일 의정부 수판 내 재상 작위 존현 고굉 동체 대사헌

尤爲重選 衆所敬憚. 近間輕易致劾 堂陛不尊 其失非小. 今後除
우위 중선 중 소경탄 근간 경이 치핵 당폐 부존 기실 비소 금후 제

關係國家大事外 不得輕劾." 兩度判旨 載在令甲 所當永世遵守
관계 국가 대사 외 부득 경핵 양도 판지 재재 영갑 소당 영세 준수

雖有問劾之事 判旨是從 問於當該一員足矣. 今諫院不求事之
수유 문핵 지사 판지 시종 문어 당해 일원 족의 금 간원 불구 사지

始末 遽劾本府 又不從判旨 竝劾大司憲 固已非矣.
시말 거핵 본부 우 부종 판지 병핵 대사헌 고 이 비의

又御庫之物 非有內旨與議政府移文 則不得擅自出納. 非惟
우 어고 지물 비유 내지 여 의정부 이문 즉 부득 천자 출납 비유

御庫之物 大小錢穀 莫不皆然. 上項布物 本府呈于政府 輸于
어고 지물 대소 전곡 막불개연 상항 포물 본부 정우 정부 수우

內資 已入御庫 諫院直行文書 使人立督 勒令出外. 若曰欲考
내자 이입 어고 간원 직행 문서 사인 입독 늑령 출외 약왈 욕고

布主姓名 則移文本府 尙可得也 若曰本府所抄 未足盡信 必欲考
포주 성명 즉 이문 본부 상 가득 야 약왈 본부 소초 미족 진신 필욕고

其本布所書 則必當承其政府行移 然後以出 何有不及事之患 而
기 본포 소서 즉 필당 승기 정부 행이 연후 이출 하유 불급 사지환 이

必欲越次直行文書 以出御庫之物哉? 觀其所爲 則故違判旨.
필욕 월차 직행 문서 이출 어고 지물재 관기 소위 즉 고위 판지

臣等若以嫌於報復 置不啓聞 則豈直以事上之心乎? 右司諫權遇
신등 약이 혐어 보복 치불 계문 즉기 직이 사상 지심 호 우사간 권우

右正言宋實等諫院諸臣 不究事由 不從判旨 擅劾本府大司憲 又
우정언 송치 등 간원 제신 불구 사유 부종 판지 천핵 본부 대사헌 우

擅行文書 直出御庫之物 其不恪不敬之罪 不可不懲. 伏望收其
천행 문서 직출 어고 지물 기 불각 불경 지죄 불가 부징 복망 수기

職牒 鞫問情狀 依判論罪 垂戒後世.'
직첩 국문 정상 의판 논죄 수계 후세

丙寅 太白晝見.
병인 태백 주견

命議后戚封君可否. 上謂左右曰: "女后之族得封君 在我
명의 후척 봉군 가부 상위 좌우 왈 여후 지족 득 봉군 재아

太祖朝 始於象山君康繼權 至閔氏亦得封君 是依何法? 若考
태조 조 시어 상상군 강계권 지 민씨 역득 봉군 시의 하법 약고

文獻通考 與凡古制 有先王成憲則可也 否則父王時及今之大臣
문헌통고 여범 고제 유 선왕 성헌 즉 가야 부즉 부왕 시급 금지 대신

皆非矣. 往者將封閔亮爲君 予乃止之. 漢時 約非劉氏不王 非
개 비의 왕자 장봉 민량 위군 여내 지지 한시 약비 유씨 불왕 비

功臣不侯 是其證矣." 又謂禮曹判書李膺曰: "后妃之族封君 非
공신 불후 시 기증 의 우위 예조판서 이응 왈 후비 지족 봉군 비

古制也. 昨日問諸晋山君 對曰: '在衰世則有之 於聖明之朝則
고제 야 작일 문저 진산군 대왈 재 쇠세 즉 유지 어 성명 지조 즉

未有.' 卿宜考歷代之制 條寫以進." 膺退 條寫歷代古事以聞 上
미유 경의 고 역대 지제 조사 이진 응퇴 조사 역대 고사 이문 상

曰: "此略擧耳. 如漢史良娣 陰皇后之族 皆不載 可詳悉啓聞."
왈 차 약거 이 여 한사 양제 음 황후 지족 개 부재 가 상실 계문

上天性聰睿 博覽經史 群臣啓事之際 如有所問 皆未能對.
상 천성 총예 박람 경사 군신 계사 지제 여유 소문 개 미능 대

下王旨于議政府:
<small>하 왕지 우 의정부</small>

'蓋聞自昔帝王之世 君臣都兪 同寅協恭 以成正大光明之業
<small>개 문 자석 제왕 지세 군신 도유 동인협공 이성 정대 광명 지업</small>

長治久安 以基萬世之太平. 世衰道降 人心澆漓 讒奸交作 迭爲
<small>장치 구안 이기 만세 지태평 세쇠 도강 인심 요리 참간 교작 질위</small>

傾危之習 予固憫焉. 今者 不逞之徒 或憑國家利害 或挾一身愛惡
<small>경위 지습 여고 민언 금자 불령 지도 혹빙 국가 이해 혹협 일신 애오</small>

造言往來 以爲阿附之階 仕進之徑 間我君臣 構我宗室將相 其
<small>조언 왕래 이위 아부 지계 사진 지경 간아 군신 구아 종실 장상 기</small>

爲國家之禍 將有不可勝言者矣. 興言至此 予實痛心. 議政府 統
<small>위 국가 지화 장유 불가 승언 자의 흥언 지차 여실 통심 의정부 통</small>

百官施號令 以輔寡人之治. 其令臺諫 體予至懷 輒隨所聞 陳達
<small>백관 시 호령 이보 과인 지치 기영 대간 체여 지회 첩수 소문 진달</small>

無隱 則雖宗室功臣 事關宗社 當以法論 已載盟書 予不敢宥. 其
<small>무은 즉수 종실 공신 사관 종사 당 이법 논 이재 맹서 여 불감 유 기</small>

有爲宗社計者 或直來親告 或實封以聞 以廣言路 以幸宗社.'
<small>유위 종사 계자 혹 직래 친고 혹 실봉 이문 이광 언로 이행 종사</small>

上召提學卞季良入內 卽命製之.
<small>상 소 제학 변계량 입내 즉명 제지</small>

丁卯 海州微雪.
<small>정묘 해주 미설</small>

御經筵廳. 上謂左右曰: "今設鎭撫所 蓋欲法古者兵權不偏屬之
<small>어 경연청 상위 좌우 왈 금설 진무소 개 욕법 고자 병권 불 편속 지</small>

意也. 太祖之時 三軍府專掌兵事 然諸道軍兵進退 則從政府號令
<small>의야 태조 지시 삼군부 전장 병사 연 제도 군병 진퇴 즉종 정부 호령</small>

權勢兩立 革爲承樞 近來軍務 全屬兵曹 其法稍輕. 今則三軍動作
<small>권세 양립 혁위 승추 근래 군무 전속 병조 기법 초경 금즉 삼군 동작</small>

先告領三軍 次告三軍摠制 此不偏屬之意也." 知議政府事偰眉壽
<small>선고 영삼군 차고 삼군 총제 차 불 편속 지 의야 지의정부사 설미수</small>

以輪次入侍朝啓 上問曰: "昨日下旨 政府知其意否? 我朝風俗之
<small>이 윤차 입시 조계 상 문왈 작일 하지 정부 지기 의부 아조 풍속 지</small>

美 異乎前朝之季 然外多謙遜之風 內乏淳厚之德 何也? 造言往來
<small>미 이호 전조 지계 연외 다 겸손 지풍 내핍 순후 지덕 하야 조언 왕래</small>

者 容或有之 風俗不美 莫此若也. 若前朝之季 則權柄在下 故無
<small>자 용혹 유지 풍속 불미 막 차약 야 약 전조 지계 즉 권병 재하 고무</small>

造言往來者. 昨日予命卞季良 直書予言 密傳政府 卿等知其意否?
<small>조언 왕래 자 작일 여명 변계량 직서 여언 밀전 정부 경등 지기 의부</small>

予將面告政丞." 眉壽俯伏對曰: "臣固不敢知."
<small>여 장 면고 정승 미수 부복 대왈 신고 불감 지</small>

命領春秋館事河崙 修太祖實錄. 上召崙及知春秋館事柳觀
명 영춘추관사 하륜 수 태조실록 상 소륜급 지춘추관사 유관

同知春秋館事鄭以吾 卞季良至闕. 中官引崙入內 旣而 中官
동지춘추관사 정이오 변계량 지궐 중관 인륜 입내 기이 중관

傳旨柳觀等曰: "太祖實錄 聽晉山府院君指畫編修以進." 崙
전지 유관 등 왈 태조실록 청 진산부원군 지획 편수 이진 륜

承命出. 召掌務史官曰: "自壬申年至庚辰年 史官史草 宜速
승명출 소 장무 사관 왈 자 임신년 지 경진년 사관 사초 의속

收納." 柳觀 卞季良會春秋館 議編修事目. 記事官等告曰:
수납 유관 변계량 회 춘추관 의 편수 사목 기사관 등 고왈

"竊觀古史 皆成於三世之後 在前朝亦然. 太祖實錄 豈宜編於
절관 고사 개 성어 삼세 지후 재 전조 역연 태조실록 기의 편어

今日乎? 本館盍上疏請止之?" 觀等曰: "記事官爲之可也." 遂
금일 호 본관 합 상소 청 지지 관등왈 기사관 위지 가야 수

告領館事河崙 崙曰: "若欲疏請 必稽古法. 古史亦皆成於嗣君之
고 영관사 하륜 륜왈 약욕 소청 필계 고법 고사 역개 성어 사군 지

時. 無稽之言 何足貴哉!" 記事官等曰: "以太祖之舊臣 撰太祖
시 무계 지언 하족 귀재 기사관 등왈 이 태조 지 구신 찬 태조

之實錄 後世之議 以爲如何?" 崙作色曰: "太祖之事 一時史官
지실록 후세 지의 이위 여하 륜 작색 왈 태조 지사 일시 사관

豈能備記! 不足取以爲實 宜及老成之臣未亡之日 備記本末 勒成
기능 비기 부족 취 이위 실 의급 노성 지신 미망 지일 비기 본말 늑성

實錄 是可爲也. 今臺諫之臣 猶不諱言人罪過. 況以書法褒貶人
실록 시 가위 야 금 대간 지신 유불 휘언 인 죄과 황 이 서법 포폄 인

乎? 古人云: '文獻 文則史也 獻則老成人也.' 予則不知其不可
호 고인 운 문헌 문즉 사야 헌즉 노성 인야 여즉 부지 기 불가

也." 記事官等以告監館事成石璘 石璘曰: "此議不知所自出 非
야 기사관 등 이고 감관사 성석린 석린 왈 차의 부지 소자출 비

老臣所知也. 吾雖監館 元無上命 又無稟令者來言 安得以知之!
노신 소지 야 오수 감관 원무 상명 우무 품령 자 내언 안득 이 지지

具疏以請 責在史官."
구소 이청 책재 사관

召司憲掌令李叔捧 命勿論檜巖僧作佛事. 命曰: "聞所司欲論
소 사헌 장령 이숙봉 명 물론 회암 승 작 불사 명왈 문 소사 욕론

檜巖僧 聚婦女作佛事 然有上王之請 且無婦女失行聲惡之事 其
회암 승 취 부녀 작 불사 연유 상왕 지청 차무 부녀 실행 성악 지사 기

勿更問." 又曰: "爾等旣以司諫院爲犯判 胡乃遍劾諫院乎?"
물 갱문 우왈 이등 기 이 사간원 위 범판 호 내 편핵 간원 호

對曰: "但劾掌務." 上曰: "雖但劾掌務 而於請罪之章 兼擧行首
대왈 단핵 장무 상왈 수 단핵 장무 이어 청죄 지장 겸거 행수

何耶? 爾且退." 乃謂左右曰:"臺諫員本擇識理之人 然往往有

妄發之事. 無乃一人起言 則餘人不能止 靡然從之乎? 此間諫院

劾憲府 亦輕躁無詳審."

改三軍鎭撫所爲義興府 秩二品 置兼判事 知事 同知事各一人;

三品以下 依舊稱鎭撫. 蓋取太祖之時義興三軍府之名也. 上謂

左代言金汝知曰:"自古兵權沿革 未有如寡人之用心者." 汝知

對曰:"兵權散主 常在公室 萬世之龜鑑也." 自是銓選儀仗稟命

移文等事 兵曹掌之 其餘軍機侍衛巡綽等事 皆屬義興府. 義興府

簡閱軍士 令兵曹考察.

謝恩使完城君李之崇 副使原平君尹穆 回自京師.

戊辰 京畿廣州 兔山雨雹.

月城君金需卒. 順德大妃之兄也. 淳儉質直 卒年七十二. 輟朝

三日 諡靖胡公. 一子謙.

己巳 太白晝見.

日本 九州牧右武衛將軍源道鎭 遣使陳慰 獻禮物.

| 원문 읽기를 위한 도움말 |

① 爲境城鎭撫所獲. '爲~所~'의 구문으로 '~에게 ~당하다'라는 뜻이다.

② 見召. 見은 수동형을 만드는 조동사다. '부름을 받다'라는 뜻이다.

태종 9년 기축년
9월

九月

경오일(庚午日-1일) 초하루에 금성(金星)이 태미원(太微垣) 우집법(右執法)¹에 들어갔다.

○ 상이 친히 문소전(文昭殿)에 전(奠)을 올렸다.

○ 춘추관 기사관(春秋館記事官) 송포(宋褒) 등이 소(疏)를 올렸다. 소는 이러했다.

'신 등이 듣건대 하늘의 도리는 위에 있으면서 아래와 사귀고[濟=際] 땅의 도리는 낮은 곳에 있으면서 위로 운행한다²고 했습니다. 대체로 임금은 하늘의 원칙[經]을 본받기 때문에 빼어난 이[聖人]는 아래에 물어야 하는[詢下] 마땅함[義]이 있고 광부(狂夫)³도 땅의 마

---

1 고대 중국의 천문 이론에 따르면 태미원은 하늘 나라 임금과 대신이 모여서 나랏일을 의논하는 곳, 명당(明堂)이다. 임금은 높은 옥좌에 앉고, 신하는 아래 바닥에 서 있거나 앉아서 국정을 논한다. 태미원은 왼쪽 담인 좌원장(左垣墻)과 오른쪽 담인 우원장(右垣牆)으로 둘러싸여 있다. 두 담이 남쪽에서 만나는데, 그 사이는 태미원의 문으로 단문(端門)이라고 일컫는다. 단문을 이루는 두 별을 집법(執法)이라고 부른다. 왼쪽 별은 좌집법(左執法)으로 정위(廷尉)라는 벼슬아치이고, 오른쪽 별은 우집법(右執法)으로 어사대부(御使大夫)다. 정위는 법을 받들어 흉악 무도한 자를 제거하고, 어사대부는 관리를 규찰한다. 달과 행성은 태미원에서 옥황상제의 명령을 받아 28수 제후 별자리에게 전하려고 온 하늘을 돌아다닌다. 옛 사람은 달이나 행성이 좌우집법 별에게 다가가거나 태미원 담을 이루는 벼슬아치별이나 장군별에게 다가가면 대개 불길한 조짐으로 여겼다.

2 이 말은 『주역(周易)』 겸(謙)괘(☶ ☷)에 대한 상(象-전체 모양) 풀이다. 하늘의 기운은 아래로 사귀기 때문에 만물을 길러주고 그 도리가 광명하다고 했고 땅은 낮은 곳에 처했기 때문에 그 기운이 위로 운행하여 하늘과 사귀게 되어 모두가 형통하게 된다는 뜻이다.

3 미친 사람은 아니고 말과 행동을 함부로 하는 사람을 말한다.

땅함을 본받아야 하기 때문에 말씀을 올려야 할[進言] 책임이 있습니다. 신 등은 모두 재주도 없이 외람되게[承乏] 사직(史職)에 있으니 무릇 일이 사기(史記)에 관계되는 것이라면 어찌 감히 입을 다물고 침묵할 수 있겠습니까?

근래에 태조 강헌대왕(太祖康獻大王)의 실록(實錄)을 편수하라는 명이 있었는데, 신 등이 하지(下旨)를 가만히 듣고서는 두려움을 이길 수 없습니다. 생각건대 당(唐-요임금) 우(虞-순임금) 삼대(三代-우왕·탕왕·문왕·무왕) 이래로 그 실록(實錄)이 당대(當代) 사람에게서 이뤄진 일은 없습니다. 우선 당(唐)과 우(虞)를 들어서 (그 행적이 담겨 있는 『서경(書經)』을) 논한다면, 당요(唐堯-요임금)의 일은 (『서경(書經)』의) 우사(虞史)(혹은 우서(虞書))에 기록돼 있고, 우순(虞舜-순임금)의 일은 하서(夏書)에 실려 있으니 모두 다른 대[異代]에 이뤄진 것입니다. 요(堯)의 일을 기록한 것을 '요전(堯典)'이라 하는데, 그 글은 우서(虞書)입니다. 삼대(三代)로부터 한(漢)·당(唐)을 거쳐 지금에 이르기까지 그 수사(修史)의 법이 모두 후인(後人)의 손에서 나왔고, 같은 때[一時]의 신하가 같은 때의 사기(史記)를 찬수(撰修)했다는 말은 듣지 못했습니다. 물론 대(代)가 가까운데 사기(史記)를 찬수한 것이 간혹 더러 있기는 하나 어찌 밝은 시대에 본받을 것이겠습니까?

지금 우리 전하께서 모든 시위(施爲-정사)를 행함에 있어 요순을 본받으시고 보좌하는 신하들 또한 요순의 도리가 아니면 진달하기를 원치 않는데, 어찌하여 당(唐)·우(虞) 만세(萬世)의 법을 버리시고 후세(後世) 어느 한때의 일을 본받으십니까? 하물며 우리 태조 대왕(太祖大王)께서 하늘이 주신 용지(勇知)한 자품(資稟)으로 응천순인

(應天順人)'해 집안을 바꿔 나라를 세우셨으니[化家爲國] 그 신령스러운 공덕[神功]과 빼어난 다움[聖德]은 당(唐)·우(虞)에 방불(髣髴)하고 간책(簡策-역사책)에 빛났습니다.

오늘날 분주(奔走)하고 있는 전하의 문무(文武) 신하들이 모두 태조(太祖) 때의 구신(舊臣)들인데 태조의 신하로서 태조의 역사를 편찬하면 후세에 태조를 의논하는 자들이 그 공렬(功烈)과 덕업(德業)의 성대함과 규모(規模) 및 강기(綱紀)의 큰 것을 보고 반드시 말하기를 "같은 때의 신하가 기려서 미화한[襃美] 말이요, (후대에까지) 전(傳)하여 믿을 만한 글이 아니다"라고 할 것입니다. 이와 같다면 태조의 혁혁(赫赫)한 공렬(功烈)로써 장차 후인(後人)의 이목(耳目)에 의심을 남기게 되니 어떠하겠습니까? 전(傳)에 이르기를 "최상(最上)을 본받아야 겨우 그 중간을 얻는다"[5]라고 했습니다. 전하께서 이미 요순을 본받으시면서 어찌 이 일만은 쇠퇴한 세상을 따르십니까? 엎드려 바라건대 전하께서는 신의 충성스러움과 간곡함을 생각하시고 신의 광고(狂瞽)[6]함을 불쌍히 여기셔서 곧 그대로 윤허하시는[兪允]옥음(玉音)을 내리시어 실록(實錄)을 편수하란 명을 철회하셔야 할 것입니다.'

상이 경연 사관(經筵史官) 우승범(禹承範)에게 일러 말했다.

---

4 천명(天命)에 응하고 인심(人心)에 따른다는 말이다.

5 당나라 태종이 지은 『제범(帝範)』에 나오는 말이다. "최상(最上)을 본받아야 겨우 그 중간을 얻고 중간을 본받으면 최하를 얻게 된다." 『손자병법(孫子兵法)』에도 비슷한 말이 나온다.

6 미치광이와 눈먼 사람을 의미한다. 뜻이 변하여 도리(道理)를 알지 못해 앞뒤를 가리지 않고 마구 달려드는 것을 가리킨다.

"소(疏)의 뜻이 진실로 옳기는 하지만 대(代)가 가까운데도 사기(史記)를 편수했다는 것은 어느 대(代) 어느 사람을 가리킨 것이냐? 왕씨(王氏)의 일을 이씨(李氏)가 편수하고 이씨(李氏)의 일을 후대(後代)에 편수하는 것이냐?"

승범(承範)이 우물쭈물하며[浚巡] 능히 대답하지 못하니 상이 말했다.

"너를 속여서[紿] 묻는 것이 아니다."

승범이 대답했다.

"이른바 대(代)라는 것은 성(姓)을 바꾼 것[易姓]을 가리킨 것이 아니고, 조종(祖宗) 자손(子孫)이 서로 잇는 멀고 가까운 것을 말하는 것입니다. 태조(太祖)로부터 성상(聖上)에 이르기까지 비록 3대(代)라고는 하나 겨우 18년 동안의 일이니 어찌 이대(異代)라고 할 수 있습니까? 또 수찬(修撰)을 맡은 신하가 어찌 자신(自身)에 대한 일이 없겠습니까? 같은 때의 신하로서 당세(當世)의 인물(人物)을 논(論)하는 것은 모두 불가합니다."

상이 좌대언 김여지(金汝知)를 시켜 송포(宋褒)에게 '대(代)가 가까운데도 사기(史記)를 편찬한 자'를 물으니 포(褒) 등이 대답했다.

"송(宋)나라 조정에 있었으나 오늘날에 본받을 것은 못 됩니다."

상이 말했다.

"내가 마땅히 생각해보겠다."

상이 좌우(左右)에 일러 말했다.

"요(堯)의 일을 우(虞)나라 사관(史官)이 편수했고 순(舜)의 일을 하(夏)나라 사관(史官)이 편수한 것이 분명하나 한(漢)나라 위(魏)나라 이후에 이르러서는 그렇지 않다. 또 공자(孔子)가 『춘추(春秋)』를 찬수(撰修)한 것이 정공(定公) 애공(哀公)의 세상에 있었던 일인데 정공·애공 때의 일을 아울러 썼으니, 이것으로 본다면 실록(實錄)을 편수하는 것이 의심될 것 없다. 역대의 사기(史記)에 간혹 임금을 죽이고 왕위를 빼앗았어도 이를 휘(諱)하지 않은 것이 있는데 만일 그 아들로 하여금 보게 했다면 반드시 산삭(刪削)했을 것이다. 그러나 이를 기록하고 산삭하지 않은 것을 보면 오랜 뒤에 사기(史記)를 편수했다는 사실을 가히 알 수 있다."

황희(黃喜)가 대답했다.

"사초(史草)는 반드시 3대(代)가 지난 뒤에 나오는 것이니 지금의 이 거사(擧事)는 실로 미편(未便)합니다."[7]

임신일(壬申日-3일)에 태백성이 낮에 보였다가 하늘을 가로질러 갔다.

○ 의정부찬성사 이천우(李天祐)를 겸의흥부판사, 공조판서 박자청(朴子靑)을 겸의흥부지사, 풍천군(豊川君) 심구령(沈龜齡)을 겸의흥부동지사, 유용생(柳龍生)을 형조판서(刑曹判書), 이문화(李文和)를 사헌부대사헌, 직예문관(直藝文館) 조말생(趙末生)과 권훈(權壎)을 겸 춘추관 기주관(春秋館記注官), 이조정랑 윤회(尹淮)와 예조정랑 신장(申檣)을 겸 춘추관 기사관(春秋館記事官)으로 삼았다. 구 대간(舊臺諫)들은 사사로이 서로 보복했기 때문에 모두 파면하고 박습(朴習)을 우사간

---

7 미편하다는 것은 사리에 맞지 않는다는 말이다.

(右司諫), 이공유(李公柔)를 사헌집의(司憲執義)로 삼았다.

○ 안노생(安魯生)과 전목(全穆) 여의(呂儀)를 경외(京外)에 종편(從便)하도록 명했다.

○ 공안부 윤(恭安府尹) 이고(李皐)가 전(箋)을 올려 사직하니 진의귀(陳義貴)로 대신했다. 의정부참지사 권완(權緩)을 파면하고 윤향(尹向)으로 대신했다. 고(皐)는 나이가 71세이므로 노사(老辭)한 것이었다.

○ 민무구(閔無咎) 형제(兄弟)가 이숙번(李叔蕃)과 평소 서로 꺼리는 사이였는데 무구(無咎) 등이 내쳐지자 상이 일찍이 윤저(尹柢)를 불러 사람들을 물리치고[屛人] 말했다.
_{병인}

"경은 무슨 까닭으로 숙번(叔蕃)에게 당부(黨附-아부)하는가?"

상의 뜻은 대개 권신(權臣)이 붕비(朋比)하는 것을 미워한 것이다. 저(柢)가 권완(權緩)에게 누설했는데 완(緩)이 숙번에게 고하니 숙번이 상에게 일러바쳤다[白]. 이날 상이 완의 관직을 파면했다.
_백

계유일(癸酉日-4일)에 편전(便殿)에 임어하여 이천우(李天祐), 김한로(金漢老), 이응(李膺), 황희(黃喜), 조용(趙庸), 김과(金科) 등을 불러서 일러 말했다.

"옛날에 진(晉)나라 경공(景公)이 조동(趙同)과 조괄(趙括)을 죽였는데 꿈에 큰 여귀(厲鬼)가 문(門)을 부수고 들어오자 경공이 작은 방으로 피하니 여귀가 쫓아오며 말하기를 '내 손자를 죽인 것은 불의(不義)한 일이다. 이미 상제(上帝)에게 고했다'라고 했다 한다. 태조(太祖)께서 내게 견책(譴責)하는 것이 어찌 그른가? 내가 스스로 생

각하기를 이미 어버이에게 환심을 사지 못했고 내가 두어 자식이 있
는데 무구(無咎) 등이 또 이를 해치려고 하기 때문에 지난 병술년
(~1406년)에 위(位)를 내려놓아 (우환을) 피하려고 했었다. 그러나 신
자(臣子)들의 저지를 받아서 이를 행하지 못했는데 (그때) 무구의 노
기(怒氣)가 안색(顔色)에 나타났었다."

또 김과(金科)에게 일러 말했다.

"경진년(~1400년)에 효령(孝寧) 충녕(忠寧)이 나이 겨우 네 살, 다섯
살이었는데, 네가 이들을 가리켜 말하기를 '이 작은 왕자(王子)가 또
한 장(長)을 다투는 마음이 있다'라고 했고, 또 병술년에 이르러서도
이 두 자식을 가지고 말을 했었는데 언사(言辭)가 심히 불쾌했다. 만
일 내가 이 말을 누설했다면 네가 어찌 편안하겠는가? 네가 만일 숨
긴다면 내가 마땅히 선포해 말하겠다."

과(科)가 대답했다.

"진실로 그런 말을 한 적이 있습니다."

상이 말했다.

"네가 만일 그런 말을 한 적이 있었다고 한다면, 내가 마땅히 누설
하지 않겠다. 내 어찌 식언(食言)하겠느냐? 세자가 『대학연의(大學衍
義)』를 배울 때에 권수(卷數)가 많아서 두루 보기가 쉽지 않기에 내
가 너를 시켜 가장 거울이 되고 경계가 될 만한 것을 뽑아 분류(分
類) 편찬(編撰)하게 해 세자로 하여금 항상 마음과 눈에 두게 하려고
했는데 네가 척속(戚屬)에 관한 것을 가르치는 편(篇)을 빼어버렸다.
대체로 척속(戚屬)의 겸손공근(謙遜恭謹)한 복(福)과 교만방일(驕慢
放逸)한 화(禍)는 바로 세자가 마땅히 강습(講習)해야 할 것인데 네

가 이것을 빼었으니 이것은 온전히 외척(外戚)을 두려워한 것이다. 옛 사람이 저술한 글을 읽는 것도 진실로 두려우냐?"

그 말씀이 심히 간절하고 슬프니 여러 신하가 모두 울었다. 상이 또 눈물을 흘리며 말했다.

"임금의 자식은 오직 맏아들만 남기고 그 나머지는 모두 죽여야 하느냐?"

그러고나서 한로(漢老)를 가리키며 말했다.

"세자가 만일 여러 아들을 낳으면 경의 마음은 어떻겠는가?"

천우(天祐) 등이 함께 과(科)를 유사(有司)에 넘겨 다스릴 것을 청하니 상이 말했다.

"부디 이 말을 드러내지 말라."

대언(代言) 김여지(金汝知)가 나아와 아뢰었다.

"『시경(詩經)』에 이르기를 '종자(宗子)는 성(城)과 같다'[8]라고 했으니 자손이 번성한 것은 종사(宗社)의 복(福)입니다."

상이 말했다.

"백이나 되는 아들'[9]이란 것은 『시경(詩經)』에 말한 것이다."

뒤에 김과를 불러 힐난하며 말했다.

"네가 근래에 어느 사람에게 말하기를 '내가 사생(死生)을 걸고 바로잡고자 한다'라고 했다는데 그런 말(을 한 적)이 있는가? 내가 적서(嫡庶)의 분변(分辨)을 밝히지 못하니 네가 간절히 간언해 죽고자 하

---

8 대아(大雅) 판(板)편에 나오는 구절이다.
9 대아(大雅) 사제(思齊)편에 나오는 구절이다.

는 것인가? 무엇을 가리켜 한 말인가?"

과가 대답했다.

"신이 본래 어리석고 미혹돼 지나친 말을 했습니다. 죽어도 남는 죄가 있으니 죽음도 달갑게 받겠습니다."

상이 말했다.

"어제 네가 말하기를 '집에서 대죄(待罪)하겠다'라고 하기에 내가 듣고 불쌍히 여겼는데 네가 면대(面對)하지 않고 문득 다른 사람에게 고했으니 네가 늙었으면서 심술(心術)이 어찌 이렇게 바르지 못하냐? 네가, 세자(世子)가 읽을 『대학연의(大學衍義)』에서 초록을 편찬할 때 국본(國本)을 정하고 적서(嫡庶)의 분수(分數)를 분변하지 않을 수 없는 것을 아울러 실었는데 이 편(篇)에 (제나라) 환공(桓公), 양공(襄公), 한나라 성제(成帝), 오(吳)나라 손권(孫權), 당나라 태종(太宗) 등 다섯 임금의 일을 기록했으니 모두 부자 형제(父子兄弟) 간에 선처(善處)한 자가 아니다. 세자가 일찍이 배운 것이 없는데 먼저 이 편(篇)을 배우게 되면 장차 생각하기를 '부자 형제(父子兄弟)도 또한 두렵다'라고 할 것이니 불효부제(不孝不悌)의 마음을 열어 주는 것이 아닌가? 네가 전일에 말한 것이 심지어 여기에도 나타났다. 내가 사의(私意)로 네 죄를 밝게 바로잡지 않는다면 내가 잘못된 것이다."

여지에게 일러 말했다.

"지금 민씨(閔氏)의 당(黨)이 나더러 참소(讒訴)를 듣는다[10]고 하는

---

10 이 말은 곧 밝지 못한[不明] 군주라는 뜻이다.
불명

데 그렇다면 임금의 자식은 오직 장자(長子)만 남기고 나머지는 모두 다 죽여야 옳으냐?"

○ 개성유후(開城留後) 이옥(李沃)이 졸했다. 조회(朝會)를 3일 동안 정지하고 시호(諡號)를 정절(靖節)이라 내려주었다.

○ 삼관(三館)[11]이 의정부에 글을 올렸다. 글은 이러했다.

'전(傳)에 이르기를 '배워서 여력(餘力)이 있으면 벼슬하고 벼슬하여 여력이 있으면 배우라'[12]고 했습니다. 벼슬하는 자는 진실로 배우지 않을 수 없습니다. 지금 우리 국가에서는 삼관(三館)의 여러 선비로 하여금 경학(經學)을 강(講)하게 해 그 체(體-일의 본질)를 밝히고, 사장(詞章)을 지어서 그 용(用-쓰임)을 통달케 하니 진실로 일대(一代)의 아름다운 법입니다. 매번 봄과 가을이 되면 제(題-시제)를 명해 시(詩)를 짓게 하고, 그 고하(高下)의 등수를 정해 위에 아뢰면, 합격한 자는 격려를 받고 합격하지 못한 자는 노력하니 비록 (그 시험으로 인해) 내치거나 승진시킴[黜陟]은 없으나 저절로 격려하고 징계하는 바가 있어 사람들이 각각 힘씁니다. (그런데) 세초(歲抄)[13]에

---

11 예문관 춘추관 교서관을 함께 일러 말하는 것이다.

12 『논어(論語)』「자장(子張)」편에 나오는 공자의 제자 자하(子夏)의 말이다.

13 조선시대에 6월과 12월의 인사이동에 앞서 허물이 있는 관원의 이름을 적어서 국왕에게 올린 문서를 말한다. 조선시대에는 고려시대와 같이 매년 6월과 12월의 두 차례 도목정(都目政)이라 하여 관원의 인사이동을 했는데, 6월의 것을 6월도목(六月都目)이라 하여 서리(胥吏)에 대한 인사이동을 했고, 12월의 것을 세말도목(歲末都目)이라 하여 문무관(文武官)에 대한 인사이동을 했다. 이조(吏曹)와 병조(兵曹)에서는 이보다 앞서 6월 1일과 12월 1일까지 조관(朝官-중앙관리) 중에서 허물이 있는 자의 명단을 국왕에게 올리고 국왕은 이를 보고 해당자의 이름 위에 점(點)을 쳐서 내리면 점을 찍힌 자는 좌천, 또는 강등했다. 또한 나라에 경사가 있어 사면(赦免)이 내릴 때에는 별세초(別歲抄)라 하여 풀어줄 자의 이름을 적어 올렸다.

있어서 경서(經書)를 고강(考講)해 승진시키고 내치는 바탕을 삼는 것에 이르러서는 부족한 점이 있는 것 같습니다. 한 문단[一章]을 외우는 것과 하루 아침의 요행으로 인해 사람의 작록(爵祿)을 빼앗아 선진(先進)의 침체와 후진(後進)의 요행을 가져오고 실지의 효과는 없으니 염치(廉恥) 있는 선비가 간혹 한(恨)하는 바가 있습니다. 진실로 바라건대 이제부터는 세초(歲抄)에 고강(考講)해 출척(黜陟)하는 법을 고쳐 독서(讀書)에 대하여는 문충공(文忠公) 권근(權近)이 만든 학식(學式)에 의거해 매월(每月) 삼관(三館)의 여러 선비가 각각 그 이름 아래에 아무 글을 읽는데 아무 달 아무 날로부터 시작해 아무 달 아무 날까지 이미 몇 편(篇)을 읽었다고 갖춰 써서 문안(文案)을 만들어 바치되 항구한 법식으로 삼고, 고강(考講)하는 것은 봄 가을에 부시(賦詩)하는 예(例)에 의거해 관각(館閣)의 제학(提學)이 (선비들이) 읽은 바를 강(講)하게 해 그 우열(優劣)의 등수를 정해 위에 아뢰면 사람들이 모두 격려되어 정력(精力)이 있는 자는 반드시 더 힘쓰고 게으르고 소홀한 자는 반드시 스스로 경성(警省)할 것이오니 어찌 자포자기(自暴自棄)해 국가에서 교육(敎育)하는 아름다운 뜻을 저버리겠습니까? 이렇게 하면 권학(勸學)하는 방법이 더욱 정밀해지고, 선비를 대접하는 뜻이 두루 베풀어질 것입니다. 바라건대 (위에) 신문(申聞)하여 시행하게 해야 할 것입니다.'

정부(政府)에서 전해 아뢰니 상이 보고 나서 말했다.

"본래 (세초는) 권학(勸學)을 위해 베풀었으니 별로 이해(利害)도 없이 성법(成法)을 무너뜨리는 것은 내가 싫어하는 바다."

갑술일(甲戌日-5일)에 겸 중군총제(中軍摠制) 마천목(馬天牧)을 (전라도) 곡성(谷城)으로 유배 보냈다. 천목(天牧)이 감순청(監巡廳)에서 어떤 일을 가지고서 전리(典吏) 고을귀(高乙貴)를 매질했는데 을귀(乙貴)가 이로 인해 죽었다. 사헌부(司憲府)에서 소를 올려 죄를 청하니 상이 말했다.

"이 사람은 성품이 본래 너그럽고 부드러우니[寬柔] 반드시 오살(誤殺)일 것이다. 하물며 사문(私門)이 아니고 공사(公事)이며 또 공신(功臣)이니 마땅히 논하지 말라."

헌부에서 다시 청하니 마침내 유배를 보냈다.

을해일(乙亥日-6일)에 일본(日本) 일향주(日向州) 사람이 와서 토산물을 바쳤다.

○ 전라도(全羅道) 병선(兵船)이 바람을 만나 부서졌다. 수군 도만호(水軍都萬戶) 이흥무(李興武)가 해도(海島)에 들어가 왜적(倭賊)을 수색하던 중이었다. 빠져 죽은 자가 21인이었는데 상이 듣고서 슬퍼하며 말했다.

"이것은 바람 기운을 제대로 살피지 않아 그리된 것이다."

죽은 자의 집을 구휼(救恤)하도록 명했다.

정축일(丁丑日-8일)에 (황해도) 해주(海州)에 성을 쌓을 것을 명했다.

○ 예조(禮曹)에서 역대의 『실록(實錄)』을 수찬(修撰)한 법을 올렸다. 아뢰어 말했다.

"본조(本曹)에서 삼가 왕지(王旨)를 받들어 고전(古典)을 상고해보니 한 무제(漢武帝) 때에 사마천(司馬遷)[14]이 황제(黄帝)로부터 서한(西漢) 무제(武帝)까지의 일을 찬수(撰修)했고 동한(東漢) 명제(明帝)가 반고(班固)[15]로 하여금 서한(西漢) 고조(高祖)로부터 찬수하여 효평제(孝平帝)와 왕망(王莽)의 일에서 마쳤으며 당태종(唐太宗)이 방현령(房玄齡) 등에게 조서(詔書)하여 『고조실록(高祖實錄)』을 수찬했고 정관(貞觀) 17년에 방현령이 『태종실록(太宗實錄)』을 찬수해 14년이 걸렸고, 송 태조(宋太祖)의 『실록(實錄)』에 이르러서는 태종(太宗) 때에 심륜(沈倫) 등이 찬수했고, 『태종실록』은 진종(眞宗) 때에 전약수(錢若水)에게 명해 수찬했고, 원(元)나라 성종(成宗) 원년에 한림 국

14 사마담(司馬談)의 아들이다. 7세 때 아버지가 천문 역법과 도서를 관장하는 태사령(太史令)이 된 이후 무릉(武陵)에 거주하며 고문을 익혔다. 20세 무렵 낭중(郎中)이 되어 무제(武帝)를 수행해 강남(江南)과 산동(山東), 하남(河南) 등지를 사신으로 다니면서 여행했다. 원봉(元封) 원년(기원전 110년) 아버지가 죽으면서 『사기(史記)』의 완성을 부탁했고, 3년(기원전 108년) 태사령이 되면서 황실 도서에서 자료 수집을 시작했다. 태초(太初) 원년(기원전 104년) 역법(曆法)의 개혁에 참여했고, 당도(唐都), 낙하굉(落下閎) 등과 함께 『태초력(太初曆)』을 수정했다. 천한(天漢) 2년(기원전 99년) 저술에 몰두하던 중 흉노(匈奴)의 포위 속에서 부득이 투항하지 않을 수 없었던 친구 이릉(李陵) 장군을 변호하다 황제의 노여움을 사 남자로서 가장 치욕스러운 궁형(宮刑)을 받았다. 출옥한 뒤 중서령(中書令)에 올랐다. 더욱 발분하여 정화(征和) 3년(기원전 90년년) 『사기』(원래 이름은 『태사공서(太史公書)』를 완성했다.

15 반표(班彪)의 아들이자 서역도호(西域都護) 반초(班超)의 형이며, 반소(班昭)의 오빠다. 박학능문(博學能文)하여 아버지의 유지를 이어 고향에서 『사기후전(史記後傳)』과 『한서(漢書)』의 편집에 종사했지만, 영평(永平) 5년(62년)경 사사롭게 국사(國史)를 개작한다는 중상모략으로 투옥되었다. 반초가 상서하여 적극 변호해 명제(明帝)의 용서를 받아 석방됐다. 20여 년 걸려서 『한서』를 완성했다. 명제가 그의 학문을 중시해서 난대영사(蘭臺令史)에 임명했다. 이후 낭(郎)과 전교비서(典校秘書)를 역임했다. 건초(建初) 4년(79년) 여러 학자들이 백호관(白虎觀)에서 오경(五經)의 이동(異同)을 토론할 때, 황제의 명령을 받아 『백호통의(白虎通義)』를 편집했다. 화제(和帝) 때 두헌(竇憲)의 중호군(中護軍)이 돼 흉노 원정에 수행하고, 영원(永元) 4년(92년) 두헌의 반란사건에 연좌돼 옥사했다.

사원(翰林國史院)에 조서(詔書)해 『세조실록(世祖實錄)』을 수찬했고 7년에 한림 국사원이 태조(太祖)로부터 헌종(憲宗)까지 5조(五朝)의 『실록』을 수찬했습니다. 옛 규례에 의거해서 본조(本朝)의 국사(國史)도 수찬해야 합니다."

상이 이를 바탕으로 좌우(左右)에게 일러 말했다.

"송(宋)나라로부터 내려오면서 그 『실록(實錄)』을 수찬(修撰)한 것이 모두 당세(當世) 사람에게서 나왔는데 지금 사관(史官)이 소(疏)를 올려 그만두자고 청하니 어디에 의거한 것인지 알지 못하겠다."

예조판서 이응(李膺)이 대답했다.

"같은 때의 사람이 같은 때의 일을 찬수(撰修)하면 어느 누가 갖춰 쓰고 곧게 써서 목전(目前)의 화(禍)를 당하려 하겠습니까? 신도 또한 하지 못하겠습니다."

상이 말했다.

"그러면 내가 진산부원군(晉山府院君)과 다시 의논하겠다."

○ 사관(史官) 송포(宋褒) 등이 성석린(成石璘)에게 일러 말했다.

"공(公)이 이미 감관사(監館事)로 있는데 국사(國史)를 수찬(修撰)하는 것을 예조(禮曹)에서 이미 (상의) 판지를 받았다[受判]고 합니다. 공이 마땅히 청해 그만두게 해야 합니다."

석린(石璘)이 말했다.

"이 뜻이 주상의 뜻[宸衷]에서 나왔는가? 아니면[抑] 청한 사람이 (따로) 있는가? 나는 알지 못하니 진산(晉山)에게 고하는 것이 좋을 것이다."

포(褒) 등이 마침내 륜(崙)에게 고해 말했다.

"태조(太祖)께서 당시(當時)의 사기(史記)를 보고자 하시자 대신(大臣)과 대간(臺諫)의 신하들이 간언해 그치게 했습니다. 지금 국사(國史)를 찬수하려는 것을 공(公)이 아니면 누가 그치게 하겠습니까?"

륜이 듣지 않았다. 대간(臺諫)이 교장(交章)해 말씀을 올렸다.

'신 등이 듣자오니 옛날에 제왕(帝王)으로부터 열국(列國)에 이르기까지 각각 사관(史官)이 있어 당시의 일을 맡아 기록했으나 그 (국사의) 수찬(修撰)에 있어서는 반드시 후인(後人)을 기다렸습니다. 그래서 『서전(書傳)』에 이르기를 "요전(堯典)은 순임금의 사관(史官)이 지은 것이요, 순전(舜典)은 하(夏)나라 사관이 지은 것이다"라고 했습니다. 그렇다면 당대(當代)의 신하가 당대의 사기(史記)를 찬수하지 못함이 분명합니다. 생각건대 태조 강헌대왕(太祖康獻大王)께서 영명(英明)하신 자품(資稟)과 신무(神武)하신 다움으로 응천순인(應天順人)하여 큰 기업(基業)을 개창하시어 예악(禮樂) 제도(制度)와 전장(典章) 문물(文物)을 당시의 사관(史官)이 곧게 써서[直書] 빠뜨림이 없었으니 후세에 마땅히 본받을 것입니다. 전하께서 문신(文臣)에게 명해 임신년부터 경진년까지 9년 동안의 사기를 찬수하게 하셨습니다. 신 등이 생각건대 공자(孔子)가 『춘추(春秋)』를 수찬함에 있어 (본인이 살았던 때의 임금이던) 정공(定公)과 애공(哀公)에 이르러서는 은미(隱微)한 말[微辭]이 많았습니다. 무릇 『춘추(春秋)』는 (노나라 임금이 아니라) 천자(天子)의 일인데도 공자의 은미한 말이 오히려 이와 같았고 방현령(房玄齡 578~648년)[16]이 당사(唐史) 6월 동안의 일

---

16 대대로 북조(北朝)를 섬겼고, 18세 때인 수나라 개황(開皇) 연간에 진사(進士)가 되어 습

을 수찬하는 데 말이 은미한 것이 많았습니다. 현령(玄齡)은 옛날의
명신(名臣)인데도 숨기고[諱] 곧게 쓰지 않은 것이 또한 이와 같았
습니다. 진(晉)나라에 이르러 비서감(祕書監) 손성(孫盛 302~374년)[17]
이 진사(晉史)를 짓는 데 그 일을 곧게 썼으므로 대사마(大司馬) 환
온(桓溫)이 이를 보고 노(怒)해 손성의 아들에게 이르기를 "고쳐 쓰
라"고 했습니다. 이에 손성의 아들들이 곧 배사(拜謝)하고 함께 울부
짖으며 머리를 조아려 손성에게 청하니, 손성이 크게 노하여 허락하
지 않으므로, 여러 아들이 환온의 위세를 두려워해 마침내 사사(私
私)로이 고쳤습니다. 신 등은 두렵건대 후인(後人)이 장차 이것을 가
지고 증거로 삼아 오늘날의 일을 가리켜 말하기를 "당대(當代)에 수

성위(隰城尉)에 올랐다. 당나라 군대가 관중(關中)으로 들어오자 태종(太宗)의 세력에 가
담, 측근으로 활약했다. 진왕부 기실(秦王府記室)이 되었다. 고조 무덕(武德) 연간에 장손
무기(長孫無忌) 등과 함께 현무문(玄武門)의 변(變)을 획책했다. 태종이 즉위하자 정관(貞
觀) 원년(627년) 중서령(中書令)이 되고, 형국공(邢國公)에 봉해졌다. 나중에 상서우복야
(尚書右僕射)가 되고, 위국공(魏國公)으로 바뀌었다. 감수국사(監修國史)에 올랐다. 11년
(637년) 양국공(梁國公)으로 옮겼다. 15년 동안 재상 직에 있으면서 성실하고 공평한 태
도로 일관했기 때문에 두여회(杜如晦)와 더불어 현상(賢相)이라는 칭송을 받았고, '방모
두단(房謀杜斷)'이라 불렸다. 정관지치(貞觀之治)는 그들에게 힘입은 바가 컸다. 태종의 신
임이 지극하여 고구려 공격 때는 장안(長安)에 남아 성을 지키기도 했다. 사공(司空)에
임명되자 여러 차례 고사했다. 일찍이 황명을 받아 『진서(晉書)』를 중찬(重撰)했다.
17 손초(孫楚)의 손자다. 10세 때 영천(穎川)의 태수였던 아버지가 살해되자 강남(江南)으로
피신했다. 박학했고, 명리(名理)를 잘 말해 은호(殷浩)와 어깨를 겨뤘다. 성장한 뒤 회계
(會稽)의 청담계(淸談界)에 이름이 알려져 좌저작랑(佐著作郎)을 시작으로 관료가 돼 정
위정(廷尉正)에 올랐다. 환온(桓溫)이 촉(蜀)을 정벌하는 데 종군해 오창현후(吳昌縣侯)
에 봉해지고 급사중(給事中)이 됐다. 학문을 좋아했는데, 특히 사재(史才)를 갖췄다. 노후
에도 학문을 버리지 않고, 『위씨춘추(魏氏春秋)』와 『진양추(晉陽秋)』 외에 시부와 논문
수십 편을 저술했다. 『진양추』에 대해 환온이 정치에 이롭지 않다며 수정하라고 지시하
자 따로 두 종의 책을 필사하여 모용준(慕容)에게 보냈다. 나중에 효무제(孝武帝)가 이문
(異聞)을 널리 구하다가 요동(遼東)에서 얻었다. 그래서 두 종류가 모두 존재하게 됐는데,
『진양추』 31권은 당시 양사(良史)라 불렸지만 모두 없어지고 전하는 것이 없다.

찬(修撰)한 것이니 족히 다 믿을 수 없다"라고 할까 염려됩니다. 만일 말하기를 "사마천(司馬遷)과 반고(班固) 등이 서한(西漢)의 사기(史記)를 수찬하고, 방현령(房玄齡)과 심륜(沈倫) 등이 당(唐)나라 송(宋)나라의 사기를 찬수했다"라고 한다면, 신 등이 전하께 바라는 뜻이 아닙니다. 신 등은 당(唐) 우(虞)를 오늘날에 바라고 한(漢) 당(唐)을 오늘날에 바라지 않습니다. 엎드려 바라건대 전하께서는 신 등의 구구(區區)한 소망을 굽어 채택해 오늘날 수찬(修撰)의 일을 정지하시면 태조(太祖)의 성(盛)한 공렬(功烈)에 심히 다행하고 사신(史臣)의 직필(直筆)에도 심히 다행이겠습니다.'

상이 윤허하지 않았다.

○ 원평군(原平君) 윤목(尹穆, ?~1410년)[18]과 한성소윤(漢城少尹) 정안지(鄭安止, ?~1421년)[19]를 순금사(巡禁司)에 내렸다. 애초에 이들 두 사람이 이지숭(李之崇)[20]과 더불어 경사(京師)에 갔었는데 행렬이 요

---

18 1400년(정종 2년) 전중군장군(前中軍將軍) 때, 이방간(李芳幹)의 난을 평정하고 태종이 왕위에 오르는 데 기여한 공으로 1401년(태종 1년)에 익대좌명공신(翊戴佐命功臣) 4등에 책록됐다. 그해 4월에 이무(李茂)의 추천으로 지합주사(知陜州使)로 임명됐으나 불만을 품고 임지로 떠났다. 임지인 합주에서 몽계사(夢溪寺)의 백종법회를 금지시키고 많은 양곡을 빼앗아버린 죄로 탄핵을 받았다. 1403년 태종 즉위에 협력한 공으로 원평군(原平君)으로 봉작됐다. 1405년 9월에 천추사(千秋使)가 돼 명나라에 갔다 왔고, 1407년에 평양부윤이 됐다. 1409년 9월에 사은부사로 명나라에 갔다왔다. 그해 10월에 민무구(閔無咎) 민무질(閔無疾) 옥사에 관련돼 사천으로 유배됐다가 다음해 유배지에서 처형됐다.

19 1405년 헌납이 돼 이목지관(耳目之官)으로서의 소임을 다했다. 1408년 세자시강원 문학이 돼 서연관(書筵官)으로서 세자에게 학문에 힘쓰게 했다. 1421년 제거(提擧) 임군례(任君禮)의 대역사건에 연좌돼 도망쳤다. 이에 의금부에서 형 안도(安道)와 장모·처자를 잡아 가두자 자수했다. 이어 옥사가 일어나 대역으로 논단(論斷)하여 임군례는 저자 거리에서 환형(轘刑)에 처해졌다. 이에 그도 연루돼 참형당했으며, 가산은 적몰되고 처자는 노비가 됐다.

20 의안대군 이화의 아들이다.

왕의 옛 도읍[遼東]에 이르러 목(穆)이 안지(安止)에게 일러 말했다.

"회안군(懷安君)은 그 공(功)이 심히 크고 여강군(驪江君) 여성군(驪城君) 또한 왕실(王室)에 공로가 있는데 주상(主上)과 국가에서 처치하는 바가 잘못되었소."

성(城) 밑에 이르러 목이 성읍(城邑)이 황폐한 것을 보고 또 안지에게 말했다.

"요부전하(遼府殿下)는 고황제(高皇帝)의 아들인데 초야(草野)에 버려져 있으니 아깝소!"

그러고는 봉건(封建)[21]에 대한 이해(利害)를 논해 말했다.

"우리 국가에서는 또한 마땅히 어떻게 해야 하며 무릇 왕자(王子)와 종친(宗親)은 어떻게 처치해야 하오?"

안지가 대답했다.

"임금이 밝고 신하가 훌륭하니 마땅히 부귀(富貴)를 편안히 누리게 해야 하겠지요."

목이 말했다.

"그렇지가 않소! 그대는 중국(中國)과 아조(我朝)의 일을 알지 못하오? 지금 회안군, 여강군, 여성군의 공훈(功勳)이 맹부(盟府)에 있는데 초야(草野)에 버려 두고 있으니 참으로 불쌍하오!"

또 말했다.

"여강군(驪江君) 형제(兄弟)가 공로가 있는 친속으로서 역시 귀양을 가게 됐으니 우리 같은 공신(功臣)은 더욱 보전(保全)하기 어렵소!

---

21 아들이나 공신을 봉해주는 것을 말한다.

상(上)의 여러 공신이 모두 (목숨을) 보전하지 못할 것이오!"

지숭(之崇)은 말 위에서 곤하게 졸며 거짓으로[佯] 못들은 척하고 회동관(會同館)에 이르러 안지에게 다짐해[質] 말했다.

"전일(前日)에 노상(路上)에서 한 말을 그대는 숨겨서는 안 되오."

이때에 이르러 지숭이 목이 말한 사실을 아뢰니 참찬 유량(柳亮)과 지신사 안등(安騰), 좌대언 김여지(金汝知)에게 명해 그 말을 쓰게 하고 또 정부(政府)로 하여금 안지를 불러 그 사실을 물으니 안지가 들은 바가 없다고 말했다. 또 승정원(承政院)으로 하여금 불러 물으니 또한 명백하게 말하지 않았다. 이에 목과 안지를 옥에 가두고, 겸 순금사판사(巡禁司判事) 남재(南在)·이응(李膺)·성발도(成發道), 대사헌 이문화(李文和), 좌사간(左司諫) 박습(朴習), 형조참의(刑曹參議) 김자지(金自知), 위관(委官) 참찬 이지(李至)에게 명해 교좌(交坐)[22]해 국문하게 했다.

무인일(戊寅日-9일)에 외척(外戚)은 결코 봉군(封君)하지 말 것을 명했다. 의정부(議政府)에서 아뢰었다.

"예조(禮曹)의 정문(呈文)에 의거하여 '(본조(本曹)에서) 왕지(王旨)를 받들어 외척(外戚)에 대해 봉군(封君)하는 편리함의 여부[便否]를 고적(古籍)에서 상고해 정부(政府)에 보고해 계문(啓聞)합니다. 삼가 고전(古典)을 상고해 보건대 한(漢)나라 성제(成帝) 때에 간대부(諫大夫) 양흥(楊興)과 박사(博士) 사승(駟勝) 등이 말하기를 "고조(高祖)

---

22 한 곳에 회합하여 논의하거나 공무를 집행하는 것을 말한다.

의 약속에 공신(功臣)이 아니면 후(侯)가 되지 못한다고 했는데 지금 태후(太后)의 여러 아우가 모두 공(功)이 없이 후(侯)가 됐으니 외척(外戚)에 일찍이 없었던 일입니다'라고 했습니다. 본조(本曹)에서 생각건대 한(漢)나라 이래로 외척으로 후(侯)를 봉해 국가의 근심이 된 것이 심히 많으니 고조(高祖)의 약속이 진실로 만세(萬世)의 훌륭한 법[良法]입니다. 아조(我朝)의 법도(法度)가 반드시 옛 것을 따르는데 외척에 대한 한가지 일만은 오히려 역대의 잘못을 따르는 것이 가하겠습니까? 바라건대 이제부터 한 고조(漢高祖)의 약법(約法)을 본받아 공신(功臣)이 아니고 중궁(中宮)의 부친(父親)을 제외하고는 봉군(封君)을 허락하지 말고 그 재품(才品-재능)에 따라 쓰고 버려[用舍] 국가의 아름다운 법을 이뤄야 할 것입니다'라고 했습니다. 본부(本府)에서 의논해 정하기를 '후척(后戚)의 집에 비록 재능이 쓸 만한 사람이 있다 하더라도 기요(機要-요직)의 관직을 제수하는 것을 허락하지 말아서 후세의 법을 남겨야 할 것입니다'라고 했습니다."

그것을 따랐다.

기묘일(己卯日-10일)에 컴컴하게 안개가 끼어 지척(咫尺)에서도 사람을 분변하지 못했다.

경진일(庚辰日-11일)에 종친(宗親)들이 대궐에 나아와 김과(金科)를 주살할 것을 청했으나 허락하지 않았다.

신사일(辛巳日-12일)에 평강군(平江君) 조희민(趙希閔)과 선공감(繕

工監) 박강생(朴剛生)을 순금사(巡禁司)에 가뒀다가 얼마 뒤에 풀어 주었다. 목(穆)의 말이 이들 두 사람을 끌어들였기 때문이다. 옥사를 국문하는 관원[鞫獄官]이 목 등을 연일 신문하니 안지가 (더 이상) 숨기지 못하고 갖춰서 목의 말을 옥관(獄官)에게 털어놓았다. (옥관이) 안지에게 처음부터 바른 대로 고하지 않은 뜻을 힐문하니 안지가 말했다.

"목이 중로(中路-여로)에서 나더러 병든 선비라 하며, 식물(食物)과 의약(醫藥)으로 접대하기를 자식처럼 했기 때문에 그 은혜에 감사하여 감히 말하지 못했을 뿐입니다."

이 말을 그대로 목에게 알리니 목이 글로 자복했다. 좌대언 김여지(金汝知)를 시켜 정부(政府)에 뜻을 전해 말했다.

"내가 순금사로 하여금 윤목과 안지의 죄를 조율(照律)하고자 하니 희민과 강생은 옥에서 풀어주어라."

의정부에서 대궐에 나아와 성석린(成石璘)이 아뢰어 말했다.

"전하의 살리기를 좋아하는 다움[好生之德]은 마치 하늘과 땅이 만물(萬物)에게 아름답고 추한 것을 다 같이 길러주는 것 같으시니, 여러 신하와 유사(攸司)가 마땅히 법을 가지고 그릇됨과 바름[邪正]을 분별해야 합니다. 지금 윤목(尹穆)의 불충(不忠)한 말이 이미 드러났으니 마땅히 다시 국문해 그 죄를 바로잡아야 할 것입니다."

조영무(趙英茂)가 아뢰어 말했다.

"농사꾼이 잡초를 없애는 것은 곡식의 싹을 위한 것입니다. 어찌하여 이 악인(惡人)을 제거하지 않고 조정(朝廷)에 섞이게 하십니까? 무구(無咎) 무질(無疾) 회안(懷安)의 무리가 밖에 포열(布列)해 있으므로 모두 생각하기를, 반드시 공모하여 일어날 자가 있으리라고 합니다. 지금 다행히 하늘이 그 단서(端緒)를 열어 놓았는데 만일 베지 않는다면 이는 공신(功臣)이 모두 모반(謀叛)하도록 시키는 것입니다."

상이 웃으며 말했다.

"내가 장차 생각해 보겠다."

이천우(李天祐)가 들어가 용서할 수 없다고 힘써 진달하니 이에 다시 신문할 것을 허락하고 또 말했다.

"초사(招辭)에 관련된 약간의 공신(功臣)은 반드시 명을 받도록 하고 그 나머지는 모두 체포해 신문하라."

순금사에 명했다.

"윤목과 안지를 조율해 보고하고 나머지는 모두 석방해 내보내라."

순금사에서 아뢰었다.

"목은 마땅히 처참(處斬)해야 하고 안지는 장(杖) 100대에 도(徒-징역) 3년에 해당합니다."

각각 1등(等)을 감형하라고 명했다. 대언(代言) 허지(許遲)가 붓을 잡고 간언했다.

"감형해서는 안 됩니다."

상이 노해 꾸짖었다. 대간(臺諫)과 형조(刑曹)가 아뢰어 말했다.

"윤목이 끌어댄 자가 10명인데 지금 아직 다 국문하지 못했으니 마땅히 다 국문해 그 그릇됨과 바름을 분별해야 합니다."

상이 말했다.

"만일 다시 국문을 허락한다면 경 등이 그 사정(邪正)을 분별해 주

모자를 찾아낼 수 있겠는가? 내 어찌 일의 본말(本末)을 헤아리지
못해서 갑자기 정지했겠는가?"

이문화(李文和)가 대답해 말했다.

"이것은 미리 헤아릴 수 없는 것이니 마땅히 국문하여 대질(對質)
해 바로잡을 뿐입니다."

박습(朴習)은 아뢰어 말했다.

"일은 본말(本末)이 있으니 어찌 중도에서 내버려둘 수 있습니까?
만일 다시 국문을 허락하신다면 어찌 주모자를 찾아내기 어렵고, 사
정(邪正)을 분별하지 못함을 근심하겠습니까?"

상이 윤허하지 않았다. 의정부에서 아뢰기를 "윤목의 죄는 감등(減
等)할 수 없습니다"라고 하니 상이 말했다.

"오늘은 형(刑)을 금하는 날[禁刑日]_{금형일}[23]이다. 내가 장차 생각하겠다."

대간(臺諫)이 복합(伏閤)해 윤목의 죄를 청하니 상이 말했다.

"명일(明日)에 내가 마땅히 결단(決斷)하겠다."

의정부(議政府)에서 말씀을 올렸다.

"가만히 생각건대 신하의 죄는 두 마음을 품는 것보다 더 큰 것이

---

23 당률(唐律)에는 입춘 이후 추분 이전과 종묘와 사직에 대한 제사인 대제사(大祭祀) 및 그
치재일(致齋日), 그리고 삭망(朔望)·상하현(上下弦)·24절기, 비가 올 때, 날이 밝기 전, 도살
을 하지 않는 정월, 5월·9월의 단도일(斷屠日), 매월 1·8·14·15·18·23·24·28·29·30일인
금살일(禁殺日-살생을 금하는 날) 등에 사형을 집행하지 못하는 것으로 규정했다. 『고려
사』 형법지에는 이에 준하여 국기일(國忌日)·금살일·속절일(俗節日)·세수자오일(歲首子午
日)·2월 1일 등으로 정했다. 조선시대 『경국대전』에는 왕과 왕비의 탄생일 및 그 전후 각
1일, 왕세자 탄생일, 대제사 및 그 치재일, 삭망(朔望-매달 초하루와 보름날)·정조시일(停朝
市日-국가의 비상시 조회를 정지하고 시장을 철시하던 일) 등에 고신과 형벌을 행하지 못하
도록 했고, 또 위의 각 금형일과 24절기, 비가 올 때와 날이 밝기 전에는 사형을 집행하
지 못하도록 규정했다.

없습니다. 두 마음을 품는 자는 반드시 불궤(不軌-반역)를 도모하여 종사(宗社) 생령(生靈-백성)의 화(禍)가 됩니다. 지금 윤목(尹穆)이 말광(末光-작은 공로)을 인연(夤緣)으로 삼아 공신(功臣)에 참렬(參列)하고 지위가 봉군(封君)에 이르렀으니 지극히 다행한 일인데 다른 뜻을 품고 감히 전일(前日)에 종지(宗支)를 없애자는 말을 발했으며 또 회안(懷安)과 무구(無咎)·무질(無疾)이 다시 일어나기를 바랐으니 이것이 무슨 마음입니까? 또 악한 일을 하는 자는 반드시 그 당(黨)이 있는 법인데 지금 고의로 난설(亂說)을 하고도 그 공모한 사람을 밝게 말하려 하지 않으니 엎드려 바라건대 다시 국문을 가해 나라 사람들로 하여금 난모(亂謀)의 사실을 밝게 알게 하고 그 뒤에 죄를 밝게 바로잡아야 할 것입니다."

이문화(李文和)와 박습(朴習) 등이 교장(交章)하여 말씀을 올렸다.

'가만히 생각건대 상벌(賞罰)이 밝은 연후에야 인심(人心)이 정해지고, 인심이 정해진 연후에야 종사(宗社)가 편안한 것입니다. 지금 윤목이 분수를 편안히 지키지 못하고 망녕되게 다른 뜻을 내어 종실(宗室)을 도모하기를 의논하고 또 난신(亂臣) 무구와 무질을 아깝게 여겨 일이 헤아릴 수 없으므로 유사(攸司)가 이를 국문했는데 이미 그 말만 항복하고 그 사실은 토설하지 않고 교묘하고 허위의 말로 시비(是非)를 바꾸고 어지러이 하니 죄가 이보다 더 클 수가 없습니다. 전하께서 특별히 그 당(黨)은 묻지 않고 다만 그 자신만 죄주시고 또 그 죄를 감형하게 하셨으니 이와 같이 하면 상벌이 어떻게 밝아지겠습니까? 또 교지(教旨)에 말씀하시기를 "비록 종실(宗室)과 공신(功臣)이라도 일이 종사(宗社)에 관계되면 마땅히 법으로 논한다

460

고 이미 맹서(盟書)에 실려 있으니 내가 감히 용서하지 못한다"라고 하셨는데 교지를 내리신 지 오래지 않아 가벼이 용서해 신의(信義)를 잃으시니 인심(人心)이 어떻게 정해지겠습니까? 바라건대 전하께서는 특별히 신 등으로 하여금 그 사실을 추명(推明)하게 해 그 죄를 바로잡으시고 그 당(黨)을 국문하여 시비(是非)를 분별해야 할 것입니다.'

상이 김여지(金汝知)를 시켜 정부에 뜻을 전해 말했다.

"윤목의 말은 곧 한담(閑談)에 불과하다. 이미 집권 대신(執權大臣)이 아니니 어찌 능히 할 수 있는 일이 있겠는가? 하물며 공신(功臣)임에랴! 처참(處斬)할 수 없으니 성명(性命-목숨)을 보존하게 하는 것이 좋겠다."

성석린(成石璘)과 유량(柳亮) 등이 대답했다.

"목이 항상 마음에 다른 것을 품었기 때문에 말이 입에서 나온 것입니다. 만일 힘이 넉넉히 할 만하면 반드시 다른 도모(圖謀)가 있을 것이니 어찌 용서할 수 있겠습니까?"

대간(臺諫)이 또다시 대궐에 나아와 전일의 소(疏)에 대한 답을 내려줄 것을 청하니 상이 말했다.

"내가 다시 생각해보겠다."

대간이 또 복합(伏閤)해 의정부의 청을 윤허할 것을 청하니 이에 대간(臺諫)과 형조(刑曹)에게 명해 순금사와 함께 다시 목의 동모자(同謀者)를 신문하도록 했다. 이날 순금사에서 목 등을 석방하려고 하여 먼저 안지에게 장(杖) 90대를 때리고, 다음에 목을 때리기 시작해 겨우 6대를 때렸는데 다시 신문하라는 명이 내려왔다. 드디어

두 사람을 다시 가뒀다.

○ 강원도 도관찰사(江原道都觀察使)에게 명해 유점사(楡岾寺)[24]에 봉안한 태조(太祖)의 진영(眞影)을 받들어 모셔 오게 했다.

임오일(壬午日-13일)에 화성(火星)이 여귀(輿鬼)로 들어갔다.

을유일(乙酉日-16일)에 이성군(利城君) 서유(徐愈)를 태일봉안사(太一奉安使)[25]로 삼았다.

병술일(丙戌日-17일)에 『대학연의(大學衍義)』 속에서 제가(齊家)에 필요한 것을 초록(抄錄)해 올리라고 명했다. 상이 『대학연의(大學衍義)』 속에서 후부인(后夫人)이 본받고 경계할 만한 일을 중궁(中宮)과 세자(世子) 숙빈(淑嬪) 이하로 하여금 모두 외우고 익히게 하려고 하여 두 책을 쓰라고 명했다.

무자일(戊子日-19일)에 호조판서 이빈(李彬 ?~1410년)[26]과 평강군

---

24 강원도 금강산의 내금강 지역에 있는 사찰이다.

25 도교(道敎)의 태일(太一)에 제사를 지내는 벼슬이다.

26 여말 선초의 무신이다. 조선이 개국한 뒤에 곧 원종공신(原從功臣)에 올랐다. 1393년(태조 2년) 경기우도 관찰출척사에 임명되고, 1395년 판중추원사가 됐으나 다음 해 축성제조(築城提調)로서 공사감독을 소홀히 했다는 이유로 삭직돼 영해부로 유배됐다. 1399년(정종 1년) 왜구가 서북면 선천과 박천에 침입하자 충청도조전절제사로 출정했다. 1402년(태종 2년) 서북면도순문사가 되고, 그 뒤 우군도총제를 겸직, 다음 해 사평부좌사로 민무휼(閔無恤)과 명나라에 사은사(謝恩使)로 가서 종계변명주본(宗系辨明奏本)을 올렸다. 1404년 참찬의정부사(參贊議政府事)를 거쳐, 1409년 형조·호조의 판서를 역임했다. 이해

462

(平江君) 조희민(趙希閔)을 순금사에 가뒀다. 사람을 보내 전라도 병마도절제사 강사덕(姜思德)과 전 총제(摠制) 김첨(金瞻)을 잡아오게 했다. 목(穆)이 말했다.

"지난해 가을에 내가 이빈의 집에 갔었는데 빈(彬)이 말하기를 '여묘살이할 때 두 번 여성군(驪城君)을 보았는데 만일 그의 말과 같다면 죄가 없다'라고 했고 빈이 또 일찍이 내게 말하기를 '이무(李茂)가 선흥(禪興)에 배소(拜掃)할 때에 나를 보고 기뻐하지 않는 빛이 있어 말하기를 "나와 같은 대신(大臣)은 있어도 없는 것과 같다. 민씨(閔氏)의 죄를 빨리 청하지 않는다 해 유량(柳亮)에게 모욕을 당했다. 무질(無疾)의 일은 중간에서 잘못 전한 것이다. 내가 주상 앞에서 변명하고자 하나 감히 못했다'라고 했다. 내가 무질을 보고 무(茂)가 한 말을 그대로 고했다'라고 했습니다."

그래서 빈을 붙잡아 물으니 빈이 말했다.

"내가 (경기도) 서곡(瑞谷)에서 시묘(侍墓)살이를 할 때 여성(驪城)이 두 번이나 와서 나를 보고 말하기를 '우리 형(兄) 여강(驪江)이 말의 착오로 인해 유폄(流貶)됐고, 나는 병권(兵權)을 빼앗겼다. 상께서 비록 나더러 죄가 없다고 하시나 내가 어찌 감히 편안하겠는가? 그래서 밖에 나와 노는 것이다'라고 했고 내가 상(喪)이 끝난 뒤에 안성군(安城君)의 집에 갔더니 안성(安城)이 말하기를 '여성(驪城)이 있는 곳이 가까운가?' 하기에 내가 말하기를 '가깝다'라고 하고 또 들은 것을 고했는데 다른 것을 더불어 말한 것은 없습니다."

윤목(尹穆)의 옥사에 연루돼 장류(杖流)됐다가 사형당했으나 뒤에 신원됐다.

순금사 대호군(大護軍) 목진공(睦進恭)이 상에게 보고하니 상이 말했다.

"사세(事勢)가 부득이하면 비록 공신(功臣)이라도 형문(刑問)을 면하기 어렵다. 그러나 이럴 듯도 하고 저럴 듯도 하면[可東可西] 기구(耆舊)의 신하는 복사(服事)한 지가 오래니 형문(刑問)하지 말라."
가동가서

진공(進恭)이 대답했다.

"빈이 항복하기를 '목이 말한 뜻은 생각해 보니 내가 말한 것인데 잊었다'라고 했으니 고문(拷問)을 가하지 않더라도 정상이 이미 드러났습니다."

상이 말했다.

"이때에 묻는 것은 여성(驪城)이 죄가 없다는 말뿐이다. 과연 말한 것과 같다면 유사(攸司)가 법을 들어 시행하는 것이 좋겠다."

목(穆)의 초사(招辭)에 또 단산부원군(丹山府院君) 이무(李茂)와 강사덕(姜思德) 김첨(金瞻)을 끌어들였다. 이에 순금사 사직(司直) 심구린(沈龜麟)을 보내 전라도에서 강사덕을 잡아오게 하고 구종수(具宗秀)를 보내 유후사(留後司)에서 김첨을 잡아오게 했다. 이무가 대궐에 나아와 말했다.

"윤목(尹穆)은 비록 족질(族姪)이긴 하나 일찍이 사감(私憾)이 있었으니 옥(獄)에 나가 스스로 변명케 하기를 청합니다."

집으로 돌아가라고 명했다. 남재(南在), 이응(李膺), 성발도(成發道), 이문화(李文和) 등을 내전(內殿)에 불러들여 이빈을 형문(刑問)한 초사(招辭)를 물으니 재(在) 등이 대답했다.

"빈이 최질(衰絰) 중에 있으면서 민씨(閔氏)의 집에 네 번이나 갔으니 그 사이에 어찌 할 말이 없었겠습니까? 신 등이 신문해도 빈이 전혀 승복하지 않았습니다."

상이 말했다.

"김첨은 무슨 죄인가?"

대답했다.

"윤목이 말하기를 '첨(瞻)이 내 집에 와서 일찍이 말하기를 "상군(商君-상앙)²⁷이 진(秦)나라 효공(孝公)을 도와 변법(變法)의 영(令)을 정했는데 혜문왕(惠文王)이 그때 태자(太子)로 있으면서 법을 어겼다. 이에 상군이 말하기를 법이 행해지지 않는 것은 위에서부터 범하기 때문이다. 태자는 임금의 저사(儲嗣)이니 형벌할 수 없다라고 하고서 그 스승 공자건(公子虔)을 형벌했는데 효공이 죽은 뒤에 공자건의 무

---

27 위앙(衛 鞅) 또는 공손 앙(公孫鞅)이라고도 한다. 위(衛)나라 공족(公族)의 서출 출신으로 일찍부터 형명학(刑名學)을 좋아하여 조예가 깊었다. 자신의 조국인 위(衛)나라에서는 뜻을 펼치기가 어렵다고 판단하고 위(魏)나라로 건너갔다. 위(魏)나라 공숙좌(公叔座) 아래에서 사관(仕官)으로 봉직했으며 공숙좌는 상앙의 뛰어난 능력을 높이 평가하면서도 한편으로는 위험한 인물로 판단했는데 자신이 죽으면 상앙을 재상으로 등용하거나 아니면 국외로 나가지 못하게 그를 죽여야 한다고 진언했다. 하지만 위왕은 이를 귀담아 듣지 않았다. 공숙좌가 죽자 상앙은 위(魏)나라를 떠나 진(秦)나라로 가서 효공(孝公)에게 채용됐다. 기원전 359년 상앙은 진(秦)나라 변법의 책임자로 발탁됐고 부국강병의 계책을 세워 보수파(保守派-유가(儒家))와 투쟁하면서 형법(刑法)·가족법·토지법 등 여러 방면에 걸친 대개혁을 단행함으로써 후일 진제국(秦帝國) 성립의 기반을 세웠다. 진(秦)나라가 부강해지자 이웃한 위(魏)나라를 공격하여 대승을 거두었으며 그 공적으로 열후(列侯)에 봉해지고 상(商)을 봉토로 받으면서 상앙이라 불렸다. 20년간 진나라의 재상(宰相)으로 있으면서 엄격한 법치주의 정치를 펼쳐 나라를 강국으로 성장시켰으나 한편으로는 그 때문에 많은 사람들의 원한을 샀다. 기원전 338년 효공이 죽고 아들인 혜문왕(惠文王)이 즉위하자 상앙은 정치적 궁지에 몰리게 됐다. 혜문왕이 왕이 되기전 법을 어겨 상앙에게 처벌을 받았기 때문에 그에 대한 보복을 당하게 됐다. 반대파들에게서 반역죄로 몰려 체포됐으며 처형됐고 그의 시신은 사지가 찢어지는 거열형(車裂刑)에 처해졌다. 저서로는 『상군서(商君書)』를 남겼으며 통일국가 형성기에 관한 귀중한 사료로 평가된다.

리가 상군이 반란을 일으키려 한다고 고해 아전을 발동시켜 상군을 잡아서 마침내 거열(車裂)했다. 지금 만일 무구(無咎) 등이 다시 일어나게 된다면 마땅히 상앙(商鞅)과 같은 자가 있을 것이다"라고 했다' 라고 했습니다. 신 등이 윤목의 말로 김첨에게 힐문하고자 합니다."

민무질(閔無疾)을 삼척(三陟)에서 불러 왔다. 이빈의 말에 무질과는 서로 교통하지 않았다고 했기 때문에 대질(對質)해 바로잡고자 함이었다.

경인일(庚寅日-21일)에 유구국(琉球國)[28] 중산왕(中山王) 사소(思紹)가 사신(使臣)을 보내 내빙(來聘)했다. 자문(咨文)은 이러했다.

'하나, 수사(酬謝)에 대한 일. 생각건대 홍무 연간(洪武年間)에 여러 번 귀국(貴國)에서 사신을 보내 본국(本國)에 이르렀고 진귀한 물건을 내려주어 맹약(盟約)과 소식(消息)을 통하고 휴척(休戚-평안과 근심)을 같이 했는데, 불행하게도 뒤에 선조왕(先祖王) 찰도(察度)와 선부(先父) 무령(武寧)이 서로 잇달아 훙서(薨逝)해 각 채(寨)가 불화(不和)하고 여러 해 동안 싸움이 그치지 않아서 한 동안 소활(疏闊)하게 돼 신사(伸謝)를 하지 못했으니 깊이 저버린 것을 황송하고 부끄럽게 여깁니다. 지금 대명(大明) 황제(皇帝)께서 먼 곳 사람을 회유(懷柔)하는 은혜를 입어 영광스럽게 왕작(王爵)을 봉(封)해 이 지방을 관장(管掌)하게 됐으니, 흠준(欽遵)해 조공(朝貢)하는 외에, 인국(隣國)의 의교(義交)에 대한 일절(一節)을 생각건대 또한 마땅히 사

신을 보내 서로 소식을 통하는 것이, 이것이 곧 사해(四海)가 한 집이 되고 거의 진실로 마땅할 듯하기에 이 때문에 정사(正使) 아내가 결제(阿乃佳結制) 등을 보내 본국(本國)의 해선(海船)을 타고 예물(禮物)을 장속(裝束)해 싣고 귀국에 가서 국왕 전하께 나아가 봉헌(奉獻)하게 해, 약간의 수사(酬謝)의 정성을 펴오니 받아들여 주시기를 바랍니다. 그리고 이번에 가는 선인편(船人便)에 딸려 보내는 물건을 용납해 매매(賣買)하게 해 주시고 일찍 출발시켜 회국(回國)하게 하시면 편익(便益)하겠습니다. 지금 봉헌 예물(奉獻禮物)의 수목(數目)을 기록해 보내고 자문(咨文)해 알리는 바입니다. 예물(禮物)은 호초(胡椒) 100근(觔), 상아(象牙) 2매(枚), 백반(白礬) 500근, 소목(蘇木) 1,000근입니다.

하나, 체송(遞送)에 대한 일. 부녀(婦女) 오가(吳加)의 고칭(告稱)에 의거하면 "원래 나주(羅州) 등지에 살고 있는 인민(人民)인데 왕년(往年)에 왜구(倭寇)에게 노략(擄掠)을 당해 본국에 유리(流離)해 왔다"라고 하면서 고향에 돌아가 백성이 되어 살게 해 달라고 빌었습니다. 고한 것을 참조하건대 먼 곳의 사람들이므로 사리가 마땅히 돌아가야 하겠기에 지금 오가(吳加) 등을 출발시켜 배에 태워 보냅니다. 지금 발송해 보내는 부녀(婦女) 3명은, 오가(吳加) 삼덕(三德)과 데리고 있는 소녀 위가(位加)입니다.'

○ 풍해도 병마 도절제사 유은지(柳殷之)가 사의(事宜-일의 마땅함)를 진계(陳啓)했다.

'도내(道內)의 연해(沿海) 요해처(要害處-요새)에 수어(守禦)할 곳이 많으니 빌건대 군액(軍額-군인 정원)을 늘려주소서. 또 수군 만호(水

軍萬戶)와 천호(千戶)를 세초(歲抄)에서 포폄(褒貶)해 아뢰도록 허락
하소서.'

그것을 따랐다.

임진일(壬辰日-23일)에 병조판서 이귀령(李貴齡)과 한성부판사 유정
현(柳廷顯), 반성군(潘城君) 박은(朴訔)을 순금사(巡禁司) 부관(府官)
으로 삼고 의정부지사 설미수(偰眉壽)를 위관(委官)으로 삼았다. 상
이 귀령(貴齡) 등에게 일러 말했다.

"내가 예전의 부관(府官)을 그르다고 생각해 경 등으로 대신하는
것이 아니다. 대개 신문(訊問)하는 자가 많으면 공정한 정상(情狀)이
나타나는 법이다."

또 목진공(睦進公)을 불러 말했다.

"삼성(三省)과 낭청(郎廳)은 전과 같이 내일 일찍 부관을 청해 신문
하도록 하라. 예전의 부관(府官)이 지완(遲緩-지체)한 바가 없지 않
았다."

이는 대개 대옥(大獄)이 오래 지체되면 정상을 알아내기 어려울까
염려했기 때문이다.

을미일(乙未日-26일)에 전라도(全羅道) 낙안군(樂安郡)의 점석량(粘
石梁)의 바닷물이 피와 같이 붉었는데 너비가 포필(布匹)만하고 길
이가 120척쯤 됐다. 또 그 가까운 촌락에 샘물이 피와 같은 것이 두
개나 있었다. 마을 백성 윤부(尹富) 등이 서로 전했다.

"샘물 빛이 변하면 화란(禍亂)이 있다."

○ 서성군(瑞城君) 유기(柳沂)를 순금사(巡禁司)에 가뒀다. 대사헌 이문화(李文和)와 우사간 박습(朴習) 등이 말씀을 올렸다.

'나라의 안위(安危)는 대신(大臣)에게 걸려 있으니 대신(大臣)된 자는 충직(忠直)하고 정대(正大)하여 뛰어난 사람은 끌어들이고 그릇된 사람은 내보내어 사직(社稷)과 더불어 휴척(休戚)을 함께 하는 것이 그 직책입니다. 지금 단산부원군(丹山府院君) 이무(李茂)는 별로 재주와 다음도 없이 두 번이나 훈전(勳典)을 입어 벼슬이 극품(極品)에 이르렀고 또 자질(子姪)들로 하여금 화요(華要)한 벼슬에 포열(布列)해 있게 했으니 부귀(富貴)가 극진합니다. (그렇다면) 비록 몸이 부서지고 뼈가 가루가 된다 하더라도 전하의 망극한 은혜를 갚기가 어려운데 생각하는 바가 여기에는 미치지 않고 도리어 난신(亂臣)과 결탁해 죄가 불충(不忠)에 있으니 그 실상이 여섯 가지가 있습니다.

일찍이 무질(無疾)의 금장(今將)이라는 말을 듣고도 곧 신문하지 않고 뒤에 흔단(釁端)을 틈타 그 말을 진달했으니 불충(不忠)한 것이 한 가지요,

이지성(李之誠)이 무질과의 인연으로 인해 불충한 죄를 범했으니 이를 서용(敍用)하지 말아야 될 것인데 무(茂)가 상총(上聰)을 기만하여 이를 가자(加資)해 관직을 제수했으니 불충한 것이 두 가지요,

애초에는 무질이 그 죄를 먼저 알고 스스로 장단(長湍)으로 귀양가 있는데, 무가 사람을 시켜 무질의 장모(丈母)에게 말해 구원할 뜻을 일렀으니 불충한 것이 세 가지요,

또 무질의 장인(丈人) 상환(尙桓)의 근수(根隨) 아단(阿丹)을 시켜 이빈(李彬)에게 말하기를 "무질이 비록 폄출(貶黜)됐으나 이미 세자

(世子)의 친권(親眷)이 됐으니 후일에 용서를 받을 이치가 없지 않다"
라고 하고서 재차 아단을 시켜 빈에게 말해 위곡(委曲)한 정(情)을
이르게 하니 빈이 그 말에 따라 분묘(墳墓)를 지키는 의리를 잊고 주
식(酒食)을 판비(辦備)해 가지고 때 없이 왕래해 서로 결탁하는 것을
굳게 했으니 불충한 것이 네 가지요,

정해년에 세자(世子)를 모시고 경사(京師)에 갈 때 평양(平壤)을
지나다가 외생(外甥)인 부윤(府尹) 윤목(尹穆)과 더불어 이야기하다
가 그 말이 무질이 폄출된 것에 미쳐 말하기를 "자식 같이 본다"라고
하여, 애틋하게 돌보고 아끼는 뜻을 보였으니 불충한 것이 다섯 가
지요,

무자년 봄에 빈이 상제(喪制)를 마치고 와서 무를 보고 무질의 말
을 전하니 무가 더욱 불쌍하게 여겼고 또 그해 여름에 빈과 말하기
를 "무질이 유폄(流貶)된 것은 참으로 아깝다. 지금 비록 유폄됐다
하더라도 두텁게 하지 않을 수 없다"라고 했으니 불충한 것이 여섯
가지입니다.

대개 무질의 불충(不忠)은 인신(人臣)으로서 모두 미워하는 바인데
무가 겉으로는 백관(百官)과 더불어 함께 죄를 청하고 안으로는 가
만히 친속(親屬)을 시켜 서로 호의(好誼)를 닦았으니 그 불충하고 간
사함이 이보다 더할 수 없습니다. 지금 도모하지 않으면 화(禍)가 헤
아리기 어려울 것이니 바라건대 전하께서는 특별히 유사(攸司)로 하
여금 그 작첩(爵牒)을 거두고 그 정상을 국문케 해 그 죄를 밝게 바
로잡음으로써 사직(社稷)을 편안케 해야 할 것입니다.'

상이 그 글을 보고서 말했다.

"이 소(疏)가 곡진(曲盡)해 간악(奸惡)한 것이 환하게 드러났다. 다만 옥수(獄囚)가 이미 많으니 신문이 끝나기를 기다려서 가두어도 늦지 않겠다. 수직(守直)을 엄하게 하고 기다리라."

정언(正言) 장진(張晉), 장령(掌令) 이임(李稔)이 다시 아뢰었다.

"이 사람은 지당(支黨)이 심히 많아서 수직(守直)으로 제어할 바가 아닙니다. 감히 굳이 청하는 바입니다."

상이 허락하지 않고 대언(代言) 이안우(李安愚)를 보내 옥사(獄辭)를 함께 살피게 했다. 이 소(疏)는 이문화(李文和)가 초(草)잡은 것인데 그 글이 이뤄지자 문화(文和)가 문득 말했다.

"남의 죄를 짜서[羅織] 만들었다."

대간(臺諫)이 또 문화를 탄핵하고, 윤목(尹穆) 등의 초사(招辭)에 유기(柳沂)를 끌어댔으므로 아울러 가뒀다.

○ 의정부(議政府)에서 노비 진고법(奴婢陳告法)을 아뢰었다.

"영락(永樂) 4년에 본부(本府)에서 수판(受判)하기를 '사재감(司宰監)에 속한 신량인(身良人) 등과 서로 소송하는 양변(兩邊) 중에 부당하게 속공(屬公)된 노비(奴婢)가 많이 도망해 장차 (이들이) 양인(良人)이 돼 조정(朝廷)에 혼잡하게 섞이게 될 것이니 바라건대 10월 초1일 이전에 아직 나타나지 않은 자는 본주(本主)의 일족(一族)과 서로 소송하는 양변(兩邊)의 족인(族人)에게 진고(陳告)하는 것을 허락해 신량인(身良人)은 반(半)을, 양변 중에 부당하게 속공(屬公)된 노비는 3분의 1을 그 고(告)한 자에게 상(賞)으로 주도록 하라'고 해 이미 영갑(令甲-제1호 명령)으로 되어 있습니다. 그러나, 전건(前件)의 사람들이 도망한 자가 많은데 이를 신고하는 자가 없는 것은, 고(告)

하는 자가 제한이 있기 때문에 다른 사람들이 비록 알고 있다 하더라도 이를 고하지 않는 것입니다. 속공(屬公)된 노비 같은 것은 본주(本主)가 혹 숨길 수도 있으니 바라건대 이제부터는 여러 사람이 진고(陳告-신고)하는 것을 허락하소서. 그리고 똑같이 고한 자인데 그 상을 주는 것은 반(半)을 주기도 하고 혹은 3분의 1을 주기도 하니 미편(未便)합니다. 모두 3분의 1로 상을 주소서. 또 혁파(革罷)해 버린 사사(寺社) 노비에 이르러서도 역시 상항(上項)의 예(例)에 따라 다른 사람이 진고하도록 허락하소서."

그것을 따랐다.

병신일(丙申日-27일)에 태백성이 낮에 보였는데 달과의 간격이 2척쯤 됐다.

○ 단산부원군(丹山府院君) 이무(李茂)를 순금사(巡禁司)에 가뒀다. 한성윤(漢城尹) 노한(盧閈)을 불러 물었다.

"이무(李茂)가 일찍이 너에게 이르기를 '안성군(安城君)의 당(黨)이 성(盛)하다'라고 했다는데 네가 이 말을 민씨(閔氏)에게는 말하고 어째서 나에게는 고하지 않았는가? 네가 민씨에게 별다른 은과(恩過)도 없고 과인(寡人)에게 또한 수원(讎怨)이 없다."

한(閈)이 대답했다.

"신은 그런 말을 하지 않았습니다."

마침내 지신사 안등(安騰)을 시켜 무휼(無恤)·무회(無悔) 등을 불러 한과 대질하게 했다. 무회 등이 일찍이 한의 말을 임금께 고했기 때문이다. 드디어 한을 옥에 가두고 또 집의(執義) 이공유(李公柔)를 옥에 가두었으니 공유(公柔)는 무의 아들이다. 옥관(獄官)이 그 아비의 음모를 물어 곤장을 거의 90대나 맞고도 끝내 한마디 말도 하지 않았다. 상이 듣고 말했다.

"이것은 묻는 자가 잘못이다. 자식은 아비를 위하여 숨기는[子爲父隱]²⁹ 법이니, 차라리 죽을지언정 어찌 감히 아비의 죄를 증거해[證] 이루겠는가?"

곧 명하여 풀어주었다.

정유일(丁酉日-28일)에 정안지(鄭安止)와 김첨(金瞻)을 석방하고 안지(安止)의 도년(徒年)³⁰을 면제하라고 명했다. 첨(瞻)이 윤목(尹穆)과 대변(對辨)하여 말했다.

"본래 너와는 서로 왕래도 하지 않았는데 어떻게 일찍이 공자건(公子虔)의 일로 너에게 말했겠는가?"

목은 오히려 첨의 말이라고 지적했다. 이에 첨이 스스로 변명할 수가 없었다. 옥관(獄官)이 옥사(獄辭)를 써서 첨에게 보이니 첨이 말했다.

"이 말은 실로 신의 입에서 나온 것이 아닙니다. 오늘 이 장초(狀招)에 항복한 것은 다만 천감(天鑑)과 상총(上聰)을 믿은 것입니다."

---

29 『논어(論語)』「자로(子路)」편에 나오는 말이다. 직(直)에 대한 풀이임과 동시에 효(孝)에 대한 풀이이기도 하다. 섭공이 공자에게 말했다. "우리 당에 곧게 행동하는 궁이라는 사람이 있으니 그의 아버지가 양을 훔치자 그는 아버지가 훔쳤다는 것을 증언했습니다[證]." 이에 공자는 말했다. "우리 당의 곧은 자는 이와는 다릅니다. 아버지는 자식을 위하여 숨겨주고 자식은 아버지를 위하여 숨겨주니 곧음[直]이란 바로 이 가운데 있는 것입니다."

30 도형(徒刑)에 처한 연수로 오늘날의 징역형과 같다.

상이 듣고 불쌍히 여겨 다시 핵실(覈實)할 것을 명했다. 목이 이에 말했다.

"동모(同謀)한 사람을 형문(刑問)할 때에 그 형장(刑杖)을 피하려고 하여, 첨이 실의(失意)한 서생(書生)이기 때문에 거짓으로 끌어댔을 뿐입니다."

첨은 이 때문에 면했다. 노한(盧閈)은 이미 옥(獄)에 갇히게 되자 감히 들은 것을 숨기지 않았기 때문에 풀어주었다.

○ 형조판서 유용생(柳龍生)과 전 도절제사 구성량(具成亮), 순금사 사직(司直) 구종수(具宗秀)를 순금사에 가뒀다. 용생(龍生)이 순금사에 앉아 윤목(尹穆)을 안문(按問)하니, 목이 처음으로 초사(招辭)에 이무(李茂)를 끌어 댔다. 성량(成亮)은 무의 손아래 처남이다. (구성량이) 비밀히 용생에게 물으니 용생이 말했다.

"자네의 조카도 참여했으니 일을 알 것이다."

대개 종수(宗秀)를 가리킨 것이었다. 종수가 드디어 무에게 누설했기 때문에 모두 하옥됐다.

○ 상이, 무질(無疾)이 근심하고 두려워하여 음식을 먹지 않는다는 말을 듣고, 그 창두(蒼頭-노비)를 시켜 길에서 맞이해[逆=迎] 사실을 다 말해 그의 마음을 달래주었다. 무질이 이미 이르러 말했다.

"이빈(李彬)이 나를 보고 한 말이 진실로 목의 말과 같습니다."

빈이 감히 숨기지 못했다.

○ 대간(臺諫)이 교장(交章)해 말씀을 올렸다.

'불충(不忠)한 신하는 고금(古今)의 사람 사람이 다 함께 미워하는 바입니다. 하물며 재상(宰相)이겠습니까? 지금 유용생(柳龍生)이 형

관(刑官)의 장(長)으로서 신하답지 못한[不臣=不敬] 죄를 조사함에
있어 마땅히 그 마음을 다해 그 정상을 알아내는 데 힘씀으로써 종
사(宗社)를 편안히 하는 것이 마땅한데 이것은 생각하지 않고 난신
(亂臣)의 당(黨)인 윤목(尹穆)을 문죄(問罪)할 즈음에 유유낙낙(唯唯
諾諾)하고 한마디 말도 하지 않았으니 족히 직분(職分)을 잃은 책망
을 면치 못할 것입니다. 또 구성량(具成亮)으로 하여금 이무(李茂)에
게 통해 사정(事情)을 알게 했으니 혹시 변(變)이 생길는지 알 수 없
는 일입니다. 오늘 신 등이 대사헌 이문화(李文和)와 더불어 교장(交
章)을 올려 두 신하의 죄를 묻자고 청하려 했는데 문화가 미리 이 사
실을 알고 병(病)을 칭탁해 참여하지 않았으니 그 마음이 반드시 다
른 것입니다. 또 요전에 윤목의 죄상과 그 당여(黨與)를 추구(推究)
하자는 사건을 신청(申請)하던 날에 머뭇거리고 좋아하지 않다가 마
침내 마지 못해 했으니, 전일(前日)의 마음이 금일(今日)에 나타난 것
입니다. 바라건대 전하께서는 유사(攸司)에 명령을 내려 그 직첩(職
牒)을 거두시고 이들 세 신하를 국문해 그 죄를 바로잡아야 할 것입
니다.'

○ 의정부(議政府)에서 아뢰었다.

"이문화가 친히 죄수를 국문하면서 말하기를 '사람의 죄를 짜서
[羅織] 만들었다'라고 했으니 이는 그 마음이 반드시 다른 것입니다.
나직
청컨대 그 정상을 물어야 할 것입니다."

상이 찬성사 이천우(李天祐)와 대간(臺諫) 육조(六曹) 각 한 사람
으로 하여금 대궐 아래에 모이게 하고 문화를 불러 물으니 문화가
대답했다.

"신이 헌사(憲司)의 장(長)으로서 함께 옥사(獄辭)를 살피는데 다만 그 정상을 얻기가 쉽지 않으므로 사사로이 혼잣말[自語]로 한 것뿐이지 본래 죄가 없는데 국가에서 나직(羅織)했다고 한 것은 아닙니다."

상이 말했다.

"이는 다만 스스로 겸사(謙辭)한 말이니 이에 풀어주고 (죄를) 묻지 말라."

○ 이달에 일본(日本) 축주 태수(筑州太守)가 사람을 보내 진위(陳慰)하고, 예물(禮物)을 바쳤다.

庚午朔 金星入太微 右執法.
경오 삭 금성 입 태미   우집법

上親奠于文昭殿.
상 친전 우 문소전

春秋館記事官宋襃等上疏. 疏曰:
춘추관   기사관   송포 등 상소   소왈

'臣等聞天道高而下濟 地道卑而上行. 大抵人君則天之經 故
신등 문 천도 고 이 하제   지도 비 이 상행   대저 인군 칙 천지경   고

聖人有詢下之義; 法地之義 故狂夫有進言之責. 臣等俱以非才
성인 유 순하 지 의   법 지지의   고 광부 유 진언 지책   신등 구 이 비재

承乏史職 凡事關於史者 其敢緘默乎? 近日有編修太祖康獻大王
승핍 사직   범사 관어 사 자   기 감 함묵 호   근일 유 편수   태조강헌대왕

實錄之命 臣等聞旨 不勝祗懼. 竊謂自唐虞三代以來 未有實錄
실록 지 명   신등 문지   불승 지구   절위 자 당우 삼대 이래   미유 실록

成於當代之人. 姑擧唐虞論之 則唐堯之事 記於虞史; 虞舜之事
성어 당대 지 인   고거 당우 논지   즉 당요 지사   기어 우사   우순 지사

載諸夏書 皆成於異代所記 堯之事曰堯典 而其書則曰虞書. 降自
재 저 하서   개 성어 이대 소기   요 지사 왈 요전   이 기서 즉 왈 우서   강자

三代 迄于漢唐 以至于今 修史之法 皆出於後人之手 未聞一時之
삼대   흘우 한당   이지우금   수사 지법   개 출어 후인 지수   미문 일시 지

臣 撰一時之史. 雖代近而修史者 容或有之 豈明時之所當法哉?
신 찬 일시 지 사   수 대근 이 수사 자   용혹 유지   기 명시 지 소당 법재

今我殿下凡所施爲 動法堯舜 輔相之臣 非堯舜之道 不願陳焉.
금 아 전하 범 소시위   동법 요순   보상 지신   비 요순 지도   불원 진언

乃何去唐虞萬世之法 而效後世一時之擧乎? 況我太祖大王 以
내 하거 당우 만세 지법   이효 후세 일시 지거 호   황 아 태조대왕   이

天錫勇智之資 應天順人 化家爲國 其神功聖德 髣髴唐虞 輝映
천석 용지 지자   응천 순인   화가위국   기 신공 성덕   방불 당우   휘영

簡策. 今日奔走殿下文武之臣 皆太祖之舊臣也. 以太祖之臣 撰
간책   금일 분주 전하 문무 지신   개 태조 지 구신 야   이 태조 지 신 찬

太祖之史 則後世之議太祖者 見功烈德業之盛 與夫規模綱紀之大
태조 지사   즉 후세 지 의 태조 자   견 공렬 덕업 지성   여부 규모 강기 지대

必曰:"一時之臣 褒美之辭 非傳信之書也." 若是則以太祖功烈

之赫赫 將置疑於後人耳目也 如何? 傳曰:"取法於上 僅得其中."

殿下既以堯舜爲法 則乃何此舉獨循衰世之事乎? 伏望殿下 諒臣

忠懇 憐臣狂瞽 卽霈兪允之音 除編修實錄之命.

　　上謂經筵史官禹承範曰:"疏意誠是 然代近而修史者 此指何代

何人乎? 王氏之事 李氏修之 李氏之事 後代修之歟?" 承範浚巡

不能對 上曰:"非紿汝而問之也." 承範對曰:"所謂代者 非指易姓

乃祖宗子孫相繼之遠近也. 自太祖至于聖上 雖云三世 纔十八年

事也. 豈可謂異代乎? 又任修撰之臣 豈無其身之事乎? 以一時之

臣 論當世之人物 皆爲不可也." 上使左代言金汝知問於宋褒以代

近修史者 褒等對以"宋朝有之 然非今日所當法也." 上曰:"予

當思之." 上謂左右曰:"堯之事 虞史修之 舜之事 夏史修之明矣

至於漢魏以下則不然. 且孔子修春秋 在定哀之世 而並書定哀

時事. 以此觀之 則編修實錄 在所不疑. 歷代之史 間有弑君簒位

而不諱者. 若使其子見之 則必删之矣 而錄而不删 則久而後修史.

從可知矣." 黃喜對曰:"史草必過三代而後出. 今此舉 實爲未便."

　　壬申 太白晝見經天.

以議政府贊成事李天祐兼判義興府事 工曹判書朴子靑兼

知義興府事 豐川君沈龜齡兼同知義興府事 柳龍生刑曹判書

李文和司憲府大司憲 直藝文館趙末生 權墇兼春秋館記注官

吏曹正郎尹淮 禮曹正郎申檣春秋館記事官. 舊臺諫以私相報復
이조정랑 윤회 예조정랑 신장 춘추관 기사관 구 대간 이 사상 보복

皆罷 朴習爲右司諫 李公柔司憲執義.
개 파 박습 위 우사간 이공유 사헌 집의

命安魯生 全穆 呂儀京外從便.
명 안노생 전목 여의 경외종편

恭安府尹李臯上箋辭 以陳義貴代之. 罷參知議政府事權緩 以
공안부 윤 이고 상전 사 이 진의귀 대지 파 참지 의정부 사 권완 이

尹向代之. 臯年七十一 以老辭.
윤향 대지 고연 칠십 일 이로 사

閔無咎兄弟 與李叔蕃素相忌 及無咎等廢 上嘗召尹柢 屛人曰:
민무구 형제 여 이숙번 소 상기 급 무구 등폐 상상소 윤저 병인 왈

"卿何故黨於叔蕃?"上意蓋惡權臣之朋比也. 柢洩於緩 緩以告
경 하고 당어 숙번 상의 개 오 권신 지붕비 야 저 설어 완 완 이고

叔蕃 叔蕃白於上. 是日免緩官.
숙번 숙번 백어상 시일 면완 관

癸酉 御便殿 召李天祐 金漢老 李膺 黃喜 趙庸 金科等 謂之
계유 어 편전 소 이천우 김한로 이응 황희 조용 김과 등 위지

曰: "昔 晋景公殺趙同 趙括 夢大厲毀門而入 景公避于小室 厲
왈 석 진 경공 살 조동 조괄 몽 대려 훼문 이입 경공 피우 소실 여

及至曰: '殺予孫 不義 已告上帝矣.'太祖譴責於予 夫豈非哉!
급지 왈 살 여손 불의 이고 상제 의 태조 견책 어여 부기 비재

予自以爲旣不得於親 予有數子無咎等又欲害之 故於丙戌歲 欲
여자 이위 기 부득 어친 여유 수자 무구 등 우욕 해지 고어 병술 세욕

辭位以避之 但爲臣子所沮 故不獲焉 無咎怒形于色."又謂金科
사위 이피지 단위 신자 소저 고 불획 언 무구 노형 우색 우위 김과

曰: "歲庚辰 孝寧忠寧 年纔四五 爾指之曰: '此小王子 亦有
왈 세 경진 효령 충녕 연재 사오 이 지지 왈 차 소 왕자 역유

爭長之心.'又至丙戌 亦以兩兒子爲言 辭甚不愜. 若我洩此言 則
쟁장 지심 우지 병술 역이 양 아자 위언 사심 불협 약아 설 차언 즉

汝豈得安乎? 汝若諱之 則予當宣說."科對曰: "誠有是言." 上
여기 득안 호 여약 휘지 즉 여당 선설 과 대왈 성유 시언 상

曰: "汝若以爲有 則予當不洩 予豈食言哉? 世子受大學衍義
왈 여약 이위 유 즉 여당 불설 여기 식언 재 세자 수 대학연의

簡秩多而未易周覽 予使汝擇其最可鑑可戒者 類編以進 欲令世子
간질 다이 미이 주람 여사 여택 기최 가감 가계 자 유편 이진 욕령 세자

常存心目 汝闕其敎戚屬之篇. 夫戚屬謙謹之福 驕佚之禍 正世子
상존 심목 여궐 기교 척속 지편 부 척속 겸근 지복 교일 지화 정세자

之所宜講習. 汝之闕此 是全畏外戚也. 昔人所著之書 讀之亦
지 소의 강습 여지 궐차 시전 외 외척 야 석인 소저 지서 독지 역

可畏乎?" 言甚切惻 群臣皆泣. 上亦爲之流涕曰:"人君之子 惟
가외 호　언 심 절 측　군 신 개 읍　상 역 위 지 유 체 왈　인군 지 자 유

留嫡長 其餘皆戕殺之乎?" 乃指漢老曰:"世子若生衆子 則卿之
류 적 장　기 여 개 장 살 지 호　내 지 한 로 왈　세 자 약 생 중 자 즉 경 지

心如何?" 天祐等共請以科付有司治之 上曰:"愼勿露此!" 代言
심 여하　천 우 등 공청 이 과 부 유사 치 지　상 왈　신 물 로 차　대언

金汝知進曰:"詩云:'宗子維城.' 子孫繁庶 宗社之福也." 上曰:
김여지 진왈　시 운　종 자 유 성　자손 번 서 종사 지 복 야　상 왈

"則百斯男 詩之所言也." 後召金科詰之曰:"汝近日謂人曰:'汝
칙 백 사 남　시 지 소 언 야　후 소 김 과 힐 지 왈　여 근 일 위 인 왈　여

欲死生得正.' 有諸? 我不明嫡庶之辨 汝欲切諫而死乎? 何所指
욕 사 생 득 정　유 저　아 불 명 적 서 지 변　여 욕 절 간 이 사 호　하 소 지

而言歟?" 科對曰:"臣本愚惑 致有過言. 死有餘罪 欲甘心就死
이 언 여　과 대 왈　신 본 우 혹　치 유 과 언　사 유 여 죄　욕 감 심 취 사

耳." 上曰:"昨日 汝曰:'待罪于家.' 予聞而憐之 汝不面對 而
이　상 왈　작 일 여 왈　대 죄 우 가　여 문 이 연 지　여 불 면 대　이

輒以告人. 汝老矣 而心術何不正若是乎? 汝編世子所讀衍義 而
첩 이 고 인　여 노 의　이 심 술 하 부 정 약 시 호　여 편 세 자 소 독 연 의 이

幷載定國本 嫡庶之分 不可不辨. 蓋此篇記桓 襄 漢成帝 吳孫權
병 재 정 국 본　적 서 지 분　불 가 불 변　개 차 편 기 환 양 한 성 제 오 손 권

唐太宗五君之事 皆非善處父子兄弟者也. 世子未嘗有學 而先學
당 태 종 오 군 지 사　개 비 선 처 부 자 형 제 자 야　세 자 미 상 유 학　이 선 학

此篇 則將以爲父子兄弟 亦可畏也 無乃啓不孝不弟之心乎? 爾
차 편　즉 장 이 위 부 자 형 제　역 가 외 야　무 내 계 불 효 부 제 지 심 호　이

前日所言 甚著于此 我以私意 不明正汝罪 我固非矣." 謂汝知曰:
전 일 소 언　심 저 우 차　아 이 사 의　불 명 정 여 죄　아 고 비 의　위 여 지 왈

"今閔氏之黨 謂予聽讒 然人君之子 唯留長子 餘皆盡殺之可乎?"
금 민 씨 지 당　위 여 청 참　연 인 군 지 자　유 류 장 자　여 개 진 살 지 가 호

開城留後李沃卒. 輟朝三日 賜諡靖節.
개성 유후 이옥 졸　철 조 삼 일　사 시 정 절

三館上書議政府. 書曰:
삼 관 상 서 의정부　서 왈

'傳曰:"學而優則仕 仕而優則學." 仕者固不可不學也. 今我
전 왈　학 이 우 즉 사 사 이 우 즉 학　사 자 고 불 가 불 학 야　금 아

國家 俾三館諸儒 講經學以明其體 賦詞章以達其用 誠一代之
국 가　비 삼 관 제 유　강 경 학 이 명 기 체　부 사 장 이 달 기 용　성 일 대 지

令典也. 每當春秋 命題賦詩 第其高下 轉聞于上 則中者勸 而
영 전 야　매 당 춘 추　명 제 부 시　제 기 고 하　전 문 우 상　즉 중 자 권 이

不中者勵 雖無黜陟 自有勸懲 人各勉焉. 至於歲抄 考講經書
부 중 자 려　수 무 출 척　자 유 권 징　인 각 면 언　지 어 세 초　고 강 경 서

以爲升黜之資 則似有慊焉. 以一章之誦 一朝之幸 奪人爵祿

以致先進之淹留 後進之僥倖 而無實效 廉恥之士 或有憾焉. 誠

願自今 革歲抄考講黜陟之法 讀書則依文忠公權近學式 每月

三館諸儒 各於名下 讀某書自某月某日始 至某月某日已讀幾篇

備書開寫 舉案進呈 以爲恒式; 考講則依春秋賦詩例 館閣提學

講其所讀 第其優劣 以聞于上 則人皆激勵 精力者必加勉 怠忽者

必自警. 安有自暴自棄 以負國家敎育之美意哉? 如是則勸學之方

益密 而待士之意周矣. 伏望申聞施行.'

政府轉聞 上覽之曰:"本爲勸學而設 別無利害 毀成法 予所厭也."

甲戌 流兼中軍摠制馬天牧于谷城. 天牧在監巡廳 以事撻典吏

高乙貴 乙貴因而死. 司憲府上疏請罪 上曰:"是人性本寬柔 必

誤殺也. 況非私門 則亦公事也 且功臣 宜勿論."憲府再請 乃流之.

乙亥 日本 日向州人 來獻土物.

全羅道兵船 遇風而敗. 水軍都萬戶李興茂 入海島搜倭賊也.

溺死者二十一人 上聞而痛之曰:"此不審風氣之所致也." 命恤

死者之家.

丁丑 命城海州.

禮曹上歷代實錄修撰之法. 啓曰:

"本曹敬奉王旨 考求古典 漢武帝時 司馬遷撰自黃帝至西漢

武帝之事; 東漢明帝令班固撰自西漢高祖終於孝平 王莽之事; 唐

太宗詔房玄齡等 修高祖實錄 貞觀十七年 房玄齡撰太宗實錄至
태종 조 방현령 등 수 고조 실록 정관 십칠 년 방현령 찬 태종실록 지

十四年. 至宋太祖實錄 則太宗時 沈倫等撰之; 太宗實錄 則眞宗
십사 년 지송 태조실록 즉 태종 시 심륜 등 찬지 태종실록 즉 진종

時 命錢若水修撰. 元成宗元年 詔翰林國史院 修世祖實錄 七年
시 명 전약수 수찬 원 성종 원년 조 한림 국사원 수 세조실록 칠년

翰林國史院撰自太祖至憲宗五朝實錄. 據依古典 宜修本朝國史."
한림 국사원 찬자 태조 지 헌종 오조 실록 거의 고전 의수 본조 국사

上因謂左右曰: "自宋以降 修撰實錄 皆出當世之人. 今史官
상 인위 좌우 왈 자송 이강 수찬 실록 개출 당세 지인 금 사관

上疏請止之 不知何所據也?" 禮曹判書李膺對曰: "一時之人 撰
상소 청 지지 부지 하 소거 야 예조판서 이응 대왈 일시 지인 찬

一時之事 則其誰備書直書 以取目前之禍哉? 臣亦不能矣." 上
일시 지사 즉기 수비 서직서 이취 목전 지화재 신역 불능 의 상

曰: "然則予更與晉山府院君議之."
왈 연즉 여갱여 진산부원군 의지

史官宋褒等謂成石璘曰: "公旣監館事 國史修撰 禮曹已受判
사관 송포 등위 성석린 왈 공기 감관사 국사 수찬 예조 이 수판

矣. 公宜請止之." 石璘曰: "此意出自宸衷乎? 抑有請之者歟?
의 공의청 지지 석린 왈 차의 출자 신충 호 억유 청지자 여

予不知也 告夫晉山可矣." 褒等乃告崙曰: "太祖欲覽時史 大臣
여 부지 야 고부 진산 가의 포등 내고 륜왈 태조 욕람 시사 대신

與臺諫之臣 諫而止之. 今日修史 非公誰止之?" 崙不聽. 臺諫
여 대간 지신 간이 지지 금일 수사 비공 수 지지 륜 불청 대간

交章上言:
교장 상언

'臣等聞古者自帝王至列國 各有史官 掌記時事 然其修撰 必待
신등 문 고자 자 제왕 지 열국 각유 사관 장기 시사 연기 수찬 필대

後人 故書傳曰: "堯典 虞史所作 舜典 夏史所作." 然則當代之臣
후인 고 서전 왈 요전 우사 소작 순전 하사 소작 연즉 당대 지신

不得修當代之史明矣. 恭惟太祖康獻大王 以英明之資 神武之德
부득 수 당대 지사 명의 공유 태조강헌대왕 이 영명 지자 신무 지덕

應天順人 肇造丕基 禮樂制度 典章文物 當時史官 直書無遺 後世
응천 순인 조조 비기 예악 제도 전장 문물 당시 사관 직서 무유 후세

之所當法也. 殿下命文臣 修自壬申至庚辰九年之史. 臣等竊謂
지 소당법 야 전하 명 문신 수자 임신 지 경진 구년 지사 신등 절위

孔子修春秋 至定哀 多微辭. 夫春秋 天子之事 而孔子之微辭尙
공자 수 춘추 지 정애 다 미사 부 춘추 천자 지사 이 공자 지 미사 상

如此; 房玄齡撰唐史六月之事 語多微隱. 玄齡 古之名臣 而諱不
여차 방현령 찬 당사 육월 지사 어다 미은 현령 고지 명신 이휘 불

直書又如此 至於晉秘書監孫盛作晉史 直書其事 大司馬桓溫見之
직서 우 여차 지어 진 비서감 손성 작 진사 직서 기사 대사마 환온 견지

怒 謂盛子曰: "改書之." 盛子卽拜謝 共號泣稽顙請于盛 盛大怒
노 위성자왈 개서지 성자즉배사 공호읍 계상 청우성 성 대로

不許. 諸子懼桓威勢 遂私改之. 臣等恐後人 將以此爲據 指今日
불허 제자구환위세 수사개지 신등공후인 장이차위거 지금일

之事曰: "當代所修 不足盡信也." 若曰司馬遷 班固等 修西漢之史
지사왈 당대소수 부족진신야 약왈 사마천 반고 등 수 서한지사

房玄齡 沈倫等 撰唐宋之史 則非臣等望殿下之意也 臣等以唐虞
방현령 심륜 등 찬당송지사 즉비 신등 망 전하 지 의야 신등 이당우

望今日 而不以漢唐望今日也. 伏惟殿下 俯採臣等區區之望 以停
망 금일 이불이 한당 망 금일 야 복유 전하 부채 신등 구구 지망 이정

今日修撰之擧 則於太祖之盛烈幸甚 於史臣之直筆幸甚.'
금일 수찬 지 거 즉어 태조 지 성렬 행심 어 사신 지 직필 행심

上不允.
상 불윤

下原平君尹穆 漢城少尹鄭安止于巡禁司. 初 二人與李之崇
하 원평군 윤목 한성 소윤 정안지 우 순금사 초 이인 여 이지숭

赴京 行至遼王舊都 穆謂安止曰: "懷安君 其功甚大; 驪江 驪城
부경 행지 요왕 구도 목위 안지 왈 회안군 기공 심대 여강 여성

亦有功於王室. 上與國家處置差誤." 至城底 穆見城邑蕪沒 又
역 유공 어 왕실 상여 국가 처치 차오 지 성저 목견 성읍 무몰 우

謂安止曰: "遼府殿下 高皇帝之子. 棄在草莽之間 惜哉!" 因
위 안지 왈 요부 전하 고황제 지자 기재 초망 지간 석재 인

論封建利害曰: "若我國家 亦當如何? 凡王子宗親 處之如何?"
논 봉건 이해 왈 약 아 국가 역 당 여하 범 왕자 종친 처지 여하

安止答曰: "君明臣良 當令安享富貴." 穆曰: "不然. 汝不知
안지 답왈 군명신양 당령 안향 부귀 목왈 불연 여부지

中國及我朝之事耶? 今 懷安 驪江 驪城 功在盟府 棄置草莽 固
중국 급 아조 지사야 금 회안 여강 여성 공재 맹부 기치 초망 고

可憐也." 又曰: "驪江兄弟 以有功親屬 亦遭流貶. 如我功臣 愈
가련 야 우왈 여강 형제 이유공 친속 역조 유폄 여아 공신 유

難保也. 上之諸功臣 皆未可保也." 之崇馬上困睡 佯不聞. 至
난보 야 상지 제 공신 개미 가보 야 지숭 마상 곤수 양 불문 지

會同館 質安止曰: "前日路上之言 君不可匿." 至是 之崇以穆
회동관 질 안지 왈 전일 노상 지언 군 불가 익 지시 지숭 이목

所言啓 命參贊柳亮 知申事安騰 左代言金汝知 書其言 令政府召
소언 계 명 참찬 유량 지신사 안등 좌대언 김여지 서 기언 영 정부 소

安止問之. 安止云: "無所聞." 又令承政院召聞 亦不明言. 乃下
안지 문지 안지 운 무 소문 우 영 승정원 소문 역 불명언 내하

穆及安止于獄 命兼判巡禁司事南在 李膺 成發道 大司憲李文和
목 급 안지 우옥 명겸 판순금사사 남재 이응 성발도 대사헌 이문화

左司諫朴習 刑曹參議金自知 委官參贊李至 交坐鞫問.
좌사간 박습 형조참의 김자지 위관 참찬 이지 교좌 국문

戊寅 命外戚勿封君. 議政府啓:
무인 명 외척 물봉군 의정부 계

"據禮曹呈:'奉王旨 外戚封君便否 古籍相考 報政府啓聞.
거 예조정 봉왕지 외척 봉군 편부 고적 상고 보정부 계문

謹按古典 漢成帝時 諫大夫楊興 博士駟勝等言:"高祖之約 非
근안 고전 한성제시 간대부 양흥 박사 사승 등언 고조 지약 비

功臣不侯. 今太后諸弟 皆以無功爲侯 外戚未曾有也."本曹竊謂
공신 불후 금 태후 제제 개이 무공 위후 외척 미증유 야 본조 절위

自漢以來 以外戚封侯 爲國家之患者甚衆. 高祖之約 誠萬世之
자 한 이래 이 외척 봉후 위 국가 지환자 심중 고조 지약 성 만세 지

良法也. 我朝法度 必遵古昔 其於外戚一事 尙循歷代之失可乎?
양법 야 아조 법도 필준 고석 기어 외척 일사 상순 역대 지실 가호

願自今體漢高之約法 非功臣 除中宮父親外 不許封君 隨其才品
원 자금 체 한고 지약법 비공신 제 중궁 부친 외 불허 봉군 수기 재품

而用舍之 以成國家之美典.'本府議得: 后戚之家 雖才能可用
이 용사 지 이성 국가 지미전 본부 의득 후척 지가 수 재능 가용

不許除機要之職 以垂後法."
불허 제 기요 지직 이수 후법

從之.
종지

己卯 昏霧 咫尺不辨人.
기묘 혼무 지척 불변 인

庚辰 宗親詣闕請誅金科 不許.
경진 종친 예궐 청주 김과 불허

辛巳 囚平江君趙希閔 繕工監朴剛生于巡禁司 旣而釋之. 穆
신사 수 평강군 조희민 선공감 박강생 우 순금사 기이 석지 목

辭引二人也. 鞫獄官訊穆等連日 安止不能隱 具以穆言告獄官.
사 인 이인 야 국옥 관신 목등 연일 안지 불능 은 구이 목언 고 옥관

詰安止初不直告之意 安止曰:"穆於道途 謂爲病儒 食物醫藥
힐 안지 초 불 직고 지의 안지왈 목 어 도도 위위 병유 식물 의약

養之如子 故感恩未發耳."以問穆 穆辭服. 使左代言金汝知傳旨
양지 여자 고 감은 미발 이 이문 목 목 사복 사 좌대언 김여지 전지

政府曰:"我欲令巡禁司 照律尹穆 安止罪 釋希閔 剛生之囚."
정부 왈 아 욕령 순금사 조율 윤목 안지 죄 석 희민 강생 지수

議政府詣闕 成石璘啓曰:"殿下好生之德 如天地之於萬物 姸醜
의정부 예궐 성석린 계왈 전하 호생지덕 여 천지 지어 만물 연추

484

竝育 群臣攸司當執法 以辨邪正. 今尹穆不忠之言既露 宜更加
병육 군신 유사 당집법 이변 사정 금윤목 불충 지언 기로 의갱가

鞫問 以正其罪."
국문 이정 기죄

趙英茂啓曰: "農之去草 爲苗也. 何不去此惡人 以混朝廷乎?
조영무 계왈 농지거초 위묘야 하불거차 악인 이혼 조정 호

無咎 無疾 懷安之徒 布列于外 皆以爲必有同謀而起者. 今幸天
무구 무질 회안 지도 포열 우외 개 이위 필유 동모 이기자 금행천

啓其端 若不加誅 則是敎功臣 皆謀叛也." 上笑曰: "予將思之."
계 기단 약불 가주 즉시교 공신 개 모반 야 상 소왈 여장 사지

李天祐入 力陳不可宥 乃許更訊 且曰: "辭所連及若干功臣則必
이천우 입 역진 불가유 내허 갱신 차왈 사 소련 급약간 공신 즉필

稟命 其餘宜皆逮問." 命巡禁司曰: "尹穆 安止 照律以聞 餘皆
품명 기여 의개 체문 명 순금사 왈 윤목 안지 조율 이문 여개

放出." 巡禁司啓: "穆當處斬 安止杖一百徒三年." 命各減一等.
방출 순금사 계 목 당 처참 안지 장 일백 도 삼년 명각 감일등

代言許遲執筆以諫曰: "不可減也." 上怒 責之. 臺諫刑曹啓曰:
대언 허지 집필 이간왈 불가 감야 상노 책지 대간 형조 계왈

"尹穆援引者十人 今未及問 宜畢鞫之 辨其邪正."
윤목 원인 자 십인 금 미급 문 의필 국지 변기 사정

上曰: "若許更問 則卿等可能辨其邪正 以得首謀者歟? 予豈
상왈 약허 갱문 즉 경등 가능 변기 사정 이득 수모자 여 여기

不度事之本末而遽止之乎?" 李文和對曰: "是固不可逆料 但
불탁 사지 본말 이거 지지 호 이문화 대왈 시고 불가 역료 단

當鞫問對正." 朴習啓曰: "事有本末 豈可中廢乎? 若更許鞫問
당 국문 대정 박습 계왈 사유 본말 기가 중폐 호 약갱허 국문

何患主謀之難得 邪正之不辨乎?" 上不允. 議政府啓 穆之罪不可
하환 주모 지난득 사정 지 불변 호 상 불윤 의정부 계 목지 죄 불가

減等 上曰: "今日 禁刑日也. 予將思之." 臺諫伏閤請尹穆之罪
감등 상왈 금일 금형일 야 여장 사지 대간 복합 청 윤목 지죄

上曰: "明日 予當決了." 議政府上言:
상왈 명일 여당 결료 의정부 상언

"竊惟人臣之罪 莫大於懷二. 懷二者 必圖不軌 以爲宗社生靈
절유 인신 지죄 막대 어 회이 회이 자 필도 불궤 이위 종사 생령

之禍. 今尹穆夤緣末光 得列功臣 位至封君 至爲天幸 乃畜異志
지화 금윤목 인연 말광 득렬 공신 위지 봉군 지위 천행 내축 이지

敢發前日去宗支之語 又欲懷安 無咎 無疾之復起 是何心也? 且
감발 전일 거종지 지어 우욕 회안 무구 무질 지부기 시 하심 야 차

爲惡者 必有其黨 今故爲亂說而 不肯明言其同謀之人. 伏望更加
위악 자 필유 기당 금고 위난설 이 불긍 명언 기동모 지인 복망 갱가

鞫詰 使國人明知其亂謀之實 然後明正其罪."
국힐 사 국인 명지 기 난모 지실 연후 명정 기죄

李文和 朴習等交章上言曰:
이문화 박습 등 교장 상언 왈

'竊謂賞罰明 然後人心定 人心定 然後宗社安. 今者尹穆乃不
절위 상벌 명 연후 인심 정 인심 정 연후 종사 안 금자 윤목 내불

安分 妄生異志 議圖宗室 且顧惜亂臣無咎 無疾 事在不測. 攸司
안분 망생 이지 의도 종실 차 고석 난신 무구 무질 사재 불측 유사

鞫問 旣服其言 不吐其實 遊辭巧僞 變亂是非 罪莫大焉. 殿下
국문 기복 기언 불토 기실 유사 교위 변란 시비 죄 막대 언 전하

特令不問其黨 止罪其身 又減其罪. 如此則賞罰何由而明哉? 又
특령 불문 기당 지죄 기신 우감 기죄 여차즉 상벌 하유 이 명재 우

於敎旨曰: "雖宗室功臣 事關宗社 當以法論 已載盟書 予不敢
어 교지 왈 수 종실 공신 사관 종사 당 이법 논 이재 맹서 여 불감

宥." 下旨未久 輕宥失信 人心何由而定哉? 伏望殿下 許令臣等
유 하지 미구 경유 실신 인심 하유 이 정재 복망 전하 허령 신등

推明其實 以正其罪 鞫問其黨 以辨是非.'
추명 기실 이정 기죄 국문 기당 이변 시비

上使金汝知傳旨政府曰: "尹穆之言 乃是閑談. 旣非執權大臣
상 사 김여지 전지 정부 왈 윤목 지언 내시 한담 기비 집권 대신

則何能爲耶? 況功臣乎? 不可處斬 使存性命可矣." 成石璘 柳亮
즉 하 능위 야 황 공신 호 불가 처참 사존 성명 가의 성석린 유량

等對曰: "穆心常懷二 故言發於口. 苟力足以有爲 則必有異圖
등 대왈 목심 상회 이 고언 발어 구 구 역 족이 유위 즉 필유 이도

豈可恕乎?" 臺諫又詣闕請下前日之疏 上曰: "予更思之." 臺諫
기 가서 호 대간 우 예궐 청하 전일 지소 상왈 여갱 사지 대간

又伏閣乞允議政府之請 乃命臺諫刑曹 同巡禁司 更訊穆之同謀
우 복합 걸윤 의정부 지청 내명 대간 형조 동 순금사 갱신 목지 동모

者. 是日 巡禁司欲放穆等 先杖安止九十 次杖穆纔六下 而更訊之
자 시일 순금사 욕방 목 등 선장 안지 구십 차장 목 재 육하 이 갱신 지

命乃下 遂復囚二人.
명 내하 수 부수 이인

命江原道都觀察使 奉楡岾寺所安太祖眞以來.
명 강원도 도관찰사 봉 유점사 소안 태조 진 이래

壬午 火星入轝鬼.
임오 화성 입 여귀

乙酉 以利城君徐愈 爲太一奉安使.
을유 이 이성군 서유 위 태일봉안사

丙戌 命抄錄衍義 齊家之要以進. 上欲以大學衍義后夫人可法
병술 명 초록 연의 제가 지요 이진 상 욕 이 대학연의 후부인 가법

可戒之事 令中宮及世子淑嬪以下 皆誦而習之 命書二册.

戊子 囚戶曹判書李彬 平江君趙希閔于巡禁司. 遣人捕全羅道
兵馬都節制使姜思德 前摠制金瞻以來. 穆言: "前秋 予往李彬
家 彬曰: '守墳之時 再見驪城君 若如所言 則無罪矣.' 彬又嘗謂
予曰: '李茂拜掃於禪興 見彬色有不豫然曰: "如我大臣 有若無
矣. 以不速請閔氏之罪 見辱於柳亮. 無疾之事 中間誤傳 予欲辨
於上前 而未敢.''' 彬見無疾 告以茂言." 故逮彬問之. 彬曰: "予
於瑞谷廬墳時 驪城再來見我曰: '吾家兄驪江 以言錯流貶 予則
見奪兵權. 上雖謂我無罪 予豈敢安也? 是以出遊于外耳.' 及予
喪畢 至安城君家 安城曰: '驪城所居相近否乎?' 予曰: '密邇.'
且告所聞 他無與語者."

巡禁司大護軍睦進恭以聞 上曰: "勢不得已 則雖功臣難免刑問.
可東可西 則耆舊之臣 服事之久 其勿刑問." 進恭對曰: "彬服云:
'穆之所言 意予言之而忘之也.' 不待榜掠 情已露矣." 上曰: "此時
所問 驪城無罪之言耳. 果如所言 攸司擧法施行可也." 穆辭 又引
丹山府院君李茂及姜思德 金瞻 乃遣巡禁司司直沈龜麟 捕思德于
全羅 具宗秀捕瞻于留後司. 李茂詣闕言: "穆雖族姪 嘗有私憾 請
就獄自明." 命還于第. 召南在 李膺 成發道 李文和等 至內殿 問
李彬刑問之辭 在等對曰: "彬冒衰絰 往閔氏之家者四. 其間 豈無
所言乎? 臣等訊之 彬固不承." 上曰: "金瞻何罪?" 對曰: "尹穆

言：'瞻至吾家 嘗言："商君相秦 孝公定變法之令. 惠文王 時爲
언 첨지오가 상언 상군 상진 효공 정 변법 지령 혜문 왕 시위

太子犯法 乃曰：'法之不行 自上犯之. 太子 君嗣也 不可刑.'刑
태자 범법 내왈 법지불행 자상 범지 태자 군사 야 불가 형 형

其傅公子虔. 及孝公卒 公子虔之徒 告商君欲反 發吏捕之 終以
기부 공자 건 급 효공 졸 공자 건 지도 고 상군 욕반 발리 포지 종이

車裂. 今若無咎等復起 則當有如鞅者."臣等欲以穆言 詰之瞻
거열 금약 무구 등 부기 즉 당유 여앙 자 신등 욕이 목언 힐지 첨

耳."召閔無疾于三陟. 以李彬言本不與無疾相交 欲令質正也.
이 소 민무질 우 삼척 이 이빈 언본 불여 무질 상교 욕령 질정 야

庚寅 流球國 中山王思紹 遣使來聘. 咨曰：
경인 유구국 중산왕 사소 견사 내빙 자왈

'一, 酬謝事. 照得 洪武年間 累蒙貴國遣使到國 及惠珍貺
일 수사사 조득 홍무 연간 누몽 귀국 견사 도국 급 혜진황

得通盟耗 與同休戚. 不幸後因先祖王察度及先父武寧相繼薨逝
득통 맹모 여동 휴척 불행 후인 선조왕 찰도 급 선부 무령 상계 훙서

以致各寨不和 連年征戰不息 一向疎曠 未得伸謝 深負惶愧. 今
이치 각채 불화 연년 정전 불식 일향 소광 미득 신사 심부 황괴 금

深荷大明皇帝柔懷遠人 寵封王爵 掌管地方. 除欽遵朝貢外 竊念
심하 대명황제 유회 원인 총봉 왕작 장관 지방 제 흠준 조공 외 절념

隣國義交一節 亦合遣使往來 相通音耗 是爲一家 庶爲允當. 爲此
인국 의교 일절 역합 견사 왕래 상통 음모 시위 일가 서위 윤당 위차

專遣正使 阿乃佳結制等 坐駕本國海船 裝載禮物 前詣國王殿下
전견 정사 아내가결제 등 좌가 본국 해선 장재 예물 전 예 국왕 전하

奉獻 少伸酬謝之誠 幸希叱納. 所據今去船人 附搭物貨 仍乞容
봉헌 소신 수사 지성 행희 질납 소거 금거 선인 부탑 물화 잉걸 용

令買賣 早爲打發回國 便益. 今將奉獻禮物數目 開座前去 合咨
령 매매 조위 타발 회국 편익 금장 봉헌 예물 수목 개좌 전거 합자

知會. 禮物：胡椒一百觔 象牙二枚 白磻五百觔 蘇木一千觔.
지회 예물 호초 일백 근 상아 이 매 백반 오백 근 소목 일천 근

一, 遞送事. 據婦女 吳加告稱 原係羅州等處人民. 於往年前間
일 체송사 거 부녀 오가 고칭 원계 나주 등처 인민 어 왕년 전간

因被倭寇擄掠 流離本國 告乞回鄕 爲民住坐. 參照所告 係于
인피 왜구 노략 유리 본국 고걸 회향 위민 주좌 참조 소고 계 우

遠人 理合就行. 得此 今發婦女 吳加等就船前去. 今發去婦女
원인 이합 취행 득차 금발 부녀 오가 등 취선 전거 금발 거 부녀

三名 吳加 三德就帶小女位加.'
삼명 오가 삼덕 취대 소녀 위가

豊海道兵馬都節制使柳殷之 陳啓事宜："道內沿海要害守禦處
풍해도 병마 도절제사 유은지 진계 사의 도내 연해 요해 수어 처

多 乞增軍額 又水軍萬戶千戶 許於歲抄 褒貶以聞.'從之.
다 걸증 군액 우 수군 만호 천호 허어 세초 포폄 이문 종지

壬辰 以兵曹判書李貴齡 判漢城府事柳廷顯 潘城君朴訔 爲
임진 이 병조판서 이귀령 판한성부사 유정현 반성군 박은 위

巡禁司府官 知議政府事偰眉壽爲委官. 上謂貴齡等曰: "予不以
순금사 부관 지의정부사 설미수 위 위관 상위 귀령 등 왈 여 불이

前等府官爲非 而代以卿等. 大抵訊問者衆 則公正情狀著現矣."
전등 부관 위비 이 대이 경등 대저 신문 자중 즉 공정 정상 저현 의

又召睦進恭曰: "三省與郎廳依舊. 明日早 請府官訊問. 前等
우 소 목진공 왈 삼성 여 낭청 의구 명일 조 청 부관 신문 전등

府官不無遲緩." 蓋慮大獄久滯 而難於得情也.
부관 불무 지완 개 여 대옥 구체 이 난어 득정 야

乙未 全羅道樂安郡 粘石梁海水赤如血 廣如布匹 長百二十尺
을미 전라도 낙안군 점석량 해수 적여혈 광여 포필 장백 이십 척

許. 又其近村 泉水如血者二. 村民尹富等相傳: "泉水色變 有
허 우 기 근촌 천수 여혈 자이 촌민 윤부 등 상전 천수 색변 유

禍亂焉."
화란 언

囚瑞城君柳沂于巡禁司. 大司憲李文和 右司諫朴習等上言:
수 서성군 유기 우 순금사 대사헌 이문화 우사간 박습 등 상언

'國之安危 係乎大臣. 爲大臣者 忠直正大 進賢去邪 與社稷
국 지 안위 계호 대신 위 대신 자 충직 정대 진현 거사 여 사직

同休戚 職也. 今丹山府院君李茂 別無才德 再蒙勳典 位至極品
동 휴척 직야 금 단산부원군 이무 별무 재덕 재몽 훈전 위지 극품

又使子姪 布列華要 富貴極矣. 雖至糜粉 難報殿下罔極之恩 計
우사 자질 포열 화요 부귀 극의 수지 미분 난보 전하 망극 지은 계

不出此 反結亂臣 罪在不忠. 其實有六.
불출 차 반결 난신 죄재 불충 기실 유육

曾聞 無疾今將之語 不卽申聞 後因釁端 乃達其言 其不忠一也.
증문 무질 금장 지어 부즉 신문 후인 흔단 내 달 기언 기 불충 일야

李之誠以無疾之故 犯不忠之罪 固當不敍 茂欺瞞上聰 加資
이지성 이 무질 지고 범 불충 지죄 고당 불서 무 기만 상총 가자

除職 其不忠二也.
제직 기 불충 이야

初 無疾先知其罪 自竄長湍 茂使人言於無疾之妻母 諭以救援
초 무질 선지 기죄 자찬 장단 무 사인 언어 무질 지 처모 유 이 구원

之意 其不忠三也.
지 의 기 불충 삼야

又使無疾妻父尙桓根隨阿丹 言於李彬曰: "無疾雖貶 旣爲世子
우사 무질 처부 상환 근수 아단 언어 이빈 왈 무질 수폄 기위 세자

親眷 不無後日蒙宥之理." 再使阿丹言於彬 以曉委曲之情 彬從
친권 불무 후일 몽유 지리 재사 아단 언어 빈 이효 위곡 지정 빈종

其言 忘守墳之義 將酒食之備 無時往來 以固交結 其不忠四也.
기언 망 수분 지의 장 주식 지비 무시 왕래 이고 교결 기 불충 사야

歲在丁亥 陪世子如京師 道于平壤 與外甥府尹尹穆閑話 言及
세 재정해 배 세자 여경사 도우 평양 여 외생 부윤 윤목 한화 언급

無疾見貶曰: "視猶子也." 以致眷眷顧惜之意 其不忠五也.
무질 견폄 왈 시유자야 이치 권권 고석 지의 기 불충 오야

及戊子春 彬終喪制 來見茂 傳說無疾之言 茂尤加憐憫. 又於
급 무자 춘 빈종 상제 내견 무 전설 무질 지언 무우가 연민 우어

其夏 與彬有言曰: "無疾流貶 誠爲可惜. 今雖流貶 不可不厚."
기하 여빈 유언 왈 무질 유폄 성위 가석 금수 유폄 불가 불후

其不忠六也.
기 불충 육야

蓋無疾不忠 人臣所同惡. 茂外則與百官同請罪 內則密使親屬
개 무질 불충 인신 소동오 무 외즉 여 백관 동 청죄 내즉 밀사 친속

交相修好 其不忠奸詐 莫此若也. 及今不圖 禍在難測. 願殿下
교상 수호 기 불충 간사 막 차약 야 급금 부도 화재 난측 원 전하

特令攸司 收其爵牒 鞫問其情 明正其罪 以安社稷.'
특령 유사 수기 작첩 국문 기정 명정 기죄 이안 사직

上覽之曰: "此疏曲盡 奸惡昭然 但獄囚已多 待其訊問畢 囚之
상 람지 왈 차소 곡진 간악 소연 단 옥수 이다 대기 신문 필 수지

未晩 嚴其守直以待." 正言張晉 掌令李稔更啓云: "此人支黨
미만 엄기 수직 이대 정언 장진 장령 이임 갱 계운 차인 지당

甚繁 非守直所能制也 敢固請." 上不許而遣代言李安愚 同察
심번 비 수직 소능 제야 감 고청 상 불허 이견 대언 이안우 동찰

獄辭. 是疏 李文和之所草也. 旣成 文和忽言曰: "羅織人罪矣."
옥사 시소 이문화 지 소초 야 기성 문화 홀언 왈 나직 인죄 의

臺諫又劾文和 以尹穆等辭引柳沂 故幷囚之.
대간 우 핵 문화 이 윤목 등 사인 유기 고병 수지

議政府啓奴婢陳告之法:
의정부 계 노비 진고 지법

"永樂四年 本府受判: '司宰監屬身良人等及相訟兩邊不當屬公
영락 사년 본부 수판 사재감 속 신량인 등급 상송 양변 부당 속공

奴婢 數多逃避 將爲良人 混雜朝廷. 願自十月初一日以前未現
노비 수다 도피 장위 양인 혼잡 조정 원자 십월 초 일일 이전 미현

者 本主一族 與相訟兩邊族人 許令陳告. 身良人爲半 兩邊不當
자 본주 일족 여 상송 양변 족인 허령 진고 신량인 위반 양변 부당

奴婢三分之一 告者充賞." 已有令矣. 然前伴人 逃避者衆 無現告
노비 삼분 지일 고자 충상 이유 령의 연 전 반인 도피 자중 무 현고

490

者 以告者有限 故他人雖或知之而不告也. 若屬公奴婢 則其本主
자 이 고자 유한 고 타인 수혹 지지 이 불고 야 약 속공 노비 즉 기 본주

容或隱匿 願自今許諸人陳告. 均是告者而充賞 則或爲半 或三分
용혹 은닉 원 자금 허 제인 진고 균시 고자 이 충상 즉 혹 위반 혹 삼분

之一未便 皆以三分之一給賞. 至於革去寺社奴婢 亦從上項例 許
지일 미편 개 이 삼분 지 일 급상 지어 혁거 사사 노비 역 종 상항 례 허

人陳告."
인 진고

從之.
종지

丙申 太白晝見 與月隔二尺許.
병신 태백 주견 여월 격 이척 허

下丹山府院君李茂于巡禁司. 召漢城尹盧閈 問曰: "李茂嘗
하 단산부원군 이무 우 순금사 소 한성윤 노한 문왈 이무 상

謂爾曰: '安城君之黨盛矣.' 爾與閔氏說此言 何獨不告我乎? 爾
위 이왈 안성군 지 당 성의 이 여 민씨 설 차언 하독 불고 아호 이

於閔氏別無恩遇 於寡人且無讐怨." 閈對曰: "臣無是言." 乃使
어 민씨 별무 은우 어 과인 차 무 수원 한 대왈 신 무 시언 내사

知申事安騰召無恤 無悔等 與閈面質. 無悔等曾以閈之言 達于上
지신사 안등 소 무휼 무회 등 여 한 면질 무회 등 증 이 한 지언 달 우상

故也. 遂下閈于獄 又下執義李公柔于獄. 公柔 茂之子也. 獄官問
고야 수 하 한 우옥 우 하 집의 이공유 우옥 공유 무 지자 야 옥관 문

以父所謀 受杖幾九十 終無一言. 上聞之曰: "是問之者過也. 子
이 부 소모 수장 기 구십 종 무 일언 상 문지 자왈 시 문지 자 과야 자

爲父隱 寧至於死 安敢證成父罪乎?" 卽命釋之.
위부 은 녕 지어 사 안감 증성 부죄 호 즉명 석지

丁酉 釋鄭安止 金瞻囚. 命除安止徒年. 瞻與穆對辨曰: "本
정유 석 정안지 김첨 수 명 제 안지 도년 첨 여 목 대변 왈 본

不與爾相往來 何曾以公子虔事語汝乎?" 穆猶指爲瞻言 瞻無以
불여 이 상 왕래 하증 이 공자 건 사 어 여호 목 유 지 위 첨언 첨 무이

自明. 獄官書獄辭以示瞻 瞻曰: "此言 實非出於臣口. 今日伏
자명 옥관 서 옥사 이시 첨 첨왈 차언 실비 출어 신구 금일 복

此狀招者 但恃天鑑與上聰耳." 上聞而憐之 命更覈之. 穆乃曰:
차 장초 자 단시 천감 여 상총 이 상 문이 연지 명 갱 핵지 목 내왈

"刑問同謀之時 欲避刑杖 以瞻落魄書生 故妄引之耳." 瞻由是
형문 동모 지시 욕피 형장 이 첨 낙백 서생 고 망 인지 이 첨 유시

得免. 閈旣下獄 不敢隱其所聞 故釋之.
득면 한 기 하옥 불감 은 기 소문 고 석지

囚刑曹判書柳龍生 前都節制使具成亮 巡禁司司直具宗秀于
수 형조판서 유용생 전 도절제사 구성량 순금사 사직 구종수 우

巡禁司. 龍生坐巡禁司 按尹穆 穆初辭引茂. 成亮 茂之妻弟也.
순금사 용생 좌 순금사 안 윤목 목 초 사인무 성량 무 지 처제 야

密問龍生 龍生曰: "子之姪亦參 事可以知矣." 蓋指宗秀也. 宗秀
밀문 용생 용생 왈 자 지 질 역 참 사 가이지 의 개 지 종수 야 종수

遂以洩於茂 故皆下獄.
수 이 설 어 무 고 개 하옥

上聞無疾憂懼不食 令其蒼頭逆于途 使盡言其實 以寬其心.
상 문 무질 우구 불식 영 기 창두 역 우 도 사 진언 기실 이관 기심

無疾旣至曰: "李彬見予所言 實有如穆之辭." 彬不敢隱.
무질 기지 왈 이빈 견 여 소언 실유 여 목 지사 빈 불감 은

臺諫交章上言:
대간 교장 상언

'不忠之臣 古今人人之所同惡也. 況宰相乎? 今柳龍生 以刑官
불충 지신 고금 인인 지 소동오 야 황 재상 호 금 유용생 이 형관

之長 問不臣之罪 當盡其心 務得其情 以安宗社 宜也. 釋此不念
지장 문 불신 지죄 당진 기심 무득 기정 이안 종사 의야 석차 불념

亂臣之黨尹穆問罪之際 唯唯諾諾 不措一辭 足以當失職之責. 又
난신 지당 윤목 문죄 지제 유유 낙락 부조 일사 족이 당 실직 지책 우

使具成亮通於李茂 俾知事情 儻或變生 未可知也. 今日臣等欲與
사 구 성량 통어 이무 비지 사정 당 혹 변생 미 가지 야 금일 신등 욕여

大司憲李文和 交章請問二臣之罪 文和預知其故 稱疾不與 其心
대사헌 이문화 교장 청문 이신 지죄 문화 예지 기고 칭질 불여 기심

必異. 且前此尹穆罪狀與黨與推究事件申請之日 徘徊不肯 卒
필이 차 전차 윤목 죄상 여 당여 추구 사건 신청 지일 배회 불긍 졸

不獲已 前日之心 已見於今日矣. 願殿下下命攸司 收其職牒 鞫問
불획이 전일 지심 이현 어 금일 의 원 전하 하명 유사 수 기 직첩 국문

三臣 以正其罪.'
삼신 이정 기죄

議政府啓: "李文和親自問囚 乃曰: '羅織人罪.' 是其心必異
의정부 계 이문화 친자 문수 내왈 나직 인죄 시 기심 필이

請問其狀." 上令贊成事李天祐及臺諫六曹各一員 會闕下 召文和
청문 기상 상령 찬성사 이천우 급 대간 육조 각 일원 회 궐하 소 문화

問之 文和對曰: "臣以憲司之長 共察獄辭 但以未易得情 私自語耳
문지 문화 대왈 신 이 헌사 지장 공찰 옥사 단 이 미이 득정 사 자어 이

非爲本無罪而國家羅織之也." 上曰: "是特自謙之辭耳 其釋勿問."
비위 본 무죄 이 국가 나직 지야 상왈 시 특 자겸 지사 이 기 석 물문

是月 日本筑州太守 使人陳慰 獻禮物.
시월 일본 축주 태수 사인 진위 헌 예물

태종 9년 기축년
10월

十月

기해일(己亥日-1일) 초하루에 상이 친히 문소전(文昭殿)에 제사를 지냈다.

○ (일본) 일기주(一岐州) 왜인(倭人)이 사자(使者)를 보내와 토산물을 바쳤다.

○ 상이 정전(正殿)에 좌정해 의정부(議政府)와 3공신(三功臣)을 불러 전(殿)에 오르게 하고, 이무(李茂)의 죄에 대해 토의했다. 이무를 불러 진선문(進善門)¹ 밖에 두었다. 상이 여러 신하들에게 일러 말했다.

"이무가 지금 옥중에 갇혀 있는데 경들이 어찌 제대로 다[悉=盡]
_{실　진}
그 까닭을 알겠는가? 내가 신료(臣僚)들을 모두 불러서 이를 알려주고 싶으나 사세(事勢)상으로 아직 그럴 수가 없다. (우선) 경들은 내 말을 잘 들어라. 무인년(戊寅年-1398년)에 부왕(父王)의 병환이 위독해 오래 계속되어[彌留] 내가 형제(兄弟)들과 더불어 경복궁(景福
_{미류}
宮)에서 병 수발을 하고 있었는데 그때는 내가 단지 이무라는 이름만 들었을 뿐, 서로 친하지는 않았고 무(茂)가 민무질(閔無疾)을 통해 나와 교분을 맺었다[納交]. 하루는 내게 고하기를 '남은(南誾,
_{납교}

---

1 창덕궁의 중문이다. 돈화문에 들어서면 만나게 되는 문이다.

1354~1398년)²과 정도전(鄭道傳)이 상(上-태조)의 병환이 위독한 것을 엿보아 정적(正嫡-적자)들에게 불리(不利)한 일을 도모하려 하니 공(公)이 이에 미리 도모해야 할 것이다'라고 했다. 5~6일 뒤에 다시 와서 내게 말하기를 '오늘 저녁에 도전(道傳) 등이 거사(擧事)하려고 하니 이때를 놓쳐서는 안 될 것입니다'라고 했다. 내가 말하기를 '그대가 먼저 그들이 모인 곳에 가서 그 계획을 늦추도록 하라'고 했다. 날이 저물어 의안대군(義安大君-이화)이 궐내(闕內)에 들어와 나를 부르기를 두 번이나 했다. 그때는 이미 날이 어두웠다. 대군(大君)과 여러 형제(兄弟)들은 내가 오기를 매우 초조하게[忙] 기다리고 있었다.

도착해 보니 중관(中官-환관) 윤귀(尹貴)가 안에서 나와 '정안군(靖安君-태종)이 왔느냐?'고 물었다. 내가 '왔다'고 대답하니, 그가 급히[亟] 제군(諸君)을 안으로 들어오게 했다. 이때 흥안군(興安君)³이 내 신을 발로 차며 '빨리 들어가라'고 했다. 내가 무(茂)의 말을 듣고 본래 의심하고 있었는데 일이 돌아가는 것이 이상함을 보고서 변소에

<hr />

2 형은 영의정 남재(南在), 아우는 우상절도사(右廂節度使) 남지(南贄)다. 정도전(鄭道傳) 등과 함께 조정의 신진 사류로서 이성계(李成桂) 일파의 중심 인물이 되어 구 세력과 대립했으며, 요동정벌을 반대했다. 1388년(우왕 14년) 요동정벌 때 이성계를 따라 종군했으며, 조인옥(趙仁沃) 등과 함께 이성계에게 회군할 것을 진언했고, 회군 뒤 이성계의 왕위 추대 계획에 참여했다. 1389년(공양왕 1년) 응양군 상호군 겸 군부판서가 되고, 이듬해 밀직부사로 승진했다. 1391년 정몽주(鄭夢周)에 의해 조준(趙浚) 윤소종(尹紹宗) 조박(趙璞) 정도전 등과 함께 탄핵을 받고 멀리 유배됐다. 이듬해 정몽주가 살해되자 풀려나 동지밀직사사(同知密直司事)가 돼 정도전 조준 조인옥 등 52인과 함께 이성계를 왕위에 추대, 조선의 개국에 공을 세웠다. 태조를 도와 이방석(李芳碩)을 세자로 책봉하는 데 적극 간여했다가 1398년 1차 왕자의 난 때 정도전 심효생(沈孝生) 및 아우 남지와 함께 살해당했다.

3 태조의 사위 이제(李濟)다.

간다고 핑계를 대고 드디어 도망쳐 나왔다. 여러 형제들도 또한 안에서 달려 나와 변(變)을 고했다. 드디어 함께 도전(道傳)이 모여 있는 곳에 갔는데, 길에서 10여 인이 모여 있는 것을 만났다. 마천목(馬天牧)이 쏘라고 청하여, 화살 너댓발을 쏘고 모인 곳에 들어가니 도전 등은 이미 도망치고 없어 마음이 놀라고 두려웠다. 혜비(惠妃)[4] 댁 문 앞에 이르러 이무(李茂)와 박포(朴苞,?~1400년)[5]를 만났는데 무가 말하기를 '어째서 약속을 어겼소[失約]? 내가 화살을 맞았소!'라고 했다. 내가 대답하기를 '이미 군중(軍中)에 영(令)을 내려 "이무와 박포의 이름을 들으면 쏘지 말라"고 했는데 그대[君]는 어찌하여 "나는 이무다"라고 외치지 않았는가?'라고 하고 포(苞)를 시켜 조준(趙浚)을 청해 오게 했다. 그러나 오래 지나도 돌아오지 않았다. 밤은 거의 새벽이 다 되고 군사는 또 약했는데 조금 뒤에[俄而=旣而] 포가 와서 말하기를 '준(浚)은 아마도[似] 오지 않을 것 같으니 친히 가서 청하는 것이 좋겠습니다'라고 했다.

그러나 제군(諸君)들이 나를 매우 의지했기 때문에 나를 놓아 보내려 하지 않았다. 내가 무를 거느리고 준의 집에 갔는데 연화동(蓮花洞)[6] 입구에 이르러 준과 김사형(金士衡) 두 공(公)을 만났다. 그 때 군사를 거느리고 있어 따르는 자 또한 많았다. 내가 말하기를 '일

---

4 고려 공민왕의 후비로 계림부원군(鷄林府院君) 이제현(李齊賢)의 딸이다.

5 조선의 건국에 대장군으로서 공을 세워 개국공신 2등에 책봉됐다. 1398년(태조 7년) 1차 왕자의 난 평정에 공을 세워 지중추원사가 됐다. 이무(李茂)가 정사공신(定社功臣) 1등에 책봉된 것을 비방했다가 도리어 죽주(竹州)에 유배됐으나 얼마 뒤에 소환됐다. 그 뒤 2차 왕자의 난에 간여했다가 죽음을 당했다.

6 종로 4가 일대다.

이 이미 급박하니 말에 내려[下馬] 예(禮)를 행하지 말라'고 하고 곧
정승(政丞)의 앞에 서서 걸어가며 돌아보고서 말하기를 '사직(社稷)
의 존망(存亡)이 바로[正] 경각(頃刻)에 있으니 바라건대 두 정승은
도모하시오'라고 하고서 드디어 운종가(雲從街)[7]에 모여 앉았다. 이
때 박위(朴葳, ?~1398년)[8]가 갑사(甲士)를 거느리고 궐내(闕內)에 있었
으므로 사람을 보내 세 번이나 불렀으나 끝내 나오지 않았다. 내 병
력이 오히려 이보다 적었다. 무가 내 뒤에 있었는데 나의 세력이 약
한 것을 보고 거짓으로[佯] 말 위에 엎드려[仆] 내게 말하기를 '정신
이 몽롱하니 군(君)께서 나를 구제해 주시오'라고 했다. 내가 급히 반
당(伴儻-종자)을 시켜 그를 부축해 말에서 내려놓게 했다. 조금 뒤에
조온(趙溫)과 이지란(李之蘭)이 궐내(闕內)에서 도착하니 붙좇는 자
[附者]가 점점 많아졌다. 무가 곧 다시 왔기에 내가 말하기를 '그대
의 병이 급한데[亟] 왜 갑자기 왔는가?'라고 하니 무가 말하기를 '좁
쌀미음[漿水]을 마셨더니 곧바로 나왔다'라고 했다. 무가 중간에 서
서[中立] 변(變)을 지켜보며 두 마음을 품은 것이 여기에서 은근히
드러난[兆] 것이다. 정사(定社)[9]한 뒤에 칠재(七宰)에 있던 것을 사
재(四宰)로 초천(超遷-특별천거)해 주었고, 녹공(錄功)을 행할 때 한
두 사람이 말하기를 '이무가 무슨 공이 있느냐?'고 했으나 내가 그

---

7 조선시대 서울의 종로 네거리를 중심으로 한 곳이며 육주비전(六主比廛)이 있었다. 사람
   들이 구름처럼 모여든다고 해서 그렇게 불렀다.

8 요동정벌 때 이성계를 도와 위화도에서 회군, 최영을 몰아내고 대마도 적선을 불태웠다.
   이성계와 함께 창왕을 폐하고 공양왕을 옹립했다. 조선 건국 후 양광도 절도사로 왜구를
   물리쳤다. 1차 왕자의 난 때 피살당했다.

9 1차 왕자의 난을 성공한 쪽에서 부르는 이름이다.

몸체와 풍채가 볼 만하기 때문에 끝내 듣지 않았다. 뒤에 또한 나타난 큰 허물이 없기 때문에 드디어 정승(政丞)에 이르렀다. 임오년(壬午年-1402년)에 내가 종기가 나서 매우 위독하니 민씨(閔氏) 네 형제와 신극례(辛克禮)가 민씨의 사가(私家)에 모여 어린 자식[弱息]을 세우자고 토의했는데 그 계략은 실상 무에게서 나왔다. 정해년(丁亥年-1407년)에 세자가 (명나라에) 조현(朝見)할 적에 내가 무에게 명해 보행(輔行)을 삼았다. (그때) 무가 여흥부원군(驪興府院君) 집에 가서 무질(無疾)에게 말하기를 '상께서 나를 좋아하지 않는 것은 그대가 아는 바이다. 지금 도리어 세자의 시종관(侍從官)이 됐으니 그대의 곤제(昆弟-형제)와 함께 가고 싶다'라고 했다. 그리고는 돌아와서 뵙기를 청해 말하기를 '세자는 영기(英氣)가 다른 사람보다 뛰어나니 바라건대 주상께서는 교회(敎誨)하소서'라고 했으니 이는 무슨 뜻인가? 이상의 사목(事目)은 한 대언(代言)만으로는 다 기억할 수 없으니 공신(功臣) 철성군(鐵城君) 이원(李原)과 의원군(義原君) 황거정(黃居正), 참지(參知) 황희(黃喜), 지신사 안등(安騰)이 모두 함께 가서 힐문(詰問)하라."

무(茂)가 머리를 조아리며[叩頭] 말했다.
_{고두}

"무인년의 일은 정말 정신이 어지러워 말에서 떨어졌다가 좁쌀미음을 마시고 조금 나았으므로 억지로 일어난 것이지, 실로 다른 마음이 없었습니다. 그리고, 회의(會議)한 일과 상(上)께서 나를 좋아하지 않는다고 한 말은 실로 없었던 일입니다. 세자가 영기(英氣)가 있다고 한 말은 세자가 성색(聲色)에 빠질까 두려웠기 때문에 상달(上達)한 것입니다."

상이 여러 신하에게 일러 말했다.

"무의 말이 맞다면 도리어 내 말을 허망(虛妄)하다 한 것이다."

조영무(趙英茂)가 말했다.

"신 등이 일찍이 무인년의 변(變)에 참여했지만 무의 마음 씀씀이
[用心]가 이와 같은 줄은 몰랐습니다."

상이 다시 이원(李原) 등을 시켜 무에게 힐문했다.

"경의 아내가 경의 말이라며 (태종의 장모인) 송씨(宋氏)에게 고하기
를 '나를 보전(保全)하지 않을 것이라고 여성(驪城)이 한 말은, 주상
(主上)이 나를 의심하는 것이 아니라 중궁(中宮)의 질투로 인하여 화
(禍)에 미칠까 두렵다는 것이었는데, 안성군(安城君)이 잘못 주상께
아뢰었다'라고 했다. 이는 민무질의 죄를 가리려고 한 것인데 이 또한
거짓인가?"

무가 말했다.

"신의 처가 잘못 전한 것입니다."

상이 말했다.

"내가 이 말을 하는 것은 전에 숨긴 일을 인증(引證)하는 것이다."

또 무질을 불러 '상이 나를 좋아하지 않는다'라고 한 말을 대질시
키니 무가 머리를 숙이고[垂首] 아무런 대답도 하지 못했다. 드디어
무를 다시 순금사에 내렸다. 상이 공신들에게 일러 말했다.

"한(漢)나라 고조(高祖-유방)는 공신(功臣)을 보전하지 못했고, (후
한을 세운) 광무(光武)는 능히 보전했는데 이는 사책(史冊)에 실려
있다. 지금 내가 날마다 (공신들을) 보전하고자 생각하고 있는데, 일
이 여기에 이르렀다."

영무(英茂)가 대답했다.

"이 같은 불충한 신하를 보전하고자 생각하여 대의(大義)로 결단 (決斷)하지 않으면 어떻게 후일을 징계하겠습니까? 바라건대 전하께 서는 다시 유사(攸司)로 하여금 그 죄를 밝게 바로잡게 해야 할 것입 니다."

상이 말했다.

"예로부터 대신은 사사(賜死)하는 것이지 육욕(戮辱)[10]하는 것은 안 된다. 예전에 정도왕(定陶王)[11]이 죽었는데 성제(成帝)가 대단히 슬 퍼했다. 내가 이무(李茂)를 세자의 시종(侍從)으로 삼은 것은 다만 보도(輔導)를 위한 것뿐이지, 허물을 기억하자는 것은 아니었다."

상이 또 말했다.

"무가 여러 민씨(閔氏)와 더불어 왕자(王子)와 종실(宗室)의 일을 토의했으니 민씨에게 퍽 두텁게 한 것 같으나, 지난 여름에 광연루 (廣延樓)에서 성석린(成石璘), 하륜(河崙), 조영무(趙英茂)와 무가 함 께 자리에 있었는데 (그들이) 무구·무질의 죄를 청하자 무가 자리를 피하며 대의(大義)로 결단하자고 청한 것이 너댓 번에 이르렀으니 실 로 민씨에게 두텁게 한 것이 아니다. 내가 무의 처심(處心)이 과연 어 떤 것인지 알지 못하겠다. 무질이 '상이 나를 좋아하지 않는다'고 전 한 무의 말을, 그 두 아우에게 말했더니, 무회(無悔)와 무휼(無恤)이 그 허물을 면하려고 하여 그 말을 써서 바쳤다. 내가 비록 숨겨서

---

10 신체를 훼손하는 형벌(刑罰)에 처하는 것을 말한다.

11 원제(元帝)의 동생이다.

(목숨을) 보전하려고 했으나 죄악이 차서 여기에 이르렀으니 내가 비밀로 할 수 있겠는가?"

류(崙)은 평소 민씨(閔氏)와 사귀었기 때문에 그 말이 자못 무(茂)를 비호(庇護)하니 상이 하륜에게 일러 말했다.

"경이 연전(年前)에 헌사(憲司)에 답(答)한 공함(公緘)[12] 안에 '여흥부원군이 말하기를 "상국(上國)과 혼인을 하게 되면, 비록 난(亂)을 꾸미는 사람이 있다 하더라도 마침내 후화(後禍)가 없을 것이다'라고 했다'라고 했는데 왕자(王子) 종실(宗室)을 어떻게 처치하느냐는 무(茂)의 의견과 부절(符節)을 합해 놓은 것과 같다. 만일 왕자 종실이 없으면 사직(社稷)을 유지하는 것이 어떤 사람인가? 그 뜻을 알지 못하겠다."

류이 한마디 말도 대답하지 못하고, 다만 황공하여 머리를 조아리며 땀만 뻘뻘 흘려 등이 흠뻑 젖어 사례만 행할 뿐이었다. 류이 또 무를 베지 말 것을 가만히 아뢰니[密啓] 상이 대답하지 않고 안으로 들어가며 말했다.
밀계

"류이 나더러 무를 베지 말라고 청했다. 류은 곧기[直] 때문에 그 마음의 소회(所懷)를 말한 것일 텐데 불쌍할 뿐[也已]이다."
직   야이

경자일(庚子日-2일)에 윤목(尹穆), 이빈(李彬), 강사덕(姜思德), 조희민(趙希閔), 유기(柳沂)[13] 등을 장을 쳐서 먼 지방에 유배 보냈다. 순

---

12 서면(書面)으로 죄상(罪狀)에 대해 진술한 글을 말한다.

13 할아버지는 예문관대제학 유숙(柳淑)이며, 아버지는 관찰사 유후(柳厚)이다. 1400년(정

금사에서 옥사(獄辭)를 올렸다.

'윤목이 평양(平壤)에 있을 때 무(茂)가 세자를 시종하여 (그곳을) 지나다가 목에게 일러 말했습니다. "너는 잘 있으니 좋지만 무구(無咎) 무질(無疾)은 죄를 얻었다[得罪=獲罪]." 이빈이 서곡(瑞谷)에 있을 때 무가 윤인계(尹仁桂)를 시켜 빈(彬)에게 뜻을 전달해 무질에게 두텁게 하라고 했고, 빈도 후일(後日)을 생각해 자주 가서 만나보았습니다. 빈이 상제(喪制)를 마치고 서울에 도착하자 무가 빈에게 이르기를 "무질이 나를 향한 마음이 어떻더냐?"라고 하니 빈이 말하기를 "은혜를 감사히 여깁니다"라고 했습니다. 또 빈에게 이르기를 "무구 형제가 비록 유배돼 쫓겨나[流貶] 있으나 반드시 정성을 다해[款曲] 대접하라"고 했습니다. 희민(希閔)도 목에게 이렇게 말했습니다. "여강(驪江)과 여성(驪城)은 그 공로가 사직(社稷)에 있는데 하루아침에 조락(凋落)했으니 애석한 일이다. 그렇지만 국가에서 그 죄를 논해 죽음에까지 이르지 않는다면 후일(後日)에 등용(登用)될 수도 있으니 운명은 알 수 없다." 사덕(思德)은 목을 보고 탄식해 말했습니다. "무질이 외방에 유배 가 있다. (그러나) 혹시[儻] 만약에 다시 서울로 돌아오게 된다면 다행하게도 늙기 전에 함께 놀겠다." 무가 유기에게 이

───────

종 2년)에 이방원(李芳遠- 태종)이 동복형인 이방간(李芳幹)의 난을 평정하고 왕위에 오르는 데 협력한 공으로, 1401년(태종 1년)에 익대좌명공신(翊戴佐命功臣) 3등에 책록됐다. 1402년에 봉상경(奉常卿)으로부터 대언(代言)으로 승진됐다가, 그해 9월에 서성군(瑞城君)(혹은 서령군(瑞寧君))으로 봉작되면서 전라도 관찰사로 임명됐다. 1409년 부사로 정사 김로(金輅)와 함께 명나라에 다녀왔다. 그해 10월에 민무구(閔無咎)·민무질(閔無疾)의 옥사에 관련돼 해남으로 유배됐다가 다음 해인 1410년 2월에 유배지에서 처형됐다. 그의 아들 유방선(柳方善)은 훗날 한명회(韓明澮)를 길러낸다.

르기를 "근래에 어지러이[紛紜] 민씨(閔氏)의 죄를 청하는데 나는 그 의미를 알지 못하겠다. 안순(安純, 1371~1440년)[14] 등의 무리가 붕당(朋黨)을 맺어 매번 민씨의 일을 선동해[煽發] 죄를 가하려고 하는데 상감(上監)께서 이를 어찌 알겠는가?' 하니 기(沂)가 대답하기를 '공(公)은 어찌하여 이런 말을 하는가? 조심하여 다시는 말하지 말라[復道=復言]"고 했다. (유기의 말은) 실상 친구(親舊)의 정으로 민씨가 죄를 당하게 된 것을 불쌍히 여긴 것입니다. 위의 이무 등 여섯 사람은 사사로이 서로 도모하고 의논하여 사직(社稷)을 위태롭게 하기를 꾀했으니 수범(首犯)·종범(從犯) 나눌 것 없이 마땅히 능지처사(凌遲處死-능지처참)해야 합니다.'

상이 말했다.

"윤목 등 5인은 사죄(死罪)에서 한 등(等)을 감형해 장(杖) 100대에, 유(流-유배) 3,000리(三千里)에 처하고, 그 재산은 관가에 몰수하라."

이에 목은 사천(泗川)에, 빈은 장흥(長興)에, 사덕은 영해(寧海)에,

---

14 아버지는 조선의 개국공신 안경공(安景恭)이다. 1393년에 사헌감찰, 이듬해에 좌습유 겸 지제교로 승진했다. 1396년 김해판관으로 좌천된 적도 있으나 1397년에 예조좌랑 세자 우시직(右侍直)으로서 중앙관리로 복귀했다. 1398년 여름에 강원도도사가 됐다가 이해 가을에 사헌잡단(司憲雜端)으로 다시 중앙에 복귀했다. 사헌잡단으로 재직할 때 궁녀 한 명이 죄를 범하자, 태조는 당시 대사헌이던 조박(趙璞)에게 그 궁녀를 처형하도록 명했다. 이에 조박이 안순에게 곧 처형할 것을 명했으나, 안순은 "사헌부는 형관이 아니며, 더구나 그 사람의 죄가 밝혀지지도 않은 상태에서 처형할 수는 없다"고 주장했다. 그러자 조박은 안순에게 명령대로 할 것을 요구했으나, "사람은 한번 죽으면 그만인데 극형으로 처리할 수 없으니 우선 유사(有司)에 명해 심문부터 해야 한다"고 주장했다. 1407년 우부대언, 1409년 좌군동지총제·경상도 관찰사, 1411년 좌군총제, 1414년 충청도 관찰사를 역임했다. 1419년(세종 1년) 호조참판으로서 정조사(正朝使)가 돼 명나라에 다녀왔다. 1420년 공조판서로 승진했다. 그후에 오랫동안 호조판서 또는 판호조사를 겸하면서 국가의 전곡(錢穀)을 관장했는데, 경비 출납에서 추호도 틀림없이 정확했다고 한다.

희민은 광양(光陽)에, 기는 해남(海南)에 유배 보냈다.

○ 유용생(柳龍生) 구성량(具成亮) 등을 장을 쳐서 먼 지방에 유배 보냈다. 순금사에서 아뢰었다.

"유용생과 구종수(具宗秀) 두 사람은 이무의 당에 붙어[黨附] 기밀(機密)을 누설했으니 또한 마땅히 베어야 합니다."

상이 관직(官職)을 삭탈하고 곤장 60대를 쳐서 먼 지방에 유배 보낼 것을 명했다. 이에 용생(龍生)은 부여(扶餘)에, 종수(宗秀)는 울진(蔚珍)에 유배 보냈다. 또 순금사 영사(令史) 이양배(李陽培)를 (황해도) 옹진(甕津)에 장류(杖流)했다. 옥사(獄辭)를 홍언(洪彦)에게 누설한 자였기 때문이다. 구성량을 울주(蔚州)에, 전 낭장(郎將) 홍언을 (경상도) 기장(機張)에 유배 보내고 모두 그 관직을 삭탈했다. 언(彦)은 무(茂)의 반인(伴人)인데 양배(陽培)와 더불어 옥사를 엿보고서 무에게 고한 자였기 때문이다. 무의 아들 간(衎)을 울주(蔚州)에, 승조(承祚)를 (경상도) 장기(長鬐)에, 공유(公柔)를 옥구(沃溝)에, 공효(公孝)를 풍주(豊州)에, 공지(公祗)를 청주(淸州)에, 탁(托)을 평해(平海)에 유배 보냈는데 오직 공유(公裕)만 앞을 보지 못한다 하여 (유배형을) 면했다.

○ 대간(臺諫)이 교장(交章)하여 말씀을 올렸다.

'법(法)이란 천하(天下)가 함께 하는 것[所共]이지 한 사람이 사사로이 할 수 있는 것[所得私]이 아닙니다. 신뢰[信]란 임금의 큰 보배이니 비록 한마디 말이라도 소홀히 할 수 없습니다. 지금 난신(亂臣) 이무(李茂)는 무인년 정사(定社)하던 날에 간당(奸黨-정도전 무리)에 간여하여 서로 왕래하며 변(變)을 관망했고, 이미 난(亂)이 평정되자

부끄러운 맘이 있어 이쪽으로 와서 붙었습니다[來附]. 지난 임오년에
전하께서 미령(未寧)하신 틈을 타서 무구(無咎)·무질(無疾)과 더불
어 어린아이를 옹립하기를 꾀해 국병(國柄-나라의 칼자루)을 독점하
고자 했으며, 정해년 가을에 세자를 모시고 (명나라에) 조현(朝見)하
던 날에 이르러 말하기를 "전하께서 나를 좋아하지 않는데 세자를
따라 조현하게 한 것은 무슨 까닭인가?"라고 했으니, 임금과 신하 사
이에 두 마음[二心]을 품은 것을 알 수 있습니다. 무자년 봄에 명나
라 서울에서 돌아와서는 전하께 고하기를 "세자가 영명(英明)하고 호
매(豪邁)하니 알아서 대처해야 한다"라고 했습니다. 이에 자효(慈孝)[15]
의 사이를 이간질한 것을 역시 알 수 있습니다.

 이 네 조목만 해도 족히 불충(不忠) 간악(奸惡)한 죄에 해당되는
데, 또 난신과 결탁해 금장(今將)의 계책을 굳게 했으니, 비록 극형
(極刑)에 처하여 죽더라도 남는 죄가 있습니다. 지금 전하께서 이 수
악(首惡)을 용서하고 또 그 당(黨)을 용서하시니, 신 등은 생각건대,
종사(宗社)는 만세(萬世)에 의지하는 것이고 은유(恩宥)는 한때의 임
시방책입니다. 한때의 임시방책으로 만세의 죄를 용서한다면 이는
작은 일이 아닙니다. 또 불령(不逞)한 무리들이 나라 안에 섞여 있으
면 후일에 변(變)을 일으킬지도 알 수 없는 일입니다. 『춘추(春秋)』에
"큰 과오[大眚]는 늦춰 용서한다"라고 써서 후세에 경계를 남겼고, 공
명(孔明-제갈공명)이 촉(蜀)나라를 다스릴 때 사면령을 함부로 내리
지 않았는데 하물며 우리 성조(盛朝-성대한 조정)이겠습니까? 지난번

---

15 아버지의 애정과 아들의 효도, 곧 부자간의 정을 가리킨다.

에 신 등이 엎드려 하지(下旨)를 보았는데 거기에 이르기를 "일이 종사(宗社)에 관계되면 마땅히 법으로 논한다"라고 하셨습니다. 신 등은 오히려 죄인을 찾아내는 것을 어려운 일이라 여기는데, 법을 가볍게 하는 것이 여기에 이를 줄은 생각지 못했습니다. 법은 그만두고라도 신뢰가 어디에 있습니까? 엎드려 바라건대 전하께서는 유사(攸司)로 하여금 이무(李茂)와 윤목(尹穆), 이빈(李彬), 유기(柳沂), 조희민(趙希閔), 강사덕(姜思德) 등을 모두 법으로 논하여 밝게 전형(典刑)을 바로잡음으로써 종사(宗社)를 편안히 해야 할 것입니다.'

민무질(閔無疾)은 다시 삼척군(三陟郡)으로 돌아갔다.

신축일(辛丑日-3일)에 이무(李茂)를 (경상도) 창원부(昌原府)로 유배 보내 순금사 사직(司直) 우도(禹導)가 압송해 갔다. 무(茂)가 칼[鎖]쇄을 쓰고 청파역(靑坡驛)에 이르니 대간(臺諫)이 아전을 보내 머무르게 했다. 도(導)가 돌아와 아뢰니 상이 도를 꾸짖어 말했다.

"너는 내 명령은 따르지 않고 도리어 대간을 두려워하느냐?"

드디어 옥에 내릴 것을 명했다. 다시 부사직(副司直) 김이공(金理恭)을 시켜 압송해 가게 했다. 이귀령(李貴齡), 박은(朴訔), 유정현(柳廷顯), 설미수(偰眉壽)가 대궐에 나아와 무를 율(律)대로 논죄할 것을 청했고 의정부와 대간 또한 소를 올려 청했다. 정부의 소는 이러했다.

'신 등이 생각건대 무구·무질 등의 불충한 죄는 하늘을 꿰뚫고 땅에 사무쳐[貫天達地] 왕법(王法)에서는[在] 반드시 주살하여 용서할 수 없는 것입니다. 전하께서 특별히 구차스럽게[區區] 임시변통의 어짊[姑息之仁]으로 배려하고 불쌍히 여기시며 용서를 가하시어 머리를 보전하게 하셨으니 나라 사람들이 모두 마음 아파하고 이를 갈며 말하기를 "난신적자(亂臣賊子)가 뒤를 이어 나올 것을 그냥 서서 기다릴 수 있다"라고 했습니다. 지금 이무가 마침내 자신이 가까이하며 아꼈던 윤목, 유기, 조희민, 강사덕, 이빈 등과 더불어 서로 왕래하며 교분을 맺고 서로 함께 모의(謀議)하여 난신(亂臣)이 다시 일어나기를 도모했으니, 나라 사람들의 말이 어찌 헛된 것이겠습니까? 신 등이 가만히 무의 사람됨을 보건대 흉화(凶禍)한 마음을 품고 힘써 비뚤어진 거짓[回譎]을 행해 그 반복(反復)한 정상은 산천(山川)보다 험난하고, 시기하고 잔악한 마음[猜忍之心]은 승냥이나 호랑이[豺虎]보다 악독합니다.

그가 이미 행한 불충한 자취는 일일이 다 들기[槪擧]가 어려우니 일단[姑] 그 큰 것들만 갖고서 말해보겠습니다. 무구 등은 남의 신하된 사람으로서 함께 하늘을 일 수 없는[不共戴天] 원수인데도 무는 겉으로는 마치[若] 미워하는 것처럼 하여 나라 사람들과 더불어 함께 죄를 청하고, 마음속으로는 사실상 그들을 감싸면서도[庇] 하늘을 가리켜 맹세했으니 이것이 그 죄의 첫째입니다.

무인년 변(變)에는 왕래하며 반간(反間)을 행해 승부(勝負)를 보아 거취(去就)를 결정하려 했고, 전하 쪽으로 나온 뒤에는 일이 군색하고 형세가 약한 것을 보고, 또다시 거짓으로 피곤하다고 일컫고 물러가 있다가, 그 형세가 떨치기를 기다려서 다시 왔으니, 이랬다 저랬다 하여[反側] 믿기 어려운 것이 이처럼 심하니 이것이 그 죄의 둘째입니다.

임오년에 전하께서 종기(腫氣)가 나서 오래 끄는 것[彌留]을 엿보고는 민씨(閔氏)와 더불어 가만히 사가(私家)에 모여 어린아이를 옹립하려고 꾀했으니 그 뜻이 무엇을 하자는 것이었겠습니까? 이것이 그 죄의 셋째입니다.

세자가 (중국에) 조현(朝見)하러 갈 때 전하께서 무로 하여금 따라가게 했는데 무는 무질과 말하기를 "전하께서 나를 좋아하지 않는데 어째서 나로 하여금 따라가게 하는가?"라고 했으니, 그 간사하고 불충한 마음으로 임금의 마음[宸衷]을 망령되게 헤아리려 했으니 [妄料] 이것이 그 죄의 넷째입니다.

명나라에서 돌아오자 또 뵙기를 청하고, 세자의 잘못을 망령되게 말하여 국본(國本)을 동요시키려 했으니 그 뜻이 무엇을 하자는 것입니까? 이것이 그 죄의 다섯째입니다.

무질이 무의 집에 가서 스스로 편안할 계책을 묻기를 "전하가 반드시 우리들을 보전하지 않을 것이니, 장차 어찌해야 하겠습니까?"라고 했는데 무가 이를 숨긴 채 발설하지 않다가 수년(數年)이 지난 오랜 뒤에 그 말이 발설된 연후에야 그 아내를 시켜 민씨(閔氏)의 집에 가서 안성군(安城君-이숙번)이 잘못 전했다고 거짓말을 해 해명했으니 이것이 그 죄의 여섯째입니다.

이지성(李之誠)이 조현하러 갈 때 한 말이 어찌 자신의 폐부(肺腑)에서 흘러나온 것이겠습니까? 신 등이 볼 때는 무가 사주(使嗾)한 것입니다. 무엇으로 말할 수 있는가 하면 지성(之誠)은 무의 문객(門客)입니다. 외방으로 유배 간 지 오래지 않아 제 마음대로 서울에 돌아오자 무가 이에 자급(資級)을 뛰어 벼슬을 주었으니 이는 무의 간계

임이 의심할 바 없습니다. 이것이 그 죄의 일곱째입니다.

항상 그 당(黨)과 더불어 종지(宗支-왕자들)를 없애기를 꾀해 왕자(王子)와 종실(宗室)을 어떻게 처치하느냐는 말이 윤목(尹穆)에게서 먼저 나오게 했으니 이것이 그 죄의 여덟째입니다.

자기를 붙좇지 않는 자를 버리려고 하면 혹은 유기(柳沂)를 사주하여 다른 사람을 빌려서 글을 올리고, 혹은 노한(盧閈)을 시켜 인연을 통해 고소했으니 이것이 그 죄의 아홉째입니다.

혹은 전하가 나를 좋아하지 않는다고 말하고, 혹은 우리 국본(國本-세자)을 흔들고, 혹은 우리 종지(宗支)를 잘라내려 하고, 혹은 난신(亂臣)을 몰래 감싸 굳게 결탁해 당(黨)을 만들었으니, 알지 못하거니와, 전하께서는 무가 한 짓을 보고 충(忠)이라고 여기십니까? 아니면 불충 중에서도 큰 것이라고 여기십니까? 만일 불충의 큰 것이라고 하신다면 어찌 하루라도 하늘과 땅 사이에서 용납될 수 있겠습니까? 만일 천지(天地)와 종사(宗社)의 신령(神靈)에 의해 이들 난역(亂逆)의 형상이 스스로 나타나지 않았더라면, 국가의 근심이 어찌 이루 다 말할 수 있겠습니까? 싹이 나는 것은 뿌리가 아직도 있기 때문입니다.

엎드려 바라건대 전하께서는 무구 무질 이무와 그 당여(黨與)들을 밝게 법으로 다스려 시장과 조정[市朝]에 보이심으로써 나라 사람들의 분통해함을 위로하시고, 간당(奸黨)들의 (혹시나 해서) 넘겨다보는 기대[覬覦之望]를 끊으시면 종사(宗社)가 심히 다행이겠습니다.'

3공신(三功臣)의 소는 이러했다.

'생각건대 남의 신하된 자[人臣]는 시역하려는 마음이 없으니

510

[無將]¹⁶ 시역하려는 마음이 있으면 반드시 주살하는 것, 이것이 임
무장
금다운 임금이 행하는 큰 법[大法]입니다. 이무(李茂)는 안으로 간험
대법
(奸險)한 마음을 품고 반복해서 불측(不測)한 짓을 해 전하께서 정
사(定社)할 즈음에 가운데에 서서 변(變)(의 추이)을 엿보았으니 그
죄가 첫째입니다. 전하께서 천지(天地)와 같은 도량(度量)으로 공신
(功臣)의 반열에 두고 백료(百僚)의 위에 자리하게 했으니 마땅히 정
성을 다하고 힘을 다해 성은(聖恩)에 보답해야 할 것인데 이것을 도
모하지는 않고 마침내 임오년에 전하께서 미령(未寧)하실 때 후일(後
日)에 권세(權勢)를 오로지할[擅=專] 꾀를 도모하고자 하여 몰래 민
천   전
씨(閔氏)의 집에 가서 비밀리에 큰 계책을 토의했으니 그 죄가 둘째
입니다. 정해년에 세자(世子)를 모시고 명나라에 들어가 조회하라는
명을 받고, 전하의 위임하신 뜻은 돌보지 않은 채 민씨(閔氏)의 집에
가서 도리어 상(上)을 원망하는 심정으로 무구(無咎)에게 말했으니
그 죄가 셋째입니다.

무구 무질이 불충한 죄를 얻어 지방에 쫓겨나 있는데 비밀리에 인
친(姻親)을 시켜 왕래하며 말을 통해 불궤(不軌)의 당(黨)에 아부했
으니 그 죄가 넷째입니다. 세자를 모시고 (명나라에서) 돌아오자 전
하께 뵙기를 청해 가만히 세자를 참소(譖訴)했고, 이미 민씨(閔氏)와
더불어 여러 왕자를 제거하려 하고, 또 국본(國本)을 위태롭게 하기
를 도모하려 했으니 그 죄가 다섯째입니다. 무(茂)의 이랬다 저랬다

---

16 이에 대해서는 앞에서 풀이한 바가 있다. 어원은 『춘추공양전(春秋公羊傳)』에 "임금과 부
모에 대해서는 시역할 의사가 없어야 하니 장차 시역할 의사가 있으면 주벌한다[君親無將
군친 무장
將而必誅焉]"라고 했다. 일단 '장차'라고 옮겼지만 내용은 시역하려는 마음이다.
장 이 필주 언

한 불충(不忠)의 죄가 이렇게까지 나타나고, 그 당여(黨與)인 윤목(尹穆), 조희민(趙希閔), 이빈(李彬), 강사덕(姜思德), 유기(柳沂) 등의 불충한 죄는 일국(一國)의 신령과 사람들[神人]이 모두 분하게 여기는 바입니다. (그런데도) 전하께서 관대한 은혜로 법을 굽혀[屈法=曲法] 용서하시니 종사(宗社)의 큰 계책에 어떻게 되겠습니까? 청컨대 법사(法司)에서 아뢴 바에 따라 모두 법에 의거해 처치해서 만세(萬世) 난신(亂臣)의 경계를 드리우셔야 할 것입니다.'

대간(臺諫)의 소는 이러했다.

'난신(亂臣)을 베는 것은 진실로 『춘추(春秋)』의 법이요, 악(惡)에 당(黨)을 이뤄 붙은[黨附] 자를 다스리는 것은 더욱 『춘추(春秋)』에서 중하게 여긴 바입니다. 지금 무구·무질의 불충한 죄는 『춘추(春秋)』 이래로 없었던 거대한 악[大惡]입니다. 정부(政府) 대간(臺諫) 대소 신료(大小臣僚)가 교장(交章)으로 죄를 청한 것이 수십 번에 이르렀으니, (이것이 바로) 맹자(孟子)가 말한 바대로 "나라 사람들이 모두 죽여야 한다[可殺]"[17]고 했던 바로 그것입니다. 전하께서 능히 큰 의

---

17 『맹자(孟子)』「양혜왕장구」에 나오는 말이다. 맹자가 제나라 선왕을 찾아 뵙고 이렇게 말했다.
"이른바 역사와 전통이 깊은 나라[故國]라는 것은 높게 자란 나무들이 많아서 그렇게 불리는 것이 아니라 여러 대에 걸쳐 나라에 기여한 뛰어난 신하들이 많아서 그렇게 불리는 것입니다. (그런데) 왕께서는 진정으로 몸과 마음을 바칠 수 있는 신하를 갖고 있지 못하십니다. (왕께서) 전에 등용한 자들 중에 지금은 없어져버린 자들이 있는데도 지금까지 그것을 모르고 계십니다."
이에 왕이 말했다.
"내가 어떻게 그 사람들이 재주가 없다는 것을 (미리) 알고서 버리라는 것인가?"
맹자는 다음과 같이 말했다.
"나라의 임금은 현능한 인재를 찾아내어 조정으로 나오게 하되 마치 어쩔 수 없어서 그렇게 하는 듯이 해야 합니다. (이처럼 현능한 이를 발탁하는 것은) 장차 지위가 낮은 사람

리로 결단하지 못하시고 지방에 안치하는 바람에 그 악(惡)을 조장하여[長] 그 당(黨)이 이무와 윤목으로 하여금 마침내 악(惡)에 당을 지어 붙는[黨附] 계교(計巧)가 있게 만들어 종사(宗社)를 기울이려 꾀했습니다. 신 등이 일찍이 이무와 윤목이 악(惡)에 당을 지어 붙은 죄를 교장(交章)으로 거듭 청했으나 전하께서는 신 등이 장차 무구 무질에게 말이 미치게 하려는[言及] 것이라고 미리 짐작하시고서[逆探] 유윤(兪允)을 허락지 않으셨습니다. 옛날에 제(齊)나라 환공(桓公)이 곽(郭)나라가 망한 까닭을 물으니 그 부로(父老-지혜로운 원로들)들이 말하기를 "악한 것을 미워하면서도[惡惡] 이를 제거하지 못 했기 때문에 망했습니다"라고 했습니다.[18] 그렇다면 악한 것을 알면서도 이를 제거하지 못하면 이는 알지 못하는 것만 못합니다. 지금

으로 하여금 높은 사람을 뛰어넘게 하고 가깝지 않은 사람으로 하여금 가까운 사람을 뛰어넘게 하는 것이니 삼가지 않을 수 있겠습니까?

(사람을 쓰고 버릴 때는) 좌우의 중신(重臣)들이 모두 '뛰어나다[賢]'고 말하더라도 그대로 받아들이지 말고 여러 대부들이 모두 '뛰어나다'고 말하더라도 그대로 받아들이지 말고 나라의 사람들이 다 '뛰어나다'고 말하는 것을 들은 연후에 그 사람의 됨됨이를 잘 살펴보아서 정말 뛰어난 점을 찾아낸 다음에 그 사람을 들어 써야 합니다. (반면) 좌우의 중신들이 모두 '써서는 안된다'고 말하더라도 들어주지 말고 여러 대부들이 모두 '써서는 안된다'고 말하더라도 듣지 말고 나라의 사람들이 다 '써서는 안 된다'고 말하는 것을 들은 연후에 그 사람의 됨됨이를 잘 살펴보아서 정말 써서는 안될 만한 점을 찾아낸 다음에 그 사람을 버려야 합니다.

(사람을 죽일 때에도) 좌우의 중신들이 모두 '죽여야 한다'고 말하더라도 들어주지 말고 여러 대부들이 모두 '죽여야 한다'고 말하더라도 듣지 말고 나라의 사람들이 다 '죽여야 한다'고 말하는 것을 들은 연후에 그 사람의 됨됨이를 잘 살펴보아서 정말 죽여야 할 만한 점을 찾아낸 다음에 그 사람을 죽여야 합니다. 그래서 (예로부터 사형은 임금이 사사로이 죽인 것이 아니라) 나라의 사람들이 죽어 마땅한 사람을 죽인 것이라고 했습니다.

이와 같이 (사람을 쓰고 버릴 때 그리고 형벌을 쓸 때 백성들의 뜻을 따라서) 해야 백성의 부모가 될 수 있습니다."

18 이 이야기는 오긍(吳兢)의 『정관정요(貞觀政要)』 「납간(納諫)」편에 실려 있다.

난신(亂臣) 악당(惡黨)으로 하여금 주군(州郡)에 뒤섞여 지내게 하니 [雜處] 저 무질은 (임금의) 척리(戚里-인척)이고 이무는 대신(大臣)입니다. 모두 오랫동안 병권(兵權)을 잡고 있어 사람들이 복종했던 바가 있으니 만일 한 사람이 난(亂)을 선창(先唱)하여 사방(四方)에서 벌떼처럼 일어나게 된다면 국가의 근심이 되는 것이 어찌 이루 말할 수 있겠습니까? 신 등이 보건대 전하께서 그 불충(不忠)을 분명히 보시고도 법에 의해 처치하지 않는 것은 차마 어찌하지 못하는 마음[不忍之心=仁] 때문일 뿐입니다. 관숙(管叔)은 형(兄)이었으나 (주나라) 주공(周公)이 베었고, 건성(建成)은 장남이었으나 (당나라) 태종(太宗)이 베었으니 주공과 태종이 어찌 차마 어찌하지 못하는 마음이 없었겠습니까? 다만 사사로운 은혜[私恩] 때문에 공의(公義)를 저버릴 수 없었기 때문입니다. 척리(戚里)와 소인(小人)이 하늘에 닿는 죄악이 있는데 신 등이 장차 무슨 마음으로 한 하늘 밑에서 함께 살겠습니까? 신 등이 생각건대 "형벌을 쓰지 않으면 난신(亂臣)을 두렵게 할 수 없고, 법이 엄격하지 않으면 당악(黨惡)을 징계할 수 없습니다. 엎드려 바라건대 전하께서는 종사(宗社) 자손 만세(子孫萬世)의 대업을 위해 심사 숙려(深思熟慮)하시고, 난신(亂臣) 무구·무질과 그 당(黨) 이무, 윤목, 유기, 이빈, 조희민, 강사덕 등을 『춘추(春秋)』의 큰 의로움을 들어 율문(律文)에 따라 죄를 결단하시면 국가가 심히 다행하고 공도(公道)가 심히 다행하겠습니다.'

모두 윤허하지 않았다. 정부(政府)가 계속해서 물러가지 않으니 상이 대언(代言)에게 일러 말했다.

"정부에서도 내 뜻을 알지 못한다. 죄를 청하기를 어찌 이다지도

심히 다급하게[太急] 하는가? 아직 열흘이나 보름을 기다려도 늦지
않다. 경 등은 마땅히 이 뜻으로 타일러라."

정부가 마침내 물러갔다.

임인일(壬人日-4일)에 의정부대간이 대궐에 나아와 다시 이무의 죄
를 청했다. 3공신(三功臣)도 다시 소를 올렸다.

'가만히 생각건대 상(賞)과 벌(罰)은 임금의 큰 칼자루[大柄]인데
상과 벌이 밝지 못하면[不章] 좋은 일을 한 자를 권장할 수가 없고
나쁜 짓을 한 자를 징계할 수가 없습니다. 회안군(懷安君) 이방간(李
芳幹) 부자(父子)와 이거이(李居易) 등의 죄악은 왕법(王法)으로 용서
할 수 없는 것인데 전하께서 법에 의거해 처치하지 않으시고 머리를
보전하게 했으므로 무구·무질 등이 가만히 불궤(不軌)를 도모하여
종사(宗社)를 위태롭게 하려고 했던 것입니다. 전하께서 또 너그러운
법전에 따라 외방(外方)에 안치하셨으므로 지금 이무가 전일(前日)에
악한 짓을 한 자가 죄를 당하지 않는 것을 보고서 윤목(尹穆), 이빈
(李彬), 조희민(趙希閔), 강사덕(姜思德), 유기(柳沂) 등과 더불어 간사
하고 음흉한 마음을 품고 무질에게 당부(黨附)하여 그 화(禍)가 예측
할 수 없는 지경에 이르렀는데, 다행히 천지(天地)와 조종(祖宗)의 신
령(神靈)이 가만히 그들의 마음을 이끌어낸 것에 힘입어 반역(叛逆)
의 음모가 그 당(黨)으로부터 누설되어 정상이 나타나고 일이 명명
백백하게 되었으니 마땅히 그 죄를 밝게 바로잡음으로써 뒤에 오는
사람들[後來]을 징계해야 될 것입니다. 그런데 어째서 전하께서는 임
시방편의 어짊[姑息之仁]으로 만세(萬世)의 대법(大法)을 폐기하십니

까? 이는 악한 짓을 하는 자에게 징계될 바가 없는 것입니다. 신 등이 생각건대 난신적자(亂臣賊子)는 비록 부월(鈇鉞-형벌용 도끼)이 목에 가해진다 해도 오히려 징계되지 않는 법인데 하물며 가벼운 법전에 따라 외방에 안치하면 어찌 제대로 그 악한 것을 징계할 수 있겠습니까? 난(亂)을 꾸미는 자가 서로 잇닿는 것은 오로지[職=專] 이 때문입니다. 전(傳)에 이르기를 "난신적자(亂臣賊子)는 몸이 죽고 사는 것이 없고 시간상으로 옛날과 지금이 없어 왕법(王法)에서 용서하지 않는다"[19]라고 했습니다. 바라건대 전하께서는 대의(大義)로써 결단하여 상항(上項)의 사람들을 모두 법에 의해 처치함으로써 만세(萬世)의 화란(禍亂)의 싹을 막아야 할 것입니다.'

상이 중관(中官)에게 명해 밖에 나가서 명(命)을 전하지 못하게 하니 이 때문에 안팎이 통하지 못했다. 해가 저물어 상이 말했다.

"내가 안질(眼疾)이 있어서 일을 결단하지 못한다. 내가 마땅히 다시 생각하겠다."

이에 모두 물러갔다.

계묘일(癸卯日-5일)에 사람을 보내 이무(李茂)를 베었다[誅]. 새벽 밝을 무렵에 공신장무(功臣掌務) 한평군(漢平君) 조온(趙溫)과 서천군(西川君) 한상경(韓尙敬)을 부르고서 지신사 안등(安騰)을 시켜 물었다.

"민무질 등의 죄를 청한 것은 누가 말을 냈는가[發言]?"

---

19 『춘추(春秋)』에 대한 풀이 중에 이와 비슷한 말이 등장한다.

상경(尙敬)이 대답했다.

"공신들이 모두 합의하여 청한 것이지 그걸 누가 혼자 맡겠습니까?"

상이 말했다.

"회안(懷安-이방간)의 일은 흉포한 무리들에게 꼬드김을 당해 그렇게 된 것이고, 또 일이 내가 즉위(卽位)하기 전에 있었다. 거이(居易-이거이)의 경우에는 다만 민씨(閔氏)를 싫어한 것뿐이고 과인(寡人)에게 불충한 것이 아닌데, 마침내 어찌 아울러 오늘에 죄를 청하는 것인가?"

상경이 대답했다.

"일은 비록 같지 않으나 모두 사직(社稷)에 관계되는데 법에 의해 처치하지 않았기 때문에 죄 있는 자가 다시 오늘날에 나오는 것입니다. 그 사람들을 함께 열거하여 죄를 청한 것은 바로 이 때문일 뿐입니다."

상이 말했다.

"저들은 모두 불충(不忠)(의 죄)이 아닌데 지금 만일 똑같이 논한다면[等論] 나는 결단할 수가 없다. 공신(功臣)이 이에 처치할 방안을 토의하라."
_{등론}

우사간(右司諫) 박습(朴習), 장령(掌令) 민심언(閔審言) 등이 잇달아 찾아와 청하니 상이 말했다.

"정부(政府)와 공신(功臣)과 대간(臺諫)의 말이 각각 다르니 처치하기가 어렵다."

조금 뒤에[俄而=旣而] 의정부에서 백관을 거느리고 소(疏)를 올려말했다.
_{아이   기이}

'전(傳)에 이르기를 "형벌로 다스림을 보완한다[刑以輔治]"[20]라고 했으니 이는 대개 형벌이란 빼어난 이도 어찌할 수가 없는 것[所不得已]이기 때문입니다. 그래서 순(舜)임금과 주공(周公) 같은 크게 빼어난 이[人聖人]도 사흉(四凶)[21]이나 (주공 자신의 형제인) 관숙(管叔) 채숙(蔡叔)을 베지 않을 수 없었으니 후세(後世)에 고식지계(姑息之計)[22]를 힘써 행해 (오히려) 간궤(奸軌)를 길러주어 국가를 위태롭게 한 것과는 같지 않습니다. 이무(李茂)의 죄는 지난번 소(疏)에서 이미 논하여 열거했으나[論列] 또 다시 말할 것이 있습니다. 무구(無咎) 등의 죄는 가르침을 내려주신[頒敎] 이래로 우부(愚夫) 우부(愚婦)라도 명확하게 그 불충(不忠)함을 알아서 통분해하지 않는 사람이 없습니다. (그러나) 무(茂)는 대신(大臣)으로서 친히 그 사실을 보았고, 함께 그 죄를 청했는데, 유기(柳沂)와 더불어 말하기를 "근래에 나라 사람들이 죄를 청하는 일에 대해 나는 그 의미를 알지 못하겠다"라고 했으니 그가 이랬다 저랬다 하며[反側] 간사하게 속이려 함[奸譎]이 심합니다. 항상 불궤(不軌-반역)한 마음을 품고 망령되게 "전하가 자기를 좋아하지 않는다[不悅]"라고 하여 여러 번 말로 나타냈으니, 전하께 원망을 품고 있는 것이 하루아침 하루저녁이 아닙니다. (이런 마음가짐으로) 어찌 전하께 신하의 절개를 다하려 하겠

---

20 『서경(書經)』「우서(虞書)」 '대우모(大禹謨)'에 이와 비슷한 취지의 말이 나온다. 일반적으로 다음을 위주로 하면서 형벌로 보완한다[德主刑輔]라는 유가의 일반적인 입장에서 풀이한 것으로 보인다.

21 순임금이 공공(共工)을 유주(幽州)로 유배 보내고 환도(驩兜)를 숭산(崇山)에 귀양 보냈으며 삼묘(三苗)를 삼위산(三危山)으로 축출하고 곤(鯀)을 우산(羽山)에 내쫓았다.

22 임시변통의 계책을 말한다.

습니까? 세자를 따라 조현(朝見)하고 돌아오던 날에 또 세자를 전하께 구함(構陷-함정에 빠뜨림)했으니 어찌 세자에게 힘을 바치겠습니까? 전하에게는 이미 원망하는 말이 있었고, 세자에게는 또 참소를 행했으니, 조선(朝鮮)의 신하가 아닌 것이 분명합니다. 전하께서 무엇이 아까워 하늘의 주벌[天討]을 행하지 않음으로써 고금 천하(古今天下)의 강상(綱常)을 무너트리십니까?

　신 등이 엎드려 생각건대 환난은 소홀히 여기는 데[所忽]서 생기고 변란은 염려하지 않은 데[不虞]서 일어나는 것이 반드시 그러할 수밖에 없는 이치[必然之理]입니다. 지금 역당(逆黨)들이 밖에 널리 퍼져 있어 밤낮으로 부지런히 만가지 단서[萬端]로 꾀를 내어 하루아침에 쌓인 분(忿)을 풀고, 우리 종사(宗社)에 화(禍)를 끼치고, 우리 생령(生靈)을 어육(魚肉)으로 만들려 합니다. 전하의 영명하심은 불세출(不世出)이시고 학문(學問)은 고금(古今)을 통달하셨는데 어찌하여 마침내 난적(亂賊)을 주토(誅討)하는 것은 무겁게 여기시면서 종사(宗社)와 생령(生靈)은 가볍게 여기십니까? 이것이 신 등이 밤낮으로 통분하게 여기고, 여러 번 천총(天聰)을 어지럽히고 더럽혀[煩瀆] 마지 않는 것입니다. 엎드려 바라건대 전하께서는 순(舜)임금과 주공(周公)의 대법(大法)을 본받으시고 후세의 잔약(孱弱)한 임금들의 고식지계(姑息之計)를 경계하시어 장차 무구, 무질, 이무, 윤목, 이빈, 희민, 유기, 사덕 등을 밝고 바르게 전형(典刑)하여 시장과 조정[市朝]²³에 늘어 놓으신다면 심히 다행함을 이기지 못할 것입니다.'

────────

23 모두가 보는 공개된 공간을 의미한다.

상이 말했다.

"내가 마땅히 참작하여 헤아릴 것이다[酌量]."

여러 신하들이 대답했다.

"사안이 의심스럽거나 애매한 것[疑似]이라면 심사숙려(深思熟慮)하는 것이 옳겠지만 죄를 범한 것이 현저하게 나타난 것인데 어찌 작량(酌量)하심을 기다리겠습니까?"

상이 말했다.

"이미 단죄(斷罪)한 자를 아울러 청하는 것은 무엇 때문인가?"

대답했다.

"죄가 율(律)에 의거하지 않았으므로 율(律)에 의거해 처단하자고 청한 것일 뿐입니다. 백관의 청이 한 몸의 사사로움을 위한 것이 아니고 종사(宗社) 대계(大計)를 위한 것입니다. 전하께서 어떻게 법을 폐기할 수 있으십니까?"

상이 마침내 백관의 소를 가져다가 판단을 내려 말했다[判曰].

"아뢴 대로 하되 무구 무질은 일단 바다 바깥[海外]의 먼 섬에 부처(付處-유배)하고 그 나머지 윤목(尹穆) 등은 다시 거론하지 말라."

이에 의정부에서 아뢰고 순금사 대호군 목진공(睦進恭)과 형조정랑 양윤관(梁允寬)을 보내 무(茂)를 쫓아가 따라잡아[追及] 중로(中路)에서 형(刑)을 감독하게 하고 무구 무질은 제주(濟州)로 유배지를 옮겼다[移配]. 목진공 등이 무를 쫓아가 죽주(竹州-경기도 안성)에서 따라잡아 명을 선포하여 전했다.

"너의 죄악은 마땅히 처자식[妻孥=妻子]까지 죽여야 하나 특별히 네 자식은 면죄(免罪)하여 각기 머리를 보전하게 한다."

무가 머리를 조아리며 사례하니 드디어 그 머리를 베어 매달았다[梟]. 무의 아내와 딸은 적몰(籍沒)하여 여종으로 삼았다. 의정부에서 율문(律文)에 의거해 무의 여러 아들을 베려고 하여 상에게 아뢰고 대호군 고휴(高烋)와 사직(司直) 심구린(沈龜麟)을 보내 길을 나눠 형(刑)을 감독하게 했다[監刑]. 휴(烋) 등이 대궐에 나아가 (감독을 하러 떠나기 위해) 하직하니 상이 말했다.

"내 뜻이 본래 그렇지 않다."

드디어 이를 중지시켰다. 대간(臺諫)이 교장(交章)하여 소를 올렸다.

'윤목(尹穆) 등 다섯 사람이 당악(黨惡)한 죄는 진실로 하늘과 땅이 용납하지 않는 것이니 비록 그 자신을 베고 그 가족까지 족멸하더라도 오히려 신자(臣子)의 마음에 통쾌하지 않을 것입니다. 전하께서 특별히 차마 못 하는 마음[不仁之心=仁]으로 머리를 보전하게 하셨으니 이에 대해 신 등은 통분(痛憤)해 마지 못하는 바입니다. 하물며 그 부자 형제가 분한(忿恨)을 품고 서울 안에 섞여 살며 분(忿)을 풀려고 할 것을 생각하니 어찌 일찍 도모하지 않을 수 있겠습니까? 신 등이 전날에 그 부자 형제와 숙질(叔姪)까지 추문(推問)하여 출입(出入)하지 못하게 하고, 순금사가 이를 전해 받아 가둘 것을 청했는데 전하께서 또 놓아 보내주라고 명하셨으니 이는 간궤(奸軌)한 자에게 혜택을 주고 국가를 병들게 하는 것입니다. 또 이무(李茂)의 아들은 수악(首惡)의 자손[裔]입니다.

법에 의거해 처치하지 않고 주군(州郡)에 나눠 두고, 또 외척(外戚)과 인친(姻親)을 안팎에 널려 있게 하는 것이 될 일이겠습니까? 엎드려 바라건대 전하께서는 이무의 아들과 윤목 등의 부자 형제 숙질들을 각각 법에 의거해 조처하고, 사위[女婿]와 외척 인친들 중에서 (그들과) 특별히 은의(恩義)가 있는 자들은 파직하여 서용(敍用)하지 말아야 할 것입니다.'

상이 말했다.

"정사(政事-인사 결정)가 있으면 친속(親屬) 중에서 벼슬에 있는 자는 마땅히 태거(汰去-퇴출)시켜라. 목(穆) 등 다섯 사람의 부자 형제 그리고 백숙부 형제의 아들들은 직첩(職牒)을 회수하여 외방(外方)에 나눠 두라."

오직 목(穆)의 형 곤(坤, ?~1422년)²⁴만은 공신이기 때문에 연좌(連坐)되지 않을 수 있었다. 상이 대간장무(臺諫掌務)를 불러 말했다.

"목(穆)의 아우 향(向, 1374~1418년)²⁵은 사직(社稷)에 충성스럽다

---

24 1400년(정종 2년) 이방원이 동복형인 이방간이 일으킨 난을 평정하고 왕위에 오르는 데 협력한 공으로, 1401년(태종 1년) 좌명공신(佐命功臣) 3등에 책록되고, 우군동지총제로 파평군(坡平君)에 봉작됐다. 1406년 좌군도총제로 있을 때 다른 사건에 연루, 파직돼 파평현에 유배됐다가, 1418년 세종이 즉위하자 평안도 관찰사로 기용됐다. 세종은 윤곤이 학덕이 높은 것을 알고 침전에서 환송연을 베풀어주는 등 크게 총애했다. 이듬해 9월에 이조판서로 승진했다. 윤곤의 파격적인 출세는 평안도 관찰사로 있을 때에 기악(妓樂)을 폐지해 풍속을 바로잡는 등 많은 치적을 쌓았기 때문이다. 그 뒤 우참찬까지 지냈다. 성질이 관후(寬厚)하고 풍채가 매우 좋아 복옹(福翁)이라는 별칭을 받았다.

25 1404년(태종 4년) 남재(南在)의 부정 사실을 탄핵하려다 오히려 공주로 유배 갔다. 1405년 사헌부집의를 거쳐 1406년 왜적이 침입하자 경차관(敬差官) 판군자감사(判軍資監事)로 충청도에 파견됐다. 1407년 이조참의로 승진됐다가 곧 대사헌이 됐다. 다시 한성부윤으로 옮겼다가 곧 전라도 관찰사로 임명됐고, 1409년 상평보(常平寶)의 설치를 건의해 시행하게 했다. 이때 윤향의 죄에 연좌된 탓에 중요 관직에 임용될 수 없다는 탄핵을 받았으나 윤향이 먼저 윤목의 죄를 고발했기 때문에 태종이 중요 관직에 임명시켰다. 1412년 한성부윤을 거쳐 참지의정부사에 다시 임명됐다. 1413년 공조판서로 발탁되고, 1415년 형조판서를 거쳐 호조판서로 임명됐다. 그러나 위화도회군 공신들을 '자기 임금을 배신하고 한고조(漢高祖)를 도운 정공(丁公)의 일'에 비유해 논하고, 또 그들의 전지(田

는 것을 과인(寡人)이 아는 바이니, 그 직첩(職牒)을 돌려주고 그들을 싸잡아서[幷] 부처(付處)하지 말라."

○ 대간(臺諫)이 교장(交章)하여 말씀을 올렸다.

'가만히 생각건대[竊惟] 난적(亂賊)에 대해서는 모든 백성들이 원수로 여기지[憝] 않는 이가 없습니다. 이무(李茂), 윤목(尹穆)과 같은 난적의 음모는 훤하게 이미 나타났습니다. (그런데도) 대사헌 이문화(李文和)는 애초에 윤목을 신문할 때 일찍이 제대로 마음을 쓰지 않았고, 신문이 끝나 죄를 청해 입전(入傳)할 때 그 장신(狀申)에 실려 있는 추당(推黨)[26]의 조목을 숨기고 진달하지 않았으며, 이어서 이빈(李彬)을 신문할 때에도 역시 마음을 쓰지 않았습니다. 그리고 이무의 수악(首惡) 죄를 청할 때에도 장소(狀疏)가 이미 이뤄졌는데, 망령되게 큰 소리로 말하기를 "남의 죄를 짜서[羅織] 만들었다"라고 했습니다. 또 유용생(柳龍生)이 말을 누설한 죄를 청할 때에 병을 칭탁하고 참여하지 않았으니 그 마음을 헤아릴 수 없어 신 등이 소(疏)를 올려 문죄(問罪)하기를 청했으나 유윤(兪允)을 얻지 못했습니다. 신등은 나직(羅織)이란 말이 어떤 뜻에서 말한 것인지 알 수가 없어 그 실상을 갖춰 물었더니 스스로 말하기를 "우연한 겸사(謙辭)"라고 했습니다. 신 등이 생각건대 대간(臺諫)이 교장(交章)하여 불충한 죄를 청하는데 우연한 겸사가 어찌 있을 수 있는 때입니까? 반드시 까닭

地)를 회수해야 한다는 소를 올렸다가 파직돼 적성으로 유배됐다. 이듬해 풀려나와 참찬을 거쳐 강원도·경상도의 관찰사를 지내고 곧 형조판서로 다시 발탁됐다. 1408년 진하사(進賀使)로 명나라에 다녀왔다.

26 윤목의 당여(黨與)를 추문(推問)한 내용을 말한다.

이 있을 것입니다. 바라건대 전하께서는 유사(攸司)에 명을 내려 직첩을 거두고 그 까닭을 국문하여 뒤에 오는 사람들을 경계시켜야 할 것입니다.'

상이 문화(文和)를 불러 소(疏)에 나오는 네 가지 조목을 캐서 물으니[歷問] 문화가 하나하나 스스로 해명하고[自解] 또 말했다.
역문   자해

"신이 '남의 죄를 짜서 만들었다'라고 말한 것은, 다만 신이 헌사(憲司)의 장(長)으로서 이무(李茂)의 죄를 조목조목 열거하여 그 죄를 이룬 것을 가리킨 것뿐이지, 결코 다른 뜻은 없습니다."

상이 말했다.

"나는 진실로 경이 스스로 겸사(謙辭)한 말인 줄 알고 있다."

문화는 결국 처벌받지 않았다[不坐].
부좌

○ 조희민(趙希閔)의 아비 호(瑚)를 평주(平州)에, 아들 검동(儉同)을 음죽(陰竹)에, 유기(柳沂)의 아비 후(厚)를 순흥(順興)에, 아들 방선(方善 1388~1443년)[27]을 청주(淸州)에, 선노(善奴)를 순흥(順興)에, 효복(孝福) 막동(莫同)을 온수(溫水)에, 윤목(尹穆)의 아들 소남(召

---

27 이때인 1409년 아버지가 민무구(閔無咎)의 옥사에 관련된 것으로 연좌돼 청주로 유배됐다가 이듬해 영천에 이배됐다. 1415년 풀려나 원주에서 지내던 중에 참소로 인해 다시 영천에 유배됐으나 1427년(세종 9년)에 풀려났다. 유배 생활 중의 학행이 높이 드러나 유일(遺逸-과거를 거치지 않고 높은 관직에 천거될 수 있는 학식과 덕망이 높은 선비)로 추천돼 주부(主簿)에 천거됐으나 사양했다. 12세 무렵부터 변계량(卞季良), 권근(權近) 등에게 수학해 일찍부터 문명이 높았다. 특히 유배생활 중에는 유배지 영천의 명승지에 '태재(泰齋)'라는 서재를 지었다. 그리고 당시에 유배 또는 은둔생활을 하던 이안유(李安柔) 조상치(曺尙治) 등 문사들과 학문적인 교분을 맺고, 주변의 자제들에게 학문을 전수하여 이보흠(李甫欽) 등의 문하생을 배출했다. 즉 정몽주(鄭夢周), 권근, 변계량을 잇는 영남 성리학의 학통을 후대에 계승, 발전시키는 구실을 담당한 것이다. 원주에서 생활하는 동안 서거정(徐居正), 한명회(韓明澮), 권람(權擥), 강효문(康孝文) 등 문하생을 길러냈으며 특히 시학(詩學)에 뛰어났다.

南)을 대흥(大興)에, 주남(周南)을 신창(新昌)에, 강사덕(姜思德)의 아들 대(待)를 안악(安岳)에, 말동(末同)을 양성(陽城)에 유배 보냈다.

○ 사헌부(司憲府)에서 아뢰어 말했다.

"이무(李茂)의 사위 (맹사성의 아들) 맹귀미(孟歸美)는 율(律)에 연좌(緣坐)의 글이 없습니다. 그러나 본조(本朝)에서는 사위와 장인[甥舅] 사이는 중국(中國)과 다르오니 청컨대 그 죄를 논(論)해야 할 것입니다."

풀어줄 것을 명했다.

병오일(丙午日-8일)에 달이 남두(南斗)와 괴성(魁星) 가운데로 들어갔다.

정미일(丁未日-9일)에 상이 문소전(文昭殿)에 나아가 동향제(冬享祭)를 거행했다.

무신일(戊申日-10일)에 사헌부에서 소(疏)를 올려 임첨년(任添年)의 죄를 청했다. 소는 이러했다.

'첨년(添年)은 제(帝)의 하사품을 후하게 받아 가산(家産)이 이미 풍족한데 오히려 화리(貨利)를 도모해 금물(禁物)을 많이 싸 가지고 가서 나라의 법을 어겼습니다[干=犯]. 16승(升) 마포(麻布)에 이르러서는 매우 가늘어서 비록 본국(本國)에서 (중국에) 진헌(進獻)하는 것도 일찍이 없었는데, 첨년이 이 또한 가지고 갔으니, 만일 상국(上國)에 내어 보인다면 후일에 큰 폐단을 끼칠까[貽] 두렵습니다. 청컨대 첨년을 삭직(削職)하여 죄를 묻고 겸하여 첨년에게 비밀리에 부탁하여 이익을 도모한[謀利] 자들도 아울러 다스려야 할 것입니다.'

상이 말했다.

"내가 마땅히 따로 알아서 처리하겠으니[區處] 법사(法司)에서는 다시 탄핵하지 말라."

기유일(己酉日-11일)에 한성부판사 유정현(柳廷顯)과 우군동지총제 이조(李慥)를 보내 경사(京師)에 가게 했다. 명년(明年)의 정삭(正朔)을 하례(賀禮)하기 위함이다.

○ 이서(李舒)를 파(罷)해 안평부원군(安平府院君)으로 삼고, 하륜(河崙)을 영의정부사(領議政府事), 이응(李膺)을 호조판서, 서유(徐愈)를 예조판서, 함부림(咸傅霖)을 형조판서, 심구령(沈龜齡)을 좌군 도총제로 삼았고 대사헌 이문화(李文和)는 면직됐다.

경술일(庚戌日-12일)에 각도(各道)에 순찰사(巡察使)를 나눠 보냈다. 이직(李稷)은 서북면(西北面)에, 이원(李原)은 강원도와 동북면(東北面)에, 함부림(咸傅霖)은 충청과 전라도에, 박은(朴訔)은 경상도에, 전도관찰사(都觀察使) 권진(權軫)은 풍해도에 보냈다. 주문사(奏聞使) 오진(吳眞)이 비밀리에 명(明)나라 조정의 소식[聲息]을 보고해 말했다.

"달단 황제(韃靼皇帝)가 많은 군사를 거느리고 관중 구자(關中口子) 밖에 주둔하고 있는데, 총병관(摠兵官)인 기국공(沂國公)과 무성후(武城侯)가 이를 막다가 싸움에서 패하여 온 군사가 사로잡혔습니다.

그러므로 황제(皇帝)가 제로(諸路)의 군사를 징집해 장차 명년 2월에 북정(北征)하려 합니다."

이때 국가에서는 황엄(黃儼)이 나온다는 말을 들었으나 그 까닭을 알지 못했다. 혹은 전하는 말에 '군사 10만과 장수 두 사람을 청하여 동북면(東北面)을 경유하여 달단(韃靼)을 협공(挾攻)하려 한다'고 했기 때문에 이런 명이 있었다.

○ 하륜(河崙), 성석린(成石璘), 조영무(趙英茂), 이숙번(李叔蕃), 이천우(李天祐), 유량(柳亮)을 불러 군사를 훈련하고 군량을 준비할 계책을 토의했다.

신해일(辛亥日-13일)에 편전(便殿)에 나아가 다시 하륜(河崙) 등 여섯 사람을 불러 일을 토의했다. 병조참의 한옹(韓雍) 등 19명을 각도 경차관(敬差官)으로 삼았다. 륜(崙) 등이 아뢰었다.

"편안할 때 위태로움을 잊지 않고, 잘 다스려질 때 어지러움을 잊지 않는 것은 나라를 향유(享有)하는 불변의 법도입니다. 국가가 잘 다스려져서 편안한 지가 오래되어 무비(武備)와 군수(軍須)가 허술한 것이 없지 않으니 만일 위급한 일이라도 있게 된다면 진실로 염려됩니다. 청컨대 경차관을 각도에 보내 군자전(軍資田)과 여러 창고전(倉庫田) 궁사전(宮司田)을 모두 답험(踏驗)해 수조(收租)하고, 또 각사(各司)의 공해전(公廨田)과 원종공신전(元從功臣田), 회군공신전(回軍功臣田), 별사전(別賜田)에 대해서도 전부 수조(收租)하게 하고, 세공신전(功臣田)은 3분의 1을, 사사전(寺社田)은 반(半)을 수조하게 해야 할 것입니다. 그리고 문선왕(文宣王-공자)의 제전(祭田)과 각처의 제향전(祭享田), 역리(驛吏) 및 비마전(備馬田), 아록 늠급전(衙祿廩給田), 진척(津尺) 원주전(院主田)을 제외한 잡전(雜田)에 대해서도 모두 전부 수조하게 하고, 각도 호급둔전(戶給屯田)도 또한 수납(收納)하게 해야 할 것입니다."

모두 그대로 따랐다. 전 총제(摠制) 김인귀(金仁貴)와 검교한성윤(檢校漢城尹) 주인(朱仁)을 불러 달단(韃靼) 지경(地境)의 상거(相距-거리)에 대해 멀고 가까운 것을 물었다. 인귀(仁貴)는 심양로(瀋陽路)에서 나고 자라 대대로 총관(摠管)을 습작(襲爵)했는데 공민왕(恭愍王) 때에 이르러 귀순(歸順)했고, 인(仁)은 곧 여진(女眞)의 유종(遺種)이다.

임자일(壬子日-14일)에 순금사 사직(司直) 심구린(沈龜麟)을 옹진(甕津)에, 부사직(副司直) 우도(禹導)를 (강원도) 삼척(三陟)에 보내 (각각) 무구(無咎) 무질(無疾)을 압송해 제주(濟州)에 두었다. 정부(政府)에서 말씀을 올렸다.

"순금사 관원은 전라도(全羅道)에 이르러 돌아오게 하고 관찰사(觀察使)가 차사원(差使員)을 정해 제주(濟州)로 압송(押送)하게 해야 할 것입니다."

상이 허락했다. 무구 등이 그 집안 노비를 데리고 가는 것을 들어주었다.

계축일(癸丑日-15일)에 상이 문소전(文昭殿)에 나아가 망제(望祭)를 거행했다.

갑인일(甲寅日-16일)에 김승주(金承霆)를 길주도 도안무찰리사(吉州道都安撫察理使), 이종무(李從茂)를 안주도 도병마사(安州道都兵馬使), 이지실(李之實)을 강계도 도병마사(江界道都兵馬使), 이승간(李承幹)을 강릉도 도절제사(江陵道都節制使)로 삼았다. 윤향(尹向)을 다시 의정부 참지사(議政府參知事)로 삼았다.

○ 검교참찬의정부사(檢校參贊議政府事) 김과(金科)와 전 한성부윤(漢城府尹) 노한(盧閈)에게 외방(外方)에서 자원(自願)에 따라 거주하도록 명했다. 좌대언 김여지(金汝知)를 시켜 이들 두 사람에게 뜻을 전해 말했다.

"너희들 고신(告身)은 봉(封)하여 법사(法司)로 보내고, 외방(外方)에 편안한 곳을 가려서 거주하도록 하되, 가속(家屬)들도 또한 마음대로 데리고 가라."

과(科)가 사례해 말했다.

"신은 구업(舊業)도 없고 다만 김화(金化)에 처족(妻族)이 있을 뿐이니 그곳에 가서 의탁하고자 합니다."

이에 과는 김화로 돌아가고 한(閈)은 영주(寧州-천안)로 돌아갔다.

병진일(丙辰日-18일)에 태백성(太白星)이 낮에 보였고 하늘을 가로질러 지나갔다.

○ 군기소감(軍器少監) 이도(李韜)와 감승(監丞) 최해산(崔海山, 1380~1443년)[28]에게 말 한 필씩을 내려주었다. 상이 해온정(解慍亭)

---

28 최무선(崔茂宣)의 아들이다. 15세가 돼서야 글자를 해독할 수 있었으나 아버지의 유고(遺

에 행차해 화차(火車) 쏘는 것을 구경하고서 이런 하사(下賜)가 있었다. 또 포(布) 50필을 화통군(火㷁軍)에게 내려주었다. 화차(火車)의 제도는 철령전(鐵翎箭) 수십 개를 구리통[銅桶]에 넣어서 작은 수레[小車]에 싣고 화약(火藥)으로 발사하면 맹렬(猛烈)하여 적(敵)을 제어할 수 있었다.

○ 형조에서 검교전서(檢校典書) 이천룡(李天龍)의 죄를 청했다.

"천룡(天龍)의 집안 종이 동불(銅佛)을 도둑질해 기명(器皿)을 만들었는데 천룡은 이를 알고도 부처 배 속에 들어 있던 채단(綵段)과 진주(眞珠)를 받았으니 청컨대 율(律)에 의거해 과단(科斷)해야 할 것입니다."

그것을 따랐다.

정사일(丁巳日-19일)에 황엄(黃儼)이 벽제역(碧蹄驛)에 이르니 세자(世子)를 보내 교외에서 맞이했다[郊迎].

○ 호조에서 공신전(功臣田)의 전급법(傳給法-상속법)을 아뢰었다.

稿)인 『화약수련법(火藥修鍊法)』의 비법을 전수받았다. 1401년(태종 1년) 군기시(軍器寺)에 등용, 주부(主簿)를 거쳐 경기우도 병선군기점고별감(兵船軍器點考別監)이 됐다. 이때인 1409년 군기감승(軍器監丞)에 오르고, 그해 10월에는 화차를 만들어 왕이 참석한 가운데 해온정(解慍亭)에서 발사 시험을 했다. 또 1424년(세종 6년) 12월에도 군기판사로서 왕을 모시고 광연루(廣延樓)에 나아가 화포 발사 연습을 주관했다. 1425년 군기감사를 지내고, 1431년 6월 좌군동지총제가 됐다. 그해 10월에는 그가 오랜 군기감 근무로 옳지 못한 일이 많았다 하여 조정 신하들이 그의 체직(遞職)을 품신했지만 세종의 두터운 신임으로 허락되지 않았고, 오히려 이듬해 공조우참판으로 승임됐다. 1433년 좌군절제사로 도원수 최윤덕(崔潤德)과 함께 파저강(婆猪江) 토벌작전에 참전했을 때도 군기(軍機)를 이행하지 않은 관계로 사헌부의 탄핵을 받았지만, 세종은 "그가 20여 년 동안 오로지 화포를 맡았으니 어찌 공이 없다고 하겠는가. 벼슬만 거두도록 하라"고 하여 용서했다. 그 뒤에도 제주안무사·중추원부사·강계절제사 등을 지냈다.

"공신전(功臣田)은 패(牌)를 주어 모두 자손으로 하여금 서로 상속하게 합니다. (그런데) 지금 죽은 대군(大君) 이화(李和)와 평원군(平原君) 조박(趙璞)이 외람되게 문계(文契-문서)를 만들어 기첩(妓妾)에게 전해주었으니 왕법(王法)에 어긋남이 있습니다. 청컨대 전법(田法)에 의거해 자손 이외에 기첩(妓妾)이나 천첩(賤妾)에게 임의로 주지 못하게 하고, 자손 가운데 만일 공사 천구(賤口-노비)가 있으면 또한 모두 서로 상속하는 것을 허락하지 말아야 할 것입니다."

그것을 따랐다.

기미일(己未日-21일)에 내사(內史) 황엄(黃儼)이 칙서(勅書)를 받들고 이르니 상이 백관을 거느리고 청담복(青淡服) 차림으로 모화루(慕華樓)에서 맞이하고 창덕궁(昌德宮)에 이르러 칙서를 받았다. 칙서는 이러했다.

'왕의 나라에 말이 있으니, 형편에 따라[隨] 다소(多少)를 바쳐 국용(國用)에 보태도록 하면 마땅히 값으로 갚겠다. 왕은 이에 삼가 짐(朕)의 명을 받으라. 지금 왕에게 기백(綺帛)을 하사(下賜)하니 이르거든 영수(領受)하라. 왕에게 저사(紵絲) 50필, 채단(綵段) 50필을, 왕비에게 저사(紵絲) 20필, 채견(綵絹) 20필을 준다.'

상이 이미 제가 내려준 물건을 받고 나니 엄(儼)이 선유 성지(宣諭聖旨)를 전하여 말했다.

"원제(元帝)의 자손(子孫)이 귀순(歸順)한 자도 있고 귀순하지 않은 자도 있는데, 귀순하지 않은 자는 짐이 평정하고자 한다. 조선의 말이 비록 몸체는 작으나 쓸 만하니 왕은 이에 보내라."

선유(宣諭)가 끝나자 엄이 곧장 말을 바칠 수효를 물으니 상이 말했다.

"감히 힘을 다하지 않을 수 있습니까?"

예(禮)가 끝나자 사신이 태평관(太平館)으로 갔다. 상이 백관을 거느리고 따라가서 잔치를 베풀고 안마(鞍馬)를 주었다. 반인(伴人)에게도 주었다.

○ 현인비(顯仁妃)[29]가 정의궁주(貞懿宮主)에게 백은(白銀) 100냥(兩)을 주었는데 명하여 상의원(尙衣院)에서 보관하게 했다.

경신일(庚申日-22일)에 상이 태평관(太平館)에 가서 사신에게 잔치를 베풀었다. 상이 황엄(黃儼)에게 일러 말했다.

"제의 은혜가 이미 중하니 감히 말 1만 필을 바치겠습니다."

엄(儼)이 말했다.

"원제(元帝)의 자손이 여거하(藜渠河)에 도망가 살면서 8대(代)를 전하고 있습니다. (그런데) 지금까지 내부(來附)하지 않아 제께서 내년 봄에 평정코자 하여 2월 초6일에 대군(大軍)을 움직이기로 기일을 정했습니다. 마땅히 진헌 마필(進獻馬匹)을 운(運)을 나눠 정한 시기에 도착시켜야 합니다."

상이 개주참(開州站)에서 넘겨주기를 청하니 엄이 말했다.

"요동군(遼東軍)이 적어서 그것은 불가합니다."

○ 진헌 관마색(進獻官馬色)을 뒀다. 이천우(李天祐), 김남수(金南

---

29 명황제의 후궁으로 간 권집중의 딸이다.

秀), 설미수(偰眉壽), 윤사수(尹思修)를 제조(提調)로 삼고, 중외(中外)의 각 품(品)으로 하여금 말을 내게 하되 차등 있게 했다. 상이 의정부에 명하여 말했다.

"(명나라) 조정(朝廷)에서 바꾸는 말은 반드시 내년 정월 안으로 진헌(進獻)을 끝내야 한다." 호조참의 조원(趙源)을 제주경차관(濟州敬差官)으로 삼아, 사의(事宜)를 헤아려 군민(軍民) 가호(家戶)의 말을 쇄출(刷出-차출)하게 했다. 정부(政府)의 청을 따른 것이다.

신유일(辛酉日-23일)에 크게 천둥과 번개가 치고 우박이 떨어졌다.

임술일(壬戌日-24일)에 달이 태미원(太微垣) 우집법(右執法)에 들어갔다.
○ 황엄(黃儼)이 경복궁(景福宮)에서 (진헌할) 처녀들을 보았다.

계해일(癸亥日-25일)에 김승주(金承霍)와 이종무(李從茂) 등에게 명해 진(鎭)에 부임하지 말게 했다.

갑자일(甲子日-26일)에 무지개가 아침에 동쪽에 나타났다.
○ 가벼운 죄수들을 풀어주었다.
○ 황엄(黃儼)이 경복궁(景福宮)에서 (진헌할) 처녀들을 보았다.

을축일(乙丑日-27일)에 태백성(太白星)이 낮에 보였고 하늘을 가로질러 지나갔다.

○ 사간원에서 신극례(辛克禮)의 죄를 청했다. 소(疏)는 이러했다.

'난신 적자(亂臣賊子)는 죽어도 남는 허물이 있고, 죄(罪)는 같은데 벌(罰)이 다른 것은 고금(古今)의 공통된 근심입니다. 지난날에[曩者] 무구(無咎), 무질(無疾), 극례(克禮) 등은 모두 난적(亂賊)의 죄가 있어 하늘과 땅이 용납하지 않고[所不容] 왕법(王法)에서 반드시 베어야 할 자입니다. 그래서 대소 신료들이 잇달아 소장(疏章)을 올려 같은 말로 거듭[申=重] 청했는데 전하께서 곡진하게 불쌍히 여기고 용서를 가하시어 천토(天討)를 행하지 않으시는 바람에 극례는 제 명(命)에 죽었으니 이는 나라 사람들이 통분하게 여기는 바입니다. 이무(李茂)의 당(黨)이 뒤를 이어 일어난 것은 진실로 이 때문입니다. 무구 무질 극례 이무는 그 죄가 같으니 벌이 다를 수 없습니다. 이무는 이미 복주(伏誅)됐고 무구·무질은 해외(海外)에 유배 가 있는데 오직 극례만이 살아서는 저자에서 목을 베는 형벌을 받지 않고, 죽어서는 관(棺)을 베는 천토(天討)를 당하지 않았으니 어찌 법이 한결같지 않은 것이 이 지경에 이르렀습니까? 엎드려 바라건대 전하께서는 극례에 대해 유사(攸司)에 영(令)을 내려 그 직첩(職牒)을 거두고, 그 재산을 몰수하고, 그 자손(子孫)을 금고(禁錮)함으로써 상벌(賞罰)의 법을 밝혀야 할 것입니다.'

소를 잠자게 하고[寢] 내리지 않았다. 또 소를 올려 말했다.

'공손히 생각건대[恭惟] 국가에서 예측 못할[不虞] 변(變)을 염려하고 군량(軍糧)의 지출을 근심하여 백성에게 일분(一分)의 종자(種子)를 주는 것은 장차 십분(十分)의 조(租)를 거두자는 것입니다. 이름하여 "호급 둔전(戶給屯田)"이란 모든 백성들이 입을 모아 근심하여 원망하는 소리가 일어났던 것입니다. 다행히 전하께서 구언(求言)하시던 날에 호급둔전(戶給屯田)과 손실경차관(損實敬差官)을 폐지할 것을 청한 자가 열에 여덟·아홉은 됐습니다. 전하께서 그 말을 받아들여 중외(中外)에 포고(布告)하시니 민심(民心)이 크게 기뻐했습니다. 그런데 명령을 내리신 지 오래되지 않아 경차관(敬差官)을 각도에 나눠 보내 이미 화곡(禾穀)을 거둔 밭을 답험(踏驗)하고, 이미 면제한 둔전(屯田)의 조(租)를 징수하시니, 전하께서 백성들에게 믿음[信]을 보이는 뜻에 있어 어떠하겠습니까? 하물며 해[年]가 잦은 수재(水災)와 한재(旱災)로 인해 백성들이 살아갈 수 없고, 또 금년에는 인보(隣保)와 군적(軍籍)을 일시에 독촉해 만들어서 민심이 시끌시끌한데, 또 뒤따라 거두는 것이 가하겠습니까? 경(經)에 이르기를 "백성은 나라의 근본이니 근본이 튼튼해야 나라가 편안하다"[30]라고 했고, 전(傳)에 이르기를 "거두는 것[斂]이 비록 죽이는 것은 아니나 백성들이 심히 괴로워한다"라고 했습니다. 신 등이 생각건대 예로부터 나라가 흥하고 망하는 것은 민심(民心)의 괴롭고 즐거움[苦樂=休戚]에 달려 있지 저축(貯蓄)이 많고 적음에 달려 있지 않습니다. 삼대(三代-하은주) 이래로 역대(歷代)의 장단점(長短點)을 보면 훤하게 알 수 있는 것입니다. 저축이 진실로 없을 수 없지만, 풍년을 당해 거두는 것이 좋습니다. 바라건대 전하께서는 호급 둔전과 손실(損實)의 분간(分揀)을 일절 모두 중단하여 믿음을 보이고 은혜를 베풀어서 나라의 근본을 튼튼하게 해야 할 것입니다.'

---

30 『서경(書經)』「하서(夏書)」'오자지가(五子之歌)'편에 나오는 말이다.

상이 소(疏)를 보고 특별히 우정언(右正言) 장진(張晉)에게 물었다.

"지금 대국(大國)에서 군사를 일으키려 하기 때문에 미리 군량(軍糧)을 저축하려는 것인데 소사(所司-해당 부서)가 불가하다 하는 것은 무슨 까닭이냐?"

진(晉)이 대답했다.

"대국(大國)의 사변(事變)은 신이 감히 알 수 없으나 우리 백성들의 간고(艱苦)가 너무 심하니 감히 말하지 않을 수 없었습니다."

상이 말했다.

"사람이 보는 바는 각기 마땅한 바가 있는 법이다. 내가 비축하려는 것은 쓸 데가 있어서 하는 것이고, 간관(諫官)의 말은 민생(民生)을 위한 것이다."

술을 주어 위로해 타일러 보내게 했다. 그 소(疏)를 의정부에 내려 토의해 시행하게 하니 정부에서 말씀을 올렸다.

"국가의 호급 둔전은 갑자기 고칠 수가 없고 경차관(敬差官) 같은 것은 각 도(道)마다 단지 한 사람만 보내소서."

그것을 따랐다.

○ 명하여 불노(佛奴)를 공주(公州)에 안치(安置)하게 했다. 인덕전(仁德殿)의 궁인(宮人) 가의 궁주(嘉懿宮主) 유씨(柳氏)가 일찍이 다른 사람에게 시집가서 자식이 있었는데 이름이 불노(佛奴)였다. 불노가 스스로 말하기를 '상왕(上王)의 아들이다'라고 하니 상왕(上王)은 맹세코[誓] 자기 아들이 아니라고 했기에 의정부참찬사 이지(李至)를 명해 위관(委官)으로 삼고, 대간(臺諫) 형조(刑曹)와 함께 순금사에 앉아 함께 다스리게 하니[雜治] 대간(臺諫)이 교장(交章)하여 말

536

씀을 올렸다.

'대체로 부자(父子) 사이는 이름이 바른 연후에야 말이 순한 것이니 이름이 바르지 않으면 말이 순해지지 않는 법입니다. 지금 유씨(柳氏)의 아들 불노(佛奴)란 자를 상왕(上王)께서 "내 자식이 아니다"라고 하여 외방(外方)에 내쫓아 그 외할머니[外姑]를 따라 죽주(竹州)에 있은 지가 이미 몇 해가 됐는데, 근래에 망령되게 "상왕의 아들이다"라고 일컫고 서울 안에 몰래 들어와 가만히 그 어미를 만나보아 시청(視聽)을 어지럽히니 그 마음이 헤아리기 어렵습니다. 심문(審問)할 때 그 외할머니는 말하기를 "셋째딸이 반복해(潘福海)에게 시집갔다가 지나간 무진년 정월에 복해(福海)가 주형(誅刑)을 당했는데, 그해 8월에 불노(佛奴)가 태어났다"라고 했으니, 상왕(上王)의 아들이 아닌 것은 분명합니다만, 유씨(柳氏)의 아우의 남편 박종주(朴從周)는 말하기를 "신년(申年)에 낳았다"라고 했습니다. 두 말이 같지 않으니 진실로 분변하지 않을 수 없습니다. 예로부터 왕자(王子)·왕손(王孫)이라 거짓으로 일컬어 천하 국가(天下國家)를 변란(變亂)시킨 자가 많습니다. 속담(俗談)에 이르기를 "자식을 아는 것은 어미만한 이가 없다"라고 했으니 신 등이 바라건대 유씨(柳氏)에게 물어 그 사실을 변명(辨明)하고 그 이름을 바로잡아야 하며 또 박종주에게 불노를 데리고 서울에 온 뜻을 물어서 각각 그 죄를 바로잡아 밝게 후래(後來)에 보이시면 심히 다행하겠습니다.'

소(疏)를 덮어둔 채 내리지 않고 불노를 공주(公州)에 두었으니 그 편의를 따른 것이다. 상이 말했다.

"불노가 왜 도망쳐 숨어서 화(禍)를 피하지 못하는가? 만일 도망치면 내가 마땅히 버려두고 묻지 않겠다."

○이지실(李之實)을 안주병마사(安州兵馬使), 박인간(朴仁幹)을 강계병마사(江界兵馬使)로 삼았다.

○11도(道)에 도절제사(都節制使) 각 한 사람을 두고 그를 보좌하는 자는, 가선(嘉善-종2품) 이상은 절제사(節制使)로 삼고, 통정(通政-정3품 당상) 이하는 첨절제사(僉節制使)로 삼았다. 상주 진주도(尙州晉州道)는 청원군(靑原君) 심종(沈淙)과 칠원군(漆原君) 윤자당(尹子當)이고, 계림 안동도(雞林安東道)는 여산군(麗山君) 김승주(金承霔)와 전 절제사 조완(曹緩)이고, 전라도는 청평군(淸平君) 이백강(李伯剛)과 회령군(會寧君) 마천목(馬天牧) 총제(摠制) 조흡(曹洽)이고, 충청도는 도총제 김남수(金南秀)와 총제 조질(趙秩) 성발도(成發道)이고, 경기좌도는 안원군(安原君) 한장수(韓長壽)와 전 절제사 유습(柳濕) 전 첨총제(僉摠制) 박지(朴芷)이고, 경기우도는 도총제 정진(鄭鎭)과 첨절제사 강유신(康有信) 홍부(洪敷)이고, 풍해도는 전 절제사 김계지(金繼志)와 김중보(金重寶) 월천군(越川君) 문빈(文彬)이고, 강원도는 전 도절제사(都節制使) 심인봉(沈仁鳳)과 전 총제 이승간(李承幹) 전 첨총제(僉摠制) 문효종(文孝宗)이고, 동북면은 안성군(安城君) 이숙번(李叔蕃)과 한평군(漢平君) 조연(趙涓) 의정부지사 이화영(李和英)이고, 평양도(平壤道)는 평양군(平壤君) 조대림(趙大臨)과 희천군(熙川君) 김우(金宇) 총제 이지실(李之實)이고, 안주도(安州道)는 길천군(吉川君) 권규(權跬)와 장천군(長川君) 이종무(李從茂), 동지총제(同知摠制) 김만수(金萬壽)이다. 또 첨총제(僉摠制) 문천봉(文天奉)과 상호군(上護軍) 김옥(金玉)은 동북면(東北面) 별패(別牌) 첨절제사(僉節

制使)를 겸하게 했다.

○ 이때 이숙번(李叔蕃)은 중군(中軍)을 맡고 조대림(趙大臨)은 좌군(左軍)을 맡고 권규(權跬)는 우군(右軍)을 맡았다. 김남수(金南秀) 한규(韓珪), 연사종(延嗣宗), 이종무(李從茂), 마천목(馬天牧), 성발도(成發道), 조연(趙涓) 등 7인은 그들을 보좌해 군정(軍政)에 참여했다. 삼군(三軍)이 윤차(輪次)로 숙위(宿衛)했는데 만일 번(番)에서 나오게 되면 장군총제(掌軍摠制)의 집에 가서 호령(號令)을 들었다. 상이 군정이 여러 문(門)으로 갈린 것을 근심하여 하륜(河崙)에게 상의하니 륜(崙)이 추우번(騶虞幡)[31]을 만들어 군정을 개혁할 것을 청했는데 상이 옳게 여겼다. 이날 의정부에서 삼군율령(三軍律令)과 장사진퇴(壯士進退)의 절차에 관해 말씀을 올렸다.

"청컨대 병조(兵曹)로 하여금 전선(銓選) 의장(儀仗)차비(差備) 품명(稟命)이문(移文) 등의 일을 맡게 하고 의흥부(義興府)로 하여금 군사(軍士)를 고찰하는 것과, 성기(省記) 및 감신(監申)하는 것과, 순패(巡牌)를 출납(出納)하는 것과, 품명(稟名) 출령(出令)하는 등의 일을 맡게 해야 할 것입니다. 그리고 삼군(三軍)에 모두 시위사(侍衛司)를 두어 매(每) 일군(一軍)의 일사(一司)가 윤번(輪番)으로 입직(入直)하게 하되, 각군(各軍) 총제(摠制)가 매군(每軍)에서 두 사람씩 윤번으로 입직하게 하고, 첨총제(僉摠制)도 또한 차례로 입직하게 하소서. 또 중군(中軍)의 일사(一司)로 순위사(巡衛司)를 삼아 의용순금사(義勇巡禁司)와 더불어 각각 두 번(番)으로 나눠 3일씩 서로 교대하여 순작

---

31 삼군(三軍)의 군기(軍旗)를 가리킨다.

(巡綽)을 행하게 하고, 감순총제(監巡摠制)는 전과 같이 하소서. 그리고, 십사(十司)의 매(每) 일사(一司)에 상호군(上護軍) 2, 대호군(大護軍) 3, 호군(護軍) 5, 갑사(甲士) 200, 대장(隊長) 20, 대부(隊副) 40명으로 하고, 삼군(三軍)의 공사(公事)는 각기 그 군(軍)에서 첨총제(僉摠制) 이상이 함께 의논하여 시행하게 하며, 각위(各衛)의 공사(公事)는 각기 호군(護軍) 이상이 함께 의논하여 시행하게 하소서. 배봉(陪奉)과 강무(講武) 때에는 상호군(上護軍)·대호군(大護軍)이 각각 한 사람의 호군(護軍)을 인솔하여 운(運)을 지어서 행(行)하고, 무릇 삼군(三軍)의 호령(號令)은 병조(兵曹)와 의흥부(義興府)에서 함께 왕지(王旨)를 품(稟)하여 각각 행이(行移)하고, 각군(各軍)의 도총제부(都摠制府)는 각기 그 부(府)에서 행이(行移)하고, 각위(各衛)의 총제(摠制)와 각위(各衛)의 상호군(上護軍) 대호군(大護軍)은 의흥부(義興府)의 호령(號令)을 듣게 하소서. 위급(危急)한 때를 당하면 의흥부(義興府)에서 친히 왕지(王旨)를 품(稟)하여 왕부(王府)에 간직해 있는 직문추우기(織紋騶虞旗)[32]를 받아 궐문(闕門)에 세우고, 각(角)을 불어, 입번(入番) 총제(摠制)와 각위(各衛)의 상호군 대호군 호군으로 하여금 계엄(戒嚴)하게 하고, 출번(出番) 각군 총제(各軍摠制)와 각위(各衛)의 상호군 대호군 호군이 각성(角聲)을 듣고 즉시 궐문(闕門) 밖에 나아와 각각 군사를 거느리고 주둔하여 명령을 기다리게 하소서. 그리고, 주상께서 특별히 장수(將帥)를 명하고, 친히 사기(事機)를 주

---

32 삼군(三軍)의 군기(軍旗)다. 주작(朱雀)과 청룡(靑龍)·백호(白虎)를 수놓아 만들었는데 중군(中軍)은 주작(朱雀), 좌군(左軍)은 청룡(靑龍), 우군(右軍)은 백호(白虎)다. 이를 약(略)하여 직문기(織紋旗) 혹은 추우기(騶虞旗)라고도 했다.

고, 각각 직문기(織紋旗)를 주면 곧 나와서 의흥부(義興府)의 호령(號令)을 듣게 하소서. 각위(各衛)의 상호군, 대호군, 호군은 그 군(軍)의 직문기를 본 연후에 명령을 달려오게 하고, 만일 의흥부가 추우기가 없이 명령을 내린 자나, 각위의 상호군, 대호군, 호군이 그 군(軍)의 직문기를 보지 않고 명령에 달려간 자, 병조(兵曹)와 의흥부의 명문(明文)이 없이 사사로 군사를 모은 자는 모두 모역(謀逆)으로 논(論)하고, 만일 영(令)을 범한 자가 있으면 다른 사람이 진고(陳告)하는 것을 허락하여, 사실인 자는 3등을 뛰어 벼슬로 상을 주고, 또 범인의 가산(家産)과 노비(奴婢) 전지(田地)로 상을 주며, 무고(誣告)한 자는 반좌율(反坐律)[33]에 의하소서."

그것을 따랐다.

○ 강원도(江原道) 도절제사(都節制使)를 없애고 관찰사(觀察使)로 하여금 겸하게 했다.

병인일(丙寅日-28일)에 천둥과 벼락이 치고 우박이 떨어졌다.

정묘일(丁卯日-29일)에 (개성) 유후사(留後司)의 연복사(演福寺) 흥국사(興國寺) 왕륜사(王輪寺) 세 절의 불상에서 모두 땀이 났다.

무진일(戊辰日-30일)에 태백성이 낮에 보였고 하늘을 가로질러

---

33 무고한 자에게 같은 벌을 받게 하는 것을 말한다. 예를 들어 남을 사형에 해당되는 죄로 무고하면 그를 죽였다.

갔다.

○ 의흥부(義興府)에 겸판사(判事) 지사(知事) 동지사(同知事) 각
한 사람을 더 두어 이조판서 윤저(尹柢), 면성군(沔城君) 한규(韓珪),
곡산군(谷山君) 연사종(延嗣宗)을 각각 이 자리에 임명하고, 이숙번
(李叔蕃)·조대림(趙大臨)·권규(權跬) 이하는 모두 겸 총제(摠制)를 면
직했다. 충무시위사(忠武侍衛司)를 고쳐 순금사(巡禁司)로 삼고, 용양
(龍驤) 호분(虎賁) 등 여섯 순위사(巡衛司)를 고쳐 시위사(侍衛司)로
만들었다.

○ 이달에 일본(日本) 살주(薩州) 등원뇌구(藤原賴久)가 사자(使者)
를 보내 진위(陳慰)하고 방물(方物)을 바쳤다.

己亥朔 上親祭于文昭殿.
기해 삭 상 친제 우 문소전

一岐州倭 遣使來獻土物.
일기주 왜 견사 내헌 토물

上坐正殿 召議政府 三功臣上殿 議李茂之罪. 召李茂置之
상 좌 정전 소 의정부 삼공신 상전 의 이무 지죄 소 이무 치지

進善門外. 上謂群臣曰："李茂今繫獄中 卿等豈能悉知其故? 予
진선문 외 상 위 군신 왈 이무 금 계 옥중 경등 기능 실지 기고 여

欲盡召臣僚而告之 勢未可也. 卿等明聽予言. 歲在戊寅 父王
욕 진소 신료 이 고지 세 미가 야 경등 명청 여언 세 재 무인 부왕

疾篤彌留 予與昆季 侍疾于景福宮 時予只聞李茂之名 未之相親
질독 미류 여 여 곤계 시질 우 경복궁 시 여 지문 이무 지명 미지 상친

茂因無疾 納交於我. 一日告予曰：'南誾 鄭道傳 伺上疾篤 謀
무인 무질 납교 어아 일일 고여 왈 남은 정도전 사 상 질독 모

不利於正嫡 公其預圖.' 間五六日 復來謂予曰：'今夕 道傳等欲
불리 어 정적 공 기 예도 간 오육 일 부래 위여 왈 금석 도전 등 욕

舉事 時哉不可失也.' 予曰：'君請先往會處 稽留其計.' 至日暮
거사 시재 불가 실야 여왈 군 청 선왕 회처 계류 기계 지 일모

義安大君入闕內 呼予者再. 時日已昏矣 大君曁諸昆季 待我至
의안대군 입 궐내 호여 자 재 시 일 이혼 의 대군 기 제 곤계 대아 지

甚忙. 及至中官尹貴自內出 而問：'靖安君來歟?' 予應曰：'諾.'
심망 급지 중관 윤귀 자내 출 이문 정안군 내여 여 응왈 낙

其亟召諸君入內. 興安君跌予靴曰：'速入.' 予聞茂之言 固自有疑
기 극 소 제군 입내 흥안군 질 여 화왈 속입 여 문 무 지언 고 자 유의

及觀事變有異 托以如廁 遂走出 諸昆季亦自內走至告變. 遂與至
급 관 사변 유이 탁 이 여측 수 주출 제 곤계 역 자내 주지 고변 수 여 지

道傳會處 路遇十餘人聚立者 馬天牧請射 發四五矢 及入會處 則
도전 회처 노우 십여 인 취립 자 마천목 청사 발 사오 시 급입 회처 즉

道傳等已遁矣 中心驚恐. 至惠妃宅門前 逢李茂 朴苞 茂曰：'何
도전 등 이둔 의 중심 경공 지 혜비 댁 문전 봉 이무 박포 무왈 하

失約乎? 予中矢矣.' 予應曰：'已令軍中 聞茂 苞名 勿射. 君何
실약 호 여 중시 의 여 응왈 이령 군중 문 무 포 명 물사 군 하

不號曰我李茂乎?' 令苞往請趙浚 久不還. 夜向晨 軍又弱 俄而苞
至曰:'浚似不來矣 不若親往請之.'

然諸君倚我爲重 不放我去. 予率茂往浚第 至蓮花洞口 遇浚及
金士衡二公. 時 領軍從者亦衆. 予曰:'事已迫矣 請勿下馬爲禮.'
乃先政丞行 顧曰:'社稷存亡 正在頃刻 望兩政丞圖之.' 遂合坐
雲從街. 時 朴葳領甲士在內 遣人招之者三 乃不出. 我兵尙寡 茂
在我後 以我勢弱 佯仆馬上謂我曰:'神心悅惚 請君救我.' 予亟使
伴黨扶持下處. 旣而 趙溫 李之蘭自內而至 附者漸衆. 茂卽復來
予曰:'君病亟矣 何遽來乎?'茂曰:'飮漿水卽愈.'茂之中立觀變
懷二之心 兆於此矣. 定社之後 以七宰超遷四宰 及錄功 有一二人
曰:'茂有何功乎?'予以其身彩可觀 遂不聽. 于後亦無顯顯大過
遂至政丞. 及勢壬午 予發瘡甚劇 閔氏四兄弟及辛克禮 會于閔氏
私第 議立弱息 其謀實出於茂. 歲丁亥 世子朝見 予命爲輔行. 茂
至驪興府院君第 謂無疾曰:'上之不悅我 君所知. 今反爲世子
侍從之官 欲與君之昆弟偕行.' 及還請見曰:'世子英氣過人 願上
敎誨.'是何意歟? 右件事目 非一大言所能悉記. 功臣鐵城君李原
義原君黃居正及參知黃喜 知申事安騰可俱往詰之.'

茂 叩頭曰:"戊寅年事 正以神心悅惚而墜馬 飮漿稍愈而强起
實無異心. 若會議之事 上不悅我之言 實無之. 世子英氣之言 恐
世子將陷於聲色 故上達耳."

544

上謂諸臣曰：“若茂之言　則反以予言爲妄矣.”
<small>상 위 제신 왈　약 무 지 언　즉 반 이 여언 위 망 의</small>

趙英茂曰：“臣等嘗參戊寅之變　未嘗識茂之用心如此.”上復使
<small>조영무 왈　신등 상 참 무인 지 변　미상 식 무 지 용심 여차　상 부 사</small>

李原等詰茂曰：“卿妻以卿言告宋氏曰：‘驪城我不保全之語　非以
<small>이원 등 힐 무 왈　경 처 이 경 언 고 송씨 왈　여성 아 불 보전 지 어　비 이</small>

上之疑我. 恐因中宮嫉妬而及禍耳. 安城君誤啓於上　欲以掩無疾
<small>상 지 의아　공 인 중궁 질투 이 급 화 이　안성군 오 계 어 상　욕 이 엄 무질</small>

之罪者.’此亦妄歟?”茂曰：“臣妻誤傳矣.”上曰：“予發此言　引
<small>지 죄자　차 역 망 여　무 왈　신 처 오전 의　상 왈　여 발 차언　인</small>

以證前隱匿之事耳.”又召無疾　質以上不悅之言　茂垂首莫能對.
<small>이 증 전 은닉 지 사 이　우 소 무질　질 이 상 불열 지 언　무 수수 막능 대</small>

遂還下茂于巡禁司. 上謂功臣曰：“漢之高祖不保全功臣　光武則
<small>수 환하 무 우 순금사　상 위 공신 왈　한 지 고조 불 보전 공신　광무 즉</small>

能保全矣. 載諸史册. 今予日以保全爲念　事至於此.”英茂對曰：
<small>능 보전 의　재 저 사책　금 여 일이 보전 위념　사 지어 차　영무 대왈</small>

“如此不忠之臣　苟以保全爲念　不斷以大義　何以懲後! 伏望殿下
<small>여차 불충 지 신　구 이 보전 위념　부단 이 대의　하이 징후　복망 전하</small>

更令攸司明正其罪.”上曰：“自古大臣賜死　不可戮辱. 昔定陶王
<small>갱령 유사 명정 기죄　상 왈　자고 대신 사사　불가 육욕　석 정도왕</small>

死 成帝痛甚. 予以茂爲世子侍從者　但爲輔導　非記過也.”上又
<small>사　성제 통심　여 이 무 위 세자 시종 자　단 위 보도　비 기과 야　상 우</small>

曰：“茂與諸閔　議處王子宗室之事　則似厚閔氏. 然去夏廣延樓
<small>왈　무 여 제민　의처 왕자 종실 지 사　즉 사후 민씨　연 거하 광연루</small>

成石璘 河崙 趙英茂及茂在坐　及請無咎 無疾之罪　茂避席　請斷
<small>성석린 하륜 조영무 급 무 재좌　급 청 무구 무질 지 죄　무 피석　청단</small>

以大義 至四至五　則實非厚閔氏也. 予未知茂之處心　果何如也.
<small>이 대의 지사 지오　즉 실 비 후 민씨 야　여 미지 무 지 처심　과 하여 야</small>

無疾以茂上不悅我之言　告於兩弟　無悔 無恤欲免過　書其言以進.
<small>무질 이 무 상 불열 아 지언　고어 양제　무회 무휼 욕 면과　서 기언 이진</small>

予雖欲秘之而保全　罪惡貫盈　以至於此　予得秘哉!”
<small>여 수욕 비지 이 보전　죄악 관영　이지 어차　여 득 비 재</small>

崙素與閔氏交　語頗庇茂　上謂崙曰：“卿於年前答憲司公緘內
<small>륜 소여 민씨 교　어 파 비 무　상 위 륜 왈　경 어 연전 답 헌사 공함 내</small>

有驪興府院君曰：‘連姻上恩　雖有作亂之人　終無後禍.’與茂
<small>유 여흥부원군 왈　연인 상은　수유 작란 지인　종무 후화　여 무</small>

王子宗室處之如何之議　若合符節. 若無王子宗室　則社稷維持 是
<small>왕자 종실 처지 여하 지 의　약합 부절　약무 왕자 종실　즉 사직 유지 시</small>

何人也? 未知其意.”崙無一言以對　但惶恐叩頭　汗流露背以謝.
<small>하인 야　미지 기의　륜 무 일언 이대　단 황공 고두　한류 점배 이사</small>

崙又密啓勿誅茂 上不答 入內曰："崙請我勿誅茂. 崙直 故言

其心之所懷 可哀也已."

庚子 杖流尹穆 李彬 姜思德 趙希閔 柳沂于遠地. 巡禁司上

獄辭:

'尹穆之在平壤也① 茂從世子過之 謂穆曰："汝則好在可喜

無咎 無疾得罪." 李彬之在瑞谷 茂使尹仁桂達意於彬 使厚無疾

彬亦爲後日之慮 數往見之. 及彬免喪到京 茂謂彬曰："無疾向

我如何?"彬曰："感恩." 又謂彬曰："無咎兄弟 雖在流貶 必須

委曲待之." 希閔亦謂穆曰："驪江 驪城 功在社稷 一朝凋零 是

可惜也. 然而國家論其罪 不至於死 後日登用 命未可知." 思德

見尹穆歎曰："無疾流貶外方矣. 儻若復還京師 則幸未老而

與之同遊." 茂謂柳沂曰："近日紛紜請閔氏之罪 我殊不知其味

也. 安純等輩 交結朋黨 每每煽發閔氏之事 欲加之罪 上監豈能

知之?"沂答曰："公何爲發此言! 愼勿復道." 其實以故舊之情

憐閔氏之被罪也. 右茂等六人 私相圖議 謀危社稷 不分首從 當

凌遲處死.'

上曰："穆等五人 減死罪一等 杖一百 流三千里 財産沒官."

於是流穆于泗川 彬于長興 思德寧海 希閔光陽 沂海南.

杖流柳龍生 具成亮等于遠地. 巡禁司啓："柳龍生 具宗秀二人

黨於李茂 漏洩機密 亦當誅." 上命削官職 杖六十流遠地. 於是

龍生扶餘 宗秀蔚珍. 又杖流巡禁司令史李陽培于甕津. 以獄辭
용생 부여 종수 울진 우 장류 순금사 영사 이양배 우 옹진 이 옥사

漏於洪彦者也. 流具成亮于蔚州 前郎將洪彦于機張 皆削其職.
누어 홍언 자야 유 구성량 우 울주 전 낭장 홍언 우 기장 개삭 기직

彦 茂之伴人 與陽培伺獄辭 以告茂者也. 流茂之子 衍于蔚州
언 무지 반인 여 양배 사 옥사 이고 무자야 유 무지자 간 우 울주

承祚長鬐 公柔沃溝 公孝豐州 公祗清州 托平海 唯公裕以盲免.
승조 장기 공유 옥구 공효 풍주 공지 청주 탁 평해 유 공유 이맹 면

臺諫交章上言:
대간 교장 상언

'法者 天下之所共 非一人之所得私; 信者 人君之大寶 雖片言
법자 천하 지 소공 비 일인 지 소득사 신자 인군 지 대보 수 편언

而不可忽. 今亂臣李茂 在戊寅定社之日 與於奸黨 往來觀變 亂
이 불가 홀 금 난신 이무 재 무인 정사 지일 여어 간당 왕래 관변 난

既定矣 忸怩來附. 越壬午年 乘殿下未寧之隙 與無咎 無疾 謀立
기정 의 육니 내부 월 임오년 승 전하 미령 지극 여 무구 무질 모립

幼沖 欲專國柄 至丁亥秋 陪世子朝見之日 有言曰: "殿下不悅於
유충 욕전 국병 지 정해 추 배 세자 조현 지일 유언 왈 전하 불열 어

我 而使從世子而朝 何哉?" 畜二心於君臣之間 可知. 及戊子春
아 이 사종 세자 이조 하재 축 이심 어 군신 지간 가지 급 무자 춘

回自京師 告殿下曰: "世子英邁 知而待之." 其離間慈孝之間 亦
회자 경사 고 전하 왈 세자 영매 지이 대지 기 이간 자효 지간 역

可見矣. 惟此四條 足以當不忠奸惡之罪 又交結亂臣 以固今將
가견 의 유차 사조 족이 당 불충 간악 지죄 우 교결 난신 이고 금장

之計 雖置極刑 死有餘辜. 今殿下赦此首惡 又宥其黨. 臣等竊謂
지계 수치 극형 사유 여고 금 전하 사차 수악 우유 기당 신등 절위

宗社 萬世之所依; 恩宥 一時之姑息. 以一時之姑息 宥萬世之
종사 만세 지 소의 은유 일시 지 고식 이 일시 지 고식 유 만세 지

罪 非細故也. 且不逞之徒 雜處國中 則後日生變 未可知也. 春秋
죄 비 세고 야 차 불령 지도 잡처 국중 즉 후일 생변 미 가지 야 춘추

書肆大眚 垂戒後世; 孔明治蜀 赦不妄下. 況我盛朝乎? 曩者
서사 대생 수계 후세 공명 치촉 사 불망하 황아 성조 호 낭자

臣等伏覩下旨 曰: "事關宗社 當以法論." 臣等猶以罪人斯得
신등 복도 하지 왈 사관 종사 당 이법 논 신등 유 이 죄인 사득

爲難 不圖輕法至於如此也. 法則已矣 信安在乎? 伏望殿下 令
위난 부도 경법 지어 여차 야 법즉 이의 신 안재 호 복망 전하 영

攸司將李茂及尹穆 李彬 柳沂 趙希閔 姜思德等 皆以法論 明正
유사 장 이무 급 윤목 이빈 유기 조희민 강사덕 등 개 이법 논 명정

典刑 以安宗社.'
전형 이안 종사

閔無疾復歸于三陟郡.

辛丑 流李茂于昌原府 巡禁司司直禹導押行. 茂荷鎖至靑坡驛

臺諫遣吏留之. 導還以啓 上責導曰: "汝不從予命 反畏臺諫歟!"

遂命下獄 再使副司直金理恭押行. 李貴齡 朴訔 柳廷顯 偰眉壽

詣闕 請論茂如律 議政府臺諫亦上疏請. 政府疏曰.

'臣等竊惟無咎 無疾等不忠之罪 貫天達地 在王法必誅而無赦

者也. 殿下特以區區姑息之仁 曲加矜貸 俾保首領 國人皆痛心

切齒 以爲亂臣賊子繼踵而出 可立而待也. 今李茂乃與其所親愛

尹穆 柳沂 趙希閔 姜思德 李彬 等 往來交結 相與謀議 以圖

亂臣之復起 國人之言 豈虛乎哉! 臣等竊觀茂之爲人 包藏凶禍

務行回譎 反復之狀 險於山川; 猜忍之心 毒於豺虎.

其所已行不忠之迹 難以槪擧 姑以其大者言之. 無咎等

爲人臣子不共戴天之讎也 而茂外若疾之 而與國人同請罪; 內實

庇之 而指天爲誓 其罪一也. 戊寅之變 往來行間 欲觀勝負決

去就 及就殿下 見其事窘勢弱 又復詐稱困憊而退去 竢其勢振

復來 其反側難信 至如此之甚也 其罪二也. 歲在壬午 伺殿下

發瘡彌留 乃與閔氏 陰會私第 謀欲立幼 其志欲何爲也? 其罪

三也. 世子朝見之行 殿下命茂從行 茂與無疾曰: "殿下不悅我矣

何使我從行乎?"其回譎不忠之心 妄料宸衷 其罪四也. 及至回還

又請見 妄言世子之失 欲動搖國本 其志欲何爲也? 其罪五也.

無疾就茂之家 問自安之計曰: "殿下必不保全我輩 將如之何?"
무질 취 무지가 문 자안 지계 왈　전하 필 불 보전 아배 장 여지하

茂匿而不發 以至數年之久 及至言發 乃使其妻詣閔氏之第 詐言
무 익 이 불발　이지 수년 지구　급지 언발 내 사기처 예 민씨 지제 사언

安城君誤傳以解之 其罪六也. 李之誠朝見之行之言 豈其肺腑
안성군 오전 이 해지　기죄 육야　이지성 조현 지행 지언 기기 폐부

流出? 臣等以謂茂嗾之也. 何以言之? 之誠 茂之門人也. 竄外
유출　신등 이위 무 주지 야　하이 언지　지성 무지 문인 야　찬외

未久 擅自來京 茂乃超資授職 此茂之奸計無疑矣 其罪七也. 常
미구　천자 내경 무 내 초자 수직 차 무지 간계 무의 의 기죄 칠야　상

與其黨 謀去宗支 而王子宗室處之如何之言 先發於尹穆 其罪
여 기당　모거 종지 이 왕자 종실 처지 여하 지언　선발 어 윤목 기죄

八也. 欲去不附己者 則或嗾柳沂 假他人而上書 或使盧閈 夤緣
팔야　욕거 불부 기자 즉 혹 주 유기 가 타인 이 상서 혹사 노한 인연

而爲訴 其罪九也. 或言殿下之不悅我 或動搖我國本 或欲剪除我
이 위소 기죄 구야　혹언 전하 지 불열 아 혹 동요 아 국본 혹욕 전제 아

宗支 或陰庇亂臣 固結爲黨 未知殿下視茂之所爲 以爲忠乎? 抑
종지 혹 음비 난신 고결 위당　미지 전하 시 무지 소위 이위 충 호 억

亦以爲不忠之大者乎? 若以爲不忠之大者 則豈宜一日容於天地
역 이위 불충 지 대자 호 약 이위 불충 지 대자 즉 기 의 일일 용 어 천지

之間哉? 儻非天地宗社之靈 有以啓迪之 使此輩亂逆之形自現 則
지 간 재　당 비 천지 종사 지령 유 이게 적지 사 차배 난역 지형 자현 즉

國家之患 可勝言哉! 孼芽之生 根株猶在也. 伏望殿下 將無咎
국가 지환 가 승언 재　얼아 지생 근주 유재 야　복망 전하 장 무구

無疾 李茂及其黨與 明正典刑 肆諸市朝 以慰國人之忿 以絶奸黨
무질 이무 급 기 당여 명정 전형 사 저 시조 이위 국인 지분 이절 간당

覬覦之望 宗社幸甚.'
기유 지망 종사 행심

三功臣疏曰:
삼공신 소왈

'竊惟人臣無將 將而必誅 此王者之大法也. 李茂內懷奸險 反覆
절유 인신 무장 장이 필주 차 왕자 지 대법 야　이무 내회 간험 반복

不測 當殿下定社之際 中立伺變 其罪一也. 殿下以天地之量 置
불측　당 전하 정사 지제 중립 사변 기죄 일야　전하 이 천지 지량 치

功臣之列 位百僚之上 宜殫誠竭力 以報聖恩 而不圖此 乃於壬午
공신 지열 위 백료 지상 의 탄성 갈력 이보 성은 이 부도 차 내 어 임오

殿下違豫之時 欲圖後日擅權之謀 潛往閔氏之家 密議大計 其罪
전하 위예 지시 욕도 후일 천권 지모 잠왕 민씨 지가 밀의 대계 기죄

二也. 歲丁亥 受陪世子入覲之命 不顧殿下委任之意 到閔氏之家
이야　세 정해 수배 세자 입근 지명 불고 전하 위임 지의 도 민씨 지가

反以怨上之情 語諸無咎 其罪三也. 無咎 無疾不忠得罪 逐在于外

密令姻親 往來通言 阿附不軌之黨 其罪四也. 及其陪世子回還

請間殿下 密讒世子 旣與閔氏欲除諸子 又欲圖危國本 其罪五也.

茂反側不忠之罪 著見至此; 其黨與尹穆 趙希閔 李彬 姜思德

柳沂等不忠之罪 一國神人之所共憤. 殿下以寬大之恩 屈法宥之

其於宗社大計何? 請依法司所申 俱置於法 以垂萬世亂臣之戒.'

臺諫疏曰:

'誅亂臣 固春秋之法; 治黨惡 尤春秋之所重. 今無咎 無疾不忠

之罪 春秋以來所未有之大惡.② 政府臺諫 大小臣僚 交章請罪

至于累十 孟子所謂國人皆曰可殺者也. 殿下不能以大義斷之

安置外方 以長其惡 使其黨李茂 尹穆 遂有黨惡之計 謀傾宗社.

臣等曾以李茂 尹穆黨惡之罪 交章申請 殿下逆探臣等將欲言及

無咎 無疾 不許兪允. 昔齊桓公問郭亡 其父老曰:"惡惡不能去

所以亡也." 然則知惡不能去 不若不知之爲愈也. 今使亂臣惡黨

雜處州郡. 夫無疾戚里也; 李茂大臣也. 皆久執兵權 爲人所服.③

儻或一夫唱亂 四方蜂起 則其爲國家之患 可勝言哉! 臣等竊觀

殿下 灼見其不忠 不置於法者 乃以不忍之心耳. 管叔兄也 而周公

誅之; 建成長也 而太宗誅之. 周公 太宗豈獨無不忍之心哉? 但

不可以私恩廢公義也. 戚里小人 有滔天之惡 臣等將以何心 共戴

一天! 臣等謂刑不用 無以懼亂臣; 法不嚴 無以懲黨惡. 伏望

殿下 爲宗社子孫萬世之業 深思熟慮 將亂臣無咎 無疾 其黨李茂
전하 위종사 자손 만세 지업 심사 숙려 장난신 무구 무질 기당 이무

尹穆 柳沂 李彬 趙希閔 姜思德等 擧春秋之大義 從律文以斷罪
윤목 유기 이빈 조희민 강사덕 등 거 춘추 지대의 종 율문 이 단죄

國家幸甚 於公道幸甚.'
국가 행심 공도 행심

皆不允. 政府猶未退 上謂代言曰:"政府亦不識予意矣. 其請罪何
개 불윤 정부 유 미퇴 상위 대언 왈 정부 역 불식 여의 의 기 청죄 하

太急也? 姑待十日十五日未晚也. 卿等宜曉以此意也." 政府乃退.
태급 야 고대 십일 십오일 미만 야 경등 의효 이 차의 야 정부 내퇴

壬人 議政府臺諫詣闕復請李茂罪. 三功臣又上疏曰:
임인 의정부 대간 예궐 부청 이무 죄 삼공신 우 상소 왈

'竊惟賞罰 人主之大柄也. 賞罰無章 則爲善者無所勸 爲惡者無
절유 상벌 인주 지 대병 야 상벌 무장 즉 위선 자 무소권 위악 자 무

所懲矣. 懷安君芳幹父子及李居易等罪惡 王法所不赦 殿下不置
소징 의 회안 방간 부자 급 이거이 등 죄악 왕법 소불사 전하 불치

於外 俾保首領. 是以無咎 無疾等潛圖不軌 欲危宗社 殿下又從
어외 비보 수령 시이 무구 무질 등 잠도 불궤 욕위 종사 전하 우종

寬典 置之於法. 今李茂見其前日爲惡者之不伏其辜 乃與尹穆
관전 치지 어법 금 이무 견 기 전일 위악 자 지 불복 기고 내 여 윤목

李彬 趙希閔 姜思德 柳沂等 陰懷姦譎 黨附無疾 禍在不測 幸賴
이빈 조희민 강사덕 유기 등 음회 간휼 당부 무질 화재 불측 행뢰

天地祖宗之靈 陰誘其衷 叛逆之謀 洩自其黨 情見事白 當明正
천지 조종 지령 음유 기충 반역 지모 설자 기당 정견 사백 당 명정

其罪 以懲後來. 乃何殿下以姑息之仁 廢萬世之大法乎? 此爲惡
기죄 이징 후래 내하 전하 이 고식 지인 폐 만세 지 대법 호 차 위악

者之所以無所懲也. 臣等竊謂亂臣賊子 雖鈇鉞加於頸 尙不爲戒.
자 지 소이 무 소징 야 신등 절위 난신적자 수 부월 가어 경 상 불 위계

況從輕典以置于外 豈足以懲其惡哉? 危亂者之相繼 職此之由.
황종 경전 이치 우외 기 족이 징 기악 재 위란 자 지 상계 직 차 지유

傳曰:"亂臣賊子 身無存沒 時無古今 王法所不赦." 願殿下斷以
전왈 난신적자 신무 존몰 시무 고금 왕법 소불사 원 전하 단 이

大義 將上項人等 俱置於法 以杜萬世禍亂之萌.'
대의 장 상항 인등 구치 어법 이두 만세 화란 지맹

上命中官 毋得出外將命 以是內外不通. 至日晚 上曰:"予有
상명 중관 무득 출외 장명 이시 내외 불통 지 일만 상왈 여유

眼疾 未能斷事 予當更思." 乃皆退.
안질 미능 단사 여당 갱사 내 개퇴

癸卯 遣人誅李茂. 黎明 召功臣掌務漢平君趙溫 西川君韓尙敬
계묘 견인 주 이무 여명 소 공신 장무 한평군 조온 서천군 한상경

使知申事安騰宣問曰："請無疾等罪 誰是發言？" 尙敬曰："功臣
完議而請 其誰獨任？" 上曰："懷安之事 爲凶暴之徒所誘掖而然
且事在予卽位前. 居易則但厭閔氏耳 非不忠於寡人 乃何幷請罪
於今日也？" 尙敬對曰："事雖不同 皆干係社稷 俱不置法 故有罪
者復出於今日. 列數其人而請罪者 以此耳." 上曰："彼皆非不忠
也. 今若等論 則非予所得而斷也 功臣其議所以處之." 右司諫
朴習 掌令閔審言等繼至而請 上曰："政府功臣臺諫 言各有異
處之難矣." 俄而 議政府率百官上疏曰：

'傳曰："刑而輔治." 蓋刑者 聖人之所不得已也. 故舜與周公
大聖人也 而不能已於四凶 管蔡之誅 非如後世務行姑息 養奸軌
而危國家也. 李茂之罪 前疏已論列矣 然亦有可言者. 無咎等之
罪 自頒敎以來 愚夫愚婦 亦曉然知其爲不忠 罔不痛憤. 茂爲
大臣 親見其實 而同請其罪矣 乃與柳沂曰："近日國人請罪之擧
我則殊不知其味也." 其反側回譎甚矣. 常懷不軌之心 妄謂殿下
之不悅己 屢形於言 其有怨於殿下 非一朝一夕矣. 其肯致臣節
於殿下乎？ 隨朝回還之日 又構世子於殿下 其效力於世子乎？ 於
殿下旣有怨言 於世子又行讒構 其不爲朝鮮之臣明矣. 殿下何惜
而不行天討 以毀古今天下之綱常乎？ 臣等竊伏惟念 患生於所忽
變起於不虞 必然之理也. 今逆黨布列于外 日夜孜孜 爲計萬端
謀欲一朝得逞宿忿 以禍我宗社 以魚肉我生靈也. 以殿下之英明

不世出 學問通古今 何乃重於誅討亂賊 而輕宗社生靈乎? 此臣等
불세출　학문통 고금　하내 중어 주토 난적　이경 종사 생령 호　차 신등

所以日夜痛憤 累瀆天聰而不已也. 伏望殿下 體舜與周公之大法
소이 일야 통분　누독 천총 이불이 야　복망 전하　체순 여 주공 지 대법

戒後世孱君之姑息 將無咎 無疾 李茂 尹穆 李彬 希閔 柳沂
계 후세 잔군 지 고식　장 무구　무질 이무　윤목　이빈　희민　유기

思德等 明正典刑 肆諸市朝 不勝幸甚.'
사덕 등　명정 전형　사 저 시조　불승 행심

　上曰:"吾當酌量." 群臣對曰:"若事之疑似者 深思熟慮可矣
　상왈　오 당 작량　군신 대왈　약 사지 의사 자 심사 숙려 가의

罪犯著見者 何待酌量!" 上曰:"已斷罪者 幷請之何也?" 對曰:
죄범 저현 자　하대 작량　상왈　이 단죄 자 병 청지 하야　대왈

"罪不依律 請據律以斷之耳. 百官之請 非私一己 爲宗社大計也.
죄불 의율　청 거율 이 단지 이　백관 지청 비사 일기 위 종사 대계 야

殿下安得而廢法乎?" 上乃取百官之疏 判曰:"依申. 無咎 無疾
전하 안 득이 폐법 호　상 내취 백관 지소　판왈　의신　무구　무질

姑於海外遠島付處 其餘尹穆等 勿復擧論." 於是 議政府白遣
고 어 해외 원도 부처　기여 윤목 등　물부 거론　어시　의정부 백견

巡禁司大護軍睦進恭 刑曹正郎梁允寬 追李茂于路次監刑: 無咎
순금사 대호군 목진공　형조 정랑 양윤관　추 이무 우 노차 감형　무구

無疾移配濟州. 睦進恭等追及茂于竹州 宣傳曰:"爾之罪惡 當戮
무질 이배 제주　목진공 등 추급 무 우 죽주　선전 왈　이 지 죄악 당륙

及妻孥 特免爾子 使之各全首領." 茂叩頭而謝 遂梟其首. 茂妻與
급 처노　특면 이자 사지 각전 수령　무 고두 이사 수 효 기수　무 처여

女 籍沒爲婢. 議政府欲據律文誅茂諸子 白遣大護軍高烋 司直
녀 적몰 위비　의정부 욕거 율문 주무 제자　백견 대호군 고휴　사직

沈龜麟 分道監刑. 烋等詣闕辭 上曰:"我意本不如此." 遂止之.
심구린 분도 감형　휴 등 예궐 사 상왈　아의 본불 여차　수 지지

臺諫交章上疏曰:
대간 교장 상소 왈

　'尹穆等五人黨惡之罪 誠天地所不容 雖誅其身夷其族 猶未快
　윤목 등 오인 당악 지죄 성 천지 소불용 수주 기신 이 기족 유 미쾌

於臣子之心也. 殿下特以不忍之心 俾保首領 此臣等所以痛憤
어 신자 지심 야　전하 특이 불인 지심 비보 수령 차 신등 소이 통분

無已. 況其父子兄弟 懷抱忿恨 雜處京中 思欲逞忿 可不早圖之
무이　황 기 부자 형제 회포 분한 잡처 경중 사욕 영분 가부 조도지

乎? 臣等前日推其父子兄弟 至於叔姪 使不得出入 巡禁司入傳
호　신등 전일 추기 부자 형제 지어 숙질 사 부득 출입 순금사 입전

請囚 殿下又命放還 是惠奸軌而病國家也. 且李茂子 首惡之裔
청수　전하 우명 방환 시혜 간궤 이 병 국가 야　차 이무 자 수악 지예

也. 不置於法 分處州郡 又外戚姻親 布列中外可乎? 伏望殿下

將李茂子及尹穆等之父子兄弟以至叔姪 各以法區處; 女壻及

外戚姻親 別有恩義者 罷職不敍.'

上曰: "有政則親屬之在官 當汰去. 穆等五人父子兄弟伯叔父

兄弟之子 職牒收取 分置外方." 惟穆之兄坤以功臣 得不連坐. 上召

臺諫掌務曰: "穆之弟向忠於社稷 寡人所知 還其職牒 勿幷付處."

臺諫交章上言:

'竊惟亂賊之人 凡民罔不懲. 李茂 尹穆亂賊之謀 昭然已見.

大司憲李文和 初問尹穆 曾不用心 問訖請罪入傳之際 狀申所載

推黨之條 匿而不陳; 次問李彬 亦不用心. 及請李茂首惡之罪

狀疏已成 妄發大言曰: "羅織人罪." 又請龍生漏言之罪 稱疾

不與 其心莫測 臣等上疏請問 未蒙兪允. 臣等未知羅織之言

所由發也 問備其情 自謂偶然謙辭. 臣等謂臺諫交章請不忠之

罪 偶然謙辭 豈其時乎? 必有以也. 願殿下 下命攸司 收其職牒

鞫問其故 以戒後來.'

上召文和 歷問疏中四條 文和一一自解 且曰: "臣之所謂羅織

人罪者 但指臣爲憲司之長 條陳茂罪 以成其罪耳 更無他意." 上

曰: "予固知卿自謙之辭也." 文和竟不坐.

流趙希閔父瑜於平州 子僉同於陰竹 柳沂父厚於順興 子方善於

淸州 善奴於順興 孝福 莫同於溫水 尹穆子召南於大興 周南於

新昌 姜思德子待於安岳 末同於陽城.

司憲府啓曰:"李茂女壻孟歸美 律無緣坐之文 然本朝甥舅與

中國異 請論其罪."命釋之.

丙午 月入南斗魁中.

丁未 上詣文昭殿 行冬享祭.

戊申 司憲府疏請任添年之罪. 疏曰:

'添年厚蒙帝賜 家產旣足 尙圖貨利 多齎禁物 以干邦憲 至於

十六升麻布則極細 雖本國進獻 亦所未有 添年亦且帶行. 若使

出見於上國 則恐貽後日之巨弊 乞將添年削職問罪 兼治密囑添年

而謀利者.'

上曰:"予當別有區處 法司勿復彈劾."

己酉 遣判漢城府事柳廷顯 右軍同知總制李憕如京師. 賀明年

正也.

李舒罷爲安平府院君 河崙領議政府事 李膺戶曹判書 徐愈

禮曹判書 咸傅霖刑曹判書 沈龜齡左軍都摠制 大司憲李文和免.

庚戌 分遣各道巡察使. 李稷于西北面 李原于江原道東北面

咸傅霖于忠淸全羅道 朴訔于慶尙道 前都觀察使權軫于豐海道.

奏聞使吳眞密報朝廷聲息曰:"韃靼皇帝將重兵屯關中口子外

摠兵官沂國公 武城侯禦之敗績 全師被擄. 皇帝徵兵諸路 將以

明年二月北征." 時 國家聞黃儼出來 未知其故 或傳言請兵十萬

將帥二人 由東北面挾攻韃靼 故有是命.
장수 이인 유 동북면 협공 달단 고유 시명

召河崙 成石璘 趙英茂 李叔蕃 李天祐 柳亮 議練兵備糧之策.
소 하륜 성석린 조영무 이숙번 이천우 유량 의 연병 비량 지책

辛亥 御便殿 復召河崙等六人議事. 以兵曹參議韓雍等十九人
신해 어 편전 부소 하륜 등 육인 의사 이 병조참의 한옹 등 십구 인

爲各道敬差官. 崙等啓:
위 각도 경차관 륜 등 계

"安不忘危 治不忘亂 有國之常經. 國家治安日久 武備軍須
안 불망 위 치 불망 난 유국 지 상경 국가 치안 일구 무비 군수

不無虛疎 如有緩急 誠爲可慮. 請遣敬差官于各道 將軍資田 諸
불무 하소 여유 완급 성위 가려 청견 경차관 우 각도 장 군자전 제

倉庫 宮司田 踏驗收租 又將各司公廨田 原從功臣田 回軍功臣田
창고 궁사전 답험 수조 우 장 각사 공해전 원종공신전 회군공신전

別賜田全收; 三功臣田 收三分之一; 寺社田 收其半; 除文宣王
별사전 전수 삼공신전 수 삼분지일 사사전 수 기반 제 문선왕

祭田 各處祭享田 驛吏及備馬田 衙祿廩給田 津尺院主田外雜田
제전 각처 제향 전 역리 급 비마전 아록 늠급전 진척 원주전 외 잡전

竝令全收; 各道戶給屯田 亦令收納."
병령 전수 각도 호급 둔전 역령 수납

皆從之. 召前摠制金仁貴 檢校漢城尹朱仁 問以韃靼地境 相距
개 종지 소 전 총제 김인귀 검교 한성윤 주인 문 이 달단 지경 상거

遠近. 仁貴生長瀋陽路 世襲摠管 至恭愍王時來附. 仁卽女眞
원근 인귀 생장 심양 로 세습 총관 지 공민왕 시 내부 인 즉 여진

遺種也.
유종 야

壬子 遣巡禁司司直沈龜麟于瓮津 副司直禹導于三陟 押無咎
임자 견 순금사 사직 심구린 우 옹진 부사직 우도 우 삼척 압 무구

無疾置濟州. 政府上言:
무질 치 제주 정부 상언

"巡禁司官至全羅道而還 觀察使定差使員 押送濟州." 上許之.
순금사 관 지 전라도 이 환 관찰사 정 차사원 압송 제주 상 허지

聽無咎等率其家內奴婢以行.
청 무구 등 솔 기 가내노비 이행

癸丑 上詣文昭殿 行望祭.
계축 상 예 문소전 행 망제

甲寅 以金承霍爲吉州道都安撫察理使 李從茂安州道都兵馬使
갑인 이 김승주 위 길주도 도 안무 찰리사 이종무 안주도 도병마사

李之實江界道都兵馬使 李承幹江陵道都節制使. 復以尹向參知
이지실 강계도 도병마사 이승간 강릉도 도절제사 부 이 윤향 참지

議政府事.

命檢校參贊議政府事金科 前漢城府尹盧閈 外方自願居住. 使
左代言金汝知傳旨于二人曰: "封爾告身送法司 可擇外方安處
居住 家屬亦任意率行." 科謝曰: "臣無舊業 但於金化有妻族
欲往依焉." 於是 科歸金化 閈歸寧州.

丙辰 太白晝見經天.

賜軍器少監李韜 監丞崔海山馬各一匹. 上御解慍亭 觀放火車
有是賜. 又賜布五十匹于火㷁軍. 火車之制 以鐵翎箭數十 納諸
銅桶 載於小車 以火藥發之 猛烈可以制敵.

刑曹請檢校典書李天龍罪: "天龍家奴盜銅佛鑄器皿 天龍知之
受其腹藏綵段眞珠 請依律科斷." 從之.

丁巳 黃儼至碧蹄驛 遣世子褆郊迎.

戶曹啓功臣田傳給之法. 啓曰: "功臣田賜牌 皆令子孫相傳.
今卒大君和 平原君趙璞 濫作文契 傳給妓妾 有乖王法. 乞依
田法 子孫之外 妓妾賤妾 毋得擅給; 子孫之內 如有公私賤口 則
亦幷不許相傳." 從之.

己未 內史黃儼奉勅書至 上率百官 以靑淡服迎于慕華樓 至
昌德宮受勅書. 勅曰: '王處有馬 隨進多少 以資國用 當酬以直
王其欽承朕命 今賜王綺帛 至可領也. 賜王紵絲五十匹 綵段五十
匹 王妃紵絲二十匹 綵絹二十匹.' 上旣受賜訖 儼傳宣諭聖旨曰:

"元帝子孫 有順附者 有不順者 其不順者 朕欲平之. 朝鮮之馬 雖體小可用也 王其送之." 宣畢 儼卽問進馬之數 上曰: "敢不盡力!" 禮畢 使臣如太平館 上率百官隨至設宴 仍贈鞍馬 及其伴人.

顯仁妃遺貞懿宮主白銀一白兩 命藏之尙衣院.

庚申 上如太平館宴使臣. 上謂儼曰: "帝恩旣重 敢獻馬一萬匹." 儼曰: "元帝子孫 竄居黎渠河 傳世八葉. 今不來附 帝欲以來春平定 期以二月初六日動大軍 所進馬匹 宜分運及期." 上請於開州站交割 儼曰: "遼東軍少 不可."

置進獻官馬色. 以李天祐 金南秀 偰眉壽 尹思修爲提調 令中外各品出馬有差. 上命議政府曰: "朝廷易換馬 須於來年正月內 畢進獻." 以戶曹參議趙源爲濟州敬差官 量宜刷出軍民家戶馬匹. 從政府之請也.

辛酉 大雷電雨雹.

壬戌 月入太微 右執法.

黃儼閱處女于景福宮.

癸亥 命金承霔 李從茂等勿令赴鎭.

甲子 虹朝見于東.

免輕囚.

黃儼閱處女于景福宮.

乙丑 太白晝見經天.

司諫院請辛克禮之罪. 疏曰:
사간원 청 신극례 지죄 소왈

'亂臣賊子 死有餘辜 罪同罰異 古今通患. 暴者無咎 無疾
난신적자 사유여고 죄동벌이 고금통환 낭자무구 무질

克禮等 同有亂賊之罪 天地所不容 王法所必誅者也. 是以大小
극례등 동유난적지죄 천지소불용 왕법소필주자야 시이대소

臣僚 連章累牘 同辭申請 殿下曲加矜貸 不行天討 而克禮得死
신료 연장누독 동사신청 전하곡가긍대 불행천토 이극례득사

此國人所以痛憤也. 李茂之黨 接踵而起者 良以此也. 無咎 無疾
차 국인 소이통분 야 이무지당 접종이기자 양이차야 무구 무질

克禮 李茂厥罪惟同 罰不可異. 李茂伏誅 無咎 無疾 身竄海外
극례 이무 궐죄유동 벌불가이 이무복주 무구 무질 신찬해외

獨克禮生不遂肆市之誅 死不被斬棺之討 何其法之不一 至於
독 극례 생불수사시지주 사불피참관지토 하 기법지불일 지어

此極? 伏望殿下 將克禮 下令攸司 收其職牒 沒其財産 禁錮子孫
차극 복망 전하 장극례 하령 유사 수기직첩 몰기재산 금고 자손

以明賞罰之法.'
이명 상벌 지법

疏寢不下. 又上疏曰:
소침 불하 우 상소 왈

'恭惟國家 慮不虞之變 憂糧餉之費 給民以一分之種 將以取
공유 국가 여 불우지변 우 양향지비 급민 이 일분지종 장이취

十分之租 名之曰戶給屯田 庶民嗷嗷 怨讟乃興. 幸殿下求言之
십분지조 명지왈호급둔전 서민 오오 원독 내흥 행전하 구언지

日 請罷戶給屯田與夫損實敬差者 十常八九 殿下嘉納其言 布告
일 청파 호급둔전 여부 손실경차자 십상팔구 전하 가납 기언 포고

中外民心大悅. 降命未久 分遣敬差 驗已收禾穀之田 徵已除
중외 민심 대열 강명 미구 분견 경차 험 이수 화곡 지전 징 이제

屯田之租 其於殿下示信於民之意何? 況頻年水旱 民不聊生 又
둔전 지조 기어 전하 시신 어민 지의하 황 빈년 수한 민불요생 우

今年隣保軍籍 督成一時 民心擾擾 又從而斂之可乎? 經曰:
금년 인보 군적 독성 일시 민심 요요 우 종이 염지 가호 경왈

"民惟邦本 本固邦寧." 傳曰: "斂雖非死 民甚病之." 臣等以謂
민유방본 본고방녕 전왈 염수비사 민심병지 신등 이위

自古以來 國之興亡 在民心之苦樂 不在蓄積之多少. 觀三代以來
자고이래 국지흥망 재 민심 지고락 부재 축적 지다소 관삼대 이래

歷代之長短 則昭然可知. 蓄積固不可無 要當有年收之可也. 願
역대 지장단 즉 소연 가지 축적 고 불가무 요 당 유년 수지 가야 원

殿下戶給屯田 損實分揀 一皆停罷 示信施恩 以固邦本.'
전하 호급둔전 손실 분간 일개 정파 시신 시은 이고 방본

上覽疏 特問右正言張晉曰："今大國起兵 故預畜糧餉之備 所司
상 람소 특문 우정언 장진왈 금 대국 기병 고예축 양향 지비 소사

以爲不可 何哉?"晉對曰："大國之變 臣不敢知 但吾民之艱苦
이위 불가 하재 진 대왈 대국 지변 신 불감지 단 오민 지 간고

已甚 不敢不言."上曰："人之所見 各有所當. 予之備蓄 有爲而爲
이심 불감 불언 상왈 인지 소견 각유 소당 여지 비축 유위 이위

也; 諫官之言 爲民生也."令賜酒慰諭而遣 下其疏于議政府 議擬
야 간관 지언 위민생 야 영사주 위유 이견 하 기소 우 의정부 의의

施行. 政府上言："國家戶給屯田 不可遽革 若敬差官則每道只遣
시행 정부 상언 국가 호급둔전 불가 거혁 약 경차관 즉 매도 지견

一人."從之.
일인 종지

命置佛奴于公州. 仁德殿宮人嘉懿宮主柳氏 嘗適人有子 名曰
명치 불노 우 공주 인덕전 궁인 가의 궁주 유씨 상 적인 유자 명왈

佛奴. 佛奴自謂上王之子 上王誓以爲非己子 命參贊議政府事
불노 불노 자위 상왕 지자 상왕 서 이위 비 기자 명 참찬 의정부 사

李至爲委官 同臺諫刑曹坐巡禁司雜治之. 臺諫交章上言:
이지 위 위관 동 대간 형조 좌 순금사 잡치 지 대간 교장 상언

'大抵父子之間 名正然後言順 名不正則言不順矣. 今柳氏之子
대저 부자 지간 명정 연후 언순 명 부정 즉 언불순 의 금 유씨 지자

佛奴者 上王曰："非予之子" 黜之于外 隨外姑居竹州已有年矣.
불노 자 상왕왈 비 여지자 출지 우외 수 외고 거 죽주 이 유년 의

近者 妄稱上王之子 潛入京中 陰見其母 以亂視聽 其心難測. 當
근자 망칭 상왕 지자 잠입 경중 음견 기모 이란 시청 기심 난측 당

審問之際 其外姑曰："第三女嫁潘福海 去戊辰正月 福海被誅
심문 지제 기 외고왈 제삼녀 가 반복해 거 무진 정월 복해 피주

其年八月 佛奴生"則 非上王之子明矣. 柳氏弟夫朴從周則曰:
기년 팔월 불노 생 즉 비 상왕 지자 명의 유씨 제부 박종주 즉왈

"申年生也."二言不同 誠不可不辨. 自古詐稱王子王孫 變亂天下
신년 생야 이언 부동 성 불가 불변 자고 사칭 왕자왕손 변란 천하

國家者多矣. 諺曰："知子莫如母." 臣等願問柳氏 以辨其實 以正
국가 자 다의 언왈 지자 막여모 신등 원문 유씨 이변 기실 이정

其名. 又問從周以携佛奴至京之意 各正其罪 昭示後來 幸甚.'
기명 우문 종주 이휴 불노 지경 지의 각정 기죄 소시 후래 행심

疏寢不下. 置佛奴于公州 從其便也. 上曰："佛奴何不逃匿以
소침 불하 치 불노 우 공주 종 기편 야 상왈 불노 하불 도익 이

避禍乎? 若逃 則吾當置而不問."
피화 호 약도 즉오 당치 이 불문

以李之實爲安州兵馬使 朴仁幹江界兵馬使.
이 이지실 위 안주 병마사 박인간 강계 병마사

置十一道都節制使各一人. 其佐之者嘉善以上則爲節制使

通政以下則爲僉節制使. 尙州晉州道靑原君沈淙 漆原君尹子當

雞林 安東道麗山君金承霆 前節制使曹緩 全羅道淸平君李伯剛

會寧君馬天牧 摠制曹洽 忠淸道都摠制金南秀 摠制趙秩 成發道

京畿左道安原君韓長壽 前節制使柳濕 前僉摠制朴苴 右道

都摠制鄭鎭 僉節制使康有信 洪敷 豐海道前節制使金繼志

金重寶 越川君文彬 江原道前都節制使沈仁鳳 前摠制李承幹 前

僉摠制文孝宗 東北面安城君李叔蕃 漢平君趙涓 知議政府事

李和英 平壤道平壤君趙大臨 熙川君金宇 摠制李之實 安州道

吉川君權跬 長川君李從茂 同知摠制金萬壽 又以僉摠制文天奉

上護軍金玉兼爲東北面別牌僉節制使.

時 李叔蕃掌中軍 趙大臨掌左軍 權跬掌右軍. 金南秀 韓珪

延嗣宗 李從茂 馬天牧 成發道 趙涓等七人爲之佐 預軍政. 三軍

輪次宿衛 若出番 則就掌軍摠制家 以聽號令. 上患軍政多門 謀

諸河崙 崙請作騶虞幡 以改軍政 上然之. 是日 議政府上言三軍

律令 將士進退之節:

"請令兵曹掌銓選 儀仗差備 稟命移文等事 義興府掌考察

軍士 省記監申 巡牌出納 稟命出令等事. 三軍皆置侍衛司 每

一軍一司輪番入直; 各軍摠制每軍二員輪番入直; 僉摠制亦以次

入直. 以中軍一司爲巡衛司 與義勇巡禁司 各分爲二番 三日相遞

以行巡綽 監巡摠制如舊. 十司每一司 上護軍二 大護軍三 護軍
이행 순작 감순 총제 여구 십사매일사 상호군 이 대호군 삼 호군

五 甲士二百 隊長二十 隊副四十. 其三軍公事 各其軍僉摠制
오 갑사 이백 대장 이십 대부 사십 기 삼군 공사 각 기군 첨총제

以上 同議施行; 各衛公事 各其護軍以上 同議施行; 陪奉及講武
이상 동의 시행 각위공사 각기 호군 이상 동의 시행 배봉 급 강무

時 上大護軍各率一護軍 作運而行. 凡三軍號令 兵曹及義興府
시 상 대호군 각솔 일 호군 작운 이행 범 삼군 호령 병조 급 의흥부

同稟王旨 俱各行移各軍都摠制府 各其府行移各衛摠制及各其衛
동품 왕지 구 각 행이 각군 도총제 부 각 기부 행이 각위 총제 급 각 기위

上大護軍 聽義興府號令. 當危急之時 義興府親稟王旨 受王府
상 대호군 청 의흥부 호령 당 위급 지시 의흥부 친품 왕지 수 왕부

所藏織紋騣虞旗 立於闕門吹角 令入番摠制 各衛上大護軍 護軍
소장 직문추우기 입어 궐문 취각 영 입번 총제 각위 상 대호군 호군

戒嚴出番. 各軍摠制及各衛上大護軍 護軍聞角聲 卽詣闕門外 各
계엄 출번 각군 총제 급 각위 상 대호군 호군 문 각성 즉 예 궐문 외 각

率軍士 屯駐待令. 上特命將帥 親授事機 各賜織紋旗乃出 聽
솔 군사 둔주 대령 상 특명 장수 친수 사기 각사 직문기 내출 청

義興府號令. 各衛上大護軍及護軍 見其軍織紋旗 然後趨令. 若
의흥부 호령 각위 상 대호군 급 호군 견 기군 직문기 연후 추령 약

義興府無騣虞旗而出令者 各衛上大護軍及護軍 不見其軍織紋旗
의흥부 무 추우기 이 출령 자 각위 상 대호군 급 호군 불견 기군 직문기

而趨令者 無兵曹義興府明文而私聚軍士者 皆以謀逆論; 如有
이 추령 자 무 병조 의흥부 명문 이 사취 군사 자 개 이 모역 논 여유

犯令者 許諸人陳告; 實者 超三等賞職 將犯人家産奴婢田地
범령 자 허 제인 진고 실자 초 삼등 상직 장 범인 가산 노비 전지

給賞; 誣告者 反坐."
금상 무고 자 반좌

　從之.
　종지

　罷江原道都節制使 令觀察使兼之.
　파 강원도 도절제사 영 관찰사 겸지

　丙寅 雷電雨雹.
　병인 뇌전 우박

　丁卯 留後司演福 興國 王輪三寺佛皆汗.
　정묘 유후사 연복 흥국 왕륜 삼사 불개 한

　戊辰 太白晝見經天.
　무진 태백 주견 경천

　增置義興府兼判事知事同知事各一人 以吏曹判書尹柢 沔城君
　증치 의흥부 겸판사 지사 동지사 각 일인 이 이조판서 윤저 면성군

韓珪 谷山君延嗣宗爲之 李叔蕃 趙大臨 權跬以下 皆解兼摠制.
한규　곡산군　연사종　위지　이숙번　　조대림　권규　이하　개 해겸 총제

改忠武侍衛司爲巡禁司 龍驤虎賁等六巡衛司 改爲侍衛司.
개 충무 시위사 위 순금사　용양　호분 등 육 순위사　개위 시위사

是月 日本薩州 藤原賴久 遣使陳慰 獻方物.
시월　일본 살주　등원 뇌구　견사 진위　헌 방물

| 원문 읽기를 위한 도움말 |

① 尹穆之在平壤也. '~之~也'는 문장 앞부분에 와서 '~가 ~함에 있어서'
　　윤목 지 재 평양 야　　지 야
　혹은 '~가 ~할 때'라는 뜻이다.

② 春秋以來所未有之大惡. '所~之~'에서 '所~之'는 뒤에 나오는 명사를
　　춘추 이래 소미유 지 대악　소 지　　　소 지
　수식하는 경우가 대부분이다. 여기서 之는 '~의'라는 뜻이 아니다.
　　　　　　　　　　　　　　　지

③ 爲人所服. 여기서 爲는 '~에게'이고 所는 수동형을 만드는 역할을 한다.
　　위 인 소복　　　　위　　　소
　직역하면 '다른 사람들에게 복종함을 받다'이다.

태종 9년 기축년
11월

十一月

　　기사일(己巳日-1일) 초하루에 상이 친히 문소전(文昭殿)에 제사를 지냈다.

　　○ 사간원에서 『실록(實錄)』을 편수(編修)하는 일을 정지할 것을 청하고 또 의첩(依貼)[1]을 내지 않은 까닭을 아뢰니 상이 말했다.

　　"옛날에도 있었다."

　　이에 속히 의첩을 내라고 명했다.

　　경오일(庚午日-2일)에 상이 태평관(太平館)에 가서 사신(使臣)에게 잔치를 베풀고 안마(鞍馬-안장 달린 말)를 주었다.

　　○ 명하여 갑사(甲士) 부사직(副司直) 황하식(黃河湜)을 곤장 100대를 때려 유배 보내게 했다. 하식(河湜)이 어가를 호위하다가[扈駕] 길
　　　　　　　　　　　　　　　　　　　　　　　　　　　　　　　　　　　호가
에서 두 대군(大君)을 보고는 눈여겨보며 말했다.

　　"살찐 말을 타고 놀기만 하니 결국은 어찌될 것인가?"

　　같은 항오(行伍-대오)에 있던 자가 이를 아뢰니 옥에 가두라고 명했다. 순금사(巡禁司)에서 아뢰었다.

　　"하식의 죄가 정률(正律)에는 없으니 '불충한 말[大言語]을 하여 여
　　　　　　　　　　　　　　　　　　　　　　　　　　　　　대언어

1　관원을 임명할 때 서경(署經)을 받기 위해 예조(禮曹)에서 대간(臺諫)에 보내던 공첩(公牒) 혹은 대간이 서경하여 예조에 내주던 공첩(公貼)을 말한다. 여기서는 후자다.

러 사람을 선동하고 현혹시킨 자는 목을 벤다'는 율(律)에 준해야 할
것입니다."

명하여 한 등(等)을 낮추게 했다.

계유일(癸酉日-5일)에 내의(內醫)를 보내 맹중(孟衆)[2]의 병을 치료하
게 했다.

갑술일(甲戌日-6일)에 (명나라) 조정(朝廷)의 내사(內史) 기보(祁保)
가 이르니 상이 조칙(詔勅)이 없다 하여 나가지 않고 세자를 시켜 백
관(百官)을 거느리고 모화루(慕華樓)에서 맞이했다. 보(保)가 곧장 태
평관에 이르러 황엄(黃儼)과 더불어 사람을 물리치고[屛人] 이야기
했다. 그가 온 까닭은 진헌마(進獻馬)를 재촉하기 위한 것인데 처녀
(處女)를 구하는 것이라고 떠들어 말했다. 상이 태평관에 가서 잔치
를 베풀고 안마(鞍馬)를 주니 보가 상이 교외(郊外)에 나와 영접하지
않았다 하여 노여운 빛이 얼굴에 나타났다. 이때 통사(通事) 공명의
(孔明義)가 베이징[北京]에서 돌아와 말했다.
북경

"달단(韃靼)의 군사가 베이징에서 멀지 않아 황도(皇都)가 위태하
고 급박합니다."

서북면 도순문사(西北面都巡問使) 또한 말씀을 올렸다.

'요동(遼東)에서 온 사람이 있는데 말하기를 "왕사(王師)가 달단(韃
靼)을 두려워하여 모두가 성보(城堡)로 들어갔다"라고 했습니다.'

---

2   이방간의 아들이다.

을해일(乙亥日-7일)에 성에가 꼈다.

○ 상이 친히 문소전(文昭殿)에 제사를 지냈다. 동지였기 때문이다.

○ 상이 태평관에 가서 잔치를 베풀었다.

○ 동북면(東北面)에는 (명나라) 조정(朝廷)의 역환마(易換馬)를 면제해 주었다.

병자일(丙子日-8일)에 일본(日本) 축전주(筑前州) 객인(客人)이 대궐에 나아와 토산물을 바쳤다.

○ 조연(趙涓)을 길주도 도안무찰리사(吉州道都安撫察理使), 이종무(李從茂)를 안주도 병마도절제사(安州道兵馬都節制使), 이지실(李之實)을 강계도 도병마사(江界道都兵馬使), 김정준(金廷雋)을 제주 도안무사(濟州都安撫使)로 삼았다.

무인일(戊寅日-10일)에 예조판서 서유(徐愈)와 의정부 참지사 윤향(尹向)을 보내 경사(京師)에 가게 했다. 채폐(綵幣)를 준 것에 사례하기 위함이었다. 또 아뢰어 말했다.

'흠차 태감(欽差太監) 황엄(黃儼)이 칙서(勅書)를 싸 가지고 왔는데 이르기를 "왕의 나라에 말이 있으니, 형편에 따라 다소(多少)를 바치라"고 했습니다. 여기에 의하여 신(臣)이 지금 잡색마(雜色馬) 1만 필을 바칩니다.'

또 요동 도사(遼東都司)에 자문(咨文)했다.

'당직(當職)이 힘을 다해 말 1만 필을 판출(辦出)하여 운(運)을 나눠 관원을 시켜 계속해서 해송(解送)하되, 혹은 100필, 혹은 200필씩 마련하여 형편대로 그때그때 해송하겠습니다. 만일 정류(停留)하게 된다면, 지금 하늘은 차고 땅은 얼고 초료(草料)의 공급이 원활하지 못하여 말이 쓰러져 손실(損失)되는 것이 있을까 두렵습니다. 만일 해송하는 마필을 도착하는 대로 즉시 수취(收取)해, 각운(各運)의 자문(咨文) 안에 기록한 수목(數目)에 의해 전달(轉達)해 시행하시면 거의 편리하겠습니다.'

의정부에서 아뢰었다.

"지금 상사(賞賜)에 대해 사례하는데, 황태자(皇太子)가 난징[南京]에 있으니 아울러 부사(副使)를 보내는 것은 부실(不實)한 것 같습니다. 청컨대 황엄(黃儼)에게 물어본 연후에 결정해야 할 것입니다."

상이 옳게 여겨 설미수(偰眉壽), 황희(黃喜)를 시켜 황엄에게 가서 물으니 엄이 말했다.

"전례(前例)대로 하라."

○ 서북면 도순문사(西北面都巡問使)가 요동(遼東) 만산군(漫散軍)을 처리할 일의 마땅함[事宜]을 아뢰었다.

'요동 군인이 계속하여 오니 어떻게 처치하오리까?'

의정부에서 말했다.

"만일 오는 자의 수효가 적고, 또 밤을 타서 강을 건너면 받아들이고, 만일 떼를 지어 오면 이를 막아 강을 건너지 못하게 해야 할 것입니다."

상이 옳게 여겼다.

기묘일(己卯日-11일)에 상이 태평관(太平館)에 가서 사신(使臣)을 전송(餞送)했다.

○ 공신전(功臣田), 원종공신전(元從功臣田), 회군공신전(回軍功臣田), 별사전(別賜田), 사사전(寺社田)의 공수(公收-나라에서 세금을 거두는 것)를 면제해 주었다. 황엄(黃儼)이 와서 군사를 청하는 말이 없었다. 상이 삼공신전(三功臣田)은 그 수효가 본래 적으니 3분의 1을 거두더라도 군량(軍糧)을 보충할 수 없고, 사사전(寺社田)은 본래 인구(人口)를 계산해 주었으니 만일 반(半)을 거둔다면 원망이 없지 않을 것이라 생각하여 아울러 본주(本主)가 수조(收租)하는 것을 허락했다. 이에 원종공신(原從功臣), 회군공신(回軍功臣) 등이 정부(政府)에 글을 올려 그 전지(田地)의 공수(公收)를 면제하여 인심(人心)에 화합할 것을 청하니 성석린(成石璘), 조영무(趙英茂)가 말하기를 "불가하다"고 했다. 원종공신 중에 동북면(東北面)에 있는 자가 마침내 신문고(申聞鼓)를 쳐서 호소했기 때문에 이런 명이 있었다.

신사일(辛巳日-13일)에 황엄(黃儼)과 기보(祁保)가 처녀 정씨(鄭氏)를 데리고 돌아가니 상이 태평관에서 전송했다. 엄이 말했다.

"정씨(鄭氏)가 미색(美色)이 아니니 마땅히 다시 구(求)하여 기다리소서."

상이 말했다.

"나라가 작고 힘이 약해 지금 바치는 말이 겨우[僅] 1만 필뿐이지만 미색(美色)이야 어찌 감히 다시 구하지 않겠소!"

임오일(壬午日-14일)에 마천목(馬天牧)을 경외(京外)에 종편(從便)시킬 것을 명했다.

○ 사간원에서 시무(時務) 두어 조목을 올렸다.

'하나, 전(傳)에 이르기를 "나라에 3년의 저축(貯蓄)이 없으면 그 나라는 세대로 된 나라가 아니다"³라고 했습니다. 우리 국가가 근년 이래로 전라도의 군자(軍資)는 제주(濟州)를 진제(賑濟)하고, 경상도의 군자는 왜노(倭奴)에게 넉넉히 주느라 두 도(道)의 창고가 거의 비고 고갈됐으니 심히 염려됩니다. 오직 저축이 있는 곳은 서북(西北) 한 도(道)뿐인데, 서북 지역은 중국과 연접하여 얼음이 어는 때를 당하면 채찍질 한 번에 건널 수 있습니다. 하물며 지금 중국에 군사가 일어났으니 만일 하루아침의 변(變)이 있어 (고려 말) 홍건적(紅巾賊)이 왔던 때처럼 먼저 이 도를 점거한다면, 국가에서 장차 어떻게 응하겠습니까? 일이 절박해져서 후회하면 무슨 소용이 있겠습니까? 의주(義州)와 강계(江界)에 비록 절제사(節制使)를 보내기는 했으나 군세(軍勢)가 단출하고 허약해서 막아내기 어려울까 두렵습니다. 신 등이 바라건대 평양(平壤) 이북의 굳센 군사[勁兵=强兵]를 훌륭한 장수[良將]에게 주어 요충(要衝)에 둔수(屯戍)시킨 다음에 중국이 평정하고 얼음이 풀리기를 기다려서 해산시켜야 할 것입니다.

하나, 나라에 중요한 것은 군사이고, 군사에서 중요한 것은 말입니다. 그래서 주(周)나라 제도에 군사를 맡은 관원을 사병(司兵)이라 하지 않고 사마(司馬)라고 했으니, 말이 나라에 쓰임이 중한 것입니다. 우리 국가가 땅덩이가 작고 말도 또한 한도가 있는데 고황제

---

3 『예기(禮記)』 왕제(王制)에 나오는 말이다.

(高皇帝) 때부터 건문(建文-혜제)에 이르기까지 그 바친 말이 몇만 필이나 되는지 알지 못하겠습니다. 지금 상국(上國)에서 또 마필(馬匹)을 요구해 그 수효가 심히 많은데, 유사(有司)가 기한을 정해 독촉하여 비록 말 한 필이 있는 자라도 모두 관(官)에 바치고 있습니다. 이같이 하면 나라에 장차 말이 없게 될 것이니 이런 말을 하면서도 눈물이 날 지경입니다. 당(唐)나라 태종(太宗)과 수(隋)나라 양제(煬帝)가 모두 (우리를) 이기지 못하고 돌아갔고, 거란(契丹)의 군사와 홍건적(紅巾賊)이 우리를 침략하다가 먼저 망했는데 이는 산천(山川)이 험하고 장수가 훌륭한 때문만이 아니라 또한 말이 있었기 때문입니다. 신 등이 생각건대 사대(事大)의 예(禮)로 말하면 바치지 않을 수 없고, 종사(宗社)의 계책으로 말하면 많이 바칠 수 없는 것이라 여깁니다. 또 어찌 오늘에 요구하고 명일에 요구하지 않을지 알겠습니까? 엎드려 바라건대 전하께서는 사대(事大)의 예(禮)와 종사(宗社)의 계책을 잘 참작해 시행해야 할 것입니다.

하나, 전하께서 즉위하신 이래 문(文)을 높이고 무(武)를 숭상해 선비는 힘쓰고 군사는 강하여 그 위엄(威嚴)이 주변 적들에게 전해져 유구(琉球-오키나와) 섬라(暹羅-태국) 왜국(倭國)의 사람들이 와서 귀순하지 않음이 없으니 진실로 1,000년[千載] 사이에 드문 일입니다. 그러나 왜노(倭奴)란 것들은 성품이 사납고 심정이 악하여 대대로 도둑질을 행하니 백성들의 원수입니다. 그런데 지금 우리 백성들과 더불어 주군(州郡)에 섞여 살며 관직(官職)을 받아서 대궐 뜰에 숙위(宿衛)하는 데에까지 이르렀으니 심히 온당치 못합니다. 진(晉)나라 초년(初年)에 여러 오랑캐가 중국에 섞여 살고 있었는데, 곽흠(郭

欽)과 강통(江統)이 모두 무제(武帝)에게 "변방 밖으로 몰아내어 난 (亂)의 계제(階梯)를 끊어야 한다"고 권유했으나 무제가 듣지 않았다 가 20여 년 뒤에 이(伊)와 락(洛)⁴의 사이가 마침내 오랑캐 지역이 되 었고, 당(唐)나라 초년(初年)에 돌궐(突厥)이 그 부락(部落)을 잃고 모 두 장안(長安)에 이르니, 위징(魏徵)이 태종(太宗)에게 권하기를 "차 마 다 죽일 수는 없으니 마땅히 고토(故土)로 돌려보내고, 중국에 머 물러 둘 것이 아닙니다"⁵라고 했으나, 태종이 듣지 않았다가, 드디어 당나라 왕실로 하여금 대대로 융적(戎狄)의 난(亂)이 있게 했으니, 이것은 지난 일의 밝은 거울입니다. 신 등은 두렵건대 혹시 내란(內 亂)이 있으면 이들 무리가 마침내 외환(外患)이 될까 염려됩니다. 엎 드려 바라건대 전하께서는 고금(古今)을 참작해 빼어나게 잘 헤아려 [聖裁] 시행하셔야 할 것입니다.'
　　　성재

상이 소(疏)를 읽어 보고서 말했다.

"간관(諫官)의 말이 참으로 옳다[良是]. 군량(軍糧)을 준비할 계책
　　　　　　　　　　　　양시
을 정부로 하여금 다시 토의해 아뢰게 하라."

○ 병조(兵曹)와 의흥부(義興府)에 명해 장군 총제(掌軍摠制)와 함 께 갑사(甲士)를 고시(考試)하게 했다. 이전에는 갑사(甲士)를 취재(取 才)할 때 장군 총제 한두 사람이 그 능부(能否)를 헤아려 액수(額數) 에 채워 넣었었다.

4　이수(伊水)와 낙수(洛水)를 말한다.
5　사마광의 『자치통감(資治通鑑)』 「당기(唐紀)」에 이런 내용이 실려 있다.

계미일(癸未日-15일)에 상이 문소전(文昭殿)에 나아가 망제(望祭)를 거행했다.

○ 사역원판사 조사덕(曹士德)을 보내 (중국과) 교역할 첫 번째 운반말[初運馬] 500필을 이끌고 요동(遼東)에 가게 했다.

○ (명나라) 조정(朝廷)의 내사(內史-환관) 해수(海壽)가 (서북면) 의주(義州)에 이르렀다. 서북면 도순문사(西北面都巡問使)가 급히 보고해[馳報] 말했다.

'내사 해수가 13일에 압록강(鴨綠江)을 건너 의주에 이르러 까닭 없이[無故] 화를 내며 목사(牧使) 박구(朴矩)의 옷을 벗기고[褫] 판관(判官) 오부(吳傅)를 결박하여 볼기를 치려다가 그만두었습니다. 그 행색(行色)이 심히 급했는데 끝내 찾아온 까닭을 말하지 않았습니다.'

상이 말했다.

"내가 공손하게 천자(天子)를 섬겨 오직 한 가지 마음[一心]을 다할 뿐이다. 사명(使命)을 받든 중관(中官)이 비록 심히 불초(不肖)하다 해도 내가 감히 말하지 못하는 것이 어찌 중관(中官)을 위해서이겠는가? 그런데도 악한 짓을 하는 것이 이 지경에 이르렀다."

의정부(議政府)에 명했다.

"해 천사(海天使)가 심히 공손하지 못하니 만약 재상(宰相) 중에 위엄과 명망이 있는 사람을 보내 원접사(遠接使)로 삼으면 그 독기(毒氣)를 부리지 못할 것이다."

정부에서 철성군(鐵城君) 이원(李原)을 보낼 것을 청하니 상이 대언(代言) 등에게 일러 말했다.

"내가 마음속으로 하늘을 두려워하기 때문에 대국(大國)을 정성껏 섬기는 것인데, 천자(天子)는 조관(朝官)을 보내지 않고 환시(宦寺)를 (가라고) 명하여 오기만 하면 혹은 탐욕스럽고 혹은 포학하여 무례한 짓을 자행하니, 어떻게 처치할 것인가?"

대답했다.

"이것은 실로 고금(古今)의 공통된 근심입니다."

상이 말했다.

"내가 해수(海壽)의 행실을 일일이 써서 실봉(實封)하여 아뢰고자 하나, 중국(中國)이 바야흐로 어지러운데, 내가 만일 이와 같이 하면 하루아침의 분함[一朝之忿]으로 인해 100년의 근심을 끼칠까 염려되어 내가 마땅히 참겠다."[6]

○ 대간(臺諫)이 교장(交章)하여 상당군(上黨君) 이저(李佇)의 죄를 청했다. 소(疏)는 이러했다.

'좋은 일에 상을 주고 나쁜 짓을 벌하는 것은 나라의 일정한 법도[常典]입니다. 좋은 일을 해도 상을 주지 않고 나쁜 짓을 해도 벌주지 않는다면 어떻게 권면하고 징계하겠습니까? 지난날 상당군 이저 부자가 남몰래 두 마음을 품고 장차 불궤(不軌)한 일을 도모하려 했으므로 대간(臺諫)뿐만 아니라 종친(宗親) 백료(百僚)가 말을 합해[合辭] 거듭 청해서 그 죄를 바로잡고자 했는데 전하께서는 특별히

---

6 여기서 태종의 불혹(不惑) 혹은 사리를 아는 지자(知者)의 면모를 확인하게 된다. 이 점은 『논어(論語)』 안연(顏淵)편에서 번지(樊遲)라는 제자가 혹(惑)에 대해 묻자 공자가 했던 대답을 통해 확인하게 된다. "하루 아침의 분노로 자신을 망각해 그 (禍가) 부모에게까지 미치게 하는 것이 혹(惑) 아니겠는가?"

576

깊은 은혜를 베풀어 머리를 보전하게 하셨으니 바로 지금이야말로 저(佇)가 마땅히 가만히 들어앉아 뉘우치고 깨달아야 할 때입니다. 그러나 요사이 스스로 검속(檢束)하지 못하고 개전(改悛)하려는 마음은 없이 여러 잡류(雜類)들을 모아 두어 여러 고을을 내달리면서 마음대로 사냥을 하여 인명(人命)을 살상하기에까지 이르렀으니, 이같이 한다면 장차 무슨 일인들 못하겠습니까? 죄가 이보다 더 클 수 없으니 바라건대 유사(攸司)에 내려 그 직첩(職牒)을 거두고 그 죄를 국문(鞫問)함과 동시에 그 도당(徒黨)을 추문(推問)하여 당악(黨惡)의 죄를 엄히 징계해야 할 것입니다.'

상이 말했다.

"내가 들으니 저가 사냥으로 인해 잘못해서 사람을 죽이고 매우 스스로 송구스럽게 여긴다고 한다. 불궤(不軌)한 말은 그 아비의 일이고, 저의 일은 아니다. 내가 장차 붙잡아두겠다[羈置]. 만일 저가
기치
두 가지 마음을 품는다고 한다면 화기(和氣)를 상하게 하지 않겠는가? 사냥한 죄는 마땅하나 어찌 유사(攸司)에 내릴 수 있겠는가?"

대간이 아뢰었다.

"저(佇)가 이미 죄인이 됐고, 또 국상(國喪) 중인데 사냥까지 자행하여 인명을 다치게 했으니 어찌 용서할 수 있겠습니까?"

상이 말했다.

"경들이 올린 소(疏) 가운데 저가 두 가지 마음을 품었다는 것과 사람을 죽인 죄를 논한 것이 매우 분명치 않다."

대간이 물러갔다.

○ 대간(臺諫)이 글을 올려 다시 이저(李佇)의 죄를 청해 말했다.

'가만히 생각건대[竊惟] 이저(李佇) 부자가 두 가지 마음을 품었다
절유
는 것은 갑신(甲申-1404년) 이후에 정부와 대간(臺諫)이 함께 말해온
것이고 오늘에서야 시작한 것이 아닙니다. 저(佇)가 훈친(勳親)으로
먼 지방에 폐출(廢黜)됐는데 전하께서는 직첩(職牒)을 도로 주고 임
강(臨江)에 안치하셨으니 다움[德]이 지극히 두텁습니다. 그런데 스스
덕
로 이것을 깨닫지 못하고, 전하께서 참최(斬衰)를 아직 벗지 않으시고
대소 신민이 모두 소복(素服)으로 음악(音樂)을 정지한 때를 맞아 사
직(司直) 문수생(文秀生)과 반당(伴儻) 김사상(金思詳), 육십(六十)⁷이
몽기(李蒙奇), 재인(才人) 이부개(李夫介)의 무리를 데리고 10월 초2일
에 안협현(安峽縣) 여진동(女眞洞)에서 사냥했는데 안협(安峽)과 임강
(臨江)은 그 서로의 거리[相距]가 가깝지 않습니다. 말을 내달려 사냥
상거
한 것도 죄가 있는데, 또 돼지를 쏠 때에 부개(夫介)란 자가 잘못해 몽
기(蒙奇)를 맞혀 즉사(卽死)했습니다. 몽기의 죽음이 비록 부개의 손
에 의한 것이었다고는 하나 실은 저(佇)가 사냥한 까닭으로 말미암은
것입니다. 그렇다면 신자(臣子)가 되어 슬퍼하고 근심하는 마음이 어
디 있으며, 폐출을 당해 깨닫는 마음이 어떠합니까? 하물며 지금 뜻
을 잃은[失志] 무리들이 주군(州郡)에 섞여 있으니, 국전(國典)을 밝히
실지
고 당부(黨附)를 금지해야 하는 것은 바로 이때입니다. 저가 마음대로
궁마(弓馬)를 가지고 여러 고을을 달리면서 사냥을 자행하고 인명을
상하게 했는데, 그 죄악을 징계하지 않는다면 신 등은 두렵건대 뜻을
잃은 무리들이 국법(國法)을 꺼리지 않고 친(親)한 사람에게 당부하

---

7   조선조 때 군대(軍隊) 편제(編制)의 하나다.

여 혹 불측(不測)한 환란을 일으킬까 염려됩니다. 이것이 신 등이 전일(前日)에 대궐에 나아가 두 번이나 청한 뜻입니다.

옛날 한 광무(漢光武) 때에 호양공주(湖陽公主)의 종이 사람을 죽이고 공주의 집에 숨어 있었는데, 낙양령(雒陽令) 동선(董宣)[8]이 이를 잡아 죽였습니다. 공주가 노하여 광무(光武)에게 호소하니, 광무가 장차 선(宣)을 죄주려고 했습니다. 이에 선이 말하기를 "폐하(陛下)께서 빼어난 다움[聖德]으로 중흥(中興)하셨는데, 종을 풀어 사람을 죽이니 어떻게 천하(天下)를 다스리겠습니까?"라고 하니 광무가 옳게 여겨 용서했습니다. 이것으로 말미암아 조야(朝野)가 숙청(肅淸)되어 한실(漢室)의 대업을 일으켰습니다.

만일 전하께서 지극한 어짊으로 인해 국문을 허락하지 않으신다면, 유사(攸司)에 명해 저의 직첩(職牒)을 거둬 경기(京畿) 밖에 유배보내시고, 부개는 살인죄로 처단해야 할 것입니다. 그리고 수생(秀生)

---

8 후한 광무제 때 거듭 승진하여 북해상(北海相)과 강하태수(江夏太守)를 지냈는데 어떤 일 때문에 면직됐다. 나중에 불려 낙양령(洛陽令)에 올랐다. 그때 살인죄를 범한 호양공주(湖陽公主)의 종을 잡아 사형에 처한 일이 있었다. 하인이 사람을 죽이고 공주의 비호를 받으며 집에 숨어 나오지 않자, 공주의 출행(出行)을 기다려 수레를 세워 크게 꾸짖고는 체포해 그 자리에서 처형했다. 공주가 광무제에게 가서 하소연하자 크게 화가 난 광무제가 불러들여 태형을 쳐서 죽이려고 하자 말했다. "폐하께서 성덕(聖德)으로 중흥을 이루시고는 하인을 풀어 사람을 죽인다면 장차 어떻게 천하를 다스리겠습니까?" 그러면서 스스로 기둥에 머리를 들이받아 유혈이 낭자했다. 이에 광무제가 공주에게 사죄하라고 했지만 이도 거부했다. 강제로 머리를 숙이려고 하자 그는 끝까지 두 손으로 땅을 버틴 채 굴복하지 않았다. 이에 광무제도 탄복해서 잘못을 깨닫고 "강항령(強項令)은 나가라"고 하면서 상금으로 30만 냥을 하사했다. 재직하는 5년 동안 호강(豪強)을 억제하고, 엄격하게 법에 따라 사무를 집행하여 낙양(洛陽) 사람들이 '와호(臥虎)'라 불렀다. 죽었을 때 겨우 베로 시신을 덮고 집안에 대맥(大麥) 몇 곡(斛), 허름한 수레 한 대가 있을 뿐이었다.

사상(思詳) 및 함께 사냥한 무리들은 당부한 죄를 엄하게 징치해 불
령(不逞)한 무리들에게 경고해야 할 것입니다.'

상이 말했다.

"이저는 전과 같이[仍舊] 임강(臨江)의 촌장(村莊)에 안치하여 출입
을 금하고, 함께 사냥한 무리들은 때가 지금은 몹시 추우니 가벼운
법에 따라 결단하라."

○ 충청도(忠淸道) 목주(木州-천안 목천) 자복사(資福寺)의 석불(石
佛)에서 3일 동안 땀이 났다.

갑신일(甲申日-16일)에 혼가(婚嫁-혼인)를 금하지 말 것을 명했다.
진헌색(進獻色)의 아룀에 따른 것이다.

병술일(丙戌日-18일)에 사역원 판관 임종의(任種義)를 보내 두 번째
운반말[二運馬] 500필을 몰고 요동(遼東)에 가게 했다.

○ 해수(海壽)가 용천참(龍泉站)에 이르러 황엄(黃儼)을 만나 칙서
(勅書)를 주고 돌아갔다. 상이 도총제(都摠制) 정진(鄭鎭)을 보내 궁
온(宮醞)을 가지고 가서 위로하게 했으나 따라잡지 못했다. 황엄이
이미 해수를 만나보고서 말했다.

"때가 지금 몹시 추워서 처녀를 데리고 갈 수 없으니 장차 화창한
봄날을 기다려 다시 와서 데리고 가겠습니다. 마땅히 몸을 잘 가꾸
게 하십시오."

또 말했다.

"마땅히 더 좋은 미색(美色)을 선발해놓으십시오."

드디어 정씨(鄭氏)를 놓아두고 갔다. 상이 일찍이 대언 김여지(金汝知)에게 일러 말했다.

"중국에 군사가 일어났는데 여색(女色)을 채취(採取)하는 것이 어찌 그 적기이겠는가? 결국 일부러 태연한 척하는 것일 뿐 반드시 중도에서 돌아올 것이다."

이때에 이르러 모두 상의 선견(先見)에 탄복했다. 상이 박구(朴矩)가 해수(海壽)에게 모욕을 당했다 하여 의견을 냈다.

"사람을 뽑아 대신하고자 하는데 만일 해수가 묻거든 '박구(朴矩)가 일찍이 사신(使臣)에게 실례(失禮)했기 때문에 그를 불러서 죄준 것이다'라고 대답하라."

성석린(成石璘)이 말했다.

"지금 강에 얼음이 이미 얼고 변방 경계[邊警]가 바야흐로 급한데
    변경
또 거짓으로 사람을 속이는 것은 작은 지혜이니 그냥 머물러 진수(鎭守)하게 하는 것만 같지 못합니다."

상이 옳게 여겼다. 통사(通事) 전의(全義)가 요동에서 돌아와 말했다.

"요동 사람이 비밀히 말하기를 조정(朝廷)에서는 '조선(朝鮮)이 군사를 일으켜 달단(韃靼)을 돕는다'라고 전해 들었기 때문에 해수를 시켜 조선에 가서 엿보게 하니, 입경(入境)하여 거짓으로 화난 척하고 순종하는지 거역하는지를 살핀 것이라고 했습니다."

○『춘추 곡량전(春秋穀梁傳)』⁹을 구할 것을 명했다.

---

9 『공양전(公羊傳)』『좌씨전(左氏傳)』과 함께 '춘추삼전(春秋三傳)'이라고 한다. 전국시대의

정해일(丁亥日-19일)에 뜻을 내려보내[下旨] 좋은 말을 구했다
[求言].

"양식은 군국(軍國)의 중대한 것이다. 만일 흉년(凶年)의 재앙과 군려(軍旅-군대 동원)의 일이 있으면 지금 이 국가의 비축[所儲]으로는 참으로 염려스럽다. 시산(時散)¹⁰ 2품(品) 이상과 각사(各司)의 벼슬에 있는 자는 양향(糧餉)을 준비하고 비축을 넓히는 방도를 모두 개진하여 실봉(實封)해서 아뢰도록 하라."

사간원에서 말씀을 올렸다.

'가만히 생각건대 우리 국가가 남쪽으로는 해구(海寇-왜구)가 있고 북쪽으로는 야인(野人)이 있으니 군사를 다스리는 일과 양식을 풍족하게 하는 방도는 설사 평시(平時)에 있어서도 염려하지 않을 수 없습니다. 하물며 근년에 수재(水災)와 한재(旱災)가 서로 겹치는 상황에서이겠습니까? 그리고 전하께서 즉위하신 이래로 정치에 근심하고 부지런하시며 무비(武備)에 정신을 쓰시어 안으로는 시위(侍衛)와 밖으로는 번진(藩鎭)이, 장수는 힘쓰고 군사는 강하여 예전에 일찍이 없었던 바입니다. 그러나 양식을 풍족하게 하는 방도에 있어서는 아직 미진(未盡)한 점이 있으므로 신 등이 반복하여 그 계책을 짜내려 한 지가 오래됐습니다. 전하께서 신료(臣僚)들로 하여금 양향(糧餉)

노(魯)나라 사람 곡량 숙(穀梁俶)이 지은 것으로 돼 있는데 책이 돼 나온 것은 『공양전(公羊傳)』보다 뒤인 것으로 보인다. 해석하는 형태는 『공양전(公羊傳)』과 거의 같아서 주관적인 해석이 많으나 유가적 명분론(名分論)은 대체로 『공양전(公羊傳)』보다 엄정(嚴正)하다.

10 시직(時職)과 산직(散職)을 말한다.

을 준비하고 비축을 넓히는 방도를 개진하여 실봉(實封)해 아뢰라 하셨으니 신 등은 과감하게 말하고 숨기지 아니하여 우러러 천위(天威)를 무릅쓰겠습니다[冒].

하나, 전조(前朝-고려) 말년에 전제(田制-토지제도)가 크게 무너져서 호강(豪強)한 무리들이 겸병(兼幷-독차지)하여 공름(公廩-국가 창고)이 비고 고갈됐는데, 우리 태조 강헌대왕(太祖康獻大王)께서 천명(天命)에 응하고 인심(人心)에 고분고분하여 창업(創業)하시던 처음에, 제일 먼저 사전(私田)을 없애 (토지 간의) 강계(疆界-경계)를 바로 잡으셨으니 진실로 성대(盛代) 만세(萬世)의 훌륭한 법입니다. 그러나 급전법(給田法-과전법)에 대해 말할 것이 있습니다. 급전(給田)의 과(科)가 18등(等)이 있는데, 그 제일과(第一科)의 수전(受田)이 150결(結)이나 되니, 수조(收租)하는 것이 많지 않은 것이 아니며, 또 받는 녹(祿)도 많지 않은 것이 아닙니다. 이는 한 집안의 한 해 동안의 용도(用途)로 충분히 공급할 수 있는 것입니다. 게다가 공신전(功臣田)을 더하여 "개국(開國)"이니 "정사(定社)"니 "좌명(佐命)"이니 "원종(元從)"이니 "회군(回軍)"이니 하고, 또 별사전(別賜田)이 있으니, 한 사람이 받는 것이 거의 1,000결(結)이나 됩니다. 창름(倉廩)이 어디로부터 채워져야 하며 양향(糧餉)이 어디로부터 풍족해지겠습니까? 예전에 선비를 대접하던 것은 나아와서 쓰이면 녹(祿)이 있어 그 수고를 보답하고, 버려서 쓰이지 않으면 전지(田地)가 있어 그 생활을 유지하게 했습니다. 지금에 와서는 이미 과전(科田)을 받고 또 녹봉(祿俸)을 받으니, 선비를 대접하는 도리가 예전에 비해 부끄러울 것이 없다 하겠습니다. 신 등은 바라건대 과전(科田) 외에 공신전(功臣田) 별사전

(別賜田)은 일절 모두 거둬들여 군자(軍資)에 충당하고, 무릇 공로가 있는 자는 뛰어난 사람이면 관작(官爵)을 상으로 주고, 그렇지 못하면 포백(布帛)을 내려줘야 합니다. 그러면 공로에 대해서는 갚지 않는 것이 없고 나라에는 남은 저축이 있을 것입니다. 또 검교(檢校)[11]는 사진(仕進-출근)하지 않고 녹(祿)을 먹으니, 심히 온당치 않습니다. 이것 또한 모두 혁파하여 군량을 보충해야 할 것입니다.

하나, 관중(管仲, ?~기원전 645년)[12]은 소금을 굽는 이익을 계획하여 그 나라를 부강(富强)하게 했고, 당(唐)나라 유안(劉晏, ?~780년)[13]

---

11 고려말·조선초에 봉록(俸祿)을 주기 위해 정원(定員) 이외에 주던 벼슬을 말한다. 실지 사무는 보지 않고 직함(職銜)만 띠고 있었다. 예를 들어 검교 문하시중(檢校門下侍中), 검교 정승(檢校政丞) 등이 그것이다.

12 이름은 이오(夷吾)고, 자는 중(仲)이다. 가난했던 소년시절부터 평생토록 변함이 없었던 포숙아(鮑叔牙)와의 깊은 우정을 나눈 관포지교(管鮑之交)가 유명하다. 처음에 공자규(公子糾)를 섬겨 노(魯)나라로 달아났다. 제양공(齊襄公)이 피살당하자 공자규와 공자소백(公子小伯-환공(桓公))이 자리를 두고 다퉜는데, 실패하고 공자규는 살해당하고 자신은 투옥됐다. 그때 포숙아는 소백의 편에 섰는데, 그가 추천하자 환공이 지난날의 원한을 잊고 발탁하여 노장공(魯莊公) 9년경(卿)에 오르고, 높여 중부(仲父)라 불렀다. 제도를 개혁하고 국토를 효율적으로 구분했다. 도성 또한 사향(士鄕) 15군데와 공상향(工商鄕) 6군데로 나누고, 지방을 오속(五屬)으로 구획해 오대부(五大夫)가 나눠 다스리도록 했다. 염철관(鹽鐵官)을 두고 소금을 생산하면서 돈을 제조하게 했다. 이렇게 군사력을 강화하고, 상업과 수공업의 육성을 통해 부국강병을 꾀했다. 대외적으로는 동방이나 중원의 제후와 아홉 번 회맹(會盟)하여 환공에 대한 제후의 신뢰를 얻게 했고, 남쪽에서 세력을 떨치기 시작한 초(楚)나라를 누르려고 했다. 제환공은 춘추오패(春秋五霸)의 한 사람이 됐다.

13 현종(玄宗) 천보(天寶) 연간에 하현(夏縣)과 온현(溫縣)의 현령(縣令)을 지냈다. 숙종(肅宗) 때는 탁지낭중(度支郎中)과 항주(杭州)와 농주(隴州), 화주(華州) 세 곳의 자사(刺史), 하남윤(河南尹)을 맡았다. 상원(上元) 원년(760년) 호부낭중(戶部郎中)과 충탁지등사(充度支等使)에 올랐다. 안사(安史)의 난으로 궁핍해진 재정 회복에 진력했다. 대종(代宗) 광덕(廣德) 원년(763년) 이부상서(吏部尙書)와 동평장사(同平章事)를 지냈는데, 얼마 뒤 파직되고 전운사(轉運使)와 염철사(鹽鐵使) 등 재무관을 겸임하면서 소금 전매사업을 개량함으로써 세입의 반에 달하는 막대한 이윤을 획득했다. 대력(大曆) 초에는 제오기(第五琦)와 천하의 재부(財賦)를 나눠 가졌다. 또 백성들을 징발해서 변수(汴水)를 준설하고, 전운법(轉運法)을 수정해 강회(江淮)를 이동하는 세운(歲運) 양곡 수십만 석을 관중(關中)

은 소금의 이익을 가지고 백성에게 무역하여 그 이익이 농사를 권하
는 것보다 배나 됐으니, 그렇다면 소금의 이익이 매우 중한 것입니다.
지금 국가에서 염장관(鹽場官)을 설치해 소금을 구워 무역하니, 예전
의 유법(遺法)입니다. 그러나 포(布)라는 물건은 굶주린 사람이 먹을
수 없으니, 바라건대 서울과 외방의 관염(官鹽)을 모두 쌀로 무역하
여 군량(軍糧)을 보충해야 할 것입니다.

하나, 금전(金錢)으로 속형(贖刑)[14]하도록 한 것은 대순(大舜-순임
금)의 교훈입니다. 지금 우리 국가에서 무릇 죄를 범한 자가 만일 노
유(老幼)거나, 잔질(殘疾)일 것 같으면 감히 형벌을 가하지 못하고 포
(布)로 속(贖)을 받습니다. 그러나 작은 것은 수령(守令)이, 큰 것은
감사(監司)가 정부(政府)에 보고도 하지 않고 임의로 쓰니, 이것 또한
온당치 못합니다. 원컨대 안팎의 이죄(二罪)[15] 이하는 모두 쌀로 속
(贖)을 받아서 군량(軍糧)에 보태야 할 것이다.'

의정부에 내려 깊이 토의하게 했다[擬議].
_{의의}

계사일(癸巳日-25일)에 의정부에서 이전(吏典-이속(吏屬)) 혹은 아
전)의 천전법(遷轉法-인사이동)을 아뢰었다.

으로 옮겼다. 염세(鹽稅)를 정비하고 평준법(平準法)을 시행하는 등 정부 재정을 회복하
는 데 크게 기여했다. 뛰어난 인재를 선발하고 법령을 제정하는 등 20년 동안 이재(利財)
에 관여했다. 그러나 이런 성공은 정부 내의 파벌을 조성하는 부작용을 몰고와 덕종(德
宗)이 즉위하자 반대파 양염(楊炎)에 의해 충주자사로 좌천되고, 얼마 뒤 사사(賜死)됐다.
당나라 제일의 재정가로 평가되며, 부하들 중 많은 재정 관료가 배출됐다.
14 돈을 바치고 죄를 면하는 형벌을 말한다.
15 참죄(斬罪)와 교죄(絞罪)를 말한다.

"이전의 천전은 모두 본아문(本衙門)의 고하(高下)에 따르고 있는데 지금 순금사 영사(令史)와 삼군 전리(典吏), 승정원 연리(椽吏), 상서사 서리(尙瑞司書吏)는 2품 3품 아문(衙門)의 이전(吏典)으로 1품 아문의 예(例)에 따라 7품에서 거관(去官)하니 온당치 못합니다. 청컨대 네 아문의 이전(吏典)을 육조 영사(令史)의 예(例)에 따라 8품에서 거관(去官)하게 해야 할 것입니다."

그것을 따랐다.

병신일(丙申日-28일)에 이원(李原) 유정현(柳廷顯) 윤사수(尹思修) 김미(金彌)에게 직사(職事)에 나오도록 명했다. 건문(建文) 4년(1402년) 7월 초1일에 의정부(議政府)가 (상의) 판지를 받았다[受判].

"각도(各道) 각관(各官)의 공부(貢賦)를 감사(監司) 수령(守令)이 시기에 맞춰 상납(上納)하게 하고, 이듬해 조전(漕轉)할 때까지에 한(限)하여 만일 포흠(逋欠)이 있는 자는, 현임(現任)이거나 체임(遞任)하여 수직(受職)한 자는 모두 정직(停職)시키고, 전함(前銜-전직)인 자는 본향(本鄕)에 부처(付處)하되, 그중에 더욱 심한 자는 모두 직첩(職牒)을 거두고 외방에 부처하라. 그리고 감사(監司)로서 각찰(覺察)하지 못한 자는 정직(停職)시키되, 더욱 심한 자는 외방에 부처(付處)하라."

이때에 이르러 이조(吏曹)에서 무자년(戊子年-1408년)에 공물(貢物)을 바치지 않은 자를 고핵(考覈)하여 의정부에 보고했다. 이에 사헌부로 하여금 논핵(論劾)해 아뢰게 했는데, 이원 유정현 윤사수 등 6인은 전임(前任) 감사로서 각찰치 못한 데 좌죄(坐罪)되고, 전 광주목사(廣州牧使) 김미(金彌), 전 판해주목사(判海州牧事) 김계지(金繼志) 등 수십 명도 수령(守令)으로서 당연히 죄를 받게 됐다. 의정부에서 윤사수는 관마제조(官馬提調)가 됐고, 김미는 경기 관찰사가 돼 사무가 한창 바쁘기 때문에 일을 보게 하자고 청하니, 상이 안 된다고 하면서 말했다.

"지금 막 법을 세웠는데 갑자기 허물고자 하는 것이 될 일인가?"

승정원(承政院)으로 하여금 이원 등의 죄상(罪狀)에 대해 그 경중(輕重)을 다시 심리하여 아뢰게 하니 마침내 이런 명이 있었다. 나머지 사람들은 모두 차등 있게 논벌(論罰)했다.

○ 직문추우기(織紋騶虞旗)가 완성됐다. 중군(中軍)은 주작(朱雀)이고, 좌군(左軍)은 청룡(靑龍)이고, 우군(右軍)은 백호(白虎)였다. 상이 편전(便殿)에 나와서 행보(行寶)와 신보(信寶)[16]를 써서 표시를 하고, 효령군(孝寧君)과 충녕군(忠寧君)에게 선소 오매패(宣召烏梅牌)[17]를 주었는데 '천(天)' '지(地)' 두 글자의 왼쪽편 반(半)으로 하였다. 상이 근신(近臣)에게 일러 말했다.

"국가에서 새 법을 세우면 처음에는 매우 떠들썩하나[喧沸], 종말에는 이뤄지는 효과가 있는 법이다. 지금 정한 추우직문기(騶虞織紋旗)의 법을 마땅히 중외(中外)에 통지(通知)토록 하라."

---

16 행보(行寶)는 책명(冊命) 제수(除授) 등의 일에 쓰고, 신보(信寶)는 사신(事神) 교유(教宥) 등의 일에 사용하는 임금의 보(寶)다.
17 임금이 대군(大君)이나 의정 대신(議政大臣)·삼군 대장(三軍大將)·병조 판서(兵曹判書) 등의 관원을 비밀히 부를 때 사용하는 명소부(命召符)다. 오매패(烏梅牌) 혹은 오매부(烏梅符)라고도 한다.

○ 세자전(世子殿)의 숙위(宿衛)를 3번(番)으로 나눴다. 청평군(淸平君) 이백강(李伯剛), 원윤(元尹) 이교(李晈), 상호군(上護軍) 심정(沈泟), 소윤(少尹) 조흥(趙興)을 1번(番)으로 삼고, 평양군(平壤君) 조대림(趙大臨), 정윤(正尹) 이회(李淮), 고사(庫使) 심보(沈寶), 부령(部令) 조애(趙愛)를 2번(番)으로 삼고, 길천군(吉川君) 권규(權跬), 정윤(正尹) 이흥로(李興露), 판관(判官) 이중만(李仲蔓), 봉례랑(奉禮郎) 조윤(趙倫)을 3번으로 삼았다.

정유일(丁酉日-29일)에 의흥부총제(義興府摠制) 이하는 날마다 병서(兵書)를 강독하라 명했다. 좌대언 김여지(金汝知)에게 명해 의흥부에 가서 병서(兵書)의 통부(通否-통과 여부)를 참고(參考)하게 했다.

○ 또 우부대언(右副代言) 허지(許遲)를 보내 의흥부에서 병서(兵書)를 강의하게 했는데 모두 5일 동안 했다.

○ 호군(護軍) 평도전(平道全)에게 집을 내려주었다. 윤목(尹穆)의 집이었다.

○ 호군(護軍) 임균례(任均禮)를 보내 세 번째 운반 말[三運馬]
삼운 마
500필을 이끌고 요동(遼東)에 가게 했다.

己巳朔 上親祭于文昭殿.
기사 삭 상 친제 우 문소전

司諫院請停編修實錄 且啓不出依貼之故 上曰: "古亦有之."
사간원 청정 편수 실록 차 계 불출 의첩 지고 상왈 고 역 유지

仍命速出依貼.
잉 명 속출 의첩

庚午 上如太平館 宴使臣贈鞍馬.
경오 상여 태평관 연 사신 증 안마

命杖甲士副司直黃河湜一百流之. 河湜扈駕 路見兩大君 目曰:
명장 갑사 부사직 황하식 일백 유지 하식 호가 노 견 양 대군 목왈

"乘肥而遊 畢竟如何?" 其同伍者以聞 命下獄. 巡禁司啓: "河湜
승비 이유 필경 여하 기 동오 자 이문 명 하옥 순금사 계 하식

罪無正律 擬比說大言語 扇惑人衆者斬." 命減一等.
죄 무 정률 의비 설 대언어 선혹 인중 자참 명 감일등

癸酉 遣內醫治孟衆疾.
계유 견 내의 치 맹중 질

甲戌 朝廷內史祁保至 上以無詔勅不出 使世子率百官迎于
갑술 조정 내사 기보 지 상이무 조칙 불출 사 세자 솔 백관 영우

慕華樓. 保直到太平館 與黃儼屛人語其來爲促進獻馬 而揚言
모화루 보 직도 태평관 여 황엄 병인 어 기래 위 촉 진헌마 이 양언

求處女. 上如太平館 設宴贈鞍馬 保以上不郊迎 怒形于色. 時
구 처녀 상여 태평관 설연 증 안마 보 이 상 불 교영 노 형우 색 시

通事孔明義回自北京 言: "韃靼軍去京不遠 皇都危窘." 西北面
통사 공명의 회자 북경 언 달단 군 거 경 불원 황도 위군 서북면

都巡問使亦上言:
도순문사 역 상언

'人有自遼東來者言: "王師畏韃靼 盡入城堡."'
인 유 자 요동 내자 언 왕사 외 달단 진 입 성보

乙亥 木稼.
을해 목가

上親祭于文昭殿. 冬至也.
상 친제 우 문소전 동지 야

上如太平館設宴.
상 여 태평관 설연

免東北面朝廷易換馬.
면 동북면 조정 역환 마

丙子 日本 筑前州客人 詣闕獻土物.
병자 일본 축전주 객인 예궐 헌 토물

以趙涓爲吉州道都安撫察理使 李從茂安州道兵馬都節制使
이 조연 위 길주도 도안무 찰리사 이종무 안주도 병마도절제사

李之實江界道都兵馬使 金廷雋濟州都安撫使.
이지실 강계도 도병마사 김정준 제주 도안무사

戊寅 遣禮曹判書徐愈 參知議政府事尹向如京師. 謝賜綵幣也.
무인 견 예조판서 서유 참지 의정부 사 윤향 여 경사 사사 채폐 야

且奏曰:"欽差太監黃儼齎奉到勅書節該:'王處有馬 隨進多少.'
차 주왈 흠차 태감 황엄 재봉 도 칙서 절해 왕처 유마 수진 다소

欽此 臣今進雜色馬一萬匹." 又咨遼東都司曰:'當職儘力 措辦
흠차 신 금진 잡색마 일만 필 우 자 요동도사 왈 당직 진력 조판

馬一萬匹 分運差官陸續解送 或一百匹或二百匹 隨辦隨解. 儻若
마 일만 필 분운 차관 육속 해송 혹 일백 필혹 이백 필 수판 수해 당약

停留 卽目天寒地凍 草料接應不敷 恐致倒損. 如蒙將見解馬匹
정류 즉목 천한 지동 초료 접응 불부 공치 도손 여 몽 장 견해 마필

隨到隨收 照依各運咨內數目 轉達施行 庶爲便益.'
수도 수수 조의 각운 자내 수목 전달 시행 서위 편익

議政府啓曰:"今謝賞賜 皇太子在南京 幷遣副使 似爲不實 請問
의정부 계왈 금 사 상사 황태자 재 남경 병견 부사 사위 부실 청문

黃儼 然後決之."上然之 使偰眉壽 黃喜往問之 儼曰:"依前例."
황엄 연후 결지 상 연지 사 설미수 황희 왕 문지 엄왈 의 전례

西北面都巡問使 啓遼東漫散軍處置事宜. 啓曰:'遼東軍人
서북면 도순문사 계 요동 만산군 처치 사의 계왈 요동 군인

相續而來 處之如何?"議政府以爲:"若來者數少 且犯夜越江則
상속 이래 처지 여하 의정부 이위 약 내자 수소 차 범야 월강 즉

納之 如成群則禦之 使不得渡江."上然之.
납지 여 성군 즉 어지 사 부득 도강 상 연지

己卯 上如太平館餞使臣.
기묘 상 여 태평관 전 사신

免功臣田 原從功臣田 回軍功臣田 別賜田 寺社田公收. 黃儼
면 공신전 원조공신전 회군 공신전 별사전 사사전 공수 황엄

旣至 無請兵之言 上以三功臣田其數本少 三分收一 未足補軍食;
기지 무 청병 지 언 상 이 삼공신전 기수 본소 삼분 수일 미족 보 군식

寺社田本計口而給 若半收 則不無怨咨 幷許本主收租. 於是原從
사사전 본 계구 이급 약 반수 즉 불무 원자 병허 본주 수조 어시 원종

回軍功臣等 上書政府 乞免其田公收 以和人心. 成石璘 趙英茂
회군 공신 등 상서 정부 걸 면 기전 공수 이화 인심 성석린 조영무

曰: "不可." 原從之在東北面者 遂擊申聞鼓以訴 故有是命.
왈 불가 원종 지재 동북면 자 수 격 신문고 이소 고유 시명

辛巳 黃儼 祁保以處女鄭氏還 上餞于太平館. 儼曰: "鄭氏非
신사 황엄 기보 이 처녀 정씨 환 상 전우 태평관 엄왈 정씨 비

美色 宜更求以待." 上曰: "國小力薄 今所進馬 僅萬匹耳 若美色
미색 의 갱구 이대 상왈 국소 역박 금 소진 마 근 만필 이 약 미색

則敢不更求!"
즉 감 불 갱구

壬午 命馬天牧京外從便.
임오 명 마천목 경외종편

司諫院上時務數條:
사간원 상 시무 수조

'一, 傳曰: "國無三年之畜 國非其國." 惟我國家 近年以來
일 전왈 국무 삼년 지축 국비 기국 유아 국가 근년 이래

全羅軍資 賑濟濟州; 慶尙軍資 優給倭奴 二道倉庫 幾乎虛竭 甚
전라 군자 진제 제주 경상 군자 우급 왜노 이도 창고 기호 허갈 심

可慮也. 惟畜積所在 西北一道而已. 西北之境 接於中國 時當
가려 야 유 축적 소재 서북 일도 이이 서북 지경 접어 중국 시당

氷合 一鞭可渡. 況今 中國兵興 若有一朝之變 如紅賊之來 先據
빙합 일편 가도 황금 중국 병흥 약유 일조 지변 여 홍적 지래 선거

此道 國家將何以應之乎? 事之至迫 悔之何及! 義州 江界 雖遣
차도 국가 장 하이 응지호 사지 지박 회지 하급 의주 강계 수견

節制 軍勢單弱 恐難禦之. 臣等願以平壤以北之勁兵 授之良將
절제 군세 단약 공난 어지 신등 원 이 평양 이북 지 경병 수지 양장

屯戌要衝 待中國平定氷解而罷.
둔수 요충 대 중국 평정 빙해 이파

一, 國之所重者兵也 兵之所重者馬也 故周制掌兵之官 不曰
일 국지 소중 자 병야 병지 소중 자 마야 고 주제 장병 지관 불왈

司兵 而曰司馬 馬之於國 其用重矣. 我國家壤地褊小 馬亦有限
사병 이왈 사마 마 지어 국 기용 중의 아 국가 양지 편소 마 역 유한

自高皇帝至于建文 所獻之馬 不知其幾萬匹. 今者 上國又求馬匹
자 고황제 지우 건문 소헌 지마 부지 기 기만 필 금자 상국 우구 마필

其數甚多 有司程督 雖有一馬者 皆納於官. 如此則國將無馬 言之
기수 심다 유사 정독 수유 일마 자 개 납어 관 여차즉 국장 무마 언지

可爲流涕矣. 唐之太宗, 隋之煬帝 皆不克而還 丹兵 紅賊寇我而
가위 유체 의 당지 태종 수지 양제 개 불극 이환 란병 홍적 구아 이

先亡 此非惟山川之險 將帥之良 亦以有馬故也. 臣等謂 以事大之
선망 차 비유 산천 지험 장수 지량 역 이 유마 고야 신등 위 이 사대 지

禮言之① 不可不獻; 以宗社之計言之 不可多獻. 又安知今日求之
而明日不求耶? 伏惟殿下 以事大之禮 宗社之計 參酌施行.

一, 殿下卽位 崇文尙武 士勵兵强 威加隣敵 琉球 暹羅 倭國
之人 莫不來附 誠千載之罕遇也. 然倭奴者 性狠情惡 世爲寇盜
百姓之讎也. 今與吾民 雜處州郡 以至受職宿衛闕廷 甚爲未便.
晋初 諸胡雜處中國 郭欽 江統 皆勸武帝驅出塞外 以絶亂階
武帝不從 後二十餘年 伊洛之間 遂爲氈裘之域. 唐初 突厥亡 其
部落皆至長安 魏徵勸太宗曰: "不忍盡殺 宜縱還故土 不可留之
中國." 太宗不聽 遂使唐室世有戎狄之亂 此前事之明鑑也. 臣等
恐儻有內亂 此類終爲外患. 伏惟殿下參酌古今 聖裁施行.'

上覽之曰: "諫官之言 良是. 備糧之策 令政府更議以聞."

命 兵曹 義興府 同掌軍摠制 考試甲士. 先是 甲士取才 唯
掌軍摠制一二人 第其能否 以充其額.

癸未 上詣文昭殿 行望祭.

遣判司譯院事曹士德 管押易換初運馬五百匹如遼東.

朝廷內史海壽至義州. 西北面都巡問使馳報曰: '內史海壽以
十三日渡鴨綠江 至義州 無故發怒 褫牧使朴矩衣 縛判官吳傅 欲
笞之而止. 其行甚速 竟不言其所以來之故.' 上曰: "予恭事天子
只殫一心. 奉使中官 雖甚不肖 予不敢言者 豈爲中官哉! 而乃
爲惡至此." 命議政府曰: "海天使甚不遜 若遣宰相之有威望者

爲遠接使 則無以肆其毒矣." 政府請遣鐵城君李原 上謂代言等
위원접사　　즉 무이 사 기독 의　　정부 청견 철성군 이원 상위 대언 등

曰:"予心畏天 故事大以誠. 天子不遣朝官 乃命宦寺 其來也 或
왈　여심 외천 고 사대 이성　천자 불견 조관 내명 환시 기래 야 혹

貪或暴 恣行無禮 處之如何?" 對曰:"此實古今之通患也." 上
탐 혹포 자행 무례 처지 여하　대왈　차실 고금 지 통환 야　상

曰:"我欲具海壽事狀 實封以聞 然念中國方亂 我若如此 則或以
왈　아욕구 해수 사상 실봉 이문 연염 중국 방난 아약 여차 즉 혹이

一朝之忿 貽百年之患 予當忍之."
일조지분 이 백년 지환 여당 인지

臺諫交章請上黨君李佇罪. 疏曰:
대간 교장 청 상당군 이저 죄 소왈

'賞善罰惡 有國之常典. 爲善而不賞 爲惡而不罰 何以勸懲!
상선벌악 유국 지 상전　위선 이 불상 위악 이 불벌 하이 권징

往者 上黨君李佇父子 陰懷二心 將圖不軌. 不惟臺諫 宗親百僚
왕자 상당군 이저 부자 음회 이심 장도 불궤　불유 대간 종친 백료

合辭申請 欲正其罪 殿下特垂深恩 俾保首領 此正佇守靜悔悟之
합사 신청 욕정 기죄 전하 특수 심은 비보 수령 차정저 수정 회오 지

時也. 今乃不自檢束 罔有悛心 群聚雜類 馳騖數郡 恣行畋獵 乃
시야 금내부자 검속 망유 전심 군취 잡류 치무 수군 자행 전렵 내

至致害人命. 是可忍也 孰不可忍也!② 罪莫大焉. 願下攸司 收其
지 치해 인명 시 가인 야 숙 불가인 야 죄 막대 언 원하 유사 수기

職牒 鞫問其罪 又推其黨 痛懲黨惡.'
직첩 국문 기죄 우 추 기당 통징 당악

上曰:"予聞佇因獵而誤殺人 深自畏懼. 若不軌之言 乃其父也
상왈　여문저 인렵 이 오살인 심 자외구　약 불궤 지언 내 기부 야

非佇也 予將羈置之. 若曰佇潛懷二心 則無乃感傷和氣歟? 畋獵
비저야 여장 기치 지 약왈 저 잠회 이심 즉 무내 감상 화기 여 전렵

之罪 固當 然亦豈可下攸司乎?" 臺諫啓曰:"佇旣爲罪人 又當
지죄 고당 연역 기 가하 유사 호 대간 계왈 저기위 죄인 우당

國喪 恣行畋獵 傷害人命 若之何宥之!" 上曰:"卿等所上疏中論
국상 자행 전렵 상해 인명 약지하 유지 상왈 경등 소상 소중 논

佇之懷二心與殺人之罪 皆不甚明白." 臺諫退.
저지회 이심 여 살인 지죄 개 불심 명백 대간 퇴

臺諫上書復請李佇之罪曰:
대간 상서 부청 이저 지죄 왈

'竊惟李佇父子 陰懷二心 甲申以後 政府臺諫所共言也 非自
절유 이저 부자 음회 이심 갑신 이후 정부 대간 소공언 야 비자

今日而始也. 佇以勳親 廢黜遐域 殿下還授職牒 安置臨江 德
금일 이 시야 저이 훈친 폐출 하역 전하 환수 직첩 안치 임강 덕

至渥也. 不自感悟 當殿下斬衰未除 大小臣民 皆以素服 過密
지악 야 부자 감오 당 전하 참최 미제 대소 신민 개 이 소복 알밀

音樂之時 乃率司直文秀生 伴黨金思詳 六十李蒙奇 才人李夫介
음악 지시 내 솔 사직 문수생 반당 김사상 육십 이몽기 재인 이부개

之徒 於十月初二日 畋于安峽縣女眞洞. 安峽 臨江相距不近
지도 어 십월 초 이일 전우 안협현 여진동 안협 임강 상거 불근

馳騁畋獵 固有罪矣 又當射猪之際 夫介者誤中 蒙奇卽死. 蒙奇
치빙 전렵 고 유죄 의 우 당 사저 지제 부개 자 오중 몽기 즉사 몽기

之死 雖在夫介之手 實由佇畋獵之所致也. 然則臣子哀慽之心
지사 수 재 부개 지수 실유 저 전렵 지 소치 야 연즉 신자 애척 지심

安在? 被黜感悟之心何如? 況今不逞之徒 雜處州郡 明其國典 禁
안재 피출 감오 지심 하여 황금 불령 지도 잡처 주군 명 기 국전 금

其黨附 惟其時矣. 佇擅將弓馬 馳騖數郡 恣行畋獵 致傷人命 而
기 당부 유 기시 의 저 천장 궁마 치무 수군 자행 전렵 치상 인명 이

不懲其惡 則臣等恐不逞之徒 不憚國典 黨附所親 或生不測之患
부징 기악 즉 신등 공 불령 지도 불탄 국전 당부 소친 혹생 불측 지환

也. 此臣等前日詣闕再請之意也.
야 차 신등 전일 예궐 재청 지의 야

昔 漢光武時 湖陽公主奴殺人 匿公主家 雒陽令董宣執而殺之.
석 한 광무 시 호양공주 노 살인 익 공주 가 낙양 령 동선 집 이 살지

公主怒 訴于光武 光武將罪宣. 宣曰: "陛下以聖德中興 縱奴殺人
공주 노 소우 광무 광무 장 죄선 선왈 폐하 이 성덕 중흥 종 노 살인

何以治天下乎?" 光武善而赦之. 由是朝野肅淸 以興漢室之業. 若
하이 치 천하 호 광무 선 이 사지 유시 조야 숙청 이흥 한실 지업 약

殿下以至仁 不許鞫問 命攸司收佇職牒 流于畿外; 將夫介斷以
전하 이 지인 불허 국문 명 유사 수 저 직첩 유우 기외 장 부개 단이

其罪; 秀生 思詳及其同獵之徒 痛懲黨附之罪 以警不逞之徒.'
기죄 수생 사상 급 기 동렵 지도 통징 당부 지죄 이경 불령 지도

上曰: "李佇仍舊 臨江村莊安置 禁其出入; 其從獵之徒 時方
상왈 이저 잉구 임강 촌장 안치 금기 출입 기 종렵 지도 시방

極寒 可從輕斷決."
극한 가 종경 단결

忠淸道木州 資福寺石佛汗三日.
충청도 목주 자복사 석불 한 삼일

甲申 命勿禁昏嫁. 從進獻色之啓也.
갑신 명 물금 혼가 종 진헌색 지계 야

丙戌 遣司譯院判官任種義管押 二運馬五百匹如遼東.
병술 견 사역원판관 임종의 관압 이운 마 오백 필 여 요동

海壽至龍泉站 遇黃儼授勅書而還. 上遣都摠制鄭鎭 齋宮醞
해수 지 용천참 우 황엄 수 칙서 이환 상 견 도총제 정진 재 궁온

慰之 不及. 黃儼旣見海壽 乃曰:"時方極寒 不可以處女行 且待
위지 불급　황엄 기견 해수 내왈　시방 극한 불가이 처녀 행 차대

春和 再來迎取 宜善自梳洗." 又曰:"宜加選擇." 遂置鄭氏而去.
춘화 재래 영취 의선 자소세　우왈　의가 선택　수치 정씨 이거

上嘗謂代言金汝知曰:"中國兵興 採女豈其時乎? 乃佯爲舒泰
상 상위 대언 김여지 왈　중국 병흥 채녀 기 기시 호　내양위 서태

耳 必於中途還矣." 至是皆服上之先見. 上以朴矩見辱於海壽 議
이 필어 중도 환의　지시 개복 상지 선견　상이 박구 견욕 어 해수 의

欲選人代之 若海壽有問 則對以矩嘗失禮於使臣 故召而罪之.
욕 선인 대지 약 해수 유문 즉 대 이구 상 실례 어 사신 고 소이 죄지

成石璘曰:"今江氷已合 邊警方急 且以詐誑人 小智也 不如留
성석린 왈　금 강빙 이합 변경 방급 차 이사 광인 소지 야 불여 유

鎭之也." 上然之. 通事全義回自遼東曰:"遼人密言 朝廷傳聞
진지 야　상 연지　통사 전의 회자 요동 왈　요인 밀언 조정 전문

朝鮮起兵助韃靼 故使壽來覘之. 入境便佯怒 以察順逆."
조선 기병 조 달단 고사 수 내 첨지　입경 편 양노 이찰 순역

命求春秋穀梁傳.
명구 춘추곡량전

丁亥 下旨求言:"糧餉 軍國所重. 如有凶荒之災 軍旅之事 今
정해 하지 구언　양향 군국 소중　여유 흉황 지재 군려 지사 금

玆國家所儲 誠爲可慮. 時散二品以上及各司在位者 悉陳備糧餉
자 국가 소저 성위 가려　시산 이품 이상 급 각사 재위 자 실 진비 양향

廣儲蓄之道 實封以聞."
광 저축 지도 실봉 이문

司諫院上言曰:
사간원 상언 왈

'竊惟我國家 南有海寇 北有野人 治兵之事 足食之道 雖在平時
절유 아 국가 남 유 해구 북 유 야인 치병 지사 족식 지도 수 재 평시

不可不慮. 況近年水旱相仍 而殿下卽位以來 憂勤政治 留神武備
불가 불려　황 근년 수한 상잉 이 전하 즉위 이래 우근 정치 유신 무비

內而侍衛 外而蕃鎭 士勵兵強 曠古所無 而足食之道 有所未盡
내이 시위 외이 변진 사려병강 광고 소무 이 족식 지도 유 소미진

焉. 臣等反覆籌之者久矣. 殿下令臣僚 悉陳備糧餉 廣儲蓄之道
언　신등 반복 주지 자 구의　전하 영 신료 실 진비 양향 광 저축 지도

實封以聞 臣等敢言不諱 仰冒天威.
실봉 이문 신등 감언 불휘 앙모 천위

一, 前朝之季 田制大毀 豪强兼幷 公廩虛竭. 惟我
일　전조 지계 전제 대훼 호강 겸병 공름 허갈　유 아

太祖康獻大王 應天順人 創業之初 首革私田 以正疆界 誠盛代
태조강헌대왕 응천 순인 창업 지초 수혁 사전 이정 강계 성 성대

萬世之良法也. 然於給田之法 有可言者. 給田之科 十有八等 其
만세 지 양법 야 연어 급전 지법 유 가언 자 급전 지과 십유팔등 기

第一科 所受之田一百五十結 則所收之租 不爲不多 又所受之
제일과 소수 지전일백 오십 결 즉 소수 지조 불위 부다 우 소수 지

祿 亦不爲不多 此足以供一家一歲之用. 加之以功臣之田 曰開國
록 역 불위 부다 차 족이 공 일가 일세 지용 가지 이 공신 지전 왈 개국

曰定社曰佐命曰元從曰回軍 又有別賜之田 一人所受 幾於千結
왈 정사 왈 좌명 왈 원종 왈 회군 우유 별사 지전 일인 소수 기어 천결

倉廩何自而盈 糧餉何自而足乎? 古之待士也 進而用 則有祿以酬
창름 하자 이영 양향 하자 이족 호 고지 대사 야 진이 용 즉 유록 이수

其勞; 棄而不用 則有田以資其生. 今者旣受科田 又受祿俸 待士
기로 기이 불용 즉 유전 이자 기생 금자 기수 과전 우수 녹봉 대사

之道 可謂無愧於古矣. 臣等願科田之外 功臣別賜田 一皆還收
지도 가위 무괴 어고 의 신등 원 과전 지외 공신 별사전 일개 환수

以充軍資. 凡有功者 賢則賞以官爵 否則賜以布帛 則功無不賞 而
이충 군자 범 유공자 현즉 상이 관작 부즉 사이 포백 즉 공무 불상 이

有餘蓄矣. 且檢校 不仕而食祿 甚爲未便. 亦皆停罷 以補糧餉.
유여 축의 차 검교 불사 이 식록 심위 미편 역개 정파 이보 양향

一. 管仲計煮海之利 以富强其國; 唐劉晏將鹽利 貿易於民
일 관중 계 자해 지리 이 부강 기국 당 유안 장 염리 무역 어민

其利倍於勸農. 然則鹽之利重矣. 今國家設鹽場官 燔鹽貿易 古
기리 배어 권농 연즉 염지 리중 의 금 국가 설 염장관 번염 무역 고

之遺法也. 然布之爲物 飢者不得以爲食 願京外官鹽 皆貿以米
지 유법 야 연 포지 위물 기자 부득이 위식 원 경외 관염 개무 이미

以補糧餉.
이보 양향

一. 金作贖刑 大舜之訓也. 今我國家凡有罪者 若老幼殘疾
일 금 작 속형 대순 지훈 야 금 아 국가 범 유죄 자 약 노유 잔질

不敢加刑 贖之以布. 然而少則守令 大則監司 不報政府而擅用之
불감 가형 속지 이포 연이 소즉 수령 대즉 감사 불보 정부 이천 용지

亦爲未便. 願中外二罪以下 皆贖以米 以補糧餉.'
역위 미편 원 중외 이죄 이하 개속 이미 이보 양향

下議政府擬議.
하 의정부 의의

癸巳 議政府啓吏典遷轉之法. 啓曰:"吏典遷轉 皆從本衙門
계사 의정부 계 이전 천전 지법 계왈 이전 천전 개종 본아문

高下 今巡禁司令史 三軍典吏 承政院椽吏 尙瑞司書吏 以二品
고하 금 순금사 영사 삼군 전리 승정원 연리 상서사 서리 이 이품

三品衙門吏典而從一品衙門例 七品去官 未便. 乞四衙門吏典 從
삼품 아문 이전 이 종일품 아문 예 칠품 거관 미편 걸 사 아문 이전 종

六曹令史例 八品去官."從之.
육조 영사 예 팔품 거관 종지

丙申 命李原 柳廷顯 尹思修 金彌就職. 建文四年七月初一日
병신 명 이원 유정현 윤사수 김미 취직 건문 사년 칠월 초 일일

議政府受判: "各道各官貢賦 監司守令趁節上納 限翼年漕轉時.
의정부 수판 각도 각관 공부 감사 수령 진절 상납 한 익년 조전 시

如有逋欠者 見任及遞任受職者 幷停職; 前銜則本鄕付處; 其中
여유 포흠 자 현임 급 체임 수직 자 병 정직 전함 즉 본향 부처 기중

尤甚者 幷收職牒外方付處; 監司失覺察者 停職; 尤甚者 外方
우심 자 병 수 직첩 외방 부처 감사 실 각찰 자 정직 우심 자 외방

付處." 至是 吏曹考覈戊子年貢物未納者 報議政府 令司憲府
부처 지시 이조 고핵 무자년 공물 미납 자 보 의정부 영 사헌부

劾啓之. 李原 柳廷顯 尹思修等六人 坐前任監司失覺察; 前
핵 계지 이원 유정현 윤사수 등 육인 좌 전임 감사 실 각찰 전

廣州牧使金彌 前判海州牧事金繼志等數十人 亦以守令當得罪.
광주목사 김미 전판 해주목 사 김계지 등 수십 인 역 이 수령 당 득죄

議政府以尹思修爲官馬提調 金彌爲京畿觀察使 事務方劇 請
의정부 이 윤사수 위 관마 제조 김미 위 경기관찰사 사무 방극 청

且視事 上不可曰: "今方立法 而遽欲毁之可乎? 令承政院復審
차 시사 상 불가 왈 금방 입법 이 거 욕 훼지 가호 영 승정원 부심

李原等罪狀輕重以聞 乃有是命 餘皆論罰有差.
이원 등 죄상 경중 이문 내 유 시명 여 개 논벌 유차

織紋驣虞旗成. 中軍朱雀 左軍靑龍 右軍白虎. 上御便殿 用
직문추우기 성 중군 주작 좌군 청룡 우군 백호 상 어 편전 용

行信寶爲誌 賜宣召烏梅牌于孝寧君忠寧君 以天地兩字左半. 上
행 신보 위지 사 선소오매패 우 효령군 충녕군 이 천지 양자 좌반 상

謂近臣曰: "國家設新法 初則喧沸 其終末有成效. 今所定驣虞
위 근신 왈 국가 설 신법 초 즉 훤비 기 종말 유 성효 금 소정 추우

織紋旗之法 宜令中外通知."
직문기 지법 의령 중외 통지

分世子殿宿衛爲三番. 淸平君李伯剛 元尹咬 上護軍沈泟 少尹
분 세자전 숙위 위 삼번 청평군 이백강 원윤 교 상호군 심정 소윤

趙興爲一番 平壤君趙大臨 正尹淮 庫使沈寶 部令趙愛爲二番
조흥 위 일번 평양군 조대림 정윤 회 고사 심보 부령 조애 위 이번

吉川君權跬 正尹興露 判官李仲蔓 奉禮郎趙倫爲三番.
길천군 권규 정윤 흥로 판관 이중만 봉례랑 조륜 위 삼번

丁酉 命義興府摠制以下日講兵書. 命左代言金汝知往義興府
정유 명 의흥부 총제 이하 일강 병서 명 좌대언 김여지 왕 의흥부

參考兵書通否.
참고 병서 통부

又遣右副代言許遲 講兵書于義興府凡五日.
우 견 우부대언 허지 강 병서 우 의흥부 범 오일

賜護軍平道全家. 尹穆之家也.
사 호군 평도전 가 윤목 지 가야

遣護軍任均禮 管押三運馬五百匹如遼東.
견 호군 임균례 관압 삼운 마 오백 필 여 요동

| 원문 읽기를 위한 도움말 |

① 以事大之禮言之. '以~言之'는 '~라는 점에서 말하자면'이라는 구문이다.
   이 사대 지 례 언지   이   언지
② 是可忍也 孰不可忍也! 이 표현은 『논어(論語)』 「팔일(八佾)」에 나오는 다
   시 가인 야 숙불가인 야
   음 공자의 말을 그대로 쓴 것이다. 그만큼 분노했다는 뜻이다. 대부에 불

   과한 계씨(季氏)가 천자만이 사용할 수 있는 예법인 팔일춤을 자기 마당

   에서 추게 하자 공자가 했던 말이다. 孔子謂季氏 八佾舞於庭 是可忍也
                                    공자 위 계씨   팔일 무 어 정 시 가인 야
   孰不可忍也.
   숙 불가 인 야

태종 9년 기축년
12월

十二月

무술일(戊戌日-1일) 초하루에 상이 친히 문소전(文昭殿)에 제사를 지냈다.

○ 하륜(河崙), 성석린(成石璘), 조영무(趙英茂), 이천우(李天祐), 이숙번(李叔蕃), 윤저(尹柢), 한규(韓珪), 박자청(朴子靑), 심구령(沈龜齡), 연사종(延嗣宗)에게 선소 오매패(宣召烏梅牌) 하나씩을 내려주었다. 대신(大臣)들에게 물어 말했다.

"납(臘)이라는 것은 엽(獵)이니 금수(禽獸)를 사냥해 제사(祭祀)에 쓰는 것이다. 지금 정한 군령(軍令)을, 내가 사냥을 통해 시험하고자 하는데 어떠한가?"

모두 말했다.

"좋습니다."

상이 일찍이 대언(代言)에게 납일(臘日)의 뜻을 물으니 이렇게 대답했다.

"역대(歷代)에 (각 나라별로) 스스로 숭상(崇尙)하던 오행(五行)의 묘(墓)를 납일(臘日)[1]로 삼았습니다."

---

1   금(金)·목(木)·수(水)·화(火)·토(土) 오행(五行)의 포태법(胞胎法)에 의해 납향일(臘享日)을 정한다는 말이다. 여기서의 묘(墓)는 장(葬)을 말함이니, 예(例)를 들면 금(金)은 인(寅)에서 기포(起胞)하여 사(巳)에서 생(生)하고, 유(酉)에서 왕(旺)하며, 축(丑)에서 장(葬)하는데, 이 장(葬)을 묘(墓)라고 한다. 그러므로 위의 예(例)에서는 축월(丑月-12월)이

○ 대간(臺諫)이 교장(交章)한 소(疏)를 올려 말했다.

'지난번에 대사헌 이문화(李文和)가, 윤목(尹穆)에겐 추당(推黨)[2]의 죄목을 숨겼고, 이무(李茂)에 대해서는 나직(羅織)[3]이란 말을 내뱉었습니다. 그리고 또 용생(龍生-유용생)의 죄를 청하던 때에는 병을 청탁해 참여하지 않았으니 죄가 이보다 더 클 수 없습니다. 이 때문에 신 등이 그 정상을 갖춰 물어 함께 글을 올려[交章] 죄를 청했는데 _{교장} 전하께서 곧바로 유윤(俞允)하지 않으시니 신 등은 감히 함묵(緘默-침묵)하지 못하고 거듭 청하여[申請] 마지 않는 바입니다. 무릇 안으 _{신청} 로는 간사한 마음을 품고 겉으로는 충의(忠義)를 보이는 것은, 고금(古今)의 신하(臣下)에게 용서할 수 없는 죄입니다. 바라건대 전하께서는 유사(有司)에게 명해 그 직첩(職牒)을 거두고 그 죄를 국문함으로써 신하로서 두 마음을 품는 자를 경계하신다면 국가가 심히 다행이겠습니다.'

또 소를 올려 말했다.

'난신적자(亂臣賊子)는 하늘과 땅이 용납하지 않는 바이고, 사람마다 각자 모두 (임의로) 벨 수 있는 것입니다. 이 때문에 한(漢)나라 장수(將帥)들이 공로가 무겁지 않은 것은 아니었으나 한 고조(漢高祖)는 그들을 주살했습니다. 고조(高祖)인들 어찌 공신(功臣)을 보전하고자 하지 않았겠습니까? (그럼에도 이렇게 한 것은) 결국 종사(宗

납향일(臘享日)이 되는 것이다.

2 당여(黨與)를 추문(推問)하는 것을 말한다.

3 비단 짜듯이 남의 없는 죄를 얽어서 꾸며 만드는 것을 말한다.

社)를 무겁게 여겼기 때문입니다. 신극례(辛克禮)는 별로 재덕(才德)도 없고, 성품과 행실이 잔혹하여 제 몸 있는 것만 알고 국가가 있는 것은 알지 못해 헌장(憲章)을 가볍게 어기고 예법(禮法)을 허물고 어지럽히니[毁亂] 나라 사람들이 이를 갈면서도 감히 말하지 못한 지 오래 됐습니다. 또 난신(亂臣) 무구(無咎)·무질(無疾)에게 당부(黨附)하여 종지(宗支)를 가볍게 보고 묵희(墨戲)한 종이를 손으로 찢어 국가 화란(國家禍亂)의 계제(階梯)를 만들었으니 신하로서의 죄 중에 무엇이 이보다 크겠습니까! 그래서 대간(臺諫)이 함께 글을 올려 죄를 청했는데, 전하께서 특별히 은유(恩宥)를 가해 천토(天討)를 베풀지 아니하여 극례로 하여금 저절로 죽게 해 천수(天壽)를 다하게 하는 바람에 그 자손들로 하여금 부귀(富貴)를 전하고 지킬 수 있게 하여[傳守] 공신전(功臣田)과 전민(田民)까지도 공공연히 수용(受用)하게 하니 심히 마음 아픈 일입니다. 그리하여 신 등이 그 동안에 그 죄를 거듭 청했으나 전하께서 윤허하지 않으셨습니다. 전하께서는 공신(功臣)과 종사(宗社) 중에 어떤 것이 무겁고 어떤 것이 가볍다 생각하십니까? 신 등은 바라건대 그 직첩(職牒)을 거두고 그 전민(田民)을 몰수하고 그 자손들을 금고(禁錮)⁴시킴으로써 다른 사람의 신하가 돼 신하 노릇을 하지 못한[不臣=不敬] 죄를 경계하시면 심히 다행이겠습니다."

---

4 범죄 사실이 있는 사람을 등용하지 못하게 벼슬길을 막는 형벌이다. 금고는 본인에 한하는 것과 본인 및 그 자손에게까지 적용하는 두 가지가 있었다. 이 밖에 조선시대에는 서얼(庶孽)의 벼슬길을 막는 서얼 금고, 재가한 여자의 자녀의 벼슬길을 막는 재가여자(再嫁女子) 금고가 있었다.

모두 윤허하지 않았다.

기해일(己亥日-2일)에 좌정승 성석린(成石璘)이 사면(辭免)을 청했으나 허락하지 않았다.

경자일(庚子日-3일)에 오매패(烏梅牌)로 조영무(趙英茂), 이천우(李天祐), 이숙번(李叔蕃), 연사종(延嗣宗)을 부르고 또 영안군(寧安君) 이양우(李良祐)와 총제(摠制) 김만수(金萬壽)를 불러 대궐에 나오게 하고서 명해 말했다.

"옛날 납향(臘享)에는 짐승을 사냥해 종묘(宗廟)에 바쳤다. 지금 영안군(寧安君)으로 하여금 중군(中軍), 안성군(安城君)으로 하여금 좌군(左軍), 김만수(金萬壽)로 하여금 우군(右軍)을 맡게 해 직문기(織紋旗)를 주고 조 정승(趙政丞-조영무)은 삼군(三軍)을 총지휘해 교외(郊外)에서 사냥을 해 털을 깎지 않은 것, 얼굴이 상하지 않은 것을 골라 종묘(宗廟)에 올리도록 하라."

천우(天祐)와 사종(嗣宗)에게 일러 말했다.

"경 등은 의흥 당상(義興堂上)이 됐으니 함께 가서 군사(軍士)의 진퇴(進退) 좌작(坐作-앉고 일어섬)의 절차를 가르치고 군사들로 하여금 자기 군(軍)의 기(旗)를 본 뒤에 군령(軍令)에 추창(趨蹌)하게 하는 것이 좋겠다. 이번뿐만 아니라, 다른 날에도 특별히 장수(將帥)를 맡도록 명하는 때가 있으면 비록 예전 장수가 아니라 하더라도 명(命)을 받들어 기(旗)를 가진 자가 곧 그들의 장수(將帥)이니, 삼군(三軍)의 군사로 하여금 그 기(旗)를 보고 그들의 장수인 줄을 알게 하는 것이 옳겠다."

조금 뒤에 내시부판사(內侍府判事) 이광(李匡)을 보내 궁온(宮醖-궁중의 술)을 싸 가지고 가서 여러 장수들을 군중(軍中)에서 위로하게 했다. 애초에 상이 근신(近臣)들에게 일러 말했다.

"납일(臘日)이 이미 가까워졌으니 예(禮)에는 비록 사냥해야 마땅하나 3년상이 끝나지 않았으니 장차 어찌해야 할까?"

좌대언 김여지(金汝知) 등이 아뢰었다.

"사냥하여 제사에 바치는 것이 예(禮)입니다."

상이 의정부에 물었다.

"납향(臘享)에 올리는 여우, 토끼, 노루, 사슴은 장차 털을 뽑고 가죽을 벗겨서 올릴 것인가?"

정부에서 아뢰었다.

"털만 뽑고 가죽은 벗기지 않은 채 생체(生體)로 올리소서."

○ 삼원(三元)⁵과 사립(四立)⁶의 날에 태일초(太一醮)를 행하라고 명했다. 예조(禮曹)에서 아뢰었다.

"통주(通州)의 태일초례(太一醮禮)는 매달 초하루와 보름에 행하지 말고, 삼원일(三元日)을 맞으면 특별히 사람을 보내 초례(醮禮)를 행하고, 사립일(四立日)에는 그 고을 수령으로 하여금 재숙(齋宿)하고 정성을 들여 초례(醮禮)를 행하게 해야 할 것입니다."

그것을 따랐다.

---

5 정월·7월·10월의 15일을 말한다.
6 입춘(立春)·입하(立夏) 입추(立秋)·입동(立冬)을 말한다.

계묘일(癸卯日-6일)에 황희(黃喜)를 형조판서(刑曹判書), 윤사수(尹思修)를 의정부참지사로 삼았다.

○각 품(品)에 차등 있게 쌀을 내도록 명령했다. 군량(軍糧)을 보충하기 위함이었다. 시행(時行-현직) 1품(品)은 쌀10석(石), 2품은 9석, 공신(功臣)은 3분의 1을 더하고, 정3품은 7석, 종3품은 6석, 4품은 4석, 5품은 3석, 6품은 2석, 7품은 1석, 8품은 10두(斗), 9품 권무(權務)는 5두이고, 전함(前銜) 1품은 5석, 2품은 4석, 3품은 3석, 4품은 2석, 5품은 20두(斗), 6품은 1석, 7품은 10두(斗), 8품은 5두, 9품 권무(權務)는 3두이고, 수전과부(受田寡婦)는 매(每) 10결(結)에 1석이고, 무수전(無受田) 전함(前銜) 1품은 3석, 2품은 2석, 3품은 1석, 4품은 10두, 5품은 8두, 6품은 7두, 7품은 5두, 8품은 3두, 9품 권무(權務)는 2두이고, 서인(庶人)·상공(商工)·천구(賤口)는 대호(大戶)는 3두, 중호(中戶)는 2두, 소호(小戶)는 1두이고, 피륭(疲癃)[7] 폐질자(廢疾者)는 거두지 말게 하고, 외방(外方)에서는 이미 행이(行移)한 것에 의거해 호급둔전(戶給屯田)의 수(數)를 거두게 했다. 상이 말했다.

"거두는 곳과 관장할 관원을 마땅히 빨리 결정하여 세전(歲前)에 다 거두도록 하라. 내가 장차 종친(宗親)을 독촉해 남보다[爲人] 먼저 바치게 하겠다."

갑진일(甲辰日-7일)에 성균 학관(成均學官)[8]에게 정밀하게 고강(考

---

7 병들어 파리하고 노쇠(老衰)한 사람을 가리킨다.
8 학관은 제생들에게 강의를 맡은 사람을 말한다.

講)할 것을 명했다. 학록(學錄)⁹ 손증전(孫曾傳)을 불러 말했다.

"일찍이 읽은 경서(經書)를 고강(考講)하여 그 통과한 것을 쓰고, 이름을 갖춰 계문(啓聞)하라. 내가 장차 세후(歲後-설 쉰 후)에 진사(進士) 생원(生員)을 광연루(廣延樓)에 기재(寄齋)시켜 문관 재상(文官宰相)과 대언으로 하여금 정밀하게 고강하여 만일 계문(啓聞)한 것과 어긋나는 것이 있으면, 행수관(行首官)으로부터 종말원(終末員)에 이르기까지 모두 죄(罪)를 주겠다."

상이 인재(人材)가 예전만 못한 것[不古_{불고}]을 탄식하여 사문(斯文-유학)을 떨쳐 일으키려고[振起_{진기}] 하여 이런 명이 있었다.

을사일(乙巳日-8일)에 (3정승인) 하륜(河崙) 성석린(成石璘) 조영무(趙英茂)와 의흥부(義興府) 당상(堂上)을 불러 편전(便殿)에서 일을 토의하고 술자리를 베풀었다. 륜(崙) 등 세 사람에게 초피(貂皮) 50령(領)씩을 내려주었다.

병오일(丙午日-9일)에 사역원 지사 이자영(李子瑛)을 보내 네 번째 운반말[四運馬_{사운 마}] 700필을 이끌고 요동(遼東)에 가게 했다.

---

9 조선시대 성균관(成均館)에 둔 정9품(正九品) 관직으로 정원은 3원이다. 위로 지사(知事-정2품)가 1원으로 대제학(大提學)이 정례대로 겸직하며, 동지사(同知事-종2품) 2원, 대사성(大司成-정3품), 좨주(祭酒-정3품), 사성(司成-종3품) 각 1원, 사예(司藝-정4품) 2원, 사업(司業-정5품) 1원, 직강(直講-정5품) 4원, 전적(典籍-정6품) 13원, 박사(博士-정7품), 학정(學正-정8품) 각 3원이 있고, 아래로 학유(學諭-종9품) 3원이 있다. 대사성 이하 성균관에 소속된 관원을 총칭하여 관직(館職)이라고 했다.

정미일(丁未日-10일)에 상이 문소전(文昭殿)에 나아가 납향제(臘享祭)를 거행했다. 사냥한 새를 종묘(宗廟)에 올리도록 명하고 이어서 예조(禮曹)에 명해 (그것을) 일정한 법식으로 삼게 했다.

무신일(戊申日-11일)에 대마도(對馬島) 객인(客人)이 대궐에 나아와 토산물을 바쳤다.

○사헌부에서 무구(無咎) 등 7인의 죄를 청했다. 소는 이러했다.

'남의 신하된 자의 죄 중에서 불충(不忠)보다 더 큰 것이 없으니 불충한 죄는 마땅히 곧바로 천토(天討)를 가해야 하는 것으로 이는 옛 빼어나고 뛰어난 이의 훈전(訓典)이고, 또 전하께서도 일찍이 거울로 삼으신 것입니다. 전일에 정부(政府) 공신(功臣) 대간(臺諫) 백관(百官)이 이를 가지고 청했으나 아직 유윤(俞允)을 얻지 못해 난적(亂賊)의 당(黨)으로 하여금 성명(性命)을 보전하게 했으니 이것이 신들이 크게 마음 아파하는 바입니다. 전하께서 영명(英明)하고 용지(勇智)한 자품(資稟)을 갖고 계시면서도 오직 난적(亂賊)을 주토(誅討)하는 일에 있어서만은 임시변통[姑息]의 은혜로 인해 결단하지 못하시고, 다만 외방(外方)에 안치하셨으니 신 등은 전하를 위해 한스럽게 여깁니다. 역적(逆賊)·무구(無咎)·무질(無疾)·윤목(尹穆)·유기(柳沂)·희민(希閔-조희민)·사덕(思德-강사덕)·이빈(李彬) 등은 벼슬이 달관(達官-고관)에 이르러 혹은 일찍이 병권(兵權)을 잡고 혹은 일찍이 한 방면(方面)을 전제(專制)하던 자들입니다. 그들이 사람을 쓰는 것이 크고, 권세를 베풀던 것이 마음대로였는데, 지금 머리를 보전하고 밖에 늘어서 있으니 어찌 속으로 앙심을 품어[怏怏] 금장(今將)

608

의 마음을 더하지 않겠습니까? 또 지금 중국(中國)에 군사가 일어났으니, 만일[脫=儻] 불우(不虞)의 변(變)이 있으면 중간에서 일어날는지도 알 수 없습니다. 불행히도 이러한 지경에 이른다면 오늘의 임시 변통의 어짊[姑息之仁]이 훗날 쓸데없는 후회가 되지 않을까 두렵습니다. 이것이 신 등이 길게 탄식하는 것입니다. 엎드려 바라건대 전하께서는 큰 의로움으로 결단하여 극형에 처하신다면 종사(宗社)가 심히 다행하겠습니다.'

사헌부에서 다시 소(疏)를 올려 이저(李佇)의 죄를 논하고, 변방에 안치하여 종마(從馬)를 회수하고 왕래하는 사람들을 금절(禁絶)시켜 그 악(惡)을 징계할 것을 청했으나 윤허하지 않았다.

경술일(庚戌日-13일)에 둔전(屯田)을 회복할 것을 명했다. 상이 좌정승 성석린(成石璘)이 병(病)이 있어 일을 볼 수 없다는 말을 듣고 사인(舍人)[10] 신개(申槪)를 불러 전해 말했다.

"무릇 기밀(機密)에 관한 일이 있으면 그 집에 가서 품(稟-의견)을 받아 시행하라."

또 개(槪)에게 일러 말했다.

"각사(各司)에서 진언(陳言)한 것을 속히 보고 그 행할 만한 사목(事目)을 조목조목 올려라. 그중에서도[就中] 둔전을 다시 세우는[復立] 일이 가장 먼저 해야 할 일이니, 만일 둔전을 회복하게 되면 무릇 백

---

10 태종 때 국초의 문하부(門下府)가 의정부로 관제 개편됨에 따라 내서사인(內書舍人-정4품)을 의정부사인으로 이름을 바꿨다.

성을 부리는 일은 모두 다 없애고 오로지 농사에만 힘쓰게 하라."

개가 말했다.

"진언(陳言)한 것은 지금 이미 다 보았으나 정승이 병이 있기 때문에 즉시 계달(啓達)하지 못했습니다. 평주(平州), 배주(白州), 강음(江陰), 예산(禮山), 음죽(陰竹)의 혁파(革罷)했던 국둔전(國屯田)을 다시 세우는 일에 대해서는 이미 곧 행이(行移-문서로 지시)했고, 호급둔전(戶給屯田)에 대해서는 이미 조령(條令)이 있었으니, 만일 정파(停罷-폐지)한다는 명령이 없을 것 같으면 자연히 거행될 것입니다."

또 의정부에 명해 말했다.

"지금 군국(軍國)의 일이 번잡하고 많으니 군비를 갖추는 일과 농사를 권장하는 일 그리고 학문을 진흥하는 등의 일을 제외한 공사(公私), 토목(土木) 등 잡역(雜役)은 일절 모두 없애도록 하라."

신해일(辛亥日-14일)에 달이 귀성(鬼星)의 북쪽에 있었다.

○ 부잣집[富家]의 곡식을 검색했다[括]. 의정부에서 아뢰었다.

"각도(各道)의 부자들이 비축하고 있는 곡식을, 본호(本戶)의 인구(人口)를 계산하여 적으면 200석(石), 많으면 300석을 적당하게 주인에게 주고, 그 나머지 잡곡(雜穀)은 관(官)에서 그 수량을 기록하여 그대로 그 집에 두고, 만일 국가의 용도가 넉넉지 못하면 관(官)에서 값을 주고 공용(公用)에 충당하고, 일이 없으면 도로 그 주인에게 돌려주도록 해야 할 것입니다."

그것을 따랐다.

○ 제주(濟州)의 자제들이 자원(自願)해서 시위(侍衛)하는 것을 허

락했다. 의정부에서 아뢰었다.

"제주의 자제 중에서 시위(侍衛)를 자원(自願)하는 자는 서울에 오는 것을 허락하고, 그 민간의 마필(馬匹)은 탈 만한 것을 가려 2,000필을 한도로 하여 육지(陸地)로 내올 수 있게 해야 할 것입니다."

그것을 따랐다.

임자일(壬子日-15일)에 상이 문소전(文昭殿)에 나아가 망제(望祭)를 거행했다.

○ 사직(司直) 김인부(金仁富)를 보내 다섯 번째 운반말[五運馬] 700필을 이끌고 요동(遼東)에 가게 했다.

○ 경상도 경차관(慶尙道敬差官) 한옹(韓雍)이 돌아와 편민(便民)[11] 몇 조목을 올렸다. 아뢰어 말했다.

"백성들의 자원(自願)에 따라 봄에 창고(倉庫)의 묵은 콩[陳豆]을 내주고 가을에 가서 새 콩[新豆]으로 거두며, 공아(公衙-관아)의 마료(馬料-말 먹이)에 있어서도 묵은 콩을 사용케 하소서. 또 높고 험한 산성(山城)에 물이 있는 곳은 매번 농한기를 당하면 수축(修築)하게 하되, 3년으로 한(限)하고, 또 백성들이 쌀을 바치는 것을 어렵게 여기니 면포(緜布)를 거두는 밭에는 쌀로 거두지 말게 해야 할 것입니다."

그것을 따랐다.

갑인일(甲寅日-17일)에 전농시(典農寺)를 고쳐 전사시(典祀寺), 봉상

---

11 백성들을 편리하게 할 계책(計策)을 말한다.

시(奉常寺)를 고쳐 전농시(典農寺)로 했다. 상이 생각하기를, 제사(祭祀)는 나라의 큰일인데, 전적으로 관장(管掌)하는 관원이 없고, 다른 관원으로 겸임하는 것이 의리상으로 자연스럽지 못할 뿐만 아니라, 전농시(典農寺)에서 제사를 받드는 것은 그 이름에 맞지 않는다고 여겨 의정부에 명해 깊이 토의하게 했다. 정부에서 아뢰었다.

"전농시(典農寺)를 전사시(典祀寺)로 고치고 예조(禮曹)에 소속시켜, 자성(粢盛)[12]·거창(秬鬯)[13]·변두(籩豆)[14]를 맡게 하고, 제복(祭服) 악기(樂器) 희생(犧牲) 재계(齋戒) 등의 일을 겸해서 맡게 하며, 봉상시(奉常寺)를 전농시(典農寺)로 고치고 호조(戶曹)에 소속시켜, 적전(籍田)을 경작하여 자성 거창의 준비를 맡게 하고, 권농(勸農) 둔전(屯田) 등의 일을 겸해 맡게 하되, 예전에 봉상시가 맡았던 기공(記功-공훈 기록), 증시(贈諡) 교악(敎樂) 등의 일은 예조(禮曹)로 옮겨서 소속시키고, 예전에 전농시에 소속됐던 노비는 적당히 전사시(典祀寺)에 지급하고, 그 밖의 것은 새 전농시에 옮겨서 소속시키는 것이 거의 사리에 부합할 듯합니다."

그것을 따랐다.

○ 예조(禮曹)에서 말씀을 올렸다.

"삼가 『문헌통고(文獻通考)』를 살펴보건대 송 태종(宋太宗) 옹희(雍熙) 2년 11월에 조서(詔書)하기를 '사냥하여 친히 잡은 짐승을 유사

---

12 제품(祭品)을 말한다.
13 제주(祭酒)를 말한다.
14 제기(祭器)를 말한다.

(攸司)에게 주어 태묘(太廟)에 천향(薦享)하라'고 했고, 진종(眞宗) 함평(咸平) 3년 12월에 사냥하여 잡은 여우·토끼를 태묘에 천향하고, 그 나머지를 중서(中書) 추밀원(樞密院)에 주었습니다. 청컨대 옛 제도에 의거하여 종묘(宗廟) 납일(臘日)에 천향(薦享)하는 짐승을, 본조(本曹)에서 전기(前期)하여 의정부에 보고하고, 의정부는 의흥부(義興府)에 행이(行移)하고 계문(啓聞)해 사냥해서 잡은 짐승을 전사시(典祀寺)에 주어 천향하게 하되 항식(恒式)으로 삼아야 할 것입니다."

○ 소도군(昭悼君-이방석)과 공순군(恭順君-이방번)의 분묘전(墳墓田)을 공수(公收-나라에서 세금을 거두는 것을 말함)하지 말 것을 명했다.

○ 일본 국왕이 사자를 보내와 빙문했다.

○ 사헌부에서 민무구(閔無咎) 등 7인의 죄를 청했다. 말씀을 올렸다.

'신 등이 듣건대 "눈 밝은 임금[明主]은 간언을 막지 않고 듣는 것을 넓히며, 충성스러운 신하[忠臣]는 죽음을 두려워하지 않고 곧은 말을 한다[直言]"라고 했습니다. 그러므로 (신들은) 감히 난적(亂賊)을 주토(誅討)해야 된다고 죽음을 무릅쓰고[昧死] 아뢰어 기필코 윤허(允許)를 얻은 뒤에야 그만두려 합니다. 엎드려 바라건대 전하께서는 전일(前日)의 한 번만이 아닌 청(請)을 살피시고, 신 등의 그치지 않는 뜻을 깊이 헤아리시어, 무구(無咎)·무질(無疾)·윤목(尹穆)·이빈(李彬)·강사덕(姜思德)·유기(柳沂)·조희민(趙希閔) 등을 극형(極刑)에 처함으로써 한 나라 신민(臣民)의 바라는 바를 터주시고, 후세(後世) 난적(亂賊)의 마음을 징계해야 할 것입니다.'

소(疏)를 궁중에 머물러 두고 (유사에) 내리지 않았다.

병진일(丙辰日-19일)에 박은(朴訔)을 서북면 도순문찰리사(西北面都巡問察理使)[15]로 삼았다. 의정부에서 아뢰었다.

"서북면(西北面) 1도(道)가 사신의 왕래로 인하여 피폐함이 더욱 심하니, 청컨대 호급둔전(戶給屯田)의 지출(支出)을 면제해야 할 것입니다."

그것을 따랐다.

○ 조박(趙璞)의 (공신) 녹권(祿券)을 추탈(追奪)하고, 그 자손을 금고(禁錮)했다. 정도전(鄭道傳)·이근(李懃)·장지화(張至和)·심효생(沈孝生)·오몽을(吳蒙乙)의 녹권을 추탈하고, 그 토전(土田)과 장획(臧獲-노비)을 거둬들일 것을 명했다. 사헌부에서 소(疏)를 올렸는데 대략 이러했다.

'신하의 죄 중에서 두 마음을 품는 것보다 더 큰 것이 없으니, 두 마음을 품은 죄는 마땅히 중전(重典-중벌)에 처해야 합니다. 예전에 [曩者] 평원군(平原君) 조박(趙璞)은 다행히 전하의 인친(姻親)이라 하여 훈신(勳臣)의 대열에 참여하고 그 지위가 재보(宰輔)에 이르렀으니 총애와 영예[寵榮]를 입은 것이 지극합니다. 그러나 도리어 족

---

15 도순문찰리사는 도순문사와 같다. 원래 군사관계의 임무를 띠고 재추(宰樞)로서 임명돼 지방에 파견되던 임시관직이었으나, 양계(兩界)에 있어서는 공민왕 후년까지 그 지방장관의 임무를 맡고 있던 존무사(存撫使)의 민사적 업무까지 흡수하여 군사·민사를 모두 관장하는 지방장관이 되었다. 서북면(西北面)의 도순문사는 평양윤(平壤尹)을 겸하고 동북면의 도순문사는 화령윤(和寧尹)을 겸하여 그 치사(治司)가 각각 평양부와 화령부에 있었다.

친(族親)으로서 유씨(柳氏)의 아들 불노(佛奴)를 상왕(上王)의 아들이라 거짓으로 일컬어 궁중(宮中)에 들이고, 원자(元子-왕자)로 삼기를 청했는데, 상왕(上王)께서 아들이 아니라고 거절하고 받아들이지 않았으니, 거짓으로 일컬은 것이 분명합니다. 그리고 온 나라 신민(臣民)들이 모두 전하에게 귀부(歸附)하는데 박(璞)만이 두 마음을 품고 불궤(不軌)한 일을 도모했으니 그 간사하고 불충(不忠)한 죄는 마땅히 법에 의해 처치해야 할 것인데 그 몸이 이미 죽었으니 이것이 신 등이 통분(痛憤)하게 여기는 것입니다. 그러나 죄악을 저지른 사람은 그 몸이 살고 죽는 데 관계가 없고, 때가 옛날과 지금이 없습니다. 엎드려 바라건대 전하께서는 유사(攸司)로 하여금 관(棺)을 베고 그 집을 헐어서 못을 파며[瀦宅], 또 자손을 금고하고 녹권을 거두며 가산(家産)을 적몰(籍沒)함으로써 뒤에 오는 자들에게 (징계함을) 보여야 할 것입니다.'

또 상소를 올려 말했다.

'공신(功臣)의 의리는 마땅히 사직(社稷)을 위해 죽어야 하는 것이기 때문에 토전(土田)과 노비를 상(賞)으로 주어 그 자손을 넉넉하게 길러 주는 것입니다. 남은(南誾), 정도전(鄭道傳), 이근(李懃), 심효생(沈孝生), 장지화(張至和), 오몽을(吳蒙乙), 등은 서얼(庶孼)인 어린아이(-이방석)를 끼고 종실(宗室)을 무너뜨리려 했고, 신극례(辛克禮)는 난적(亂賊)에 당부(黨附)하여 종지(宗支)를 제거하려고 했으니, 모두 사직(社稷)의 신하가 될 수 없는 것이 분명합니다. 어찌 토전(土田)과 장획(臧獲-노비)을 영구히 주어 처자(妻子)를 후하게 기르게 할 수 있겠습니까? 청컨대 토전과 장획을 거둬 국용(國用)에 충당해야 할 것입니다.'

상이 말했다.

"이것들은 모두 큰일이니 내가 대신(大臣)을 만나보고 깊이 토의하여[熟議] 시행하겠다."
숙의

사헌부에서 다시 글을 올려 말했다.

'전일(前日)에 아뢴바, 불궤(不軌)를 몰래 모의해 금장(今將)의 계책을 꾸미려 한 무구·무질·윤목(尹穆)·이빈(李彬) 등은 전형(典刑)에 의해 처치해 대중의 마음[興情]을 통쾌하게 하시고, 이성(異姓)으로
여정
서 종사(宗社)를 옮기고자 한 조박(趙璞)은 관(棺)을 베고 집을 헐어서 못을 파고, 그 자손을 금고(禁錮)하고 녹권(祿券)을 회수하며, 가산(家産)을 적몰(籍沒)해야 할 것입니다. 그리고, 난신(亂臣)과 서로 연결을 맺어 종지(宗支)를 제거하려고 꾀한 자는 신극례(辛克禮)이고, 어린 서얼을 끼고서 도와 종사(宗社)를 무너뜨리기를 꾀한 자는 남은(南誾)·정도전(鄭道傳)·이근(李懃)·심효생(沈孝生)·장지화(張至和)·오몽을(吳蒙乙)입니다. 이들은 모두 공신(功臣)의 토전과 장획을 거둬들여 국용(國用)에 충당해야 할 것이니 이는 신이 일찍이 통분하게 여기어 조목조목 아뢴 것입니다. 전일에 전하께서 지신사 안등(安騰)으로 하여금 뜻을 전하시기를 "대신(大臣)에게 자문(咨問)하여 시행코자 하니, 미봉(彌縫-임시방책)이라고 말하지 말라"고 하셨습니다. 신 등이 물러와 생각하니 상항(上項)의 아뢴 것은 신 등만의 오늘날 억견(臆見)이 아니라, 정부(政府)·공신(功臣)·대간(臺諫)·백사(百司)가 이미 일찍이 여러 번 청했으나, 유윤(俞允)을 입지 못하여 밤낮으로 가슴을 치는 것입니다. 어찌 반드시 대신과 의논한 연후에 시행하겠습니까? 엎드려 바라건대 전하께서는 신 등의 전일에 거듭 청한

것에 따라 곧 유사(攸司)에 명해 조목조목 단죄(斷罪)해야 할 것입니다. 또 예전에 거짓으로 이성(異姓)을 갖고서 정위(正位)를 빼앗기를 도모한 것이, 경사(經史)에 상고하면 가끔 있습니다. 지금 불노(佛奴)가 상왕(上王)의 아들이 아닌데도, 친아들이라고 속여 말하여 임의로 궁중(宮中)에 들여보냈으나, 상왕께서 곧 아들이 아니라고 해를 가리켜 맹세하셨으니, 어찌 신 등만이 들었을 뿐이겠습니까? 나라 사람들도 모두 아는 것입니다. 그런데 다만 밖에 두어서 머리를 보전하게 했으니, 조박(趙璞) 같은 무리가 후일에 다시 생기지나 않을지 어찌 알겠습니까? 바라건대 전하께서는 (불노가) 상왕의 아들이 아니란 것을 밝게 보시고, 아울러 극형(極刑)에 처하여 찬탈(簒奪)을 도모하려는 조짐[漸]을 막아야 할 것입니다.'
점

상이 말했다.

"박(璞)은 성품이 본래 덜렁거리고 조심성이 없어[麤率] 상왕(上王)
추솔
께 청하여 불노(佛奴)를 봉(封)해 원자(元子)로 삼고자 했다. 바야흐로 그때에 내가 몹시 위급한 지경에 처하여 몸둘 바가 없어 불노(佛奴)가 아들이 되는 것을 기쁘게 여겼으나, 상왕께서 자식이 아니라고 맹세했다[矢=誓]. 또 박포(朴苞)가 가만히 회안(懷安)을 꾀어 거사(擧
시 서
事)했기 때문에 내가 마침내 여기에 이른 것이다. 또 불노를 상왕께서 이미 아들로 삼지 않았고, 하물며 실지의 아들이 아니니 어찌 의심하겠는가? 박(璞)은 녹권을 추탈하고 자손을 금고하라."

또 말했다.

"지금 집을 바꿔 나라를 만든 것[化家爲國]은 남은(南誾)이 사실
화가위국
상 주창한 것이다. 도전(道傳)은 비록 모획(謀劃)에 참여하기는 했으

나, 그 사람됨이 음흉하고 간사했다. 도전 이하 이근(李懃), 장지화(張至和), 심효생(沈孝生), 오몽을(吳蒙乙)은 그 토전(土田)과 노비(奴婢)를 환수(還收)하라. 그리고 신극례(辛克禮)는 비록 왕자(王子)의 글씨를 찢기는 했으나 실지는 본심(本心)이 아니고, 왕자(王子)가 화(禍)를 피하게 하려고 한 것이다. 본심이 아닌 것을 분명히 아는데 어떻게 죄를 주겠는가?"

드디어 해를 가리키며 거기에 대고 맹세했다.

무오일(戊午日-21일)에 해온정(解溫亭)에 나아가 위사(衛士) 16인을 시켜 과녁[候]을 쏘게 했다. 대호군(大護軍) 홍상직(洪尙直) 등 2인이 쏜 것이 200보(步)를 넘겼으므로 각각 활 하나씩을 내려주었다.

○ 사역원 부사(司譯院副使) 최운(崔雲)을 보내 여섯 번째 운반말[六運馬] 500필을 이끌고 요동(遼東)에 가게 했다.

○ 요동도사(遼東都司)에서 지휘(指揮) 방준(方俊)을 보내 의주(義州)에 와서 역환마필(易換馬匹)을 재촉했다. 오진(吳眞)을 보내 위로하게 하고 더불어 저포(苧布) 20필을 주었다.

○ 사헌부에서 소(疏)를 올려 전일(前日)의 청(請)을 거듭했으나 윤허하지 않았다.

○ 좌헌납(左獻納) 송희경(宋希璟) 등이 백성을 편안케 할 사의(事宜)를 올렸다. 소(疏)는 대략 이러했다.

'삼대(三代-하·은·주나라)와 한(漢)나라가 그 역년(歷年)이 많았던 것은 800년이고, 적은 것도 400년 아래로 내려가지 않았으니 이는 모두 은택(恩澤)으로 사람들의 마음을 결합시켜 놓았기 때문에 사람들이 그것을 잊지 못해서였습니다. 그러나 이 뒤로부터 내려오면서 많은 것은 60년, 적은 것은 겨우 20년이었으니 이는 모두 백성에게 원망을 사서 그 근본이 단단하지 못했기 때문입니다. 또 우리나라로 말한다면 무진년 회군(回軍)하던 때에는 사람들의 마음이 지극히 어진 사람[至仁]에게 돌아왔기 때문에 태조(太祖)께서 포학한 것을 금지하고 해로운 것을 제거하여 처음으로 방가(邦家)를 세우셨으며, 무인년 정사(定社)하던 날에는 사람들의 마음이 지극한 다움을 갖춘 사람[至德]에게 돌아왔기 때문에 전하께서 흉당(凶黨)을 주토(誅討)하여 대위(大位)를 바로잡으신 것입니다. 이것으로 본다면 고금(古今) 천하(天下) 국가(國家)의 치란(治亂)과 흥망(興亡)이 단지 군사의 성대함과 비축의 많음에만 있는 것이 아니라, 사람들의 마음의 향배(向背)에 달려 있는 것입니다. 전하께서 영명(英明)한 자품(資稟)으로 경사(經史)를 널리 보시어 고금(古今)의 치란(治亂), 흥망(興亡)의 자취에 대해 깊이 살피시고 빠뜨림이 없으신데 오늘날에 있어서만 사람들의 마음을 살피지 못하는 것이 될 일이겠습니까?

몇 해[頃年=近年] 전부터 수재(水災)와 한재(旱災)가 서로 겹쳐서 공사(公私)의 저축(貯蓄)이 모두 넉넉지 못합니다. 하물며 금년에는 수재로 인해 백성들이 당장 올해 안에 먹을 것이 없는 자가 많습니다. (그런데) 국가에서 군량미의 준비를 염려해 하루아침에 갑자기 식량을 풍족하게 하려 하니, 각도(各道)의 감사(監司-관찰사)가 국가에서 염려하는 것을 알고, 전지(田地)를 답험(踏驗)할 적에 실(實)을 취하기를 조금 많게 하여 백성들이 이미 실망하고 있는데, 또 경차관(敬差官)을 보내 둔전(屯田)의 조(租)를 거두고 의창(義倉)의 환

자[糴-채워야 할 쌀]를 징수하니, 경차관이 된 자는 오직 직책을 다
하는 것만 생각하고 민생(民生)의 편안함과 고통스러움[休戚]은 돌
보지 않아, 징수하고 독촉하기를 심히 엄하게 합니다. 그러므로 곡
식이 있는 자는 조석거리까지 모두 실어다 바치고, 곡식이 없는 자
는 집안의 가산(家産)을 팔아서[鬻=賣] 바치는데, 심한 자는 농우(農
牛)와 토전(土田)까지도 모두 팝니다. 신 등은 알지 못하거니와, 이들
백성들이 장차 입을 닫고 배를 주리며 부역(賦役)에 이바지하겠습니
까? 아니면 장차 처자(妻子)를 이끌고 곡식이 있는 곳으로 나가겠습
니까? 말을 하려니 말 그대로 눈물이 흐를 지경입니다.

또 도망친 빈집[絶戶]에 대해 혹은 그 일족(一族)을 찾아가 대신
물게 하고, 혹은 이웃에 징수하니 이는 궁핍한 백성의 입 안에 있는
먹이를 빼앗아 국가의 군량의 밑천을 갖추는 것이니 말하자면 말 그
대로 통곡할 일입니다. 예로부터 백성이 근심하고 원망하는데 국가
가 편안한 경우는 없었습니다. 수(隋)나라가 낙구창(洛口倉)에 비축
을 했으나 이밀(李密, 582~618년)[16]이 이것을 밑천으로 삼았고, 당

---

16 처음에 수양제(隋煬帝)의 숙위(宿衛)로 있다가 병으로 사직하고 돌아와 독서에 전념해 대
   학자에게 글을 익혔다. 나중에 양소(楊素)에게 인정을 받아 양소의 맏아들 양현감(楊玄
   感)의 친구가 되었다. 양현감이 반란을 일으켰을 때 계책을 올렸지만 채택하지 않아 실
   패하고 주모자로 체포됐지만 탈주하여 망명길에 올랐다. 여러 군웅을 찾아다니며 자신
   의 포부를 설명했지만 인정을 받지 못하고, 최후로 적양(翟讓)에게 투항했다. 위공(魏公)
   으로 불리며 강회(江淮) 이북에서 호응이 커지자 적양을 살해하고 그 집단을 장악, 이연
   (李淵)이 당 왕조를 일으켰을 때 최대의 반란집단으로 부상했다. 얼마 뒤 낙양의 왕세충
   (王世充)을 공격했지만 실패했다. 당고조 무덕(武德) 원년(618년) 당나라에 항복해 광록경
   (光祿卿)이 됐다. 그러나 대우에 불만을 품고 모반을 꾀하다가 성언사(盛彦師)에게 살해
   됐다. 그때 나이 37세였다.

620

(唐)나라가 대영고(大盈庫)에 비축을 했으나 주차(朱泚, 742~784년)[17]가 이를 썼습니다. (이를 보아도) 대체로 양식(糧食)은 준비하지 않을 수 없으나, 강제로 거둬서 민생(民生)을 곤궁하게 해서는 안 되는 것임이 분명합니다. 만일 국가에 변란이 있어서 피곤한 백성들을 몰아 적(敵)에게 나아가게 한다면 어찌 윗사람을 제 몸처럼 여겨 장(長)을 위해 죽겠습니까? (주나라) 무왕(武王)의 맹진(孟津)의 맹서(盟誓)에 이르기를 "수(受)[18]는 억만(億萬)의 오랑캐[夷人]가 있으나 오직 억만(億萬) 마음이요, 나는 신(臣) 3,000(三千)이 있으나 오직 한마음[一心]이다"[19]라고 했습니다. 전하께서 어찌 무왕(武王)을 모범으로 삼지 않으십니까? 신 등이 바라건대 곡식이 없는 백성이 타간 조미(糶米)[20]는 일절 모두 독촉하는 것을 정지하여 풍년(豐年)을 기다리고, 도망한 백성에 대해서는 일족(一族)과 이웃[四隣]에게 (대신) 징수하는 것을 일절 모두 정지해 다시 돌아오기를 기다림으로써 어진 은혜를 베풀어 민생(民生)을 편안하게 해야 할 것입니다.'

---

17 처음에 유주 노룡절도사(盧龍節度使) 이회선(李懷仙)의 부장(部將)이 됐다. 대종(代宗) 대력(大曆) 3년(768년) 주희채(朱希彩) 등과 함께 이회선을 살해했는데, 주희채가 절도사를 자처했다. 7년(772년) 병사들이 주희채를 살해하고 그를 유후(留后)로 추대했는데, 얼마 뒤 절도사를 자처했다. 9년(774년) 스스로 입조(入朝)해 동생 주도(朱滔)를 유후로 삼고 얼마 뒤에는 절도사를 대신하게 했다. 덕종(德宗) 건중(建中) 3년(782년) 동생 주도가 당나라에 반기를 들어 파직되고, 태위함(太尉銜)으로 장안(長安)에 거주했다. 다음 해 경원(涇原)의 군사들이 경사(京師)에서 병변을 일으키자 덕종이 봉천(奉天)으로 달아났는데, 그가 옹립을 받아 황제가 되고 나라 이름을 진(秦), 연호를 응천(應天)이라 했다. 흥원(興元) 원년(784년) 나라 이름을 고쳐 한(漢)이라 하고 자신은 한원천황(漢元天皇)이라 불렀다. 이성(李晟)이 경사를 수복하자 팽원(彭原)으로 달아났는데 부장에게 살해당했다.

18 은나라 마지막 임금 주(紂)의 이름이다.

19 『서경(書經)』「주서(周書)」'태서(泰誓)'에 나오는 말이다.

20 갚아야 할 것, 즉 환자(還子)를 말한다.

또 전함 품관(前銜品官)은 비록 관작(官爵)의 이름은 있으나 담석(儋石)[21]의 저축도 없는 자가 매우 많습니다. 이미 모두 품마(品馬)[22]에 지쳤는데, 또 품미(品米)[23]를 거두니 참으로 불쌍합니다. 신 등이 바라건대 전지(田地)를 받은 것이 없는 전함 관원(前銜官員)은 연호(煙戶)의 예(例)에 따라서 거두고, 전지(田地)를 받은 자는 그 직질(職秩)을 논하지 말고 받은 전지(田地)의 수(數)에 따라서 거둬야 할 것입니다.

그리고 무비(武備)에 이르러서는 오늘날의 급무(急務)이니 이를 염려하지 않을 수 없으나, 각도(各道) 감사(監司)나 절제사(節制使)가 모두 왕실(王室)에 충성을 다하는 자들이니 가을부터 겨울이 지나기까지 군용(軍容)을 점고(點考)하기를 자세히 해야 할 것입니다. 전하께서 충직(忠直)하고 무사(武事)를 아는 자를 가려서 말 한 필을 주어 보내 사마 갑병(士馬甲兵)의 허실(虛實)을 보고, 감사(監司)나 절제사(節制使)의 능부(能否)를 살펴서 위에 아뢰게 하여 그 출척(黜陟)을 밝힌다면, 족히 장수가 힘쓰고 군사가 강하게 되어, 향(向)하는 곳마다 대적(對敵)할 자가 없을 것입니다. 어찌 반드시 대신(大臣)을 보내 종관(從官)을 거느리고 군현(郡縣)을 소란하게 하며 백성들을 피로하게 한 연후에야, 무비(武備)가 잘 갖춰지겠습니까? 바라건대 순찰(巡察)을 보내는 것을 정지하여 군현(郡縣)을 편안케 해야 할 것입니다.

또 신 등은 초야(草野)에서 나고 자라서 민간의 일을 안 지가 오랩

---

21 담(儋)은 2석(石), 석(石)은 1석(石)으로 양(量)의 단위다.
22 관원이 품등(品等)에 따라 내는 말을 가리킨다.
23 관원이 품등(品等)에 따라 내는 쌀을 가리킨다.

니다. 백성 중에서 항산(恒產)이 있어 항심(恒心)이 있는 자는 그 고을에 호적을 붙여 부역(賦役)에 이바지하지만, 항산이 없어 항심이 없는 자는 금년엔 남쪽 고을의 호활(豪猾)한 자에게 숨고, 명년엔 북쪽 고을의 향원(鄕愿)[24]에게 옮겨 가 똑같은 국민이면서도 징세(徵稅)와 부역(賦役)을 모면하려고 하니 간사한 백성입니다. 국가에서 비록 대신(大臣)을 보내 호수(戶首)를 매질하여 그 사람을 찾아내 이름을 호적(戶籍)에 붙인다 하더라도, 그 백성은 이미 항심(恒心)이 없어, 오늘은 호적에 이름을 붙이고 명일에 유리(流離)하여 도망치니, 한갓 백성을 소란하게 하고 군액(軍額)을 번잡하게 할 뿐입니다. 신 등이 바라건대 안팎에 영(令)을 내려 모두 호패(戶牌)를 주고, 호패가 없는 자는 조사하여 죄를 주면, 전일에 유리하여 도망한 자가 모두 호패를 받으려고 오늘 자수할 것입니다. 바라건대 전하께서는 채택하여 시행하셔야 할 것입니다.'

상이 그것을 읽어보고서 노해 하륜(河崙) 성석린(成石璘) 조영무(趙英茂) 등에게 보여주며 말했다.

"국가에서 식량(食糧)을 풍족하게 할 방도를 강구한 것이 하루아침 하루저녁이 아닌데, 어찌 갑자기 식량을 풍족하게 한다고 말할 수 있는가? 지금 정부(政府)에서 말하는 것은 백성들이 의창(義倉) 곡식을 꾸어간 것을 거둬 군자(軍資)에 비축하자는 것이지 새 법을 만들어 거두자는 것이 아닌데, 어찌 입안의 먹이를 빼앗는다고 말하는가? 수(隋)나라 당(唐)나라의 창름(倉廩)은 모두 유일(遊逸)의 공봉

---

24 지역의 실력자를 가리킨다.

(供奉)을 위한 것이고, 오늘날은 긴급한 사태에 대비하는 것이니 비교가 되지 않는데, 어째서 수·당을 끌어대어 말하는가? 지금 상국(上國)에 변고가 있고, 국가에 경계하는 마음이 있어 특별히 군량(軍糧)을 준비하자는 것이지, 대지(臺池)나 조수(鳥獸) 환관(宦官) 궁첩(宮妾)을 위한 것이 아니다. 간관(諫官)이 일을 말하는 데는 비록 마땅히 박절(迫切)하게 해야 되지만 어떻게 없는 일을 가지고 이같이 말을 할 수 있는가? 내가 옥(獄)에 가두려고 하는데 어떤가?"

정부에서 말했다.

"간신(諫臣)의 말이 비록 맞지 않는다[不中] 해도 옥에 내릴 수는 없습니다. 만일 지금 용서한다면 과감하게 말하는 선비가 나올 것입니다."

이에 정부와 대언에 명해 희경(希璟) 등을 불러 힐문(詰問)하니 희경 등이 대답했다.

"신 등의 뜻은 새 법을 만들어 백성에게 거두는 것을 말한 것이 아닙니다. 백성이 비록 일찍이 꾸어갔다 하더라도 지금은 흉년이 들었으니 만일 다 징수한다면 백성들이 장차 끼니를 잃을 것입니다. 국가를 가진 자가 어찌 한갓 비축이 많은 것만 믿을 수 있습니까? 민심이 화합하는 것이야말로 실로 나라를 보전하는[保國] 길입니다."

상이 명해 술을 내려주어 보냈다.

신유일(辛酉日-24일)에 제용고(濟用庫)를 승격시켜 감고(監庫)라고 했다. 나라의 탕장(帑藏)을 맡게 했는데 질(秩)이 낮고 인원(人員)이 적으므로 인녕부 사윤(仁寧府司尹)을 없애 판사(判事)로 삼고, 예문

관직제학(藝文館直提學) 한 사람을 감(監)으로 삼고, 승녕부 소윤(承寧府少尹)과 종부시부령(宗簿寺副令)은 소감(少監) 둘로 삼았다. 그리고 고사(庫使)를 고쳐 판관(判官)으로 하고 부사(副使)를 주부(注簿)로 했다.

○ 사헌부에서 소(疏)를 올려 이문화(李文和) 이저(李佇)의 죄를 청하니 상이 말했다.

"문화의 일은 과오(過誤)일 뿐이고, 저는 이미 외방(外方)에 안치해 출입을 금했는데 또 무엇을 더하겠는가?"

임술일(壬戌日-25일)에 통례문판사(通禮門判事) 강택(康澤)을 삭직(削職)해 (서북면) 정주(定州)에 부처했다. 사헌부에서 말씀을 올렸다.

'인주(人主)의 좌우에 있는 친근(親近)한 신하는 마땅히 충근(忠勤)하고 성각(誠慤)한 선비를 가려야 합니다. 가만히 보건대 강택은 본래 비천하고 재주가 없는 사람으로, 한갓 강씨(康氏)의 집안 사람이기 때문에 이제(李濟)에게 아부하고 역모(逆謀)에 참여했으니 마땅히 천주(天誅)를 당했어야 할 것입니다. 그러나 다행히 상의 은혜를 입어 머리를 보전하고, 벼슬이 3품에 이르렀는데 도리어 음란(淫亂)하고 간사(奸邪)하며 방종(放縱)하여 그 직사(職事)를 거칠고 게을리하니, 이는 불충(不忠)입니다. 그리고 그 어미가 정주(定州)에 있어 여러 해 동안 귀근(歸覲-귀성)하지 못했는데, 청주부사(青州府使)를 제수했으니 마땅히 곧 취임하고, 인하여 정성(定省)[25]을 하는 것이 진실

---

25 부모님을 위해 저녁에는 잠자리를 보아드리고, 아침에는 문안을 드리는 일을 말한다. 혼

로 자식으로서 즐거운 일인데 굳이 사양하여 면(免)하기를 구했으니, 이것은 불효(不孝)입니다. 전(傳)에 이르기를 "충신(忠臣)은 효자(孝子)의 문(門)에서 구한다"[26]라고 했습니다. 불충(不忠) 불효(不孝)한 사람을 좌우에 두고 친근(親近)히 하시니 신 등이 마음 아파하는 바입니다. 빌건대 직첩(職牒)을 거두고 그 까닭을 국문(鞫問)하여 후래(後來)에 보이셔야 할 것입니다.'

마침내 이런 명이 있었다. 헌사(憲司)에서 다시 그 죄를 청하니 상이 말했다. "이것으로도 징계(懲戒)에 충분하다."

○ 사간원에서 소를 올려 윤목(尹穆) 등의 죄를 청했다.

'청컨대 전형(典刑)을 바로하여 악(惡)의 뿌리를 영원히 제거해야 합니다.'

소(疏)를 궁중에 머물러 두고 내리지 않았다.

○ 수전패(受田牌)[27]를 고쳐 도성위(都城衛)라고 했다.

정신성(昏定晨省)의 줄임말이다.

26 『후한서(後漢書)』에서 대홍려 위표(韋彪)가 한 말이다.

27 고려의 수전패는 1391년(공양왕 3년) 전함품관(前銜品官) 및 그와 동등한 신분으로 지방에 생활 근거를 둔 6도의 한량 관리(閑良官吏)에게 과전의 지급 대상에서 제외된 불만을 해소 회유하고, 서울의 시위군을 확보하며, 군전 지급액 이외의 소유지를 속공(屬公)해 국가 재원을 확대한다는 취지에서 마련한 제도였다. 즉 그들이 보유한 토지의 다소에 따라 5결 또는 10결의 군전을 지급하고 그 대가로서 말을 갖추고 마병으로서 삼군도총부(三軍都摠府)에 유숙하면서 서울의 시위에 종사하게 했던 것이다. 조선에서는 개국과 함께 고려말의 수전패를 계승해 운영했다. 그러나 고려말 이래로 병들고 나이 많은 수전패는 상경을 꺼리고, 5결 또는 10결의 군전으로는 말을 사서 입역하기가 어렵다는 문제점과 함께 여러 방면으로 입역을 기피하는 현상이 일어났다. 자(子)·사위·제(弟)·질(姪-조카)·노복(奴僕) 등으로 대역하는 한편, 이름을 밝히지 않은 문서로 정부의 정책과 당국자를 비판하는 일이 점점 더 심해졌다. 나아가 정치가 안정되고 갑사(甲士)·별시위(別侍衛) 등의 시위군이 차례로 설치되면서 수전패의 필요성이 약화되고, 수전패 성립 후에는 군전의 지급도 중지됐다. 즉 1406년(태종 6년)부터 군전을 없애자는 주장이 계속되면

계해일(癸亥日-26일)에 예조(禮曹)에 명해 무사(武士)의 재주를 시험하는[試藝=試才] 법을 상정(詳定)해 아뢰게 했다. (그에 앞서) 의흥부(義興府)에 명했다.

"나라에 비록 상(喪)이 있으나 무비(武備)는 폐할 수 없으니, 오는 봄에 내가 친히 무예(武藝)를 시험하고자 한다. 이미 시험에 합격한 자와 여러 무사(武士)에게 달리고 쏘는 것을 익히게 할 뿐 아니라, 마땅히 무경(武經)을 강(講)해 합격한 자는 많고 적은 것을 구애하지 않고 문과(文科)의 예(例)에 의하여 서용(敍用)하겠으니 훈련관(訓鍊觀)으로 하여금 완전히 그 일을 맡게 하라."

드디어 이런 명이 있었다.

갑자일(甲子日-27일)에 상이 친히 건원릉(健元陵)에 제사를 지냈다. 예(禮)가 끝나자 악차(幄次)에 들어가 수릉관(守陵官) 유창(劉敞)에게 일러 말했다.

"군사(軍士)란 것은 불우(不虞)에 대비(對備)하는 수단[器]이다. 그러므로 옛날의 진정한 유학자[眞儒]는 모두 무사(武事)를 겸비했다. 하물며 지금 천하(天下)에 군사가 일어나 한두 해 안에 평정될 것이 아니니 어찌 방비가 없을 수 있겠는가?["

서 1404년에는 "수전패를 점검해 숙위 임무를 이행하지 않는 자는 지방군에 충군(充軍)하고 군전을 몰수한다"는 조처가 천명되기도 했다. 1407년 이후에도 수전패의 효용은 계속 감소했으며 거경 시위를 기피하는 경향도 증대되었다. 이와 함께 이때인 1409년에는 기능이 유명무실한 도성위(都城衛)로 개편됐고, 1457년(세조 3년)에는 5위 가운데 충좌위(忠佐衛)에 소속됐다.

그러고는 명년(明年)에 무과 중시(武科重試)를 시행하려는 뜻을 내비쳤다[諭].

을축일(乙丑日-28일)에 사역원지사(司譯院知事) 강방우(康邦祐)를 보내 일곱 번째 운반말[七運馬] 514필을 이끌고 요동(遼東)에 가게 했다.

○ 각도(各道) 연해변(沿海邊)에 안치했던 왜인(倭人)들을 육지의 깊고 먼 각 고을로 옮기라고 명했다.

○ 동 서북면의 군용(軍容)을 정리하여 점검할 것을 명했다.

○ 도형이나 유배형을 보낸 사람들을 차등 있게 사면했다. 안노생(安魯生) 전목(全穆)은 고신(告身)을 도로 주어 외방에 종편(從便)하게 했다. 정수홍(鄭守弘), 박안신(朴安臣), 김섭(金涉), 탁신(卓愼), 허조(許稠), 김사문(金士文), 조서로(趙瑞老), 등 13인은 외방에 종편하게 했다. 이백지(李伯持) 등 8인은 모두 경외(京外)에 종편(從便)하게 했다. 전온(全穩), 이숙명(李叔明), 유용생(柳龍生), 구성량(具成亮), 손흥종(孫興宗), 조말통(趙末通) 등 36인은 외방에 종편(從便)하게 했다. 이지성(李之誠)은 본향(本鄕)에 안치했다. 의정부에서 말했다.

"조순화(趙順和), 손효종(孫孝宗), 이언(李彦) 등 정상을 알고 숨겨 준 자와 이지성은 석방하여 용서할 것이 아닙니다."

상이 윤허하지 않다가 다시 청하니 허락했다.

○ 사헌부에서 대궐에 나아와 윤목(尹穆) 불노(佛奴) 등의 죄를 청했다. 아뢰어 말했다.

"신 등이 잇달아 봉장(封章)을 올렸으나, 명령을 기다린 지 여러 날이 돼도 유음(兪音)을 입지 못했습니다."

상이 말했다.

"아직 기다려라."

이명덕(李明德) 등이 아뢰어 말했다.

"신 등이 아뢴 윤목, 불노 등의 일은 네 가지 조목이 있습니다. 만일 밝게 바로잡지 않는다면, 상벌(賞罰)이 적당하지 못한 것이 한 가지요, 강상(綱常)이 바르지 못한 것이 두 가지며, 나라에 외환(外患)이 있고 적신(賊臣)이 널려 있어 국세(國勢)에 편치 못한 것이 세 가지요, 간궤(奸軌)에게 혜택을 주어 양민(良民)을 해치는 것이 예전의 유훈(遺訓)인데, 이것으로 인하여 해(害)가 남에게 미치니 네 가지입니다."

○ 사간원에서 대궐에 나아와 다시 윤목(尹穆) 등의 죄를 청했다.

병인일(丙寅日-29일)에 건주위(建州衛), 지휘(指揮), 동맹가첩목아(童猛哥帖木兒)가 사자를 보내 예물(禮物)을 바치니 상이 명해 두텁게 대접했다[厚待].

戊戌朔 上親祭于文昭殿.
무술 삭 상 친제 우 문소전

賜河崙 成石璘 趙英茂 李天祐 李叔蕃 尹柢 韓珪 朴子靑
사 하륜 성석린 조영무 이천우 이숙번 윤저 한규 박자청

沈龜齡 延嗣宗宣召烏梅牌各一. 問諸大臣曰: "臘者 獵也 所以
심구령 연사종 선소오매패 각일 문저대신왈 납자 엽야 소이

獵取禽獸 以供祭祀也. 今定軍令 吾欲因獵以試之 如何?"皆曰:
엽취 금수 이공 제사 야 금정 군령 오욕 인렵 이 시지 여하 개왈

"然."上嘗問代言以臘日之意 對曰: "歷代自以所尙五行之墓爲臘."
연 상 상문 대언 이 납일 지의 대왈 역대 자이 소상 오행 지묘 위납

臺諫上交章疏曰:
대간 상 교장 소 왈

"曩者 大司憲李文和 於尹穆則匿推黨之條 於李茂則發羅織之
낭자 대사헌 이문화 어 윤목 즉익 추당 지조 어 이무 즉발 나직 지

言 又當龍生請罪之時 稱疾不與 罪莫大焉. 是以臣等問備其情
언 우당 용생 청죄 지시 칭질 불여 죄막대 언 시이 신등 문비 기정

交章請罪 殿下不卽兪允 此臣等所以不敢緘默 申請無已也. 夫
교장 청죄 전하 부즉 유윤 차 신등 소이 불감 함묵 신청 무이 야 부

內懷奸詐 外示忠義 古今人臣不赦之罪也. 願殿下 命有司收其
내회 간사 외시 충의 고금 인신 불사 지죄야 원 전하 명 유사 수기

職牒 鞫問其罪 以戒人臣懷二心者 國家幸甚.'
직첩 국문 기죄 이계 인신 회 이심 자 국가 행심

又上疏曰:
우 상소 왈

'亂臣賊子 天地所不容 人人所共誅者也. 是故漢家之將 功
난신적자 천지 소불용 인인 소공주 자야 시고 한가 지장 공

非不重 而漢祖誅之. 高祖豈不欲保全功臣哉? 乃重其宗社也.
비 부중 이 한조 주지 고조 기불욕 보전 공신 재 내중 기 종사 야

辛克禮別無才德 性行殘酷 知有其身 而不知有國家 輕犯憲章
신극례 별무 재덕 성행 잔혹 지유 기신 이 부지 유 국가 경범 헌장

毀亂禮法 國人切齒 而未敢言者久矣. 又黨亂臣無咎 無疾 輕視
훼란 예법 국인 절치 이 미감 언자 구의 우당 난신 무구 무질 경시

宗支 手裂墨戲 以構國家禍亂之階 人臣之罪 孰大於此! 故臺諫
종지 수열 묵희 이구 국가 화란 지계 인신 지죄 숙대 어차 고 대간

交章請罪 殿下特加恩宥 不施天討 而克禮自死 得以永終 使其
교장 청죄 전하 특가 은유 불시 천토 이 극례 자사 득이 영종 사기

子孫 傳守富貴 至於功臣田民 公然受用 甚可痛心 故臣等間者
자손 전수 부귀 지어 공신 전민 공연 수용 심가 통심 고 신등 간자

申請其罪 殿下不允. 殿下以謂功臣與宗社 孰爲輕重哉? 臣等願
신청 기죄 전하 불윤 전하 이위 공신 여 종사 숙위 경중 재 신등 원

收其職牒 沒其田民 禁錮子孫 以警人臣不臣之罪 幸甚.’
수기 직첩 몰기 전민 금고 자손 이경 인신 불신 지죄 행심

皆不允.
개 불윤

己亥 左政丞成石璘乞辭 不許.
기해 좌정승 성석린 걸사 불허

庚子 以烏梅牌 召趙英茂 李天祐 李叔蕃 延嗣宗 又召寧安君
경자 이 오매패 소 조영무 이천우 이숙번 연사종 우 소 영안군

良祐 摠制金萬壽詣闕 命曰:“古者臘享 獵取禽獸 以供宗廟. 今
양우 총제 김만수 예궐 명왈 고자 납향 엽취 금수 이공 종묘 금

以寧安君掌中軍 安城君掌左軍 金萬壽掌右軍 授以織紋旗 趙
이 영안군 장 중군 안성군 장 좌군 김만수 장 우군 수이 직문기 조

政丞都摠三軍獵于郊 擇不剪毛者 不面傷者 以供宗廟.” 又謂
정승 도총 삼군 엽우교 택부 전모 자 불 면상 자 이공 종묘 우위

天祐 嗣宗曰:“卿等爲義興堂上 可偕往敎軍士進退坐作之節 使
천우 사종 왈 경등 위 의흥 당상 가해 왕교 군사 진퇴 좌작 지절 사

軍士見其軍之旗 而後趨令可也. 不特此也 異日或有特命將帥之
군사 견 기군 지기 이후 추령 가야 불특 차야 이일 혹유 특명 장수 지

時 雖非舊將 受命而持旗者 卽其將帥也. 使三軍之士 見其旗而知
시 수비 구장 수명 이 지기 자 즉기 장수 야 사 삼군 지사 견 기기 이지

其將可矣.” 尋遣判內侍府事李匤 齋宮醞勞諸將于軍中. 初 上謂
기장 가의 심견 판내시부사 이광 재 궁온 노 제장 우 군중 초 상위

近臣曰:“臘日已近 禮雖當獵 然三年之喪未畢 將如何?” 左代言
근신 왈 납일 이근 예수 당렵 연 삼년 지상 미필 장 여하 좌대언

金汝知等啓曰:“獵以供祭 禮也.” 上問議政府曰:“臘享所薦狐
김여지 등 계왈 엽 이공제 예야 상문 의정부 왈 납향 소천 호

兔獐鹿 將去毛剝皮以薦乎?” 政府啓:“去毛不剝皮 以生體薦.”
토 장 록 장거모 박피 이천 호 정부 계 거모 불박피 이생체 천

命以三元四立日 行醮于太一. 禮曹啓:“通州太一醮禮 除每月
명이 삼원 사립 일 행초 우 태일 예조 계 통주 태일 초례 제 매월

朔望 當三元日 特遣人行醮; 四立日 令其官守令齋宿 精究行醮.”
삭망 당 삼원일 특 견인 행초 사립일 영 기관 수령 재숙 정구 행초

從之.
종지

癸卯 以黃喜爲刑曹判書 尹思修參知議政府事.
계묘 이 황희 위 형조판서 윤사수 참지 의정부 사

命令各品出米有差. 補糧餉也. 時行一品米十石 二品九
명령 각품 출미 유차 보 양향 야 시행 일품 미십석 이품 구

石 功臣加三分之一. 正三品七石 從三品六石 四品四石 五品
석 공신 가 삼분지일 정삼품 칠석 종삼품 육석 사품 사석 오품

三石 六品二石 七品一石 八品十斗 九品權務五斗. 前銜一品
삼석 육품 이석 칠품 일석 팔품 십두 구품 권무 오두 전함 일품

五石 二品四石 三品三石 四品二石 五品二十斗 六品一石 七品
오석 이품 사석 삼품 삼석 사품 이석 오품 이십두 육품 일석 칠품

十斗 八品五斗 九品權務三斗. 受田寡婦每十結一石. 無受田
십두 팔품 오두 구품 권무 삼두 수전 과부 매십결 일석 무 수전

前銜 一品三石 二品二石 三品一石 四品十斗 五品八斗 六品七
전함 일품 삼석 이품 이석 삼품 일석 사품 십두 오품 팔두 육품 칠

斗 七品五斗 八品三斗 九品權務二斗. 庶人工商賤口 大戶三斗
두 칠품 오두 팔품 삼두 구품 권무 이두 서인 공상 천구 대호 삼두

中戶二斗 小戶一斗. 疲癃廢疾者 勿收. 其外方 依已曾行移收
중호 이두 소호 일두 피륭 폐질 자 물수 기 외방 의 이증 행이 수

戶給屯田之數. 上曰: "其所收之處與所掌之官 宜速區處 須於
호급 둔전 지수 상왈 기 소수 지처여 소장 지관 의속 구처 수어

歲前畢收. 予將督宗親 以爲人先.
세전 필수 여 장독 종친 이 위인 선

甲辰 命成均學官 精加考講 召學錄孫曾傳曰: "考講曾讀經書
갑진 명 성균 학관 정가 고강 소 학록 손증전 왈 고강 증독 경서

書其所通 具名啓聞. 予將於歲後 進生員寄齋于廣延樓 使文地
서기 소통 구명 계문 여 장어 세후 진 생원 기재 우 광연루 사 문지

宰相 代言加精考講 如有違於啓聞 則自行首官至終末員 一施
재상 대언 가정 고강 여유 위어 계문 즉자 행수관 지 종말 원 일시

其罪." 上嘆人材不古 若欲振起斯文 乃有是命.
기죄 상 탄 인재 불고 약욕 진기 사문 내 유 시명

乙巳 召河崙 成石璘 趙英茂及義興堂上 議事于便殿 置酒. 賜
을사 소 하륜 성석린 조영무 급 의흥 당상 의사 우 편전 치주 사

崙等三人貂皮各五十領.
륜 등 삼인 초피 각 오십 령

丙午 遣知司譯院事李子瑛 管押四運馬七百匹如遼東.
병오 견 지사역원사 이자영 관압 사운 마 칠백 필 여 요동

丁未 上詣文昭殿行臘享祭. 命以所獵之禽 薦於宗廟 仍命禮曹
정미 상 예 문소전 행 납향제 명이 소렵 지 금 천어 종묘 잉 명 예조

著爲令.
<small>저 위령</small>

戊申 對馬島客人 詣闕獻土物.
<small>무신 대마도 객인 예궐 헌 토물</small>

司憲府請無咎等七人罪. 疏曰:
<small>사헌부 청 무구 등 칠인 죄 소왈</small>

'人臣之罪 莫大於不忠 不忠之罪 當卽天討 此古昔聖賢之訓典
<small>인신 지 죄 막대 어 불충 불충 지 죄 당즉 천토 차 고석 성현 지 훈전</small>

而亦殿下之所曾鑑也. 前日政府功臣臺諫百官 執此以請 而未蒙
<small>이 역 전하 지 소증감 야 전일 정부 공신 대간 백관 집차 이청 이 미몽</small>

兪允 使其亂賊之黨 得保性命 此臣之所素痛心也. 以殿下英明
<small>유윤 사 기 난적 지 당 득보 성명 차 신 지 소소통심 야 이 전하 영명</small>

勇智之資 獨於誅討亂賊之擧 以姑息之恩 未卽斷決 只置於外 臣
<small>용지 지 자 독어 주토 난적 지 거 이 고식 지은 미즉 단결 지치 어외 신</small>

竊爲殿下憾焉. 逆賊無咎 無疾 尹穆 柳沂 希閔 思德 李彬等 位
<small>절 위 전하 감언 역적 무구 무질 윤목 유기 희민 사덕 이빈 등 위</small>

至達官 而或嘗秉執兵權 或嘗專制方面者也. 其用物也弘 其施權
<small>지 달관 이 혹상 병집 병권 혹상 전제 방면 자야 기 용물 야 홍 기 시권</small>

也專 乃今保有首領 布列于外 豈不怏怏以增今將之心乎? 且今
<small>야전 내금 보유 수령 포열 우외 기불 앙앙 이증 금장 지 심호 차금</small>

中國兵興 脫有不虞之變 則從中而起 未可知也. 不幸而至於如是
<small>중국 병흥 탈유 불우 지 변 즉 종중 이 기 미가 지야 불행 이 지어 여시</small>

則今日姑息之仁 恐爲後日無益之悔矣. 此臣之所以長太息也.
<small>즉 금일 고식 지 인 공 위 후일 무익 지 회의 차 신 지 소이 장태식 야</small>

伏望殿下 斷以大義 置諸極刑 宗社幸甚.'
<small>복망 전하 단 이 대의 치저 극형 종사 행심</small>

司憲府復上疏論李佇之罪 請置之邊陲 收其從馬 禁絶往來之人
<small>사헌부 부 상소 논 이저 지 죄 청 치지 변추 수 기 종마 금절 왕래 지인</small>

以懲其惡 不允.
<small>이징 기악 불윤</small>

庚戌 命復屯田. 上聞左政丞成石璘 有疾不能視事 召舍人申槪
<small>경술 명복 둔전 상문 좌정승 성석린 유질 불능 시사 소 사인 신개</small>

傳曰: "凡有機事 就其家承稟施行." 又謂槪曰: "各司陳言 宜速
<small>전왈 범 유 기사 취 기가 승품 시행 우위 개왈 각사 진언 의속</small>

遍閱 條上可行事目. 就中屯田復立之事 最爲先務 若復屯田 則
<small>편열 조상 가행 사목 취중 둔전 복립 지사 최위 선무 약복 둔전 즉</small>

凡使民之事 皆可停罷 專事農務矣." 槪曰: "陳言今已遍閱 但因
<small>범 시민 지사 개가 정파 전사 농무 의 개왈 진언 금이 편열 단인</small>

政丞有疾 未卽啓達. 若平州白州 江陰 禮山 陰竹 革去國屯田
<small>정승 유질 미즉 계달 약 평주 배주 강음 예산 음죽 혁거 국 둔전</small>

復立事 已卽行移; 戶給屯田則已有條令 若無停罷之命 則自然
복립 사 이즉 행이　　호급둔전 즉이유 조령 약무 정파 지명 즉 자연

舉行." 又命議政府曰: "卽今軍國事繁 武備及勸農興學外 公私
거행　　우명 의정부 왈　　즉금 군국 사번 무비급 권농 흥학 외 공사

土木等雜役 一皆停罷."
토목 등 잡역 일개 정파

辛亥 月在鬼北.
신해 월재 귀북

括富家粟. 議政府啓: "各道富人所蓄之穀 計其本戶人口 少則
괄 부가 속　　의정부 계　　각도 부인 소축 지곡 계기 본호 인구 소즉

二百石 多則三百石 量宜給主; 其餘雜穀 官錄其數 仍置其家.
이백 석 다즉 삼백 석 양의 급주　　기여 잡곡 관록 기수 잉치 기가

萬一用調不贍 則官給價直 以充公用 無事則換給其主." 從之.
만일 용조 불섬 즉 관급 가치 이충 공용 무사 즉 환급 기주　　종지

許濟州子弟自願侍衛. 議政府啓: "濟州子弟自願侍衛者 許令
허 제주 자제 자원 시위　　의정부 계　　제주 자제 자원 시위 자 허령

來京; 其民間馬匹 擇可騎者 限二千匹出陸." 從之.
내경　　기 민간 마필 택 가기 자 한 이천 필 출륙　　종지

壬子 上詣文昭殿行望祭.
임자 상예 문소전 행 망제

遣司直金仁富 管押五運馬七百匹如遼東.
견 사직 김인부 관압 오운 마 칠백 필 여 요동

慶尙道敬差官韓雍還 上便民數條. 啓曰: "從民自願 春給倉庫
경상도 경차관 한옹 환 상 편민 수조　　계왈　　종민 자원 춘급 창고

陳豆 及秋收新豆 公衙馬料 亦用陳豆. 又高嶮山城有水處 每當
진두 급 추수 신두 공아 마료 역용 진두　　우 고험 산성 유 수처 매당

農隙修築 限以三年. 且民以納米爲艱 乞於縣布之田 勿令收米."
농극 수축 한이 삼년　　차 민이 납미 위간 걸 어 면포 지전 물령 수미

從之.
종지

甲寅 改典農寺爲典祀寺 奉常寺爲典農寺. 上以祭祀 國之
갑인 개 전농시 위 전사시 봉상시 위 전농시　　상이 제사 국지

大事 顧無全掌之官 但以他官兼之 於義未安 以典農寺供祭祀
대사 고무 전장 지관 단이 타관 겸지 어의 미안 이 전농시 공 제사

未稱其名 命議政府擬議. 政府啓: "典農寺改爲典祀寺 屬禮曹
미칭 기명 명 의정부 의의　　정부 계　　전농시 개위 전사시 속 예조

掌供粢盛 秬鬯籩豆 兼掌祭服樂器犧牲齋戒等事. 奉常寺改爲
장공 자성 거창 변두 겸장 제복 악기 희생 재계 등사　　봉상시 개위

典農寺 屬戶曹 掌耕籍田 以供粢盛秬鬯之備 兼掌勸農屯田等事.
전농시 속 호조 장 경적전 이공 자성 거창 지비 겸장 권농 둔전 등사

舊奉常寺所掌記功贈諡敎樂等事 移屬禮曹 舊典農寺所屬奴婢
구 봉상시 소장 기공 증시 교악 등사 이속 예조 구 전농시 소속 노비

量給典祀外 移屬新典農寺 庶爲得體." 從之.
양급 전사 외 이속 신전농시 서위 득체 종지

禮曹上言:
예조 상언

"謹按文獻通考 宋太宗雍熙二年十一月 詔曰: '田獵親獲禽獸
근안 문헌통고 송 태종 옹희 이년 십일월 조왈 전렵 친획 금수

付所司 薦享太廟.' 眞宗咸平三年十二月 以獵獲狐兔薦廟之餘 賜
부 소사 천향 태묘 진종 함평 삼년 십이월 이 렵획 호토 천묘 지여 사

中書樞密院. 乞依古制 宗廟臘日 薦享禽獸 本曹前期報議政府
중서 추밀원 걸의 고제 종묘 납일 천향 금수 본조 전기 보 의정부

行移義興府啓聞 田獵獲獸 付典祀寺薦享 以爲恒式."
행이 의흥부 계문 전렵 획수 부 전사시 천향 이위 항식

命昭悼君 恭順君墳墓之田 勿令公收.
명 소도군 공순군 분묘 지전 물령 공수

日本國王遣使來聘.
일본 국왕 견사 내빙

司憲府請閔無咎等七人罪. 上言:
사헌부 청 민무구 등 칠인 죄 상언

'臣等聞明主不拒諫而廣聽 忠臣不畏死而直言 故敢以誅討亂賊
신등 문 명주 불 거간 이 광청 충신 불 외사 이 직언 고감 이 주토 난적

昧死以聞 期於蒙允而後已. 伏望殿下 察前日非一之請 究臣等
매사 이문 기어 몽윤 이후 이 복망 전하 찰 전일 비일 지청 구 신등

不已之意 將無咎 無疾 尹穆 李彬 姜思德 柳沂 趙希閔等 置之
불이 지의 장 무구 무질 윤목 이빈 강사덕 유기 조희민 등 치지

極刑 以快一國臣民之望 以懲後世亂賊之心.'
극형 이쾌 일국 신민 지망 이징 후세 난적 지심

疏留中不下.
소 유중 불하

丙辰 以朴訔爲西北面都巡問察理使. 議政府啓: "西北一道 因
병진 이 박은 위 서북면 도순문찰리사 의정부 계 서북 일도 인

使臣往來 罷弊尤甚 請免戶給屯田之出." 從之.
사신 왕래 파폐 우심 청면 호급둔전 지 출 종지

命追奪趙璞錄券 禁錮子孫; 鄭道傳 李懃 張至和 沈孝生
명 추탈 조박 녹권 금고 자손 정도전 이근 장지화 심효생

吳蒙乙 追奪錄券 收其土田臧獲. 司憲府上疏 略曰:
오몽을 추탈 녹권 수 기 토전 장획 사헌부 상소 약왈

'人臣之罪 莫大於懷二 懷二之罪 當置於重典. 曩者 平原君
인신 지 죄 막대 어 회이 회이 지 죄 당 치어 중전 낭자 평원군

趙璞 幸因殿下之姻親 得列勳臣 位至宰輔 其蒙寵榮極矣. 顧以
조박　행인　전하　지인친　득렬　훈신　위지　재보　기몽총영극의　고이

族親 柳氏之子佛奴 詐稱上王之子 納之於宮 請爲元子 上王乃以
족친　유씨지자불노　사칭　상왕지자　납지어궁　청위원자　상왕내이

非子 拒之而不納 其爲詐稱明矣. 擧國臣民歸附殿下 而璞獨陰懷
비자　거지이불납　기위사칭명의　거국신민귀부전하　이박독음회

二心 以圖不軌 其懷詐不忠 當置於法 而其身已沒 此臣等所以
이심　이도불궤　기회사불충　당치어법　이기신이몰　차신등소이

痛憤也. 然爲惡之人 身無存沒 時無古今. 伏望殿下 令攸司斬棺
통분야　연위악지인　신무존몰　시무고금　복망전하　영유사참관

瀦宅 子孫禁錮 收其錄券 籍沒家産 以示後來.'
저택　자손금고　수기녹권　적몰가산　이시후래

又上疏曰:
우　상소　왈

'功臣之義 當死社稷 故賞之土田臧獲 所以優子孫之養也.
공신지의　당사사직　고상지토전장획　소이우자손지양야

南誾 鄭道傳 李懃 沈孝生 張至和 吳蒙乙等 挾輔庶幼 謀傾
남은　정도전　이근　심효생　장지화　오몽을　등　협보서유　모경

宗室; 辛克禮 黨附亂賊 欲除宗支 俱不爲社稷之臣明矣. 豈可
종실　신극례　당부난적　욕제종지　구불위사직지신명의　기가

永賜土田臧獲 以厚妻孥之俸哉? 請收土田臧獲 以充國用.'
영사　토전장획　이후　처노지봉재　청수　토전장획　이충국용

上曰: "此皆大事也. 予見大臣 熟議施行."
상왈　차개대사야　여견대신　숙의　시행

司憲府復上書曰:
사헌부　부　상서　왈

'前日所申 陰謀不軌 釀成今將之計 無咎 無疾 尹穆 李彬等
전일　소신　음모불궤　양성금장지계　무구　무질　윤목　이빈등

請置典刑 以快輿情; 欲以異姓 潛移宗社 趙璞斬棺瀦宅 子孫
청치　전형　이쾌여정　욕이이성　잠이종사　조박참관저택　자손

禁錮 收取錄券 籍沒家産. 交結亂臣 謀削宗支者 克禮也. 挾輔
금고　수취녹권　적몰가산　교결난신　모삭종지자　극례야　협보

幼庶 謀傾宗社者 南誾 道傳 李懃 孝生 至和 蒙乙也. 竝皆收取
유서　모경종사자　남은　도전　이근　효생　지화　몽을야　병개수취

功臣土田臧獲 以充國用 臣之所嘗痛憤而條聞者也. 於前日 殿下
공신　토전장획　이충국용　신지소상통분이조문자야　어전일　전하

令知申事安騰傳旨 欲與大臣咨問施行 勿謂彌縫. 臣等退而惟念
영　지신사　안등　전지　욕여대신　자문　시행　물위　미봉　신등퇴이유념

上項所申 非惟臣等今日之臆見 政府功臣臺諫百司 已曾屢請 而
상항　소신　비유신등금일지억견　정부　공신　대간　백사　이증누청　이

未卽蒙允 日夕拊心者也. 何必更與大臣謀議 然後施行哉? 伏望
미즉 몽윤 일석 부심 자야 하필 갱여 대신 모의 연후 시행 재 복망

殿下 依臣等前日之所申 卽令攸司 逐條斷罪. 且古者假以異姓
전하 의 신등 전일 지 소신 즉령 유사 축조 단죄 차 고자 가이 이성

圖簒正位 稽諸經史 比比有之. 今佛奴旣非上王之子 冒稱親子
도찬 정위 계저 경사 비비 유지 금 불노 기비 상왕 지자 모칭 친자

擅入于宮 上王卽以非子指日爲誓 豈特臣等之所聞? 抑亦國人之
천입 우궁 상왕 즉 이 비자 지일 위서 기특 신등 지 소문 억역 국인 지

所共知也. 只置於外 以保首領 焉知如趙璞之徒 復生於後日乎!
소공지 야 지치 어외 이보 수령 언지 여 조박 지도 부생 어 후일 호

伏惟殿下 明示非王之子 竝置極刑 以杜圖簒之漸.'
복유 전하 명시; 비 왕지자 병치 극형 이두 도찬 지점

上曰: "璞性本麤率 請於上王 欲封佛奴爲元子. 方是時 予處
상왈 박성 본 추솔 청어 상왕 욕봉 불노 위 원자 방시시 여처

危疑之際 無以措身 喜佛奴之得爲子也 而上王矢以非子. 又朴苞
위의 지제 무이 조신 회 불노 지득 위자 야 이 상왕 시 이비자 우 박포

陰誘懷安以擧事 故予終至于此. 且佛奴 上王旣不之子矣 況非
음유 회안 이 거사 고여 종지 우차 차 불노 상왕 기 부지 자 의 황비

實子 豈可疑之哉? 璞可追奪錄券 禁錮子孫."
실자 기가 의지 재 박가 추탈 녹권 금고 자손

又曰: "今化家爲國 南誾實倡之. 道傳雖本預謀 其爲人陰譎.
우왈 금 화가위국 남은 실창지 도전 수본 예모 기위인 음휼

自道傳以下若李懃 張至和 沈孝生 吳蒙乙 可收還土田奴婢.
자 도전 이하 약 이근 장지화 심효생 오몽을 가 수환 토전 노비

辛克禮 則雖裂王子之書 實非本心也 乃欲王子之避禍也. 豈可①
신극례 즉 수열 왕자 지서 실비 본심 야 내욕 왕자 지 피화 야 기가

明知非本心而罪之乎?" 遂指日而矢之.
명지 비 본심 이 죄지 호 수 지일 이 시지

戊午 御解慍亭 使衛士十六人射侯. 大護軍洪尙直等二人之射
무오 어 해온정 사 위사 십육 인 샤후 대호군 홍상직 등 이인 지사

過二百步 各賜弓一.
과 이백 보 각사 궁 일

遣司譯院副使崔雲 管押六運馬五百匹如遼東.
견 사역원 부사 최운 관압 육운 마 오백 필 여 요동

遼東都司遣指揮方俊來義州 催督易換馬匹. 遣吳眞慰之 仍賜
요동도사 견 지휘 방준 내 의주 최독 역환 마필 견 오진 위지 잉사

苧布二十匹.
저포 이십 필

司憲府上疏申前日之請 不允.
사헌부 상소 신 전일 지청 불윤

左獻納宋希璟等 上便民事宜. 疏略曰:

좌헌납 송희경 등 상 편민 사의 소 약왈

'三代及漢 歷年多者八百 小者不減四百 皆以恩結人心 人不能

삼대 급한 역년 다자 팔백 소자 불감 사백 개 이은 결 인심 인 불능

忘故也. 自是以降 多者六十年 小者纔二十年 皆結怨於民 本根

망 고야 자시 이강 다자 육십년 소자 재 이십년 개 결원 어민 본근

不固故也. 且以國家言之 戊辰回軍之時 人心歸于至仁 故太祖

불고 고야 차 이 국가 언지 무진 회군 지시 인심 귀우 지인 고 태조

禁暴除害 肇造邦家; 戊寅定社之日 人心歸于至德 故殿下誅討

금포 제해 조조 방가 무인 정사 지일 인심 귀우 지덕 고 전하 주토

凶黨 以正大位. 由是觀之 古今天下 國家治亂興亡 不惟在於

흉당 이정 대위 유시 관지 고금 천하 국가 치란 흥망 불유 재어

甲兵之盛 蓄積之多 係乎人心向背而已. 殿下以英明之資 博覽

갑병 지성 축적 지다 계호 인심 향배 이이 전하 이 영명 지자 박람

經史 其於古今治亂興亡之迹 深燭無遺 獨於今日 不察人心可乎?

경사 기어 고금 치란 흥망 지적 심촉 무유 독어 금일 불찰 인심 가호

頃年以來 水旱相仍 公私蓄積 俱爲不贍. 況今年因水災 百姓

경년 이래 수한 상잉 공사 축적 구위 불섬 황 금년 인 수재 백성

之歲前無食者多矣. 國家慮糧餉之備 欲於一朝 遽以足食 各道

지 세전 무식 자 다의 국가 려 양향 지비 욕어 일조 거이 족식 각도

監司 知國家之慮 而驗田之際 取實差多 民望而觖 又遣敬差 收

감사 지 국가 지려 이 험전 지제 취실 차다 민망 이결 우견 경차 수

屯田之租 徵義倉之糧 其爲敬差官者 惟以盡職爲念 而不顧民生

둔전 지조 징 의창 지조 기위 경차관 자 유이 진직 위념 이 불고 민생

之休戚 徵督甚嚴. 其有穀者 盡朝夕之食而輸之 其無穀者 鬻

지 휴척 징독 심엄 기 유곡 자 진 조석 지식 이 수지 기 무곡 자 육

一家之産而納之 甚者 農牛土田 亦皆賣之. 臣等未知 斯民將

일가 지산 이 납지 심자 농우 토전 역개 매지 신등 미지 사민 장

閉口枵腹而供賦役乎? 將携妻挈子 就有粟乎? 言之可謂流涕矣.

폐구 효복 이공 부역 호 장 휴처 설자 취유 속호 언지 가위 유체 의

又於逃亡絶戶 或推一族而償之 或當四隣以徵之 是奪窮民口中

우 어 도망 절호 혹추 일족 이 상지 혹당 사린 이 징지 시 탈 궁민 구중

之食 以備國家糧餉之資 言之可謂痛哭矣. 自古以來 百姓愁怨

지식 이비 국가 양향 지자 언지 가위 통곡 의 자고이래 백성 수원

而國家安寧者 未之有也. 隋貯洛口倉而李密資之 唐積大盈庫

이 국가 안녕 자 미지유야 수 저 낙구창 이 이밀 자지 당 적 대영고

而朱泚用之. 夫糧餉不可不備 然不可强斂 以困民生也明矣. 若

이 주차 용지 부 양향 불가 불비 연 불가 강렴 이곤 민생 야 명의 약

國家有變 則驅疲困之民而赴敵 其能親其上死其長乎? 武王孟津

국가 유변 즉 구 피곤 지민 이 부적 기 능친 기상 사 기장 호 무왕 맹진

之誓曰："受有億萬夷民 惟億萬心 予有臣三千 惟一心." 殿下豈
지서왈 수유억만 이민 유억만심 여유신삼천 유일심 전하 기

不以武王爲法乎? 臣等願無穀之民所糶之米 一皆停督 待其豐年;
불이 무왕 위법 호 신등 원무곡 지민 소조 지미 일개 정독 대기 풍년

逃亡之民 一族四隣 一皆停懲 待其復還 以施仁恩 以安民生.
도망 지민 일족 사린 일개 정징 대기 부환 이시 인은 이안 민생

又前銜品官 雖有官爵之名 而無擔石之資者頗多 已皆困於
우 전함 품관 수유 관작 지명 이무 담석 지자 자파다 이개 곤어

品馬 又收品米 誠可矜恤. 臣等願無受田前銜官 隨烟戶之例
품마 우수 품미 성가 긍휼 신등 원무 수전 전함관 수연호 지례

收之; 受田者 勿論職秩 隨受田之數而收之. 至若武備 今日之
수지 수전자 물론 직질 수 수전 지수이 수지 지약 무비 금일 지

急務 不可不慮. 各道監司節制使 皆盡忠王室者 自秋過冬 點考
급무 불가 불려 각도 감사 절제사 개 진충 왕실 자 자추 과동 점고

軍容詳矣. 殿下擇其忠直知武事者 給一馬而遣之 觀士馬甲兵之
군용 상의 전하 택기 충직 지무사 자 급 일마 이견지 관 사마 갑병 지

虛實 察監司節制之能否 轉聞于上 以明黜陟 則足以致士勵兵强
허실 찰 감사 절제 지 능부 전문 우상 이명 출척 즉 족이 치사 려병 강

而所向無敵矣. 何必遣大臣率從官 煩擾郡縣 疲勞百姓而後 武備
이 소향 무적 의 하필 견 대신 솔 종관 번요 군현 피로 백성 이후 무비

得以精乎? 臣等願停巡察之遣 以安郡縣. 且臣等生長草野 知
득이 정호 신등 원정 순찰 지견 이안 군현 차 신등 생장 초야 지

民間之事久矣. 民之有恒山而有恒心者 籍付其官 以供賦役; 無
민간 지사 구의 민지유 항산 이유 항심 자 적부 기관 이공 부역 무

恒山而無恒心者 今年匿於南州之豪猾 明年移於北郡之鄉愿. 鈞
항산 이무 항심 자 금년 익어 남주 지 호활 명년 이어 북군 지 향원 균

是國民 而謀避征役 乃奸民也. 國家雖遣大臣 鞭撻戶首 推得
시 국민 이 모피 정역 내 간민 야 국가 수견 대신 편달 호수 추득

其人 付名于籍 然其民已無恒心 今日付籍 明日流亡 徒以擾民
기인 부명 우적 연 기민 이 무항심 금일 부적 명일 유망 도이 요민

煩軍額耳. 臣等願下令中外 皆給戶牌 無牌者 推而罪之 則 前日
번 군액 이 신등 원 하령 중외 개급 호패 무패 자 추이 죄지 즉 전일

之流亡者 皆欲受牌而自首於今日矣. 伏惟殿下採擇施行.'
지 유망 자 개욕 수패 이 자수 어 금일 의 복유 전하 채택 시행

上覽之怒 以示河崙 成石璘 趙英茂等曰："國家構求足食之
상 람지 노 이시 하륜 성석린 조영무 등왈 국가 구구 족식 지

道 非一朝一夕 何得云遽以足食乎? 今政府所言民之貸 義倉穀者
도 비 일조일석 하 득운 거이 족식 호 금 정부 소언 민지대 의창 곡자

收之以備軍資耳 非設新法以斂之也. 何以言奪之食乎? 隋唐倉廩
수지 이비 군자 이 비설 신법 이렴지 야 하이 언 탈지 식호 수당 창름

皆爲遊逸之奉 非今日備急之比 何以引隋唐而言乎? 上國有變 國

有戒心 特以備糧餉耳 非以爲臺池鳥獸宦官宮妾之奉也. 諫官

言事 雖當迫切 豈可以所無之事 爲若是之言乎? 予欲下之於獄

如何?" 政府言: "諫臣之言 雖不中 不可下獄. 若今赦之 敢言之

士出矣." 乃令政府代言召希璟等 詰之. 希璟等對曰: "臣等之意

非謂設新法以斂民也. 民雖曾貸之 今玆歲凶 若盡徵之 則民將

失食矣. 有國家者 豈徒恃蓄積之多哉! 民心之和 實保國之道也."

上命賜酒而遣之.

辛酉 陞濟用庫爲監庫. 掌國帑藏而秩卑員少 乃革仁寧府司尹

爲判事 藝文館直提學一爲監 承寧府少尹宗簿副令爲少監二. 改

庫使爲判官 副使爲注簿.

司憲府上疏請李文和 李佇之罪 上曰: "文和之事 特過誤耳.

若佇 旣安置于外方 禁其出入 又何加焉!"

壬戌 削判通禮門事姜澤職 定州付處. 司憲府上言:

'人主左右親近之臣 當擇忠勤誠慤之士. 竊見姜澤 本以卑賤

無才 徒以康氏之族 阿附李濟 參於逆謀 宜見天誅 幸蒙上恩 得保

首領 位至三品. 顧乃淫邪縱逸 荒怠其職 是不忠也. 母在定州

曠年不覲 乃除靑州府使 宜卽就任 因以定省 固人子之所樂也

力辭求免 是不孝也. 傳曰: "求忠臣於孝子之門." 以不忠不孝之人

而親近左右 臣等之所痛心也. 乞收職牒 鞫問其故 以示後來.'

乃有是命. 憲司再請其罪 上曰: "是亦足以懲之."
내 유 시명 　 헌사 재청 기죄 　 상왈 　 시 역 족 이 징지

司諫院疏請尹穆等罪. 上言: '請正典刑 永除惡根.' 疏留中不下.
사간원 소청 윤목 등죄 　 상언 　 청정 전형 영제 악근 　 소 유중 불하

改受田牌 爲都城衛.
개 수전패 위 도성위

癸亥 命禮曹詳定武士試藝之法以聞. 命義興府曰: "國雖有喪
계해 명 예조 상정 무사 시예 지법 이문 　 명 의흥부 왈 　 국 수 유상

武備不可廢. 來春 予將親試武藝 其已中試者與諸武士 不唯習
무비 불가 폐 　 내춘 여 장 친시 무예 기 이 중시 자 여 제 무사 　 불유 습

馳射 宜講武經. 其中者 不拘多少 依文科例敍用 可令訓鍊觀
치사 　 의강 무경 　 기 중자 　 불구 다소 　 의 문과 예 서용 　 가령 훈련관

全掌其事." 遂有是命.
전장 기사 　 수 유 시명

甲子 上親祭健元陵. 禮畢 入幄次 謂守陵官劉敞曰: "兵者 備
갑자 상 친제 건원릉 　 예필 입 악차 위 수릉관 유창 왈 　 병 자 비

不虞之器. 是以古之眞儒 皆兼武事. 況今天下兵興 非一二年可定
불우 지 기 　 시이 고 지 진유 　 개 겸 무사 　 황 금 천하 병흥 　 비 일이 년 가정

豈可無備!" 仍諭以明年欲行武科重試之意.
기 가 무비 　 잉 유 이 명년 욕행 무과 중시 지 의

乙丑 遣知司譯院事康邦祐 管押七運馬五百十四匹如遼東.
을축 견 지사역원사 강방우 관압 칠운 마 오백 십사 필 여 요동

命各道沿海安置倭人 移置陸地深遠各官.
명 각도 연해 안치 왜인 이치 육지 심원 각관

命東西北面整點軍容.
명 동 서북면 정점 군용

宥徒流人有差. 安魯生 全穆還給告身 外方從便; 鄭守弘 朴安臣
유 도류인 유차 　 안노생 전목 환급 고신 외방 종편 　 정수홍 박안신

金涉 卓愼 許稠 金士文 趙瑞老等十三人 外方從便; 李伯持等八
김섭 탁신 허조 김사문 조서로 등 십삼 인 외방 종편 　 이백지 등 팔

人 皆令京外從便; 全穩 李叔明 柳龍生 具成亮 孫興宗 趙末通等
인 개 령 경외종편 　 전온 이숙명 유용생 구성량 손흥종 조말통 등

三十六人 外方從便; 李之誠本鄕安置. 議政府言: "趙順和 孫孝宗
삼십 육인 외방 종편 　 이지성 본향 안치 　 의정부 언 　 조순화 손효종

李彦藏匿知情者及李之誠 不宜放宥." 上不允 再請乃許之.
이언 장닉 지정 자 급 이지성 　 불의 방유 　 상 불윤 재청 내 허지

司憲府詣闕請尹穆 佛奴等罪. 啓曰: "臣等連上封章 待命
사헌부 예궐 청 윤목 불노 등죄 　 계왈 　 신등 연상 봉장 대명

屢日 未蒙兪音." 上 曰: "姑待之." 李明德等啓曰: "臣等所啓
누일 미몽 유음 　 상 왈 　 고 대지 　 이명덕 등 계왈 　 신등 소계

尹穆 佛奴等事有四條焉. 若不明正 則賞罰不當 一也; 綱常不正
윤목 불노 등사 유 사조 언 약 불 명정 즉 상벌 부당 일야 강상 부정

二也; 國有外患 賊臣布列 於國勢未便 三也; 惠奸軌賊良民 古
이야 국유 외환 적신 포열 어 국세 미편 삼야 혜 간궤 적 양민 고

之遺訓 因此而害及於人 四也."
지 유훈 인차 이 해 급 어인 사야

司諫院詣闕復請尹穆等罪.
사간원 예궐 부청 윤목 등 죄

丙寅 建州衛指揮 童猛哥帖木兒 遣使來獻禮物 上命厚待之.
병인 건주위 지휘 동맹가첩목아 견사 내헌 예물 상명 후대지

| 원문 읽기를 위한 도움말 |

① 豈可明知非本心而罪之乎? 이런 경우에는 可를 맨 마지막에 번역해야
　　기 가 명지 비 본심 이 죄지 호 　　　　　　　가
한다. 즉 '~하는 것이 어찌 가하겠는가?'라고 옮겨야 한다.

642

KI신서 7584

이한우의 태종실록 재위 9년

1판 1쇄 인쇄 2018년 7월 9일
1판 1쇄 발행 2018년 7월 23일

옮긴이 이한우
펴낸이 김영곤 박선영
펴낸곳 (주)북이십일 21세기북스

정보개발본부장 정지은 **인문기획팀장** 장보라 **책임편집** 윤홍 **교정교열** 주태진 최태성
디자인 표지 씨디자인: 조혁준 기경란 **본문** 이수정
출판영업팀 최상호 한충희 최명열
출판마케팅팀 김홍선 최성환 배상현 이정인 신혜진 나은경 조인선
홍보기획팀 이혜연 최수아 김미임 박혜림 문소라 전효은 염진아
제작팀 이영민

출판등록 2000년 5월 6일 제406-2003-061호
주소 (10881) 경기도 파주시 회동길 201(문발동)
대표전화 031-955-2100 **팩스** 031-955-2151 **이메일** book21@book21.co.kr
페이스북 facebook.com/21cbooks **블로그** b.book21.com
인스타그램 instagram.com/21cbooks **홈페이지** www.book21.com

© 이한우, 2018

ISBN 978-89-509-7631-6 04900
       978-89-509-7105-2 (세트)